海曙年鉴

HAISHU ALMANAC

2023

宁波市海曙区人民政府地方志办公室　编

方志出版社
Publishing House of Local Records

图书在版编目（CIP）数据

海曙年鉴. 2023 / 宁波市海曙区人民政府地方志办公室编. -- 北京 : 方志出版社, 2023.12
ISBN 978-7-5144-6119-0

Ⅰ. ①海… Ⅱ. ①宁… Ⅲ. ①区(城市) — 宁波 — 2023 — 年鉴 Ⅳ. ①Z525.54

中国国家版本馆CIP数据核字(2023)第253011号

责任编辑：李晓晓
责任校对：张玉霞
责任印刷：梅中英
出 版 者：方志出版社
地　　址：北京市朝阳区潘家园东里9号（国家方志馆4层）
邮　　编：100021
网　　址：http://www.zgfzcb.cn
发　　行：方志出版社图书营销中心（010）67110500
印　　刷：南京凯德印刷有限公司
开　　本：889毫米 ×1194毫米　1/16
印　　张：21
字　　数：757千字
版　　次：2023年12月第1版
印　　次：2023年12月第1次印刷
定　　价：300.00元

宁波市海曙区地方志编纂委员会

《海曙年鉴（2023）》编辑部

《海曙年鉴（2023）》主要撰稿人

编辑说明

一、《海曙年鉴（2023）》是自2014年首次编纂以来连续出版的第十册年鉴，是一部系统记述全区自然、政治、经济、文化和社会等方面基本情况的年度资料性文献。《海曙年鉴》以马克思列宁主义、毛泽东思想、邓小平理论、“三个代表”重要思想、科学发展观、习近平新时代中国特色社会主义思想为指导，坚持辩证唯物主义和历史唯物主义的立场、观点和方法。如实记录海曙全面贯彻中共二十大精神、继续统筹推进“五位一体”总体布局、协调推进“四个全面”战略布局、扎实推进五大发展理念和省委“八八战略”的实践。

二、本部年鉴记述时限为2022年1月1日至12月31日，为保持事物的完整性、连续性和可比较性，部分内容、数据作上溯处理。

三、《海曙年鉴（2023）》采用分类编辑法。基本结构为类目、分目、条目，其中条目为主要的信息载体，条目标题加“【 】”。体裁有述、记、图、表、录。卷首设“特载”“专记”“大事记”“海曙概览”；设“中国共产党海曙区委员会”等28个类目；卷末设“附录”“索引”。

四、2023卷正文在2022卷基础上进行纲目结构微调。年鉴的栏目设计和编排次序是根据年鉴基本体例和行业分类特点设置，与每个具体部门行政级别高低无关。

五、根据行文实际需要，文中配置了“有关组织机构全称、简称对照表”，列于目录前。“缩略语”随文注释，简短的在文中扩注，较长的在篇末注释，多次出现不重复注释。

六、本年鉴所采用的稿件由全区各机关单位、镇（乡）街道、产业园区提供，经《海曙年鉴（2023）》编辑部整理编辑，并经相关单位领导审核。文中所列数据采用法定计量单位，除“海曙概览”类目中“经济和社会发展”分目的各项数据来源于《2022年宁波市海曙区国民经济和社会发展统计公报》外，正文中其他数据原则上以《海曙区统计年鉴（2023）》为准，统计年鉴中没有的以主管部门统计为准，部分数据因统计口径不同或有所差异，数据合计数或相对数，由于单位取舍不同而产生的计算误差，本书均未作机械调整。

七、数字用法、标点符号用法分别执行国家标准《出版物上数字用法》（GB/T 15835—2011）、《标点符号用法》（GB/T 15834—2011），计量单位采用国家技术监督总局1993年12月发布的《量和单位》系列国家标准。考虑到社会使用习惯，全书中亩不统一换算。

八、本部年鉴设置目录和索引双重检索系统。正文索引采用主题分析法，按主题词首字汉语拼音字母顺序排列，另附表格索引。

2022年海曙的一天

指标名称	计量单位	海曙的一年	海曙的一天
工业增加值	万元	3378825	9257
规模以上工业增加值	万元	2430422	6659
规模以上工业利润总额	万元	435533	1193
社会消费品零售总额	万元	8793988	24093
财政总收入	万元	2076301	5688
其中：一般公共预算收入	万元	1170566	3207
实际利用外资	万美元	25705	70
货物进出口总额	万元	8746324	23963
其中：货物出口额	万元	7775528	21303
全社会用电量	万千瓦时	611167	1674

2022年海曙区主要经济指标占宁波市比重

指标名称	计量单位	宁波市	海曙区
地区生产总值	亿元	15704.3	1501.3
工业增加值	亿元	6681.7	337.9
规模以上工业增加值	亿元	5339.4	243.0
规模以上工业利润总额	亿元	1413.7	43.6
社会消费品零售总额	亿元	4896.7	879.4
财政总收入	亿元	3358.5	207.6
其中：一般公共预算收入	亿元	1680.1	117.1
实际利用外资	亿美元	37.3	2.6
货物进出口总额	亿元	12671.3	874.6
其中：货物出口额	亿元	8230.6	777.6
全社会用电量	亿千瓦时	972.7	61.1
其中：工业用电	亿千瓦时	674.7	28.3
本外币存款余额	亿元	31302.7	4054.6
本外币贷款余额	亿元	32986.1	3714.0

① 1月23—25日，宁波市海曙区召开第十二届人民代表大会第一次会议。大会通过《宁波市海曙区人民代表大会议事规则》、海曙区2022年民生实事项目、海曙区人民政府工作报告的决议、海曙区2021年国民经济和社会发展计划执行情况及2022年国民经济和社会发展计划的决议、海曙区2021年预算执行情况和2022年预算的决议等内容

② 1月22日，中国人民政治协商会议第六届宁波市海曙区委员会第一次会议开幕。会议听取和审议政协第五届宁波市海曙区委员会常务委员会工作报告、第五届宁波市海曙区委员会常务委员会提案工作报告。审议通过政协第六届宁波市海曙区委员会第一次会议决议

③ 3月1日，2022年海曙区委经济工作会议暨产业高质量发展大会召开

④ 9月25日，海曙区第一届卓越工程师人才峰会召开。会上，卓越工程师培养联盟成立

⑤ 9月26日，宁波阿里云创新中心基地启用。启用后，中心作为阿里云在海曙区的技术输出中心、人才培训中心、创新创业企业孵化加速中心及生态集聚中心，助力区域数字科技产业创新升级

① ③ ④

② ⑤

① 甬水桥科创中心于11月投用。该中心集聚工业互联网、人工智能、生物医药、大数据等科创企业。启用后，着力成为宁波数字经济发展的动力源与助推器

② 宁波阿里中心

③ 6月1日，海曙区民营个体协会理事会成立，海曙区民营经济发展服务中心揭牌

④ 11月，全国首单数据知识产权安全保险落地海曙

⑤ 4月19日，宁波海曙南（洞桥）高速出入口综合改造工程完工

① ③
② ④ ⑤

① 4月29日，新典桥建成通车。该桥作为连接海曙和鄞州的重要通道，西起海曙区鄞奉路，横跨奉化江，东至鄞州区广德湖路，全长约865米

② 10月30日上午9时22分，一架从纽约飞来的康尼航空B747全货机平稳降落在宁波栎社国际机场，标志着宁波市首条第五航权货运航线（纽约—宁波—仁川—纽约）开通

③ 3月2日，海曙区农业农村高质量发展大会召开

④ 一线农业技术工作者

⑤ 石碶街道农创客培育“多肉”植物，有效助农增收致富

① 5月27日，洞桥镇前王畈的八戒西瓜上市

② 7月31日，章水镇章溪村特色农产品沙地玉米上市

③ 集士港镇山下庄村标准农田建设

④ ⑤ 6月29日，以“生态海曙·绿色共富”为主题的2022年浙江生态日主题宣传活动暨龙观生物多样性友好体验馆开馆仪式举行

龙观
生物多样性友好体验馆
Longguan Biodiversity - friendly Discovery Hall

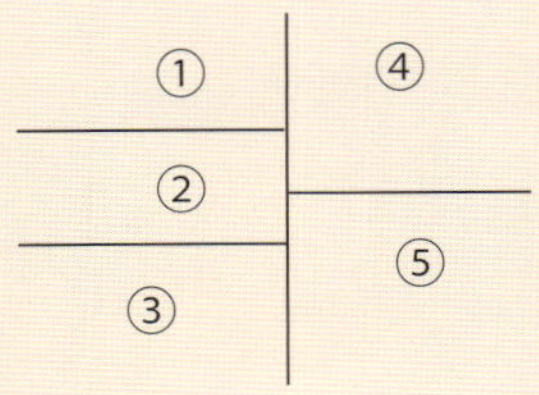
①
④
②
⑤
③

生态海曙 · 绿色共富
2022年浙江生态日主题宣传活动
暨龙观生物多样性友好体验馆开馆仪式
主办单位：宁波市海曙区人民政府
承办单位：宁波市生态环境局海曙分局 宁波市海曙区龙观乡人民政府
四明秘境
多彩龙观

深学笃行党的二十大精神 勇担强国复兴的宁波使命
理音如此
讲会
学习实践活动
『六学六进六争先』
青年学
理音

①

② ③ ④

① 5月，章溪河河道完成整治，共计修复河道长度7.71千米

② 11月4日，区委宣传部创新推出“理音如此”音乐宣讲会，在月湖畔以青年学习小组音乐宣讲的形式，学习宣传贯彻党的二十大精神

③ 党员群众在横街革命史迹陈列馆学习宣传党的二十大精神

④ 11月2日，海曙区“奋进新征程 艺赞二十大”文艺宣讲暨“艺·曙说”文艺宣讲团成立。区文艺家协会骨干会员组成的宣讲团利用“线上+线下”“传统+现代”“理论+文艺”等方式，开展互动化的文艺宣讲

① 8月11日，在2022宁波市爱国主义教育基地讲解大赛（决赛）中，海曙6名选手共斩获1个特等奖、2个一等奖、1个二等奖、2个三等奖

② 2月22日晚，由区文广旅体局主办，区文化馆、宁波交通广播承办的“云尚海曙・美好生活”之“‘曙’你最动听——全民嗨唱大赛”决赛举办，在线观看人数逾11万人次

③ 区文化馆原创舞蹈《弄潮儿》获2022年浙江省舞蹈类“群星奖”

④ 2022年，宁波首部红色实景话剧《建岙妈妈》持续在多地上演，获得群众好评

⑤ 宁波市第七届“悦读童年”经典绘本剧创意表演大赛在海曙举行

曙悦
曙悦书房
新居民艺术作品联展
平凡
曙光
文化艺术在身边
NINGBO
HAISHU
2022年11月1日—11月30日
岭读城市书房
宁波市海曙区文化和广电旅游体育局

① ② ③ ④

① 5月1日，天一阁·月湖景区以线上视频形式举办“十洲宋韵 千载华裳”——五一汉服云游园活动

② 5月30日，宁波海曙·台湾南投“云端”交流端午民俗活动举行

③ 11月，“曙悦·送演出进基层”文化惠民工程在位于镇明路的岭读书房开展活动

④ 位于永寿街历史文化街区的内涝监测设备安装完成，有效助力文保建筑的保护与监测

全区教育大会
打造“专曙优学”名片
办好人民满意教育
打造“专曙优学”名片
办好人民满意教育

海曙中心小学
集团古林实验小学
仪式
奠基

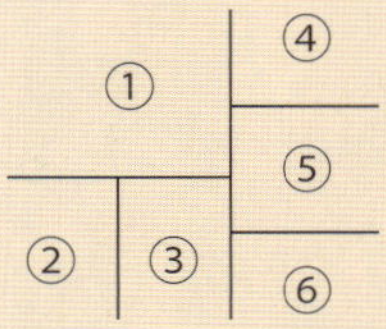

① 9月8日，海曙区教育大会召开，区政府与宁波市教育局签署共同建设“甬有优学”基础教育先行试验区战略合作框架协议，会议确立“卓越城区打造卓越教育”的目标任务

② 10月28日，海曙中心小学教育集团古林实验小学改扩建项目开工

③ 12月，海曙区首家社区托育机构丽雅社区吾幼托育所开园

④ 7月20日，区关工委组织开展“老少同声颂党恩 携手喜迎二十大”活动

⑤ 2月13日，望春街道清风社区党委与“最美清风”红色联盟单位“纸飞机童书馆”，在新年伊始推出“红色传承”系列——“虎年送瑞，红心分享”活动，邀请抗美援朝老兵、高龄老党员史济永与6对亲子家庭分享“过年”的故事

⑥ 8月31日，“科创中国·芬甬先行”宁波—芬兰科技合作交流大会举行，开启宁波海曙“中芬合作平台”2.0升级版

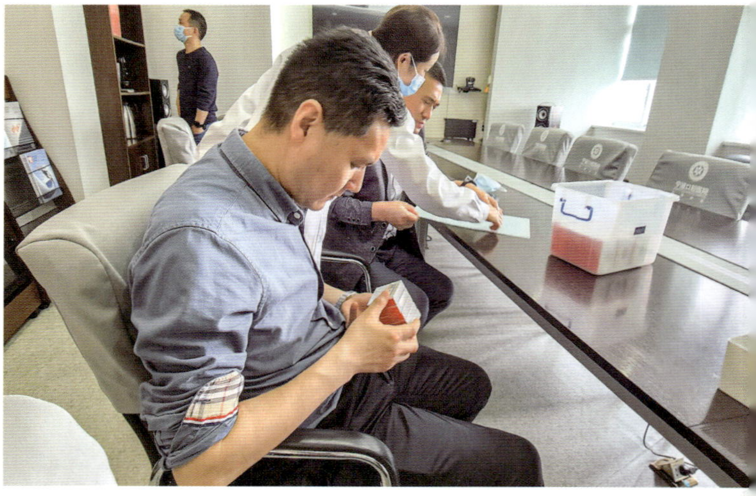

① 11月，海曙区防控本土新冠疫情会战报捷

② 2022年，宁波市中医药特色街区首个商业运营项目“甬安里”开业，定期邀请市、区级名中医、中医类“非遗”项目传承人、行业权威人士入驻，并开展健康咨询、特色讲座，合力打造“曙色杏林”名医讲堂

③ 5月31日，推进健康宁波控烟限酒行动暨第35个“世界无烟日”主题宣传活动举行。现场，健康达人领跳戒烟健身操

④ 2022年以来，海曙区响应上级政策，推出种植牙医保限价支付政策。图为海曙口腔医院种植牙备货情况查验

⑤ 9月5日，区医保局联合81890平台开通医疗保障服务咨询专线，通过拨81890180服务专线，群众可随时了解医保参保、就医等业务的申请条件和办理流程

⑥ 9月25日，2022年海曙区“健康达人”和健康家庭评选活动举行，各镇（乡）街道多领域“健康达人”参与

文明健康 绿色环保
健康宁波——控烟限酒行动
《本草纲目》戒烟健身操

①　②　③
④
⑤　⑥

2022年海曙区“健康达人”和健康家庭评选活动
人人共建健康海曙
家家同拥专“曙”健康

PARK
休憩空间
管理用房
记忆广场

① ③
②

① 2022年，作为海曙区“精品线路”——水韵滨江休闲线重要组成部分的鄞奉滨江公园建成投用。滨江绿带江岸线长度约1.8千米，总建设用地面积约7.8万平方米

② 2022年，恒威体育公园建成投用

③ 集士港镇深溪村飞鸟骑行公园建成投用，设有宁波首条比赛级泵道，受到广大骑行爱好者欢迎

德智同长 健勤
集士港镇广德湖小学“逐梦杯”校园足球赛
SPORT

2022 第二届 海峡杯
「海峡杯」浙台青少年棒垒球公开赛

① ③

② ④

① 10月31日，广德湖小学“逐梦杯”足球赛开赛

② 12月2日，“海峡杯”浙台青少年棒垒球公开赛在海曙开赛

③ 7月10日，全国百城千村健身气功交流展示活动（宁波站）在中山广场下沉式音乐广场举行。13支队伍300余名选手展演健身气功、八段锦、五禽戏等内容

④ 7月5日，海曙区举行浙江省“全民健身月”系列赛事。图为跳绳项目

① 9月3日、9月14日，“红海突击队”常态化备勤力量分3批次下沉相关村社，共同抗击台风“轩岚诺”及“梅花”

② 2022年，海曙区党建品牌“红海突击队”构建“24小时待命、10分钟响应、1小时抵达”应急响应机制，累计下沉2.7万人次，机关党员第一时间战斗在防疫以及抗洪防台等最困难、最紧要的地方

③ 11月16日，“我为烈士来寻亲·客葬异乡英烈回家”志愿服务项目获省退役军人志愿服务项目大赛金奖。图为项目发起人，获得全国“最美志愿者”称号的孙嘉怿

④ 7月4日，由海曙区人大常委会主办的海曙区社会建设领域数字化改革项目展示活动举行，区民政、人社等10个部门带来数字化改革案例，分别上台解说展示，现场接受人大代表、专家、群众的监督

⑤ 10月10日，“护甬平安，志愿有我——宁波市护航党的二十大平安志愿服务活动”启动仪式在海曙区举行

① ③
④
② ⑤

海曙区曙高共同富裕基金
高桥商会
Haishu District
gao Common Prosperity Fund

海曙
NINGBOHAISHU
海曙区共同富裕慈善信托
正式成立

① 3月2日，高桥镇政府和高桥商会牵头联合24家爱心企业，成立“海曙区曙高共同富裕基金”

② 3月25日，海曙区共同富裕慈善信托成立大会举行

③ 6月1日，位于县学街66号的海曙区慈善商店开业

④ 4月27日，区税务局开展“四月春风伴你行”税收宣传骑行活动，向群众宣传税法

⑤ 11月28日，鄞江法庭开展国家宪法日普法下乡活动

现场招聘会
13:30-16:00
地点：火车站南广场
2022新春万企引才月——
春风行动
助优工
火车站广场人力资源供需对接会

喜迎二十大

① ③
② ④ ⑤

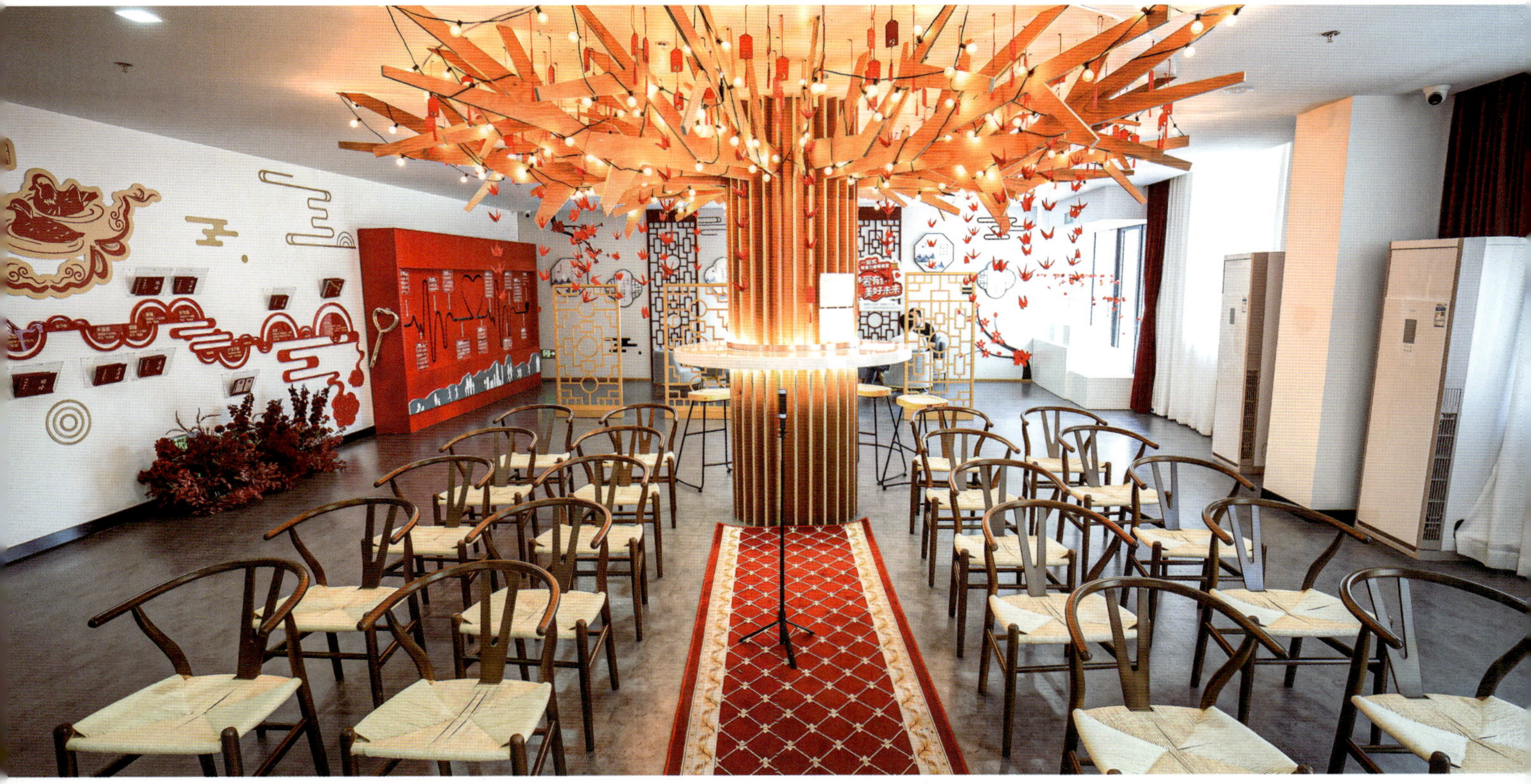

① 2月16日，2022新春万企引才月“春风行动助优工”火车站广场人力资源供需对接会在宁波站南广场举行

② 9月23日，宁波市首届“创翼”学生社团双创项目启动仪式暨社会工作高质量发展研讨会在海曙举行

③ 8月，根据浙江省民政厅婚姻登记机关标准化建设评估验收结果，海曙区成功创建5A级婚姻登记机关

④ 11月14日，海曙区天一商圈商业社区成立仪式暨“五社联动”现场推进会举行。全省首个楼宇型商业社区“海曙区天一商圈商业社区”及全省首个产业社区开放学院“天一‘红领青创’现代社区学院”成立

⑤ 鼓楼街道孝闻社区的邻里会客厅

① 茂新村

② 仲一村

③ 御史第迎礼千年

御史第

智农茂新

① 智农茂新

② 舟游古林

③ 前虞古村

蓄謀已久的露營
如期而至的快樂
HOMFUL

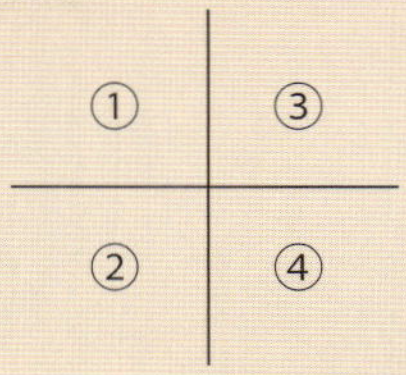

① 红色建岙

② 农旅金陆

③ 蝴蝶谷

④ 卖柴岙水库

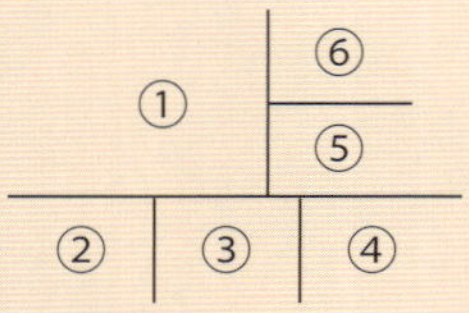
①
⑥
⑤
②
③
④

NBMADE
N+

① 洞桥全景

② 浙江省制造业创新中心

③ 沙港村太史滨河公园二期

④ 2022年宁波市美丽乡村健身行（海曙站）

⑤ ⑥ 宁波市智能制造技术研究院

有关组织机构全称、简称对照表

全称	简称
浙江省全省	全省
浙江省	省
中国共产党浙江省委员会	省委
浙江省人民政府	省政府
中国共产党宁波市委员会	市委
宁波市人民政府	市政府
宁波市全市	全市
宁波市	市
宁波市海曙区全区	全区
宁波市海曙区	海曙区或区
中共宁波市海曙区纪律检查委员会宁波市海曙区监察委员会机关	区纪委区监委机关
中共宁波市海曙区委员会	区委
中共宁波市海曙区委员会办公室	区委办公室
宁波市海曙区人民代表大会常务委员会	区人大常委会
宁波市海曙区人民代表大会常务委员会办公室	区人大常委会办公室
宁波市海曙区人民政府	区政府
宁波市海曙区人民政府办公室	区政府办公室
中国人民政治协商会议宁波市海曙区委员会	区政协
中国人民政治协商会议宁波市海曙区委员会办公室	区政协办公室
中共宁波市海曙区委组织部	区委组织部
中共宁波市海曙区委宣传部	区委宣传部
中共宁波市海曙区委统一战线工作部	区委统战部
中共宁波市海曙区委政法委员会	区委政法委
中共宁波市海曙区委政策研究室	区委政研室
中共宁波市海曙区委机构编制委员会办公室	区编委办
中共宁波市海曙区委巡察工作领导小组办公室	区委巡察办
中共宁波市海曙区委海曙区人民政府信访局	区委、区政府信访局
中共宁波市海曙区委老干部局	区委老干部局
中共宁波市海曙区委员会党校	区委党校
中共宁波市海曙区委员会党史研究室（宁波市海曙区人民政府地方志办公室）	区委党史研究室(区政府地方志办公室)
宁波市海曙区档案馆	区档案馆
宁波市海曙区发展和改革局	区发改局
宁波市海曙区经济和信息化局	区经信局

全 称	简 称
宁波市海曙区教育局	区教育局
宁波市海曙区科学技术局	区科技局
宁波市公安局海曙分局	海曙公安分局
宁波市海曙区民政局	区民政局
宁波市海曙区司法局	区司法局
宁波市海曙区财政局	区财政局
宁波市海曙区人力资源和社会保障局	区人力社保局
宁波市海曙区住房和城乡建设局	区住建局
宁波市海曙区交通运输局	区交通运输局
宁波市海曙区水利局	区水利局
宁波市海曙区农业农村局	区农业农村局
宁波市海曙区商务局	区商务局
宁波市海曙区文化和广电旅游体育局	区文广旅游体育局
宁波市海曙区卫生健康局	区卫生健康局
宁波市海曙区退役军人事务局	区退役军人事务局
宁波市海曙区应急管理局	区应急管理局
宁波市海曙区审计局	区审计局
宁波市海曙区市场监督管理局	区市场监管局
宁波市海曙区统计局	区统计局
宁波市海曙区医疗保障局	区医保局
宁波市海曙区综合行政执法局	区综合执法局
宁波市海曙区大数据发展服务中心	大数据服务中心
宁波市自然资源和规划局海曙分局	海曙自然资源和规划分局
宁波市生态环境局海曙分局	海曙生态环境分局
宁波市海曙区人民法院	区人民法院
宁波市海曙区人民检察院	区人民检察院
宁波市海曙区总工会	区总工会
中国共产主义青年团宁波市海曙区委员会	团区委
宁波市海曙区妇女联合会	区妇联
宁波市海曙区文学艺术界联合会	区文联
宁波市海曙区科学技术协会	区科协
宁波市海曙区归国华侨联合会	区侨联
宁波市海曙区残疾人联合会	区残联

全称	简称
宁波市海曙区红十字会	区红十字会
宁波市海曙区供销合作社联合社	区供销社
宁波市海曙区关心下一代工作委员会	区关工委
宁波市海曙区工商业联合会	区工商联
宁波市海曙区慈善总会	区慈善总会
宁波市天一阁・月湖景区管理委员会	天一阁・月湖景区管委会
宁波望春工业园区管理委员会	望春工业园区管委会
宁波市公安局交通警察支队海曙大队	海曙交警大队
宁波市公安消防支队海曙区大队	海曙消防大队
宁波市海曙区机关事务管理局	区机关事务管理局
宁波市海曙区国有资产管理中心	区国资中心
宁波市海曙区金融服务中心	区金融发展服务中心
宁波市海曙区经济合作局	区经合局
宁波（国际）电子商务产业园管理中心	电子商务产业园管理中心
宁波市海曙 81890 救助服务中心	81890 求助服务中心
宁波市海曙区社会矛盾纠纷调处化解中心	区社会治理中心
宁波市海曙区全媒体中心	区全媒体中心
宁波市海曙区南站广场区域综合管理办公室	区南站综管办
宁波市海曙区南站区域开发建设管理中心	南站区域开发建设管理中心
宁波市客运中心站区域综合管理综管中心	客运中心综管中心
宁波市海曙区房屋征收管理服务中心（区重点工程建设指挥部）	区征管中心（区重点工程建设指挥部）
宁波市海曙区石碶市场区管理中心	石碶市场区管理中心
宁波市海曙区旧村改造管理服务中心	区旧村改造管理服务中心
宁波市海曙区工业园区升级改造推进管理中心	区工改中心
宁波市海曙区轨道交通建设推进管理中心	区轨道交通建设推进管理中心
宁波市海曙区政务服务办公室	区政务办
中华人民共和国海曙海关	海曙海关
国家税务总局宁波市海曙区税务局	区税务局
宁波市海曙区气象局	区气象局
宁波市海曙开发建设投资集团有限公司委员会	海曙开投集团
宁波市海曙国有资本投资经营集团有限公司	海曙国投集团
中国人民解放军浙江省宁波市海曙区人民武装部	区人武部

目 录

特 载

全面学习贯彻党的二十大精神
坚定捍卫“两个确立”坚决做到“两个维护”
奋力在中国式现代化进程中争先行创卓越…………… 1
政府工作报告…………………………………………… 9

专 记

海曙区生物多样性保护工作……………………………17
概况……………………………………………………17
生物多样性友好景区体验地（五龙潭）启动 …………18
海曙区“生物多样性友好乡镇”现场体验活动获
全国十佳案例…………………………………………18
龙观生物多样性友好体验馆开馆………………………18
全国首个生物多样性友好乡镇项目授牌………………18
生物多样性司法保护理论研究与实践基地……………18
“全力打造生物多样性保护引领区 助力四明山区
域乡镇共同富裕”案例获评全省生态环境系统
共同富裕最佳实践……………………………………18
发布全国首个《生物多样性友好乡镇规划指南》 ………18
海曙区翠柏里创新街区建设……………………………19
概况……………………………………………………19
翠柏里街区“微改造、精提升”工程 ……………………19
金融赋能翠柏里创新街区发展…………………………20
《海曙区翠柏里创新街区扶持政策（试行）》发布 ………20
“青春向党 · 未来有我”行动启动仪式暨
“蓝海红帆 · 新新汇海”党建品牌发布 ………………20
媒体看海曙………………………………………………20
政策“及时雨”助力台企纾困解难 ………………………20
建设现代化大都市卓越城区
千年海曙谱写“两个先行”新篇章 ………………………21
浙江宁波：调动社会资源 ………………………………22
助推城乡携手奔向共富路………………………………22
假日消费有新意活力足…………………………………23
优化环境厚植成长沃土…………………………………23
激发涌现更多专精特新中小企业………………………23

大 事 记

1月 ……………………………………………………25
2月 ……………………………………………………26
3月 ……………………………………………………27
4月 ……………………………………………………28
5月 ……………………………………………………29
6月 ……………………………………………………30
7月 ……………………………………………………31
8月 ……………………………………………………32
9月 ……………………………………………………33
10月 …………………………………………………34
11月 …………………………………………………34
12月 …………………………………………………35

海曙概览

自然环境…………………………………………………37
地理位置…………………………………………………37
地形地貌…………………………………………………37
气候………………………………………………………37
灾害性天气及其影响……………………………………38
历史文化…………………………………………………38
历史沿革…………………………………………………38
名胜古迹…………………………………………………39
天一阁 · 月湖……………………………………………39

它山堰…… 39
宁波天宁寺…… 39
永丰库遗址…… 39
钱业会馆…… 39
白云庄…… 39
大运河（宁波段） …… 40
林宅…… 40
十三洞桥…… 40
百梁桥…… 40
鼓楼沿历史文化街区…… 40
南塘河历史文化街区…… 40
宁波府城隍庙…… 40
天封塔…… 41
梁祝文化公园…… 41
五龙潭景区…… 41
深溪村…… 41
茂新村…… 41
蜃蛟村…… 41
李家坑古村…… 41
屠呦呦故居…… 42
区划人口…… 42
行政区划…… 42
人口…… 42
名优特产…… 42
“它山堰”白茶 …… 42
“甬优1号”葡萄…… 42
席（蔺）草 …… 42
浙贝母…… 42
横街竹笋…… 42
梅园石…… 42
杖锡山樱花…… 42
洞桥“八戒”西瓜 …… 42
红螯螯虾…… 42
“奥尼尔”蓝莓 …… 43
“甬雪5号”咸齑…… 43
樟村切面…… 43
经济和社会发展…… 43
综合实力…… 43
农业…… 43
工业…… 43
建筑业…… 44
固定资产投资…… 44
房地产…… 44
贸易业…… 44
旅游业…… 44
对外经济、招商引资 …… 44
交通运输业…… 44
金融…… 44
教育、科技、人才 …… 44
文化、卫生、体育 …… 44
居民生活、社会保障 …… 45
生态建设、社会安全 …… 45
组织机构及其负责人名录…… 46
区四套班子领导机构…… 46
区纪委　区监委…… 46
公安、检察、审判机构，人民武装 …… 47
区委工作机构及党群各部门…… 47
区人大常委会、区政协机关 …… 49
区政府工作部门…… 50
市直属管理单位…… 54
镇（乡）街道机构 …… 55

中国共产党海曙区委员会

综　述…… 59
概况…… 59
宁波西枢纽片区规划建设…… 61
重要决策和重大活动…… 61
中共宁波市海曙区委十届三次全体（扩大）会议 …… 61
中共宁波市海曙区委十届四次全体（扩大）会议 …… 61
彭佳学到海曙区调研…… 63
区委办公室工作…… 64
概况…… 64
“精特亮”工程创建互学互评工作 …… 65
组织工作…… 65
概况…… 65
“百村千户、专曙共富”行动 …… 66
“书记・向未来”村社书记领衔项目路演竞比 …… 66
深入实施“一线攻坚・奋楫争先”行动 …… 66
高质量推进“五问五破、五比五先”机关作风建设专项行动…… 67
“红海突击队”应急响应机制 …… 67
第一届卓越工程师人才峰会…… 67
宣传思想工作和精神文明建设…… 67
概况…… 67
推出“1925”红色根脉计划 …… 68
爱国主义教育相关活动…… 68
《阿婶合唱团》参加2022年浙江省“我们的村晚”演出…… 69
宁波志愿者学院海曙分院成立…… 69
宁波市“我们的村运”暨海曙区农村文化礼堂迎亚运乒乓球比赛…… 69
“喜迎二十大 奋进新时代”浙江省第十三届微型党课大赛复赛暨首届电影微型党课比赛…… 69

"六学六进六争先"之"理音如此"音乐宣讲会 …………69
统一战线工作……69
概况……69
海曙区"侨胞之家"获评2021—2022年度全国侨联系统"侨胞之家"典型选树单位……70
海曙"同心荟"党外人士之家和乡贤之家·侨胞之家揭牌启用……70
"355会员集市"揭牌仪式暨产业人才政策专题培训交流会……70
迎"七一"助共富—海曙区举办"宋韵鼓楼·农夫市集"活动……70
沪杭两地分别成立海曙商会与海曙乡贤联谊会……70
对台工作……70
概况……70
在甬台胞"粽"情宁波 端午佳节共话非遗……70
太学眼科"睛彩·喜德行"公益活动……70
海曙区台胞台属学习宣传贯彻党的二十大精神专题活动……71
"海峡杯"浙台青少年棒垒球公开赛……71
政策研究……71
概况……71
理论研究成果……71
全面深化改革(数字化改革)……71
牵头起草相关重要文件……71
机构编制管理……72
概况……72
重点领域体制机制改革……72
"大综合一体化"综合行政执法改革……72
基层管理体制改革……72
城乡社区功能职责核定……73
区委巡察工作……73
概况……73
十届区委第一轮巡察工作动员部署会……73
区委涉水生态问题专项巡察……73
区委巡察整改集体约谈……73
信访工作……73
概况……73
健全信访工作和信访行为双向规范机制……73
运用信访部门"三项建议权"提升履职效能……74
创建全省无信访积案区……74
老干部工作……74
概况……74
海曙区老年大学建设……74
离退休干部党支部建设……74
实行离休干部服务管理"三色五有"工作法……74
开展老干部活动中心"五员四家"提质行动……74
扩大银辉志愿服务影响力……74
全面推进"家门口老年大学"建设—星火计划……75
党校工作……75
概况……75
实现市级党校系统精品课零的突破……75
海曙区城市有机更新(征地拆迁)工作培训班……75
古林镇和三生(中国)公司获市委党校现场教学基地授牌……75
省委党校副校长一行到区委党校调研指导工作……75
档案工作……75
概况……75
《红档专曙》口述档案录制……76
档案法宣传活动……77
"再现宋韵"明州宋瓷文化展开展……77
区档案馆举行红色实物档案捐赠仪式……77
《跟着档案去旅行》节目组走进古林镇……77
海曙区"海纳百川 曙耀四明"档案文化主题展……77
《记忆海曙·2021》公开出版……77
首部金融档案编研作品出版……77
史志工作……77
概况……77
共建方志学专业(方向)实践教学基地……78
《海曙区红色革命旧(遗)址分布图》发布……78
海曙区地方志办公室获评省级先进集体……78
首部专门英烈传记《红色海曙·英烈卷》出版……78

海曙区人民代表大会

综　述……79
概况……79
"海议督"获全省人大数字化改革创新奖……80
立法信息征集微单元建设……80
重要会议……80
区十一届人大常委会主任会议……80
区十一届人大常委会会议……80
区十二届人大一次会议……81
区十二届人大常委会会议……81
区十二届人大常委会主任会议……82
重要活动与代表建议……84
代表议案建议……86

海曙区人民政府

综　述……87
概况……87
成立全省首个百亿元级城乡有机更新基金……88
重要会议……89
重要活动……92

海曙区与招商蛇口签订城市有机更新战略合作协议……92
国家卫健委中国疾控中心专家组督导检查疫情防控工作……92
市科技活动周启动仪式……92
中国工业互联网产业创新与生态发展大会在海曙召开……93
区政府办公室工作……93
概况……93
重大项目统筹协调机制建设……93
民生实事项目……94
概况……94
教育设施补强项目……94
医疗服务提质项目……94
高品质康养与阳光助残项目……94
“四好农村路”建设项目……94
水环境综合整治提升项目……94
全民健身体育设施建设项目……94
城市低洼道路改造项目……94
保障性租赁住房安居项目……94
外事工作……95
概况……95
获评“茶花友谊使者”……95
出访活动……95
侨务和港澳事务……95
概况……95
获评省级“五星级侨胞之家”……95
入选第四批“宁波市侨联侨界创新创业基地”……95
王升大博物馆获评第四批浙江省“华侨国际文化交流基地”……95
获评第五批宁波市“华侨文化交流基地”……95
海曙区侨联八届二次全体委员会议召开……96
揭牌启用浙江省首个国际新侨驿站……96
海曙区侨联八届三次常委（扩大）会议暨半年度工作会议……96
应急救援……96
概况……96
城乡村（社）应急体系建设……96
强化镇（乡）街道应急管理工作联系指导能力……96
提升全过程应急能力建设……96
应急救援力量培育……97
应急处置能力提升……97
防灾减灾……97
概况……97
开展自然灾害综合风险普查工作……97
防灾减灾宣传……97
避灾安置场所规范化建设……97
消防救援……97
概况……97
消防安全“百日攻坚”整治行动……98
消防演练……98
消防救援力量培养……98
机关事务管理……98
概况……98
机关节能管理和垃圾分类……98
开发智慧后勤服务平台……98

中国人民政治协商会议海曙区委员会

综　述……99
概况……99
政治协商机制建设……99
提案办理能力提升……100
协商平台建设……100
“甬商·两新”政协委员会客厅获评全省首批五星级委员会客厅……100
重要会议……100
区政协六届一次会议……100
区政协常务委员会会议……100
区政府区政协2022年重点工作协商对接会……101
区政协城乡环境整治提升专项集体民主监督活动……101
海曙书画院换届……101
市、区两级政协全会提案民主监督活动……101
海曙区政协艺术之友社换届……101
区政协宣传工作会议……101
重要活动……101
政情通报会……102
提案办理“回头看”暨民主评议会……102
区各民主党派、工商联负责人和无党派人士代表政协工作座谈会……102
重点提案……102
关于抢抓历史机遇期，助力海曙民营经济深度融入高质量建设共同富裕样板区的建议……102
关于做好宁波西枢纽规划建设配合工作的相关建议……102
关于加快临空智能制造产业园区建设的建议……102
“提升三江口能级”类提案的处理建议……103
“加快数字经济发展”类提案的处理建议……103
“完善托育”类提案的处理建议……103
“提高防洪涝能力”类提案的办理建议……103
关于进一步加强海曙区电信网络诈骗防犯治理工作的建议……103
“老旧小区改造”类提案的处理建议……103

纪检·监察

综 述……105
概况……105
“三公”领域监督应用……106
区纪委十届二次全会……106
“三大能力提升年”活动……106
“五提五争”作风建设专项行动……106
党风政风监督……106
概况……106
“一件事”问责预警办法……107
漠视侵害群众利益问题专项治理……107
纪律审查和监察调查……107
概况……107
重复检举控告“清零”专项行动……107
“初信初访办理规范提升年”行动……107
廉洁文化建设……107
概况……107
社区家风建设指数体系……108
青廉行动……108

民主党派

中国国民党革命委员会宁波市海曙区基层委员会……109
概况……109
民革海曙区基层委员会参政议政……109
民革海曙区基层委员会社会服务……109
中国民主同盟会宁波市海曙区基层委员会……109
概况……109
民盟海曙区基层委员会参政议政……109
创立“海盟讲堂”社会公益培训品牌……110
中国民主建国会宁波市海曙区基层委员会……110
概况……110
民建海曙区基层委员会参政议政……110
民建海曙区基层委员会社会服务……110
中国民主促进会宁波市海曙区基层委员会……110
概况……110
民进海曙区基层委员会参政议政……110
民进海曙区基层委员会社会服务……110
中国农工民主党宁波市海曙区基层委员会……111
概况……111
农工党海曙区基层委员会参政议政……111
农工党海曙区基层委员会社会服务……111
致公党宁波市海曙区基层委员会……111
概况……111
致公党海曙区基层委员会思想组织建设……111
致公党海曙区基层委员会参政议政……112
致公党海曙区基层委员会社会服务……112
九三学社宁波市海曙区基层委员会……112
概况……112
九三学社海曙区基层委员会参政议政……112
九三学社海曙区基层委员会社会服务……112

群众团体

海曙区总工会……113
概况……113
庆祝“五一”国际劳动节暨劳模工匠先进代表座谈会……114
2022宁波海曙“乡旅惠”（第二季）启动……114
宁波市首场新就业形态企业集体协商现场观摩会在海曙举办……114
升级打造“家人你好”集合直播服务平台……114
海曙区工会第八次代表大会召开……114
共青团海曙区委员会……115
概况……115
“青年之家”城隍庙枢纽站……115
共青团宁波市海曙区十四届四次全委（扩大）会议……115
建团100周年纪念活动……115
共青团宁波市海曙区第十五次代表大会……115
民生实事项目“亲青课堂”暑托班……115
“青春奋进‘两个先行’争当窗口卓越青年”基层团干部培训班……116
全国首创“共富中转站”载体……116
2022年度海曙区青年工作联席会议……116
全国少工委委员、全国少先队名师工作室带头人调研少先队社会化工作……116
海曙区妇女联合会……116
概况……116
家庭教育宣传……117
家庭文明建设……117
妇女儿童阵地建设……117
未成年人遭受性侵害防治及干预……117
出台海曙区妇女和儿童发展“十四五”规划……117
海曙区妇联十一届七次执委（扩大）会议暨综合素质培训班……118
举办宁波市首场公益家政云集市……118
举办海曙区女性领导力培训班……118
海曙区工商业联合会……118
概况……118
民营企业服务社会……118
优化营商环境……118

深化商会改革…… 118
召开基层商会秘书长年度会议…… 118
成立“老兵就业创业联盟”…… 118
成立“共享法庭”…… 118
召开“阵地建设提升年”动员会…… 119
省工商联到海曙调研…… 119
召开“政治事业双传承”座谈会…… 119
全区清廉民营企业建设推进会…… 119
相继成立杭州、上海两地的海曙商会…… 119
海曙区文学艺术界联合会…… 119
概况…… 119
区文联第三次会员代表大会…… 120
“宋韵文化”艺术周…… 120
“艺·曙说”文艺宣讲…… 120
首届“青年文艺之星”评选…… 120
“艺术乡建”工作…… 120
海曙区残疾人联合会…… 120
概况…… 120
残疾人就业工作…… 121
残疾人民生实事项目建设…… 122
疫情期间残疾人保障服务…… 122
“灿益工坊·印象宁波”纳入2022年杭州亚残运会残疾人事业展示点…… 122
海曙区率先推出残疾人证与爱心卡“一次办”服务…… 122
海曙区人民政府残工委全体（扩大）会议暨区残联六届主席团五次会议…… 122
首家乡级残疾人专门协会成立…… 122
海曙区残疾人联合会第七次代表大会…… 122
“曙光里”残疾人综合服务中心启用…… 122
海曙区红十字会…… 123
概况…… 123
三救三献…… 123
红十字组织建设…… 123
红十字宣传教育…… 123
红十字青少年教育…… 123
红十字志愿服务…… 124
造血干细胞捐献…… 124
“5·8”人道公益日网络众筹…… 124
爱心义卖…… 124
应急救护工作动员部署会…… 124

法治·军事

政法综治…… 125
概况…… 125
“平安海曙”建设…… 125
数字法治系统建设…… 125
执法监督工作…… 125
政法队伍建设…… 126
区委政法工作会议…… 126
全区建设平安海曙工作会议暨“平安护航二十大、除险保安迎亚运”动员部署会…… 126
依法治区…… 126
概况…… 126
法治政府建设…… 126
首创“行政复议观察员”制度…… 126
行政执法监督…… 126
行政规范性文件管理…… 126
社会治理…… 126
概况…… 126
健全优化基层治理指挥体系…… 127
健全优化基层治理管理模式…… 127
健全优化基层治理多跨应用体系…… 127
健全优化基层治理风险防范体系…… 127
公　安…… 127
概况…… 127
行业场所管控工作…… 127
刑事侦查…… 128
危爆物品管控…… 128
警企服务…… 128
政务服务一体化新体系建设…… 128
户证办理…… 128
海曙公安与阿里资产平台签署战略合作…… 129
交　警…… 129
概况…… 129
强化道路交通事故防控…… 129
提升城市交通治理水平…… 129
筑牢交通安全宣传阵地…… 129
检　察…… 129
概况…… 129
刑事检察…… 129
民事检察…… 130
行政检察…… 130
公益诉讼…… 130
检察参与区域社会治理…… 130
司法为民…… 130
海曙区涉案未成年人家庭教育指导中心成立…… 130
海曙区营商环境投诉监督中心成立…… 131
法　院…… 131
概况…… 131
刑事审判…… 131
民商事审判…… 131
行政审判…… 131

案件执行…… 132
人民法庭建设…… 132
法院数字化改革…… 132
司法行政…… 132
概况…… 132
人民调解…… 133
社区矫正…… 133
公共法律服务…… 133
推出全省首支原创法律援助题材民谣音乐MV《永不熄灭的光》…… 133
洞桥司法所优秀调解案例获中央电视台宣传…… 133
成立宁波市律师协会海曙分会…… 133
人民防空…… 134
概况…… 134
人防宣传教育…… 134
人民武装…… 134
概况…… 134
国防动员与基层组织建设…… 134

农业农村·乡村振兴

综　述…… 135
概况…… 135
“南塘河”农业区域公用品牌…… 135
农业经济…… 135
概况…… 135
郭斌养鲤场入选省级渔业共富主体…… 136
海曙区茶叶获评第15届森博会两项金奖…… 136
农业执法…… 136
概况…… 136
海曙区农业行政许可案卷连续2年获评全省优秀…… 136
开展“绿剑”行动守护“舌尖”安全…… 137
高标准完成农产品质量安全全程追溯试点创建…… 137
农业产业化…… 137
概况…… 137
海曙区农业农村高质量发展大会…… 137
海曙区“稻虾共生”生态种养模式…… 137
首个市级精品绿色农产品基地建设…… 138
农业机械化…… 138
概况…… 138
海曙未来农场上榜首批省级现代化农事服务中心创建名单…… 138
再获省级特色产业农业“机器换人”高质量发展先行县…… 138
农村经营管理…… 138
概况…… 138
探索农村承包地数字化管理模式…… 138
先行先试建设省级村集体资产管理应用场景…… 139
村经济合作社运行问题专项治理…… 139
乡村振兴…… 139
概况…… 139
低收入农户增收…… 139
省级美丽乡村特色精品村…… 140
省级数字化场景先行村…… 140

水利·防汛防台抗旱

水　利…… 141
概况…… 141
推进治水项目…… 141
污水排放治理…… 141
深化河湖监管…… 141
力推水质提升…… 141
涉水问题处置…… 142
供水节水…… 142
公众参与护水活动…… 142
宁波水利文化广场…… 142
防汛防台抗旱…… 142
概况…… 142
强化自然灾害防范应对…… 142
2022年防汛防台应急演练…… 142
推进基层防汛防台体系标准化建设工作…… 142

工业·建筑业·房地产业

工业经济…… 143
概况…… 143
国家级专精特新“小巨人”企业培育…… 143
服装中小企业数智化改造项目…… 143
中国职业装创新发展基地落户…… 144
宁波帅特龙集团入选多个国家级示范名单…… 144
工业园区升级改造…… 144
概况…… 144
工业园区改造项目…… 144
存量工业用地改造…… 144
工业地块谋划持续推进…… 144
宁波望春工业园区…… 144
概况…… 144
宁波望春工业园区获得市级相关荣誉…… 145
凯德·启望中心启动运营…… 145
建筑业…… 145
概况…… 145
持续落实工程建设领域保证金制度改革…… 145

在建工程“红色工地”创建 …… 145
全区装配式建筑项目稳步发展 …… 145
建筑行业领域碳达峰碳中和 …… 145
开展建筑业企业“双随机”检查工作 …… 145
海曙区建筑业大会 …… 146
房地产业 …… 146
概况 …… 146
房地产市场联合专项检查工作 …… 146
整顿规范存量房交易行为 …… 146
研究落实房地产企业纾困政策 …… 146
强化房地产企业预售资金监管力度 …… 146
试点开展房票新政策 …… 146
奖补项目资金绩效及监督管理工作 …… 146
安置房与保障性租赁用房建设 …… 146
概况 …… 146
姚丰村旧村改造村民安置房项目完工 …… 147
雄镇地块安置房项目开工 …… 147
后仓恒立地块安置房项目开工 …… 147
段塘安置房二期（环城西路以西2号地块）项目完工 …… 147
望春工业园区保障性租赁住房项目开工 …… 147
横港地块保障性租赁住房工程开工 …… 147
段塘安置房三期（环城西路以西1号地块）工程完工 …… 147
丽园南路安置房工程开工 …… 147
住房保障、老旧小区及棚户区改造 …… 147
概况 …… 147
公共租赁住房保障 …… 148
一线环卫工人房屋租赁政策保障 …… 148
超额完成保障性租赁住房省、市两级民生实事考核目标 …… 148
城镇住房保障受益覆盖率指标完成总量位列全市第一 …… 148
农村住宅危房改造治理补助 …… 148
绿色社区创建 …… 148
棚改计划项目建设 …… 148
城镇老旧小区改造 …… 148
海曙区历史建筑测绘建档工作在质检验收中获评优秀 …… 148

综合经济管理

发展规划管理 …… 149
概况 …… 149
规划管理 …… 149
《海曙区2022年国民经济和社会发展计划》编制 …… 149
经济体制改革 …… 149
概况 …… 149
实行医疗保障定点医药分级分类管理 …… 150
“浙里营商数字化平台”建设 …… 150
国有资产管理 …… 150
概况 …… 150
全区盘活存量资产扩大有效投资专项行动 …… 150
国资监管体系强化健全 …… 150
落实省委关于推动国有企业党建整体建强的要求 …… 150
海曙国有资本投资经营集团有限公司 …… 151
概况 …… 151
区城乡有机更新和产业投资基金组建 …… 151
海曙国投集团承建工程项目 …… 151
提升丁家湾片区整体开发体量 …… 151
海曙国投集团城市服务业务 …… 151
海曙开发建设投资集团有限公司 …… 151
概况 …… 151
资产运营多元发展 …… 152
非公开公司债券发行 …… 152
超短期融资债券发行 …… 152
市场监督管理 …… 152
概况 …… 152
海曙十大特色伴手礼 …… 152
首创“光彩诚信贷”解企业融资“急渴” …… 152
典型案件查处 …… 152
“放心消费在浙江”建设 …… 152
工商行政管理 …… 153
概况 …… 153
企业住所自主申报承诺制 …… 153
歇业备案“一件事”改革 …… 153
“e企播”送服务解难题 …… 153
食品药品监督管理 …… 153
概况 …… 153
全市首张药品零售连锁总部委托储配许可 …… 154
首批“隔离送餐综合保险”落地 …… 154
宁波御坊堂生物科技有限公司成为全省试点 …… 154
海曙达昌行经贸有限公司入选亚运会供餐单位 …… 154
质量技术监督管理 …… 154
概况 …… 154
2022年度“区长质量奖” …… 154
海曙首个计量服务受理点揭牌 …… 155
全省唯一旋转式脱水拖把“品字标”企业 …… 155
新修订质量奖管理办法 …… 155
物价监督管理 …… 155
概况 …… 155
殡葬服务收费检查 …… 155

"双减"及教育收费专项检查 …… 155
月饼市场专项清查…… 155
知识产权保护……155
概况…… 155
促成全省首单专利FTO侵权责任保险落地 …… 155
知识产权质押融资服务 …… 156
首届高校知识产权成果展示交易会…… 156
5家企业入选首批省级知识产权示范企业名单 …… 156
审　计……156
概况…… 156
财政审计…… 156
投资审计…… 156
经济责任审计…… 156
推进科技强审…… 156
专项审计调查…… 156
内部审计指导服务…… 156
统　计……156
概况…… 156
基层统计网格智能化管理…… 157
开展统计督察反馈问题整改…… 157
安全生产监督管理……157
概况…… 157
持续加大消防安全专项整治力度…… 157
推进"除险保安"大排查大整治 …… 157
加快完善安全生产责任体系建设…… 157
行政审批管理和公共资源交易管理……158
概况…… 158
推出"曙居易"流动人口一件事联办 …… 158
打造"群众等候不超过15分钟"惠民新场景 …… 158
"高山代办2.0版"升级"家门口"智慧服务 …… 158
"快速招标"受理服务助推工程项目加速跑 …… 158
打造"海小易"限额以下工程项目选取场景 …… 158
破解招标代理机构监管难题…… 158
持续优化基建投资项目"全过程、一站式"服务…… 158

商贸·经济合作

现代服务业……159
概况…… 159
首家本土从事证券服务业务的会计师事务所…… 159
商贸流通……160
概况…… 160
海曙区促消费工作获省政府激励…… 160
承办2022宁波购物节暨"浙里来消费"开幕式及活动…… 160
获评第二批"宁波老字号" …… 160
杰迈众创园创建为2022年度"一刻钟便民生活圈" …… 160
天一广场Ⅳa区改造焕新 …… 161
市场运行……161
概况…… 161
落实防疫保供任务…… 161
石碶市场区……161
概况…… 161
石碶市场区综合改造提升…… 162
面向市场经营主体纾困惠企…… 162
招商引资……162
概况…… 162
开展系列企业服务活动…… 162
秀水街历史街区改造提升项目签约…… 162
海曙区委经济工作会议暨产业高质量发展大会…… 162
宁波阿里云创新中心基地启用…… 162
总部经济……163
概况…… 163
蛙声科技落户…… 163
中铁四局浙东总部落户海曙区…… 163
华康保代互联网业务经营中心落户…… 163
对外经济贸易……163
概况…… 163
入选浙江省第三批内外贸一体化改革试点产业基地…… 163
获评省级优秀海外仓与华侨仓…… 163
开放型经济获奖情况…… 163
新增省级示范型外贸综合服务平台…… 163
宁波狮丹努集团获"2022年浙江本土民营跨国公司领航企业"称号 …… 163
电子商务……164
概况…… 164
巩固省数字生活新服务样板区创建成果…… 164
完成2021年度电商政策兑现 …… 164
各类电子商务载体提升能级…… 164
强化服务电商水平…… 164
建设直播共富工坊…… 164
直播电商政策宣讲…… 164
东西部协作……165
概况…… 165
专项协作激励机制实施…… 165
喜德县考察团到海曙考察…… 165
海曙考察团到喜德县考察…… 165
消费帮扶…… 165
对口合作……165
概况…… 165
珲春市考察团到海曙考察…… 165

海曙考察团到珲春市考察…… 165
五河县考察团到海曙考察…… 166
英山县考察团到海曙考察…… 166
山海协作对口帮扶…… 166
概况…… 166
结对帮扶庆元县相关情况…… 166
庆元县党政代表团到海曙考察…… 167
海曙区党政代表团赴庆元考察…… 167
供销合作…… 167
概况…… 167
落实金融惠农措施…… 167
助力春笋销售…… 167
疫情防控期间落实居民购菜保障任务…… 167
第四届海曙区开茶节…… 168
农夫市集活动…… 168
第二届“庆丰收、共富裕”农产品展销会 …… 168
粮食流通…… 168
概况…… 168
粮食应急保障…… 168
新增地方储备粮规模…… 168
探索“五优联动”新模式 …… 168
小麦收购完成…… 168
夏粮收购完成…… 168
中晚稻收购完成…… 168

数字海曙

数字经济产业…… 169
概况…… 169
数字转型融合赋能…… 169
服装行业中小企业数字化改造…… 169
入选首批省数字生活新服务标杆区创建名单…… 169
“数智甬水”党建联建“E企享” …… 170
智能制造联盟…… 170
通　信…… 170
概况…… 170
海曙移动参与省级未来社区建设…… 170
海曙移动5G园区项目 …… 170
海曙联通数字融合创新…… 171
海曙电信打造安全社会…… 171
海曙电信承建恶劣天气文物灾害预警监测处置平台…… 171
浙江移动天宁营业厅手机服务中心落户…… 171
大数据发展服务…… 171
概况…… 171
实施《〈浙江省公共数据条例〉海曙区宣贯方案》…… 171
深化多跨协同场景应用…… 171
深化“三个掌上建设” …… 171

交通 · 邮政 · 口岸

交通建设…… 173
概况…… 173
228国道海曙段工程（通途路—鄞县大道）通过审查…… 173
密北线（K0+000～K7+500）改造提升工程完工通车…… 173
309省道鄞州至开化公路荷梁线（鄞江—章水）公路工程开工建设…… 173
运输管理…… 174
概况…… 174
重大节假日运输保障…… 174
交通领域打非治违…… 174
迎亚运“两路两侧‘三化一平’”路域环境整治 …… 174
交通执法规范化建设…… 174
抢通“梅花”台风受灾214省道喇叭口 …… 175
铁路宁波站…… 175
概况…… 175
铁路宁波站区域疫情防控…… 175
“奋战一百天　迎接二十大”综合秩序百日专项整治行动…… 175
铁路宁波站区域文明城市创建…… 175
“同一片海”党建志愿服务 …… 176
宁波汽车南站…… 176
概况…… 176
严格落实车站安全生产工作…… 176
汽车南站文明城市创建…… 176
3561服务特色品牌建设 …… 176
宁波汽车客运中心…… 177
概况…… 177
宁波汽车客运中心春运保障…… 177
宁波汽车客运中心文明城市创建…… 177
宁波栎社国际机场…… 177
概况…… 177
机场疫情防控…… 177
宁波、舟山两机场互为异地货站项目揭牌 …… 178
开通国际商务包机…… 178
开通首条第五航权货运航线…… 178
宁波栎社国际机场跑滑系统优化工程竣工…… 178
轨道交通建设…… 179
概况…… 179
宁波轨道交通6号线征拆及政策保障 …… 179
轨道交通8号线征拆及政策保障工作 …… 179
公共停车管理…… 180

概况…… 180
智慧泊车…… 180
邮 政…… 180
概况…… 180
成立全市邮政系统首个扫黄打非基层工作站…… 180
邮快合作打通快递进村“最后一公里” …… 180
海曙邮政管理局成立…… 181
宁波市“亲青小哥”关心关爱行动启动仪式 …… 181
海 关…… 181
概况…… 181
应对技术性贸易措施…… 181
RCEP实施工作 …… 182
验估工作…… 182
检验检疫工作…… 182
打击走私…… 182

财税·金融

财 政…… 183
概况…… 183
财政惠企…… 183
民生领域财政支出…… 183
财政改革…… 183
强化财政管理…… 183
税 务…… 183
概况…… 183
“依法治税”工作 …… 184
《关于进一步深化税收征管改革的意见》落实 …… 184
“我为纳税人缴费人办实事暨便民办税春风行动”…… 185
金融监管…… 185
概况…… 185
地方金融组织监管…… 185
金融服务…… 185
概况…… 185
海曙区中小微企业贷款贴息政策…… 185
全市首创“绿色保险+绿色信贷”模式 …… 185
全省首创专利FTO侵权责任保险 …… 185
推出新市民综合保险…… 185
全面升级政策性小微企业财产保险…… 185
全省首创首版次软件综合创新保险…… 186
全国首创数据知识产权安全保险…… 186
上市服务…… 186
概况…… 186
海曙区上市公司董秘座谈交流会…… 186
拟上市企业、专精特新企业、人才企业培训会 …… 186
银 行…… 186
概况…… 186
工商银行宁波市分行…… 187
浦发银行宁波分行…… 187
中信银行海曙支行…… 187
中国农业银行海曙支行…… 187
中国银行海曙支行…… 187
中国建设银行海曙支行…… 187
交通银行海曙支行…… 187
宁波银行湖东支行…… 187
保险机构…… 187
概况…… 187
中国人民财产保险股份有限公司宁波市分公司…… 187
中国太平洋财产保险股份有限公司宁波分公司…… 187
中国人寿保险股份有限公司宁波分公司…… 188
中国人民人寿保险股份有限公司宁波市分公司…… 188
泰康人寿保险有限责任公司宁波分公司…… 188
新华人寿保险股份有限公司宁波分公司…… 188
地方金融组织…… 188
概况…… 188
宁波海曙永鑫小额贷款股份有限公司…… 188
宁波市海曙鹏源小额贷款有限公司…… 188
宁波金江互联网小额贷款有限公司…… 188
浙江香溢德旗典当有限责任公司…… 188
宁波典当行有限责任公司…… 188
宁波市民通典当有限公司…… 188
宁波鑫义典当有限公司…… 188
浙江香溢融资租赁有限责任公司…… 188
国骅融资租赁有限公司…… 188
宁波富博融资租赁有限公司…… 188
浙江蚕豆融资租赁有限公司…… 188
宁波渔业融资担保有限公司…… 188
宁波农信融资担保有限公司…… 188
海曙中小企业融资担保有限公司…… 188

旅 游

综 述…… 189
概况…… 189
成立全市首个乡村全域旅游共富联盟…… 189
入选2022年省休闲农业与乡村旅游精品线路 …… 189
2022乡村旅游季暨全域旅游示范区创建 …… 189
旅游开发与建设…… 190
概况…… 190
“微改精提”工程 …… 190
梳理海曙文旅家底…… 190
新增旅游景区镇（乡）街道 …… 190
旅游营销和节庆活动…… 191
概况…… 191

"云尚海曙·美好生活"线上文旅体融合品牌 ········ 191
2022宁波海曙"乡旅惠"惠民活动 ························ 191
山海协作人才养研基地建设及职工疗休养推介
活动 ·· 191
参加"游诗画浙江，蜀浙里好玩"2022浙江（四川）
旅游交易会 ·· 191
2022宁波国际旅游展 ································· 192
"百县千碗"美食集活动 ······························ 192
旅游行业管理 ·· **192**
概况 ·· 192
2022年浙江省导游大赛优秀奖 ······················ 192
浙江春秋国际旅行社有限公司新评定为五星级
旅行社 ·· 192
天一阁·月湖景区 ······································ **193**
概况 ·· 193
天一阁·月湖景区获评"浙江省智慧景区" ··········· 193
"十洲宋韵 千载华裳"—五一汉服云游园活动 ······· 193
"无垠·湖上"天一阁月湖中东欧线上音乐会 ········ 193
"艺·无涯"—天一阁·月湖公共艺术大赛 ··········· 194
"清廉宁波·你我同行"走进海曙活动 ················ 194
"焕新BACK TO MINE"天一阁·月湖线上迎新
音乐会 ·· 194
五龙潭景区 ··· **194**
概况 ·· 194
景区内地质灾害点整治 ································· 194

自然资源管理·生态环境保护

自然资源管理 ·· **195**
概况 ·· 195
推行林权类不动产登记"整村推进"发证模式 ········ 195
落实"林长制"年度工作目标任务 ····················· 196
全国自然资源节约集约示范县（市）创建 ············ 196
启动实施"田长制" ···································· 196
推进不动产登记相关工作任务 ························ 196
环境综合治理 ··· **196**
概况 ·· 196
《海曙区生态环境保护"十四五"规划》发布 ········· 197
《高质量发展建设新时代美丽海曙规划纲要
（2021—2035年）》发布 ······························ 197
创建首批市级"无废城市细胞"46个 ················· 197
成立海曙区生态环境志愿者联盟、聘任特邀观
察员 ·· 197
一镇四村（社区）创建成为全省第二批低（零）
碳试点 ·· 197
《海曙区全域"无废城市"建设实施方案
（2022—2025年）》印发 ······························ 197
《海曙区"曙有碧水"水质监测考核专项行动方案》
印发 ·· 197
环境质量监测 ··· **198**
概况 ·· 198
上线"无污染城区"特色场景应用 ···················· 198
实现主要河道水质自动监测全覆盖 ··················· 198
全区环境质量自动监测网络建设 ····················· 198
环境执法监管 ··· **198**
概况 ·· 198
生态环境安全"除险保安"专项行动 ················· 198
三类"园区、企业、设施"安全生产专项整治
行动 ·· 198
"科所联动巩固零直排，利剑斩污护航二十大"
专项检查行动 ·· 199
生态文明建设 ··· **199**
概况 ·· 199
海曙区获评"美丽浙江十大样板地" ·················· 199
"生态海曙·绿色共富"2022年浙江生态日主题
宣传活动 ··· 199
龙观生物多样性友好体验馆入选省首批生物多样
性体验地 ··· 199
海曙区获评国家生态文明建设示范区 ················ 199
海曙区两名代表受邀参加联合国COP15
第二阶段会议 ·· 199
能源管理 ·· **199**
概况 ·· 199
加快推进碳达峰碳中和 ································· 200
清洁能源开发利用实现倍增 ··························· 200
段塘中路节能降耗项目 ································· 200
长输油管道安全保护 ··································· 200
打造数智化空调负荷智能监测平台 ··················· 200
与中国电力国际发展有限公司签订战略
合作协议 ··· 200
辖区企业获评碳中和绿色创新示范企业 ············· 200

城乡建设与管理

国土空间规划 ··· **201**
概况 ·· 201
启动海曙区控制性详细规划评估 ······················ 202
启动海曙区行政村村庄规划评估 ······················ 202
完成"三区三线"划定 ································· 202
实景三维模型全区域覆盖 ······························ 202
完成城市地下市政基础设施普查 ····················· 202
房屋征收 ··· **202**
概况 ·· 202
房屋征收项目 ·· 202

安置房源管理…… 203
旧村改造…… 203
概况…… 203
涉重大项目房屋征收工作…… 203
“拔钉清零净地保供”百日攻坚专项行动 …… 203
安置房建设与交付…… 203
法治拆迁…… 203
“三改一拆”专项行动 …… 204
概况…… 204
旧住宅改造…… 204
旧厂区改造…… 204
城中村改造…… 204
新增违法建筑管控…… 204
“两路两侧”“四边三化”环境综合整治 …… 204
存量违法建筑拆除…… 204
市政建设…… 204
概况…… 204
翠柏路（柳汀街—蔡家河）综合整治工程验收 …… 204
万兴路（万隆路—皎河路）道路工程验收 …… 205
工业互联网配套道路工程验收…… 205
新星商业1号地块西侧桥梁工程验收 …… 205
联丰路（机场路—薛家路）改扩建工程验收 …… 205
段塘万科地块配套道路及附属工程验收…… 205
五江口雅戈尔地块配套道路工程验收…… 205
范江岸路（规划20米路—望童北路）道路工程验收…… 205
段塘中路（看经路—环城西路）道路工程验收…… 205
段塘西路（丽园南路—环城西路）道路工程验收…… 205
鄞县大道（秋实路—横街南路）改造工程验收 …… 206
春城花园中间配套路工程验收…… 206
望春工业园区丰泰路（科泰路—科研路）道路工程验收…… 206
后仓安置地块配套道路工程验收…… 206
望春工业园区丰成路（科泰路—科研路）道路工程验收…… 206
公建类项目建设…… 206
概况…… 206
宁波市社会体育指导中心改造提升暨新建游泳馆工程完工…… 206
保利天悦东侧地块（体育公园）工程完工 …… 206
恒威海上花院南侧地块（体育公园）工程完工…… 206
长春门文化公园二期工程完成初步验收…… 206
南站区域开发建设…… 207
概况…… 207
宁波枢纽庄桥至宁波段增建三四线工程…… 207
宁波西枢纽客运直通线工程…… 207
公用事业…… 207
概况…… 207
电网建设…… 207
编制《海曙区电力设施专项规划实施方案》 …… 208
城市管理…… 208
概况…… 208
“大综合一体化”行政执法改革 …… 208
城乡环境整治提升百日攻坚专项行动…… 208
执法队伍规范化建设…… 208
开展养犬管理整治…… 208
燃气安全专项执法整治…… 209
建筑垃圾专项整治工作…… 209
箱体飞线美化行动…… 209
车辆违法占道专项整治…… 209
户外广告专项整治…… 209
城乡一体化服务监管执法平台应用…… 209
市容管理…… 209
概况…… 209
“迎亚运”外立面整治提升行动 …… 210
市容环境卫生责任区管理…… 210
“两点一房”改造提升 …… 210
分类投放设施问题“清单制销号”工作 …… 210
装修（大件）垃圾管理体系 …… 210
重点行业生活垃圾分类专项检查…… 210
公厕改造提升…… 210
“席地而坐”城市客厅示范区创建 …… 211
设施养护…… 211
概况…… 211
市政道路养护…… 211
照明设施提升…… 211
燃气行业监管…… 211
智慧赋能创新精细化养管…… 211
通途西路花卉大道改造…… 211
“口袋公园”与“甬小园”建设 …… 211
桥头“跳车”专项整治 …… 212
积水点改造…… 212
桥梁养护…… 212
重点公园绿地提质改造…… 212

科　技

综　述…… 213
概况…… 213
2022年市科技活动周启动式在海曙举办 …… 213
举办宁波—芬兰科技合作交流大会…… 213

蓝卓supOS工业操作系统蝉联工信部“双跨”平台…… 213
科技创新…… 213
概况…… 213
首届海曙“科创中国”赛道明星开班…… 214
工研院入选首批国家级“科创中国”创新基地公示名单…… 214
工研院获批建设“国字号”人工智能开放创新平台…… 214
科技项目与科技成果…… 214
概况…… 214
百家企业跻身国家高新技术企业榜单…… 215
科普工作…… 215
概况…… 215
科协组织建设…… 215
“高端智力海曙行”活动…… 215
推进“银龄跨越数字鸿沟”项目…… 216
“科创中国　科技六一”活动…… 216
气象科技与防灾减灾…… 216
概况…… 216
加快推动高质量气象现代化建设…… 216
开拓宁波城市景区气象保障…… 216
持续提升气象服务共同富裕能力…… 216
极端气象条件对宁波地区呼吸系统疾病影响评估研究…… 216
基层气象防灾减灾水平建设…… 216

教　育

综　述…… 217
概况…… 217
教学成果获评浙江省政府教学成果奖…… 217
获评2021年度全国青少年足球特色学校…… 217
获评2021年浙江省现代化学校…… 218
原创视频“战疫三部曲”…… 218
《海曙区中小学生劳动教育清单》发布…… 218
区教育局获相关荣誉…… 218
学前教育补短提升工程获评宁波市政府督查激励事项…… 218
海曙中心小学（西校区）垃圾分类工作获评全国性示范重点单位…… 218
小学生综合素质评价“海曙模式”入选省级试点…… 218
海曙区教育大会召开…… 218
海曙中学开工建设…… 218
学前教育…… 218
概况…… 218
入选首届浙江省教书育人楷模…… 219
获评省二级幼儿园…… 219
入选“2022年浙江省先进教研组”…… 219
义务教育…… 219
概况…… 219
入选浙江省城乡义务教育共同体区域和学校典型案例名单…… 219
启动中小学生寒假托管服务…… 219
获评省、市级清廉学校…… 219
首个跨区域“诗教联盟”…… 219
与舟山市定海区跨地区教共体结队…… 219
推出浙江省“浙里问学”免费在线答疑服务…… 219
承办宁波市基础教育改革论坛…… 220
获评浙江省“新时代好少年”…… 220
获全国中学生手球锦标赛一等奖…… 220
获评浙江省健康促进学校与近视防控特色学校…… 220
入选浙江省“双减”优秀实践案例…… 220
石碶街道实验小学入选全国航天特色学校…… 220
获全国第七届中小学生艺术展演活动一等奖…… 220
民办教育…… 220
概况…… 220
海曙区学科类校外培训机构全面“清零”…… 221
社区教育…… 221
概况…… 221
“海之梦”中小学生社会实践活动…… 221
“海贝计划”获评全国终身学习品牌项目…… 221
特殊教育…… 221
概况…… 221
特殊教育教师获奖情况…… 221
第五届随班就读学生运动会…… 221
教师队伍建设…… 222
概况…… 222
在宁波市中小学青年教师教学技能竞赛中获佳绩…… 222
获评2021年浙江教育年度影响力人物…… 222
“未来学校”校长培育…… 222
4名教师获2022年浙江省“春蚕奖”…… 222
向对口合作地区选派教师…… 222
第八届“美德教师”评选…… 222
喜德县16名学前骨干教师来海曙跟岗…… 222
海曙区获宁波市少先队辅导员“双技”比赛团体七连冠…… 222

文化·新闻

公共文化…… 223
概况…… 223

入围省文旅厅首批"促进人民群众精神富有"试点市县 …… 223
推进"浙文惠享"省民生实事工程 …… 223
"曙悦·送演出进基层"文化惠民工程 …… 223
公共文化队伍建设 …… 224
文化产业 …… 224
概况 …… 224
南塘老街入选第二批国家级夜间文化和旅游消费集聚区 …… 224
举办海曙区第四届"美好生活节"活动 …… 224
文物和文化遗产保护 …… 224
概况 …… 224
创建多样化非遗保护载体 …… 224
宁波府城隍庙修缮工程获"匠心杯" …… 224
全国重点文物保护单位天宁寺塔维护保养工作完成 …… 225
承办浙江省级传统工艺工作站、非遗工坊（甬台绍衢舟地区）创建会商活动 …… 225
完成辖区宋代文物资源复核工作 …… 225
海曙区非物质文化遗产保护发展指数创历史新高 …… 225
基本完成文物安全责任人公示牌安装工作 …… 225
率先完成省级以上文保单位文物安全体检评估及标准制度建设 …… 225
完成永寿街历史文化街区内涝监测设备安装 …… 225
打造省级非遗主题精品旅游线路 …… 225
举办首届海曙区非遗传承人研培班 …… 225
出台非遗资金管理办法 …… 226
新增3项市级不可移动文物保护利用优秀案例 …… 226
海曙区文博事业发展水平跻身全省"三甲" …… 226
"浙里文物安全—海曙区恶劣天气文物灾害预警监测处置平台"通过验收 …… 226
基本实现"三普"点挂牌保护全覆盖 …… 226
文化市场监管 …… 226
概况 …… 226
文化市场执法工作相关会议 …… 227
全区KTV等娱乐场所集中整治专项行动 …… 227
图书馆 …… 227
概况 …… 227
完善三级公共阅读服务网络 …… 227
"4·23"世界读书日活动 …… 227
"曙你最有戏"宁波市首届配音大赛 …… 227
爱心图书送往凉山州喜德县 …… 227
举办宁波市第七届"悦读童年"经典绘本剧创意表演大赛 …… 227
第五届海曙区中小学"绿书签—我与书房的故事"征文比赛 …… 228
海曙获评全国"书香城市" …… 228
博物馆 …… 228
概况 …… 228
"5·18"博物馆日活动 …… 228
海曙区通过乡村博物馆验收 …… 228
文化馆 …… 229
概况 …… 229
"曙你最动听"—全民嗨唱大赛活动 …… 229
舞蹈《弄潮儿》获浙江省"群星奖" …… 229
优秀基层业余文艺团队展演活动 …… 229
《群文艺术创作海曙模式》入选省公共文化服务高质量发展典型案例 …… 229
"星海曙光"数字文化馆上线 …… 229
《我们的领航人》入选浙江省"五个一工程" …… 229
新　闻 …… 229
概况 …… 229
《海曙新闻》报刊 …… 230
《海曙新闻》电视栏目 …… 230
《海曙新闻》广播 …… 230
新媒体建设 …… 230

体　育

综　述 …… 231
概况 …… 231
美丽乡村健身行跑进活力洞桥 …… 231
体育设施建设 …… 231
概述 …… 231
基层体育场地面积提升 …… 231
月湖街道迎凤社区百姓健身房投用 …… 231
竞技体育 …… 231
概况 …… 231
承办浙江省青少年足球（男子甲组）冠军赛 …… 232
举办多项青少年网球比赛 …… 232
群众体育 …… 232
概况 …… 232
获浙江省参加第14届全运会群众赛事活动突出贡献奖 …… 232
寻找美丽中华全国旅游城市定向赛宁波站活动 …… 232
全国百城千村健身气功交流展示活动（宁波站）举行 …… 232
体育产业 …… 232
概况 …… 232
热力体育消费节海曙站活动 …… 232
半山伴水度假村获评省运动休闲旅游示范基地 …… 232

卫生·健康

综　述……233
概况……233
卫生健康基础建设项目……233
卫生健康人才队伍建设……233
国际医疗服务……233
区疾病预防控制中心团支部获评全国“五四红旗团支部”……233
健康海曙……234
概况……234
开展公共政策健康影响评价……234
推进“健康细胞”工程……234
2022年度海曙区卫生健康工作会议……234
疾病防控……234
概况……234
新冠疫情防控……235
老年人免费接种流感疫苗民生实事项目……235
首次开展国家级空气污染和人体生物监测项目……235
首次开展浙江省消毒监测与评价项目……235
完成相关免疫水平监测任务……235
获评浙江省创新免疫规划优秀案例1项……235
慢性病管理……236
近视、肥胖和脊柱侧弯等学生常见病干预……236
卫生监督……236
概况……236
卫生健康非现场行政执法数字化应用……236
公共场所禁烟监管专项行动……236
打击非法行医……236
妇幼保健……236
概况……236
“两癌”筛查……237
完成首家县级3岁以下婴幼儿照护服务实训基地创建……237
生育服务……237
概况……237
超额完成宁波市卫生健康委民生工程任务……238
海曙区计划生育协会……238
医疗管理……238
概况……238
医疗质量安全管理……238
医疗对口帮扶……238
巩固高山巡回医疗服务成效……239
开展“高山服务+”延伸服务……239
中医中药管理……239
概况……239
举行浙江省针灸学会2022学术年会……239
“陆氏伤科”入选省非物质文化遗产……239
卫生健康改革……240
概况……240
紧密型医联体建设……240
医疗卫生服务领域“最多跑一次”改革……240
医疗服务行政审批……240
健康教育……240
概况……240
新冠疫情防控应急健康教育……240
开展健康素养进农村文化礼堂活动……241
拓展楼宇公共卫生特色服务……241
健康知识传播……241
健康素养水平监测……241
扩大健康促进学校创建成果……241
支持性环境建设……241
实施营养传播行动计划……241
爱国卫生运动……241
概况……241
“爱国卫生月”活动……241
“世界无烟日”活动……242
无偿献血……242
概况……242
无偿献血活动……242

人力资源和社会保障

综　述……243
概况……243
海曙区劳动人事仲裁“共享法庭”……243
人才工作……243
概况……243
海曙区青年技能人才招聘服务月活动……243
海曙区首场重点企业直播带岗宣讲会……244
海曙工程师（工匠）学院……244
2022年宁波市“世界青年技能日”主题宣传活动……244
就业创业……244
概况……244
就业见习示范基地建设……244
劳务协作对接……244
2022新春万企引才月“春风行动助优工”现场招聘活动……244
2022年海曙—喜德“东西部协作”劳务输出专场招聘会……244
2022宁波公益家政集市暨海曙区一老一小紧缺人才灵活就业对接会……244

社会保障……245
概况……245
企业职工基本养老保险全国统筹现场推进会……245
社保卡业务“云培训”……245
企业职工养老保险全国统筹……245
劳动关系……245
概况……245
欠薪投诉集中接访活动……245
人社部企业工资分配专题调研……245
劳动人事争议案件处理工作连续九年获评省级先进……245
人事管理……245
概况……245
新聘用事业人员岗前培训班……245
面向2022届优秀毕业生选聘高层次紧缺人才……246
流动人口服务管理……246
概况……246
推动企业流动人口自主申报管理……246
拓展流动人口量化积分应用服务……246
承接全市流动人口量化积分应用场景建设……246
优化流动人口服务流程……246
“数智流管”工作试点项目……246

社会生活

人民生活……247
概况……247
城镇常住居民人均可支配收入……247
农村常住居民人均可支配收入……247
城镇常住居民消费支出……247
农村常住居民消费支出……248
民政工作……248
概况……248
“志愿者+”暖心帮扶入选省民政数字化改革试点……248
开展公益性公墓附属设施建设改造工作……248
海曙区社会工作站“牵手计划”……248
“物质+服务”社会救助项目入选省级试点名单……248
海曙区社会组织党员公益日暨“红曙云助农”启动……248
入选省现代社区“五社联动”提质增效行动试点单位……249
创建全省5A级婚姻登记机关等荣誉……249
基层民主自治和社区建设……249
概况……249
新社区设立及部分社区辖区范围调整……249
首届社区治理创新项目评选……250
第三批省社区治理和服务创新实验区终期验收获评优秀……250
推进社区管理体制改革……250
医疗保障……250
概况……250
医保电子凭证全业务流程应用……250
深化长期护理保险试点……250
种植牙政策落地惠民……250
筑牢医保基金监管屏障……251
“焕然医新”项目……251
“互联网+医保”经办服务……251
医疗保障服务三级经办体系建设……251
推进医保支付方式改革……251
医疗保障基层联片机制……251
接入浙江省“智慧医保”平台……251
地名工作……252
概况……252
道路名称统一规范处置……252
开展界线联检……252
老龄工作……252
概况……252
老年人优待服务……252
养老服务机构建设……253
实施养老护理人员能力提升计划……253
“智慧养老”服务平台建设……253
老年健康服务……253
敬老月活动……253
退役军人事务……253
概况……253
退役军人服务保障体系建设……254
退役军人及其他优抚对象优待证申领……254
“志在海曙·情暖军心”退役军人志愿服务活动……254
志愿服务项目获国家、省级大赛金奖……254
税收优惠助力退役军人实现共同富裕……254
民族工作……254
概况……254
洞桥·乌恰“石榴籽”共读一本书活动……254
“甬同心·跟党走”民族团结进步宣传教育活动开展……255
宗教工作……255
概况……255
《海曙区宗教场所分布图文册》编制完成……255
《曙地庙事》编制完成……255
海曙区宗教界人士培训班……255
慈善公益……255
概况……255

推进基层慈善“四大工程”建设 …… 255
慈善义工活动 …… 256
慈善商店县学店开业 …… 256
海曙区慈善总会换届大会 …… 256
开展中华慈善日系列主题活动 …… 256
“专曙温暖”共富基金 …… 256
关心下一代工作 …… **256**
概况 …… 256
优化“假日学校” …… 257
基层关工委建设 …… 257
派出所关爱工作站实现全覆盖 …… 257
精准帮扶关爱青少年 …… 257
拓展关心下一代校外教育基地 …… 257
物业管理 …… **258**
概况 …… 258
物业提质提价 …… 258
完善物业管理机制 …… 258
实现物业住宅小区党建工作全覆盖 …… 258
“平安物业”建设 …… 258
物业项目创优评优 …… 258
诉调对接工作室合作成立 …… 258
中共宁波市海曙区物业管理协会第一届委员会成立 …… 258
实现住宅小区物业全覆盖 …… 259
81890公共服务 …… **259**
概况 …… 259
81890求助服务中心下属社会组织活动 …… 259
81890成立21周年活动 …… 259
“81890民生服务指数”发布 …… 260

镇(乡)街道

集士港镇 …… **261**
概况 …… 261
海曙区第三医院完成首次等级医院现场评审 …… 263
集士港镇平安体验馆建成开馆 …… 263
金鸡强磁钕铁硼建设项目开工 …… 263
集士港镇第二届丰收节暨“广德湖”品牌发布活动 …… 263
集士港镇农村片区首个公立幼儿园开工 …… 263
海曙区粮食中心库一期工程开工建设 …… 263
古林镇 …… **264**
概况 …… 264
段三线交通安全隐患治理 …… 266
入选省级园林城镇 …… 266
与宁波工业互联网研究院签署合作协议 …… 266
搭建古林镇综合信息指挥中心 …… 266
打响“买车到古林”金招牌 …… 266
成立古林镇乡贤理事会 …… 267
古林镇薛家小学改扩建 …… 267
古林镇区域公共服务中心建成投用 …… 267
高桥镇 …… **267**
概况 …… 267
成立曙高共同富裕基金 …… 269
获评为宁波市“书香小镇” …… 269
海曙区共享法庭(高桥镇司法所服务站)入选全省首批示范“共享法庭” …… 269
长乐未来社区项目国有土地房屋完成签约 …… 270
新庄危旧房住户腾空任务完成 …… 270
横街镇 …… **270**
概况 …… 270
海曙区首个乡村音乐教室落户 …… 272
水家工改项目 …… 272
推进横街镇全域国土空间综合整治工程项目 …… 272
党建引领助推乡村共富 …… 272
推进“一老一小”共享共富 …… 272
鄞江镇 …… **272**
概况 …… 272
朱振浩入选“浙江好人” …… 273
趣湾庄园入选省中小学劳动实践基地(第三批)暨学农基地 …… 274
国家体育总局到鄞江调研指导 …… 274
梅园革命史迹陈列馆入选浙江省乡村博物馆第一批认定名单 …… 274
举办省第13届微型党课大赛复赛电影微型党课比赛 …… 274
它山遗德庙修缮工程启动 …… 274
获评2022年度美丽城镇建设省、市级样板 …… 274
获评省AAAAA级景区镇 …… 274
洞桥镇 …… **274**
概况 …… 274
洞桥镇农贸市场搬迁并启用 …… 276
“八戒”牌提味品种西瓜获奖 …… 276
洞桥镇中心幼儿园投入使用 …… 276
洞桥镇“梅花”台风受灾情况 …… 276
洞桥镇章远社区成立 …… 276
章水镇 …… **277**
概况 …… 277
“一村一品”产业打造 …… 278
“云上樱花 共同富裕”党建联盟成立 …… 278
浙贝母传承创新专家工作站成立 …… 279
樟溪河水毁修复项目完成 …… 279
平安护航队成立 …… 279

推进“云上健康 共富共享”项目 …… 279
入选浙江省第二批低（零）碳乡镇创建名单 …… 279
“樟村浙贝”高质量振兴发展研讨会 …… 279
龙观乡 …… 280
概况 …… 280
龙观乡探索开展生态产品价值实现机制试点 …… 281
省党建现场会召开 …… 281
龙观乡到加拿大参加联合国COP15第二阶段会议 …… 282
石碶街道 …… 282
概况 …… 282
设立石碶街道江上社区 …… 284
成立“一琦”普法工作室 …… 284
李如成获得慈善楷模奖 …… 284
全国注资规模最大的养老主题共同富裕慈善信托成立 …… 284
海曙区首个战略性新兴产业园启用 …… 284
成立石碶街道应急管理中心 …… 284
获评浙江省金牌调解室 …… 284
月湖街道 …… 285
概况 …… 285
“阳光里”康养联合体建设 …… 285
优化提升月湖金汇党群服务中心 …… 285
探索建立社区家风建设指数体系 …… 286
获评全国先进基层群众性自治组织 …… 286
西门街道 …… 286
概况 …… 286
天一智慧谷“侨胞之家”获评浙江省“五星级侨胞之家” …… 287
西门街道“甬爱e家”新就业群体站点启用 …… 287
获评浙江省高标准生活垃圾分类示范片区 …… 288
西门街道召开首届乡贤大会 …… 288
江厦街道 …… 288
概况 …… 288
编外职工绩效改革 …… 288
中医药特色街区郡庙甬安里项目开街 …… 288
“江厦智治”1.0版本上线运行 …… 288
江厦启动“智汇三江”高层次人才云路演大赛 …… 289
东渡路街区更新工程通过验收 …… 289
整治灵桥市场消防隐患 …… 289
成立全省首批楼宇型商业社区 …… 289
莲桥第南片区房屋征收项目补偿协议生效 …… 289
南门街道 …… 289
概况 …… 289
万安社区垃圾案例入选住建部“我为群众办实事”典型案例 …… 291
南门街道禁毒办贺元英获评“浙江好人” …… 291
宁波工业互联网研究院获评市首批省技术创新中心 …… 291
完成马园社区零星老旧房屋收购与祖关山路项目征收工作 …… 291
南塘老街入选第二批国家级夜间文化和旅游消费集聚区 …… 291
打造“四位一体”老年助餐体系 …… 291
宁波博洋服饰集团获评国家知识产权优势企业 …… 291
郎官社区入选省共同富裕现代化基本单位“一老一小”场景 …… 292
入选省2021年度治违控违示范街道 …… 292
宁波工业互联网研究院开园 …… 292
获评省五星级食安办 …… 292
鼓楼街道 …… 292
概况 …… 292
1844商业街区焕新 …… 293
打造商圈新业态新就业群体综合服务平台 …… 293
苍水社区获评市级老年友好型社区 …… 293
西北街地块改造项目签约工作清零 …… 293
海曙区“鼓楼·同心荟”启用 …… 293
广仁街地块征收项目签约清零 …… 294
鼓楼街道老旧小区改造完成 …… 294
白云街道 …… 294
概况 …… 294
宝善社区善食堂对外营业 …… 295
安丰社区获评全国首批“社区青春行动”试点优秀社区 …… 295
全区首家社区托育机构开园 …… 296
望春街道 …… 296
概况 …… 296
清风社区获全国儿童友好示范社区称号 …… 297
清风社区“侨胞之家”获评浙江省“五星级侨胞之家” …… 297
中塘路剩余地块住宅收购项目开出首张数字房票 …… 298
水岸心境社区被评为2022年度浙江省第二批未来社区 …… 298
段塘街道 …… 298
概况 …… 298
鄞奉滨江公园开园 …… 299
丁家地块（A片区）征收完成 …… 299
新典桥建成通车 …… 299
桥下空间环境整治 …… 299
首推产业工人子女暑期托管服务 …… 300
试点安置房回购新模式 …… 300
雄镇小区征收项目完成 …… 300
段塘街道文体中心建成 …… 300

锦堂佳苑、丽棠景苑两小区安置房抽签定位 …………… 300
段塘街道2022年度老旧小区改造工程完工 …………… 300
雄镇社区“一老一少”服务场景案例入选省未来
社区典型案例 …………… 300

人 物

2022年“全国工人先锋号”获得者 …………… 301
国家税务总局宁波市海曙区税务局第一税务所 …………… 301
2022年“浙江工匠”获得者 …………… 302
徐 丹 …………… 302
2022年“浙江好人”“宁波好人”获得者 …………… 302
陈 奕 …………… 302
郭丽娜 …………… 302
朱振浩 …………… 302
贺元英 …………… 302
张登奎 …………… 302
干伟良 …………… 303
邵 莉 …………… 303
戴文夫 …………… 303
周婉喆 …………… 303
何海丰 …………… 303
陈冰冰 …………… 303
汪培国 …………… 303
赵 鑫 …………… 303
陈荣峰 …………… 304
钱华祥 …………… 304
顾婷芬 …………… 304
尹大庆 …………… 304
陈爱冰 …………… 304
吴加根 …………… 304
何卫东 …………… 304

附 录

文件选编 …………… 305
关于全面推行田长制的实施意见 …………… 305
关于深化“匠心汇海”技能人才提升计划
加快新时代海曙工匠队伍建设的实施意见 …………… 307

索 引

主题词索引 …………… 309
表格索引 …………… 316

特　载

全面学习贯彻党的二十大精神
坚定捍卫“两个确立”坚决做到“两个维护”
奋力在中国式现代化进程中争先行创卓越

徐　强

2022年12月25日

一、总结成绩、鼓舞干劲，坚定在中国式现代化进程中争先行、创卓越的信心决心

即将过去的2022年，是新一届区委的开局之年。面对严峻复杂的外部发展环境、超出预期的多重压力挑战，区委常委会团结带领全区上下深学笃行习近平新时代中国特色社会主义思想，紧扣迎接和学习宣传贯彻党的二十大这条主线，坚决落实中央决策、省委部署、市委要求，坚持稳中求进工作总基调，围绕“疫情要防住、经济要稳住、发展要安全”重大要求，主动作为、创新作为、有效作为，实现了卓越城区的良好开局。面对上级重大部署，我们坚定且坚决。主动扛起迎接党的二十大胜利召开的重大政治责任，完成平安护航等各项任务，广泛开展党的二十大精神理论学习和基层宣讲，迅速掀起学习宣传贯彻热潮，切实把广大党员干部群众的思想和行动统一到党中央决策和省市党代会部署要求上来。面对卓越城区未来，我们谋局更布局。集中精力谋划一批牵引性强、带动性大的标志性抓手，十大行动计划高效推进，十大重点区块全面破题，十大前期项目落地转化，走上了发力突破的精彩蝶变之路。把资源和力量汇聚到事关长远的大事要事上来，首次召开区委教育、文化、治水大会，实施“信访积案化解”“城乡环境整治提升”“拔钉清零净地保供”三大攻坚行动，重塑水利水务、重大项目、征收拆迁、智库咨询等工作机制，“三区三线”调整优化为海曙发展打开了更大空间。面对各项发展任务，我们克难不避难。直面疫情多点散发、经济下行压力加大等困难挑战，稳住阵脚、迎难而上，最快速度打赢疫情防控歼灭战，因时因势调整优化防控措施，全力以赴打好“轩岚诺”“梅花”等防台主动战，尽最大努力促进经济企稳回升，前三季度地区生产总值增长3.3%，预计全年实现1500亿元左右。

具体主要表现在七个方面：

（一）在对标落实中展现了新担当。坚持把党的政治建设摆在首位，切实以“两个维护”的实际行动坚定捍卫“两个确立”。理论学习不放松，健全完善意识形态工作责任制，严格落实常委会“第一议题”制度，不断丰富“曙说”宣传品牌内涵，推动党史学习教育常态化长效化。今年以来，区委理论学习中心组、区委常委会分别开展集体学习18次和34次。对标执行不懈怠，健全落实习近平总书记重要指示批示和中央、省市委重大决策部署量化闭环，认真落实共同富裕示范区建设、数字化改革等重点工作，共富、数改工作全省考核均为优秀，全市“大综合一体化”行政执法改革现场会召开。立行立改不停步，以“七张问题清单”为牵引，严肃抓好生态环保专项督察、涉粮涉水专项巡察等反馈问题整改，强化问题主动发现、高效流转、闭环解决，清单问题办结率为96.4%。

（二）在稳进提质中取得了新突破。坚持把稳住经济大盘作为政治责任，全力推进稳进提质攻坚行动，召开农业、制造业、服务业、建筑业等“1+X”经济高质量发展大会，

莲桥第历史文化街区

经济增长实现V形反弹、逐步向好。“稳”的基础不断夯实，出台三轮助企纾困政策，落实中央组合式税费减免政策涉及资金49.54亿元，新增市场主体1.02万户，粮食种植面积超额完成省定任务。建立重大项目“1314”统筹推进机制，建安投资、固定资产投资增速连续三个季度全市领先；消费券发放及核销金额全市前列，南塘老街获评国家夜间文旅消费集聚区，促消费工作获省政府督查激励；空港跨境电商业务创历史新高，宁波国际邮件互换中心投用，实现第五航权航线零的突破。“进”的态势不断显现，产业能级持续优化，高新技术产业投资增速连续三个季度全市第一，战略性新兴产业增加值增长25%，信息服务业占GDP比重两年提升2.1个百分点。企业实力持续增强，新增国家级专精特新“小巨人”企业9家，新引进国电投、京东方等一批重大项目，前三季度实际利用外资完成率全市第一。

（三）在动能转换中培育了新优势。坚持把新旧动能转换作为推动高质量发展的重要抓手，深入实施“三创”驱动，富有张力、充满活力的创造之城起势发力。创新活力澎湃激荡，翠柏里创新街区建设势头强劲，甬水桥科创中心、阿里云创新中心启用，宁波工研院成为全市首个国家新一代人工智能开放创新平台，街区新引进培育科创企业54家、研发强度提升六成。承办科创中国赛道明星班等活动，建立全省首家区级工程师服务中心，“甬江引才工程”入选项目数全市第二，引进工程师人才9700余名、大学生2.2万人，前三季度规上文化产业增加值增长26.4%。创质成效逐步显现，企业容积率改革提升项目稳步推进，工业用地全生命周期管理落地见效，规上工业亩均税收、增加值均实现两位数增长，市政府质量奖入选数全市第一，13个工程项目获评“鲁班奖”“钱江杯”，优质高效水稻大田未来农场成为全省首批现代化农事服务中心。

（四）在城乡融合中彰显了新风貌。坚持把提升城乡风貌作为彰显海曙品质的关键一招，深入推进“三沿”开发，加快推动城市框架拉开、形象重塑，成功获评国家生态文明建设示范区、美丽浙江十大样板地。提速区块开发，成立全省首个百亿元级城乡有机更新基金，系统推进千年罗城复兴，实质性启动历时8年的秀水街保护焕新，建成运营“甬安里”，深入开展姚江南岸片区规划设计，加快丁家湾区块拆迁出地，西枢纽先导区块即将开工。畅联基础设施，四明山环线路网密北线改建通车，荷梁线工程开工，228国道海曙段一期全面启动，组团辐射、重点支撑的交通路网逐步形成。鄞江堤防整治工程主线封闭，姚江（三江口）防护工程全面完工，樟溪河干流整治等系列工程完成，实现主汛期前“防洪圈”缺口全部封闭。提升环境品质，集中力量拆违攻坚，完成征迁193万平方米、拆违170.5万平方米，51个项目拔钉“清零”。大力实施“精特亮”工程，完成老旧小区改造全覆盖，新增省级未来社区（乡村）7个、美丽乡村示范镇和精品村17个。

（五）在促进共富中实现了新进步。坚持把满足人民日益增长的美好生活需要作为根本目的，“物质+服务”社会救助改革入选省共同富裕试点。以“提低”促共富，成立全省首个共同富裕慈善信托，推出“百村千户、专曙共富”行动，经营性收入30万元以下行政村全面消除，集体经济总收入、经营性收入村均水平全市第一，低收入农户户数减少4.3%，三季度城乡居民收入倍差缩小至1.71。以生态促共富，光伏产业模式入选全球最佳减贫案例，山区生态共富模式入围全省共同富裕最佳实践，龙观建成全国首个生物多样性友好乡镇，章水入选省低（零）碳创建试点。以惠民促共富，开工建设海曙中学，规范民办义务教育发展，打破地域边界实施“城乡共富”招生计划，获评全市“甬有优学”基础教育先行试验区；探索医育结合、“院居家”融合等服务模式，区福利中心开工建设，长护险试点

宁波工研院成为全市首个国家新一代人工智能开放创新平台

8月1日，太学眼科赴喜德开展“睛彩·喜德行”公益活动

工作全省推广，公共卫生应急体系建设不断深化，区级医院实现等级医院零的突破，建成省级健康促进区。深入开展东西部协作、对口支援、山海协作。以文化促共富，全域推进全国文明典范城市创建，2项志愿服务项目获全国金奖，文博事业发展水平全省第三，获评全国“书香城市”，创成省文化传承生态保护区、省首批“促进人民群众精神富有”试点区。

（六）在创新治理中彰显了新作为。坚持大平安、大治理理念和共建共治共享方向，加快推进基层治理体系和治理能力现代化。数字赋能进一步凸显，“一图四库”统建共享启动建设，防台减灾智治应用成为全市试点，81890“民呼我为”系统全省推广，新增21项省级以上重大改革项目。基层治理进一步优化，城乡现代社区架构逐步完善，“141”基层治理体系迭代升级，全省首家商业社区创新设立，小区自治站建设全市推广，入选省现代社区“五社联动”提质增效行动试点。平安局面进一步巩固，“警情清零”制度持续优化，应急指挥运行机制不断完善，“共享法庭”提质拓面，“乡村+小巷”检察品牌积极打造，信访积案动态“清零”，安全生产事故数、死亡人数分别下降37.5%、28.6%，刑事案件、治安案件分别下降17.8%、27.8%，获评省级平安区“十七连冠”。

（七）在管党治党中获得了新提升。坚持新时代党的建设总要求，深入开展“五问五破、五比五先”作风建设专项行动，以“五最党建”为引领提振作风、促进发展。支持区人大及其常委会依法履职，打造一批具有辨识度的全过程人民民主基层单元，“海议督”获全省人大数字化改革创新奖。支持政协发挥专门协商机构优势，完善“请你来协商”“民生议事堂”等载体，构建小微协商分层级闭环解决等机制，打造特色鲜明的基层协商民主范例。聚焦“全域锋领·卓越海曙”，优化干部储备选拔、训战合一机制，打造全省首个共富头雁研学院，成为全省深化党建联建助力共同富裕现场会观摩点，“红海突击队”机关党建品牌影响力持续扩大。全面深化清廉海曙建设，坚定不移正风肃纪反腐，构建六大监督保障机制护航发展，出台十届区委巡察工作五年规划，健全“一件事”问责预警机制，一体推进“三不腐”，风清气正的良好生态进一步涵养巩固。打造“融合统战”品牌，不断拓展异地商会、乡贤组织阵地，多党合作区域实践经验全市推广。认真做好人民武装、群团等工作，完成文联、共青团、慈善、残联、工会等换届。

在看到成绩的同时，我们更要清醒认识到工作中还存在一些短板和不足：传统产业转型升级还不够快，新兴产业整体规模还比较小，创新驱动型的发展模式还需加快构建；城市品质风貌有待提升，中心城区需要加快复兴，西片区域需要加快开发；公共服务均衡优质程度还不够高，风险精准识别、快速响应和闭环管理机制还需健全；“四风”问题特别是形式主义、官僚主义仍然存在反弹隐患，党员干部推进现代化建设的能力水平还需提高。对于这些问题，必须高度重视，切实加以解决。

二、领会精神、系统谋划，深化在中国式现代化进程中争先行、创卓越的内涵路径

最是精神动人心，最是力量鼓舞人。我们要把学习宣传贯彻党的二十大精神作为当前和今后一个时期的首要政治任务，把握政治主动、战略主动与历史主动，提高站位、找准定位、主动进位，切实把思想和行动统一到党中央决策部署上来。

（一）准确把握党的二十大精神核心要义

一要深刻领悟“两个确立”的决定性意义，以海曙忠诚坚决做到“两个维护”。党的二十大成果丰硕，其中最重要最根本的是，再次宣示了“两个确立”的决定性意义。“两个确立”是党和国家事业取得历史性成就、发生历史性变革的决定性因素，是时代、历史和人民的共同选择、郑重选择、必然选择，是党应对一切不确定性的最大确定性、最大底气、最大保证。我们要透过成就看成因、立足征程看领航，始终忠诚核心、拥戴核心、紧跟核心，在政治上思想上行动上同以习近平同志为核心的党中央保持高度一致。

二要深刻领悟中国化时代化马克思主义的真理伟力，以海曙实践深学笃行理论成果。党的二十大报告阐述了马克思主义基本原理同中国具体实际相结合、同中华优秀传统文化相结合的实践要求，并从世界观和方法论的高度，科学提炼“六个必须坚持”，全面标志着我们党对马克思主义发展规律的认识达到了新的高度。我们要坚持用习近平新时代中国特色社会主义思想凝心铸魂，用党的创新理论武装头脑、指导实践，做到至信而深厚、融通而致用、执着而笃行。

三要深刻领悟全面建设社会主义现代化国家的战略布局，以海曙担当奋力谱写崭新篇章。党的二十大站在时代前沿和全局高度，擘画了以中国式现代化推进中华民族伟

大复兴的宏伟蓝图，明确了全面建成社会主义现代化强国"两步走"战略安排。这一系列重大部署，充分彰显了战略自信与战略主动的高度统一，必将引领全党全国各族人民有力应对世界之变、时代之变、历史之变。我们要牢牢把握"两步走"战略安排，加快建设现代化滨海大都市卓越城区，先行一步、快人一招，以一地之力为全局增能，以一域之光为全局添彩。

四要深刻领悟两个"永远在路上"的赶考动员，以海曙自觉时刻保持坚定清醒。党的二十大报告深刻指出，全面从严治党永远在路上，党的自我革命永远在路上。这一重大判断，深刻揭示了我们党历经百年依然风华正茂的奥秘所在，充分彰显了我们党永远不变质不变色不变味的政治决心。我们要永葆"赶考"的清醒和坚定，以作风驱动作为、以实干驱动实效，不偏不倚、不骄不躁、不倦不怠，真正实现自我净化、自我完善、自我革新、自我提高。

五要深刻领悟顽强斗争、团结奋斗的价值理念，以海曙作为广泛凝聚前行合力。党的二十大强调弘扬伟大建党精神，发扬斗争精神、增强斗争本领、坚持团结奋斗，是从新时代伟大斗争实践中总结出来的重要经验。我们要在敢于斗争、善于斗争中激发团结奋斗的磅礴力量，坚持做难而正确的事，以"大我"的情怀躬身入局，以"有我"的责任置身事内，同心同行创造更加美好的未来。

（二）准确把握海曙争先行、创卓越的丰富内涵

新征程是充满光荣和梦想的远征。我们学习贯彻党的二十大精神，就是要立足建设现代化滨海大都市卓越城区这一目标，树立更高站位、更大追求，迭代完善卓越城区的基本内涵，不断丰富体系架构和基本特征，持续打响"海曙·创造美好品质"品牌，以城市焕新推动城市复兴，从城市崛起走向全球影响，努力在中国式现代化进程中争先行、创卓越。

一是卓越的城市能级，有更强劲的集聚辐射度。全国百强区排名跃升进位，经济总量和发展质量迈上新台阶，城区极核功能不断增强，传统产业升级迭代，新兴产业沿链聚合，未来产业乘风起势，人流、物流、资金流、信息流加速融汇，临空经济示范区、西枢纽乘数效应充分释放，成为综合性全球城市和双循环枢纽城市的重要门户。

二是卓越的城市活力，有更澎湃的创新驱动力。科技回归都市，创新基因释放强劲动能，活力因子遍布大街小巷，翠柏里创新街区、工程师友好区品牌全面打响，工业互联网、新材料、时尚产业三大科创高地培育壮大，热带雨林式创新生态全面形成，成为广大青年创新创业、逐梦圆梦的首选之地。

三是卓越的城市风貌，有更美丽的人居实景图。城市空间格局进一步拉开，重点区块开发提速见效，千年罗城复兴成效显著，未来社区、未来乡村串珠成链，文化魅力更加熠熠生辉，文明新风更加浸润心田，人景相依、城景相融，成为人人向往的诗和远方。

四是卓越的城市温度，有更幸福的生活体验感。致广大而尽精微，共同富裕可触可感，收入差距不断缩小，民生答卷绘满幸福，幼有善育、学有优教、劳有厚得、病有良医、老有颐养、住有宜居、弱有众扶，人民对美好生活的向往逐步成为现实。

五是卓越的城市治理，有更精进的治理现代化。城乡现代社区治理体系不断完善，数字化改革多维贯通，整体智治格局全面形成，全过程人民民主不断发展，法治海曙、平安海曙建设卓有成效，城市的安全韧性进一步提高，社会更安全、更有序、更和谐。

六是卓越的城市品格，有更昂扬的干事精气神。勇于创造、敢闯敢试的城市魄力不断生发，包容大气、开放合作的城市自信日益彰显，争先进位、追求卓越的城市力量磅礴浓厚，"五最党建"引领下党员干部群众干事创业劲头空前高涨，人心思齐、人心思进，每个人在时代大潮中成就更好的海曙和更好的自己。

（三）准确把握海曙争先行、创卓越的路径通道

书写"争先行、创卓越"的海曙答卷，既要起笔磅礴，也要运笔苍劲，更要章法明确。我们要围绕"两步走"战略目标，一体谋划、分步实施，聚焦聚力、精准精细，解决好通道与方向、工具与方法的关系。

聚焦"三创"驱动，"科创经济+双碳经济"双向发力，从"创新引领"提升到"引领创新"。加快建设都市型科创城区，实施"街区+院所"双向赋能计划，推动创新链、产业链、供应链共生耦合，人才、技术、资本集聚裂变，抢抓"双碳"经济发展机遇，前瞻布局绿色低碳产业，积极构建制胜未来的新优势，打开高质量发展的新通道。

聚焦"三沿"开发，"空间整治+连片开发"双轨并行，从"有机更新"跃迁到"全域焕新"。深化全域国土空间综合整治，大片区规划、大手笔开发、大基建补强，以组团式、片区化开发为突破，加快土地集约、人口集中、产业集群，打造一批功能板块、活力单元，塑造一批城市地标、文旅名片，让繁华都市与美丽乡村相得益彰。

3月4日，集士港镇志愿者在"三月春风暖 善满集士港"志愿服务活动中为老人理发

聚焦“三化”互融，“物质提升+服务供给”双侧协同，从“普惠均衡”进阶到“品质共享”。践行“城市为人而生”主题，聚焦物的全面丰富和人的全面成长，关注极少数、重视大多数、提升平均数，加快实现人的全生命周期公共服务优质共享，创造内容丰富、高效便捷的数字生活新体验，营造极致服务、品质优享的舒适生活新风范。

三、真抓实干、比拼赶超，书写在中国式现代化进程中争先行、创卓越的生动实践

2023年是全面贯彻落实党的二十大精神的开局之年，做好明年工作至关重要。明年全区工作的总体要求是：以习近平新时代中国特色社会主义思想为指导，全面贯彻落实党的二十大、中央经济工作会议精神和省委、市委部署要求，完整准确全面贯彻新发展理念、服务构建新发展格局、着力推动高质量发展，坚持稳中求进工作总基调，忠实践行“八八战略”、努力打造“重要窗口”，更好统筹疫情防控和经济社会发展，更好统筹发展和安全，比招商拼贡献、加速产业大焕新，比项目拼速度、加速空间大焕新，比状态拼效能、加速治理大焕新，持续打响“海曙·创造美好品质”品牌，全面建设现代化滨海大都市卓越城区。围绕“三比三拼三焕新”，重点要抓好以下工作：

（一）全力以赴增动能、提质效，加速产业大焕新

要聚焦“三创”驱动，全力比招商、拼贡献，推动产业转型升级、持续跃迁，加快构筑具有海曙特色的现代产业体系。

“创新+孵化”锻造强劲动力。把握科技回归都市趋势，翠柏里创新街区就是最佳载体，工程师友好区就是最亮招牌。要打造引领创新的策源引擎。不断丰富创新街区构成要素，加快形成“三生融合”的新型城市创新空间。归集创新主体要素，依托宁波工研院等大院大所，激活阿里、京东方等创新中心强核作用，集聚达摩院工业视觉中心、红点设计等高端研发机构、高新技术企业，争创全省首个国家技术创新中心，构筑多元协同的创新支撑体系。完善街区客体要素，推动柳西河等片区更新，建设大卿桥科创综合体、翠柏里体育生态中心，注重“第三空间”、24小时社区建设，营造更多青年友好单元，更好汇聚创新要素、激活创新因子。要构造加速创新的转化基地。创新研究成果“沿途下蛋”机制，加快建设数创三市里、时尚丁家湾，推动望春工业园“二次创业”，在高桥、古林等地抢先布局加速器，在横街、洞桥等地谋划建设高端产业集聚基地，主动承接创新溢出资源，推动产业集聚发展，逐渐形成“街区孵化—载体加速—园区投产”的创新矩阵。要营造鼓励创新的生态雨林。关注每个创新环节，服务每位创业人才，迭代“百创汇海”政策体系，实施顶尖人才倍增工程，打造专业化知识产权服务平台，完善全周期科创服务体系，以“资金+楼宇”诚邀团队落户，以“住房+教育”吸引人才安家，以“基金+基地”助推转化落地，促进人才、技术、资本等创新要素充分涌动。

“双碳+双链”迭代产业体系。要聚焦“双碳”引领、“双链”融合，加快转变发展模式，推动产业变革、体系变革、形态变革，实现质的有效提升和量的合理增长。要围绕“双碳”来转。在“减碳量”上下功夫，创新推广作物光伏互补储能模式，全域加速分布式光伏规模化开发，持续深化“亩产+碳效”论英雄，逐步实现“工业碳管家”全覆盖，加快工业园区“零碳”改造，推进抽水蓄能电站项目，推动发展更可持续、更加高效。在“增碳汇”上下功夫，发挥国电投等龙头企业作用，率先破题“隔墙售电”、城市虚拟电厂，探索开展绿电交易、碳足迹认证、碳排放交易，创新绿色信贷、绿色基金，布局新能源汽车、充换电基建等关联产业，构建“双碳”产业生态圈，打造全国“双碳”先行区。要围绕“双链”来提。聚焦集群发力，实施产业改造升级攻坚行动，全面推进铸链、补链、强链、延链，大力培育“链主型”企业，积极组建产业链上下游共同体，加快打造“125”现代制造业集群、“224”现代服务业体系。聚焦总部发力，实施总部经济提质增效行动，创新“引外聚内”总部经济政策，鼓励本土“大优强”企业创新模式，向规模化、品牌化、总部化发展。聚焦需求发力，抢抓全国统一大市场建设机遇，支持市场主体内外贸一体化经营，发展直播电商、社交电商等新零售，打造特色鲜明、富有活力的国际消费城市示范区。依托国家级临空经济示范区，深化枢纽自贸区国际航空货运发展新模式，加快建设宁波国际生鲜枢纽港，打造国内一流的跨境电子商务综合贸易基地、长三角航空冷链进口集散基地。

“招引+培育”优化发展增量。要把招商引资和企业培育作为推动发展的重要抓手，为产业大焕新引来“源头活水”、锻造“中流砥柱”。要以体系变革招大引强。重塑招商体系，聚焦项目客观研判、要素最优配置、招引专业推进、问题及时解决等四大环节，优化“全域大招商、全力招大商”的工作体系、政策体系、评价体系、保障体系，加快形

4月27日，海曙区首场重点企业直播带岗宣讲会河南大学专场开播

成"内外并举、新旧并举、工贸并举"的大招商格局。创新招商模式，树牢"项目为王"理念，坚持以贡献率论英雄，紧盯"高大上+链群配"，开展以商招商、基金招商、产业链招商，做到精准招商、"补缺"招商。高规格召开全区招商引资大会，高标准开展招商引资大比拼活动。要以真招实策壮大梯队。突出育苗助壮，聚焦"抓大培新扶中育小"，深入实施"双三十"头部企业培育行动、科技企业"双倍增"计划，大力开展"凤凰行动""雄鹰行动"，推进"上规上市上云上榜"，壮大初创企业、高新技术企业、单项冠军和专精特新"小巨人"群体规模。突出助企纾困，坚持整合优化提升、集中财力办大事，持续优化产业政策体系，按照"能早则早、能延则延、能出尽出"的原则，打好降本减负、助企纾困组合拳，帮助广大企业茁壮成长。

（二）全力以赴优品质、促蝶变，加速空间大焕新

要聚焦"三沿"开发，全力比项目、拼速度，更好统筹城与乡、协调人与境，让空间更美好、城乡更美丽。

以区块开发优化城市格局。要树牢"大抓区块、大抓项目"的工作导向，滚动实施"精特亮"工程，动态迭代"十大"系列，通盘谋划、压茬推进，让城市有机生长。千年罗城要以城市文脉激活发展"经脉"，注重整体风貌保护与现代都市功能植入，打造月湖西区、秀水历史文化街区保护焕新样板，推进天一广场、和义大道等改造提升，推动"三江汇海"城市新地标"破题"，让城市客厅焕发新生。宁波西枢纽要以重大工程建设为牵引，全力做好征迁工作，加快上海音乐学院附属学校等项目落地，确保丁家湾区块开工建设。姚江新城要以青年友好为开发导向，先行启动中山西路—通途路"两路间"区块改造建设，高标准谋划望江片区，高品质建设长乐未来社区等一批重大项目，奋力打造现代都市典范。月塘东生态区要以城中村改造为抓手，加快中塘河等地块征迁，谋划建设宁波体育公园，推动城市向西拓展，打造诗意水乡、精致江南的生态产城样板。突出交通基础设施先行，启动沿山干河整治工程，开工建设228国道海曙段，大力推进鄞江、龙观、章水"一镇一品"建设。全面强化要素保障，实施征拆净地保供攻坚行动，开展项目攻坚大比拼，确保固投增速继续处于全市前列。

以全域整治提升城市品质。要深化全域国土空间综合整治，加快构筑优势互补、高质量发展的空间适配体系，推动城乡融合发展、人与自然和谐共生。以有机更新优化城市空间。深入实施品质街巷改造提升行动，一体推进城中村、城乡接合部、老旧小区改造更新，因地制宜、分类推动未来社区和活力单元建设，扎实开展"迎亚运"城乡环境大整治大提升，打响"精细管理看海曙"品牌，争创省"新时代富春山居图"城市样板区。以低效改造优化产业空间。深化"亩均论英雄"改革，加快低效工业用地改造和企业容积率改革提升，鼓励"企业入园、工业上楼"，创新老旧厂房、老旧楼宇、老旧商圈改造更新模式，推动产业空间由"低效"向"集约"跃迁。以美丽行动优化乡村空间。大力推进乡村振兴，迭代深化"千万工程"，开展美丽村庄宜居家园建设，持续推进农村人居环境综合整治攻坚，加快镇乡大管网供水、农村饮用水"应通尽通"，创建省级美丽乡村示范区、大花园示范区。大力发展现代农业，做大"南塘河"公用品牌，做优"五乡五最"特色产业，加快建设未来农村体验中心，争创国家级现代农业产业园、省级农业"机器换人"高质量发展区。以"两山"理念优化生态空间。巩固生物多样性保护先发优势，建设宁波自然博物园，实现省级森林城镇全覆盖，争创全国"绿水青山就是金山银山"实践创新基地。持续打好蓝天、碧水、净土保卫战，开展"曙有碧水"行动，创建省三星级以上"无废城市"。

以文化繁荣浸润城市品格。要以文铸魂塑城、兴业惠民，让丰厚的文化家底变成发展的最大优势、城市的精神品格。要打造塑造新风尚的文明典范区。紧扣迎接"八八战略"实施二十周年，创新实施红色根脉传承"1925"计划，持续擦亮"曙说"宣传品牌。加快全媒体中心改革，创新大编辑部等新型采编流程，推进媒体深度融合发展，做强主流舆论传播矩阵。常态化抓好文明典范城市创建，实施"浙江有礼·曙你最美"文明实践行动，大力选树道德模范、劳动模范、海曙好人，推广文明好习惯养成十大行动，提升志愿服务可及性、精准性。要打造演绎新场景的都市文博区。讲好罗城故事，以望京门城墙遗址博物馆、天一阁博物院二期为牵引，有机串联鼓楼、城隍庙、白云庄、天封塔等历史遗存，依托科技手段、沉浸体验，实施"点靓"计划、"唤醒"工程，打造海曙罗城博物馆群，探索传统文化更有创意的打开方式。建好文博地标，积极争取非遗馆、音乐厅等市级项目，加快建设水利博物馆、宁波塘河文化陈列馆、海曙全民健身中心，高标准谋划艺术中心、潮流体育体验中心。要打造赋予新内涵的文旅融合地。创新开发"微游明州罗城""探秘宋韵月湖"等文化项目，精心设计"启明星火""梅园曙光"等红色路线，用

洞桥镇

海曙区文博事业发展水平跻身全省“三甲”

心打造“四季四明”等打卡亮点，让历史可游览。高质量建设文化驿站、文体空间，高水准嵌入“绿动海曙”、街角剧场、口袋公园，让街区可漫步。建设有国际影响力的天一阁·月湖旅游景区，打造高桥民乐—鄞江它山堰沿江走廊、樟溪河—风棚碶“十里南塘”，办好“一带一路”国际跑酷大师赛，适时召开全民健身运动会，举办滨水音乐节，争创省级全域旅游示范区，让山水可漫享。

（三）全力以赴谋共富、享美好，加速治理大焕新

要聚焦“三化”互融，全力比状态、拼效能，加快绘就共同富裕美好社会新图景，不断提升区域治理现代化水平。

突出变革重塑，丰富现代化实践。要坚持破立并举、系统集成，推动改革再出发，为现代化建设提供更优机制、释放更多红利。要把握数字变革新机遇。对标“两年大变样、五年新飞跃”，迭代“1612”体系架构，深化“一图四库”建设，打造一批具有前瞻性、首创性、突破性的实战应用。突出“党政主导+全员参与”，探索多主体参与改革激励机制，构建政府、社会、企业、个人的全新链接，推动数字化改革从党政机关向社会各界延伸。要激活体制机制新活力。纵深推进重点领域和关键环节改革，推进“双碳”财政体制改革，探索生态价值实现路径，在龙观、章水实施GEP核算试点；实施以集体经济发展为主导的农村集成改革，做好省级农业标准地改革试点，在农村闲置宅基地及闲置农房复合利用上实现突破；完善国有企业治理结构、经营机制和国有资产监管体制，推进镇（乡）街道投融资改革，增强国资国企竞争力。要优化营商环境新体验。坚持“两个毫不动摇”，优化国企敢干、民企敢闯、外企敢投的制度环境，打造一流营商环境“最佳实践”。深化“放管服”、一件事集成改革，迭代“审联体”模式，让群众省时省力省心办事。深入开展“三稳三提”企业服务专项行动，建立健全“企业服务包”机制，创新“数据库+AI”靠前问需，构建亲清政商关系，做到“企业办事无忧、政府无事不扰”。

突出共同富裕，探索共享化路径。要强化系统推进，努力在发展中保障和改善民生，让群众更加有感、更加有得。要向增收驱动拓展。打响“乐业海曙”品牌，支持劳动者通过灵活就业、新就业形态解决多元化就业，落实科研人员、技术工人、高校毕业生等重点群体激励计划，加快构建橄榄型社会结构。深化“锋领共富十法”，构筑“全面覆盖+精准画像”中低收入群体结构数据库，探索发展“以竹代塑”等生态富民路径，打赢村级集体经济“消薄”攻坚战，持续缩小城乡居民收入倍差。要向品质服务跃迁。办好卓越城区卓越教育，先试先行“甬有优学”，加大品牌名校合作办学力度，持续深化集团化办学改革，争创全国义务教育优质均衡区、学前教育普及普惠区。全周期保障人民健康，适时打造区域医疗中心，建成投用区公共卫生中心，迭代升级“高山巡回”医疗品牌，争创国家级健康促进区、全国基层中医药工作示范区；加强公共卫生服务体系建设，推动疫情防控从“防传染”向“保健康、防重症”平稳转换，最大限度保障人民群众生命安全和身体健康。聚焦“一老一小”用力，实施托育事业发展三年行动计划，建成区级托育综合服务中心，打造托育“15分钟服务圈”；探索个人养老金制度，推广“院居家”“银龄安养”等服务，深化全省康养体系建设试点。要向多元协同转变。凝聚力量共创，用好共富基金、共富慈善信托，打造企业、行业协会、金融机构参与共富联合体，开展社会组织赋能行动，深化政府购买服务改革，形成人人参与的良好环境。推动成果共享，深化“物质+服务”社会救助，打响“善行海曙”品牌，助推81890争创中国质量奖，形成人人享有的普惠格局。

突出社会善治，提升法治化水平。要强化法治思维，

石碶街道联丰村法治文化广场

善用法治方式，更好发挥法治固根本、稳预期、利长远的保障作用，加快形成社会善治新格局。让法治成为共同力量。良法善治建设法治政府，积极探索行政裁量标准化，持续深化“大综合一体化”行政执法改革，实现一个人可执所有法、一群人可判所有案。公正司法守护公平正义，支持区人民法院、区人民检察院依法独立公正行使职权，完善权责明晰、监管有力、运转有序的司法权监督制约机制，把公平正义镌刻在每一个案件里。守法普法筑牢法治根基，实施“八五”普法规划，形成“崇法向善、循法而行、持法达变”的法治风尚。让平安成为共同守护。建设更有安全感的低风险社会，构建全面、全域、全程、全量的大平安机制，完善大安全、大应急、大减灾体系，系统推进社会治安、信访、安全生产、食品药品安全等各领域风险防范，奋力夺取省首批“二星平安金鼎”、争创平安中国示范区。打造平战一体、快响激活作战体系，实施隐患动态“清零”攻坚行动，全力保障亚运会等大事要事。让社区成为共同家园。以“枫桥经验”60周年为契机，迭代升级“141”体系和现代社区综合应用，打通基层治理“神经末梢”，及时把矛盾纠纷化解在基层、消灭在萌芽。开展“邻里守望”关爱行动，深化“统分沉”改革，构建社会共治圈、群众自治圈、公共服务圈，提升社区为民、便民、安民水平，打造可感可知的城乡社区幸福共同体。

7月20日，区委宣讲团成员到集士港镇深溪村宣讲省第十五次党代会精神

四、党建统领、团结奋进，强化在中国式现代化进程中争先行、创卓越的政治保障

走好新征程，关键在党。要全面落实新时代党的建设总要求，坚守自我革命根本政治方向，健全全面从严治党体系，以党的建设汇聚团结干事的磅礴伟力、激发奋进卓越的创业活力，让干部敢为、地方敢闯、企业敢干、群众敢首创。

坚持忠诚为魂，提升政治引领力。要坚守至深至纯的绝对忠诚，坚持不懈用习近平新时代中国特色社会主义思想凝心铸魂，打好学习贯彻党的二十大精神组合拳，组织开展好主题教育，坚定捍卫“两个确立”、坚决做到“两个维护”。要增强笃信笃行的政治担当，坚定不移沿着习近平总书记指引的道路感恩奋进、勇毅前行、团结奋斗，坚决做到“总书记有号令、中央有部署、省市有要求，海曙见行动”。

坚持实干为先，提升基层战斗力。要锻造卓越队伍，坚持鲜明用人导向，看专业但不唯学历、有发展但不硬发展、有梯队但不唯年龄、有经历但不唯简历、有节奏但不唯时序，实施干部培塑多维立体“几何工程”，开展“揭榜挂帅”“赛马亮绩”行动，鼓励创新、宽容失败，让干部想为敢为勤为善为。要锻造坚强组织，坚持“五最党建”理念，持续深化“五问五破、五比五先”作风建设专项行动，实施基层党建强基提质“1155”工程，打造党建引领“共富工坊”示范标杆，把党建工作挺在发展最前沿、做到群众心坎上。

坚持廉洁为基，提升清廉守护力。要一体发力强监督，刚性落实从严治党“五张责任清单”，迭代升级六项监督保障机制，推动各类监督贯通协同。要一以贯之正风纪，锲而不舍纠“四风”、树新风，建强“曙色廉韵”廉洁文化品牌，确保中央八项规定成为牢不可破的铁规矩、硬杠杠。要一刻不松惩贪腐，始终保持惩治腐败高压态势，聚焦“关键少数”、紧盯关键领域，一体推进“三不腐”。发挥巡察利剑作用，扎实做好十届区委巡察工作。

坚持卓越为要，提升团结凝聚力。充分发挥区委总揽全局、协调各方的领导作用，不断提高把方向、谋大局、定政策、促改革的领导水平。践行全过程人民民主，支持和保证人大及其常委会依法行权履职，拓展“海议督”、基层民主单元等履职平台，提升人大工作规范化、标准化、数字化建设水平，充分彰显根本政治制度优势作用。支持政协全面推进品质政协建设，打造“一委一品牌、一界一特色、一室一亮点”履职品牌矩阵，着力提高深度协商互动、意见充分表达、广泛凝聚共识水平。深化“融合统战”理念，构建大统战工作格局，不断巩固和壮大最广泛的爱国统一战线。加强党建带群建，推动工青妇等群团组织创新发展。

［在区委十届四次全体（扩大）会议暨区委经济工作会议上的报告］

政府工作报告

叶枝利

2023年2月1日

一、2022年工作回顾

2022年是本届政府的起始之年。一年来，面对异常复杂严峻的外部环境和超预期因素叠加冲击，我们坚持以习近平新时代中国特色社会主义思想为指导，全面贯彻党的二十大精神，坚决贯彻习近平总书记"疫情要防住、经济要稳住、发展要安全"重要指示，在上级党委、政府和区委的坚强领导下，在区人大、区政协的监督支持下，团结依靠全区人民，高效统筹疫情防控和经济社会发展，扎实推进三大百日攻坚行动，真抓实干、主动作为，较好完成了区十二届人大一次会议确定的各项目标任务，实现了现代化滨海大都市卓越城区建设的良好开局。全年地区生产总值突破1500亿元；完成一般公共预算收入117.1亿元，税收占比稳定在92%以上；城乡居民人均可支配收入分别增长4.4%、6.4%。

这一年，我们聚力稳进提质，经济发展企稳向好。坚持以超常规力度和举措应对经济下行压力，全面开展经济稳进提质八大攻坚行动，经济运行承压前行、进中提质。稳主体、扩投资有力有效。第一时间落实上级稳住经济大盘一揽子政策措施，因时因势出台三轮区级助企纾困政策，落实增值税留抵退税19.3亿元，减税降费12.3亿元，办理缓缴税费18.9亿元，兑付惠企政策资金20.7亿元，惠及市场主体4.9万家。狠抓项目攻坚扩有效投资，46个项目开工建设，42个项目竣工投用，8个重大前期项目落地转化，固定资产投资增长13.3%。开展"拔钉清零净地保供"百日攻坚行动，53个地块实现拔钉"清零"，完成征拆面积193万平方米，新增土地供应4586亩。优服务、强制造双轮驱动。服务业内生动力稳步增强，出台18条生产性服务业支持政策，顺丰华东创新产业总部基地、设计产业园等一批服务业载体加快建设，科信会计师事务所获取全市首家证券业务服务资格。宁波西枢纽交通先导工程开工建设，国际邮件互换中心启用，实现第五航权货运航线零的突破。制造业加速转型升级，"双三十"头部企业梯队培育与"新工网"行动计划扎实推进，时尚纺织服装等产业集群持续壮大，新增国家级专精特新"小巨人"企业9家、服务型制造示范企业1家、知识产权示范（优势）企业10家，新认证"品字标"浙江制造企业30家，市政府质量奖获奖数居全市第一，中小企业数字化改造入选全省首批试点，战略性新兴产业增加值增长20.7%。建筑业产值规模保持全市前列，获"鲁班奖"2个、"钱江杯"11个。促消费、稳外贸协同发力。深化国际消费城市示范区建设，精准发放1.46亿元消费券，承办宁波购物节开幕式，东渡路街区全新亮相，实现社会消费品零售总额增长4.2%，天一商圈入选省级示范智慧商圈创建名单，促消费工作获评省政府督查激励。外贸实力效益工程扎实推进，5家企业获评省内外贸一体化领跑者企业，新增2个省级公共海外仓，"9610""9710""9810"模式出口规模居全市第一，外贸自营进出口总额达到874.6亿元，增长3.5%。"招强补链"攻坚实现突破，成立区产业投资基金，新引进网安信创等亿元以上项目52个，实际利用外资、大市外内资、"浙商回归"到位资金完成率均居全市前列。

这一年，我们努力提升品质，城乡风貌更加彰显。坚持以"三沿开发"带动空间优化，滚动实施一批"精特亮"工程，加快推动城市框架拉开、形象重塑。城乡融合有力推进。深化国土空间规划编制，配合市级部门高质量完成"三区三线"划定，为重大项目落地留足空间。开展三江口、姚江南岸等重点片区城市设计和产业规划编制，举办城市价值发布会，丁家湾、三市里等重点区块即将出地。留改拆并举推动城乡有机更新，启动秀水历史文化街区保护焕新项目，改造完成26个城中村和55个老旧小区，基本实现2000年前建成交付的城镇老旧小区改造全覆盖，建成3个省级

海曙中心城区俯瞰

海曙龙观生物多样性体验馆

未来社区，鄞江镇成为省级美丽城镇样板镇，天一阁·月湖·金汇特色产业风貌区入选省第二批城乡风貌样板区，获评美丽浙江十大样板地。深入推进“种植大脑+未来农场”建设，“南塘河”农业区域公用品牌影响持续扩大，区中心粮库一、二期工程开工建设，4个高标准农田启动改造提升，入选省农业标准地改革试点，获评省级农业“机器换人”高质量发展先行区。开展美丽乡村宜居家园建设，完成拆旧建新115万平方米，新增省级美丽乡村示范镇1个、未来乡村4个、精品村16个。精细管理不断深化。开展城乡环境整治提升百日攻坚行动，统筹推进中心城区、农村、路域和水域环境综合整治，全力打造“最干净”城区，高分通过省文明城市指数测评。新增月湖盛园等5个“席地而坐”城市客厅示范区域，创建省级生活垃圾分类示范片区2个、示范小区25个，拆除违章建筑167万平方米。基础设施持续补强。S309荷梁线一期等32条道路开工建设，33条道路建成通车，5条“断头路”打通，90条道路病害点段和42座桥梁“桥头跳车”完成整治，新增停车位2.5万个。梁祝变开工建设。实施三江口防护、沿江泵排群等水利工程，鄞江堤防工程主线封闭，完成城市低洼道路改造13.6万平方米。生态建设亮点凸显。污染防治攻坚行动扎实推进，地表水区控以上断面水质优良率升至92.3%，$PM_{2.5}$年均浓度全市最优，新增各类绿地32.5公顷，龙观乡成为全国首个生物多样性友好乡镇，章水镇入选省低（零）碳创建试点，成功创建国家生态文明建设示范区。

这一年，我们奋力改革创新，发展动能加速迭代。坚持系统思维、变革思维，以更大力度破除制约发展的难点堵点，增创体制机制新优势。数字化改革亮点纷呈。“一图四库”统建共享项目启动建设，53个省市重大应用贯通落地，防台减灾智治平台、服装产业大脑等一批特色场景应用上线运行，率先建立全区“只用一张图”服务机制，政务网络安全绩效评估居全省首位。“曙居易”流动人口管理、“审批+公共资源交易”等“一件事”改革全面铺开。重点领域改革突破升级。深化“亩均论英雄”改革，规上工业亩均税收增长6%，4家制造业企业、8家服务业企业入选全省亩均效益领跑者名单。推进全域国土空间综合整治，探索工业用地全生命周期管理和二级市场转让交易管理，升级改造工业用地4150亩，盘活低效用地980亩，横街镇入选省乡村全域土地综合整治与生态修复“11350”工程，获评国家自然资源节约集约示范区。建立重大项目“1314”统筹推进机制，启用投资项目全周期监管服务平台，优化重点工程前期、评审机构设置，大融资、大要素保障专班高效运行，实施房屋征迁房票安置新政，设立全市首个城乡有机更新基金，争取地方政府专项债券23.1亿元。整合组建区水务集团、教育产业公司、人才发展公司，国有资本布局和结构持续完善。创新活力不断增强。深入实施“三创”驱动，启动一流创新型城区建设，发布翠柏里创新街区扶持政策，承办全国第四届工业互联网大赛，甬水桥科创中心、阿里云创新中心启用，宁波工业互联网研究院全市首个入选国家新一代人工智能开放创新平台，新增国家级众创空间2家、高新技术企业116家、科技型中小企业222家，获评全国首批“科创中国”创新基地。各类人才加速集聚。“工程师友好区”启动建设，全省首家工程师人才服务中心成立运营，新引进工程师人才9700余名、大学生2.4万余人，8人入选国家级、省级重点人才计划，“甬江引才工程”入选项目数居全市第二，

群众参观“月湖宋韵百米长卷”

新增国家级博士后工作站3家。

这一年，我们致力普惠共享，民生福祉持续增进。坚持以人民为中心的发展思想，聚力打造6张民生"专曙"名片，民生支出占一般公共预算支出比重达73.7%，8件民生实事全面完成。共同富裕系统推进。东西部协作、对口支援、山海协作扎实开展，与蚌埠五河、延边珲春、黄冈英山建立新的对口合作关系，累计实施帮扶项目22个。四明山环线公路等一批标志性共同富裕项目加快落地，全省首个共同富裕慈善信托成立运营，"物质+服务"社会救助改革入选省共同富裕改革探索类试点，所有行政村实现集体经济总收入超100万元、经营性收入超30万元，城乡居民收入倍差缩小至1.75。社会保障更广覆盖。实施"乐业海曙"行动，实现城镇新增就业2.4万人、城镇失业人员再就业1.8万人，创业担保贷款资金发放规模居全市第一。户籍人口基本养老、医疗保险参保率分别达到99.7%、99.8%，"天一甬宁保"参保率居全市前列，困难群众医疗保险资助参保实现全覆盖，长期护理保险制度试点经验全市推广，建成全省首批医疗保障服务窗口示范点。

筹建保障性租赁住房10531套（间），新增公租房保障家庭3055户。"一老一小"服务体系持续优化，区福利中心开工建设，建成各类养老机构34家，新增3岁以下婴幼儿托位977个，每千人口托位数居全市前列。退役军人服务保障体系进一步健全，创成23家省级新时代枫桥式退役军人服务中心（站）。"曙光里"残疾人综合服务中心启用。社会事业全面进步。有序推进民办义务教育规范发展，海曙中学开工建设，高起点开办宁波中学海曙合作班，建成校（园）8所、新增学位4680个，教学质量持续提升，教育人才增量全市领先。扎实开展紧密型医联体建设，实现区级综合性医院等级创建零的突破，创成省中医药文化传承生态保护区。文化惠民工程深入实施，建成长春门文化公园，打造94个"15分钟品质文化生活圈"，南塘老街入选国家级夜间文化和旅游消费集聚区，成为省首批促进人民群众精神富有试点区，获评全国"书香城区"、新时代文明实践文艺志愿服务项目示范带动地。社会治理精细高效。积极构建新型基层治理"141"体系，推进现代社区建设，深化社区管理体制机制"统分沉"改革，设立全省首家商业社区，实现中心城区小区自治站全覆盖，入选省现代社区"五社联动"提质增效行动试点。启动"大综合一体化"行政执法改革，完成"1+8"执法队伍整合，全区85.2%执法力量下沉基层，"一站式"执法办案管理中心运作模式全市推广。疫情防控高效有序。建立健全常态化疫情防控体系，落实落细精密智控"七大机制"，畅通协调"五快循环"，严守"大小门"，建成运行城市核酸检测基地，成功打赢"3·30""4·07"等多起输入性本土疫情防控阻击战。积极做好老年人群疫苗接种和重点人群加强免疫接种工作，完善公共卫生服务体系建设，启用亚定点医院，推动疫情防控从"防传染"向"保健康、防重症"平稳转段。除险保安成效明显。有力护航党的二十大，完善应急指挥运行机制，各类生产安全事故起数、死亡人数分别下降25%、14.3%，刑事、治安案件数分别下降16.9%、30.6%，连续17年获评省平安区。有效应对"轩岚诺""梅花"连续台风和罕见高温干旱不利影响。启动实施新一轮农贸市场提质升级三年行动，4家农贸市场完成改造升级，"放心消费"数智治理经验全省推广，成功创建省食品安全示范区。

这一年，我们着力优化作风，自身建设全面加强。坚持区委的全面领导，忠实履行政府职责，扎实有力开展工作，政府治理能力和水平实现新的提升。政治建设不断深化。坚定捍卫"两个确立"，坚决做到"两个维护"，全力确保党中央和省、市、区委各项决策部署落地生根。法治建设深入推进。依法接受人大监督，自觉接受政协民主监督，办理人大代表建议221件、政协委员提案268件。出台法治政府建设实施意见，组建区合法性审查中心，行政负责人出庭应诉率、复议结果法院维持率均达100%，行政执法繁简分流机制获评省县乡法治政府最佳实践。成立区政府咨询委员会，主动公开政府信息38871条。勤政廉洁得到加强。严格落实中央八项规定精神，整治群众身边的不正之风和腐败问题，开展"五问五破、五比五先"作风建设专项行动，打造风清气正的政府形象。财政、审计监督职能持续强化，大力优化财政支出结构，非急需非刚性支出得到有效压减。

同时，我们支持人民武装、国防动员、拥军优属、海关、边检、口岸等工作，档案、史志、工青妇、关心下一代、慈善、志愿服务、红十字等事业健康发展，国家安全、人民防空、民族宗教、外事侨台等工作取得新成效。

各位代表！2022年我们取得的成绩极其不易。这是习近平新时代中国特色社会主义思想科学指引的结果，是党中央、国务院，省委、省政府，市委、市政府和区委坚强领

11月6日，中邮服饰1号智能云仓，可承担雅戈尔集团旗下4个服装品牌的总仓、华东区域五省一市的总仓以及电商总仓等线上线下的仓储管理及物流配送

导的结果，是区人大、区政协监督支持的结果，是全区人民齐心协力、团结拼搏的结果。在此，我代表区人民政府，向全区人民，向全体人大代表、政协委员，向各民主党派、工商联、人民团体和社会各界人士，向驻地部队官兵，向所有关心支持海曙发展的同志们、朋友们，表示崇高的敬意和衷心的感谢！

在肯定成绩的同时，我们也清醒地看到，海曙区经济社会发展中还存在不少困难和短板：稳进提质的基础尚不牢固，主要经济指标完成情况不及预期，企业生产经营仍有多重困难，财政收支平衡还面临较大挑战；产业结构处于深度调整期，主导产业核心竞争力亟待提升，数字经济等新兴产业支撑力不足；创新驱动型的发展模式需加快构建，创新链与产业链融合还不够紧密，科创平台集聚带动作用有待发挥；城乡品质还不够高，城市有机更新和重点区块开发有待持续加大力度，精细化管理水平尚需进一步提升；民生领域优质资源布局仍不均衡，教育、医疗、养老、托育等服务供给与群众期待还有差距；基层治理还存在不少薄弱环节，一些领域风险隐患不容忽视；少数政府干部担当意识、服务能力和专业素养有待提升，突破发展瓶颈的创新思路和举措不够多，形式主义、官僚主义还不同程度存在。对此，我们将采取有力措施，认真加以改进和解决。

二、2023年目标任务和重点工作

2023年是全面贯彻落实党的二十大精神的开局之年，是实施“八八战略”20周年，也是海曙区在中国式现代化进程中争先行创卓越的起步之年，做好各项工作意义重大。当前，国际国内形势依然复杂多变，发展面临的风险、挑战和压力还将长期存在。我国已开启全面建设社会主义现代化国家的新征程，坚持以推动高质量发展为主题，把实施扩大内需战略同深化供给侧结构性改革有机结合起来，这为海曙发展带来了新空间、新机遇，也提出了新要求、新挑战。我们要切实把思想和行动统一到中央和省市对当前形势的分析判断上来，在危与机的转换中赢得主动，在稳与进的统筹中积蓄动能，努力推动全区高质量发展行稳致远。

今年政府工作的总体要求是：坚持以习近平新时代中国特色社会主义思想为指导，全面贯彻落实党的二十大精神，按照党中央、国务院，省委、省政府的决策部署和市委、市政府，区委的工作要求，完整准确全面贯彻新发展理念、服务构建新发展格局、加快推动高质量发展，坚决扛起忠实践行“八八战略”、推进“两个先行”、打造“重要窗口”的使命担当，以深化供给侧结构性改革为主线，深入实施“三比三拼三焕新”活动，着力提振市场主体信心，着力构建现代产业体系，着力增强改革创新动能，着力提升城乡功能品质，着力打造共同富裕样板，持续打响“海曙·创造美好品质”品牌，奋力建设现代化滨海大都市卓越城区，努力在推动中国式现代化新征程中示范先行。

综合考虑发展趋势和工作导向，建议2023年经济社会发展的主要预期目标为：地区生产总值增长6%，一般公共预算收入增长6%，完成上级下达的能源和环境指标计划目标，城乡居民人均可支配收入与经济增长基本同步，城乡居民收入倍差继续缩小。

围绕上述目标要求，重点做好六方面工作。

（一）突出实业实体，进一步提高发展能级

迭代产业体系。以延伸产业链、提升价值链为主攻方向，实施产业改造升级攻坚行动，持续深化“亩产+碳效”论英雄，亩均产出2万元以下产业用地基本实现“清零”。以生产性服务业提升带动服务业提质，加快集聚科技服务、专业服务、港航服务等产业，全力打造临空现代物流、丁家高端商务、三市数字服务等产业园区，生产性服务业占服务业增加值比重达60%以上。以数字经济引领先进制造业发展，实施数字经济创新提质“一号发展工程”，聚力打造工业互联网领军城市核心区，赋能推动纺织服装、汽车零部件等传统产业智能化转型，前瞻布局区块链、人工智能等新兴产业，建成智能工厂和数字化车间7家，规上工业增加值增长6%，数字经济核心产业增加值增长15%。扩大建筑业领先优势，引导骨干企业拓市场、创品牌，建筑业总产值达到470亿元。以“双碳”行动驱动产业变革，建立绿色发展财政奖补机制，加快推进国电投新型电力系统、抽水蓄能等项目建设，推广分布式光伏规模化开发，在新能源、碳金融等领域先行先试，打造“双碳”先行城区。

优化营商环境。深入实施营商环境优化提升“一号改革工程”，持续开展“千名干部助万企”行动，帮助企业解决难题，让市场主体预期更稳、信心更足、活力更强。全面启

截至6月30日，高桥镇长乐未来社区完成征迁

动头部企业引育、总部经济提质增效、小微企业成长系列行动计划，持续推进“个转企”“小升规”，新增规上工业企业50家、规上和限上服务业企业60家、市场主体超8800个。坚持金融更好服务实体经济，实施“凤凰行动”计划，积极对接用好多层次资本市场，新增上市公司1家以上，设立普惠金融中心，普惠小微企业贷款增长15%。建立区政务服务中心云帮办平台，推进“一件事一次办”，实施行政许可事项清单和市场准入负面清单管理制度，力争“家门口”15分钟政务服务全覆盖。

强化要素支撑。开展全域国土空间综合整治，实施“批而未供”“供而未用”和低效用地整治行动，完成农村乱占耕地建房专项整治省级试点，收储土地520亩，盘活存量土地1300亩，消化“批而未供”土地1200亩，腾出用能空间3500吨标煤。大力推进新一轮“腾笼换鸟·凤凰涅槃”攻坚，开展低效工业园区改造提升，加强工业用地供给，新增与存量整理产业用地50%以上用于保障本土企业增资扩产需求，让“好项目不缺土地、好产业不缺空间”。

（二）突出协同拉动，进一步释放需求潜力

全力扩大有效投资。发挥投资对优化供给结构的关键作用，科学安排政府投资，充分调动民间投资积极性，全年安排重大项目271个，开工建设项目60个，竣工投用项目62个，确保固定资产投资增长8%以上。启动实施征拆净地保供攻坚行动，拔钉“清零”73个地块，完成征拆面积180万平方米。更加注重项目谋划生成，储备一批区块开发、有机更新、基础设施、社会民生类项目。建立“我为项目办一事”重大项目挂联制度，优化项目全流程闭环管理机制，有效提高项目各阶段转化效率。

促进消费扩容提质。开展天一广场、和义大道、月湖盛园等载体改造升级和品牌提升，推动龙湖天街等商业综合体项目开业，持续打造一批体验式消费场景和“一刻钟便民生活圈”，引进品牌首店、旗舰店200家以上，社会消费品零售总额增长6.5%以上，网络零售额增长8%以上。坚持以文带旅、以旅兴商，打造鄞江古镇等文旅新地标，开发“微游明州罗城”“探秘宋韵月湖”特色互动体验场景，举办滨水音乐节等活动，实现文化产业增加值增长7%以上，争创省全域旅游示范区。

强化招商选资攻坚。系统重塑招商机制、体系、架构，着力打造高素质专业化招商选资队伍。设立重点区域招商引智驻点，用好商会协会、咨询公司等专业资源，强化以商招商、基金招商、链式招商，掀起全域全员全方位招商新浪潮。力争新引进亿元以上项目55个，实际利用外资达到3.3亿美元，大市外内资到位资金210亿元，“浙商回归”到位资金100亿元。

提升对外开放活力。实施地瓜经济提能升级“一号开放工程”，开展“百团千企万人拓市场”专项行动，积极开拓RCEP国家、“一带一路”国家等新兴市场，支持宁化通等外贸综合服务平台发展，自营进出口总额保持全国份额。提高国家级临空经济示范区能级，全力保障西枢纽开发建设，支持国际航空货运恢复发展，完善枢纽自贸区国际航空货运发展新模式，加快宁波国际生鲜枢纽港建设，打造长三角区域性航空物流枢纽、跨境电子商务综合贸易基地和航空冷链进口集散基地。

（三）突出改革创新，进一步激活发展动能

做深重点领域改革。以数字化改革为牵引，健全“1612”体系架构，迭代“无污染城区”“链上救助”“村易通”“智慧教育”等特色场景应用，推动5G+城市公共服务管理应用、诚信商圈数字化场景建设。不断加快“大综合一体化”行政执法改革，升级PDA等数字化执法功能，完善监管事项、处罚事项、职责边界三张清单，推动执法监管“一件事”复制推广60件以上，跨部门“综合查一次”实施率达100%。持续深化国资国企改革，盘活整合经营性国有资产，有效提升国资配置效率和国企自主融资能力。推进镇（乡）街道投融资改革。开展闲置农房盘活利用改革、集体建设用地批建登记制度改革和政策性农业保险险种完善改革，切实保障农户稳定生产经营能力。

做响创新街区品牌。高规格打造翠柏里创新街区，加速京东方等创新中心落地，启动大卿桥科创综合体等项目建设，推进柳西河、汪弄—工程学院等片区更新，举办科创训练营、赛道明星班等创新活动，促进各类创新要素在街区高效优化配置。着力提升产业技术研究院集聚辐射力，支持宁波工业互联网研究院争创国家技术创新中心，集聚国家级学会、院士工作站、博士创新站等一批科技经济融通平台。

做优创新生态系统。坚持创新第一动力，持续深化“科创中国”省级试点区建设，全社会研发投入强度增长10%以上，技术交易总额超30亿元。强化创新企业主体地位，开展科技企业“双倍增”行动，新增科技型中小企业200家、高新技术企业100家、市级以上重大专项和科学技术奖10项，争创国家知识产权强区建设试点示范区。搭建人才交流平台，引进培育市级以上人才（团队）60项，新引

8月，“智汇三江”高层次人才云路演大赛

进工程师1.2万人，新增技能人才5600人。建设青年发展型城区，打造24小时青年创新社区。

（四）突出城乡一体，进一步提升功能品质

高品质塑造现代都市风貌。坚持“产城人文”融合的开发理念，优化完善指挥部运行机制，推动重点区块成为经典。聚焦千年罗城复兴，破题开发“三江汇海”城市地标，打造月湖西区、秀水历史文化街区保护焕新样板，提升三江口“城市会客厅”品质。启动姚江南岸、月塘东生态区规划建设，加快长乐未来社区、五江口滨水活力区建设，推进中塘河沿岸重点地块征拆。深入实施城市有机更新行动计划，优化重要节点、景观走廊、公共空间等城市设计，更新改造白云公园等片区，创建10个未来社区，改造城中村14个、120万平方米。开工建设228国道海曙段一期、S309荷梁线二期等12条道路，保障轨道交通6号线、8号线建设，进一步构建组团辐射、重点支撑的路网体系。

高标准建设全域美丽乡村。强化“五乡五最”特色农产品优势，加快打造未来农场“三中心两基地”，培育樱花超10亿元省级示范性农业全产业链，蔺草—水稻轮作系统申报全球重要农业文化遗产，创建国家级现代农业产业园1个。全面落实粮食安全责任制，确保粮食种植面积稳定在15.6万亩以上。深入开展美丽乡村宜居家园建设行动，对乡村资源进行整合连片开发，实施“艺术乡建”行动计划，加快绿谷樟溪风景线建设，新开工新村建设项目5个，打造未来乡村3个。推进农村人居环境综合整治攻坚，持续抓好农村垃圾、污水、厕所整治，加快镇乡大管网供水、农村饮用水“应通尽通”。深化“两进两回”改革，进一步推广强村公司、抱团联营模式，用好乡村振兴公司平台，发展壮大村级集体经济。持续拓宽农民增收致富渠道，实现低收入农户人均可支配收入增长10%以上。

高水平打造精细管理样板。常态化推进全国文明典范城市创建，开展“迎亚运”城乡环境大整治大提升，深化道路平坦和人行道净化行动，提升新芝路等主干道路两侧景观绿化，擦亮“城市精细管理看海曙”品牌。打好蓝天、碧水、净土保卫战，实施铜盆浦生活垃圾填埋场生态治理工程，新建改造污水管网4.7千米，确保空气质量优良天数比率、地表水区控以上断面水质优良率分别高于91%、92%，争创省级“无废城市”。巩固放大生物多样性优势，出台首个《生物多样性友好乡镇规划指南》区级地方标准，启动建设宁波自然博物园，推动龙观乡创建全国“绿水青山就是金山银山”实践创新基地。

（五）突出守住底线，进一步深化平安建设

精准优化防控举措。准确把握疫情防控新形势新任务，认真落实“乙类乙管”政策措施，筑牢基层首诊防线，完善分级分类转诊机制，扩容医疗救治资源，保障群众就医用药需求。做好老年人和患基础性疾病群体健康服务，加快重点人群疫苗接种。持续强化防控科普宣传，引导群众加强个人健康管理，践行文明健康的生活方式。

加快建设韧性城区。先行布局数字孪生城市基础设施，强化应急指挥体系和应急救援规范化建设，提升城市风险隐患预警预防能力，确保城市运行安全。启动水利建设三年行动计划，推动行春碶排涝闸站等3个项目主汛期前投入使用，开工建设沿山干河整治等4个重点水利工程，实施山塘维修加固3处、小流域治理4处，改造提升低洼道路2条。实施隐患动态“清零”攻坚行动，开展镇（乡）街道安全生产专项巡查，全面实施工业厂房改建公寓楼、“一厂多租”、危化品企业和道路交通等领域专项治理，确保安全生产形势持续平稳。深化食品药品安全全链条监管，建成重点农贸市场标准化检测室5家、农村阳光食品小作坊10家，食品监督抽检不少于4700批次。全力做好台风、超强降雨和极端天气防御准备，防范和化解流域性洪水、森林火灾等灾害风险。

提升社会治理水平。深化“基层治理四平台”建设，启用区中心智治云图应用，建立联动调解体系，推动社会治理从“最多跑一地”向“一地不用跑”升级。以省级社区治理和服务创新实验区为抓手，探索“五社”融合联动新模式，打造“一站式”社区管理服务体系，加强“物居业”建设，新增民生服务综合体3个、居民会客厅3个，每万城镇常住人口配备社工达20名以上。加快社会组织服务平台实体化运营，社区社会组织活跃度达到70%。

全力维护社会和谐。着力建设更高水平的平安海曙，做好亚运会等重大活动期间安保工作，夺取“二星平安金鼎”。常态化推进扫黑除恶，开展电信网络诈骗、民生小案等违法犯罪打防治理，确保破案、打处和发案、损失实现“两升两降”。深化根治欠薪治理，持续强化网贷、房地产行业、企业“两链”风险防范化解。压实信访工作责任，注重源头治理，加大积案化解力度，不断提升信访法治化水平。

（六）突出优质均衡，进一步提升共富成色

织密社会保障网络。全力打造东西部协作、对口支援和山海协作升级版。深化“扩中”“提低”行动，持续实施

3月16日，全区审查调查工作会议召开

就业优先战略，统筹抓好高校毕业生、退役军人等群体就业，城镇新增就业2万人以上。深化长期护理保险制度试点，加大惠民型商业补充医疗保险推广力度，户籍人口基本养老、医疗保险参保率均保持在99%以上。实施保障性安居工程，筹建保障性租赁住房4800套（间）以上。加快推动基层"助联体"建设全覆盖。

优化民生服务供给。围绕"甬有优学"基础教育先行试验区建设，积极引进品牌教育资源，持续深化集团化办学改革，打造教育研究平台，开工建设4所校（园），建成5所校（园），新增学前段学位1080个、义务段学位6780个，引育名优校长、教师、班主任100名以上，争创全国义务教育优质均衡区、学前教育普及普惠区。全周期保障人民健康，推动区级龙头医院和标杆医院建设，谋划打造区域医疗中心，建成投用区公共卫生中心，强化与上海、杭州等地知名医院共建合作，夯实基层医疗卫生服务基础，升级"高山巡回"医疗品牌，办好家门口托育服务，争创国家健康促进区、全国基层中医药工作示范区。以全省康养体系建设试点为契机，深化"院居家"融合发展模式，推广"银龄安养"服务，新增标准化老年食堂4个、"养共体"试点2个。

打造公共文化高地。深度开发"都市文博区"品牌，谋划区艺术中心等重点项目，积极争取非遗馆、音乐厅等市级项目落地，保障天一阁博物馆南馆建设，开馆运营望京门城墙遗址博物馆、宁波塘河文化陈列馆，加快建设水利文化广场，打造省文化礼堂示范镇1个、乡村博物馆5个，争创省公共文化服务现代化先行区。深入推进现代化体育强区建设，谋划建设宁波体育公园、区全民健身中心、潮流体育中心，新建百姓健身场所等嵌入空间13处，办好"一带一路"国际跑酷大师赛等品牌赛事，更好满足群众体育健身需求。

各位代表！持续保障和改善民生，最大限度共享发展成果是政府一切工作的出发点和落脚点。我们聚焦人民群众普遍关心的突出问题，在广泛征集、认真遴选、充分论证的基础上，列出了10方面民生实事候选项目，提请大会投票表决。我们将明确责任、狠抓落实，努力把好事办好、实事办实，真正办到老百姓的心坎上。

三、加强高水平现代政府建设

面对新形势、新使命，我们将始终高举习近平新时代中国特色社会主义思想伟大旗帜，全面学习、全面把握、全面落实党的二十大精神，坚定捍卫"两个确立"，坚决做到"两个维护"，不折不扣贯彻落实上级党委、政府和区委的部署要求，不断提升政府治理能力和水平，全面打造更高水平、更强担当、更优服务的现代政府。

（一）建设善作善成的实干政府。牢记习近平总书记"抓而不紧，等于不抓；抓而不实，等于白抓"的谆谆教诲，加快形成担当实干的工作导向。充分发挥"区政合一"体制优势，持续加强资源整合、力量聚合，积极构建"一盘棋"发展格局。建立周例会、周调度、周督查系列机制，强化跨部门、跨区域、跨业务高效协同，以专班化运作、项目化管理、清单化交办推进工作快落实、真落实。密切关注国家、省、市政策调整和变化，持续加大与上级部门的沟通对接力度，争取更多的好政策向海曙倾斜、更多的好项目向海曙集聚。

（二）建设阳光透明的法治政府。坚持将法治思维和法治方式贯穿于工作全过程，持续实施区政府常务会议集体学法制度。强化法治政府建设，全面推行重大行政决策目录化管理，推动全区行政争议发案量、败诉率"双下降"。依法接受人大及其常委会监督，自觉接受政协民主监督，高质量办理建议提案。广泛听取民主党派、工商联、无党派人士和工青妇等人民团体意见，主动接受社会和舆论监督。做好第五次经济普查准备工作。充分发挥区政府咨询委员会作用，深入推进政务公开，健全"决策、执行、管理、服务、结果"全链条公开机制，不断提升政府决策民主化、科学化、法治化水平。

（三）建设勤政为民的服务政府。始终把群众满不满意作为衡量一切工作的标准，深入开展"大走访大调研大服务大解题"活动，真心实意为各类市场主体和广大群众办实事、解难题，提升81890"民呼我为"服务平台能级，积极争创中国质量奖。健全"民生小事"收集、办理和回应机制，走进基层和群众，切实做到问需于民。常态化开展"四不两直"调研走访，建立重点工作全周期闭环管理机制，切实形成工作问效、行政问责的氛围。

（四）建设风清气正的廉洁政府。坚决扛起全面从严治党主体责任，一以贯之抓好政府系统干部队伍作风建设，坚决守住清廉底线。严格执行中央八项规定精神，坚持纠"四风"树新风并举，从严从实抓好省委巡视"回头看""七张问题清单"整改落实。全面深化镇（乡）街道财政一体化规范管理，防范化解基层财政运行风险。强化重点领域监管，推进政府投资项目评审全覆盖。坚持政府过紧日子，优化财政支出结构，严控一般性支出，把更多的财力用在改善民生福祉上。

（在宁波市海曙区第十二届人民代表大会第二次会议上的报告）

相关链接

1."9610""9710""9810"：是指针对跨境贸易电子商务的海关监管代码，"9610"适用于境内个人或电子商务企业通过电子商务交易平台实现交易，并办理跨境电商通关手续的零售进出口业务；"9710"适用于境内企业通过跨境电商平台与境外企业达成交易后，通过跨境物流将货物直接出口至境外企业；"9810"适用于境内企业先将货物通过跨境物流出口至海外仓，通过跨境电商平台实现交易后从海外仓送达境外购买者。

2.全域土地综合整治与生态修复"11350"工程：是指浙江省围绕农业农村现代化、城乡融合发展和生态文明建设总目标，创新土地制度供给和要素保障，优化农村生产、生活、生态用地的重大举措，具体包括村庄整治、农田整治、生态修复等3项基本内容。其中，"1"是指1个总投资三百亿元左右的工程；"1"是指1个总投资一百亿元左右的工程；“3”是指3个总投资五十亿元左右的工程；“50”是指50个以上总投资十亿元左右的工程。

3.重大项目“1314”统筹推进机制：是指海曙区创新推出的提升重大项目建设管理水平和质量效益的重要工作机制。其中，“1”是指重大项目协调指挥一平台；“3”是指重大项目服务推进“三机制”，即区领导联系服务项目制度、重大项目协调三级例会制度、重大项目赛马亮绩制度；“1”是指重大项目全过程管理“一条链”；“4”是指推行重大项目审批服务“四变革”，即项目审批“预受理”、项目招标“容缺办”、工程变更“线上批”、项目信息“云共享”。

4.民生“专曙”名片：是指“专曙善育”“专曙优学”“专曙健康”“专曙颐养”“专曙安居”“专曙保障”等6张海曙民生名片。

5.“141”体系：是指基层智治系统的基本架构，“1”是指县级社会治理中心；“4”是指镇（乡）街道基层治理“四个平台”，具体包括党建统领平台、经济生态平台、平安法治平台和公共服务平台；“1”是指村社网格。

6.社区管理体制机制“统分沉”改革：是指社区治理功能资源统合、政务居务分类、治理重心下沉。“统”即建立区域公共服务中心，上浮和整合原有分散式、碎片化的社区便民服务功能；“分”即让社区工作政务和居务分类，腾出更多人力投入网格治理工作和引导居民自治服务；“沉”即建立“邻舍家”小区居民自治服务站以及建设“邻e家”线上服务平台，搭建更加贴近实际的居民自治服务平台。

7.现代社区“五社联动”：是指社区、社会组织、社工、社会资源及社区自治组织的联动，从而加快推进现代社区建设。

8.精密智控“七大机制”：是指疫情防控预防和早发现机制、精密智控指挥决策机制、“三责联动”快响激活机制、“三区”最小单元管控机制、“五快”循环落实机制、分阶段“清零”机制、“三情”联动机制。

9.“五快循环”：是指疫情防控快检测、快流调、快转运、快编组、快隔离。

10.“三比三拼三焕新”活动：是指比招商拼贡献，加速产业大焕新；比项目拼速度，加速空间大焕新；比状态拼效能，加速治理大焕新。

11.RCEP国家：是指区域全面经济伙伴关系，由东盟十国发起，邀请中国、日本、韩国、澳大利亚、新西兰共同参加的自由贸易协定。

12.“1612”体系：是指浙江省数字化改革架构，“1”是指一体化智能化公共数据平台（平台+大脑）；“6”是指党建统领整体智治、数字政府、数字经济、数字社会、数字文化、数字法治六大系统；“1”是指基层治理系统；2”是指理论体系和制度规范体系。

13.月塘东生态区：该区域因地处原高桥片区月塘乡东部而得名，规划范围为机场路—杭甬高速—秋实路—西塘河围合区域，面积约21平方千米，旨在按照“三沿”开发沿路西进策略，推动望春街道、高桥镇、古林镇、集士港镇等多个乡镇（街道）资源整合、协调发展，成为中心城区的重要组成部分。

14.五乡五最：“五乡”是指中国蔺草之乡、中国浙贝之乡、中国竹笋之乡、中国桂花之乡和中国樱花之乡五张金名片；“五最”是指全球文化最深的古林蔺草、全球药效最强的樟村浙贝、全球种质最纯的中华锦鲤、全国共富最美的杖锡樱花和全国效益最高的稻田青龙五个产业。

15.未来农场“三中心两基地”：是指未来农场接待体验中心、现代化农事服务中心、烘干育秧中心，云认养基地和传统农事体验基地。

16.“两进两回”改革：是指通过引导科技进乡村、资金进乡村，青年回农村、乡贤回农村破解乡村要素制约，加速资源要素流向农村，推动农业农村高质量发展。

17.助联体：是指新时代大救助体系下，横向联动社会救助职能部门、服务类社会力量等，纵向搭建多级联动救助服务站点，依托省大救助信息系统线上线下联动，系统集成政府、社会、市场三方力量，为困难群体提供救助、帮扶、服务的实体化运营平台。

18.养共体：是指以居家中心为核心，向外辐射至居家站点、老人家庭，形成的“一中心、多站点、N网点及服务点”的居家养老格局，并由一家单位提供服务的养老服务综合体。

专　记

海曙区生物多样性保护工作

【概况】 2022年，海曙区大力推进生态文明建设，加快实施重要生态系统保护和修复工程，秉持生物多样性“友好”理念，以全力打造生物多样性保护示范窗口为目标，开展四明山区域生物多样性本底调查，打造全国首个生物多样性友好乡镇，建成一批具有海曙特色的生物多样性体验地，进一步挖掘区域生物多样性资源，深入探索生物资源的可持续利用。

上年10月，委托生态环境部南京环科所并联合宁波市环科院，启动四明山区域生物多样性本底调查工作，建立相关物种名录和编目数据库，绘制海曙四明山区域生物多样性保护电子地图，进一步“摸清家底”，为下步开展生物多样性动态监测保护和生物资源可持续利用奠定坚实基础。截至2022年底，项目已进入最后的补充调查和数据汇总阶段，共发现各类动植物742种，其中属国家一级保护动植物4种、国家二级保护动植物21种、受威胁物种31种。四明山区域生物种群的不断丰富，是生态文明建设和生物多样性保护工作成效的最好印证。

龙观生物多样性友好体验馆系近年来海曙推进生物多样性保护工作的标志性成果

6月，龙观乡获全国首个“生物多样性友好乡镇”授牌，海曙龙观生物多样性友好体验馆正式开馆，成为海曙区传播生物多样性“友好”理念的重要载体。先后组织开展70余次，超8万人参与的生物多样性现场体验活动被生态环境部和中央文明办评为“美丽中国，我是行动者”十佳公众参与案例，并被中央电视台《焦点访谈》栏目专题报道。

至年底，海曙区基本完成龙观生物多样性友好教育基地“诗经花园”“本草园”“昆虫记”“飞鸟集”等特色园区建设；先后打造“萤星海”“蛙部落”“鸳鸯湖”“蕨类绿道”“中华水韭池”等各类生物多样性保护小型基地20余处；累计安装人工鸟巢、人造灌木丛、昆虫旅馆等300多个；在工程项目开工前，保护性移植100多株珍稀植物；以及进入开工建设阶段的五龙潭生态友好景区、新业态全产业链中蜂生态平衡保护基地、多样龙观红色研学基地等一系列举措，彰显出海曙区生物多样性“友好”理念和全力打造生物多样性保护示范窗口的决心。

【生物多样性友好景区体验地（五龙潭）启动】 2022年，海曙区结合龙观乡作为全国首个生物多样性友好乡镇项目的契机，选址五龙潭景区，在此打造生物多样性友好景区体验地。五龙潭景区植被茂密、生物资源丰富，凭借有四明山区地方特色的蕨类与蝶类品种，以及部分国家重点保护及珍稀濒危物种，是面向公众开展生物多样性保护和自然教育的绝佳载体。体验地的建设内容包括景区入口引景、室内沉静式体验，科普、室外体验实践三个部分。年内，确定设计方案，同时明确体验地建设主题——“与生态对话，与自然和解”。

【海曙区“生物多样性友好乡镇”现场体验活动获全国十佳案例】 2022年6月5日，在“6·5”世界环境日国家主场活动上，由生态环境部、中央文明办共同揭晓的2022年“‘美丽中国，我是行动者’提升公民生态文明意识行动计划”先进典型名单中，龙观乡“生物多样性友好乡镇”现场体验活动从全国129个候选案例中脱颖而出，获评十佳公众参与案例。自龙观乡启动全国首个“生物多样性友好乡镇”建设以来，海曙区传播生物多样性“友好”的理念已得到社会各界的广泛参与，“生物多样性友好乡镇”现场体验活动期间，相关部门先后组织开展70余次各类活动，超8万人参与。

【龙观生物多样性友好体验馆开馆】 2022年6月29日，龙观生物多样性友好体验馆开馆。该馆总面积3334平方米，分为主馆、森林剧场及室外展区三部分，以场景化方式将动物、植物、微生物生命互融，是一个集生物多样性本底调查结果、生物多样性友好乡镇创建工作案例、地方特色动植物标本展示、生物多样性周边文创产品开发等功能于一体的体验馆，致力于打造人与自然和谐共生的“海曙品质”。开馆仪式现场揭晓生物多样性友好乡镇标识，介绍海曙区生物多样性本底调查工作进展及成果情况，推荐区内生态研学旅游精品线路，并发布“宁波鸟人”张海华的新书《龙观自然漫步》等。

【全国首个生物多样性友好乡镇项目授牌】 2022年6月30日第12个浙江生态日当天，2022年浙江生态日主场活动在宁波市梅山湾海滩举行，活动现场，海曙区龙观乡全国首个“生物多样性友好乡镇”项目授牌，这是全国首个生物多样性友好乡镇试点项目。龙观乡以打造全省最具特色的生物多样性体验地为基础，开展全国首个生物多样性友好乡镇项目建设，并同步组织“生物多样性友好乡镇”现场体验活动，累计参与现场体验活动超5万人次，推动生物多样性保护工作迈上新台阶。

体验馆内景

【生物多样性司法保护理论研究与实践基地】 2022年8月，海曙区人民检察院“生物多样性司法保护理论研究与实践基地”在龙观乡揭牌成立，系全省首家生物多样性司法保护基地。该基地由海曙区人民检察院与甘肃政法大学环境法学院下属甘肃省环境司法研究与应用协同创新中心签约共建，国家司法文明协同创新中心兰州基地、龙观乡政府等单位作为协同单位参与共建。

【“全力打造生物多样性保护引领区 助力四明山区域乡镇共同富裕”案例获评全省生态环境系统共同富裕最佳实践】 2022年11月，第三批全省生态环境系统共同富裕最佳实践名单公布，海曙区“全力打造生物多样性保护引领区 助力四明山区域乡镇共同富裕”案例上榜，是该批次全市唯一。海曙区以龙观乡为核心区域，在年内已建成一批具有海曙特色的生物多样性体验地，并进一步挖掘区域生物多样性资源，深入探索生物资源的可持续利用。

【发布全国首个《生物多样性友好乡镇规划指南》】 2022年12月8日，海曙区发布《生物多样性友好乡镇规划指南》地方性技术规范，自2023年1月1日起实施。该指南由中国计量大学、海曙区龙观乡人民政府、宁波市标准化研究院、宁波市生态环境局海曙分局、宁波市环科院等单位共同研制，将生物多样性内容系统融入规划和决策，坚持以经济可行的方式采取措施确保生物多样性资源的可持续利用，通过能力建设和知识分享，主动赋能可能的利益相关方，探索政府、企业、村民组织、村民、专业人员、社会组织等共同参与生物多样性保护和可持续利用的治理模式。建设生物多样性友好乡镇是海曙区的创新实践，对经济发达的沿海省份探索生物多样性保护和可持续利用模式具有非凡的意义。《生物多样性友好乡镇规划指南》的发布，填补国家深入整合乡镇发展与生物多样性保护领域的标准空白。

海曙区翠柏里创新街区建设

【概况】2022年以来，作为宁波市首个“科创中国”省级试点区，海曙区加快建设总投资达280亿元的翠柏里创新街区。翠柏里街区位于老城中心区，涉及西门街道、南门街道，街区东侧紧邻老城区，人文底蕴深厚，南部围绕宁波火车站，聚集宁波工研院、阿里巴巴宁波中心等一大批领军企业与创新载体，北部则有宁波工程学院及周边玻璃厂等存量空间。规划面积5.1平方千米，沿苍松路至翠柏路，形成一条具备“热带雨林式”科技创新生态的绿色可持续发展带，其中，北片打造为创新研发智慧谷，南片打造为数智新高地，全面助力创新街区入驻科创企业孵化培育和发展，用科技创新迭代城市动能，引进孵化众多科创企业，让老城演绎更多创新活力和精彩故事。

海曙区进一步打造翠柏里创新街区，启用甬水桥科创中心，街区内已落地宁波工业互联网研究院、上海交大宁波人工智能研究院、阿里中心等“一中心四平台”，产业与人才集聚效应越发明显

年初以来，“全面塑造‘江南翠柏里’创新品牌”成为海曙区政协协商重点议题，海曙区政协主席领衔主抓。5月，海曙区成立由政协委员与专家学者组成的调研组，围绕创新赋能、活力之街、金融支持、人才引领等领域开展调研，形成4份调研报告。11月，海曙举行政协“全面塑造‘江南翠柏里’创新品牌”“请你来协商”活动，区委书记与政协委员共商建设翠柏里创新街区良策。

年内，海曙区先后发布人才新政18条、《翠柏里创新街区扶持政策》等政策；开展“科创中国”赛道明星、科技领军人才海曙行等赛事、论坛活动。至年底，紧邻铁路宁波站的甬水桥科创中心基本完工，宁波工程学院（翠柏里校区）辐射打开“一脉两片”创新格局，90余家科创企业先后落户。

区政协举行“全面塑造‘江南翠柏里’创新品牌 书记·委员面对面”“请你来协商”活动

为促进翠柏里创新街区健康发展，为街区提供源源不断创新活力，海曙区强化高层次人才的引进培育，通过连续举办“智能C端科创训练营”，大院大所提供资本、技术、供应链等全方位支撑，对接市场实现产业化。训练营全年累计培养422名青年创新创业者，产生57个产品创新原型机、项目，其中6个项目在海曙区落地并注册成为科技型企业。至年底，街区引进落户96家科创企业，自主孵化54家科技型企业，集聚800余名高层次人才。翠柏里信创产业园、青年工程师都市创新街区、宁波阿里云创新中心、海曙区人才科技发展集团等创新生态基地在街区集体揭牌成立。

【翠柏里街区“微改造、精提升”工程】2022年，海曙区旅游业以“微改造、精提升”为契机，对翠柏里街区进行城市有机更新。改造顺应“科技回归主城区、人才回归主城区”的发展趋势，规划主要包括：站前原南郊水厂地块改造为翠柏里体育生态中心，涵盖青壮年运动区、青少年培训区、儿童活动区、运动环和服务中心等载体，成为一个集体育健身、运动休闲为一体的综合性体育公园，实现“15分钟健身圈”。在汪弄社区等周边区域，面向居民提供更配套更齐备的居住环境，规划将高塘菜场改造成融合国风、书香、便民服务与数字化等元素于一体的复合型邻里中心。

【金融赋能翠柏里创新街区发展】 2022年，海曙区开展金融赋能翠柏里行动计划。“江南翠柏里”创新街区作为海曙区科创“新名片”，拥有智能技术研究院、智能成型技术创新中心、工业互联网研究院、上海交大宁波人工智能研究院、阿里中心等创新引擎。在6月24日举行的海曙区助企纾困暨普惠金融促共富推进会上，翠柏里科创街区专项贷款财政贴息政策发布，从创新空间、创新人才和创新生态三个维度，给予入驻企业空间载体、人才培育、资金支持等全方位服务。年内，设立“翠柏贷”，单列2亿～5亿元的专项信贷资金，对街区内当年新设符合条件的科技创新、软件和信息技术类等高成长型企业，经相关部门认定后，自设立或者迁入两年内在区内金融机构首次贷款，给予实际利息（贷款利率最高5%）的50%贴息补助，最高50万元，贷款期限不超三年。通过上述多种方式，致力解决高成长型企业金融需求和银行传统贷款模式的错配问题。

【《海曙区翠柏里创新街区扶持政策（试行）》发布】 2022年6月2日，《海曙区翠柏里创新街区扶持政策（试行）》（以下简称《政策》）发布。此次《政策》从创新空间、创新人才和创新生态等3个维度统筹考虑，给予入驻企业空间载体、人才培育、资金支持、氛围营造等全方位支持。其中，为鼓励企业加大科技研发投入，对新设立或新引进落户并在街区实际办公的科技创新企业，按研发投入给予最高300万元的奖励。对注册在海曙区的企业，在翠柏里创新街区举办创新创业大赛、论坛等大型活动，单次活动奖励最高100万元。

【“青春向党·未来有我”行动启动仪式暨“蓝海红帆·新新汇海”党建品牌发布】 2022年12月10日，海曙区“青春向党·未来有我”行动启动仪式暨“蓝海红帆·新新汇海”党建品牌发布仪式在翠柏里创新街区举行。该活动由区委组织部主办、团区委承办，会上创新发布“甬爱未来学院”，首期在翠柏里创新街区开设2个班次，“线上+线下”讲授“身心健康、普法维权、技能提升”等7门课程，覆盖新就业新业态群体86人次，促进青年优先发展。

（区委党史研究室整理）

媒体看海曙

政策“及时雨”助力台企纾困解难

“各级政府为积极协助台商台企克服疫情影响，出台了暖心政策，各项服务也第一时间落实到位。这两天有关部门为我们办理了65万元留抵退税，真可谓送来了‘及时雨’，很大程度上缓解了资金压力。下一步，我们还将享受房租减免等叠加优惠。”不久前，台资企业、捞王（上海）餐饮管理有限公司浙江宁波和义路店、大来街店负责人丁志成看到政府纾困的“真金白银”到账，感慨说道。

当前，新冠疫情防控形势依然严峻复杂，一些台资企业免不了受到影响，资金压力大是普遍痛点。为此，浙江省宁波市海曙区落实国家、省、市纾困助企政策，进一步加大对企业纾困帮扶力度，通过减税降费、资金补贴和提升服务等举措，帮助市场主体渡过难关、恢复发展。

“要切实缓解台资企业资金压力，确保企业应享尽享快享各项政策优惠。”海曙区针对台资企业的实际困难，组成专班一对一沟通，并搭建企业与税务、人社等部门的沟通桥梁，各部门则第一时间精准推送政策，线上线下宣传辅导解读，并利用大数据实现企业和优惠政策的自动匹配，让优惠以最快速度精准直达企业。

高含金量的优惠政策和贴心服务，让台资企业、宁波太学眼科门诊部有限公司负责人陈仲如感受到实实在在的支持。今年一季度，该企业根据最新政策，减免了企业所得税61万元、“六税两费”8500余元。“政府的帮扶政策很及时，特别是减税降费力度加大，提振了企业信心。”在宁波扎根20年的陈仲如说，这些年深切感受到宁波市、海曙区各级政府和部门积极构建“亲清”政商关系，打造一流营商环境，对企业发展的困点、难点积极回应和破解，为在海曙扎根发展的台资企业带来了真真切切、实实在在的获得感。

政策惠企、服务助企、环境活企多措并举，也增强了台资企业共克时艰、同心抗疫的决心。在宁波开设有50多家奶茶连锁店的宁波润盛餐饮管理有限公司，今年4月多家门店临时关闭，营业额与去年同比下降了50%，但是该企业依旧为一线防疫医务工作者、志愿者和隔离点隔离人员免费送出800份奶茶；宁波太学眼科门诊部则为100位2022年支援上海的宁波抗疫人员送上免费近视激光摘镜手术。

（刊登于2022年5月2日人民网）

建设现代化大都市卓越城区
千年海曙谱写“两个先行”新篇章

眼下，宁波市海曙区重大项目建设“热力十足”。“治水工程共富惠民”1号工程——鄞江堤防整治工程主线实现封闭，三江口防护工程完成主体部分建设；君禾厂房新建工程、石碶街道社区卫生服务中心迁建工程、雅戈尔中学开工建设；荷梁线改扩建工程已完成项目可研批复……随着各项工程的推进，一个个规划愿景变成了发展实景。

奋力推进“两个先行”，锚定全面建设现代化滨海大都市卓越城区的奋斗目标，海曙，这一承载着宁波历史文脉、时代印记的中心城区、主门户，以奋勇争先的姿态，在“两个先行”的棋盘上落子布局、运筹决胜。

谋定而后动，海曙的干部争先进位狠抓落实书写“千年海曙”的新篇章。从“一域”走向“全域”，从“传统”走向“现代”，从“单维”走向“集成”的图景有序拉开，让“海曙创造、海曙美好、海曙品质”三大品牌在“两个先行”新征程中落地生根。

科技回归都市　营造创新策源生态

近年来，科技回归都市已经成为时代新浪潮，新经济正在植入城市中心区。

海曙是宁波都市经济圈的核心区域，是物流、人流、资金流、信息流的“全流量”汇集地。当下，抓住科技回归都市的趋势意义非凡，该区乘势而上持续实施创新驱动战略，为“两个先行”提供持久动力。

前不久，《海曙区翠柏里创新街区扶持政策（试行）》（简称《政策》）出炉，全力支持产业技术研究院和创新主体发展壮大，“江南翠柏里”创新品牌呼之欲出，持续打造热带雨林式创新生态。

据悉，翠柏里创新街区以翠柏路、苍松路为创新发展绿脉，串联南部、北部两大核心和沿线若干科创载体，将从创新赋能、人才引领、有机更新三大维度发力，构建“江南创新领航区·未来数智新门户”，吸引更多创新人才、科技企业落户，让“创业就来江南翠柏里”深入人心。

栽下梧桐树，引得凤凰来。未来，江南翠柏里创新街区将成为宁波打造高水平创新型城市的新一代主阵地。

作为宁波入围2021“科创中国”浙江省级试点的区（县、市），海曙把握创新策动之旨，着力锻造孵化链、激活转化链、做强企业链，以大院大所“创新极核”汇聚科技创新“最强大脑”，以科技服务“精、准、快”疏通成果落地“堵、痛、难”。今年上半年，海曙区高新技术产业投资同比增长76.2%，增速连续4个月排名全市第一。

近日，中国科协首批“科创中国”创新基地认定结果公告，由宁波工业互联网研究院有限公司建设的“科创中国”工业互联网创新基地入选首批“科创中国”创新基地（产学研协作类）。

可见，宁波工业互联网研究院等五大产业技术研究院引擎作用日益明显，持续为海曙产业迭代强力赋能。

一年以来，海曙企业实现了与国内60多所高校、科研院所和芬兰等14个国家的成果对接，其中宁波智能技术研究院通过开展“XBOT PARK智能C端科创训练营”，产生了28个产品创新原型机（项目），成功孵化项目8个，而由宁波三生生物科技股份有限公司参与完成的“良种牛羊卵子高效利用快繁关键技术”获国家技术发明二等奖。

当前的海曙，叠加了大战略、大平台、大项目，是一座机遇之城。借“智”登高、让科技创新成果落地有声的同时，全面优化区域创新体系，持续提升创业创新氛围，推动高端资源要素竞相涌入，绘就产城融合的诗和远方。

美丽注入城乡　用心守护绿色宝库

绿色，是海曙发展的底色，也是持之以恒守护的颜色。

四明八百里，物色甲东南。总面积360平方公里的四明山，青山碧水，满目葱茏，是“浙东绿肺”“森林氧吧”，也是华东地区生物多样性的“绿色宝库”。

坐落于四明山区域的生物多样性友好乡镇——海曙区龙观乡，正立足生态优势和山区特色，不断深化生物多样性保护引领工作，打造龙观生物多样性友好体验馆、龙观生物多样性友好教育基地、五龙潭生态友好景区等极具特色的生物多样性保护科研基地，探索一条人与自然和谐共生、赋能乡村振兴、实现共富先行的创新路径。

7月1日，海曙龙观乡生物多样性友好体验馆正式开放。基于丰富生物多样性资源，海曙与生态环境部合作，开展全国首个“生物多样性友好乡镇”建设，集聚一批科研团队，建成一批体验基地，举办一批主题活动，建设一条环线公路，营造一种友好氛围，打造全国最具特色的生物多样性基地。

不囿于此，海曙正在系统谋划、全面开展生物多样性保护工作，在“三镇一乡”全面铺开四明山区域生物多样性调查评估。核心打造四明山中蜂保护区，并合作开发“爷爷的水稻田”、百草园、百蝶园等农旅一体化生态平衡保护展示地，使生态红利转化为富民资本。

生物多样性是人类赖以生存的条件，也是衡量一个地区生态环境质量、生态文明程度和高质量发展水平的重要标志，一张更大的蓝图在海曙大地上渐次铺开。

海曙发布《高质量发展建设新

时代美丽海曙规划纲要（2021-2035年）》（以下简称《纲要》），旨在绘就山水人城和谐相融诗意画卷，对新时代美丽海曙建设进行总体谋划，推动生态文明在海曙结出更多硕果。

今年年初，海曙绿色发展·共同富裕根脉线工程项目启动，一条从鄞江镇鄞江路到密北线余姚界的精品线路不仅串起它山堰、鄞江古镇、茅镬古树公园、杖锡樱花园等景点，更将带动全长53.2公里沿路的美丽经济带。

绿色发展·共同富裕根脉线只是海曙奋力推进"绿色发展"先行的一个切面。

"漫享山水"蓝绿空间一体化建设工程、"专曙记忆"示范型文旅融合IP打造工程、"绿色未来"多层级多领域低碳排放试点工程、"活力创新"城乡融合发展示范走廊建设工程等标志性工程……在新时代美丽海曙建设的有力推动下，全面打通"两山"转化通道，协同推进高质量发展、数字化改革、品质化生活、现代化治理，谱写生态优先绿色发展新篇章，打造城乡融合发展新样板。

主动争先进位　合力共创共富图景

人民安居乐业、公共服务优质、社会安定有序，这是一座城市追求"两个先行"的底气。

肩负重任，海曙正不断探索社会治理现代化的路径模式，以治理体系和治理能力现代化锻铸共同富裕的基石底座。

为了让发展实绩更有"温度"、民生答卷更有"厚度"，海曙倾力打造"专曙善育""专曙优学""专曙健康""专曙颐养""专曙安居""专曙保障"6张"专曙"名片，"浙里甬有专曙"系列民生名片，加快建设海曙中学、海曙区福利中心等民生项目，推动建设具有人情味的城区。

让困难群体拥有稳稳的幸福，才能在共富路上"一个都不掉队"。去年以来，海曙作为民政部社会救助"物质+服务"全国改革试点单位之一，主动将救助服务对象从低保、特困等救助群体向全社会潜在困难群体扩面，统筹推进"1+8+X"大救助格局建设，通过"物质+服务"双轮驱动，补强薄弱环节、温暖困难群体，更好满足困难群众对美好生活的向往，民生保障网越织越密。日前，浙江省共富办公布了高质量发展建设共同富裕示范区第二批试点最终入选名单，其中海曙"'物质+服务'社会救助改革创新"入选改革探索类试点。

省党代会报告中提到，构建一网统管、协同共治的现代治理体系。这就要求在基层更好发挥数字化改革作用，一方面对基层组织进行变革性重塑，健全民情通达机制；另一方面通过数字化手段为基层减负。

海曙"链上救助"应用场景上线，近3000家服务资源"云上"联动，帮助救助对象建立社会支持网络；依靠"一人一岗锋领码"精准有效破解融合型大社区治理难题，提升居民生活幸福感。

建设好党建联盟是共享共建助推共同富裕的有效路径之一。海曙围绕推进乡村组团式发展，深化全域党建联盟建设，积极探索机关包联、镇村联营、校地共建、共富基金、农村"大党委"等一批行之有效的联盟组建模式，更好统筹整合各类组织、各种资源、各方力量服务发展和治理，古林镇"金穗共富"、龙观乡"红双圈"等"十大共富联盟"建设取得初步成果。

沧海横流，方显英雄本色。目前，宁波全市正在开展"五问五破五比五先"作风建设专项行动，这是一次直抵心灵的"思想涤荡"，更是一种勇闯新路的实干魄力。

海曙各级干部迅速掀起学习贯彻热潮，以"十亮十新"专项行动，推动全区思想大洗礼、作风大转变、效能大提升、攻坚大突破，全力营造守正创新、比学赶超、干事创业的浓厚氛围，让共富先行之路更高品质、更可持续。

（刊登于2022年8月31日《浙江日报》）

浙江宁波：调动社会资源
助推城乡携手奔向共富路

海曙区地处浙江宁波中心城区，2017年行政区域调整后，区域面积扩大了近20倍，增加了400多平方公里的农村、山区土地和50多万常住人口，推动城乡融合发展、实现高质量的共同富裕成为重中之重。

为此，海曙区委、区政府采取了一系列举措。海曙区农业农村局、民政局、文体旅游局、卫健局等部门推出了"数字农场""多彩田园""红色游线""高山巡回医疗"等项目。同时，海曙区政府坚持共建共享，持续加大购买社会服务支持西部发展的力度，推出了"高山速递""特色步道"等近400个公益项目。

2021年6月，由宁波市海曙区社会组织综合党委牵头，海曙区社会工作协会、东西协作中心等社会组织协力发起"海星计划"，充分引导社会工作专业服务要素向农村、山区汇聚。

一年来，海曙区社会组织党群服务中心牵头打造"满分优质"红色项目，赴西片区乡镇举行百讲课堂连村社、百场公益下基层、百份温暖显情怀等党建公益系列活动40余场；海曙区社会组织服务中心打造"海曙区优质农产品区域公用品牌推广项目"，在相关小区建成5个海曙"名特优新"农产品基层提货点，着力推广生态稻米、手工年糕等特色农副产品；半山村美好家园服务站建设项目，旨在组建一支高山志愿者队伍为山区行动不便的高龄老人等困难群众提供各类服务；深溪村服务站建设项目，旨在促进旅游产业“山水深溪”天然氧吧环村发展；桓村村美好家园服务站建设项目依托现有的“农副产品展销中心”，搭建线上+线下直播平台，做好农副产品推广……海曙区社会组织服务中心主任陈承表示，该区计划每年至少培育5家特色农业产销组织、落实3个以上集体经济发展项目，帮助山区农民的经济收入增长水平跑赢当地GDP发展水平。

此外，为汇聚更多资源、推动城乡融合发展，2022年3月25日，海曙成立浙江省首个共同富裕慈善信托，集结海曙区内广大企业及金融机构之力，通过开展助困、助学、助医、助残、助老等方面的慈善活动，帮助农村困难群众走出致富路。如今，海曙区已成立企事业单位冠名慈善基金167家，慈善助力发展的氛围不断浓厚。

（刊登于2022年8月23日《人民日报》客户端）

假日消费有新意活力足

“这款新车型我很早就在关注，昨天发售后，趁中秋节放假来店里咨询一下是否有优惠。”9月10日，家住浙江宁波西门街道的章弘赶到海曙印象城某汽车专卖店了解新车型相关情况。当听说海曙区推出购车送数字人民币红包的优惠活动时，她很心动，购车意向更加强烈。

据介绍，8月26日至9月25日，宁波市民在符合条件的海曙区汽车企业购买新车，可获得1500元至20000元不等的补贴，由第三方运营机构以数字人民币红包形式发放。

宁波热门商圈和餐饮企业生意同样红火。海曙区开展“乐享中秋·畅购海曙”促消费活动，面向商场及餐饮企业投放400万元消费券。“今年中秋预订情况不错。”宁波状元楼和义店负责人郭方说。9月11日临近中午，前来用餐的市民渐多，郭方和店员们忙得不可开交。同样的热闹场景还在另一家老字号餐饮企业东福园饭店上演，东福园负责人告诉记者，前几天，东福园在宁波市内的4家门店包厢被预订一空。

在位于宁波天一银泰百货一楼的某化妆品专柜，一场线上带货直播正在进行，销售人员与网友亲切互动。专柜工作人员告诉记者，直播带货已成为品牌营销的常态，不仅能与更多消费者互动，还能进一步带动销量。

中秋假期，一系列特色活动为宁波市各大商圈、商户引流量、聚人气。天一·和义商圈推出“城市心跳 聚梦和义”主题的周年庆系列活动，除消费返赠储值卡、通用券、月饼活动外，部分品牌宁波首店的开业进一步引燃“首店经济”，假期首日天一广场客流量突破31万人次，和义大道客流量近4万人次，销售额同比增幅超20%。

（刊登于2022年9月12日《经济日报》）

优化环境厚植成长沃土 激发涌现更多专精特新中小企业

专精特新中小企业的发展离不开良好的成长环境。浙江宁波近年来不断创新体制机制，探索建立梯次培育体系，为企业提供创新成果转化、数字化赋能等全方位服务。如今，宁波已培育283家国家级专精特新“小巨人”企业，总量居全国第四位。

今年8月，工信部公布第四批专精特新“小巨人”企业名单，浙江宁波有101家企业成功入选。加上此前公布的3批企业，宁波国家级专精特新“小巨人”企业数量达283家，总量居全国第四位。

专精特新“小巨人”企业队伍的壮大，离不开宁波持续优化营商环境的努力。当地不断创新体制机制，提供全方位服务，为企业提供了成长的沃土。

作为专精特新企业孵化器，前不久，宁波工业互联网研究院的产业园项目即将迎来综合验收，经理谢苏玲松了一口气。

而在这之前，由于周边的市政配套工程跟不上项目建设进度，差点直接影响项目验收。

“我们的大部分精力花在生产和研发上，当时遇到这些问题很头疼。多亏海曙区组建‘审联体’，出台相关操作指引，帮我们解决了配套设施建设的难题，赶上了进度。”谢苏玲告诉记者。

谢苏玲口中的“审联体”，是海曙区政府通过召集群众代表、相关部门、人大代表、政协委员、法律专家等多方协同议事，从而促进科学决策、依法办成事的议事机制。“‘审联体’让企业将更多精力放在生产、研发和销售上，为冲刺专精特新解决后顾之忧。”海曙区政务服务办公室主任王明波介绍。

面对工业互联网研究院产业园项目的配套难题，今年4月，召集“审联体”后，多方努力形成了“由相邻地块的海曙开投集团报资规局审批实施”的解决方案。不久，“审联体”列出了具体详细的解决问题实施细则。

据介绍，“审联体”以打通审批堵点为目标，联合第三方力量，解决企业的诉求和实际困难。这一机制建立两年多来，已帮助企业解决项目自来水管转移、公共资源交易等近30类问题。

不仅是海曙区，宁波市级层面已出台了一系列政策与文件，并精心选择了10家中小企业公共服务示范平台，面向全市专精特新“小巨人”企业提供企业创新能力提升、数字化赋能、高端人才培育、法律咨询、政策辅导等全方位服务。

眼下，宁波逐步搭建起科技成果转移转化的桥梁，将国内外前沿科技成果引向宁波，弥补创新资源相对薄弱的短板；让企业与高校院所无缝对接，破解企业创新发展中的难题，进一步助力专精特新中小企业茁壮成长。

（刊登于2022年11月1日《人民日报》）

大事记

1月

7日　由中共浙江省委宣传部、省直机关工委、省教育厅、省国资委共同主办的党的十九届六中全会精神“六讲六做”大宣讲青年宣讲暨微型党课大赛线上开赛，海曙区选手孙嘉怿获一等奖。

8日　全区治水大会暨水利工程项目开工仪式举行。当日，区水利局成立并授牌，“海曙区防汛协同指挥系统”建设框架协议签订。

同日　浙江省科协、省教育厅、省科技厅联合公布浙江省二批“双千”助力“双减”科普专项行动教育基地名单，海曙区王升大粮油工艺博物馆和宁波尚善口腔医疗科普教育基地入选。

同日　2021年度浙江省优秀文物保护工程——“匠心杯”获奖名单公布，宁波府城隍庙修缮工程入选。

11日　收入300余个（家）重点创新创业企事业单位（园区）点位的“宁波市海曙区人才创新创业生态图”发布，为全市首个区域人才创新创业地图。

同日　区政府全体（扩大）会议召开。会议要求贯彻落实党的十九届六中全会、中央经济工作会议、省市相关会议和区第十次党代会精神，审议《政府工作报告（审议稿）》和《2022年海曙区民生实事候选项目（审议稿）》。

同日　海曙区委人才工作会议暨“工程师友好区”专题发布会召开。揭牌成立全省首家工程师服务中心，推出全市首个针对工程师人才的15条专项举措，发布“宁波市海曙区工程师创新创业地图”。

1月8日，海曙区治水大会召开

12日　区高质量发展建设共同富裕样板区领导小组例会召开。

同日　海曙区城市有机更新工作培训班举行。会上，区共富办汇报高质量发展建设共同富裕样板区2021年工作总结及2022年工作计划，相关单位汇报“专曙名片”及特色重点工作情况，重点任务责任部门交流发言。

同日　《宁波市海曙区人民政府办公室关于支持企业留工优工促生产的十条政策意见》出台，政策覆盖资金奖励、技术支持、降本减负、服务保障、招工稳岗、权益维护、疫情防控等。

22—24日　中国人民政治协商会议第六届宁波市海曙区委员会第一次会议召开。

23—25日　宁波市海曙区第十二届人民代表大会第一次会议召开。

1月　2021年全省数字经济新技术、新制造、新基建、新业态和新治理（“五新”）优秀案例公布，海曙区碳数据监测分析与碳交易平台、石化行业大数据平台、企业级工程建设数字化管理平台、“一链助企”多跨应用场景4个项目入选。

1月　海曙关区首批RCEP原产地证书签发。

1月　中山广场通过宁波市第三批“席地而坐”城市客厅示范区域验收。

收割打捆一体机收割水稻

1月　浙江省民营经济发展大会召开，宁波雅戈尔集团获得“2021中国民营企业500强”浙江上榜企业前20强，并予以授牌。

1月　省数字经济系统建设专班公布全省数字经济系统建设综合考核评价结果，海曙区入选优秀县（市、区）名单。

1月　工信部第一批纺织服装创意设计示范园区（平台）名单公布，海曙区博洋创客157创业创新园入选，系入选该名单全国9个示范园区之一。

1月　海曙区入选省级特色产业（水稻）农业“机器换人”高质量发展先行县名单，系宁波市唯一。

1月　集士港镇集士港村农业社长陆宏珠入选由省委宣传部和浙报集团联合推出的“浙江好人”2021年12月名单。

1月　省司法厅公布全省新命名的63家“枫桥式”司法所，海曙区洞桥司法所、高桥司法所入列。至此，海曙区已有南门、石碶、洞桥、高桥4家“枫桥式”司法所，数量居全市第一。

1月　海曙区入选“2021年浙江省健康促进县（区）”名单。

1月　首批“市级医疗服务品牌优秀案例”发布，《医路曙光·高山关爱——高山巡回医疗卫生健康服务》项目列入其中，系海曙区唯一。

1月　月湖街道游河小区、集士港镇领秀熙城、高桥镇望庐花苑等39个小区上榜2021年度省高标准生活垃圾分类示范小区名单。

1月　宁波市爱菊艺术学校（姚丰校区）上榜省2021年义务教育标准化学校，古林镇中心幼儿园和海曙区莲桥第幼儿园上榜2021年浙江省一级幼儿园。

1月　2021年9—12月“宁波好人”发布，海曙公安分局鄞江派出所辅警朱振浩上榜见义勇为类，横街镇常青助老服务中心负责人戴旭慧上榜助人为乐类。

1月　海曙区2021年经济运行数据公布，2021年全区实现地区生产总值（GDP）达1400.63亿元，按可比价格计算，同比增长9.2%，增速位列全市第二。

1月　省文化和旅游厅公布“文化基因解码工程”解码成果评审结果，海曙区的梁祝文化入选首批“浙江文化标识”培育项目。

2月

8日，海曙区三大百日攻坚专项行动动员大会召开。会议对“信访积案化解”、“城乡环境整治提升”和“拔钉清零净地保供”三大百日攻坚专项行动进行部署。

9日　省委常委、市委书记彭佳学到海曙等地调研企业生产经营和疫情防控工作。

同日　海曙区美丽村庄宜居家园建设工作暨区旧村改造新村建设领导小组会议召开。

同日　海曙区召开工业企业进口物品常态化疫情防控工作现场会，率先推出“1+3+1”进口物品常态化机制，把牢工业企业进口物品防疫关。

同日　国家卫生健康委办公厅、国家中医药管理局办公室联合发文通报表扬2021年“优质服务基层行”活动中表现突出、服务优质机构，海曙区鼓楼街道社区卫生服务中心、白云街道社区卫生服务中心和南门街道社区卫生服务中心3家社区卫生服务中心被通报表扬。

14日　中国科学院院士、中国科学院上海技术物理研究所研究员、中国科学院大学杭州高等研究院院长王建宇到海曙区考察。

同日　海曙中心小学成立“王建宇科创实验室”和“院士科普站”，并现场聘请王建宇院士担任导师和顾问，系全市唯一一家建站小学。

同日　海曙启用全市首辆新冠疫苗移动接种车，首站开进古林镇旷世居家，为企业工人提供上门接种服务。

15日　首届海曙区新时代美丽乡村建设“村书记竞赛”初赛举办，17个行政村的村书记讲述乡村振兴故事。

同日　由宁波市人力资源和社会保障局、海曙区人民政府共同主办的2022新春万企引才月——“春风行动助优工”人力资源供需对接会在铁路宁波站南广场举行。

22日　海曙区与招商局蛇口工业控股股份有限公司城市有机更新战略合作协议签约仪式举行。

27日　人社部劳动关系司调研组到海曙区开展企业工资分配专题调研。

28日　2021年度党（工）委（党组）书记抓基层党建和人才工作述职评议考核暨全区基层党建工作会议召开。

同日　海曙邮政管理局成立大会暨揭牌仪式举行。

同日　“滨海宁波 文艺唱响 市第十四次党代会精神文艺宣讲活动走进海曙”活动在石碶街道雅渡村文化礼堂举行。表演《滨海·宁波》《阳光路上》《红色根脉》等节目。

同日　全省数字化改革推进会公布2021年度改革突破奖评选结果，海曙区纪委区监委参与的“基层公权力大数据监督应用”获金奖。

2月　海曙企业邻家网络科技公司自主开发的草料二维码系统应用于北京冬奥会观赛者核酸检测的登记工作。

2月　工信部公布2021年跨行业跨领域工业互联网平台清单，由海曙企业浙江蓝卓工业互联网信息技术有限公司自主研发的supOS工业操作系统名列全国前十，系全省唯一一个入选的工业操作系统。

2月　区人民检察院获评2021年度全省检察工作先进院，连续两年获评。

2月　龙观乡总结归纳的生物多样性保护和可持续利用的阶段性成果——“四明秘境，多彩龙观”自主承诺经审核筛选后收录在CBD COP15（《生物多样性公约》缔约方大会第十五次会议）官方数据库中，系全球入选的42个单位之一，全省唯一。

2月　海曙区慈善总会医保分会成立。至此，区慈善总会已有城管分会、卫健分会、教育分会、公安分会、住建分5个机关分会。

2月　鄞江镇趣湾庄园劳动实践基地入选浙江省中小学劳动实践基地（第三批）暨学农基地名单，是海曙区首家入选的基地。

2月　海曙区文化馆选送的女声表演唱《伴山伴水伴着你》获2021年“诗画浙江”旅游歌曲大赛金奖。

2月　古林镇葑水港村、高桥镇民乐村通过复核，保留“全国民主法治示范村（社区）”称号。

2月　古林镇茂新村入选浙江省第一批未来乡村建设试点村名单。

2月　海曙公安分局鄞江派出所辅警朱振浩入选“浙江好人”2022年1月名单。

2月　海曙区人民法院共享法庭（高桥镇司法所服务站）入选全省首批示范“共享法庭”，全省共16家单位获评，全市仅2家。

2月　海曙区古林镇龙三村入选第二批省级气象科普教育基地名单，系全市唯一。

2月　洞桥镇获市第十届水利“大禹杯”优秀乡镇一等奖，是全市唯一入选的乡镇（街道）。

2月　海曙区4所学校和4所幼儿园上榜2021年度全国青少年校园足球特色学校和全国足球特色幼儿园名单。

3月

1日　区委经济工作会议暨产业高质量发展大会召开。

同日　海曙区集士港镇综合行政执法队成立，启动“一支队伍管执法”试点，贯彻落实全省“大综合一体化”行政执法改革。

2日　海曙区农业农村高质量发展大会召开。

同日　海曙区创新创业大会召开。

同日　海曙区服务业高质量发展大会举行。

同日　海曙区智能制造高质量发展大会召开。会议分成“韵江南·数启海曙”“智未来·风启海曙”“新高地·菁启海曙”三个篇章。

4日　2022年海曙区“3·5”学雷锋志愿服务主题月启动仪式举行。海曙各地广泛开展学雷锋志愿服务活动，依托新时代文明实践所（站），全区各级志愿团队、志愿者以实际行动致敬新时代雷锋精神。

同日　宁波太平鸟时尚服饰股份有限公司（以下简称太平鸟）榜上有名，被授予“全国版权示范单位”称号，系全市唯一。

7日　浙江省政府办公厅颁发的2021年度浙江省县乡法治政府建设“最佳实践”项目中，海曙区综合行政执法局的“行政执法繁简分流新机制”入选。

8日　海曙区望春街道清风社区“侨胞之家”、西门街道天一智慧谷“侨胞之家”、高桥镇“侨胞之家”、古林镇“侨胞之家”获评浙江省“五星级侨胞之家”。

9日　“智汇甬城，英才海聚”海曙区2022年春季综合类招聘会（宁波大学站）举行，海曙区春季校园巡回招聘启动。

同日　区教育局在浙江省少工委七届八次全委（扩大）会上面向全省分享海曙区建设少先队辅导员队伍的实践经验。

11日　宁波市海曙区与舟山市定海区举行跨地区教共体结对仪式，两地围绕义务教育优质均衡进行深度交流。

15日　第四届海曙区开茶节以线上“云直播”形式举行。

17日　国家邮政局调研督导组到海曙调研督导邮政快递业疫情防控工作。

20日　2021年浙江省制造业重点行业亩均效益领跑者榜单公布，宁波帅特龙集团有限公司入围汽车及零部件行业名单，宁波太平鸟时尚服饰股份有限公司和宁波雅戈尔服饰有限公司入围现代纺织和服装行业名单，宁波广新纳米材料有限公司入围特种材料行业名单。

3月2日，新时代美丽乡村建设“村书记竞演”活动颁奖仪式举行

23日　市委副书记、代市长汤飞帆到海曙调研，分别到雅戈尔集团股份有限公司、宁波工业互联网研究院、鼓楼沿历史文化街区考察。

同日　2022年3月"浙江好人"名单公布，南门街道社区戒毒（康复）工作站负责人贺元英上榜。

同日　全省首个共同富裕慈善信托在海曙成立，集结辖区企业及金融机构之力，开展助困、助学、助医、助残、助老等方面的慈善活动。

28日　2021年度宁波市科学技术奖获奖名单公布，东海集团的城市供水管网智慧传感等技术、国网浙江电力的光纤芯远程自动交换机器人系统应用获得科技进步二等奖；宁波检验检疫科学技术研究院研发的2项检测类关键技术获科技进步三等奖；众远新材料工程师赵文军获市青年科技创新奖。

28日　2021年度浙江省示范性慈善基地名单公布，海曙区慈善公益组织孵化基地入选。

29日　海曙"同心荟"党外人士之家和乡贤之家、"侨胞之家"成立并揭牌。

31日　浙江国利网安科技有限公司与中国太保产险宁波分公司举行"云签约"仪式。

3月　宁波志愿服务We站财经学院站在宁波财经学院揭牌，该We站成为高校青年学生参与杭州亚运会赛会志愿者选拔的志愿服务宣传实践阵地。

3月　鼓楼街道获评2021年度浙江省"五水共治"工作考核优秀乡镇（街道），系全区唯一。

3月　海曙区上榜全省"美丽浙江十大样板地"荣誉名单，成为全省"美丽浙江十大样板地"之一，系全市唯一。

3月　宁波市海曙区重大交通建设项目309省道鄞州至开化公路荷梁线（鄞江—章水段）工程获市发改委立项批复。

3月　浙江省高级人民法院就"全封闭全闭环安保工作"情况进行通报，通报表扬鄞江法庭。

3月　省民政系统2022年数字化改革重大应用建设试点名单公布，海曙区"社会力量+"暖心帮扶项目入选"浙有众扶"板块"谁来帮"多元参与共治应用场景建设试点。

3月　住房和城乡建设部公布"我为群众办实事"生活垃圾分类投放点提升改造典型案例名单，海曙区南门街道万安小区系其中一例。

3月　海曙区启动实施智能消火栓安装工程，计划分3年对全区179条路约1500个消火栓进行智能化升级。

3月　宁波通商集团全资子公司浙江宁数科创集团有限公司落户海曙，注册资金达10亿元，系海曙区首家数字产业国资集团总部。

3月　2021年度宁波市直播电商示范单位名单公布，宁波太平鸟电子商务有限公司、宁波唐狮网络科技有限公司入选应用类直播电商示范企业，宁波爱置换信息科技有限公司入选服务类直播电商示范企业，郎官驿创意社区和富港小镇获评电商网红打卡基地。

4月

1日　2022宁波读书月暨宁波市第二届中小学生朗诵大赛上，海曙区高桥镇被授予宁波市"书香小镇"称号，系全市首个。

同日　全区疫情防控视频连线会议召开。

2日　海曙区对望春工业园区保障性租赁住房项目发放全区首张"保障性租赁住房项目认定书"。该项目成为全省保障性租赁住房项目认定办法出台后，海曙区首个认定的保障性租赁住房项目。

9日　市第十六届人大一次会议海曙代表团举行全体会议。

13日　由国家卫健委中国疾控中心专家组到海曙区督导检查疫情防控工作。

15日　由海曙区志愿者协会、宁波财经学院"甬城文保"实践团推出的"我为烈士修遗物"志愿服务项目获2022年浙江省青年志愿服务项目大赛金奖，是继上年海曙"我为烈士来寻亲"志愿服务项目夺冠后，再次斩获该大赛金奖。

同日　中国共产主义青年团中央委员会对全国"两红两优"予以表彰，宁波海曙康复医院ICU护士郑益欢获评全国优秀共青团员，海曙区江厦街道天一商圈团委获评全国五四红旗团委。

21日　海曙区宁波希诺赛生物科技有限公司科普教育基地和宁波明州环境能源有限公司科普教育基地入选第八批省级科普教育基地名单。

同日　海曙区市场监管局发放全市首张药品零售连锁总部委托储配的药品经营许可证。

22日　海曙企业浙江国利网安科技有限公司与公安三所以及电子六所共同申报的"福山油田应用示范项目"获全国信息安全标准化技术委员会公布的信安标委20周年网络安全国家标准优秀实践案例二等奖。

同日　区政协开展"明州罗城精品线路"主席会议视察活动。

同日　海曙区首个评定分离"不见面"开标项目——石碶街道社区卫生服务中心迁建工程完成招投标。

23日　以"共读一座城"为主题的"2022天一读书节"开启。活动以线上直播的形式进行，虚拟主持人"宋小甬"带领30万余名网友，云游"书香之约"。

同日　《海曙区应对疫情影响纾困助企发展若干措施》发布，系宁波市各区（县、市）首发。

24日　海曙区广安养怡院入选浙江省四星级养老机构名单及省级优秀应用案例。

26日　海曙区经济首季报出炉，全区生产总值347.62亿元，同比增长6.0%，高于全市0.7个百分点，增速排名全市第3。

同日　海曙区学生合唱艺术团录制的原创战"疫"主题歌曲《在一起》发布。

同日　海曙区入选浙江省首批"促进人民群众精神富有"试点县（市、区），系宁波市唯一。

27日　市委副书记、市长汤飞帆到海曙区调研制造业龙头企业太平鸟集团及博翠概念店和众创园区。

同日　海曙区首场重点企业直播带岗宣讲会河南大学专场开播。杉杉物产集团有限公司、宁波宁兴控股股份有限公司和宁波三生生物科技股份有限公司3家区内企业依次就企业基本情况、工作岗位、薪资待遇等方面进行推介。

4月　海曙区入选共青团助力“双减”常态化托管志愿服务省级试点，成为全市2家省级试点之一。

4月　天一广场作为全市首个与中国银行合作的城市中心商业广场，率先开通“数字人民币”支付渠道。

4月　海曙区被评为2021年度全省“平安区”，系海曙区连续十七年获得该项称号。

4月　海曙达昌行经贸有限公司入选第19届亚运会首批食材供应商名单，是宁波7家入选单位之一。

4月　浙江国利网安科技有限公司与中国太保产险宁波分公司在海曙举行“云签约”仪式，2款由国利网安开发的首版次软件产品同时完成投保，系全省首单落地的首版次软件综合创新保险。

4月　海曙区龙观乡生物多样性友好体验馆启动建设。

4月　国家税务总局宁波市海曙区税务局第一税务所获得2022年全国五一劳动奖和全国工人先锋号称号。

4月　宁波海曙福来顿商务酒店有限公司和宁波明鑫酒店管理有限公司投保“隔离送餐综合保险”，成为海曙区首批投保该保险的餐饮单位。

5月

5日　区委全面深化改革委员会（扩大）会议暨全区数字化改革推进会举行。

7日　海曙区文明委全体（扩大）会议暨创建全国文明典范城市推进会举行。

9日　海曙区文学艺术界联合会召开第三次代表大会。

11日　区对口支援工作领导小组会议暨山海协作工作领导小组（扩大）会议举行。

12日　海曙区涉案未成年人家庭教育指导中心在海曙区人民检察院南门检察室成立。

13日　海曙青少年学习贯彻庆祝中国共产主义青年团成立100周年大会精神座谈会举行。

14日　海曙区“美好·品质 从家出发”主题活动暨社区家风建设指数发布会举行。

17日　由区委宣传部、区司法局、区普法办联合打造的民法典地铁专列在地铁1号线鼓楼站甬城惠客厅首发。

同日　“五月似火花开海曙”天一阁·月湖公益插花活动在天一阁·月湖景区的玉兰林广场举办，为劳模工匠志愿者服务月活动之一。

18日　区社会治理中心暨综合行政执法指挥中心揭牌仪式举行。

19日　2022阿里巴巴诸神之战“智能制造赛道”全球挑战赛京津冀联合海外赛区决赛在海曙举行。该比赛是由阿里云发起，面向全球的创业大赛品牌。6月24日，全球总决赛在海曙区举行。

同日　海曙区雅戈尔中学改扩建工程开工奠基仪式举行。

20日　高桥派出所被授予全国“枫桥式公安派出所”荣誉称号，成为全省入选的5家基层派出所之一，系全市唯一。

同日　“海上茶路”委员工作室授牌仪式暨“海丝千年·茶叙共富”主题活动在月湖金汇党群服务中心举行。

同日　全区首个乡镇级二级专职消防站在洞桥镇启用，专职消防队和应急管理中心在该站点同步揭牌。

21日　2022年宁波市科技活动周启动仪式在天一广场举行。主场展区分为科技法规、政策与规划宣传展示区，宁波市重大创新成果展示区，“科技你我同行”互动体验区三大板块。

同日　由中共海曙区委宣传部、海曙区文联、海曙区档案馆等单位联合举办的“宋韵文化”艺术周暨“再现宋韵·明州宋瓷文化展”活动启幕。

22日　宁波“惠畅书画院”揭牌仪式暨“甬上谱华章·喜迎二十大”宁波书画篆刻名家作品展在洞桥镇举行。

23日　西塘河南岸整治工程开工建设，该项目为海曙“精特亮”创建项目之一——海丝古港·千年运河文化轴精品线的主要景点之一。

24日　宁波、舟山机场互为异地货站项目举行签约揭牌仪式，标志着宁波、舟山机场互为异地货站项目启动。

同日　“大观·宋韵”书画作品展在天一阁博物院开展。

26日　海曙区—五河县党政联席会议举行。会上，双方签订结对合作帮扶框架协议。

同日　浙江省智能工厂操作系统技术创新中心揭牌。该项目由宁波工业互联网研究院有限公司孵化，联合浙江蓝卓公司等区内外一众高能级平台及高科技企业共同参与建设。

27日　首批浙江省科学家精神教育基地名单公布，屠呦呦旧居陈列馆入选。

屠呦呦旧居陈列馆

同日　2022年度海曙区“一人一艺”全民艺术普及社会联盟暨洞桥镇少数民族群众技能帮扶培训活动首场中西面点培训班在洞桥镇前王村文化礼堂举行。

30日　“喜迎二十大 奋进新时代”浙江省第十三届微型党课大赛复赛暨首届电影微型党课比赛在鄞江镇建岙大会堂举行，海曙区选手朱星光获一等奖。

同日　海曙公安分局召开“全民反诈在行动”集中宣传月新闻发布会暨被骗资金集中返还仪式。

5月　2021年度全国学雷锋志愿服务“四个100”先进典型宣传推选活动中，海曙区志愿者协会副秘书长孙嘉怿获全国最美志愿者荣誉称号。

5月　2021年度浙江省高质量发展共同富裕示范区民众获得感幸福感安全感认同感监测评价报告中，海曙区“四感”得分86.75分，高于全市面上水平1.87分，位居全市第一。

5月　浙江省基层卫生协会公布2022年“家医党员先锋团队”、“优秀家庭医生”和“优秀乡村医生”推选活动名单，横街高山巡回医疗队获评省“家医党员先锋团队”，月湖街道社区卫生服务中心职工周鲁、南门街道社区卫生服务中心职工方静芬获评省“优秀家庭医生”，高桥镇高桥村卫生室职工屈明波、鄞江镇大桥村卫生室庄伟君获评省“优秀乡村医生”。

5月　全区首个智能化、流程化“慢性病一体化门诊”在古林镇卫生院揭牌，慢性病患者能在该门诊享受到“一站式服务”。

5月　浙江省文化和旅游厅公布2022年浙江省“群星奖”获奖名单，宁波6件作品获“群星奖”，海曙区文化馆原创舞蹈《弄潮儿》名列其中。

5月　海曙区2家众创空间——BM-Lab众创空间和海中金创业园入选科技部火炬中心2021年度拟备案国家众创空间公示名单，海曙区入选量居首位。自此，海曙区已有国家级众创空间4家，双创火炬之光闪耀。

5月　古林派出所副所长张登奎获“全国优秀人民警察”称号。

5月　海曙区首支外卖食品安全社会监督员队伍经统一培训考核合格，授予社会监督员证书后，上岗履职。

6月

2日　海曙区生态环境志愿者联盟成立。

4日　省委常委、市委书记彭佳学到海曙区调研水生态治理工作。到海曙区高桥村检查姚江堤防管理工作，了解大西坝泵闸运行情况。

5日　龙观乡“生物多样性友好乡镇”现场体验活动案例入选2022年“‘美丽中国，我是行动者’提升公民生态文明意识行动计划”先进典型名单。

6日　全市首个近视防控宣教中心在宁波市爱菊艺术学校姚丰校区启用。

同日　宁波智尚国际服装产业园数字园区建设签约启动。

9日　省委常委、市委书记彭佳学到海曙区专题调研国资国企工作。

同日　中央电视台《焦点访谈》栏目专题聚焦报道海曙区龙观乡生物多样性保护发展工作，展示龙观作为华东地区生物多样性的绿色宝库。

10日　市人大代表海曙中心组第一小组到鄞江镇开展“推动共同富裕实施乡村振兴”专题视察调研。

14日　宁波市首个旅游共富联盟——海曙区“乡村全域旅游”共富联盟成立，李家坑村、茂新村、深溪村、建岙村等成为首批先行村试点。

同日　“甬尚老兵·志愿标兵”宁波市首届“邮储杯”退役军人志愿服务项目大赛决赛及颁奖典礼在国骅老兵驿站举行。海曙2个志愿服务项目“我为烈士来寻亲”“情暖橄榄绿”分别获金奖、优秀奖。

17日　“宋韵鼓楼”2022海曙区农夫市集在鼓楼开市。

18日　2022寻找美丽中华全国旅游城市定向赛（宁波站）在望京门遗址公园举行。

同日　第二届宁波动漫文化节暨电竞游戏嘉年华在天一广场启幕。

20日　海曙区人民政府与宁波银行签署战略合作协议。

24日　曙说新语·红海说——“防疫那些事”主题论坛举办。

同日　2022年宁波市文化科技卫生“三下乡”活动在鄞江镇建岙村举行。

同日　区人力社保局和浙江工商职业技术学院签约启动海曙工程师（工匠）学院。依托高校平台和资源，联动区内部门、各镇（乡）街道、商会、企业等各方力量，共同培养更多高素质技术技能人才。

26日　区委常委会（扩大）会议召开，传达学习省第十五次党代会精神及市委十四届二次全体（扩大）会议精神，研究部署海曙区贯彻落实意见。

27日　区政务办联合区流管办、海曙公安分局、区住建局、区教育局等部门，推出“曙居易”流动人口一件事联办服务，困扰流动人口的难题将被一一破解。

28日　海曙区社会组织党员公益日暨“红曙云助农”在龙观乡启动，通过“党建+公益”创新实践，以党建引领激发社会组织活力。

同日　在2022年宁波市新时代文明实践志愿服务项目大赛决赛中，海曙区志愿服务项目——“我为烈士修遗物”以总分第一的成绩获大赛金奖。

29日　由宁波市打击治理电信网络新型违法犯罪工作联席会议主办、海曙公安分局等承办的反诈宣传日广场主题活动在海曙印象城举行。

同日　以“生态海曙·绿色共富”为主题的2022年浙江生态日主题宣传活动暨龙观生物多样性友好体验馆开馆仪式举行。

同日　西洪大桥及接线工程、环城南路西延工程开通。

同日　丽水市庆元县党政代表团到海曙考察。

同日　区政协召开“请你来协商·助力海曙民营经济深度融入高质量发展建设共同富裕样板区”常委会重点提案办理协商会。

30日　海曙区2022年度“书记·向未来”项目颁奖典礼暨宁波海曙新时代共富头雁研学院开班仪式举行。

6月30日，龙观生物多样性友好体验馆开馆仪式举行

同日　在宁波举行的2022年浙江生态日主场活动中，龙观乡获评“全国首个生物多样性友好乡镇”，系全国首个生物多样性友好乡镇试点项目。

6月　《高质量发展建设新时代美丽海曙规划纲要（2021—2035年）》发布，明确新时代美丽海曙建设近、中、远三阶段目标任务，以及6大领域任务和38项美丽海曙建设指标体系。

6月　洞桥镇前王村、石碶街道联丰村、古林镇古林村阳龙、集士港镇万众村、鄞江镇它山堰村、横街镇东村6个村的文化礼堂入选浙江省2021年度五星级农村文化礼堂名单。至此，海曙区已有省级五星级文化礼堂19家。

6月　鼓楼街道苍水社区获评2022年宁波市老年友好型社区，系全区唯一。

6月　集士港镇明馨社区橄榄树雅苑小区大件垃圾暂存点与垃圾投放点工程启动施工，标志着全市首个垃圾分类“两点一房”改造启动。

6月　宁波御坊堂生物科技有限公司通过铁皮石斛、灵芝、山茱萸等三类食药物质试点省级审评，成为全省首家开展全部三品种食药物质试点的企业。

6月　2022年度省级美丽宜居示范村创建名单公布，海曙区集士港镇深溪村入列，系海曙唯一。

6月　海曙区南门街道被省禁毒办评为全省一级乡镇（街道）禁毒办。

7月

1日　中共海曙区委十届三次全体（扩大）会议举行。会议听取和讨论区委书记代表区委常委会作的报告，审议通过《中共宁波市海曙区委关于笃行“两个维护”推进“两个先行”在高质量发展中建设现代化滨海大都市卓越城区的决议》。

2日　以“宋韵文化”为主题、融合中医药元素的首届“甬韵吉市”市集活动开幕。当日，宁波市中医药特色街区首个落地商业运营项目——“甬安里”商业综合体试营业。同月31日，“甬安里”正式营业。

3日　由宁波市文明办、区文明办主办的宁波市暨海曙区“浙风十礼·敬有礼”文明实践主题活动启动仪式在鄞江镇建岙村的新时代文明实践站“红色讲堂”举行。

4日　海曙区社会建设领域数字化改革项目展示活动举行。

5日　省委社建委一行到海曙调研指导共同富裕建设工作。调研参观81890求助服务中心、宁波工业互联网研究院、海曙电商园区，了解海曙区在科技创新助推共同富裕方面的工作成效。

同日　海曙区暑期“假日学校”现场会暨“火炬课堂”学党史活动启动仪式在段塘街道洞桥（小漕）社区北宸府小区举行。作为升级版“假日学校”，“火炬课堂”揭牌，并开讲首课。

7日　市委宣讲团到海曙区宣讲省第十五次党代会精神。市委宣讲团成员、市委宣传部常务副部长作宣讲报告。

8日　省党代会精神宣讲报告会暨领导现代化建设能力提升班、新提任区管干部卓越能力提升班、“雏鹰丰翼”能力提升培训班开班式举行。

10日　创建智能工厂操作系统国家技术创新中心专家论证会举行。

12日　宁波市闻裕顺幼儿园园长李江美入选2022年首届“浙江省教书育人楷模”名单。李江美为宁波市唯一入选的教师，也是全省唯一入选的学前教育工作者。

15日　《天一阁·月湖楹联书法集》艺术漫谈会暨新书发布仪式活动在月湖金汇小镇城市客厅举行。

同日　2022宁波市“7·15”世界青年技能日主题宣传活动在海曙区印象城举行。

16日　海曙乡村旅游季暨海曙区全域旅游示范区创建启动仪式举行，推出6条“海曙夏日休闲游”精品线路。

17日　第五届海曙区中小学“绿书签——我与书房的故事”征文比赛暨“新时代好少年”颁奖仪式在海曙区文体中心举行。

同日　中央电视台《新闻联播》报道海曙区通过整治基本农田“非粮化”、推行数字化管理等举措，早稻面积、单产实现“双增”相关工作。

18日　南塘老街入选第二批国家级夜间文旅消费集聚区。

19日　2022年海曙区防汛防台应急演练举行。

同日　2022全国工业互联网平台赋能深度行（首站·宁波）暨第二届未来智造大会召开。5家宁波市内、外的工业互联网生态企业意向签约入驻海曙区甬水桥科创中心。

同日　以“品宁波历史文脉，传家乡非遗文化”为主题的第十七届阿拉宁波广场故事会以微游鼓楼形式开展。

同日　省政协到宁波开展“数字化改革推进情况”专项集体民主监督。

22日　“甬兴证券杯”第七届创

客中国宁波市海曙区中小企业创新创业大赛举行。

同日　2022年宁波市国际人文交流基地展示分享会在宁波诺丁汉大学举行，望春街道水岸心境社区作为海曙区唯一入选的社区基地，进行经验展示分享。

26日　2022第十一届中国创新创业大赛宁波赛区海曙区半决赛举行。参赛企业分初创组和成长组，涵盖高端装备、新材料、新一代信息技术、生物科技等领域。

27日　区委常委会（扩大）会议暨高质量发展建设共同富裕样板区领导小组会议举行。

7月　由市文明办、市疫情防控办组织开展的抗疫“宁波好人”名单公布，海曙7人上榜。

7月　海曙成立全市首家新业态从业人员权益保障联盟。该联盟进一步激发新业态企业工伤预防责任意识，提升新业态从业人员工伤权益保障力度，构建稳定和谐、安全高效的新业态就业环境。

7月　海曙区2022年度省级民生事实项目——15个泵站机埠改造任务，全部完成，并通过验收。投用后可改善灌溉面积0.27万亩。

7月　海曙区红领巾学院在区青少年宫成立，下设海曙区“曙星”优秀少先队辅导员工作室、海曙区红领巾队长学校和海曙区学生艺术团。

7月　区疾病预防控制中心团支部获评浙江省五四红旗团支部，江厦街道团工委书记何佳媛获浙江省优秀共青团干部，宁波市第十五中学教师翁佳涛获评浙江省优秀共青团员。

7月　海曙上半年实现生产总值678.47亿元。其中，第一产业实现增加值8.78亿元；第二产业实现增加值212.54亿元，同比增长1.8%；第三产业实现增加值457.15亿元，同比增长0.4%。三次产业之比为1.3:31.3:67.4。

8月

1日　全区“五问五破、五比五先”作风建设十大专项行动动员部署会召开。会议部署海曙区“五问五破、五比五先”作风建设十大专项行动工作任务。

4日　海曙区进行重点投资价值推介。

同日　“畅享购物·夏逸宁波”2022宁波购物节·浙里来消费开幕式在海曙区天一广场举行。

7日　2022宁波市美丽乡村健身行（海曙站）活动在洞桥镇举行，活动以“携手共富、活力洞桥”为主题，以太史滨河公园、洞桥村文化礼堂、南塘河、天王寺等为打卡点串联出一条10千米的欢乐跑线路。

8日　“宋韵风雅”书法培训活动在海曙举行，现场成立全省首个宋韵主题书法工作坊。

10日　市委副书记、市长汤飞帆到海曙检查防汛防台和调研河长制工作。先后到皎口水库、它山堰水利工程、宁波广新纳米材料有限公司调研考察。

15日　2022中国创新创业大赛宁波赛区工业互联网行业决赛在海曙举行。海曙企业可之（宁波）人工智能科技有限公司入围全国总决赛。

16日　全区“除险保安”工作推进会暨创建全国文明典范城市调度会举行。会议观看全国文明典范城市创建问题视频，区文明办通报全国文明典范城市创建国测相关情况，区委政法委通报“除险保安”百日攻坚行动情况。

同日　杭州海曙商会、杭州海曙乡贤理事会在杭州成立，这是继深圳海曙商会和深圳海曙乡贤联络站之后，海曙区成立的第二批异地商会和乡贤联络组织。

同日　省人力社保厅到海曙区调研保市场主体稳就业等工作。调研组一行到雅戈尔集团5G智能工厂、纺织材料研究院等地，同企业职工交流，详细了解企业发展、智能制造、人才引育、职工权益保障等情况。

同日　浙江省气象局发布《暴雨、雷暴大风、大风、雷电预警信号及防御指南（试点发布稿）》，海曙区作为浙江省五个试点县（市、区）之一，于8月20日起启用全新的气象灾害预警信号。

18日　省委常委、市委书记彭佳学到海曙区专题调研宁波铁路和宁波西枢纽建设情况。

27日　“在宁波，悦享美好生活”主题活动暨海曙区第四届美好生活节在南塘老街开幕。

30日　湖北省襄阳市考察团到海曙考察。

8月　宁波启动第四批“精特亮”创建项目，涉及三江六岸漫行道（海曙段一期）、三江六岸漫行道（海曙段一期）2条精品线路，天一广场商业特色街区、宁波杉井奥特莱斯广场2个特色街区。亮点工程主要为集士港乡村振兴工程、五江口基础设施提升项目、海西山区道路提升工程、新芝片区城市有机更新项目、望春工业园创新总部基地、宁波洞桥垃圾焚烧发电新建项目、海曙区保障性安居工程、石碶城市更新项目、石碶公共服务提升工程、君禾科创园厂房新建项目等。

8月　宁波市文明家庭、“最美家庭”名单揭晓。其中，海曙区黄旭东家

8月16日，杭州海曙商会、杭州海曙乡贤理事会成立

庭等10户家庭获宁波市文明家庭称号，朱国飞家庭等11户家庭获宁波市“最美家庭”称号。

8月　中国科学技术协会首批“科创中国”创新基地认定结果公告，由海曙企业宁波工业互联网研究院有限公司建设的“科创中国”工业互联网创新基地入选首批“科创中国”创新基地（产学研协作类）。

8月　“海曙人大审议监督综合应用场景”获得全省人大数字化改革创新奖。

8月　海曙区6名优秀教师入选第十三批浙江省特级教师名单，人数列全市第一。

8月　由市委宣传部主办的2022宁波市爱国主义教育基地讲解大赛（决赛）落幕，海曙获1个特等奖、2个一等奖、1个二等奖、2个三等奖，数量居全市前列。代表鄞江镇梅园革命史迹陈列馆参赛的徐千媛以“妈妈的呼唤”获大赛专业组特等奖。

8月　宁波市“大综合一体化”行政执法改革现场会在海曙区召开，会上肯定海曙区“一站式”执法办案管理中心在部门集中办公、整合执法资源、提高执法效能等方面的成效。

8月　2020—2021年度宁波市级文明村镇名单公布，横街镇及洞桥镇王家桥村等10个村上榜。至此，海曙区实现市级及以上文明镇全覆盖。

8月　海曙区入选浙江省民政厅公布全省第二批婚俗改革实验县（市、区）名单。

8月　海曙区以“释放‘五重’变革动能探索‘五社’融合联动新机制”为主题入选省民政厅公布第四批省级城乡社区治理和服务创新实验区名单，实验时间自2022年8月至2024年7月，为期两年。

8月　高桥派出所入选全国创建青年文明号活动组委会发布的“一星级全国青年文明号”名单。

9月

1日　农业农村部到集士港镇广昇村“稻虾共养”基地、海曙区数字农业中心等地现场考察调研粮食生产工作。

2日　全区防御台风“轩岚诺”工作视频会议召开，部署海曙区防汛防台工作。

3日　全区深化除险保安百日攻坚行动推进会暨依法维护信访秩序部署会议召开。会议传达全省、全市除险保安百日攻坚行动推进会和依法维护信访秩序部署会会议精神。

同日　在2022世界数字经济大会暨第十二届智慧城市与智能经济博览会上，“81890民生服务指数”作为数据价值化的范例首次面向社会发布。

同日　“汉字之美——镇江博物馆藏历代名碑名帖展”在天一阁云在楼开展。展览臻选镇江博物馆馆藏碑帖精品60余件，汇聚历代书法名碑名帖。

8日　海曙区教育大会召开。

同日　总投资10亿元的海曙中学新建工程举行奠基仪式，标志着该项目开工。

13日　市纪委到鄞江镇岙大里水库、龙观乡章圣寺水库、龙观乡雪岙村地质灾害风险点检查指导防汛防台工作，实地了解水库水位、库容调蓄、预泄能力等情况。

14日　全区台风“梅花”防御工作视频会议举行。

15日　省委常委、市委书记彭佳学到海曙区实地检查指导灾后恢复工作。先后到石碶街道和洞桥镇，察看受淹较为严重的村庄、企业、道路。

同日　市委副书记、市长汤飞帆到洞桥镇前王村后周自然村实地查看部署排涝救灾工作。

18日　全区基层党建“金名片”建设现场推进会暨镇（乡）街道组织委员“擂台比武”召开。

同日　海曙区的“00后”蹦床小将范心怡，与其他3名选手代表浙江队在2022全国蹦床冠军赛以212.570分获女子蹦床团体冠军。

22日　浙江纺织服装职业技术学院与海曙企业宁波博洋控股集团有限公司签约共建“博洋产业学院”。

同日　省政协到集士港镇深溪村参加“让闲置厂房活起来”助力共富“民生议事堂”活动。

同日　上海海曙商会·上海海曙乡贤理事会在上海成立。

23日　海曙区—庆元县山海协作联席会议召开，双方签订2022年度海曙—庆元山海协作工程合作协议，全力打造山海协作工程“升级版”，促进两地优势互补、发展共赢。

同日　在首届宁波海曙“科创中国”赛道明星第三次集结及结业仪式上，浙江汉振智能技术有限公司等5家高科技企业率先签约落户。当天，宁波阿里云创新中心基地启用。

28日　区委常委会举行扩大会议，专题研究部署“平安护航二十大”除险保安百日攻坚行动工作。

同日　浙江省档案系统“跟着档案去旅行”（宁波站）现场会在洞桥召开。

9月　全国垃圾分类示范工作重点单位名单公布，宁波市共有3家单位入选，海曙中心小学西校区系其中之一。

9月　吉林省延边朝鲜自治州珲春市代表团到海曙考察。

9月　美高厨具有限公司与中国平安财险宁波分公司签约，全省首单专利FTO侵权责任保险在海曙落地。

9月　宁波市社区运动会（海曙章水站）暨第十二届“龙升杯”围棋团体赛、个人赛在章水镇举行。26个代表队、100余人参与。

9月　第七届“浙江慈善奖”获奖单位和人员名单公布，雅戈尔集团股份有限公司董事长、高级经济师李如成获“慈善楷模奖”，太平鸟集团有限公司获得了“机构捐赠奖”。

9月　“智汇三江”2022江厦高层次人才项目云路演大赛在天一商圈党群服务中心举行。

9月　省农业农村厅公布2022年五星级“农家乐”认定名单，海曙明月山庄、横街竹海农庄、龙幽农庄（阿鸣饭店）3家农家乐入选。

9月　中国作家协会2022年度新会员名单公布，海曙区作协孙武军、陈鸿、吴新星3人上榜。

9月　省市场监管局公布“浙江省知识产权示范企业”名单，帅特龙、联达绞盘、星箭航天、斯普智能、博洋服饰等5家海曙企业上榜，有效期3年，自2022年9月起算。

9月　汲雅轩文化艺术馆、杜乔美术馆、李家坑艺术博物馆、海曙区婚俗博物馆、海曙区居家博物园、海曙区王升大粮油工艺博物馆以及海曙区耕泽石刻博物馆共计7家入选浙江省第二批乡村博物馆名单。至此，全区已拥有8家省级乡村博物馆。

9月　宁波市海曙外国语学校陈霞、宁波市海曙区高桥镇中心初级中学陈菊飞、宁波市海曙区储能学校吴凌华和宁波市海曙区古林镇中心初级中学许鹏浩入选2022年浙江省“春蚕奖”名单。

10月

11日　“在宁波，感悟真理伟力”理论研讨会暨“海曙·创造美好品质”智库联盟成立仪式举行。当日，成立“海曙·创造美好品质”智库联盟，首批成员有宁波市中共党史学会、宁波大学社会科学联合会、宁波工业互联网研究院、宁波智能技术研究院等14家单位。

同日　由区文联、天一阁博物院主办的“最美宋词——叔孺印社主题篆刻展”在天一阁·云在楼开展。本次展览共展出宁波叔孺印社主题篆刻作品60余件。

12日　海曙区“鼓楼·同心荟”启用仪式暨“喜迎二十大 知新向未来”爱国奋斗报告会在永寿街33号举行。

13日　市委副书记、市长汤飞帆到海曙调研。走访宁波工业互联网研究院、秀水街历史文化街区、三江口。

14日　海曙区高质量发展建设共同富裕样板区领导小组会议举行。

19日　2022年“书香城市（区县级）”发现活动名单公布，海曙获评全国“书香城市”。

24日　海曙区政府咨询委员会成立大会举行，会议宣读区咨询委成立文件和特邀委员聘任名单，举行区咨询委授牌仪式。

同日　区委文化工作会议举行。会上播放《卓立向海，曙越未来》宣传片，发布海曙区“十四五”时期十大文化地标项目和八大文化品牌项目。

27日　2022年海曙区中小学生爱国主义主题演讲比赛（决赛）在区档案馆举行。

30日　“纽约—安克雷奇—宁波—首尔”全货机航线（航班号：K4962/3）在宁波空港首航，是宁波空港历史上第一次开通至美国纽约的洲际全货机航线，标志着宁波实现第五航权航线零的突破。

10月　洞桥镇被评为浙江省农村文化礼堂建设示范乡镇（街道），鄞江镇建岙村文化礼堂被评为2022年浙江省特色文化礼堂。

10月　2022年宁波市“一人一艺杯”原创音乐、舞蹈、小戏曲艺大赛等系列活动获奖名单公布，由区文化馆选送的4部原创文艺作品喜获三金两银的好成绩，金奖数位居全市第一。

10月　2022年国家级“百姓学习之星”“终身学习品牌项目”名单公布，来自海曙区的“海贝计划”助力幸福家庭项目入选“特别受百姓喜爱终身学习品牌”，全国仅13个，系全市唯一；“家育五灵”共同体入选“终身学习品牌项目”。

10月　区环境卫生服务中心获评2022年度浙江省城市市容环境卫生工作成绩突出集体。

10月　海曙区黄古林草编博物馆、海曙区灯文化艺术馆入选浙江省第三批乡村博物馆名单。

10月　宁波工业互联网研究院有限公司获科技部批复，建设智能制造国家新一代人工智能开放创新平台，是宁波首个获批建设的国家新一代人工智能开放创新平台。

10月　和义大道、鄞奉滨江公园、月湖盛园、时代广场、月湖金汇小镇5个景区、商圈入选第四批宁波市“席地而坐”城市客厅示范区域名单。自此，海曙区共有11个区域入选。

11月

1日　第十一期全国古籍修复技术与工作管理研修班在天一阁博物院开班。来自全国13个省、市的35名学员参加本次研修培训。

2日　由区委宣传部、区文联主办的“奋进新征程 艺赞二十大”文艺宣讲暨“艺·曙说”文艺宣讲团成立仪式举行，宣讲团用文艺形式宣讲党的二十大精神。

3日　章水镇入选全省第二批低（零）碳乡镇（街道）创建试点，南门街道万安社区、西门街道芝红社区、白云街道安丰社区、望春街道水岸心境社区入选全省第二批低（零）碳村（社区）创建试点。

7日　“清风与归”宁波市书法家协会书法教育委员会委员作品展在鼓楼展厅展出。展览以历代家风家训为主题，向广大市民集中展示传承优良风气的优秀书法作品共29件。

8日　东泠艺术馆开馆。该馆坐落于月湖湖心寺旧址，是集收藏陈列、文化科普、学术交流、公共教育于一体的综合性非营利艺术馆。

同日　“清廉宁波·你我同行”系列活动首次走进海曙。活动现场，“社区家风建设指数”通过短视频形式发布。

9日　第五届海峡两岸乡村振兴论坛海曙分论坛举行。台商代表、海曙区乡村振兴相关领域人员走进龙观乡，就“深化甬台融合发展合作交流，抢抓乡村振兴新机遇”专题探讨共富经。

10日　“海纳百川 曙耀四明”海曙区档案文化主题展开展。

17日　省委常委、市委书记彭佳学到海曙区调研时尚产业发展情况，先后到宁波太平鸟集团、博洋控股集团等考察了解企业经营发展、品牌塑造等情况。

18日　宁波国际邮件互换中心启用仪式举行。

同日　海曙区人民政府—中国计量大学生物多样性友好乡镇标准化建设战略合作协议签约仪式举行。

19日　在第六批国家生态文明建设示范区和“绿水青山就是金山银山”实践创新基地命名表彰授牌仪式中，海曙区获“国家生态文明建设示范区”荣誉称号，是全市唯一上榜的地区。

20日　第六届中国青年志愿服务项目大赛获奖项目名单公示结束，由海曙区选送的“我为烈士来寻亲·客葬异乡英烈回家”志愿服务项目、“我为烈士修遗物”志愿服务项目摘金。

23日　海曙区服装中小企业数智化改造项目签约启动仪式在古林镇嘉乐智尚国际服装产业园举行。

25日　千名代表委员体验千家“共享法庭”海曙法院首场活动在天一商圈放心消费智治中心启动，9名市、区两级人大代表与政协委员参加，享法庭”建设。

27日　中国工业互联网产业创新与生态发展大会在海曙召开。会上，甬水桥科创中心启动，宁波工业互联网研究院与8家入驻企业签约，科技部“智能制造国家新一代人工智能开放创新平台”、中国科学技术协会“科创中国工业互联网创新基地”揭牌；甬水桥基金成立；磁性材料行业工业互联网融合应用指南、工控安全白皮书发布。

同日　第七届全国残疾人职业技能竞赛浙江省选拔赛在宁波市古林职业高级中学落幕，全国残疾人职业技能竞赛每四年举行一次。

29日　2022年“全市安全用药月”活动在宁波市中医药特色街区甬安里启动。开展安全用药知识宣讲“进社区”、民生药事服务站分会场特色药事服务活动等若干系列活动。

11月　区民政局入选首届“浙江省十佳婚姻登记机关”名单。

11月　月湖街道迎凤社区居民委员会获民政部“全国先进基层群众性自治组织、全国优秀城乡社区工作者”表彰。

11月　工信部公布2022年新一代信息技术与制造业融合发展试点示范名单，海曙区企业雅戈尔服装制造有限公司凭借“5G服装全连接工厂”项目入围“数字领航”企业。

11月　全省首批公共文化场馆服务功能拓展先行先试验收结果公布，月湖街道综合文化站、高桥镇芦港村文化礼堂获评优秀。

11月　海曙区企业广博控股集团有限公司入选省第三批“雄鹰行动”培育企业。雅戈尔集团股份有限公司、太平鸟集团有限公司、广博控股集团有限公司入选该名单。

11月　宁波市首批中小学体育美育“一校一品”特色学校评选工作结果公布，海曙区的爱菊艺术学校获评体育类特色学校，高桥镇中心小学获评美育类特色学校。

11月　海曙区龙观生物多样性友好体验馆获首批“浙江省生物多样性体验地”称号，《海曙区全力打造生物多样性保护引领区助力四明山区域乡镇共同富裕》入选第三批全省生态环境系统共同富裕最佳实践名单，皆系全市唯一。

11月　“星火燎原”——大革命时期中共宁波地委旧址纪念馆（海曙区大革命时期中共宁波地委旧址保护利用），“书香海曙”——“岭读”城市书房（海曙区镇明岭庙保护利用），“今有嘉宾　德音孔昭”——屠呦呦旧居陈列馆（海曙区屠呦呦旧居·开明街姚宅保护利用）3个案例入选全市不可移动文物保护利用优秀案例名单。

11月　石碶街道实验小学获评第五批“全国航天特色学校”，系浙江省唯一。

11月　由国网宁波供电公司海曙供电分公司主导编写的课题“‘寓建光伏’助脱贫，绿色能源促发展——浙江省宁波市海曙区龙观乡光伏村产业发展案例”入选第三届“全球最佳减贫案例”。

11月　南塘老街入选第二批浙江省旅游休闲街区名单。

11月　鼓楼街道社区卫生服务中心组织申报的“陆氏伤科”作为传统医药项目入选浙江省文化和旅游厅公布的第六批省级非物质文化遗产代表性项目，系海曙区唯一。

12月

1日　海曙区首家社区托育机构——白云街道丽雅社区吾幼托育所开园，为3周岁以下婴幼儿照护服务提供新的样板基地。

同日　“曙光里”海曙区残疾人综合服务中心启用。

同日　中央音乐学院乡村音乐教室授牌暨爱心捐赠仪式在横街镇中心小学举行，是中央音乐学院在四明山区设立的第一间乡村音乐教室。

同日　海曙区举办“宁波宋韵文化高峰论坛”，现场，浙江省宋韵文化研究中心宁波研究与实践基地在海曙授牌成立。

同日　海曙作为第三批省级社区治理和服务创新实验区接受省民政厅专家组评估验收。专家组一行实地查看集士港镇、段塘街道的相关村（社），多方面考察海曙区新农村建设与实验区推进成果。

8日　在全省冬修农田水利现场会宁波分会场上，集士港镇广昇村粮食功能区改造提升建设项目开工，是海曙区第一个粮食功能区改造提升项目。

9日　龙观乡在加拿大蒙特利尔举行的联合国《生物多样性公约》缔约方大会第十五次会议（COP15）第二阶段会议“中国角”系列边会上，发布《生物多样性友好乡镇规划指南》，是中国首个生物多样性友好乡镇地方标准。

同日　浙江省第二个“宪法与浙江”主题宣传月暨宁波市2022年“12·4”第九个国家宪法日活动上，“法治书吧·法润曙阅”项目揭牌。

12日　“学习贯彻二十大 携手奋进新征程”2022宁波市道德典型走基层活动启动仪式举行。活动首站走进甬水桥科创中心，全市各级道德典型代表、党员代表、媒体记者等60余人参加。

13日　海曙区启动“家门口的老年大学”建设“星火计划”，在集士港镇、古林镇、高桥镇、洞桥镇、章水镇、段塘街道设立老年大学分校，并设立首批20个研学基地，加上此前设立的西门街道分校，至此，海曙区老年大学共设立7所分校。

14日　海曙区第一次区级田长会议举行。

同日　宁波市首个健康超市示范基地和营养健康食堂示范基地在位于望春街道水岸心境社区的三江购物超市青林湾店授牌。

同日　“海阔天空 盐途有你”2022海盐文化旅游推介会在宁波海曙举办。

16日　省道309鄞州至开化公路荷梁线（鄞江—章水）公路工程开工

鄞江镇金陆茶园

仪式在鄞江镇举行。

28日 由市委宣传部、区委宣传部出品，区文化馆制作的《我们的领航人》获评浙江省“五个一”工程歌曲类优秀作品。

12月 宁波工业互联网研究院入驻甬水桥科创中心，智能制造国家新一代人工智能开放创新平台、科创中国工业互联网创新基地两大项目和8家科创企业随之落户。

12月 “海曙印记·安石文化研学路线”在鼓楼发布，由广济中心小学学生和家长组成的首发团，沿着“导游”王安石的足迹开启寻宋之旅。海曙区在王安石1001周年诞辰纪念日推出主题游线。

12月 2022年宁波市政府质量奖获奖名单公布，宁波市第一医院、浙江华展工程研究设计院有限公司荣获市政府质量奖，宁波博洋家纺集团有限公司、宁波东海集团有限公司荣获市政府质量创新奖。是自宁波市政府质量奖（含原市长质量奖）创评以来，海曙获奖组织数量居全市并列第一。

12月 由浙江省林业局、省文化和旅游厅、省生态文化协会联合公布的2022年浙江省生态文化基地名单上，集士港镇深溪村上榜。

12月 浙江省高质量发展建设共同富裕示范区最佳实践（第二批）名单公布，海曙区《践行“两山”理念 探索山区生态共富新路径》入选生态文明建设先行示范类实践。海曙区也是全市唯一一个同时入选全省共同富裕试点和最佳实践的县（市、区）。

12月 浙江省第二批未来社区名单公布，全省共新建成80个未来社区。其中，海曙区郎官未来社区、雄镇未来社区、水岸心境未来社区上榜。

12月 “第三批浙江省国际人文交流基地”授牌仪式在杭州良渚遗址公园举行，天一阁博物院入选。

12月 浙江省第二批未来乡村名单揭晓，古林镇茂新村、章水镇李家坑村、集士港镇山下庄村、鄞江镇金陆村入选。

12月 在第六届中国青年志愿服务项目大赛暨2022年志愿服务（济南）交流会上，区志愿者协会副秘书长孙嘉怿作为浙江省唯一一个项目分享者，讲述了“我为烈士来寻亲”志愿服务项目背后的寻亲故事。

12月 2022年全国商业服务职业技能竞赛“营养配餐员”赛项浙江省首届选拔赛在古林职业高级中学举行。省内各地市选拔的来自团餐企业、职业学校、社会餐饮企业等相关领域的20名营养配餐员参赛。

12月 国家自然资源督察反馈问题暨卫片执法问题整改部署会召开。会上，播放海曙区卫片督察工作汇报视频，通报全区卫片执法及督查卫片整改情况。

12月 海曙区农村乱占耕地建房（非住宅类）专项整治推进会召开。会议部署农村乱占耕地建房（非住宅类）专项整治试点工作要求以及开展情况。

12月 “青春向党·未来有我”行动启动仪式在翠柏里创新街区宁波智能技术研究院举行，“蓝海红帆·新新汇海”区域“两新”党建品牌面向全市发布。“蓝海红帆·新新汇海”党建品牌关注新新群体的自我能力提升和社会治理参与，又坚持从“最前沿”处抓党建，护航翠柏里创新街区高质量发展。

12月 中华全国总工会公布2022年“最美工会户外劳动者服务站点”名单，海曙区合一生活园区户外劳动者驿站、横街镇户外劳动者驿站榜上有名。

12月 宁波市第四届“十大法治人物”颁奖礼举行，海曙区综合行政执法局法制科科长周鑫获评宁波市第四届“十大法治人物”，为全市综合行政执法系统唯一。

12月 浙江省教育厅公布浙江省第十二批“双减”优秀实践案例，全省共有10项入选，其中，海曙区古林镇中心小学《双减+未来：课后服务中的“未来教育”新实践》案例脱颖而出，入选榜单，系宁波市唯一。

12月 2022年度美丽城镇建设市级样板城镇名单公布，海曙区鄞江镇、古林镇入列。至此，全区共有7个乡镇获此称号。

12月 全国工商业联合会发布《关于认定2021—2022年度“四好”商会的通报》，海曙区古林镇商会上榜。

（区委党史研究室）

海曙概览

自然环境

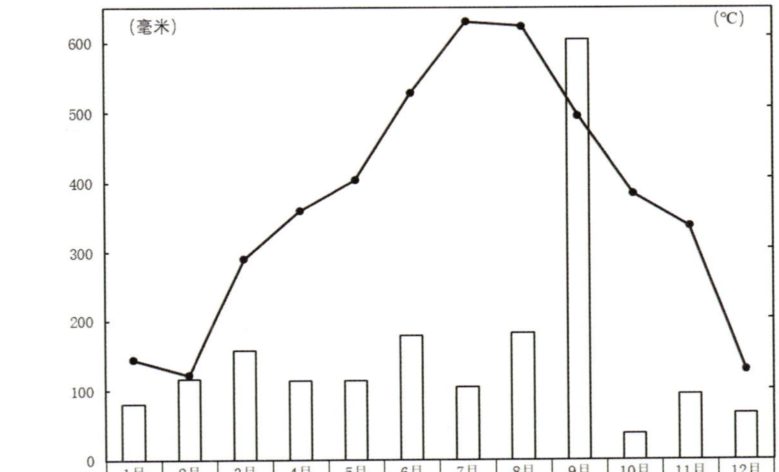

	1月	2月	3月	4月	5月	6月	7月	8月	9月	10月	11月	12月
降水量	80.4	116	157	113.7	114.5	178.3	104.3	182.1	604.1	37.3	93.8	65.9
平均气温	7.1	6	14.3	17.7	19.9	26	31	30.7	24.4	18.9	16.6	6.4

图1　2022年海曙区月降水量和月平均气温变化图

【地理位置】 海曙区位于宁波市中心区域，东临奉化江，北濒余姚江，西与余姚市接壤，南与奉化区连接。全区面积595.5平方千米，是集中心城区、郊区、山区于一体的复合型城区。

【地形地貌】 区境属宁波平原，地势平坦，西靠四明山脉，最高峰为龙观乡与奉化区交界的奶部山，海拔915米。水网纵横，发源于四明山的余姚江和奉化江，分别流经海曙区的北部和东部。境内有月湖及南塘河、中塘河、后塘河等河流。

【气候】 海曙区属北亚热带湿润型季风气候，温和湿润，雨量充沛，光照充足，四季分明。春秋季稍短，冬夏季略长。冬季受西伯利亚冷高压控制，西北风冷而干燥；夏季在西北太平洋副热带高压笼罩下，东南风暖热湿润；春秋为季风转变期，其中春季多低温阴雨。常年平均气温17.7℃，1月最冷，平均气温5.8℃；7月最热，平均气温29.1℃，具有气温适中，酷暑时间短，严寒天数少的特点。常年平均日照1709小时。常年总降水量为1527.8毫米（全市平均1559.1毫米），雨日153.8天，3—5月多雨水，雨量、雨日分别占全年的22.7%和27.7%；6月中旬至7月上旬末为梅雨季，持续阴雨，间有大到暴雨，雨量约占全年的14.7%；7—9月为台汛期，常有台风、东风系统或强对流天气引起的强降雨，尤其是9月因冷空气与台风结合，成为一年中大到暴雨最多的月份，雨量约占全年的11.5%。

2022年，海曙区年平均气温18.3℃，比常年（17.7℃）偏高0.6℃。全年高温日数（日最高气温≥35℃）为49天，比常年（26.3天）偏多22.7天，居历年第一，极端最高气温40.5℃，出现在7月23日；低温日数（日最低气温≤0℃）15天，与常年（15.7天）基本持平，极端最低气温-3.6℃，出现在12月19日。年累积雨量1847.4毫米，较常年偏多20.9%；雨日152天，与常年持平。雨量空间分布不均，在1400～2200毫米，呈东西多中间少的分布特征。年日照时数为1594.4小时，较常年偏少111.1小时。除3月、7月、8月日照时数较常年同期偏多外，其余月份均偏少。

2022年，海曙区的四季主要气候特征：冬季（2021年12月至2022年2月）平均气温7.3℃，接近常年7.1℃，雨量略偏少；2022年初（1月20日至2月23日）出现多轮明显雨雪过程，累积日照时数仅31.1小时，为历史同期最少。春季平均气温17.3℃，较常年偏高0.9℃，为历史第三暖，雨量略偏多，日照时数偏少；5月平均气温19.9℃较常年偏低1.6℃，为1993年以来最凉爽的5月。夏季平均气温29.3℃，较常年偏高1.7℃，为历史第一热，高温酷热极端性显著，高温日数、平均气温等多项指标均打破历史气象纪录；雨量和雨日偏少，梅雨量比常年偏少5

成；7—8月平均降水量较常年偏少近4成，8月海曙区中南部地区出现中度气象干旱，局部达重度。秋季平均气温20℃较常年略偏高（常年19.6℃），日照时数偏少，雨日、雨量均偏多；9月上半月受台风“轩岚诺”和“梅花”相继影响，月雨量较常年偏多243%，破历史极值，旱涝急转；9月下半月至10月31日，平均降水量52.5毫米，较常年偏少约7成。

【灾害性天气及其影响】 2022年，海曙区高温日数异常偏多，居历年第一，气温偏高，日照时数偏少，降水偏多，天气气候总体较差，气象灾害影响程度较重，主要气象灾害有台风、高温热浪、气象干旱、强对流、暴雨、寒潮等。

年内，影响海曙区的台风有2个，分别是2211号“轩岚诺”和2212号“梅花”，灾情偏重。“轩岚诺”生成后一路西行，在台湾以东洋面发生深“V”形转向，为有气象记录以来首次出现；影响时间长，累积维持超强台风级时长达104小时，过程面雨量237.2毫米，单点过程雨量最大章水镇杖锡村300.3毫米；过程极大风力7~9级，个别10级，10级以上大风累计8小时，最大在横街镇爱中村，达到26.4米/秒，风雨综合致灾强度为较重影响级。“梅花”是我国有气象记录以来，首个四次登陆不同省（区、市）的台风，同时为1949年以来9月登陆象山港以北的最强台风，正面影响宁波，对海曙区造成严重影响，过程雨量360.6毫米，居宁波第二；最大在古林镇薛家站，达到525.1毫米，该站最大滑动小时雨强达98.6毫米，其最大滑动小时雨强、最大3小时、最大6小时、最大12小时滑动雨强，均刷新海曙区历史台风降水雨强纪录；平原出现6~9级，高海拔山区9~11级个别12级大风，最大横街爱中33.3米/秒，风雨综合致灾强度为特重影响级。

梅汛期和盛夏降水持续偏少，6月10日入梅，6月26日出梅。入梅比常年（6月12日）偏早2天，出梅日较常年（7月5日）偏早9天，梅期16天，比常年平均23天偏少7天。梅雨量134.2毫米，比常年梅雨量（271.8毫米）偏少5成。7—8月平均降水量234.7毫米，较常年偏少近4成，多由强对流天气造成。

夏季高温热浪天气显著，多项指标打破历史气象纪录，高温酷热极端性显著，35℃高温日数49天（常年26.3天）、38℃高温日数24天（常年6.1天），8月10—23日出现11天38℃以上强高温、8月10日至16日连续7天出现38℃以上强高温，均破历史同期纪录。40℃极端高温共计5天，出现早（7月10日，历史第二早）、结束晚（8月22日，历史最晚）。8月，海曙区中南部地区出现中度气象干旱，局部达重度。

汛期强对流天气多发、并发，常伴有雷暴大风、强雷电、短时强降水和局地小冰雹等灾害性天气，多镇乡（街道）出现8~9级，局部10级雷暴大风。6月24日白天至夜间出现大范围雷阵雨，伴有短时强降水和8~10级雷暴大风，多镇（街道）出现大冰雹，最大直径超3厘米。8月6日和8月30日出现极端短时强降水，6日最大单点雨量周公宅91毫米，部分测站出现7~9级雷暴大风，龙观、古林及石碶等镇乡（街道）局部出现小冰雹。

年内共经历了两轮寒潮天气过程，分别为11月28日至12月2日和12月16—19日，过程降温幅度分别为15.8℃、8.9℃；11月28日至12月2日，章水镇杖锡村出现雨凇，最低气温平原0.7℃、山区-3.5℃。12月16—19日，最低气温平原-3.6℃、山区-9.4℃。

（朱宪春）

历史文化

【历史沿革】 1949年以前，海曙境地从未单独建置。

秦汉时属会稽郡，为鄮县属地。

唐武德四年（621年），罢郡置州，以原句章、鄞、鄮三县地置鄞州，境内为鄞州属地。武德八年（625年），废鄞州复鄮县，为鄮县属地。开元二十六年（738年），析越州别置明州，区境属明州，为鄮县属地。天宝元年（742年），明州改为余姚郡，为余姚郡鄮县属地。乾元元年（758年），余姚郡复改明州，为明州鄮县属地。元和四年（809年），鄮县县治由小溪徙境内。长庆元年（821年），始建子城，为明州属地。中和三年（883年），升浙东道节度使为义胜军节度使。光启三年（887年），改义胜军为威胜军。乾宁二年（895年），董昌称帝，号“大越罗平国”。次年国灭，改威胜军为镇东军，明州均为上述建制下的属地，境内均为明州属地。

五代十国时群雄割据，开平元年（907年），武肃王钱镠建吴越国。开平三年（909年）钱镠奄有明州，升明州为望海军，为避后梁太祖朱温之祖朱茂琳（“茂”“鄮”同音）讳，改鄮县为鄞县，为鄞县属地。

北宋建隆元年（960年），改望海军为奉国军，为奉国军鄞县属地。太平兴国三年（978年），吴越纳国归宋，奉国军隶两浙路。北宋淳化四年（993年），明州隶两浙东路。宋宁宗登位改元庆元，升州为府，以次年改号的年号名府，称庆元府，为庆元府鄞县属地。

元至元十四年（1277年），改庆元府为庆元路，为庆元路鄞县属地。

明洪武元年（1368年），庆元路改明州府，为明州府鄞县属地。洪武十四年（1381年），改明州府为宁波府，为宁波府鄞县属地。

清朝建立后，仍沿用明朝的府县名称。

中华民国成立后废府，境地属鄞县。1927—1931年，于鄞县城厢建立宁波市，境地属宁波市，后撤市复入县。

1949年6月，中共浙江省第二地方委员会（简称宁波地委）和宁波军管会派出军代表为主的民运工作团，接管城区海曙、灵塔、镇明、长春、西郊、北郊6镇镇公所，以镇设区，配备各区正、副区长。此为境域内最早的人民政权。1949年10月，宁波市人民政府调整市辖政区，海曙、灵塔、镇明、长春、西郊和北郊6区合并为海曙、镇明两区，设海曙区公所和镇明区公所。

1950年6月，海曙区公所和镇明区公所撤销，两区政务由境内苍水、孝闻、西郊、江厦、湖西、县学、南郊7个派出所管理。1951年5月，恢复海曙区和镇明区，两区各设人民政府。同年8月，海曙、镇明两区分为海曙、望京、月湖、灵塔4区，建立各区人民政府。1952年8月，上述4区仍合并为海曙、镇明两区，重建海曙区人民政府和镇明区人民政府。1956年2月，海曙区、镇明区机构撤销，建立苍水、孝闻、鼓楼、西郊、江厦、仓桥、湖西、县学、药行、天封10个街道办事处。

1958年9月，10个街道办事处合并为海曙和镇明2个街道办事处。1960年6月，撤销海曙、镇明2个街道办事处，成立海曙人民公社，设公社管理委员会，实行政社合一的管理体制。1963年，海曙人民公社拆分为海曙人民公社和镇明人民公社，公社管委会一分为二。1969年5月、8月，先后成立镇明人民公社“革命委员会”和海曙人民公社“革命委员会”。1970年，人民公社改为区。海曙、镇明两区仍设“革命委员会”。

1978年9月19日，浙江省“革命委员会”决定，宁波市海曙区、镇明区为市辖区一级政权建制。1984年1月，浙江省人民政府决定，并经国务院批准，海曙、镇明两区合并，组成宁波市海曙区，下辖湖西、县学、苍水、孝闻、仓桥、西郊、江厦、天封8个街道及西郊乡与段塘镇。同年8月，西郊街道改名为西门街道，新成立马园街道。1987年4月，西门街道拆分为西门和高塘2个街道。1992年10月调整街道区划，湖西、县学、仓桥（部分）合并为月湖街道，苍水、孝闻合并为鼓楼街道，仓桥、马园合并为南门街道，西门、高塘合并为西门街道，江厦、天封合并为灵塔街道。1996年8月，经宁波市人民政府批准，新成立白云街道。2002年4月，撤销西郊乡，建立望春街道；撤销段塘镇，建立段塘街道。2003年10月，灵塔街道更名为江厦街道。

2016年9月，宁波市行政区划调整，原属鄞州区的集士港镇、古林镇、高桥镇、横街镇、鄞江镇、洞桥镇、章水镇、龙观乡、石碶街道划归海曙区管辖。

天一书香

名胜古迹

【天一阁·月湖】 位于月湖街道，国家AAAAA级旅游景区，由天一阁博物院与月湖两大核心景区组成，总面积约1平方千米。其中，天一阁博物院是第二批全国重点文物保护单位，始建于明朝中期，占地面积2.6公顷，由当时退隐的明朝兵部右侍郎范钦主持建造，已有400余年历史，是中国现存最早的私家藏书楼，也是亚洲现有最古老的图书馆和世界最早的三大家族图书馆之一，藏有各类古籍近30万卷，其中珍椠善本8万余卷，还收藏大量字画、碑帖及精美的地方工艺品。月湖开凿于唐贞观年间，至宋代元祐年间建成“月湖十洲”，贺知章、王安石、史浩、杨简、万斯同等名人都曾于月湖或读书讲学，或隐居一隅。月湖景区内有高丽使馆遗址、佛教居士林、贺秘监祠、银台第官宅博物馆等大量景点。

【它山堰】 位于鄞江镇光溪河旁，第三批全国重点文物保护单位，中国四大古水利工程之一。始建于唐代，堰坝全长113.7米，宽4.8米，高约5米，由150余块小溪石条石砌筑而成。自唐代太和七年（833年）建堰起，历代均有修筑，至今仍在发挥着阻咸、蓄淡、泄洪、灌溉的作用，2015年被评为“世界灌溉工程遗产”。

【宁波天宁寺】 位于中山西路，第六批全国重点文物保护单位。是浙江省现存年代最久的唯一的一座唐砖塔，也是中国仅存的唐代寺前双塔实例，对于研究唐时的宗教文化和佛教建筑具有重要的作用。砖塔共5层，塔高约12米，占地面积为10.42平方米。天宁寺始建于唐大中五年（851年），原名国宁寺，南宋建炎年间毁于战火，不久重建。元至大二年（1309年）为倭寇所毁，后又重建。明洪武十五年（1382年）改为天宁禅寺。民国初年，改称天宁寺。

【永丰库遗址】 位于中山西路北侧唐宋子城遗址内，第六批全国重点文物保护单位。是一座以元代永丰库为核心的宋、元、明时期大型衙署仓储遗址，遗址南北长120米，东西宽80米，总建筑面积9600平方米。遗址以两处单体建筑基址为核心，并有与之相关的砖砌甬道、庭院、排水明沟、水井、河道等众多遗迹，出土至今已挖掘各类文物800余件。

【钱业会馆】 位于战船街10号，地处三江口附近，第六批全国重点文物保护单位。于1925年落成，是近代宁波金融业发展的见证。会馆坐北朝南，占地面积1521平方米，建筑面积1195平方米。主体建筑分成两大部分，前一部分依次由门厅（楼）、戏台、天井、天井两侧厢房、大厅、后厅、会客室等生活用房、天井组成，后一部分由花园、议事厅组成，中西结合。

【白云庄】 位于白云街道管江岸，第六批全国重点文物保护单位，建筑面积650平方米，主体建筑坐西朝东，前后二进，均系砖木结构的平屋。创建于明末清初，原为明末户部主事万泰的祠庄，后因其子万斯选著有《白云集》，世称“白云先生”，故名。曾经是黄宗羲的“甬上证人书院”（讲学处），一度文人聚集，繁盛一时，是浙东文化的象征。

百梁桥

【大运河（宁波段）】 总长34.4千米，西起余姚，向东经余姚城区、江北慈城、海曙高桥至宁波三江口，再经镇海甬江口入海。2014年6月，大运河（宁波段）和宁波三江口被列入世界文化遗产名录，同时，上述两者以及大西坝旧址等姚江水利设施、平桥水则碑等运河物质文化遗产共同被评为第七批全国重点文物保护单位。大运河（宁波段）是复线运河，由人工水道与渠化河道构成，以堰坝为主构成节制工程体系，具有水运、灌溉、排水等综合水利功能，至今是区域生态环境的重要一环。

【林宅】 位于月湖街道紫金街30号，第七批全国重点文物保护单位。是清同治年间举人林钟峤、林钟华兄弟之住宅，建于清同治年间。林宅以南偏东为纵线，由内外照壁、门楼、前厅、中楼、后楼，东西两侧厢房及左右小花园余屋等组成封闭式的建筑群，整个建筑规模较大，结构轻巧，雕刻精致。林宅的建筑布局和装饰特征富有地域特色，是浙东地区清中晚期民居院落建筑艺术的宝贵例证。

【十三洞桥】 地处集士港镇湖山村，为浙江省级文物保护单位。建于清嘉庆年间，是宁波孔数最多的塘河桥，也是海曙区最长的多孔石梁桥。桥面全长53.31米，宽2米，桥墩高近6米，东西横跨湖泊，至今发挥重要的交通功能。

【百梁桥】 地处洞桥镇百梁村，被称为“浙东第一廊桥”，为浙江省级文物保护单位。始建于北宋年间，距今已有900余年历史，横跨鄞江之上，是浙江省现存最长石礅木梁古廊桥。该桥全长77.4米，宽6.18米，六墩七孔，桥上建有瓦屋桥廊。因桥梁有124根大杉木架设而成，故名“百梁桥”。全桥气势宏伟，结构完整，是研究古代浙东廊桥的实例。

平桥水则石碑

【鼓楼沿历史文化街区】 地处宁波市中心，占地面积3.65公顷，建筑面积约6.8万平方米，是宁波人流最密集、商业设施最完善的城市中心街区之一。鼓楼始建于唐长庆元年（821年），已有1100余年历史。街区内有望海楼、奉国军楼、“四明伟观”、海曙楼等历史古迹。

【南塘河历史文化街区】 位于南门街道南塘河畔，占地面积6.50公顷，总长约1.20千米，完整保留300余米的江南传统街巷，再现百年来宁波人经商交易、日常生活的氛围风貌。北街以传统文化为基调，展现宁波城市个性；南街主打“城市休闲”概念，凸显休闲生活。

【宁波府城隍庙】 又名郡庙，位于县学街22号，占地面积6000余平方米，由照壁、门厅、仪门、前戏台、拜亭、大殿、后戏台、寝宫组成，是浙东规模最

天封揽月

大的郡庙之一。始建于后梁贞明二年(916年)。明洪武四年(1371年)春,迁建于今址,洪武十四年(1381年),定名为“宁波府城隍庙”。2020年6月,修缮后重新开放,修缮后的宁波府城隍庙整体格局恢复至1884年的历史风貌。

【天封塔】 位于大沙泥街西端与解放南路交会处。始建于695—696年间,因建塔年号始末“天”“封”而得名。建成后塔高18丈(51米)共14层,分七明、七暗(包括地宫),呈六角形。天封塔系中国江南特有的仿宋阁楼式砖木结构塔,具有宋塔玲珑精巧、古朴庄重的特点,也是古代宁波港江海通航的水运航标。

【梁祝文化公园】 地处高桥镇梁祝社区,国家AAAA级旅游景区,以东晋梁山伯墓、梁山伯庙古遗址为基础,以“梁祝故里·爱情圣地”为主题,以经典的梁祝故事为情景线索。其中的梁祝文化园占地面积42公顷,濒临余姚江。

【五龙潭景区】 位于龙观乡境内,国家AAAA级旅游景区。区内幽谷叠翠、瀑布飞泻、风光秀美,拥有天门瀑布、青云峡漂流、青云梯等山水景观,因乎泽潭、昭泽潭、润泽潭、利泽潭、显泽潭5个水潭而得名。传说潭内驻有灵性神龙而称“龙潭”,是宋、元以来浙东地区重要的祭龙之地,宋理宗、元惠宗都曾敕封五龙潭神为“侯”。景区内有古祭龙坛、五龙神堂、摩崖石刻等景观,每年举行以游龙潭、观龙俗、祭龙祖为主题的“二月二龙抬头”民俗文化节。

【深溪村】 位于集士港镇,浙江省AAA级旅游景区村庄,与余姚市大隐镇云溪村相接,三面环山,已成为集骑行、登山、露营、乡村咖啡等休闲旅游娱乐生活于一体的村落。该村因“一汪清泉,从西山深处而来,穿村而过,缓缓不断”而来。村内有“天然氧吧”龙骛登山步道、静山茶园。近年来,村内原老旧厂房改造成总占地面积6000余平方米的深溪飞鸟骑行公园,并建成宁波首家以自然体感式度假为主题的南山自然营地,深受市民欢迎。

【茂新村】 位于古林镇,浙江省AAA级旅游景区村庄。系明朝万历年间进士、崇祯年间御史和吏部左侍郎林栋隆的故乡,因林家先后出过8名御史,故有“一门八御史”之誉,茂新村也被称为“中国御史之乡”。村内建有宁波家风馆、御史文化陈列馆、林氏宗祠、火车休闲吧和茂新航天基地等,并引进绍兴乌篷船、奇妙数字农场、集装箱集市、遇见茂新咖啡馆等设施,已成为海曙区乡村旅游的最热门目的地之一。

【蜃蛟村】 位于古林镇,浙江省AAA级旅游景区村庄,第二批宁波市历史文化名村,历史可以追溯至距今5000年前的新石器时期。曾出过南宋丞相魏杞、明朝吏部尚书闻渊(闻太师)等名人。沿着蛟川河两侧有榠樝桥、蛟川桥、继濂桥、蜃蛟衕桥、蛟龙禅寺、八九房堂、笆里墙门等一众历史古建筑。近年来,该村的乌篷船开出“蜃蛟·席乡水韵”风情线,不仅是宁波最富有代表性和创新示范性的乡村旅游产业线,也是水上共同富裕示范线。

【李家坑古村】 地处章水镇,毗邻余

古林镇蜃蛟村继濂桥

姚市、奉化区，海拔超过500米，四面环山，溪水绕村，国家级“美丽宜居示范村”、浙江省“特色旅游村”、浙江省“历史文化名村”、浙江省AAA级旅游景区村庄。该村以唐朝皇族李氏后人为主，建村历史已有400余年。村内建筑以清代四合院民居为主，保存完好，为四明山之最。该村以“承祖业克勤克俭，示子孙唯耕唯读”为传家格言，催生众多文化名人及教育先驱。

【屠呦呦故居】 位于开明街26号，是首位获得诺贝尔医学奖的中国人屠呦呦的舅舅、经济学家、曾任甬港经济联谊会会长姚庆三的旧居，简称姚宅。屠呦呦曾在此地长大。主体建筑坐北朝南，面积2200平方米左右，由前厅、大厅、正楼、后屋组成。2021年5月，屠呦呦旧居入选浙江首批中国科学技术协会“科学家精神培育基地”，并向公众开放。

区划人口

【行政区划】 2022年，海曙区下辖集士港、古林、高桥、横街、鄞江、洞桥、章水7个镇及龙观乡，有石碶、月湖、西门、江厦、南门、鼓楼、白云、望春、段塘9个街道，共17个乡级政区，下辖社区108个、行政村164个、城镇居委会5个。海曙区人民政府位于县前街61号。

【人口】 截至2022年末，海曙区户籍人口643291人，比上年末增长0.2%。其中，出生人口3701人，死亡人口4498人。人口自然增长率为-1.25‰。年末常住人口为105.8万人，城镇人口占总人口的比重（城镇化率）为88.1%。

名优特产

【“它山堰”白茶】 产于鄞江镇群山叠嶂处，该茶叶采用绿色无公害农产品生产标准栽培，种植区域气候适宜，土壤肥沃，又有清澈纯净，常年保持17℃～26℃的澄浪潭泉水灌溉。茶叶外形匀整细秀，形如凤羽，色泽鲜活；冲泡后，香气嫩香持久；滋味鲜爽甘醇；汤色鹅黄，清澈明亮；叶张玉白，茎脉翠绿。该白茶茶氨酸占50%以上。已成为海曙山区乡镇重要的特色生态共富产业代表农产品之一。

【“甬优1号”葡萄】 海曙本土培育的葡萄品种，平均粒重可达14～16克，成熟时果实呈紫黑色，果肉相对较硬，甜度16度左右，酸度低，口味较好。

【席（蔺）草】 20世纪70年代，引入日本蔺草（系古时鄞县席草流传日本后改良而成），主要分布在西部平原地区，加工成榻榻米出口日本等地。席草制品以睡床草席为主，其中以“黄古林草席”最闻名。

【浙贝母】 简称浙贝，是中药“浙八味”之一。章水镇是全国浙贝母主要产区，历来产量占全国总量的一半以上，2003年被中国特产之乡命名委员会命名为“中国浙贝之乡”。

【横街竹笋】 横街镇为“中国竹笋之乡”，有浙江省单片面积最大的竹山（3333.33公顷）资源，四季产笋，每年春笋、鞭笋、冬笋等产量可达1.2万余吨，其中大雷“黄泥拱”毛笋质量最佳，以株大肉厚、甜嫩可口驰名海内外。

【梅园石】 分布于鄞江镇梅园一带，色调红如枫叶，是高档建材，尤宜于大型雕刻，代表作有保国寺观音阁石雕大柱、800余年历史的日本国宝奈良东大寺石狮子、2007年宁波市赠送佛罗伦萨的文臣武将石像等。

【杖锡山樱花】 章水镇杖锡山种植和培育樱花有千年历史，唐宋时期通过贸易往来，栽培技术传至日本。杖锡山种植的樱花品种全、花色纯正、花朵肥大、花期长。作为国内最大的欣赏樱花基地，种植面积1.3万亩。在全国率先开展樱花苗木规模化栽培和樱花种质收集、选育，有迎春樱等野生种质资源11种，占国内樱花野生资源的20%，建立种质资源库100亩，收集园艺种质100份，种质保有量全国领先。由于区域独特的地理位置、人文历史及传统栽培技术等优势，2018年1月，杖锡山樱花基地获评省“现代农业科技示范基地”。

【洞桥“八戒”西瓜】 洞桥镇种植西瓜有较长历史，以“八戒”为注册商标的洞桥西瓜以其皮薄、质脆、味甜享誉宁波，被评为“浙江省十大优质名瓜”。

【红螯螯虾】 又称“澳洲小青龙”，原

杖锡漫樱

鄞江镇“水稻—澳洲小青龙”稻田综养实验示范基地

产于澳大利亚，是淡水经济虾种。海曙区的红螯螯虾出肉率高、肉质富有弹性、味道鲜美。养殖过程中，农户采取特殊的“一水两用稻虾共养”模式，即在水稻田里饲养红螯螯虾，由于水稻可以为虾遮阴降温，并提供饲料和生长空间，而饲养红螯螯虾的水稻田由于不使用农药和化肥，水稻的品质也得以提升。

【“奥尼尔”蓝莓】 海曙区种植的蓝莓品类繁多，其中最为普遍的是“奥尼尔”。该品种树势强，枝叶开张；果实大粒，香味浓，果肉质硬，果蒂痕小，食用口感极佳。每年6月是本地蓝莓采摘的最佳时期。

【“甬雪5号”咸齑】 是海曙的传统食品。在“浙贝之乡”章水镇，雪菜一般套种在贝母地里，每年9月种下后11月底便可采收。其中“甬雪5号”咸齑具有适应性强、分蘖多、产量高、加工后黄度好、口感脆的特点。章水的咸齑制作手艺已有400年传承历史，原料来自贝母地，没有任何添加剂，腌制后的咸齑色泽鲜黄，香气浓郁，滋味清脆鲜美，无论炒、蒸、煮，都深受大众喜爱。

【樟村切面】 又称樟村碱水盘面，是海曙区的一道传统特色面食，其加工历史可追溯至民国初年。早年，切面制作全程靠手工；近年来，前道的和粉、面条成型已由机器替代；盘面、蒸面、晾晒等步骤仍旧由人工操作。

经济和社会发展

【综合实力】 2022年，全区实现地区生产总值（GDP）1501.27亿元，按可比价格计算，同比增长2.7%。其中，第一产业增加值17.18亿元，同比增长2.0%；第二产业增加值425.84亿元，同比增长0.4%；第三产业增加值1058.26亿元，同比增长3.6%，对经济增长的贡献率分别为0.9%、3.9%和95.2%。三次产业结构为1.1:28.4:70.5。GDP地均集约度为2.52亿元/平方千米。按常住人口计算的人均GDP达到14.22万元（按年平均汇率折算为21147美元），增长1.9%。

【农业】 2022年，海曙区实现农林牧渔业增加值18.08亿元，同比增长2.3%。实现农林牧渔业总产值24.29亿元，其中农业产值19.98亿元，林业产值1.13亿元，畜牧业产值0.69亿元，渔业产值1.09亿元，农林牧渔专业及辅助性活动产值1.40亿元。

【工业】 2022年，海曙区实现工业增加值337.88亿元，同比下降1.4%，占地区生产总值的比重为22.5%。规模以上工业实现增加值243.04亿元，下降2.9%，其中，制造业实现增加值188.02亿元，下降5.5%。规模以上工业实现营业收入1009.83亿元，增长2.9%；利润总额43.55亿元，利税总额67.96亿元，分别下降22.5%和15.1%。规模以上工业企业研发费用26.72亿元，增长2.0%；规模以上工业新产品产值增长5.4%，新产品产值率达到19.3%。战略性新兴产业、高新技术产业、装备制造业增加值分别增长20.7%、-5.1%和-4.0%。

浙江省制造业创新中心（海曙）科技园

【建筑业】 2022年，海曙区实现建筑业增加值88.13亿元，同比增长7.4%，占地区生产总值的比重为5.9%。全区资质以上建筑业企业118家，其中，施工总承包特级资质企业5家，施工总承包和专业承包一级资质企业27家，施工总承包和专业承包二、三级和其他资质企业86家；全年实现产值578.60亿元，增长15.0%，其中省内产值476.78亿元，增长21.3%；实现主营业务收入435.01亿元，增长11.9%；房屋施工面积3314.40万平方米，增长10.5%；平均从业人员13.50万人，增长9.8%。

【固定资产投资】 2022年，海曙区固定资产投资同比增长13.3%，其中项目投资同比增长31.1%。民间投资占固定资产投资的比重达69.4%。基础设施投资增长9.2%，工业投资增长11.0%。全年新开工项目200项，年末共有各类在建项目487项，其中计划总投资亿元以上项目162项，5亿元及以上项目89项。

【房地产】 2022年，海曙区实现房地产开发投资247.66亿元，同比增长5.3%。全年实现商品房销售面积125.29万平方米，同比增长0.1%，其中住宅销售面积110.64万平方米，办公楼销售面积6.75万平方米。

【贸易业】 2022年，海曙区批发和零售业商品销售额同比增长9.0%。其中，限额以上批发和零售业实现商品销售额3206.58亿元，增长7.6%。全年实现社会消费品零售总额879.40亿元，增长4.2%。在限额以上批发和零售业商品销售额中，金属材料类1131.11亿元，下降2.9%；化工材料及制品类529.23亿元，增长41.7%；服装、鞋帽、针纺织品类273.88亿元，下降7.1%；石油及制品类213.27亿元，增长18.0%；汽车类122.70亿元，增长3.0%。

【旅游业】 2022年，海曙区规模以上旅行社实现营业收入2.74亿元，同比下降25.6%。限额以上住宿餐饮业实现营业额30.44亿元，增长6.1%。年末拥有星级酒店13家，其中五星级宾馆4家，四星级宾馆3家。

【对外经济、招商引资】 外贸。2022全年，实现货物进出口总额874.63亿元，同比增长3.4%。其中，出口总额777.55亿元，增长4.6%；进口总额97.08亿元，下降5.4%。

外经。全区共引进各类企业4952家，注册资金379.75亿元。其中注册资金上亿元企业44家，注册资金5000万以上112家，注册资金1000万元以上499家。全年新增境外投资项目30个，增资项目2个，共核准中方投资总额2.19亿美元，增长9.5%。

外资。全年合同利用外资42412万美元，同比下降67.4%；实际利用外资25705万美元，增长288.8%。

内资。2022全年，新设立内资企业8049家，同比下降17.1%；新增注册资本(金)459.9亿元，增长8.2%。新设立个体工商户12283家，增长4.6%；资金数额12.1亿元，增长4.6%。新登记外商投资企业及分支机构52户，下降45.8%；投资总额11.9亿美元，增长46.0%。全年共办理“个转企”231家，其中转公司214家。全年累计引进大市外内资资金179.42亿元，“浙商回归”到位资金99.72亿元。

【交通运输业】 2022年，海曙区实现交通运输、仓储和邮政业增加值91.18亿元，同比下降12.6%，占地区生产总值的比重为6.1%。规模以上交通运输企业实现营业收入353.14亿元，增长5.4%；其中，货运代理企业营业收入增长6.2%。

【金融】 2022年，海曙区实现金融业增加值154.96亿元，同比增长6.7%，占地区生产总值的比重为10.3%。

【教育、科技、人才】 教育事业。2022年，全区有中小学64所,在校中小学生84749人；特殊学校1所，在校学生149人；幼儿园127所，在园幼儿31808人。年末在编教师5095名，其中省特级教师17名，正高级教师11名，高级教师886名，市名(骨干)校长19名，市名教师25名，市学科骨干教师66名、市名（骨干）班主任14名。开工建设海曙中学。全年建成校（园）8所、新增学位4680个，新增省级“人工智能+教育”试点校5所、省现代化学校（园）6所。成为全市“甬有优学”基础教育先行试验区。

科技创新。2022年，科技信贷风险池服务科技企业35家次，累计授信额度近1亿元。有效国家高新技术企业418家，省重点企业研究院实现零的突破。全区高新技术产业投资28.6亿元，同比增长66.4%。现有院士工作站4家，宁波市院士科技创新中心3家。新增国家级众创空间2家、全省首批“院士科普站”2家。全年新增专利授权量5561件；其中发明专利授权量589件，增长9.9%。甬水桥科创中心、阿里云创新中心正式启用。五大产业技术研究院新建创新平台34个、集聚高层次人才930名、孵化高科技企业42家，成功创建智能制造国家新一代人工智能开放创新平台、中国科学技术协会首批“科创中国”创新基地。

人才工作。“甬江引才工程”入选项目数量全市第二，新建博士后工作站5家，新增国家级博士后工作站3家，新招引进站博士后26人。全省首个工程师人才服务中心成立运营，引进工程师人才9700余名。成立海曙工程师（工匠）学院，举办职业技能竞赛23场，完成职业技能培训44000人次，新增技能人才11848人、高技能人才5895人。做优“菁英汇海”青年人才服务，新引进大学生2.4万人。全区人才总量达到23.9万人。

【文化、卫生、体育】 文化事业。创成省首批文化传承生态保护区、省首批“促进人民群众精神富有”试点区。南塘老街入选国家级夜间文旅消费集聚区。获评全国“书香城区”。举办2022年海曙区第四届美好生活节。全年新增1个省级非遗项目，建成浙江省乡村博物馆10家，新建94个“15分钟品质文化生活圈”和2个城市书房、1个文化驿站。全年开展各类文化活动4740场，惠及群众1634万人次。区文化馆原创舞蹈《弄潮儿》荣获2022年浙江省“群星奖”，《我们的

洞桥公共文化空间

领航人》获省第十五届精神文明建设“五个一工程”奖。

卫生事业。2022年末，全区共有医疗卫生机构532家，医院35家，其中三级甲等医院4家；全区实有病床9049张，拥有卫生技术人员16698人，其中执业医师（含助理）6156人，注册护士7370人。区第二医院、第三医院完成二级乙等医院现场评审工作，实现区级综合性医院等级创建零的突破。新改扩建规范化村卫生室（社区卫生服务站）6个。全区具有托育服务且在“浙有善育”登记的机构79家，新增托位数977个，普惠托位717个，全区总托位数3711个，每千人常住人口拥有托位数3.52个。建有24个村、社区托育服务站点。全年发放计划生育家庭奖励扶助、特别扶助资金5812.1万元。

体育事业。提升“全民健身月月赛”品牌，共开展群众体育活动20余个。完成2个体育公园、1个村级全民健身广场、2个社区多功能运动场、11个百姓健身房建设。半山伴水度假村成功入选2022年度浙江省运动休闲旅游示范基地。

【居民生活、社会保障】 居民收支。2022年，全体居民人均可支配收入74504元，同比增长4.9%。其中，城镇居民人均可支配收入81600元，增长4.4%；农村居民人均可支配收入46504元，增长6.4%。全年城镇居民人均生活消费支出50842元，农村居民人均生活消费支出30736元。

社会保障。全区企业职工社保缴费单位4.5万家，养老保险、医疗保险、工伤保险缴费人数分别为40.3万人、53.0万人、48.1万人。各项待遇发放总额53.6亿元，户籍人口基本养老保险、医疗保险参保率分别达到99.7%、99.8%。困难群众医疗保险覆盖率达100%。成立全市首个新业态从业人员职工权益保障联盟，新增实体社保卡3.6万张、电子社保卡9.1万张，实体社保卡持卡率100%。全年新建1个区域性居家养老服务中心，1家5A级居家养老服务中心，1家5G智慧养老院，新建16家标准化老年食堂，建成19家无感智能设备终端，5家康养联合体，新建家庭养老照护床位150张。全区共有养老机构34家，居家养老服务机构275个，养老服务设施基本实现全覆盖。发放城乡最低生活保障41746人次，金额4048.4万元。累计发放特困人员基本生活费1948人次361.6万元，发放照护费1948人次180.1万元。

【生态建设、社会安全】 生态建设。2022年，海曙区$PM_{2.5}$年均浓度全市最优，地表水区控以上断面水质优良率达到92.3%，成功创建国家生态文明建设示范区，获评“美丽浙江十大样板地”。月湖通过美丽河湖创建省级验收，蜃蛟片、章水山区片通过美丽河湖片区创建市级验收。望春工业园区入选省级“污水零直排工业园区”。城镇生活垃圾分类覆盖面保持100%。

社会安全。连续17年被评为省平安区。全年破获刑事案件989起，其中命案等重大刑事案件破案率100%。全年办理法律援助案件1033件；共调解矛盾纠纷14467件，成功率99.8%。全区各行业领域累计开展安全生产检查23.4万次，未发生一次死亡3人以上的较大生产安全事故。全年开展食品抽检4670批次，开展药品监督抽样253批次，查处各类食品违法案件323件。成功创建省食品安全示范区。全年受理消费者投诉举报23949件，挽回损失547万余元。

（区委党史研究室）

说明：

1.上述数据参照《宁波市海曙区统计年鉴2023年》。统计数据四舍五入误差未做机械调整。

2.地区生产总值及各产业、行业的增加值绝对数按当年价格计算，增长速度按可比价格计算，即扣除物价变化的实际增长。

3.规模以上工业指年主营业务收入2000万元及以上的工业企业。

4.限额以上批发和零售业指年主营业务收入2000万元及以上的批发业、年主营业务收入500万元及以上的零售业。

5.限额以上住宿和餐饮业指年主营业务收入200万元及以上的住宿和餐饮业。

6.年营业收入2000万元及以上服务业法人单位。包括：交通运输、仓储和邮政业，信息传输、软件和信息技术服务业，水利、环境和公共设施管理业三个门类和卫生行业大类。年营业收入1000万元及以上服务业法人单位。包括：租赁和商务服务业，科学研究和技术服务业，教育三个门类，以及物业管理、房地产中介服务、房地产租赁经营和其他房地产业四个行业小类。年营业收入500万元及以上服务业法人单位。包括：居民服务、修理和其他服务业，文化、体育和娱乐业两个门类，以及社会工作行业大类。

7.固定资产项目统计范围为计划总投资500万元及以上的固定资产投资项目。

组织机构及其负责人名录

【区四套班子领导机构】

中共宁波市海曙区委员会

书　　记：徐　强
副 书 记：叶枝利
　　　　罗仙兵
区委常委：李冠杰（8月止）
　　　　陆利明
　　　　孟　雪
　　　　谢浩军
　　　　徐洪涛
　　　　胡文汉
　　　　毛孟军
　　　　裘　骥
　　　　邬　旻（8月始）

宁波市海曙区人民代表大会常务委员会

党组书记：张启表
党组副书记：童经纬（12月止）
党组成员：林　兵（1月止）
　　　　陈小春
　　　　舒建国
　　　　史卫东（1月始）
　　　　曹　杰
　　　　张文莲（12月始）
　　　　葛巧英
主　　任：张启表
副 主 任：童经纬
　　　　林　兵（1月止）
　　　　孙铭龙
　　　　陈小春
　　　　舒建国
　　　　史卫东（1月始）
　　　　曹　杰

宁波市海曙区人民政府

党组书记：叶枝利
党组成员：李冠杰（9月止）
　　　　史卫东（1月止）
　　　　黄　列
　　　　黄　健（12月止）
　　　　徐洪涛
　　　　韩利钢
　　　　曹　磊
　　　　邬　旻（9月始）
　　　　俞鹏宏（1月始）
　　　　李　高（12月始）
区　　长：叶枝利（1月始）
代 区 长：叶枝利
常务副区长：李冠杰（10月止）
　　　　徐洪涛（8月始）
副 区 长：叶枝利
　　　　宣业靖（1月止）
　　　　史卫东（1月止）
　　　　毛孟军（1月止）
　　　　张盈军（1月止）
　　　　王懿栋（10月止）
　　　　黄　列
　　　　黄　健（12月止）
　　　　徐洪涛（1月始）
　　　　韩利钢（1月始）
　　　　邬　旻（10月始）
　　　　俞鹏宏（1月始）
　　　　郑甬龙（10月始）
　　　　李　高（12月始）

中国人民政治协商会议宁波市海曙区委员会

党组书记：张宁辉
党组副书记：陆利明（兼）
　　　　吴军良（1月止）
　　　　薄慧敏
党组成员：刘良飞（1月止）
　　　　郁利祥
　　　　戴亚珍
主　　席：毕东华（1月止）
　　　　张宁辉（1月始）
副 主 席：吴军良（1月止）
　　　　薄慧敏（1月始）
　　　　袁建树
　　　　国　宇（1月止）
　　　　刘良飞（1月止）
　　　　张　雨（1月始）
　　　　郁利祥
　　　　胡金红（1月始）
　　　　池　逊
秘 书 长：戴亚珍

【区纪委　区监委】

中共宁波市海曙区纪律检查委员会
宁波市海曙区监察委员会机关

书　　记：胡文汉
副 书 记：汪锡超
　　　　贺海宁
常　　委：蔡军波
　　　　章朝阳
　　　　陈建国
　　　　庄立敏
主　　任：胡文汉（1月始）
代 主 任：胡文汉（1月止）
副 主 任：胡文汉（1月止）
　　　　汪锡超
　　　　贺海宁
委　　员：邱坚明（6月止）
　　　　陈建国
　　　　庄立敏
　　　　施鹤峰
　　　　孙斌辉
办公室主任：陈　俊
干部室主任：梁　红
宣传教育室主任：张姗姗
党风政风监督室主任：郑巧巧
信访室主任：刘建华
案件监督管理室：叶光明
第一纪检监察室主任：余照华
第二纪检监察室主任：金一波
第三纪检监察室主任：万代平
第四纪检监察室主任：李　峰
案件审理室（申诉复查室）主任：
　　　　张静霞
区纪委区监委派驻第一纪检监察组组长：
　　　　狄立新
区纪委区监委派驻第一纪检监察组副组长：
　　　　曾宪道（11月止）
区纪委区监委派驻第二纪检监察组组长：
　　　　徐琦雄
区纪委区监委派驻第二纪检监察组副组长：
　　　　陈松苗
区纪委区监委派驻第三纪检监察组组长：
　　　　黎炜华
区纪委区监委派驻第三纪检监察组副组长：
　　　　陈彦彬（4月止）
　　　　刘光爱（4月始）
　　　　郑　凌（4月始）
区纪委区监委派驻第四纪检监察组组长：
　　　　周照宇
区纪委区监委派驻第四纪检监察组副组长：
　　　　钱建峰
区纪委区监委派驻第五纪检监察组组长：
　　　　孙明忠（1月始）
区纪委区监委派驻第五纪检监察组副组长：
　　　　周风云
区纪委区监委派驻第六纪检监察组组长：
　　　　周家骥
区纪委区监委派驻第六纪检监察组副组长：
　　　　余莉英
区纪委区监委派驻第七纪检监察组组长：
　　　　魏雷顺
区纪委区监委派驻第八纪检监察组组长：
　　　　戎爱武（7月止）

张智慧（7月始）
区委直属机关纪检监察工委书记：
黎炜华
区委直属机关纪检监察工委副书记：
陈彦彬（4月止）
刘光爱（4月始）
区纪委区监委驻海曙公安分局纪检监察组组长：
计　锋（正局长级）
区纪委区监委驻区法院纪检监察组组长：
陈章君
区纪委区监委驻区检察院纪检监察组组长：
邹宁俊

区委巡察机构
区委巡察办主任：蔡军波
区委巡察办副主任：阮国梁（4月止）
王召波（7月始）
区委巡察组组长：章红霞
王海洲
忻慧义
卞　燕
区委巡察组副组长：张红红
王海波
曹建萍
叶志斌

临空经济示范区纪检监察工委
书　　记：胡文汉
副 书 记：邱坚明（4月始）

【公安、检察、审判机构，人民武装】
宁波市海曙区人民检察院
党组书记：练节晁
党组副书记：王志胜
党组成员：张丹丹
邹宁俊
沈慧红
任　姣
范静娟
检 察 长：练节晁（3月始）
代检察长：练节晁（3月止）
副检察长：练节晁（3月止）
王志胜
张丹丹
沈慧红
政治处主任：任　姣
检委会专职委员：许文瑾
范静娟

宁波市海曙区人民法院
党组书记：陈海虹
党组成员：任啸雷
陈章君
曹建波
曹秉军
杨锦晶
陈　莹
院　　长：陈海虹（1月始）
代 院 长：陈海虹（1月止）
副 院 长：陈海虹（1月止）
任啸雷
曹建波
曹秉军
杨锦晶
审判委员会专职委员：戎　波
江　锋（6月止）
政治处主任：陈　莹
执行局局长：董际峰
西郊法庭庭长：卓黎黎（6月止）
陈东曙（6月始）
望春法庭庭长：江　锋（6月止）
袁满君（6月始）
鄞江法庭庭长：陈东曙（6月止）
石碶法庭庭长：袁满君（6月止）
卓黎黎（6月始）

中国人民解放军浙江省宁波市海曙区人民武装部
部　　长：谢浩军
政治委员：韩彬伟
副 部 长：邵志佳

宁波市公安局海曙分局
党委书记：韩利钢
党委副书记：徐联达
邬明汉
党委委员：计　锋
朱小明
任建明
董　文
史　强
钟平波
戴金旭
冯亦斌
林忠华（7月始）
局　　长：韩利钢
政　　委：徐联达
副 局 长：邬明汉
任建明
董　文
史　强
戴金旭
政治处主任：钟平波

宁波市公安局交通警察支队海曙大队
大 队 长：冯亦斌
教 导 员：张凯军（7月止）
严　峤（7月始）
副大队长：周浩峰（7月止）
冯静贝
周　斌（7月始）
陆钱非（12月始）

宁波市消防救援支队海曙区大队
大 队 长：胡　凯（4月止）
冯俊祺（4月始）
教 导 员：王　锋
副大队长：姜小平
马　丽（4月止）
路　庄（4月止）
张宇浩（4月始）

【区委工作机构及党群各部门】
中共宁波市海曙区委员会办公室
主　　任：李　高
副 主 任：朱飞龙（兼，11月止）
欧益民（兼）
孙挺松（兼）
吴鹤立（4月止）
周小波（兼）
邱少军
宋坚勇（4月止）
李苏苗（4月始）
叶　彪（7月始）
袁　李（11月始）
室务会议成员：张琳琳
狄立新
袁　李（11月止）
总工程师：张琳琳
台办主任：李　高
台办副主任：袁　李（11月止）
区委机要局局长：张琳琳
国家保密局局长：张琳琳
督查室主任：袁　李（9月止）
档案局局长：吴鹤立（4月止）
叶　彪（11月始）

中共宁波市海曙区委组织部
部　　长：孟　雪
常务副部长：丁松江
副 部 长：崔茂华
郑利庆

吴鹤立（4月始）
钟金龙（兼）
曹　蕾（兼）
部务会议成员：黎炜华
吕　莲
毛炯炜
童　文
黄　辛
许　晟（4月止）
黄建荣（4月始）
区委直属机关工委书记：孟　雪
区委直属机关工委专职副书记：崔茂华
区委直属机关工委副书记：吕　莲
区委两新工委书记：郑利庆（4月始）
区委两新工委副书记：郑利庆（4月止）
童　文
陈　亮（兼，11月止）
刘　燕（兼）
陆　颖（兼，11月始）
区委人才办常务副主任：吴鹤立（4月始）
区委人才办副主任：许　晟（4月止）
黄建荣（4月始）
余　妮（11月始）

中共宁波市海曙区委宣传部
部　　长：毛孟军
常务副部长：邵　辉（11月始）
副 部 长：汪光辉
李苏苗（4月止）
齐海峰
虞晓晓（4月始）
文明办主任：齐海峰
文明办副主任：潘剑武
区政府新闻办公室主任：汪光辉
区委网络安全和信息化委员会办公室主任：
李苏苗（4月止）
虞晓晓（4月始）
区社会科学界联合会主席：
李苏苗（兼，9月止）
虞晓晓（9月始）
区社会科学界联合会副会主席：
裘燕萍（9月始）
王晓燕（9月始）
新闻出版局局长：齐海峰
部务会议成员：周照宇
潘剑武

中共宁波市海曙区委统战部
部　　长：陆利明
常务副部长：童红琴
副 部 长：陆　颖
陈　亮（11月止）
崔　昱（11月始）
周国平
部务会议成员：孙明忠（1月始）

区民族宗教事务局
局　　长：周国平

区人民政府侨务办公室
主　　任：陆　颖（11月止）
崔　昱（11月始）

区归国华侨联合会
主　　席：陆　颖（12月止）
崔　昱（12月始）
副主席：戚圣爱

中共宁波市海曙区委政法委
书　　记：罗仙兵
常务副书记：周宏杉
副 书 记：李冠杰（兼，9月止）
徐洪涛（兼，9月始）
韩利钢（兼）
陈　明
虞建东
政治处主任：胡雨红
委　　员：陈海虹（兼）
练节晁（兼）
徐联达（兼）
陈学芳（兼）
周家骥
胡雨红
刘光爱（4月止）

中共宁波市海曙区委政策研究室
主　　任：欧益民
副 主 任：王晓燕
刘　威（11月始）
陈旺达（11月止）

中共宁波市海曙区委机构编制委员会办公室
主　　任：余　解
副 主 任：王芳芳
马　迪（11月止）
孙颖莹（11月始）

中共宁波市海曙区委员会、海曙区人民政府信访局
党组书记：周小波
党组成员：崔　磊
陈　辉
杨　政
局　　长：周小波
副 局 长：高秀峰
陈　辉
杨　政
督查专员：崔　磊

宁波市海曙区委老干部局
局　　长：曹　蕾
副 局 长：殷丽健
蓝永清

中共宁波市海曙区委员会党校
校　　长：孟　雪（兼）
常务副校长：王甬明
副 校 长：朱德伟
庞天录
校务委员会委员：黄晓琴
区行政学院院长：孟　雪（兼）
区行政学院副院长：王甬明（兼）
朱德伟（兼）
庞天录（兼）
区社会主义学院院长：
王懿栋（兼，9月止）
郑甬龙（兼，10月始）
区社会主义学院副院长：
王甬明（兼）
童红琴（兼）
朱德伟（兼）
庞天录（兼）

宁波市海曙区档案馆
馆　　长：张越男
副 馆 长：纪亚峰
郑蔚蔚

中共宁波市海曙区委员会党史研究室（区地方志办公室）
主　　任：王培良
副 主 任：汪鹤飞

宁波市海曙区总工会
党组书记：张文莲
党组副书记：顾妮妮
党组成员：陆千一
虞杰儿（挂职）
袁　军（1月始）
邹蜀宁（11月始）
主　　席：林　兵（2月止）
史卫东（10月始）

常务副主席：张文莲（2月始）
副 主 席：顾妮妮
陆千一
钱　勇（兼，12月始）
王理顺（兼，12月始）
史文娟（兼，10月止）
齐小军（兼，10月止）

中国共产主义青年团宁波市海曙区委员会
书　　记：曹小波
副 书 记：陆小腾驾（11月止）
施佳宁
贝琛颖（挂职）
孙　珺（挂职，11月止）
孙梦婷（挂职）
祝诸铭（挂职，11月始）
董继业（兼）
王崇昌（兼）
徐　鹏（兼）
孙家怡（兼）
陈佳颖（兼）

宁波市海曙区妇女联合会
党组书记：施剑萍（11月止）
王萍锋（11月始）
党组成员：蔡幼琴
叶　华（7月始）
主　　席：施剑萍（11月止）
王萍锋（12月始）
副 主 席：蔡幼琴
谢芙月（挂职）
罗红媛（兼）
杜峥嵘（兼）
叶　华（7月始）

宁波市海曙区工商业联合会
党组书记：陈　亮（11月止）
陆　颖（11月始）
党组成员：倪　容
陶香永
主　　席：张江平
常务副主席：陈　亮（12月止）
陆　颖（12月始）
副 主 席：陆　颖（12月始）
倪　容
陶香永
徐立勋（兼）
张宵华（兼）
刘新宇（兼）
吴志光（兼）
吴浩盛（兼）
庄　巍（兼）
金建新（兼）
朱复员（兼）
黄金宝（兼）
王君平（兼）
王善波（兼）
安　刚（兼）
陆华昂（兼）
何耀光（兼）
陈春明（兼）
张龙棋（兼）
杨　剑（兼）
龚浩强（兼）
李　昊（兼）
庄开宇（兼）

宁波市海曙区残疾人联合会
党组书记：俞小群
党组成员：王慧兰
徐孟雷（4月止）
张　洁（挂职）
章东辉（11月始）
理 事 长：柳竹青
副理事长：王慧兰
徐孟雷（6月止）
张　洁（挂职）
章东辉（挂职，11月始）
何镇飚（挂职）（11月止）
李春根（兼）

宁波市海曙区文学艺术界联合会
党组书记：陈建东
党组成员：陈　鸿
徐红辉
主　　席：国　宇（5月止）
薄慧敏（5月始）
副 主 席：陈建东
陈　鸿
徐红辉

宁波市海曙区红十字会
党组书记：谢宇川（4月始）
党组成员：林　平（兼）
虞晓红
张洪涛（11月始）
名誉会长：徐　强
叶枝利（7月始）
会　　长：王懿栋（7月止）
黄　列（7月始）
常务副会长：谢宇川（7月始）
副 会 长：施剑萍（7月止）
商满邦
陈彦斌（兼，7月始）
董共茂（兼，7月始）
潘建武（兼，7月始）
齐海峰（兼，7月止）
吴鹤立（兼，7月止）
陈　臣（兼，7月止）
林　平（兼）
胡　锐（兼）

宁波市海曙区关心下一代工作委员会
主　　任：陈志国
副 主 任：史　敏

宁波市海曙区慈善总会
会　　长：王黎明
副 会 长：朱彩娟（7月始）
黄尚征（2月止）
管存根
武　懿（7月始）
秘 书 长：武　懿

【区人大常委会、区政协机关】

宁波市海曙区人民代表大会常务委员会办公室
党组[①]书记：葛巧英（4月始）
党组成员：张朝晖（4月始）
张承骏（4月始）
邹有武（4月始）
张小军（4月始）
主　　任：葛巧英
副 主 任：邹有武
张小军

区人大监察和司法委员会
主任委员：郁明标（1月止）
张朝晖（1月始）

区人大常委会监察和司法工作委员会
主　　任：张朝晖
副 主 任：范卫东

区人大财政经济委员会
主任委员：严关忠（1月止）
张承骏（1月始）

① 4月，建立中共宁波市海曙区人大常委会机关党组。

区人大常委会财政经济工作委员会
主　　任：张承骏
副 主 任：史召其

区人大常委会农业与农村工作委员会
主　　任：戴利光
副 主 任：潘宁霞

区人大常委会城乡建设环境保护工作委员会
主　　任：王志刚
副 主 任：樊垈钢

区人大常委会教科文卫民侨工作委员会
主　　任：李栽正
副 主 任：张洪良

区人大社会建设委员会
主任委员：王田荣（1月止）
　　　　　朱子凡（1月始）

区人大常委会社会建设工作委员会
主　　任：朱子凡
副 主 任：杨文珍

区人大常委会代表工作委员会
主　　任：钱　军
副 主 任：汪　微

中国人民政治协商会议宁波市海曙区委员会机关党组
党组书记：戴亚珍
党组副书记：吴兵云
党组成员：陈绍旗
　　　　　张春波
　　　　　吴永华
　　　　　张忠浩
　　　　　陈健雄

区政协办公室
主　　任：吴兵云
副 主 任：徐盛芳
　　　　　毛坚芬

区政协提案委员会
主　　任：倪耀夫
副 主 任：孙　琴

区政协经济和城建资源环境委员会
主　　任：张春波
副 主 任：竹　琰

区政协农业和农村委员会
主　　任：吴永华
副 主 任：张政一

区政协教科卫体文化文史和学习委员会
主　　任：张忠浩
副 主 任：汪志佩

区政协社会法制与港澳台侨委员会
主　　任：陈健雄
副 主 任：王勇伟（11月止）
　　　　　屈　庆（11月始）

区政协委员工作委员会
主　　任：陈绍旗
副 主 任：许玉芬

【区政府工作部门】

宁波市海曙区人民政府办公室
党组书记：戚燕枫
党组副书记：应鹏辉
党组成员：徐琦雄
　　　　　蔡　锐（4月止）
　　　　　陈朋豪（11月止）
　　　　　谢鸣鸣
　　　　　胡宁军（7月止）
　　　　　陈　伟
　　　　　陈　蕾（兼）
　　　　　谢宇川（兼，4月止）
　　　　　何云峰（7月始）
　　　　　何　舜（11月始）
　　　　　许　晟（4月始）
　　　　　陈彦彬（4月始）
主　　任：戚燕枫（11月始）
副 主 任：蔡　锐
　　　　　应鹏辉
　　　　　陈朋豪（11月止）
　　　　　谢鸣鸣
　　　　　胡宁军（8月止）
　　　　　陈　伟
　　　　　陈　蕾（兼）
　　　　　谢宇川（兼，4月止）
　　　　　俞鹏宏（2月止）
　　　　　方卓毅
　　　　　何云峰（8月始）
　　　　　何　舜（11月始）
　　　　　许　晟（4月始）
　　　　　陈彦彬（4月始）

宁波市海曙区发展和改革局
党组书记：朱　波（4月止）
　　　　　王贤勇（4月始）
党组副书记：姚　杰
　　　　　　阮国梁（4月始）
党组成员：胡宁军（7月始）
　　　　　祝松鹤
　　　　　叶丹娜
　　　　　王　易（11月止）
　　　　　陈旺达（11月始）
局　　长：朱　波（6月止）
　　　　　王贤勇（6月始）
社建委专职副主任：阮国梁（4月始）
副 局 长：祝松鹤
　　　　　王　易（11月止）
　　　　　陈旺达（11月始）
总经济师：叶丹娜

宁波市海曙区经济和信息化局
党组书记：蔡文质
党组成员：张国龙
　　　　　徐　勇
　　　　　华　军
　　　　　曹卓琼
局　　长：蔡文质
副 局 长：徐　勇
　　　　　夏焕文
　　　　　华　军
总工程师：曹卓琼

宁波市海曙区教育局
党委书记：陆云峰
党委副书记：陈宏虹
　　　　　　於宏华（11月始）
党委委员：孙颖莹（11月止）
　　　　　於宏华
　　　　　钱文君（11月始）
　　　　　许鹏浩（11月始）
　　　　　胡　锐
局　　长：陆云峰
副 局 长：陈宏虹
　　　　　孙颖莹（11月止）
　　　　　於宏华
　　　　　钱文君（11月始）
　　　　　余晶晶（挂职,9月止）
副总督学：许鹏浩（11月始）

宁波市海曙区科学技术局
党组书记：王萍锋（11月止）
　　　　　金　莹（11月始）
党组副书记：姚焕杰（11月始）

党组成员：蔡水华（4月始）
应　君
崔川良（4月止）
局　　长：王萍锋（12月止）
金　莹（12月始）
副 局 长：姚焕杰（11月始）
应　君
崔川良（5月止）

宁波市海曙区科协
主　　席：蔡水华（6月始）
张　硕（6月止）

宁波市海曙区民政局
党组书记：刘　燕
党组副书记：董共茂
党组成员：吕　丹
吕洪军
周永存
李宏胜（1月始）
局　　长：刘　燕
副 局 长：董共茂
韦晓阳
吕　丹

宁波市海曙区司法局
党组书记：陈学芳
党组副书记：管恩田
党组成员：钱帅华
周春莉
朱培珍
局　　长：陈学芳
副 局 长：管恩田
钱帅华
周春莉
政治处主任：朱培珍

宁波市海曙区财政局
党组书记：朱裕高
党组副书记：金群辉（11月止）
党组成员：童　霞
邱顺年
范　颖
王　海（4月始）
局　　长：朱裕高
副 局 长：童　霞
邱顺年
王　海（4月始）
总会计师：范　颖

宁波市海曙区人力资源和社会保障局
党组书记：钟金龙
党组副书记：吴春波（11月始）
党组成员：赵开宏（11月止）
余　妮（11月始）
陈莉萍
王承晖（11月始）
局　　长：钟金龙
副 局 长：吴春波
赵开宏（11月止）
余　妮（11月始）
陈莉萍

宁波市海曙区住房和城乡建设局
党委书记：刘　锋
党委副书记：陈文烈（7月始）
党委委员：王　云
胡持恒（7月始）
徐恒宝
魏雷顺
任丽迥
郑建丽（挂职，10月始）
张郁苍（挂职，10月始）
局　　长：刘　锋
副 局 长：陈文烈
胡持恒（7月始）
屈　庆（7月止）
徐恒宝（7月始）
郑建丽（挂职
10月始）
张郁苍（挂职
10月始）
总工程师：王　云
房屋管理中心主任：任丽迥
公共项目建设管理中心主任：
徐恒宝（7月止）

宁波市海曙区交通运输局
党组书记：蔡体泉
党组副书记：戴国栋（11月始）
党组成员：钟宏朝
周　里
宋立刚（11月止）
林军刚
梅　娜（11月始）
局　　长：蔡体泉
副 局 长：戴国栋
钟宏朝
周　里
总工程师：吴祖峰
交通运输行政执法队队长：林军刚
公路与运输管理中心主任：陈大柱

宁波市海曙区轨道交通建设推进管理中心
主　　任：蔡体泉（8月止）
胡宁军（8月始）
副 主 任：宋立刚
梅　娜（5月始，11月止）

宁波市海曙区水利局
党组[①]书记：沈君达（1月始，11月止）
林　锦（11月始）
党组成员：鲁朝晖（1月始）
童　威（1月始）
局　　长：谢飞红（2月始）
副 局 长：鲁朝晖（2月始）
童　威（2月始）

宁波市海曙区农业农村局
党委书记：沈君达
党委委员：姚明华
黄　伟
鲁朝晖（1月止）
王南鹤
俞继本
俞　琼
杨志高
许继忠（11月始）
局　　长：谢飞红（2月止）
沈君达（2月始）
副 局 长：姚明华
黄　伟
鲁朝晖（2月止）
王南鹤
总工程师：俞　琼（2月止）
总农艺师：俞　琼（2月始）
综合行政执法队队长：俞继本

中国共产党宁波市海曙区委员会农办
主　　任：沈君达
副 主 任：王南鹤
俞　琼

宁波市海曙区乡村振兴局
局　　长：沈君达（2月始）
谢飞红（2月止）
副 局 长：王南鹤

① 1月，建立中共宁波市海曙区水利局党组。

宁波市海曙区商务局
党组书记:柴惠群
党组副书记:卢其能(11月始)
党组成员:柳晓波
郑　斌
局　　长:柴惠群
副 局 长:卢其能
柳晓波
总经济师:郑　斌
区贸促会会长:柴惠群(兼)
区贸促会专职副会长:陈建立

宁波市海曙区文化和广电旅游体育局
党组书记:应　彬
党组副书记:许　骥
党组成员:王军义
俞　岚
颜曙宏
徐　平
局　　长:应　彬
副 局 长:许　骥
王军义
俞　岚
行政执法队队长:颜曙宏

宁波市海曙区卫生健康局
党委书记:柴　炜
党委副书记:刘文虎(7月始)
林　平
党委委员:王　斐(11月始)
王雪芬
胡　剑
张智慧(7月始)
陶　鹏
王珊波(7月始)
金碧霞(7月止)
刘御芳(挂职,9月止)
戎爱武(7月止)
局　　长:柴　炜(1月始)
副 局 长:刘文虎
林　平
王雪芬
胡　剑
刘御芬(挂职,9月止)

宁波市海曙区退役军人事务局
党组书记:章　静
党组副书记:金俊飞(11月始)
党组成员:董一斌
汪丛健(11月止)
局　　长:章　静
副 局 长:金俊飞(11月始)
董一斌
汪丛健(11月止)

宁波市海曙区应急管理局
党委书记:陆勇敢
党委副书记:周　开(11月始)
党委委员:童祖洪
周斌朝
陈小白
赖泉添
局　　长:陈勇敢
副 局 长:童祖洪
周斌朝
周　开
总工程师:陈小白

宁波市海曙区审计局
党组书记:卢纳新
党组副书记:沈海江
党组成员:周学军(11月止)
曾宪道(11月始)
范　颖(1月止)
魏雷顺(1月止)
局　　长:卢纳新
副 局 长:沈海江
周学军(11月止)
曾宪道(11月始)
总审计师:范　颖(1月止)
倪伟敏(1月始)
区经责联办主任:魏雷顺(1月止)

宁波市海曙区市场监督管理局
党委书记:陶　宁
党委副书记:蔡水华(4月止)
崔川良(4月始)
党委委员:方晓东
蔡红辉
董　斌
陈国军
张剑杰
钱　草
马连超
局　　长:陶　宁
副 局 长:蔡水华(5月止)
崔川良(5月始)
方晓东
蔡红辉
董　斌
钱　草
总工程师:陈国军
综合行政执法队队长:张剑杰

宁波市海曙区统计局
党组书记:李　迪
党组成员:竺　青
局　　长:李　迪
副 局 长:竺　青
戴飞挺

宁波市海曙区医疗保障局
党组书记:金　莹(11月止)
陈　亮(11月始)
党组副书记:周祎阳
党组成员:方华锋
程　格
局　　长:金　莹(12月止)
陈　亮(12月始)
副 局 长:周祎阳
方华锋

宁波市海曙区综合行政执法局
党委书记:卢洪波
党委副书记:谢跃伟
党委委员:童　威(2月止)
徐　峰
徐霄雷
周　颖
局　　长:卢洪波
副 局 长:谢跃伟
童　威(2月止)
徐　峰
徐霄雷
智慧城管中心主任:周　颖
直属中队长:闫占峰(3月始)

宁波市海曙区大数据发展服务中心
党组书记:张小飞
党组成员:周存东
冯琦峰
主　　任:张小飞
副 主 任:周存东
冯琦峰

宁波市天一阁・月湖景区管理办公室
党组书记:郁建军
党组成员:王保学
唐震毅
斯玉梅
宁波市天一阁・月湖景区管理办公室主任:郁建军
宁波市天一阁・月湖景区管理办公室副主任:王保学
唐震毅

斯王梅

宁波市天一阁·月湖景区管理办公室
服务中心主任:裘燕萍(7月止)

宁波市望春工业园区管理委员会
党工委书记:裘　虩
党工委副书记:高红伟
马　能
党工委委员:周　丽
张　峰
主　　任:高红伟
副 主 任:马　能
周　丽

宁波市海曙区机关事务管理局
党组书记:谢宇川(4月止)
宋坚勇(4月始)
党组副书记:王海敏
党组成员:单丽君
局　　长:谢宇川(4月止)
宋坚勇(5月始)
副 局 长:王海敏
单丽君

宁波市海曙区供销合作社联合社
党组书记:胡小峰
党组成员:张明伦
葛荣伟
周　娜(11月始)
主　　任:胡小峰
副 主 任:张明伦
葛荣伟

宁波市海曙区政务服务办公室
党组书记:李冠杰(9月止)
徐洪涛(兼,9月始)
党组副书记:王明波
党组成员:龚安君
范季宇
陈静儿
温博华(挂职,10月始)
主　　任:王明波
副 主 任:龚安君
范季宇
张赛霞(挂职,10月止)
温博华(挂职,10月始)

宁波市海曙区行政审批服务中心副主任:
陈静儿

宁波市海曙区国有资产管理中心
党组[①]书记:金群辉(9月止)
党组成员:王　海(4月止)
张郁苍(9月止)
覃　晴(4月始,9月止)
主　　任:金群辉
副 主 任:王　海(4月止)
张郁苍
覃　晴(5月始)

宁波市海曙区国有资产管理中心
党委[②]书记:金群辉(9月始)
党委成员:张郁苍
覃　晴(9月始)
主　　任:金群辉
副 主 任:王　海(4月止)
张郁苍
覃　晴(5月始)

宁波市海曙区金融发展服务中心
党组书记:蔡　锐
党组成员:陈海云
主　　任:蔡　锐(1月始)
副 主 任:童绍数
陈海云

宁波市海曙区经济合作局
党组[③]书记:俞建江(1月止)
党组副书记:竺志军(1月止)
党组成员:江朝晖(1月止)
黄建荣(1月止)
局　　长:曾　徐2月止)
副 局 长:竺志军(2月止)
招商中心主任:黄建荣(11月始)

宁波市海曙区招商中心
党组[④]书记:俞建江(1月始)
党组副书记:竺志军(1月始)
党组成员:余　妮(1月始,11月止)
黄建荣(1月始,4月止)
郝　燕(1月始)
江朝晖(1月始)
主　　任:曾　徐(2月始)
副 主 任:竺志军(2月始)
余　妮(2月始,11月止)
郝　燕(2月始)
黄建荣(2月始,4月止)

宁波(国际)电子商务产业园管理中心
党组[⑤]书记:俞建江(1月止)
党组成员:余　妮(1月止)
郝　燕(1月止)
主　　任:俞建江(1月止)
副 主 任:余　妮(1月止)
郝　燕(1月止)

宁波81890求助服务中心
党组书记:陈　蕾
党组成员:张建儿
主　　任:陈　蕾
副 主 任:张建儿
周　含

宁波市海曙区社会矛盾纠纷调处化解中心
党组[⑥]书记:罗仙兵(7月止)
党组副书记:朱飞龙(7月止)
党组成员:孟浩军(7月止)
刘光爱(4月止)
谢　岚(7月止)
谷　叶(4月始,7月止)
主　　任:朱飞龙(7月止)
副 主 任:孟浩军(7月止)
刘光爱(4月止)
谢　岚(7月止)
谷　叶(5月始,7月止)

宁波市海曙区社会治理中心
党组[⑦]书记:罗仙兵(7月始,11月止)
朱飞龙(11月始)
党组副书记:朱飞龙(7月始,11月止)
党组成员:孟浩军(7月始)
谢　岚(7月始)

① 9月,撤销中共宁波市海曙区国有资产管理中心党组。
② 9月,建立中共宁波市海曙区国有资产管理中心委员会。
③ 1月,撤销中共宁波市海曙区经济合作局党组。
④ 1月,建立中共宁波市海曙区招商中心党组。
⑤ 1月,撤销中共宁波(国际)电子商务产业园管理中心党组。
⑥ 7月,撤销中共宁波市海曙区社会矛盾纠纷调处化解中心党组。
⑦ 7月,建立中共宁波市海曙区社会治理中心党组。

谷　叶（7月始）
曹飞翔（11月始）
主　　任：朱飞龙（7月始，11月止）
罗仙兵（兼，11月始）
常务副主任：朱飞龙（11月始）
副 主 任：孟浩军（7月始）
谢　岚（7月始）
谷　叶（7月始）

宁波市海曙区全媒体中心
主　　任：汪光辉
副 主 任：周　波
舒　沁（12月始）
管丽霞

宁波市海曙区南站广场区域综合管理办公室
党组书记：陈　臣
党组成员：郑　伟
袁卫东
陈国钦
舒群贤
主　　任：陈　臣
副 主 任：袁卫东
舒群贤

宁波市海曙南站区域开发建设管理中心
党组书记：陈　臣
主　　任：史卫东（兼，2月止）
俞鹏宏（兼，2月始）
常务副主任：陈　臣
副 主 任：张东波
王　翔（兼）

宁波市海曙区客运中心站区域综合管理中心
主　　任：郑　伟

宁波市海曙区房屋征收管理服务中心（区重点工程建设指挥部）
党组[①]书记：郭文光（4月止）
林军华（4月始，11月止）
党组成员：陆海红（11月止）
楼力力（11月止）
钟箴吾（11月止）
主　　任：郭文光（5月止）
林军华（5月始，11月止）
常务副总指挥：郭文光（5月止）
林军华（5月始，11月止）
副 主 任：陆海红（11月止）
楼力力（11月止）
钟箴吾（11月止）

宁波市海曙区房屋征收管理服务中心
党组[②]书记：林军华（11月始）
党组成员：张东波（11月始）
陆海红（11月始）
楼力力（11月始）
余万儿（11月始）
钟箴吾（11月始）
主　　任：林军华（11月始）
副 主 任：陆海红（11月始）
楼力力（11月始）
余万儿（11月始）
钟箴吾（11月始）

宁波市海曙区工业园区升级改造推进管理中心
党组[③]书记：王　旭（4月止）
陈朋豪（11月始）
党组成员：范蕾蕾
竺洪波
主　　任：王　旭（5月止）
陈朋豪（11月始）
副 主 任：范蕾蕾
竺洪波

宁波市海曙区政府投资项目评审中心
党组[④]书记：金群辉（11月始）
党组成员：朱家栋（11月始）
王海江（11月始）
主　　任：金群辉（兼，7月始）
副 主 任：朱家栋（11月始）

宁波市海曙石碶市场区管理中心
党委书记：马苏君
党委委员：张东波（9月止）
主　　任：马苏君（1月始）
陈健宏（1月止）
副 主 任：张东波（9月止）

宁波市海曙区旧村改造管理服务中心
党组[⑤]书记：林军华（11月止）
党组成员：张东波（11月止）
张万儿（11月止）
主　　任：陈华峰（2月止）
林军华（2月始，11月止）
副 主 任：余万儿（11月止）

宁波市海曙开发建设投资集团有限公司
党委书记：朱　克
党委副书记：许继忠（11月止）
丁迪辉
党委委员：刘晓亮
钟招娣
李悠悠
叶属敏
余丽华（11月始）
许　琳（挂职，10月始）
董 事 长：朱　克
总 经 理：丁迪辉
纪委书记：李悠悠
副总经理：刘晓亮
钟招娣
叶属敏
许　琳（挂职，10月始）

宁波市海曙国有资本投资经营集团有限公司
党委书记：陈晓虎
党委副书记：唐海亮
唐震毅（挂职，11月止）
黄　芳（11月始）
党委委员：张　翼
虞盈浩
李峥艳（4月始）
傅平南（11月始）
董 事 长：陈晓虎
总 经 理：唐海亮
纪委书记：黄　芳（11月止）
傅平南（11月始）
副总经理：张　翼
虞盈浩
李峥艳（5月始）
张国波（5月始）

【市直属管理单位】

宁波市自然资源和规划局海曙分局
党组书记：林　峰（1月止）
苏敏敏（10月始）
党组副书记：苏敏敏（10月止）
党组成员：邓　勇

---

① 11月，撤销中共宁波市海曙区房屋征收管理服务中心（重点工程建设指挥部）党组。
② 11月，建立中共宁波市海曙区房屋征收管理服务中心党组。
③ 9月，建立宁波市海曙区工业园区升级改造推进管理中心党组。
④ 11月，建立中共宁波市海曙区政府投资项目评审中心党组。
⑤ 11月，撤销中共宁波市海曙区旧村改造管理服务中心党组。

刘　纲
尚玉辉
汪国新（9月始）
周　峰（9月始）
王爱民（9月止）
杨幼堂（1月止）
蔡　洁（9月止）
局　　长：林　峰（1月止）
陈华锋（1月始）
副 局 长：苏敏敏（10月止）
邓　勇
刘　纲
汪国新（9月始）
周　峰（9月始）
杨幼堂（1月止）
蔡　洁（9月止）

国家税务总局宁波市海曙区税务局
党委书记：章　程
党委委员：马　鸿
胡鑫娟
林　萍
薛建新
顾明杰
吴　嘉（12月始）
局　　长：章　程
副 局 长：胡鑫娟
林　萍
薛建新
纪检组组长：马　鸿
总经济师：顾明杰
总会计师：吴　嘉（12月始）

宁波市生态环境局海曙分局
党组书记：周宏华
党组成员：吴雪峰
钟明荣
王　鹏
陈　波（9月始）
黄　君（9月止）
局　　长：周宏华
副 局 长：吴雪峰
钟明荣
王　鹏
总工程师：陈　波（9月始）
海曙区生态文明建设服务中心主任：
雷　军

宁波市海曙区气象局
党组书记：周伟军
党组成员：骆后平
俞科爱（4月止）
李　云（4月始）
局　　长：周伟军
副 局 长：骆后平
俞科爱（4月止）
李　云（4月始）

【镇（乡）街道机构】
集士港镇
党委书记：裘　骥
党委副书记：王宗成
陶伟儿
成科峰

党委委员：崔凯业
黄秋农
方　宇
陈昕怡（11月始，副处级）
孙　赟（11月止）
陈　岭（11月始）
黄贤波
戴金旭
李　昀（挂职，10月止）
人大主席：张　硕
人大副主席：王益明
镇　　长：王宗成
常务副镇长：崔凯业
副 镇 长：张　斌
陈明芳
胡持恒（7月止）
孙　圆（11月始）
袁浩杰
纪委书记：黄秋农
妇联主席：陈昕怡
资源配置和审批服务中心主任：
王益明（3月止）
孙兴国（3月始）
人武部部长：黄贤波
总工会主席：方　宇（1月止）
管文颖（1月始）

古林镇
党委书记：王光阳
党委副书记：林小红（4月止）
何　舜（11月止）
王　旭（4月始）
胡剑峰
马　迪（11月始）
党委委员：张　亮
忻黎黎
徐访伟（7月始，副处级）
洪　琦
李　琳
杨　波（7月止）
王　剑（7月始）
孙晓飞
人大主席：凌旭涛
人大副主席：李晓明
镇　　长：林小红（4月止）
王　旭（4月始）
副 镇 长：袁晓芳
潘航波
吕　杰
周章波
纪委书记：忻黎黎
人武部部长：孙晓飞
总工会主席：金　琴

高桥镇
党委书记：段谟法
党委副书记：朱华鑫
吴建军
徐　辉（7月止）
蔡　成（7月始）
党委委员：叶　华（7月止）
周鼎立（7月始）
余伟曙
邱晓凯（7月始，副处级）
舒　沁（11月止）
孙　赟（11月始）
陈　锋
司耀锋
胡意伟（7月止）
韩多奇（7月始）
人大主席：沈东晓
人大副主席：齐朋飞
镇　　长：朱华鑫
副 镇 长：袁德超
钱　洪
叶　华（7月止）
金碧霞（7月始）
周鼎立
费坚勇
纪委书记：余伟曙
总工会主席：张亚飞

横街镇
党委书记：王贤勇（4月止）
林小红（4月始）
党委副书记：应　俊
毛亚君
党委委员：张　旺

张　斌
姚焕杰（11月止）
皇甫珏敏
毛科杰
戚聪波
人大主席：田艳晖
镇　　长：应　俊
副 镇 长：包超杰
吴薇静
陈　侃
胡瀚杰
纪委书记：张　旺
总工会主席：应启万

鄞江镇
党委书记：葛石松
党委副书记：应徐捷
俞俊波
党委委员：邵黎颖
严　波
杨　政（9月止）
冯　捷
石婉羚
陈　波
范立峰（11月止）
人大主席：陈坚平
镇　　长：应徐捷
副 镇 长：王　娜
陶志红
叶　彪（7月止）
吴　昊（7月始）
童若飞
纪委书记：邵黎颖
人武部部长：陈　波
总工会主席：陆　骥

洞桥镇
党委书记：林丹枫
党委副书记：朱灵勇
邬钢环
党委委员：金鹏飞
李锡备
王珊珊
程晓云
应功明
路德峰
王　勇
人大主席：路德峰
镇　　长：朱灵勇
副 镇 长：王松涛
全立伟
周燕娜
邹凌枫
纪委书记：金鹏飞
人武部部长：应功明
总工会主席：降　旭

章水镇
党委书记：叶夏凯（11月止）
党委副书记：吕大元
林　锦（11月止）
党委委员：陈峥嵘
郑　梅
陈　静
吕　佳
郑宏国
马森淼
霍斯科（挂职，9月止）
人大主席：羊文远
镇　　长：吕大元
副 镇 长：钟　凯
吴　昊
朱　渊
蔡静静
徐露鸣
纪委书记：郑　梅
人武部部长：陈峥嵘（1月止）
郑宏国（1月始）
总工会主席：刘　中

龙观乡
党委书记：虞　挺
党委副书记：叶建洋
翟羽佳（11月止）
蔡　璐（11月始）
党委委员：许　琦
徐尚之
陈　平
谢　堃（7月止）
王　涛（7月始）
朱建波（9月始）
人大主席：王良峰
乡　　长：翟羽佳（5月始）
蔡　璐（11月始）
副 乡 长：朱锦良
史恒峰
钱文君（11月止）
陆小腾驾（11月始）
王　攀
纪委书记：许　琦
人武部部长：陈　平
总工会主席：王　攀

石碶街道
党工委书记：孙妙芳
党工委副书记：杨剑云
杨武军
白艳辉
党工委委员：陈　云
严　皓
王　杰
周立刚
陈　洪
孔　军
郑　斌
人大工委主任：崔锡朋
人大工委副主任：陈晓伟
办事处主任：杨剑云
办事处副主任：陈　云
徐　鋆
徐　钢
陈旭亚
陈　桥
纪工委书记、监察办主任：严　皓
人武部部长：孔　军
总工会主席：史微微

月湖街道
党工委书记：潘玲玲
党工委副书记：王家栋
何云峰（7月止）
岑亦波（11月始）
党工委委员：乐嘉颖
徐佩娜
李　虎
严炳君
沈冉娜（7月始）
人大工委主任：陈　翔
办事处主任：王家栋
办事处副主任：吴剑勇
陆金明
袁　怡
纪工委书记：乐嘉颖
派出所所长：沈冉娜
人武部部长：严炳君
总工会主席：王　昶

西门街道
党工委书记：庞勤峰
党工委副书记：马　强
虞晓晓（4月止）
徐科静（4月始）
党工委委员：邱婕枫
王　辉

傅颖维（11月止）
徐孟雷（4月始）
王　亮
姚　雷（7月始）
人大工委主任：沈　健
人大工委副主任：张多国
办事处主任：马　强
办事处副主任：方晶超
丁朝炯
董　郑（11月止）
金　晟（11月始）
纪工委书记：邱婕枫
人武部部长：徐孟雷（4月始）
总工会主席：徐孝军

江厦街道
党工委书记：黄　伟
党工委副书记：邵　辉（11月止）
史明辉
党工委委员：李胜泓
陈育超
岑亦波（11月止）
董　郑（11月始）
汪渊群
赵　枫
任志军
陈志波（11月止）
范立峰（11月始）
人大工委主任：周建军（12月止）
施剑萍（12月始）
人大工委副主任：童盈国
办事处主任：邵　辉（11月止）
办事处副主任：赵　枫
李天波
李中杰
纪工委书记：李胜泓
派出所所长：陈志波（12月止）
范立峰（12月始）
人武部部长：任志军
总工会主席：陈育超（1月止）
竺佩霞（1月始）

南门街道
党工委书记：王　翔
党工委副书记：王肖刚
高君恺
党工委委员：陈　照
黄　扬
陈小意
欧阳媛斐
吴志杰
仇　磊
人大工委主任：王晨涛
人大工委副主任：叶　华
办事处主任：王肖刚
办事处副主任：张　萍
林云乾
王　斐（11月止）
虞杰儿（11月始）
赵军连
纪工委书记：陈　照
派出所所长：吴志杰
人武部部长：仇　磊
总工会主席：叶潇滟

鼓楼街道
党工委书记：范建杰
党工委副书记：黄　江
郭勇伟
党工委委员：王　慧
张小飞
贝春芬
谢恒翀
杨钱锋（7月始）
人大工委主任：张传泉
办事处主任：黄　江
办事处副主任：徐海平
吴立波
周　豈
纪工委书记：王　慧
派出所所长：杨钱锋
人武部部长：谢恒翀
总工会主席：韩善明（5月止）
杨　拥（5月始）

白云街道
党工委书记：陈明珉
党工委副书记：陈　聪
崔　昱（11月止）
王　昦（11月始）
党工委委员：陈明传
邵　强
王　清
徐华儿
陆子凯
韩多奇（7月止）
陈林波（7月始）
人大工委主任：费春华
人大工委副主任：严红杰
办事处主任：陈　聪
办事处副主任：但涛波
蔡　成（8月止）
李　霞
纪工委书记：陈明传
派出所所长：韩多奇（7月止）
陈林波（7月始）
人武部部长：邵　强　陆子凯
总工会主席：张兴丁

望春街道
党工委书记：蔡　宁
党工委副书记：王宇峰
杜翼飞
党工委委员：任明海
胡　超
徐科静（4月止）
王勇伟（7月始）
励成静
张齐文
徐鹏飞
人大工委主任：鲍科臻
人大工委副主任：许晓彤
办事处主任：王宇峰
办事处副主任：贺　峰
柴利伟
张齐文
李春梅
杜立峰
纪工委书记：任明海
派出所所长：张齐文
人武部部长：徐鹏飞
总工会主席：姚利桥

段塘街道
党工委书记：庄　宏
党工委副书记：刘　鸣
金俊飞（11月止）
陈梁晦（11月始）
党工委委员：赵　一
汪　鹰
徐芦芳
屠　磊
钱剑锐
于志强
人大工委主任：周红萍
人大工委副主任：邹月萍
办事处主任：刘　鸣
办事处副主任：汪　波
许曹弘
陈梁晦（11月止）
包益斌（11月始）
陈巨刚
纪工委书记：赵　一
人武部部长：钱剑锐
总工会主席：黄　雁

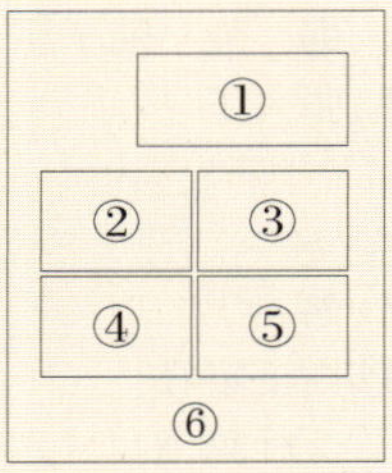

① 它山古韵　　④ 钱业会馆
② 永丰库遗址　⑤ 鼓楼声韵
③ 天宁古塔　　⑥ 古林镇茂新村

中国共产党海曙区委员会

综　述

【概况】 2022年，海曙区实现地区生产总值1501.27亿元，同比增长2.7%；完成一般公共预算收入117.06亿元，税收占比稳定在92%以上；完成一般公共预算支出138.35亿元，其中城乡社区、卫生健康、社会保障和就业、科学技术和教育支出分别增长51.9%、45.6%、37.6%、15.9%和5.5%；城乡居民人均可支配收入分别增长4.4%、6.4%。

全力推进稳进提质攻坚行动，召开农业、制造业、服务业、建筑业等“1+X”经济高质量发展大会，经济增长实现“V”形反弹、逐步向好。第一时间落实上级稳住经济大盘一揽子政策措施，出台三轮区级助企纾困政策，落实增值税留抵退税19.3亿元，减税降费12.3亿元，办理缓缴税费18.9亿元，兑付惠企政策资金20.7亿元，惠及市场主体4.9万家。46个项目开工建设，42个项目竣工投用，8个重大前期项目落地转化，固定资产投资增长13.3%。开展“拔钉清零净地保供”百日攻坚行动，53个地块拔钉“清零”，征拆面积193万平方米，新增土地供应4586亩。深化国际消费城市示范区建设，发放1.46亿元消费券，实现社会消费品零售总额增长4.2%。出台18条生产性服务业支持政策，战略性新兴产业增加值增长20.7%，信息服务业占地区生产总值的比重两年内提升2.1个百分点。新增国家级专精特新“小巨人”企业9家，服务型制造示范企业1家、知识产权示范（优势）企业10家，新引进中国电力、京东方等一批重大项目。宁波西枢纽交通先导工程开工建设，国际邮件互换中心启用，实现第五航权货运航线零的突破。

实施“三创”驱动，翠柏里创新街区建设势头强劲，甬水桥科创中心、阿里云创新中心启用，宁波工研院成为全市首个国家新一代人工智能开放创新平台，承办全国第四届工业互联网大赛，新增国家级众创空间2家、高新技术企业116家、科技型中小企业222家，街区新引进培育科创企业54家，研发强度提升六成，获评全国首批“科创中国”创新基地。承办“科创中国”赛道明星班等活动，“工程师友好区”启动建设，全省首家工程师人才服务中心成立运营，8人入选国家级、省级重点人才计划，“甬江引才工程”入选项目数全市第二，引进工程师人才9700余人、大学生2.4万人，新增国家级博士后工作站3家，前三季度规上文化产业增加值增长26.4%。企业容积率改革提升项目稳步推进，工业用地全生命周期管理落地见效，规上工业亩均税收、增加值均实现两位数增长，新认证“品字标”浙江制造企业30家，13个工程项目获“鲁班奖”“钱江杯”，市政府质量奖入选数全市第一，优质高效水稻大田未来农场成为全省首批现代化农事服务中心。

“一图四库”统建共享项目启动建设，53个省市重大应用贯通落地，防台减灾智治平台、服装产业大脑等一批特色场景应用上线运行，81890“民

11月，甬水桥科创中心正式启用，重点引进工业互联网、智能制造、人工智能、信息技术等前沿领域高科技公司

呼我为”系统全省推广，“审批+公共资源交易”等“一件事”改革全面铺开，率先建立全区“只用一张图”服务机制，政务网络安全绩效评估居全省首位。深化“亩均论英雄”改革，规上工业亩均税收增长6%，4家制造业企业、8家服务业企业入选全省亩均效益领跑者名单。推进全域国土空间综合整治，探索实施工业用地全生命周期管理，升级改造工业用地4150亩，获评国家自然资源节约集约示范区。启用投资项目全周期监管服务平台，优化重点工程前期、评审机构设置，大融资、大要素保障专班高效运行。整合组建区水务集团、教育产业公司、人才发展公司，国有资本布局和结构持续完善。

民生支出占一般公共预算支出比重达73.7%，“物质+服务”社会救助改革入选省共同富裕试点。成立全省首个共同富裕慈善信托，推出“百村千户、专曙共富”行动，所有行政村实现集体经济总收入超100万元、经营性收入超30万元，集体经济总收入、经营性收入村均水平全市第一，低收入农户户数减少4.3%，城乡居民收入倍差缩小至1.75。东西部协作、对口支援、山海协作扎实开展，与蚌埠五河、延边珲春、黄冈英山建立新的对口合作关系，累计实施帮扶项目22个。海曙中学开工建设，高起点开办宁波中学海曙合作班，打破地域边界实施“城乡共富”招生计划，建成校（园）8所、新增学位4680个，获评全市“甬有优学”基础教育先行试验区。开展紧密型医联体建设，公共卫生应急体系建设不断深化，实现区级综合性医院等级创建零的突破，创成省中医药文化传承生态保护区、省级健康促进区。“一老一小”服务体系持续优化，探索医育结合、“院居家”融合等服务模式，区福利中心开工建设，建成各类养老机构34家，新增3岁以下婴幼儿托位977个，每千人口托位数居全市前列。全域推进全国文明典范城市创建，打造94个“15分钟品质文化生活圈”，2项志愿服务项目获全国金奖，文博事业发展水平全省第三，获评全国“书香城市”、新时代文明实践文艺志愿服务项目示范带动地，创成省文化传承生态保护区、省首批“促进人民群众精神富有”试点区。

深入推进“三沿”开发，动态迭代“十大”系列，滚动实施“精特亮”工程，加快推动城市框架拉开、形象重塑，获评国家生态文明建设示范区、美丽浙江十大样板地。深化国土空间规划编制，完成“三区三线”划定。成立全省首个百亿元级城乡有机更新基金，系统推进千年罗城复兴，实质性启动历时8年的秀水街保护焕新，建成运营“甬安里”，开展姚江南岸片区规划设计，改造完成26个城中村和55个老旧小区，建成3个省级未来社区。四明山环线路网密北线改建通车，荷梁线工程开工，228国道海曙段一期全面启动，组团辐射、重点支撑的交通路网逐步形成。鄞江堤防整治工程主线封闭，姚江（三江口）防护工程全面完工，樟溪河干流整治等系列工程完成，实现主汛期前“防洪圈”缺口全部封闭，完成城市低洼道路改造13.6万平方米。推进“种植大脑+未来农场”建设，“南塘河”农业区域公用品牌影响持续扩大，区中心粮库一、二期工程开工建设，4个高标准农田启动改造提升，入选省农业标准地改革试点，获评省级农业“机器换人”高质量发展先行区。开展美丽乡村宜居家园建设，完成拆旧建新115万平方米，新增省级美丽乡村示范镇1个、未来乡村4个、精品村16个。地表水区控以上断面水质优良率升至92.3%，$PM_{2.5}$年均浓度全市最优，新增各类绿地32.5公顷，光伏产业模式入选全球最佳减贫案例，山区生态共富模式入围全省共同富裕最佳实践，龙观建成全国首个生物多样性友好乡镇，章水入选省低（零）碳创建试点。

城乡现代社区架构逐步完善，“141”基层治理体系迭代升级，全省首家商业社区创新设立，深化社区管理体制机制“统分沉”改革，小区自治站建设全市推广，入选省现代社区“五社联动”提质增效行动试点。各类生产安全事故起数、死亡人数分别下降25%、14.3%，获省级平安区“十七连冠”，创建省食品安全示范区。全省推广“大综合一体化”PDA执法，组建“1+8”执法监管队伍，行政执法繁简分流机制获评省县乡法治政府建设最佳实践。完善公共卫生服务体系建设，启用亚定点医院。有效应对“轩岚诺”“梅花”连续台风和罕见高温干旱不利影响。

深入学习宣传贯彻党的二十大精神，切实以“两个维护”的实际行动坚定捍卫“两个确立”。健全完善意识形态工作责任制，严格落实常委会“第一议题”制度，不断丰富“曙说”宣传品牌内涵，推动党史学习教育常态化长效化，区委理论学习中心组、区委常委会分别开展集体学习18次和34次。健全落实习近平总书记重要指示批示和中央、省市委重大决策部署量化闭环，认真落实共同富裕示范区建设、数

建设中的望京门遗址公园

字化改革等重点工作，共富、数改工作全省考核均为优秀，全市“大综合一体化”行政执法改革现场会召开。以“七张问题清单”为牵引，严肃抓好生态环保专项督察、涉粮涉水专项巡察等反馈问题整改，强化问题主动发现、高效流转、闭环解决，清单问题办结率为96.4%。聚焦“全域锋领·卓越海曙”，优化干部储备选拔、训战合一机制，打造全省首个共富头雁研学院，成为全省深化党建联建助力共同富裕现场会观摩点，“红海突击队”机关党建品牌影响力持续扩大。开展“五问五破、五比五先”作风建设专项行动，以“五最党建”为引领提振作风、促进发展。构建六大监督保障机制护航发展，出台十届区委巡察工作五年规划，健全“一件事”问责预警机制，一体推进“三不腐”，风清气正的良好生态进一步涵养巩固。

区委统揽全局、协调各方，切实加强党的全面领导。支持区人大及其常委会依法履职，打造一批具有辨识度的全过程人民民主基层单元，“海议督”获全省人大数字化改革创新奖。支持政协发挥专门协商机构优势，完善“请你来协商”“民生议事堂”等载体，构建小微协商分层级闭环解决等机制，打造特色鲜明的基层协商民主范例。打造“融合统战”品牌，不断拓展异地商会、乡贤组织阵地，多党合作区域实践经验全市推广。“共享法庭”提质拓面，“乡村+小巷”检察品牌积极打造。

【宁波西枢纽片区规划建设】 2022年12月7日，宁波市人民政府办公厅发文同意批复《宁波西枢纽片区规划》。宁波西枢纽片区规划坚持一流标准，从海曙区现代化滨海大都市建设全局出发，立足“都市大枢纽、世纪大工程”战略要求，以一流标准编制一流规划，以一流建设锻造一流品质，建成世界一流的空铁一体大枢纽。28日，宁波西枢纽建设动员大会暨先导工程开工仪式举行，西枢纽交通先导工程、西枢纽水利先导工程和宁波轨道6号线西枢纽段古林站三大先导工程同时开工。

（李昊东）

重要决策和重大活动

【中共宁波市海曙区委十届三次全体（扩大）会议】 2022年7月1日，中共宁波市海曙区委十届三次全体（扩大）会议召开。区委书记徐强代表区委常委会作工作报告，并在全会结束时讲话。全会审议并通过《中共宁波市海曙区委关于笃行“两个维护”推进“两个先行”在高质量发展中建设现代化滨海大都市卓越城区的决议》，要求全区上下对照计划以及2022年经济社会发展的目标任务，抓紧落实对策措施，高效有序做好各项工作，确保以卓越开局迎接党的二十大胜利召开。

【中共宁波市海曙区委十届四次全体（扩大）会议】 2022年12月25日，中共宁波市海曙区委十届四次全体（扩大）会议召开。区委书记徐强代表区委常委会作工作报告，并在全会结束时讲话。全会审议通过《中共宁波市海曙区委关于全面学习贯彻党的二十大精神，坚定捍卫“两个确立”、坚决做到“两个维护”，以“两个先行”打造卓越城区，奋力在中国式现代化进程中争先行创卓越的决定》，推动全区上下进一步深刻领悟“两个确立”的决定性意义，团结奋进、真抓实干，全面建设现代化滨海大都市卓越城区，奋力在中国式现代化进程中争先行、创卓越。全会总结过去一年区委常委会的工作，号召全区上下要把学习宣传贯彻党的二十大精神作为当前和今后一个时期的首要政治任务。

2022年海曙区委其他会议一览表

表1

时间	会议名称	会议内容
1月8日	海曙区治水大会	部署海曙区水利水务重点工作，加快推进重点水利工程建设，打好全域治水兴水主动战，全面推进海曙水利水务高质量发展
1月28日	区委常委会民主生活会	大力弘扬伟大建党精神，坚持和发展党的百年奋斗历史经验，坚定历史自信，践行时代使命，厚植为民情怀，勇于担当作为。团结带领全区广大党员干部和群众干在实处、走在前列、勇立潮头，为全面建设现代化滨海大都市卓越城区而努力奋斗
2月8日	海曙区“信访积案化解”“城乡环境整治提升”“拔钉清零净地保供”百日攻坚专项行动动员大会	进一步深入贯彻落实区第十次党代会精神，聚焦高质量建设共同富裕样板区，打响“海曙·创造美好品质”品牌、全面建设现代化滨海大都市卓越城区，全面提振全区党员干部干事创业精气神，推动建设作风再上新台阶，有力推进信访积案化解、城乡环境整治提升、拔钉“清零”净地保供等中心工作
3月1日	海曙区产业高质量发展大会	全面贯彻落实党的十九届六中全会精神，市党代会、区党代会精神，开启新征程、推动新跨越，聚焦高质量发展建设共同富裕样板区，深化“十大系列”，实施“沿江、沿路、沿山”三沿开发，“创新、创意、创质”三创驱动，“人本化、生态化、数字化”三化互融，打响“海曙创造、海曙美好、海曙品质”三大品牌，全面建设现代化滨海大都市卓越城区

续表 1

时间	会议名称	会议内容
3 月 1 日	区委经济工作会议	表彰先进、分析形势、共谋未来，全面贯彻落实中央及省委、市委经济工作会议、区第十次党代会精神，全面建设现代化滨海大都市卓越城区
3 月 14 日	全区领导干部会议	传达学习习近平总书记在全国两会上的重要讲话精神和全国两会精神。研究部署海曙区贯彻落实举措
4 月 13 日	区委常委会（扩大）会议	传达学习市两会精神，研究部署海曙区贯彻落实举措
4 月 20 日	全区建设平安海曙工作会议暨“平安护航二十大、除险保安迎亚运”动员部署会	部署信访稳定、安全生产、疫情防控以及迎亚运除险保安相关工作
4 月 29 日	区委常委会（扩大）会议暨一季度经济社会形势分析会	分析研判海曙一季度经济社会运行情况，研究部署下阶段推动高质量发展的具体任务和措施
5 月 5 日	区委全面深化改革委员会第六次（扩大）会议暨全区数字化改革工作推进会	贯彻落实全省数字化改革工作推进大会会议精神，通报一批锐意进取、业绩突出的改革“领跑者”，研究部署 2022 年改革工作
5 月 11 日	区对口支援工作领导小组会议暨山海协作工作领导小组（扩大）会议	通报 2021 年度东西部协作和山海协作考核情况，听取 2021 年全区对口协作及山海协作工作情况和 2022 年工作建议，审议并原则通过 2022 年全区东西部协作、山海协作工作要点及责任分工等相关文件
6 月 26 日	区委常委会（扩大）会议暨区委理论学习中心组“省第十五次党代会精神”及《干在实处 勇立潮头——习近平浙江足迹》专题学习会	传达学习中国共产党浙江省第十五次代表大会及市委十四届二次全体（扩大）会议精神，研究海曙区贯彻落实意见；并就载录习近平同志从基层领导干部一步步成长为党的总书记和人民领袖的奋斗历程的《干在实处 勇立潮头——习近平浙江足迹》一书进行专题学习
7 月 27 日	区委常委会（扩大）会议暨半年度经济社会形势分析会	分析研判海曙半年度经济社会运行情况，研究部署下阶段推动高质量发展的具体任务和措施。区抓落实办汇报海曙区半年度“精特亮”创建工作、存在问题，以及下阶段重点工作、对策建议
8 月 1 日	全区“五问五破、五比五先”作风建设十大专项行动动员部署会	深入贯彻落实习近平新时代中国特色社会主义思想和省第十五次党代会、市第十四次党代会、区第十次党代会精神，引导激励全区干部以“五最党建”大深化引领作风建设大转变，在对标“两个先行”、打响“三大品牌”中奋勇争先、砥砺前行，按照全市“五问五破、五比五先”作风建设工作部署，部署十大专项行动
9 月 8 日	全区教育大会	深入学习贯彻习近平总书记关于教育的重要论述，进一步推动海曙教育高质量发展。举行《宁波市教育局 海曙区人民政府共同建设“甬有优学”基础教育先行试验区战略合作框架协议》签约仪式
10 月 24 日	区咨询委成立大会	为推进政府决策科学化、民主化、法制化，提高决策质量和施政效率，决定成立海曙区人民政府咨询委员会，围绕全区经济社会发展打重大问题，集聚专家、民众智慧，深入调查研究，提出科学可行的决策咨询意见供区政府决策参考
10 月 24 日	区委文化工作会议	认真学习贯彻党的二十大精神，深入领会习近平总书记关于文化工作的重要论述，根据中央和省委市委关于文化工作的重大决策部署，安排部署海曙区当前和今后一个时期的文化建设工作，动员全区上下踔厉奋进、创先争优，加快打造魅力卓越的人文城区
10 月 25 日	区委常委会（扩大）会议暨全区领导干部会议	传达学习党的二十大精神，研究部署海曙区贯彻落实举措
10 月 27 日	区委常委会（扩大）会议暨三季度经济社会形势分析会	认真学习贯彻党的二十大精神，分析研判海曙三季度经济社会运行情况，研究部署四季度及岁末年初工作，全力冲刺经济社会发展“全年红”。区应急管理局就前三季度海曙区安全生产领域总体情况及下一阶段重点工作、对策建议作书面补充交流

【彭佳学到海曙区调研】 2022年2月9日，省委常委、市委书记彭佳学到宁波环球广电科技有限公司和动一新能源动力科技股份有限公司调研。他强调，企业法人要切实扛起疫情防控的主体责任，时刻绷紧疫情防控之弦，严格把控进口物料通关、运输、装卸、拆封、贮存、加工、销售等各个环节，及时做好消杀工作，最大程度降低病毒“物传人”风险。要严格落实返甬复工人员疫情防控措施，引导员工提高防护意识，确保疫情防控万无一失、节后生产迅速恢复。各级党委、政府和有关部门要履行好监督、管理、服务职责，编制完善防控指引和操作规程，指导企业落实防控措施，推动形成行业自觉，切实消除疫情传播风险。同时，各级各部门要强化“开局就是决战，起步就是冲刺”的意识，迅速进入状态，全身心投入工作，主动下基层、进企业、走一线，深入了解市场主体所需所盼，及时帮助解决困难问题，切实把工作做到企业发展的紧要处、各类人才的心坎上，助力本土优质企业增资扩产、发展壮大，加速形成“大优强”企业不断集聚、创新型中小企业茁壮成长、海内外人才奋发干事的良好生态。

3月30日，省委常委、市委书记彭佳学到海曙区指挥调度疫情防控工作。他强调，各级各部门要深入学习贯彻习近平总书记关于疫情防控工作的重要论述，按照党中央、国务院和省委、省政府的决策部署，坚持“外防输入、内防反弹”总策略和“动态清零”总方针不动摇，落实“七大机制”和“五快循环”要求，抢时争速与病毒赛跑，以最强管控力跑赢疫情传播力，以最小代价、最快速度打赢疫情防控阻击战。

6月1日，省委常委、市委书记彭佳学到海曙外国语学校（青林湾校区），考察校园环境、教室、阅读吧等，看望在校儿童，了解办学及校园文化建设等情况。他叮嘱学校和有关部门关心关爱每一位学生，创新教学方式，提高教学质量，充分发挥德育在素质教育中的核心作用，帮助少年儿童扣好人生“第一粒扣子”。随后，在宁波市实验幼儿园上院园区了解幼儿教室和活动场地，以及学前课程设置、活动组织和师资力量配置情况。

6月9日，省委常委、市委书记彭佳学到海曙区月湖历史街区调研国资国企工作。

8月15日，省委常委、市委书记彭佳学到海曙区集士港镇、古林镇、横街镇等基层镇（乡）街道，督查城乡建设与治理工作。在集士港镇，他强调要坚持全市“一盘棋一张图”，突出区域特色优势，加快推进全域国土空间综合整治，统筹兼顾、条块结合，集中力量、突破难点，实现国土空间精细化智能化管理，提升国土空间利用效益，建设更高质量、更具活力的都市乡村、田园城市。在古林镇，他要求以“基层治理四平台”为基础，迭代升级智治平台、优化网格体系、建强工作队伍，主动回应群众所盼、及时解决群众所难，提高防范化解风险隐患、发现处置矛盾问题的能力，营造平安和谐稳定的社会环境。在横街镇，他强调，要坚持生态优先、绿色发展，坚决守住林地耕地保护红线和生态安全底线，加强饮用水水源地保护，因地制宜发展乡村休闲旅游、打造特色产业品牌，畅通绿水青山就是金山银山的转化通道，带领农民群众走好共同富裕之路。

8月18日，省委常委、市委书记彭佳学专题调研宁波铁路和西枢纽建设情况。他强调，各级各部门要时刻牢记习近平总书记殷切嘱托，贯彻落实党中央、国务院和省委、省政府部署要求，提高站位、明确定位，抢抓机遇、变革突破，举全市之力推进宁波铁路和西枢纽建设，高起点高标准建设都市大枢纽，高水平高效率打造世纪大工程。

9月10日，省委常委、市委书记彭佳学到石碶街道等地调研督查全国文明典范城市创建和节日期间除险保安工作。他强调，争创全国文明典范城市，必须坚持铸魂、塑形、提质相统一，牵引带动现代化滨海大都市彰显应有的品质和魅力。要突出问题导向，回应群众期盼，着力整治与典范标准不相适应的“疮疤痛点”。要坚持内外兼修，结合全域国土空间综合整治，整体编制片区规划，滚动实施“精特亮”工程，深入开展城乡有机更新，打造一批彰显共富温度、文化底蕴、健康时尚、绿色低碳的都市核心板块。要勇于革故鼎新，创新文明创建的制度机制、思路方法、载体抓手，在解决重大共性问题上出成果、出经验，更好地做到以引领性标准争当典范、以标志性成果彰显典范。

9月15日，省委常委、市委书记彭佳学到海曙区实地检查指导台风“梅花”灾后恢复工作。他强调，要深入学习贯彻习近平总书记关于防汛救灾工作的重要指示精神，认真落实党中央、国务院和省委、省政府决策部署，立足当下抓紧恢复生产生活秩序，着眼长远全面提升防灾减灾能力，确保城乡安全有序、群众安居乐业。

11月17日，省委常委、市委书记彭佳学到博洋控股集团调研时尚产业发展情况。他强调，广大市场主体要深入学习贯彻党的二十大精神，立足传统优势、布局新兴赛道，塑造企业文化、引领时尚潮流，加快打造时尚产业主力军主引擎，涌现更多百年老店、时尚名店，成为东方滨海时尚之都的鲜明标识。

2022年海曙区委其他活动一览表

表2

时间	活动名称	活动内容
1月1—3日	分赴各地检查疫情防控工作	区委、区人大、区政府、区政协领导分赴各地检查疫情防控工作
1月12—18日	开展“助企开门红”活动	区委领导分赴企业开展“助企开门红”活动，聚焦企业实际需求，主动上门做好服务，在解决问题中推动高质量发展，确保一季度开门红、开门稳

续表2

时间	活动名称	活动内容
1月18日	走访慰问退休老干部	区委领导分赴各地走访慰问退休老干部，为他们送去区委、区政府的关心关怀，向他们致以亲切的问候和诚挚的祝福
1月22日	走访慰问困难党员困难群众	区委、区人大、区政府、区政协领导分赴各地走访慰问困难党员、困难群众，送上党和政府的关怀和温暖，致以新春佳节的问候与祝福
4月3—5日	检查清明期间相关工作	区委领导分赴各地检查疫情防控、文明祭扫及森林防火工作
4月8日	分赴各地检查指导疫情防控工作	区领导分赴各地检查指导疫情防控工作
4月13日	赴一线检查指导疫情防控工作	区领导分赴集中核酸采样点、集中隔离医学观察点等地，检查指导疫情防控工作
4月30日至5月2日	检查疫情防控工作	五一期间，区委领导分赴各地检查疫情防控工作
5月26—28日	安徽省五河县党政代表团到海曙区考察学习	5月26日，海曙区—五河县党政联席会议举行，在海曙期间，五河县党政代表团一行先后考察博洋集团、宁波国际电子商务产业园、雅戈尔集团、尤利卡太阳能股份有限公司、动一新能源动力科技股份有限公司和海曙数字农业项目
7月1日	分路开展“七一”慰问	区委领导分路走访慰问老党员、优秀党员、困难党员，向他们致以亲切问候和崇高敬意
7月13日	慰问高温一线工作人员	区委领导分赴一线开展高温慰问活动，代表区委、区政府向奋战在高温一线的工作人员表示衷心感谢和亲切慰问
7月15日	参加“慈善一日捐”活动	区四套班子领导等带头参加“慈善一日捐”活动，通过线上、线下捐款的方式，献出自己的一份爱心
9月1日	农业农村部到海曙调研	农业农村部副部长率队到海曙区调研粮食生产工作，调研集士港镇广昇村“稻虾共养”基地和海曙区数字农业中心
9月30日	樟村四明山革命烈士陵园敬献花篮仪式	市、区领导在樟村四明山革命烈士陵园举行敬献花篮仪式，缅怀革命烈士的丰功伟绩
11月27日	中国工业互联网产业创新与生态发展大会召开	中国工业互联网产业创新与生态发展大会在宁波召开。中国工程院院士、上海交通大学校长林忠钦，中国工业互联网研究院院长鲁春丛现场或视频致辞
11月30日	市委宣讲团到海曙宣讲党的二十大精神	根据市委统一部署，学习贯彻党的二十大精神宁波市委宣讲团到海曙宣讲党的二十大精神

（陈乘风）

区委办公室工作

【概况】2022年，海曙区委办公室健全落实习近平总书记重要指示批示和中央、省委重大决策部署量化闭环，认真贯彻“疫情要防住、经济要稳住、发展要安全”重大要求，严格落实省市、区党代会精神，牵头谋划“拔钉清零净地保供”“城乡环境整治提升”“信访积案化解”三大攻坚行动，筹备区委治水、教育、文化大会。严格制度执行，全面准确传达中央和省、市、区委政策指令，严格落实请示汇报制度，做好党内法规和规范性文件备案审查，聘请5名区委法律顾问，规范性文件质量稳中有升。全力推进除险保安百日攻坚行动，组织“4·15”国家安全教育日系列宣传活动，开展保密工作专项整治行动。

起草综合文稿700余篇，在区委主要领导亲自主持下，创新谋划“双创、双链、双碳”“三比三拼三焕新”等新思路、新抓手，推动“山区生态共富”入选全省共富最佳实践，共富工作考核获评全省优秀。加强调研课题全生命周期管理，出台《海曙区委托调研课题经费管理办法》，推动调研工作规范化、科学化，多篇报告在《浙江日报》《今日浙江》等刊物发表。统筹抓好决策督查、批办督查、专项督查和常规督查，创新督查专员机制，督促整改《今日聚焦》《第一聚焦》反映问题10个，“七张问题清单”办结率96.4%，4个典型案例被纳入市级示范榜，获评全市党委督查工作先进单位。创新进位制、联动式考评，完善数字化考评，实行“动态系数”管理，发挥绩效考评“指挥棒”作用。开展“千名干部助万企，高效纾困破难题”行动，研究助企纾困政策等财经事项10余项，协助

月湖鸟瞰

4家台资企业完成“升规进限”。滚动实施“精特亮”工程，打造4条精品线路、4个特色街区、20个亮点工程，完成投资139.6亿元。

以“大统筹、大服务”提升协作效率，保障区委高效、顺畅、安全运转。完善区委常委会会议、区委专题会、议事决策领导小组会议等各项制度，建立区四套班子及相关常委单位“五+四”办公室主任联席会议机制，召开全区办公室主任会议。推进公务接待科学化、精细化、规范化管理。联合开展“双随机、一公开”抽查、档案安全专项检查。开展宁波海曙·台湾南投“云端”交流端午民俗等活动，先后被《海峡两岸》《人民日报》（海外版）等中央媒体报道18条次，相关报道荣获2022年度中国台湾网“头条新闻类优秀奖”。召开6次全区数字化改革例会、20余次专题推进会，“一图四库”统建共享启动建设，开发全市首个防台减灾智治系统，81890“民呼我为”系统全省推广，新增21项省级以上重大改革项目，数字化改革工作获省级优秀。牵头抓好党政机关整体智治系统建设，迭代贯通1个综合系统，梯次育优10个特色应用，不断优化文稿辅政、信息报送、综合协调、督查检查、档案服务等工作流程。

开展“五问五破、五比五先”作风建设专项行动。对标“文经我手无差错、事交我办请放心、会由我筹请安心”工作要求，提升工作能力和水平。聚焦“三办三服务”主责主业，高效办理上级文件。落实基层减负措施，区级会议减少5%。

【“精特亮”工程创建互学互评工作】2022年1月8日，宁波市“精特亮”创建考评组、江北区考评组到海曙区开展“精特亮”创建互学互评工作。考评组成员先后到钱业会馆、和义大道、望京门遗址公园、袁宅（双燕图）、鼓楼沿历史文化街区、天一阁·月湖景区、南塘老街、鄞奉滨江公园等点位，听取海曙区相关工作经验、成果介绍，并实地考察明州罗城环线、水韵滨江休闲线两条精品线路。

（李昊东）

组织工作

【概况】2022年是党的二十大胜利召开之年，海曙区组织工作立足“三个新高地”建设，为锋领港城的火热实践贡献海曙力量大力实施“全域锋领·卓越海曙”三年行动计划，“五问五破”为区域发展注入强大动能，党建联建工作取得卓越成效，海曙成为全省党建联建现场会示范观摩点；以才引才取得重大突破，投资10亿元的京东方创新中心正式落地海曙。新增基层党组织84个，新增党员334名，全区实有基层党组织2789个、党员49902人。

坚持以高质量党建引领高质量发展，创新推进全省首个共富头雁研学院、全省首个共同富裕慈善信托、全省首个党建统领融合型大社区大单元智治破难“融安居”应用场景3项工作，均被省委办公厅《浙江信息》录用，共富工坊、“两新”流动党员管理经验做法获省委组织部《组工情况》刊发推广，党建引领山区生态共富获评全省共富最佳实践，龙观乡“共同富裕”观岭六村成为全省深化党建联建机制暨共富工坊建设现场推进会观摩点，社会救助“物质+服务”“五社联动”分别列入全国、全省试点，“统分沉”改革获省级社区治理与服务创新试验区项目验收优秀，81890“民呼我为”在全省推广，党建引领城市基层治理研究入选中国社科院《党建蓝皮书》。

谋深谋实乡镇换届“后半篇文章”，组建乡镇换届“回头看”调研组，通过“四问、四看、四评判”，多形式、多角度综合研判乡镇领导班子总体情况和重点群体履职表现，巩固深化乡镇换届成果。狠抓二十大精神学习贯彻，设计实施“赋能”工程系列培训，创新开展新提任区管干部卓越能力提升班、年轻干部卓越成长专题培训班，累计培训干部3760余人次。制定《海曙区四级高级警长以上晋升操作意见》，率先全市拟定事业五级、六级职员等级晋升资格条件，不断健全干部选拔任用工作机制，确保选人用人工作规范有序。坚持优选个体、优化组合，交流、提拔、进一步使用和晋升职级干部244人次，干部队伍整体运转效能显著提升。选派80余名干部参与疫情防控、项目攻坚、征地拆迁、信访等中心工作挂职培养、墩苗历练，让干部在困境逆境中练就过硬本领，提升服务保障事业发展的能力。全力推进干部队伍干部工作系统重塑，积极推动组织系统数字化应用建设工作，构建完善“立体画像”“立体监督”“立体培养”“立体考核”等系统，着力提升干部工作科学化、智能化水平。全覆盖开展因私出国（境）专项排查行动，针对性开展领导干部配偶、子女及其配偶经商办企业规范管理工作，结合区委巡察对15家单位开展选人用人专项检查，多措并举优化干部担当奋进政治生态。

深入贯彻红色根脉强基工程，区委首次召开全区基层党建工作会议，系统提出“五最党建”理念，印发《关于守好“红色根脉”高水平打造“全域锋领、卓越海曙”新时代“五最”党建高地的行动方案（2022—2024）》，形成“一指数、三机制、五行动”整体布局，构建一体贯通、系统集成、高效协同的党建统领基层整体智治体系。综合集成党建资源、党建力量向共富发展聚焦聚力，创新“锋领共富十法”，制定“五最党建”联建导则，打造70个党建联建实践案例、60家特色共富工坊，组织900个支部全覆盖结对低收入农户，助力集体经济总收入、经营性收入村均水平位列全市第一。打造新时代共富头雁研学院，系统开发“共富36课”，组织首批240名村社干部系统提能，搭建“书记·向未来”村社书记领衔项目路演竞比平台，全面激发头雁比学赶超热情。打造“蓝海红帆·新新汇海”新业态新就业群体党建品牌，成立互联网、快递、交通运输3个行业党委，建成88个“甬爱E家”，创新甬爱“共富中转站”模式，有效强化新业态新就业群体政治引领。

深入实施“红海领航”机关思想铸魂工程，举办“锋领月读”机关荐书读书、“曙说新语”主题论坛、“从足迹中感悟真理伟力”主题征文等活动，挖掘“微”系列思想政治工作案例37个，2篇调研获评市机关党建优秀调研成果。组建“红海突击队”，构建“24小时待命、10分钟响应、1小时抵达”应急响应机制，累计下沉2.7万人次，让机关党员第一时间战斗在防疫抗台最困难、最紧要的地方。深化“红海联盟”结对共建机制，发动机关党员结对帮扶低收入农户、认领微心愿1348个，打造了“27℃暖心服务”“家门口老年大学”等百个机关党建品牌。出台《海曙区贯彻落实机关党建责任制实施办法（试行）》，完善七度考评、片组协作及联述联评体系，实施机关党务干部持证上岗机制。开展第七轮基层评议机关活动、5000余人参与评议。探索“廉情视点”建设试点，81890被评为宁波市清廉建设典型基层单位。

依托宁波工研院、上海交大、浙江蓝卓等校企院，成立卓越工程师培养联盟并发布行动指南，创新“三体系三平台”工程师培养模式。按照“一脉两片”布局打造“翠柏里”创新街区，启动甬水桥科创中心，激活楼宇20幢近30万平方米，配套翠柏里扶持政策12条，举办“赛道明星班”“科创训练营”，统筹空间、人才和生态，全方位支持入驻企业。推出含金量更高的人才新政，给予项目资助、资本引才、成建制引才、信用贷款、成长激励等“5个1000万”支持，全面优化人才发展生态。紧盯人才安居、子女就学、医疗保障等需求，通过“人才码”、人才之家，全生命周期开展“专曙”人才服务，累计保障30余名高层次人才子女入学，解决260余件技术求助，提供2.1万余人次衣食住行服务。2022年全区新增青年大学生21464名，增幅40.6%，分列全市第1、第2，高技能人才增幅居全市第2；全年引进工程师人才9700余名，工研院等重点平台高层次人才净增138名，占全市同类总量29%。

6月30日，宁波市海曙区新时代共富头雁研学院举行开班仪式

【“百村千户、专曙共富”行动】 2022年，区委组织部按照“地域相近、供需相应、意愿相符”原则，组织8个城区街道结对8个涉农镇乡，900个基层党支部（民主党派、无党派人士）结对1684户低收入农户，统筹用好“锋领十法”助力农户增收致富，营造了党建引领、多方参与、共享发展的“提低”生动景象。

【“书记·向未来”村社书记领衔项目路演竞比】 2022年，区委组织部创新搭建“书记·向未来”村社书记领衔项目路演竞比赛场，设立500万元“共富项目”专项激励经费，组织269名村社书记聚焦“一老一小”、老旧小区改造等主题领衔项目、竞比晾晒，“最美上学路”“共富门球场”等54个重点项目脱颖而出并开工建设，有效提升村社头雁推进共富能力。

【深入实施“一线攻坚·奋楫争先”行动】 2022年，海曙区持续深化在改革发展前沿、重大项目一线培养、识别、使用干部工作机制，把识别考察干部的“摄像头”“放大镜”架设到区委区政府“十大系列行动”“三大百日攻坚行动”等“一线战场”“实战赛场”上，探索实施乡镇街道月月报、重点单位季度报、突出表现及时报等措施，同时注重收集干部问题困惑和意见建议，通过纪实月报、“效惑”双报等途径，有效拓宽干部精准“画像”信息来源渠道，综合研判干部“政治三力”“七种能力”，考准考实干部在攻坚一线的真实表现。全年共收集汇总表现突出的区管干部信息30余人次，挖掘储备敢争先、能担当、善作为的科级以下干部220余人次，推荐获评“宁波市担当作为好干部”7名，为推动区域经济高质量发展提供坚强组织保障。

9月25日，海曙区第一届卓越工程师人才峰会召开，会上举行翠柏里创新生态基地集体揭牌仪式

【高质量推进“五问五破、五比五先”机关作风建设专项行动】 2022年，海曙区坚持以“五最党建”大深化引领机关作风大转变，开展全区“对标找差距、先行必有我”主题大讨论1320余次，推介“一把手谈作风”“机关作风大家谈”“微言微语话作风”等专栏108篇，阅读量超240万。开展履职比拼163场、参与3600余人次，其中举办三期“奋楫担使命、先行必有我”科长赛马活动，45名全区优秀科长登台比武，激发了争先进位的干劲拼劲，“重大项目晾晒榜”做法在《宁波日报》头版刊登、“拔钉清零净地保供”行动在市活动简报单篇发布。开展问题查摆，梳理问题12428个，开展作风自查430次。

【“红海突击队”应急响应机制】 2022年，针对疫情防控、防汛抗台等攻坚任务，海曙区委直属机关工委持续深化“24小时待命、10分钟响应、1小时抵达”的机关应急响应机制，选派“红海突击队”下沉防台防汛、疫情防控一线45批次2.7万人次；对口支援北仑5个街道200余人次。“梅花”台风后，发动全区6849名机关干部捐款35.8万余元用于灾后修复。

【第一届卓越工程师人才峰会】 2022年9月25日，第一届卓越工程师人才峰会在海曙召开，活动以“工程师 创未来”为主题，突出工程师与青年两大导向，现场正式发布宁波工业互联网卓越工程师培养行动指南，正式启动卓越工程师培养计划，并面向海内外发布中国工业互联网大赛英雄招募帖，启动工业软件设计与开发行业大赛，举行成立翠柏里青年工程师都市创新街区等活动，这次峰会的举办是海曙区“工程师友好区”建设的又一关键里程碑。

（王　栋）

宣传思想工作和精神文明建设

【概况】 2022年，海曙区共开展区委理论学习中心组学习19次，涉及“加强党内法规制度建设”、总体国家安全观、“在宁波，感悟真理伟力”等学习内容，“理论在线”全省排名第9。建立健全“学前有方案、学时全程记、学后报道准”的学习闭环机制，强化专人专岗列席、“一学一记”随堂记录、“一学一报”及时归档等工作。同时，综合运用督查、巡听、专项检查等多种方法，不断强化对全区各级理论学习中心组学习情况的督促指导。

迭代升级“曙说”宣讲品牌，建立健全“好机制、好课程、好师资、好阵地”宣讲矩阵，吸收新领域人才壮大宣讲队伍，先后获得全省首届电影微型党课比赛一等奖、全市“我最喜爱的习近平总书记一句话”比赛特等奖及一等奖、全市微型党课比赛二等奖等荣誉，承办首届全省电影微型党课比赛、获全省微型党课优秀组织奖，“曙说”项目获全省基层理论宣讲先进称号。创新打造动画宣讲IP，推出“开放麦”等青年宣讲新形式，探索“对话式宣讲+沉浸式体验+视频产品”的宣讲模式，推出《在海曙，遇见美好》、“8090工程师说”等系列网络宣讲作品，点击量近10万次。

推出“1925”红色根脉计划。绘制全域“感悟思想实践地图”、推出“曙说·红色薪火传承线”、形成“百个革命史迹”有声资料库，成立“海曙创造美好品质”智库联盟，开展“在宁波，感悟真理伟力”理论研讨会、专家咨询会、红色研学暑托班、“小曙”红色故事会、“红色根脉”青春寻访校地合作实践项目等

5月30日，“喜迎二十大·奋进新时代”浙江省第十三届微型党课大赛复赛暨省首届电影微型党课比赛在海曙举行

特色活动，获得“央广网”“浙江新闻”客户端、“甬派”等多家媒体关注。

建设区新时代文明实践中心，实现各镇（乡）街道新时代文明实践所全覆盖。新增新时代文明实践点（基地）211个。在系统排摸群众需求、摸清阵地“家底”基础上，征集区、镇（乡）街道两级服务项目243个，累计开展服务超3000场次。在区新时代文明实践中心云平台和81890新时代文明实践专线同步上线2022年度海曙区新时代文明实践服务“资源菜单”，开展“书香文化礼堂”“文明温暖乡村”行动等特色工作。举办第二届全区新时代文明实践中心志愿服务项目大赛，成立宁波志愿者学院海曙分院，荣获全国学雷锋志愿服务“四个100”——全国最美志愿者1例（孙嘉怿）、第六届中国青年志愿服务项目大赛金奖两项等全国级荣誉。

实施公民道德建设工程。健全先进典型发现选树、宣传褒奖、关爱帮扶的“全链条”工作机制，开展海曙道德模范评选表彰活动，新建道德模范工作室1个，设立道德模范一条街，举办第六届海曙区道德模范评选活动。运用好“曙有爱”好人基金，定期开展生活困难道德模范慰问帮扶。2022年度海曙区选树各级“好人”61例（“中国好人”1例、“浙江好人”5例、“宁波好人”17例、“最美宁波人”1例、“海曙好人”37例），先进典型数量名列全市前茅。开展“扣好人生第一粒扣子”“春泥计划”等主题教育，选树各级“新时代好少年”104例（省级1例、市级3例、区级100例）。加强青少年心理健康关爱，形成具有海曙特色的“基地中心+基础网络+基金援助”的“三基”模式，并入选全省首批“区级心理辅导中心建设项目”。举办文明典范校园推进会，推进市级文明校园创建工作。实现法治“双”副校长全覆盖。提质升级暑期托管“亲青课堂”，不断深化“双减”志愿服务。

深化“文明单位包路口、共建单位联小区、居民群众勤参与”机制。结合城乡环境秩序整治提升百日攻坚行动，开展“七周边”整治、城乡接合部整治、飞线整治等专项行动。打造“最干净城区”，新建月湖盛园、和义大道等“席地而坐”城市客厅示范区域5个，完成气象路、白云公园等公厕智能改造提升130座，新建“最美上学路”8条、“口袋公园”2个，实施沿河景观及公园等照明提升工程4个，在郎官社区、水岸心境社区等5个社区开展未来社区建设。

依托第三方机构每季度开展对全区镇乡、行政村文明指数全覆盖测评，每周开展重点和薄弱点位抽测。编制全区文明村镇“一张表”，制定各级文明村镇梯队化培育名录。在新一轮全市文明村镇名单中，新增市级文明镇1家、文明村10家，实现全区各镇（乡）街道市级以上文明镇全覆盖。市级以上文明村总量达89个、首次突破50%（占比51.7%），区级及以上文明村镇比例达90.7%，两项指标均创历史新高。

编制《“书香海曙”三年行动计划》。实施“书香工厂”打造计划，在企业设立“一卡通”分馆15家、图书流动站27个，打造“曙悦”城市书房11个，建成数字阅读空间10个，打造全市首家“红色书屋”。举办2022天一读书节——书香奇妙夜、2022城市萤火虫换书大会、“书店在开花”——2022年月湖书肆集等书香活动。做好2022海丝文旅博览会书香展陈和2022浙江书展城市萤火虫换书大会相关筹备工作，切实提升“书香海曙”品牌影响力。海曙区获2022年全国“书香城市（区县级）”荣誉，高桥镇获全市首个“书香小镇”称号。

调整区文化产业联席会议制度，明确各成员单位责任分工，形成宣传部门牵头，文广、统计、招商等重点单位各司其职，齐抓共管的工作格局。修定出台《海曙区文化和旅游产业专项扶持资金使用管理办法》，推动《海曙区“十四五”文化产业发展规划》落地。依托翠柏里创新街区、海曙创意设计中心等重点项目建设，推动“文化+科技”“文化+设计”有机融合，联合区招商中心大力引进数字出版产业，打造“海曙数字创意港”。实现文化产业增加值22.05亿元，同比增速12.5%。

歌曲《我们的领航人》获省“五个一工程”奖，4部作品获省级常设性文艺奖项，歌曲《我们的领航人》、图书《万家灯火》、图书《光阴慢》获市“五个一工程”奖。“群文艺术创作的海曙模式”入选省公共文化服务高质量发展典型案例。区文化馆“月亮湖”女声合唱团荣获第16届国际合唱节金奖，原创舞蹈《弄潮儿》获2022年浙江省“群星奖”。完成《浙江文史记忆丛书——海曙卷》的编撰工作。

【推出“1925”红色根脉计划】 2022年，海曙区委根据1925年宁波第一个党支部在海曙成立这一特殊区情，推出“1925”红色根脉计划。围绕“红色基因理论溯源”这一条主线，选树擦亮9处红色地标，形成“红色基因谱图”“感悟思想实践地图”这2张特色图，做好党史学习、共富实践、教育传承、文艺创作、先锋选树等5篇学习实践文章。通过该计划，进一步巩固拓展党史学习教育成果，立体化展示海曙传承“红色根脉”的新时代魅力。

【爱国主义教育相关活动】 2022年以来，海曙区深入挖掘爱国主义精神内

10月27日，2022年海曙区中小学生爱国主义主题演讲比赛（决赛）举行

涵，通过举办讲演比赛，加大各级各类讲解员的培育与选送等措施，促进各级爱国主义教育基地在弘扬社会主义核心价值观、强化思想教育、满足群众精神文化需求等方面发挥应有功能。8月11日，选送的6名选手参加由市委宣传部主办的2022宁波市爱国主义教育基地讲解大赛（决赛），共斩获1个特等奖、2个一等奖、1个二等奖、2个三等奖。面向全区中小学生，举办2022年海曙区爱国主义主题演讲比赛，在10月27日举办的决赛中，10名选手围绕“我的家乡在‘浙’里”这一主题，深情讲述“浙”里的美好故事，诉说拳拳爱乡情。

【《阿婶合唱团》参加2022年浙江省“我们的村晚”演出】 2022年1月18—20日，由中共浙江省委宣传部、浙江广电集团共同主办，浙江电视台教科影视频道承办的2022浙江省农村文化礼堂“我们的村晚”活动在浙江国际影视中心精彩上演。由海曙区选送的原创舞蹈作品《阿婶合唱团》代表宁波市参加省主会场演出。该作品以合唱排练课为场景依托，用合唱课堂中若干情趣瞬间为基点，以独特的调度方式和极具个性的舞蹈语汇，刻画一群认真、可爱、闹腾、较真的中老年人，把歌唱舞蹈化、把舞蹈歌唱化，以此表现中老年人老有所乐的生活状态和精神风貌。

【宁波志愿者学院海曙分院成立】 2022年3月4日，宁波志愿者学院海曙分院在宁波财政学院成立。活动现场，宁波财经学院与海曙区委宣传部签订校地共建协议。成立后，该志愿者分院成为宁波财经学院站开展思想育人、以志愿服务育人的重要载体，也是该校青年学生参与杭州亚运会赛会志愿者选拔的志愿服务宣传实践阵地。

【宁波市“我们的村运”暨海曙区农村文化礼堂迎亚运乒乓球比赛】 2022年4月23日，2022年宁波市“我们的村运”暨海曙区农村文化礼堂迎亚运乒乓球首场比赛在高桥镇长乐村文化礼堂开赛。本次“村运会”共有来自全区9个乡镇的54名选手参赛。

【“喜迎二十大 奋进新时代”浙江省第十三届微型党课大赛复赛暨首届电影微型党课比赛】 2022年5月30日，“喜迎二十大 奋进新时代”浙江省第十三届微型党课大赛复赛暨首届电影微型党课比赛在鄞江镇建岙村举行，全省各地的25位选手同台竞演，经过激烈角逐，海曙选手拿下一等奖。本届微型党课比赛类型设置普通微党课、三个艺术微党课，分别是音乐微党课、美术微党课和电影微党课，其中电影微党课比赛是全省首届。

【“六学六进六争先”之“理音如此”音乐宣讲会】 2022年11月4日，“六学六进六争先”之“理音如此”音乐宣讲会在月湖举行。该活动将理论所蕴含的正能量融入音乐中，用旋律表达思想，现场既有热门曲目，也有选手创作的曲目，从青春视角学习宣贯彻党的二十大精神。

（谢　欢）

统一战线工作

【概况】 2022年，海曙区按照“融合统战”理念，全力推进《海曙区统一战线工作提质增效三年行动计划（2022—2024年）》各项任务的落实。紧密围绕中共二十大、中央统战工作会议和省、市、区各级党代会，两会精神，组织统一战线成员开展各类学习会议37次，举办党外代表人士学习中共二十大精神专题培训班，先后开展民主党派、无党派人士“重走长征路”，民营企业家永远跟党走，“贤润吾乡”等系列红色教育实践9次，参与统战成员超1600人次。

引导统战成员围绕中心工作建言献策，编印《统战参阅》两期，提交提案建议、社情民意反映300余篇，16篇被中央统战部《每日汇报》等平台录用。扩面提质“同心共富”品牌，持续开展“山货下山”“宋韵鼓楼·农夫市集”等活动，建设“沿山联片”共同富裕示范带，落地章水镇“红色大礼堂”等6个“沿山共富”项目，创立“共同富裕·美好生活”慈善基金和帅特龙慈善教育基金共3500万元。

按照“有内涵、有温度、有活力、有特色、有人气”的“五有”标准，启用海曙“同心荟”党外人士之家和乡贤之家·侨胞之家，获评2021—2022年度全国侨联系统“侨胞之家”典型选树单位。迭代提升基层阵地能级，指导各镇（乡）街道新建“鼓楼·同心荟”等基层统战阵地11个，推动望春街道清风社区侨胞之家等4个阵地获评省五星级侨胞之家，古林镇商会获评全国“四好”商会。

持续拓展异地、海外统战组织网络，在杭州、上海等重点城市成立异地商会和乡贤联谊会。打造全省首个国际新侨驿站——狮丹努集团侨胞之家。建成柬埔寨、越南海外侨务联络站，助力海曙引进项目投资，获评“2022年度全区招商引资先进服务单位”。

6月17日，海曙区举办“宋韵鼓楼·农夫市集”活动

【海曙区“侨胞之家”获评2021—2022年度全国侨联系统“侨胞之家”典型选树单位】 2022年，中国侨联公布2021—2022年度全国侨联系统“侨胞之家”典型选树单位名单，海曙区“侨胞之家”入选。该“侨胞之家”位于中心城区，占地面积1200平方米。阵地以侨界群众的实际需求为导向，按照“有人气、有内涵、有温度、有活力、有特色”的标准，打造多功能展厅、会客厅、议事厅、路演厅等多个板块，集思想引领、学习交流、联谊交友、宣传展示、资料存储、调研参访等功能于一体，展现出基层侨联阵地的新样态。自启用以来，“海燕归曙”夏令营、海创TED讲堂、海创杯绘画比赛等一大批优质侨界活动落地于此。全年阵地累计举办学习交流、侨法宣传、咨政建言、联络联谊、调研参访等各类活动300余场。

【海曙“同心荟”党外人士之家和乡贤之家·侨胞之家揭牌启用】 2022年3月29日，海曙“同心荟”党外人士之家和乡贤之家·侨胞之家揭牌并启用。该平台以“融合统战”理念为指引，按照“有人气、有内涵、有温度、有活力、有特色”的“五有”标准，建设各具特色的多功能展厅、报告厅、议事厅、协商厅、大讲堂、直播间等多个功能板块，打造集思想引领、学习交流、联谊交友、宣传展示、资料存储、服务保障于一体的工作阵地，是海曙区统战系统的第一批区级综合性平台。

【“355会员集市”揭牌仪式暨产业人才政策专题培训交流会】 2022年3月4日，海曙区委统战部、海曙区工商联、海曙区政务办在区行政服务中心联合举办“355会员集市”揭牌仪式暨产业人才政策专题宣讲交流会。“355会员集市”主要针对中小微企业政策了解不全面、服务阵地相对零散、服务内容对接不够通畅等情况，借助区行政服务中心的全科服务窗口及工商联会员企业的各类服务资源，搭建政企沟通联系的服务平台，是区委统战部、区工商联、区政务办问需于企、问计于企，联合推出的服务中小微企业新举措。

【迎“七一”助共富——海曙区举办“宋韵鼓楼·农夫市集”活动】 2022年6月17—19日，“宋韵鼓楼·农夫市集”在“海曙精特亮”特色街区鼓楼沿城墙下举办，线上线下销售额总计近20万元。此次活动由海曙区委统战部指导，海曙国投集团主办，海曙民建公益促进会承办，海曙区供销社协办。

【沪杭两地分别成立海曙商会与海曙乡贤联谊会】 2022年8月16日，杭州海曙商会和杭州海曙乡贤联谊会成立大会在杭州举行。会上，海曙区领导大力宣传推介海曙，并为杭州海曙商会、杭州海曙乡贤联谊会揭牌。杭州海曙商会和杭州海曙乡贤联谊会是继深圳海曙商会和深圳海曙乡贤联络站之后，海曙区成立的第二批异地商会和乡贤联络组织。9月22日，上海海曙商会和上海海曙乡贤联谊会成立，成为在上海的海曙籍乡贤为家乡发展牵线搭桥、贡献力量的重要平台。当日，海曙区引才引智工作站（上海站）成立。

（赵　烨）

3月29日，海曙“同心荟”党外人士之家和乡贤之家·侨胞之家正式揭牌启用

对台工作

【概况】 2022年，海曙区台办继续统筹做好应对疫情防控和经济社会发展中的涉台工作，稳步推进对台经贸、文化、青年等领域的交流合作。排摸并协助4家台企完成“升规进限”，重点台资项目宁波寰采星科技有限公司2期及高精度金属掩膜版量产线扩建推进，三宝建设新星1号地块项目中的公寓竣工并开始预售。

以中华传统文化、中华民族认同为主题，组织开展两岸同胞欢度元宵、台青台生2022智能C端科创训练营、在甬台胞欢度“风雅端午”等各类活动10余场次，累计吸引台胞260余人次参加。

常态化落实落细惠台措施，深化“三张清单”服务。组织“同心奋进·助力共富”海曙台商爱心公益系列活动，开展捐资助学、扶贫济困、公益环保等活动5场次。

做好涉台宣传调研工作，《政策“及时雨”助力台资企业纾困解难》《台湾青年体验海曙政务服务》等16篇报道被《海峡两岸》栏目、《人民日报》（海外版）等中央媒体采用，调研文章《引导台企台胞“践行公益事业，投身共同富裕”路径探析——以海曙区为例》获得年度全市台办系统调研成果一等奖。

【在甬台胞“粽”情宁波 端午佳节共话非遗】 2022年5月30日，由宁波市台胞台属联谊会主办，海曙区台联承办的“粽”情宁波·传承非遗端午节活动在月湖云在书院开幕。活动邀请越窑青瓷、王升大碱水粽、骨木镶嵌等传承人现场表演非遗技艺，40余名台商台胞近距离感受宁波非遗文化魅力。活动当天，开展宁波·南投“云上”端午民俗交流活动，通过“云端”连线，宁波、南投两地同胞齐聚一堂，分享介绍端午传统习俗，共同庆祝端午传统佳节，共同传承中华优秀传统文化。

【太学眼科“睛彩·喜德行”公益活动】 2022年8月1日，由宁波市海曙区人

11月3日，海曙区台胞台属“学习宣传贯彻党的二十大精神”专题活动

民政府、凉山彝族自治州喜德县人民政府主办，太学眼科集团、宁波市第一医院承办的“睛彩·喜德行”公益活动在四川省凉山喜德县人民医院启动。作为“同心奋进·助力共富”海曙台商爱心公益系列活动之一，区台办以东西部对口协作为桥，推动辖区爱心台企宁波太学眼科组建专家团队并运送专业设备到喜德县，为困难群众免费开展白内障手术。活动期间，太学眼科医疗筛查团队深入山区，12天前行600千米，奔赴喜德县10余个乡镇，专家们对眼病患者的视力、高血压、糖尿病等进行各项前期检查，最终选取100名患者享受全额免费手术治疗服务。

【海曙区台胞台属学习宣传贯彻党的二十大精神专题活动】 2022年11月3日，海曙区台胞台属学习贯彻党的二十大精神暨学习国家统一白皮书主题活动在月湖金汇小镇开展，20余名海曙台胞台属、台商台青代表等与会人员聆听党的二十大报告的内容解读，领会党的二十大提出的新思想、新战略、新举措。

【“海峡杯”浙台青少年棒垒球公开赛】 2022年12月2日，2022年第二届“海峡杯”浙台青少年棒垒球公开赛（宁波海曙站）在广安棒垒球公园举办。全国各地18支棒垒球队（其中昆山台青有2支队伍参赛，在甬台籍棒垒球教练带队参赛），共计400余名运动员参加，年龄覆盖U8（一、二年级）、U10（三、四年级）、U12（五、六年级）、U15（初中）四个阶段。经过3天角逐，宁波市海曙赫威斯学校队、鄞州区惠风书院队、鄞州区蓝青小学队、海曙区田莘耕中学队分别获得U8组、U10组、U12组、U15组冠军。

（徐　鑫）

政策研究

【概况】 2022年，区委政研室安排区领导牵头重点调研课题17个、区级重点调研课题56个，内容涉及经济发展、创新创业、社会治理、城乡统筹等各个领域。走访调研单位近60家，召开座谈会30余次，持续提升以文辅政能力水平。

【理论研究成果】 2022年，区委政研室结合区委、区政府重大工作部署，深入开展调查研究，形成《关于2021年我区GDP的构成分析及稳增长相关建议》《关于优化托育服务打造“专曙善育”名片的建议》《关于打造实施“安息角”计划的若干建议》《关于创新街区构成要素体系的思考和建议》等多篇调研报告。区委主要领导牵头完成的“海曙打造新消费地标路径研究”课题获全市调研课题精品奖。《关于海曙区强村富民的实践与思考》等文稿先后被《浙江农业农村》等省、市刊物刊发。编发《海曙政研》20期，其中《关于2021年我区GDP的构成分析及稳增长相关建议》等7篇报告获批示肯定。首次出台《海曙区委托调研课题经费管理办法》，形成“前期管、中期盯、后期评”的全生命周期管理机制，推动调研工作变革重塑。

【全面深化改革（数字化改革）】 2022年，海曙区坚持以数字化改革撬动全方位改革，不断巩固各部门协同推进的良好态势。共召开6次区委改革委会议、数字化改革会议，20余次专题推进会，新增司法所综合改革试点等24项省部级改革试点。“入所人员快速人案核查系统”、构建乡镇（街道）合法性审查数字化应用场景2项工作被国家部委推广。“建立健全公权力大数据监督机制”获省改革突破奖金奖。防台减灾智治应用等10余项成果被市委改革办纳入“最系列”和“三好一佳”改革成果。持续完善改革赛马比拼机制，上线“育星台”海曙区改革工作一本账管理应用。

【牵头起草相关重要文件】 2022年6月，区委政研室深入学习贯彻省第十五次党代会、市第十四次党代会精神，牵头起草《在中共海曙区委十届二次全体（扩大）会议上的报告》，并在征求各有关单位意见后进一步修改完善。7月1日，中共海曙区委十届三次全体（扩大）会议举行，区委书记徐强代表区委常委会作工作报告。12月，牵头起草《在中共海曙区委十届四次全体（扩大）会议暨区委经济工作会议上的报告》，并发文征求各有关单位意见后修改完善。12月25日，区委常委会审议。同日下午，中共海曙区委十届四次全体（扩大）会议暨区委经济工作会议开幕，区委书记徐强代表区委常委会作工作报告。12月，在深入学习贯彻党的二十大、中央经济工作会议精神基础上，区委政研室按照省委十五届二次全会、市委十四届三次全会的要求，紧密结合区第十次党代会部署，牵头起草《中共宁波市海曙区委关于全面学习贯彻党的二十大精神，坚定捍卫"两个确立"、坚决做到"两个维护"，以"两个先行"打造卓越城区，奋力在中国式现代化进程中争先行创卓越的决定》，充分征求各方意见并多次修改完善。12月25日，区委常委会审议，同日下午，中国共产党宁波市海曙区第十届委员会第四次全体会议审议通过。

（张一凡）

机构编制管理

【概况】 2022年，区委编办深化重点领域和关键环节改革，研究区委中心工作体制机制保障，健全完善机构职能体系，开展机构编制监督检查，推进机构编制规范管理，严格控制和优化配置机构编制资源。

推进水利等重点领域体制机制改革，完成区水利局、区农业农村局等涉改部门"三定"规定工作。推进公建体制改革，完成区政府投资项目评审中心机构编制框架及机构组建事项等工作。研究征收拆迁、重大项目前期管理相关体制改革，推进制定相关机构整合方案。完成财政、文广旅体、法院等20余家单位机构编制保障、"三定"规定制定等工作。

做好机构编制资源配置和统筹保障，编制核定方面，开展中小学教职工编制精准保障调研工作，推动教职工编制和人员动态调整、有序调配。完成"公参民"学校转公后机构编制保障工作。完成石碶街道江上小学等4家学校（幼儿园）设立机构编制保障事项。完成部分统筹行政、参公编制分配工作，最大程度发挥编制效益。

加强事业单位登记管理，截至2022年12月底，全区登记在册的事业单位共279家。

强化机构编制实名制管理。持续深入强化实名制数据分析运用，修改完善实名制台账信息，累计编制《机关事业单位机构编制情况月报》共12期，更好服务保障机构编制管理和党委政府科学决策。

强化编外用工管理，起草《海曙区机关事业单位编外聘用人员管理实施细则（试行）》，对编外用工总量控制、适用岗位、职责权限等作出具体规定。使用上，按照"总量控制、简化流程、即到即办"，重点保障基层镇街等一线单位编外离职空缺。

深化权责清单制度，常态化开展权力清单和公共服务事项动态调整，配合区大数据中心梳理完成各部门入库事项认领500余项。扎实推进政府部门监管事项梳理和认领工作，牵头区综合行政执法局、区大数据中心、区司法局等部门建立联动工作机制。科学划定部门与镇（乡）街道权责界限，完成17个镇（乡）街道权力事项和监管事项全部纳入权力事项运行库。

1月12日，举行涉水体制改革和招商机构改革工作推进会

全年《中国机构编制》刊发1篇、《浙江机构与编制》（双月刊）刊发2篇，浙江省委编办网站刊发海曙区机构编制管理经验做法27篇，《浙江机关党建》刊发1篇，《宁波机关党建》刊发1篇，浙江机关党建网站刊发党建经验做法5篇，信息宣传工作获得省委编办通报表扬。

【重点领域体制机制改革】 2022年，海曙区推进局级事业机构优化调整，以"系统思维"研究海曙区重大项目统筹推进、重点区块开发建设体制机制，以"机构闭环"理念聚焦全流程、全链条工作职责，对重大项目、重点区域实行"全生命周期管理"，着力保障项目精准落地、区块高效开发。完成区共富研究中心设置相关工作，强化共富课题跟踪和超前研究、区域发展重大战略评估论证等重点职能；将社科联机关纳入机构编制管理；强化区咨询委的决策咨询研究职能，并针对性增强人员机构力量；深化人才发展体制机制改革，建成完善运营工程师人才服务中心，加速集聚各类人才；梳理海曙招商投资职能历史沿革，进一步理顺招商部门职责，打造优质营商环境，推动招商引资持续向好。

【"大综合一体化"综合行政执法改革】 2022年，海曙区全面推进"大综合一体化"综合行政执法改革，区级层面对民政等6支执法机构进行精简调整，保留"1+8"执法队伍；镇、街层面完成石碶、集士港、古林、高桥、洞桥等5个镇、街的赋权工作，设立镇、街综合行政执法队，推行"镇队合一"，实现统筹配置行政执法资源，整合精简执法队伍。完成市场监管、交通运输、文化、农业等4个领域执法权限下沉和4支执法队伍"三定"规定制定工作，进一步优化执法层级。联合印发《关于推动执法力量下沉基层并纳入属地管理的实施细则》，推动执法力量下沉。

【基层管理体制改革】 2022年，海曙区持续深化基层管理体制改革，拟定《海曙区深化基层管理体制改革实施方案》，完成17个镇（乡）街道“三定”规定制定工作，并按规定差异化设置“1+4+X”内设机构；制定岗位管理办法，编制3级24岗目录清单，将镇（乡）街道人员全部纳入岗位管理，推动身份管理向岗位管理转变；印发《海曙区镇（乡）街道编制、中层职数周转管理办法（试行）》，推动人员力量进一步统筹。

【城乡社区功能职责核定】 2022年，海曙区开展城乡社区功能职责核定工作，完成全部85个城市社区事项和96个农村社区事项报送及网站公布。会同民政、农业农村部门完成全区105个城市社区和77个城镇化村社区专职工作者员额核定工作，进一步推进海曙城乡现代社区建设。

（姚聪聪）

区委巡察工作

【概况】 2022年，在全面总结九届区委巡察工作的基础上，海曙区委巡察办深刻把握巡察工作新形势新要求，突出政治性、实践性、针对性，编制出台《十届区委巡察工作规划（2022—2026年）》。组织开展十届区委第一轮、第二轮对15个镇（乡）街道、部门、国企党组织的常规巡察。制定巡察村（社区）“问诊”清单，形成100条监督重点，对82个村（社区）党组织开展“推磨式”巡察。按照市委统一部署，授权交叉专项巡察组，对9个单位履行水生态治理职能责任情况进行专项巡察。

完善区纪委区监委、区委组织部、区委巡察办、区委巡察组“四方联审”机制，推动各方责任主体照单履职、形成闭环。召开十届区委第一轮巡察整改集体约谈会，建立健全共性问题通报、巡察建议专报等机制，发挥巡察推动改革、促进发展的作用。推动九届区委巡察“回头看”和涉粮问题专项巡察反馈意见整改落实，建立健全制度35项。

围绕巡前、巡中、巡后重点环节，加强巡察机构与纪检监察、组织、宣传、审计、财政等单位的协同协作，做到信息联通、检查联动、问题联改。自觉接受市委巡察机构指导督导，全面认领问题，抓好整改落实。建立组办联席会议制度，更新巡察人才库，完善巡察干部抽调机制，建强专兼职巡察干部队伍。

【十届区委第一轮巡察工作动员部署会】 2022年4月27日，十届区委第一轮巡察工作动员部署会召开。会上，宣布十届区委第一轮巡察党组织名单和授权任务分工。区住建局、古林镇、海曙开投集团等3家单位党组织主要负责人代表作表态发言。

4月27日，十届区委第一轮巡察工作动员部署会召开

【区委涉水生态问题专项巡察】 2022年7月上旬至8月中旬，按照市委部署要求，区委涉水生态问题专项巡察组对区发改局、海曙自然资源规划分局、海曙生态环境分局、区住建局、区水利局、区农业农村局、区综合执法局、区大数据中心、区水投公司等单位党组织履行水生态治理职能责任情况进行专项巡察。7月12日，区委涉水生态问题专项巡察进驻动员会召开，通报巡察任务、工作安排和有关要求。区水利局、海曙生态环境分局2家单位主要负责人作表态发言。11月24日，全区涉水生态问题专项巡察反馈会议召开，向区有关单位反馈巡察情况，部署巡察整改工作，并通报涉水生态问题专项巡察综合情况。区住建局、区综合行政执法局就落实专项巡察反馈意见作表态发言。

【区委巡察整改集体约谈】 2022年11月2日，十届区委第一轮巡察整改集体约谈会召开，区政务服务办、区南站综管办、章水镇等3家单位党组织主要负责人作表态发言，6家被巡察单位党组织主要负责人签订巡察反馈意见整改落实责任书。

（汪　洋）

信访工作

【概况】 2022年，海曙区推进全省信访工作现代化示范区创建，被浙江省信访局评为2022年“人民满意窗口工作成绩突出集体”。

【健全信访工作和信访行为双向规范机制】 2022年，海曙区制定《关于信访工作和信访行为双向规范的实施意见》，规范信访部门的工作流程和规范信访人的行为，对于信访办理工作不规范、不及时造成人员上行或引发群访等极端事件的，严肃追责问责。

【运用信访部门“三项建议权”提升履职效能】 2022年，海曙区信访部门强化发挥“三项建议权”职能，出台《关于实行信访工作“二函二单”工作机制的通知》。精准判定信访风险等级，及时以联席办名义点对点发出信访风险提醒函、改进工作建议函、信访工作督办单，并对事权单位的处置过程进行全程跟踪，对工作不到位、责任不落实，损害群众利益产生信访问题的，及时将相关情况移送区纪委区监委。

【创建全省无信访积案区】 至2022年底，海曙区在全市率先实现交办积案动态“清零”，成功创建全省无信访积案区。年内，海曙区委常委会3次专题研究部署积案化解工作，党政主要领导对重大问题亲自过问、重点环节亲自协调、重要案件亲自督办。区领导带头包难案，属地和事权部门逐个案子、逐个环节分析研判，加强分类施策，坚持进度和质量并重，一体推进问题解决、救助帮扶、思想疏导等工作，推动将“积案清零”一抓到底。

（郑　怡）

老干部工作

【概况】 2022年，海曙区有离休干部35人，其中区直属离休干部17人、易地安置18人。有区级退休干部24人、区管退休干部385人。

组织老干部学习党的十九大、二十大精神，习近平新时代中国特色社会主义思想、习近平总书记关于老干部工作的重要论述。开展领导专家“讲学”、支部“领学”、上门“送学”、党课“促学”、公众号“云学”等系列学习活动，实施“党建凝心”行动。

开展“喜迎二十大，礼赞新成就”、我看中国特色社会主义新时代等活动，举办区级老领导读书会、政情通报会和“银领”党支部书记培训班、银辉志愿者骨干培训班等。召开全区离退休干部党建工作推进会，全区离退休干部党组织达111个，其中“银辉”党支部50个。实施镇乡街道、部门机关离退休干部党建工作项目化管理，评选“十佳”示范项目。

组织老同志体检、疗（休）养及各类慰问，全年走访慰问老干部近450人次，电话或者短信慰问老干部1000余人次。向老干部发放口罩、消毒水等防疫用品共计120份。

离退休干部开展“走、看、促”活动3次，到月湖街道、鄞江镇、龙观乡、望春工业园区参观考察。

【海曙区老年大学建设】 2022年，海曙区老年大学管理中心本部设置44个科目，共80个班级，有教职工（含兼职）43人，全校注册学员2109人次。开设14门网课，课程时间达100小时，网上观看达5000余人次。受疫情影响，各班充分利用网络平台，整合兄弟单位的教学资源，合理调整理论课和实践课，结合课程教学大纲要求，统一教学目标，将各类课程安排通过公众号、微信群等通知到每位学生，服务学生的在线学习。

【离退休干部党支部建设】 2022年，海曙区新成立“银辉”党支部19个，至年底，共有“银辉”党支部50个，离退休党支部111个，实现离退休干部党组织有形、有效覆盖。实施离退休干部党建工作项目化管理，评选“十佳”党建示范项目，获评全市银辉党建最佳创新案例1项。围绕“组织设置好、班子建设好、党员队伍好、学习活动好、作用发挥好、制度坚持好”的“六好”标准，开展“一支一品”、“十佳”离退休干部党支部书记等评选活动，海曙区人民检察院退休支部5家离退休干部党支部申报省级“三强六好”示范支部。

【实行离休干部服务管理“三色五有”工作法】 2022年，区委老干部局根据离休干部年龄、身体、家庭等具体情况，将服务等级划分为“红色、黄色、绿色”三种颜色进行即时预警、分类分层管理。通过“头中有账、口中有言、心中有爱、手中有方、脚下有路”的精准帮扶工作法，整合部门、社会、社区等多种资源，将个性上门理发、指尖服务、住所适老化改造、送学上门、过政治生日等暖心服务送到老同志身边。2022年以来，开展“送学上门”“新颜”“指尖”“祝寿”四大主题慰问等各类活动11次，直接上门走访慰问服务老干部超过400人次，离休干部和区级老干部覆盖率超过400%，组织适老化改造22项。

【开展老干部活动中心“五员四家”提质行动】 2022年，海曙区老干部活动中心建立10个活动小组，日均活动超过50人次。举办“翰香”大讲堂，已经讲授26课，听众超过3000人次，老干部满意度超过97%。

【扩大银辉志愿服务影响力】 2022年，海曙区通过搭建海曙“银辉”志愿者分会、老干部智库等平台，至年底，超过50%的老干部在社会管理创新、扶贫帮困、疫情防控、关心下一代、文化养老、乡村振兴等领域主动发挥作

12月16日，挂牌成立的6所老年大学分校

用。8月，区老干部活动中心获评首批宁波市“银辉之家”规范化建设示范点。11月4日，成立“曙说·银辉宣讲团”，联合区委宣传部、鼓楼街道党工委举办“礼赞二十大、银辉心向党”二十大宣讲行动启动仪式，征集宣讲清单，开展银辉宣讲进学校、进村社、进企业等活动10次，受众达3000人次。

【全面推进“家门口老年大学”建设——星火计划】 2022年12月14日，“家门口的老年大学”建设——“星火计划”启动，现场成立由14家单位组织的海曙区老年教育联盟。该计划统筹整合全区老年教育资源，拓宽老年大学办学渠道，在全区条件成熟的镇（乡）街道及社区基层开设老年大学分校和教学点。至年底，挂牌成立6所老年大学分校（集士港镇分校、古林镇分校、高桥镇分校、洞桥镇分校、章水镇分校和段塘分校）、20个老年大学研学基地、6个“大咖”工作室，满足各地老年教育的不同需求。

（邱晓畅）

党校工作

【概况】 2022年，海曙区委党校举办各类班次44期，共计培训3654人次，组织调训率达84.2%。包括主体班次23期，培训2198人次；委托班次7期，培训716人次，依托上级党校资源完成培训14期，培训740人次。组织党校“红‘海’宣讲”服务队送课下基层宣讲67场，受训人数达4575人次。

加强课程开发力度，开发3堂校级以上精品课，“学习《为人民服务》”一课荣获2022年宁波市委党校（社院）系统精品课精品奖；“高质量发展背景下数字赋能农业全产业链的海曙古林‘稻’路”一课获2022年宁波市党校（社院）系统案例教学优秀课程优秀奖。推进理论研究和资政工作，论文获省委党校系统理论研讨会二等奖3篇、三等奖1篇，获市委党校系统理论研讨会一等奖1篇、二等奖3篇；公开发表论文3篇，其中第一作者为区委党校教师的C刊一篇，市级内刊发表论文2篇，媒体刊文2篇，入选论文集1篇。

推进海曙区委党校新建项目进度，至年底，项目主体结构结顶。统筹推进机关党支部和群团工作，校机关党支部连续获评宁波市五星级基层党组织。

【实现市级党校系统精品课零的突破】 2022年，区委党校高级讲师胡丹“学习《为人民服务》”一课以区（县、市）委党校第三名的成绩，获2022年宁波市委党校（社院）系统精品课精品奖，实现区委党校在党校系统精品课零的突破。年内，区委党校针对精品课程开发方面的短板，推进课程建设，出台《海曙区委党校精品课程评选及激励办法（试行）》，实施《海曙区委党校精品课程打磨专班方案》《海曙区委党校精品课打磨“一对一”指导经费方案》等精品课程打磨配套细则，激励党校教师主动提升理论素养与知识水平，自我加压，开发、推出更多优秀课程，服务区委中心。

【海曙区城市有机更新（征地拆迁）工作培训班】 2022年1月12日，海曙区城市有机更新（征地拆迁）工作培训班（共六期）启动。此次主题培训目的是解决海曙征拆时间紧、体量大、任务重的问题，以更好的状态和干劲、更强的专业和能力推动征拆工作开展。课程设置科学系统，内容涵盖拆迁前的法规政策分析、具体流程及操作实务详解、征迁工作人员媒介素养培养；征迁过程中的常见问题及案例分析剖析；征迁后的相关信访问题，并在培训后安排相关测试检验学员学习成果。

【古林镇和三生（中国）公司获市委党校现场教学基地授牌】 2022年5月27日，宁波市委党校海曙区古林镇现场教学基地授牌仪式暨第3、4期市管干部进修班现场教学在古林镇举行。第3、4期市管干部进修班全体学员考察古林镇数字农业试点项目基地、宁波家风馆和御史第等现场教学点。7月12日，中共宁波市委党校“民营企业助推共同富裕”三生（中国）现场教学点授牌仪式在三生（中国）会议中心举行。

【省委党校副校长一行到区委党校调研指导工作】 2022年7月12日，省委党校副校长一行到海曙区委党校项目建设工地，就落实数字化改革、推进党校分类建设等工作进行调研。调研期间，海曙区委常委、区委组织部部长、区委党校校长介绍区委党校建设的基本情况。在听取区委党校数字化改革工作情况汇报后，省委党校副校长一行对区委党校相关工作给予肯定，并对下一步工作提出指导意见。

（吴　振）

档案工作

【概况】 2022年，海曙区档案馆强化资源建设，制定实施《海曙区档案资源建设专项行动计划（2022—2025年）》。

1月12日，海曙区城市有机更新（征地拆迁）工作培训班启动

建立进馆专班和工作网络，推进40家立档单位档案进馆工作，共接收档案3.9万余卷、9万余件。做好“三重一特”档案归集工作，落实党代会、人代会、党史学习教育活动等8个重大活动的档案收集、整理及移交，接收12件省级以上荣誉档案进馆。完成脱贫攻坚档案和疫情防控档案数量566件、照片150余张进馆。梳理数字化改革、共同富裕示范区、碳达峰碳中和“三类档案”的归档范围及收集标准，并做好归集准备工作。征集到参加对越自卫反击战战士的实物档案、古林镇20世纪50年代地契以及契本契共计149件、金融债券类实物118件以及秀水街、月湖的相关照片文字资料。瓷器收藏家朱勇伟，非遗传承人应丽芳、冯丽萍为展厅布展捐赠越窑、龙泉瓷器等手工作品。开展馆藏古医书修复工作，对征集的8册《本草纲目》古籍医书进行修复和数字化扫描。

提高档案利用服务水平，为区委巡察办多批次开通档案查阅账号，首次实现被巡察单位电子档案网上调阅。查档平台接入“一网通办”，大力推广“浙里办”掌上查档，查档大厅接待查档999人次，其中异地网络查档563人次，占比56.4%。

全域完成档案工作服务农村基层社会治理试点，100%建成乡村数字档案室，100%乡镇建成“网上云数字档案馆”，试点工作经验被省档案局在“记忆浙江”公众号推送。配合区档案局做好执法监督。更新82家一级监管对象信息，“双随机”执法检查共22次，即时检查1次，与区水利局开展联合检查1次，掌上执法率100%，完成行政检查事项全覆盖。实地年检单位近30家，覆盖率达监管对象1/3。开展档案安全、档案信息保密、档案中介机构等专项检查，督促17家单位完成280个问题隐患整改。推进机关、企事业单位、行政村档案室业务建设评价工作。90家行政村和20多家单位通过省级业务建设评价，3家单位开展市星级模范档案室建设，5家单位开展浙江省示范数字档案室建设。区档案馆1人入选全国档案工匠型人才库，1人获“宁波市兰台工匠”称号。举办基层档案员各类培训班10期，培训人数达550人次。建立“馆干部+档案专家”联合指导机制，充分发挥档案专家作用。

推进区域数字档案管理服务一体化系统建设，完成系统建设方案起草，并初步通过专家论证。区档案馆与省市档案主管部门对接沟通，起草海曙区档案工作数字化转型先行区试点工作方案，作为宁波市2家单位之一入围全省档案工作数字化转型先行区创建试点。

全年各类媒体共录用海曙档案工作新闻稿127篇，其中《中国档案报》4篇。《博学大儒故乡，这个千年古村迈向新征程》被《中国经济周刊》官网选登，《宁波日报》对海曙档案报道3次，“6·9”国际档案日期间，4篇信息被“浙江在线”录用。浙江电视台《跟着档案去旅行》走进古林镇拍摄报道，全省档案系统“跟着档案去旅行”（宁波站）现场会在洞桥镇召开。

3月8日在南塘老街开展档案普法宣传。“6·9”国际档案日走进社区与基层工作人员座谈，了解基层对档案工作的需求，并向社区提供《兰台小红工作记》宣传册、《漫画档案之以案说法》等档案宣传品。面向广大档案员和居民开展“喜迎二十大　档案颂辉煌”主题征文活动。与市第二医院联合开展“喜迎二十大　医档述情怀”巡展走进望春街道、白云街道社区，并现场开展档案宣传及健康咨询。举办“再现宋韵·明州宋瓷文化展”。在做好蒋兆悦档案文化展厅的日常接待的同时，“曙地金融　抗币传奇”迁至四楼成为常设展厅，完成庆祝中国共产党成立100周年主题图片展VR全景展示制作。打造机关党建宣教阵地，中小学生思政教育第二课堂，获评海曙区中小学生研学实践教育基地。完成档案馆一楼大厅、查阅大厅环境改造和提升，通过区级中小学实践教育基地建设评估。

完成《记忆海曙·2021》《曙地金融　抗币传奇》两部编研作品，一件编研作品获省档案系统优秀编研作品二等奖。创建《红档专曙》口述档案品牌，第一集抗美援朝长津湖战役百岁老兵江春太的革命故事，被省档案局推荐到省“学习强国”学习平台播出。组织拍摄《海档曙说》视频在浙江档案杂志公众号播出。结合“海纳百川　曙耀四明”海曙档案文化主题展的布展推进，精选海曙历史文化图片设计制作《海曙档案—2035与您相约》文创明信片。

6月22日，浙江电视台新闻频道《跟着档案去旅行》节目组走进海曙

【《红档专曙》口述档案录制】 2022年，区档案馆为把蕴含党的初心使命的红色档案保管好、利用好，进一步丰富馆藏的红色档案资源，开展红色基因溯源传承工作，启动全区红色档案目录数据库编制，同时尝试留下动

态红色档案，打造“红档专曙”口述档案品牌。完成《红档专曙》口述档案第一集录制，采访对象为参加过抗美援朝长津湖战役的百岁老兵江春太，通过勋章奖状、证件、新老照片、信件以及有纪念意义的实物档案，回忆参加的几十次战争，是值得典藏的口述档案。

【档案法宣传活动】 2022年3月8日，区档案馆走进南塘老街，参加由区妇联主办的以“共创平安家庭 共建平安海曙”为主题的维权服务宣传活动。活动现场发放《小红漫画》《兰台小红工作记》《漫画档案之以案说法》等档案法宣传手册及档案宣传品向群众介绍档案及档案工作。

【“再现宋韵”明州宋瓷文化展开展】 2022年5月21日，由中共海曙区委宣传部、海曙区档案馆、海曙区文联等单位联合举办的“再现宋韵”明州宋瓷文化展开展。本次展览分千峰映翠·四明有瓷、千帆云集·瓷汇明州、千载重光·古瓷新生三个单元，全面展示明州宋瓷的文化和艺术特色，推进宁波“宋韵文化传世工程”的传播。本次展览是国有博物馆藏品与民间收藏的首次合璧展出，为宁波市首次较大规模集中展示，共计100余件瓷器精品，绝大多数藏品都在海曙老城区出土，凸显明州宋瓷在“海上丝绸之路”中的重要性。

【区档案馆举行红色实物档案捐赠仪式】 2022年6月9日第十五个国际档案日，集士港镇文化站站长和该镇明馨社区工作人员以及红色实物档案捐赠者张银康一行，向海曙区档案馆捐赠一批红色实物档案。档案捐赠者张银康于1978年10月河南省安阳市服役，先后当过通信无线兵、130火箭瞄准兵。该次捐赠的物品包括肩章、帽徽、腰带、军帽、防雨地垫等，都已有40余年历史。

【《跟着档案去旅行》节目组走进古林镇】 2022年6月22日，浙江电视台新闻频道《跟着档案去旅行》节目组走进海曙。摄制组通过区档案馆馆藏档案《四明谈助》关于古林镇的相关记载，深入黄古林草编博物馆、仲一村、南北老街和古林记忆馆、蔺草丰收场景等实地拍摄，采访黄古林草席编织技艺的第五代传承人郑仁菊、文史专家谢国旗等，通过档案追溯草席之乡古林的历史故事，讲述非遗文化的传承与发展，展示乡村振兴的新面貌。

【海曙区“海纳百川 曙耀四明”档案文化主题展】 2022年11月10日，由区档案局、档案馆联合主办的“海纳百川 曙耀四明”海曙区档案文化主题展开展。此次展览充分利用区档案馆的档案、史料和档案文化志愿者捐赠的档案，彰显海曙地域文化特色，通过千年海曙、魅力海曙、梦想海曙三个单元，近200幅照片、100多件珍贵的实物档案，70G的视频档案资料，追溯海曙自宁波建城1200年以来的历史文化变迁，介绍海曙改革开放以来经济社会日新月异的发展。

5月2日，举行宋韵文化艺术周系列活动之“再现宋韵”明州宋瓷文化展开幕式

【《记忆海曙·2021》公开出版】 2022年11月，《记忆海曙·2021》公开出版。海曙区档案馆从档案大事记的角度，特以“记忆海曙”系列丛书全程跟踪记载“十四五”期间海曙的发展建设，每年一册，并将书中记载的事件作为全区“三重一特”档案，征集进馆作永久典藏。

【首部金融档案编研作品出版】 2022年11月30日，由区档案馆编写的《曙地金融 抗币传奇》由西泠印社出版，这是海曙首部公开出版的金融档案编研作品。该书近15万字、300多幅照片。

（毛燕芬）

史志工作

【概况】 2022年，海曙区印发《宁波市海曙区党史地方志事业发展规划（2021—2025年）》，明确史志工作重点任务。进一步巩固党史学习教育常态化长效化成果，守好红色阵地，以展现浙江新时代十年以来在“八八战略”指引下取得的伟大成就为主题，拍摄《梦启海曙》等短视频，激发广大群众特别是青少年群体的学史爱国热情。以鄞江镇建岙村为试点，开展口述史资料征集、整理。以建岙大会堂“乡村书店”为试点，打造“红色书架”，选取百余部高质量的红色经典、反映本土红色历史的党史书籍等供广大党员群众学习阅读。深挖海曙革命历史，扎实开展党史资政研究，编写出版《红色海曙·英烈卷》。围绕海曙党史第四卷的编写任务，系统征集整理区委重要文献资料，《中共宁波市海曙区委执政实录（2021）》完成编印，加快《中共海曙区委文件选编（2003—2007）》和《中国共产党海曙历史大事记》编写进度。

区地方志办公室获“全省地方志工作先进集体”称号。强化“一年一鉴”执行力度，完成《海曙年鉴2021》出版及《海曙年鉴2022》的组稿任务。开展《千年海曙 风雅茶事》编写。改版《海曙史志》期刊，完成4期编印任务，并抓好宣传发行，形成全社会共参与的浓厚史志氛围。《海曙简史》完成再版。《横街镇志》等基层志书完成初审。落实《宁波市扶贫支援志（1978—2021）》海曙部分的稿件征集任务。参与国家、省、市各类史志工作、成果评选，进一步推动“海曙史志”走出去。

不断强化革命遗址的保护利用工作，实地走访调研鄞江镇建岙村和横街镇惠民村2021年革命遗址保护利用专项资金使用情况，检查抗日战争坚持斗争人民会议遗址和郑惠民烈士故居两处革命遗址的修缮项目，了解红色资源挖掘和利用情况，总结在项目管理制度及保障措施、资金配套使用、检查验收等方面的经验，推进全区革命遗址保护利用工作有序开展。

【共建方志学专业（方向）实践教学基地】 2022年7月，区方志办与宁波大学人文与传媒学院开展校地合作，区方志办成为该院方志学专业（方向）实践教学基地。此前，区方志办已接收宁波大学方志学专业（方向）多批学生开展暑期实习。该基地建立后，旨在让相关专业学生理论联系实际，促进专业知识与方志编修实际更有效结合。并通过院地间的学术座谈、调研交流等方式，推动方志学学科建设和专业建设，更科学有效地培养方志人才。

【《海曙区红色革命旧（遗）址分布图》发布】 2022年10月，由区委党史研究室、区新四军历史研究会共同制作《海曙区红色革命旧（遗）址分布图》发布。该地图涵盖红岭战斗遗址、爱中纪念亭、新四军浙东游击纵队机关红岭驻地遗址等88处红色文化资源的空间分布，并配附集士港镇、古林镇、高桥镇、横街镇、鄞江镇、洞桥镇、章水镇、龙观乡、石碶街道及城区主要革命遗址、遗迹和纪念设施一览表，供市民查阅访问。

《红色海曙·英烈卷》

【海曙区地方志办公室获评省级先进集体】 2022年11月，经浙江省政府地方志办公室公开评审，区地方志办公室获评成为全省25个地方志先进集体之一，全市仅2个。区地方志办公室不断深耕主业，推进编研成果不断涌现。按照“试点先行、典型引路、逐步推开、全域推进”方式，全域推进基层修志，17个乡镇（街道）已全部开展乡镇（街道）志编修，成为宁波首个全覆盖的区（县）。截至年底，已出版乡镇（街道）志6部，9部志书进入出版或最后定稿阶段。出版部门志10部、村志25部、家（族）谱志28部。95万字的《海曙年鉴2021》进入出版阶段，并获评2022年度“浙江省精品年鉴”。同时，全力抓强队伍建设，提升地方志人才储备量，1人获评浙江省地方志151人才工程省级方志专家。

【首部专门英烈传记《红色海曙·英烈卷》出版】 2022年12月，由区委党史研究室、区新四军历史研究会共同编纂的《红色海曙·英烈卷》由中国文史出版社出版。该书是继《红色海曙·史迹卷》后，“红色海曙”系列普及读物的第二部，也是海曙区首部专门英烈传记，收录大革命时期、土地革命时期、抗日战争、解放战争、社会主义建设、改革开放时期78名烈士的事迹材料，300余名海曙籍烈士名录及部分英烈照片，字数24万余字。为编好此书，区相关部门自2020年以来多次走访市、区民政机构，各类史迹陈列馆、宁波樟村四明山革命烈士陵园等，全力搜罗资料。在此基础上，反复考证、去伪存真，确保资料完整全面。

（秦　威）

海曙区人民代表大会

综　述

【概况】 2022年，宁波市海曙区第十二届人民代表大会实有代表286人。其中，党政干部代表69名，占24.1%；工人代表53名，占18.5%；农民代表34名，占11.9%；企业负责人代表50名，占17.5%；专业技术人员71名，占24.8%；其他代表9名，占3.1%。女性代表92名，占32.2%，非中共党员101名，占35.3%。

召开区人大常委会会议10次、主任会议17次，听取和审议工作报告43项，作出决议决定13项，开展执法检查14次，依法任免国家机关工作人员76人次。

深入贯彻中央人大工作会议精神，全面贯彻习近平法治思想、习近平总书记关于坚持和完善人民代表大会制度的重要思想。主动围绕区委重大决策部署谋划和推进人大工作，依法议决重大事项。

共组织开展党的二十大精神，省、市党代会精神等专题学习研讨交流活动16次。开展“人大代表说·二十大”学习宣传、“五问五破、五比五先”作风建设、机关干部述职等活动。

人大数字化改革、乡村振兴决定监督等品牌工作被中央和省、市各级媒体报道65篇，上级人大机关录用各类信息41篇。

加强区、镇两级人大规范化建设，制定或修订各类制度规定7项。推进人大数字化改革，“海议督”获全省人大数字化改革创新奖。“一镇一品牌一街一特色”创建行动实效明显，乡镇国资可视化监督、街道预算审查、乡镇人大主席团行权履职规范化建设等12项创新成果全面推广。以数字化改革为牵引，以人大代表联络站迭代升级为载体，完成17个全过程人民民主基层单元创建任务。建立实施国家机关负责人进代表联络站开展主题接待活动机制，促进“一府一委两院”及其职能部门负责人定期进站，面对面接待选民、听取意见、解决问题。

加强对“一府一委两院”的监督支持，听取和审议各类专项工作报告35项，加强对计划、预决算、政府债务和审计发现问题的监督。跟踪关注政府专项债资金使用绩效、助企纾困政策落实情况，形成专题调研报告。贯彻落实中办《关于加强对地方政府债务审查监督的意见》，依法审查批准区政府债务限额23.05亿元。听取和审议行政事业单位国有资产管理情况专项报告和国有资产管理综合报告，督促提升国有资产经营管理效益。加强“四好农村路”、水环境综合整治提升等年度民生实事项目的跟踪监督，组织开展“城乡环境整治提升”“拔钉清零净地保供”百日攻坚专项行动、“遏重大”攻坚战“回头看”等专题视察调研。

建立完善人大常委会学法制度，持续提升依法行权能力和水平。共对《中华人民共和国环境保护法》、《中华人民共和国公共文化服务保障法》等6部法律法规开展执法检查。专题听

2022年，海曙区完成17个全过程人民民主基层单元创建任务，图为全区基层单元建设现场会暨基层人大工作推进会

取区政府及8个组成部门的主要负责人依法履职情况的报告。实行宪法宣誓和任前法律考试制度。组织开展全区行政首长旁听行政诉讼、公益诉讼案件庭审。创新设立立法意见征集微单元56个，向省、市人大提交修法建议700余条。提升“数智化”主题接待成效，开展线上线下接待活动650余次，接待群众2200余人次，推动解决各类问题800余项。

深化议案建议督办，出台代表议案处理办法，修订代表建议、批评和意见处理办法，制定代表建议办理督办测评实施方案。区十二届人大一次会议代表提出的1件议案、233件建议全部按时办结，解决或者列入计划逐步解决的共225件，占比96.6%，代表对办理工作和办理结果的满意度分别达到100%。认真做好省市人大代表议案建议组织工作，市十六届人大一次会议期间，海曙代表团共提出议案建议117件，其中列入市人大常委会重点督办6件，获评优秀建议4件。

推广应用“代表通”，推行代表履职承诺和履职公开制度，落实代表培训五年规划，共组织开展市、区两级初任代表培训、常委会履职能力提升班等线上线下学习培训活动9次。落实“双联系”制度，加强走访服务，扩大代表对区人大常委会和工委工作的深度参与，邀请部分代表列席区人大常委会会议，会同区政府定期向代表通报重要情况。组织开展“‘精特亮’创建”“代表助力为企纾困”“走进检察，助力打造一流营商环境”等专题视察调研活动，发动代表参加“四级人大八万代表助力‘八大攻坚行动’”“‘六访六促’推动高质量发展建设共同富裕示范区”等主题活动，闭会期间累计开展活动200余次，提出意见建议3700余条。

【“海议督”获全省人大数字化改革创新奖】 2022年8月8日，在浙江省各级人大常委会主任学习会上，全省人大数字化改革创新暨第三届“浙江省人大工作与时俱进通报表扬”评选结果揭晓，“海曙人大审议监督综合应用”（“海议督”）获得全省人大数字化改革创新奖。“海议督”是海曙区人大常委会遵循“1512”体系架构，全新打造的全流程、可视化、智能化应用场景。该平台实现审议监督制度重塑、流程再造、体系重构、质效提升。通过构建两级人大全链条、全方位、全覆盖融入审议监督的工作场景，拓展代表和群众对审议监督的深度参与，进一步完善民主民意表达平台和载体，做到管用实用、实战实效。

【立法信息征集微单元建设】 2022年9月7日，海曙区人大常委会举行立法信息征集微单元授牌仪式，创新构建以立法信息征集微单元为依托的多层次、多元化立法信息征集网络体系，扩展群众参与地方立法的途径。立法信息征集微单元设立在各级人大代表所在单位、行业以及其他具有代表性、热心立法工作和法治建设事业的单位、组织中。年内，首批已设置56家，其中，各村（社）21家、各级代表所在单位31家、其他单位4家。

（楼　强）

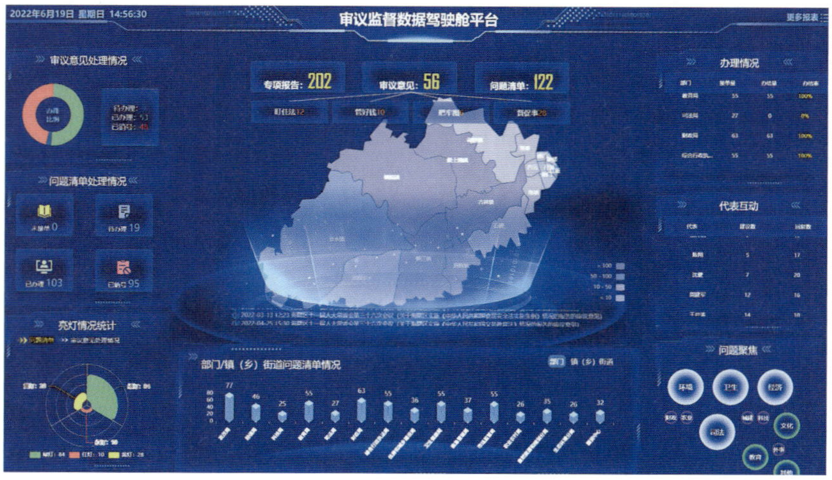

区人大数字化改革项目“海议督”

重要会议

【区十一届人大常委会主任会议】 2022年1月10日，区十一届人大常委会举行第54次主任会议。会议听取关于《进一步完善区对镇（乡）街道、园区财政管理体制的实施意见（审议稿）》的起草说明、海曙区2021年国民经济和社会发展计划执行情况及2022年国民经济和社会发展计划草案的报告、海曙区2021年预算执行情况和2022年预算草案的报告、区政府关于2022年海曙区民生实事候选项目、《宁波市海曙区人民代表大会议事规则（修订草案）》有关情况的说明。会议研究区十一届人大常委会第39次会议审议意见、区十二届人大一次会议相关事项、区人大常委会工作报告（送审稿）、关于区十一届人大常委会第40次会议日程安排以及有关人事任免案，确定区十一届人大五次会议议案建议办理先进单位及先进个人。

1月18日，区十一届人大常委会举行第55次主任会议。会议研究市人大代表补选事项以及区十一届人大常委会第41次会议日程安排。

【区十一届人大常委会会议】 2022年1月12日，区十一届人大常委会举行第40次会议。会议听取、审议并表决海曙区第十二届人民代表大会第一次会议议程（草案）、各项名单（草案）、海曙区人民代表大会议事规则（修订草案）、海曙区人大常委会工作报告（审议稿）、海曙区2021年国民经济和社会发展计划执行情况及2022年国民经济和社会发展计划草案的报告、海曙区2021年预算执行情况和2022年预算草案的报告。会议听取并审议大会筹备工作情况的说明、海曙区2022年民生实事候选项目有关情况的说明。会议表决通过区政府提请的人事任免案。

1月18日，区十一届人大常委会举行第41次会议。会议听取并审议市人大代表补选事项，依法补选3人为宁波市十五届人大代表。

【区十二届人大一次会议】 2022年1月23—25日，宁波市海曙区召开第十二届人民代表大会第一次会议。大会通过《宁波市海曙区人民代表大会议事规则》、海曙区2022年民生实事项目、海曙区人民政府工作报告的决议、海曙区2021年国民经济和社会发展计划执行情况及2022年国民经济和社会发展计划的决议、海曙区2021年预算执行情况和2022年预算的决议、海曙区人民代表大会常务委员会工作报告的决议、海曙区人民法院工作报告的决议以及海曙区人民检察院工作报告的决议。大会以无记名投票方式，依法选举出海曙区第十二届人民代表大会常务委员会主任；选举出海曙区人民政府区长；选举出6人为海曙区第十二届人民代表大会常务委员会副主任；选举出7人为海曙区人民政府副区长；选举出海曙区监察委员会主任；选举出海曙区人民法院院长、海曙区人民检察院检察长。28人当选为海曙区第十二届人民代表大会常务委员会委员。61人当选为海曙区出席宁波市第十六届人民代表大会代表。新当选的区人大常委会主任、副主任，区长、副区长，区监察委员会主任，区人民法院院长，分批在大会主会场进行宪法宣誓。

1月25日，海曙区第十二届人民代表大会常务委员会主任（左三）、副主任（其余五位）在大会主会场进行宪法宣誓

1月25日，海曙区人民政府区长（左五）、副区长，区监察委员会主任（左四），区人民法院院长（右一）在大会主会场进行宪法宣誓

【区十二届人大常委会会议】 2022年1月25日，区十二届人大常委会举行第一次会议。区人大常委会主任就新一届常委会如何开展工作进行发言。

2月25日，区十二届人大常委会举行第二次会议。会议听取并审议海曙区十一届人大常委会第36次、37次会议审议意见处理情况的报告。会议听取、审议和批准海曙区人大常委会各街道工作委员会2021年工作总结和2022年工作计划的报告、海曙区2022年度国有土地上房屋征收计划的报告，并作出相应决议。会议表决通过关于设立区十二届人大常委会代表资格审查委员会的决定、区人大常委会2022年工作要点、关于提请任命区十二届人大常委会各工作委员会委员的议案、关于提请任命区十二届人大常委会各街道工作委员会委员的议案及区政府、区人民法院提请的人事任免案。

4月24日，区十二届人大常委会举行第三次会议。会议听取、审议2021年海曙区法治政府建设工作情况的报告，对8个部门主要负责人履行2021年法治建设第一责任人职责述职报告进行满意度测评。会议听取、审议海曙区2021年度环境质量状况和环境保护目标完成情况的报告。会议听取、审议并表决通过海曙区人大常委会关于推进全域治水的决定。会议表决通过有关人事任免事项。

6月22日，区十二届人大常委会举行第四次会议。会议听取、审议并表决通过《关于2022年海曙区第二批新增地方政府债务限额和新增地方政府债券分配方案的决议》《海曙区人民代表大会代表议案处理办法》《海曙区人民代表大会代表建议、批评和意见办理办法》。会议表决通过区政府、区监委、区人民法院、区人民检察院提请的人事任免案。

8月30日，区十二届人大常委会举行第五次会议。会议听取并审议区监委专项工作报告、区人民检察院关于《海曙区人大常委会关于加强和支持检察机关提起公益诉讼工作的决定》贯彻实施情况的报告、关于海曙区2021年度本级预算执行和其他财政收支的审计工作报告、关于海曙区2022

年上半年预算执行情况的报告、关于海曙区2022年上半年国民经济和社会发展计划执行情况的报告、关于海曙区贯彻实施《中华人民共和国环境保护法》情况的报告、关于海曙区贯彻实施《中华人民共和国公共文化服务保障法》《浙江省公共文化服务保障条例》情况的报告、关于海曙区贯彻实施《中华人民共和国就业促进法》情况的报告。会议听取、审议并表决通过《海曙区人大常委会关于批准海曙区2021年财政决算的决议》《海曙区人大常委会关于批准将陈横楼二期地块等3个国有土地上房屋征收新增项目列入2022年度国民经济和社会发展计划的决议》。会议对《关于海曙区法治政府建设情况审议意见研究处理情况的报告》《关于海曙区美丽村庄宜居家园建设审议意见研究处理情况的报告》进行满意度测评。会议表决通过区人民检察院提请的人事任免案。

10月21日，区十二届人大常委会举行第六次会议。会议听取和审议海曙区2021年度国有资产管理情况的综合报告、海曙区2021年度行政事业性国有资产管理情况的专项报告；海曙区全域治水情况的报告；海曙区十二届人大一次会议代表建议办理情况的报告；海曙区2022年规范性文件备案审查工作的报告。会议对海曙区十二届人大一次会议代表建议办理情况进行满意度测评。会议表决通过区政府、区人民法院提请的人事任免案。

12月21日，区十二届人大常委会举行第七次会议。会议投票通过市人大代表补选事项，选举2人为市人大代表。

12月29日，区十二届人大常委会举行第八次会议。会议听取和审议海曙区2021年度本级预算执行及其他财政收支审计查出问题整改情况的报告。会议听取和审议区监委专项工作报告审议意见研究处理情况的报告、区人民检察院贯彻实施《海曙区人大常委会关于加强和支持检察机关提起公益诉讼工作的决定》情况报告审议意见研究处理情况的报告、海曙区2021年财政决算和2022年上半年预算执行情况报告审议意见研究处理情况的报告、海曙区2022年上半年国民经济和社会发展计划执行情况报告审议意见研究处理情况的报告、海曙区贯彻实施《中华人民共和国环境保护法》情况报告审议意见研究处理情况的报告、海曙区贯彻实施《中华人民共和国公共文化服务保障法》《浙江省公共文化服务保障条例》情况报告审议意见研究处理情况的报告、海曙区贯彻实施《中华人民共和国就业促进法》情况报告审议意见研究处理情况的报告，并进行满意度测评。会议听取、审议并表决通过关于2022年海曙区第三批地方政府债务限额和新增地方政府债券分配方案的决议、《关于海曙区2022年预算调整方案的报告》的决议。会议审议并表决通过关于召开区十二届人民代表大会第二次会议的决定。会议研究并表决通过区代表辞职及补选的决定。会议表决通过区政府、区人民法院、区人民检察院以及区人大常委会主任会议提请的人事任免案。

【区十二届人大常委会主任会议】 2022年1月25日，区十二届人大常委会举行第一次主任会议。会议讨论区十二届人大常委会第一次会议议程有关事项。

2月21日，区十二届人大常委会举行第二次主任会议。会议听取有关人事任免案、区人大常委会关于听取和审议法治政府建设情况报告的实施方案、海曙区2022年度国有土地上房屋征收计划以及区十一届人大常委会第36次、第37次会议审议意见处理情况的报告。会议研究区人大常委会2022年工作要点（草案）以及区十一届人大五次会议优秀建议、区人大常委会各街道工委2021年度工作总结及2022年度工作计划、区十二届人大常委会第二次会议日程安排。

3月24日，区十二届人大常委会举行第三次主任会议。会议听取2022年海曙区政府投资项目库建立情况、研究区人大常委会关于联系监督海曙区2022年民生实事项目的实施方案（草案）。会议研究确定区人大常委会领导重点类建议督办件。

4月22日，区十二届人大常委会举行第四次主任会议。会议听取有关人事任免案、听取《2021年海曙区法治政府建设工作情况的报告》《2021年度海曙区环境质量状况和环境保护目标完成情况的报告》《海曙区人大常委会关于推进全域治水的决定（审议稿）》及区人大常委会《关于推进全域治水的决定》贯彻落实情况的调研方案。会议研究区十二届人大常委会第三次会议日程安排。

5月26日，区十二届人大常委会举行第五次主任会议。会议听取关于“城乡环境整治提升”攻坚专项行动开展情况的调查报告和关于“拔钉清零净地保供”攻坚专项行动开展情况的调查报告、关于海曙区医保基金管理情况的报告和调查报告、关于海曙区应对人口老龄化和养老服务机构建设情况的报告和调查报告。会议研究海曙区人大常委会关于开展《浙江省综合行政执法条例》执法检查的实施方案、关于开展乡村振兴专项监督的实施方案、关于联动开展《中华人民共和国就业促进法》执行情况检查暨组织人大代表参与主题监督活动的实施方案，以及区十二届人大常委会第三次会议审议意见。

6月17日，区十二届人大常委会举行第六次主任会议。会议听取有关人事任免案、关于2022年海曙区第二批新增地方政府债务限额和新增地方政府债券分配方案的报告、《海曙区人民代表大会代表议案处理办法（草案）》以及《海曙区人民代表大会代表建议、批评和意见办理办法（修订草案）》。

7月25日，区十二届人大常委会举行第七次主任会议。会议听取宁波市海曙区人大常委会关于乡村振兴“一法一条例一决定”专项监督检查报告、关于宁波市海曙区“非农化”“非粮化”专项整治工作情况报告。会议研究《关于组织国家机关负责人进人大代表联络站开展主题接待活动的实施意见（试行）（审议稿）》《宁波市海曙区人大常委会立法信息征集微单元工作办法（审议稿）》。

8月19日，区十二届人大常委会举行第八次主任会议。会议听取区人民检察院提请的有关人事事项、区监委专项工作报告、《海曙区人大常委会关于加强和支持检察机关提起公益诉讼工作的决定》贯彻实施情况的报告、关于海曙区2021年财政决算草案的报告、关于海曙区2021年度本级预算执行和其他财政收支的审计工作报告、关于海曙区2022年上半年预算执行情况的报告、关于海曙区2022年上半年国民经济和社会发展计划执行情况的报告、关于海曙区2022年国有土地上房屋征收新增项目列入2022年度国民经济和社会发展计划的报告、关于海曙区贯彻实施《中华人民共和国环境保护法》情况的报告、关于海曙区贯彻实施《中华人民共和国公共文化服务保障法》《浙江省公共文化服务保障条例》情况的报告、关于海曙区贯彻实施《中华人民共和国就业促进法》情况的报告、关于海曙区法治政府建设情况审议意见研究处理情况的报告、关于海曙区美丽村庄宜居家园建设审议意见研究处理情况的报告，会议研究区十二届人大常委会会议审议分组建议名单调整事项和关于区十二届人大常委会第五次会议的日程安排。

9月23日，区十二届人大常委会举行第九次主任会议。会议听取关于海曙区儿童友好城区建设情况的报告和调查报告、关于开展海曙区“人大代表进网格亮身份”工作的实施方案。会议研究区十二届人大常委会第五次会议关于区监委整治群众身边不正之风和腐败问题专项工作情况报告的审议意见，关于区人民检察院贯彻实施《海曙区人大常委会关于加强和支持检察机关提起公益诉讼工作的决定》情况报告的审议意见，关于海曙区2021年财政决算、财政预算执行及其他财政收支审计和2022年上半年财政预算执行情况报告的审议意见，关于海曙区2022年上半年国民经济和社会发展计划执行情况报告的审议意见，关于海曙区贯彻实施《中华人民共和国环境保护法》情况报告的审议意见，关于海曙区贯彻实施《中华人民共和国公共文化服务保障法》《浙江省公共文化服务保障条例》情况报告的审议意见，关于海曙区贯彻实施《中华人民共和国就业促进法》情况报告的审议意见。

10月14日，区十二届人大常委会举行第十次主任会议。会议听取区人民法院提请的有关人事事项、海曙区贯彻落实《浙江省综合行政执法条例》情况的报告和执法检查报告、海曙区“双减”工作落实情况的报告和调查报告、海曙区2021年度国有资产管理情况的综合报告和海曙区2021年度行政事业性国有资产管理情况的专项报告、《海曙区人大常委会关于推进全域治水的决定》贯彻实施情况的报告、海曙区十二届人大一次会议代表建议办理情况的报告和2022年规范性文件备案审查工作的报告，会议研究区十二届人大常委会第六次会议日程安排。

10月20日，区十二届人大常委会举行第11次主任会议。会议听取和审议区政府有关人事事项。

11月23日，区十二届人大常委会举行第12次主任会议。会议听取区政府关于《宁波市非机动车管理条例》贯彻实施情况的报告和区人大常委会调查报告、海曙区2022年债务管理情况的报告和区人大常委会调查报告。会议研究通过海曙区2021年行政事业性国有资产管理情况报告的审议意见和《海曙区人大常委会关于推进全域治水的决定》贯彻实施情况报告的审议意见。

12月21日，区十二届人大常委会举行第13次主任会议。会议研究市人大代表补选事项及关于区十二届人大常委会第七次会议日程安排。

12月21日下午，区十二届人大常委会举行第14次主任会议。会议听取联系监督海曙区2022年民生实事项目的督查报告、区人大常委会主任会议议案、海曙区2021年度本级预算执行及其他财政收支审计查出问题整改情况的报告、海曙区2022年第三批地方政府债务限额和新增地方政府债券分配方案的报告、海曙区2022年预算调整方案的报告、区监委专项工作报告审议意见研究处理情况的报告、区人民检察院贯彻实施《海曙区人大常委会关于加强和支持检察机关提起公益诉讼工作的决定》情况报告审议意见研究处理情况的报告、海曙区2021年财政决算和2022年上半年预算执行情况报告审议意见研究处理情况的报告、海曙区2022年上半年国民经济和社会发展计划执行情况报告审议意见研究处理情况的报告、海曙区贯彻实施《中华人民共和国环境保护法》情况报告审议意见研究处理情况的报告、海曙区贯彻实施《中华人民共和国公共文化服务保障法》《浙江省公共文化服务保障条例》情况报告审议意见研究处理情况的报告、海曙区贯彻实施《中华人民共和国就业促进法》情况报告审议意见研究处理情况的报告以及区政府、区人民法院、区人民检察院提请的有关人事任免事项。会议研究2022年度议案建议工作各项先进名单和2022年度代表履职积极分子名单、区代表辞职及补选事项和关于区十二届人大常委会第八次会议日程安排。

12月29日下午，区十二届人大常委会举行第15次主任会议。会议研究有关人事任免事项。

（楼　强）

7月27日，区人大常委会组成人员履职能力提升班开班

重要活动与代表建议

2022年海曙区人大常委会及各工委视察活动一览表

表3

时间	视察主题
5月17日	区人大常委会开展“城乡环境整治提升”“拔钉清零净地保供”攻坚专项行动专题视察
6月14日	区人大常委会开展水利工程专项视察
7月19日	区人大常委会到古林镇开展公共文化服务保障工作专题视察
11月4日	区人大常委会视察姚江南岸片区发展战略规划情况
11月9日	区人大常委会到宁波立华制药有限公司、宁波药材股份有限公司开展药品安全监管专项视察

2022年市人大代表海曙中心组视察调研活动一览表

表4

时间	市人大代表海曙中心组组别	视察调研活动
1月20日	市人大代表海曙中心组	开展市人代会会前培训
3月11日	市人大代表海曙中心组	到海曙区望京门遗址公园、中医药特色街区以及东渡路高品质步行街等海曙区“精特亮”创建“罗城环线”部分点位，开展市人代会会前视察活动
5月23日	市人大代表海曙中心组	召开市人大代表海曙中心组小组长会议，传达市人大代表中心组组长暨代表工作会议精神，通报2021年市代表海曙中心组工作情况并部署2022年工作要点
6月8日	第二小组	到宁波进口商品展示交易中心开展“关于进一步扩大中东欧经贸交流，助力中国—中东欧国家经贸合作示范区建设”专题调研活动
6月10日	第一小组	到鄞江镇开展“推动共同富裕，实施乡村振兴”专题视察调研
6月10日	第三小组	到宁波环球广电科技有限公司、雅戈尔集团开展“代表助力为企纾困”主题活动
8月26日	第一、二小组	到宁波市司法局及有关公共法律服务单位开展“推进公共法律服务，打造法治化营商环境”专题视察调研
9月8日	第三小组	到月湖街道迎凤社区、段塘街道北宸府小区参观小区自治站以及小区自治成果，开展代表“探索社区自治新路径”主题活动
11月10日	市人大代表海曙中心组	到市人民检察院开展“走进检察 助力打造一流营商环境”会前专题视察调研活动
11月30日	市人大代表海曙中心组第一、三小组联组	到宁波口腔医院、宁波耳鼻喉医院开展“医药卫生体制综合改革”调研活动

2022年海曙区代表联络站主题接待活动一览表

表5

时间	参加活动
7月11日	区人大常委会副主任进龙观乡代表联络站，参加区文广旅体局负责人进站接待活动
8月18日	区人大常委会副主任进鄞江镇人大代表联络站，参加区农业农村局负责人进站接待活动
8月18日	区人大常委会副主任进高桥镇人大代表联络站，参加区经信局负责人进站接待活动

续表5

时间	参加活动
8月18日	区人大常委会主任进望春街道人大代表联络站，参加区综合执法局、住建局、海曙公安分局负责人进站接待活动
8月23日	区人大常委会副主任进望春街道人大代表联络站，参加区招商中心负责人进站接待活动
8月25日	区人大常委会副主任进白云街道人大代表联络站，参加区民政局负责人进站接待活动
8月25日	区人大常委会副主任进鼓楼街道人大代表联络站，参加区司法局负责人进站接待活动
8月31日	区人大常委会副主任进南门街道人大代表联络站，参加区住建局负责人进站接待活动
9月22日	区人大常委会副主任进西门街道人大代表联络站，参加区退役军人事务局负责人进站接待活动
9月23日	区人大常委会副主任陪同市人民检察院副检察长到江厦街道人大代表联络站，开展市级部门负责人进站主题接待活动
9月26日	区人大常委会副主任陪同市中级人民法院副院长到段塘街道人大代表联络站，开展市级部门负责人进站主题接待活动
9月26日	区人大常委会副主任进章水镇人大代表联络站，参加区卫健局负责人进站接待活动
10月12日	区人大常委会副主任进古林镇人大代表联络站，开展西枢纽建设主题接待活动
10月12日	区委书记区人大常委会主任进月湖街道人大代表联络站，开展“宋韵文化保护传承和发展”主题接待活动
10月14日	区人大常委会副主仼进江厦街道人大代表联络站，开展楼宇经济发展主题接待活动
10月26日	区人大常委会副主仼进白云街道代表联络站开展“幼托事业”主题接待活动
12月2日	市人大常委会副主任进高桥镇人大代表联络站，围绕文明行为、全民健身、非物质文化遗产保护、2023年市级民生实事项目征集等工作开展主题接待活动
12月22日	市委常委、常务副市长，区人大常委会主任进集士港镇人大代表联络站，就2023年政府工作报告开展意见建议征集主题接待活动

2022年海曙区人大常委会各类会议、活动一览表

表6

时间	会议、活动	会议、活动内容
2月11日	机关党风廉政建设工作会议	通报2021年区人大机关党风廉政建设工作总结和2022年工作思路，传达中央和省市区纪委全会精神，签订党风廉政建设和反腐败工作责任书
5月12日	海曙区人大信息宣传调研工作会议	总结2021年人大信息宣传调研工作，对2022年工作进行安排部署。表彰2021年度区人大信息宣传调研工作先进单位和优秀信息员
6月21日	“海曙人大审议监督综合应用”场景工作部署会	“海曙人大审议监督综合应用”系统介绍、场景运作流程演示及下步工作任务部署
7月4日	区人大常委会举办社会建设领域数字化改革项目展示活动	组织区民政、人社、市监等10个部门对各自数字化改革案例进行解说展示，接受人大代表、专家、群众监督
7月13日	区人大常委会召开镇（乡）街道特色品牌创建成果推广会	高桥、洞桥、月湖、江厦、段塘5家单位作创建成果推广演示，章水、鼓楼、西门、南门4家单位作创建经验交流演示
7月27日	区人大举办常委会履职能力提升班	组织“大变局下俄乌冲突及对中国的警示”“中央人大工作会议及相关文件精神解读”“省第十五次党代会精神解读”“宁波市经济形势分析”等主题授课，并赴宁波市城市展览馆、宁波城市大脑参观
8月15日	区人大常委会举行2022年半年度重要情况通报会	听取上半年全区经济社会发展情况、区政府下半年主要工作安排以及区人大常委会上半年重点工作

续表6

时间	会议、活动	会议、活动内容
9月19日	海曙区人大代表履职能力提升培训会	市委党校经济学教研部副主任、教授等作主题授课
9月28日	区人大机关召开"亮绩树形象、先行争一流"机关干部述职活动	18名机关干部聚焦践行全过程人民民主和基层单元建设、数字化改革、四个机关建设等主题开展工作述职

2022年海曙区人大交流接待活动一览表

表7

时间	交流单位	考察调研活动
6月22日	嘉兴市海盐县人大常委会考察组	考察海曙区养老服务和社会组织培育工作
7月8日	安徽省芜湖市镜湖区人大常委会考察组	考察海曙区居家养老服务工作
7月15日	嘉兴市海盐县人大常委会考察团	考察鄞江镇千年古城复兴工作
7月21日	温州市龙湾区人大常委会考察团	考察海曙区历史文化街区保护与利用工作
7月22日	贵州省六盘水市人大常委会考察组	考察海曙区居民议事会工作
8月4日	温州乐清市人大常委会考察组	考察海曙区历史文化街区提升工程建设工作
9月22日	南通市崇川区人大常委会考察组	考察海曙区数字经济建设工作
11月10日	金华东阳市人大常委会考察组	考察海曙区公共文化服务保障工作、医保基金管理工作

【代表议案建议】 2022年区十二届人大一次会议期间，区人大代表共提出议案建议234件。其中，议案1件、建议233件，均交由区政府有关职能部门办理。各承办单位均在规定办理时限内办结并答复代表。代表对办理工作满意的209件，占89.32%，基本满意的25件，占10.68%；对办理结果满意的192件，占82.05%，基本满意的42件，占17.95%。

（楼　强）

11月25日，"人大代表说·二十大"主题宣讲活动启动仪式举行

海曙区人民政府

综　述

【概况】 2022年，海曙区实现地区生产总值1501.3亿元，同比增长2.7%；完成一般公共预算收入117.1亿元，税收占比稳定在92%以上；城乡居民人均可支配收入分别增长4.4%、6.4%。

开展经济稳进提质八大攻坚行动，出台三轮区级助企纾困政策，为企业减轻税费负担50.5亿元，兑付惠企政策资金20.7亿元，惠及市场主体4.9万家。建立重大项目“1314”统筹推进机制，8个重大前期项目落地转化，46个项目开工建设，42个项目竣工投用，争取地方政府专项债券23.1亿元，固定资产投资增长13.3%。开展“拔钉清零净地保供”百日攻坚行动，53个地块实现拔钉清零，完成征拆面积193万平方米，新增土地供应4586亩。深化国际消费城市示范区建设，发放1.46亿元消费券，承办宁波购物节开幕式，东渡路街区全新亮相，实现社会消费品零售总额增长4.2%，天一商圈入选省级示范智慧商圈创建名单，促消费工作获评省政府督查激励。5家企业获评省内外贸一体化领跑者企业，新增2个省级公共海外仓，“9610”“9710”“9810”模式出口规模居全市第一，外贸自营进出口总额增长3.5%。

出台18项生产性服务业支持政策，顺丰华东创新产业总部基地、设计产业园等一批服务业载体加快建设，科信会计师事务所获取全市首家证券业务服务资格。宁波西枢纽交通先导工程开工建设，国际邮件互换中心启用，开通第五航权货运航线。推进“双三十”头部企业梯队培育与“新工网”行动计划，新增国家级专精特新“小巨人”企业9家、服务型制造示范企业1家、知识产权示范（优势）企业10家，新认证“品字标”浙江制造企业30家，市政府质量奖获奖数居全市第一，中小企业数字化改造入选全省首批试点，战略性新兴产业增加值增长20.7%。成立区产业投资基金，新引进网安信创等亿元以上项目52个。推进“种植大脑+未来农场”建设，4个高标准农田启动改造提升，“南塘河”农业区域公用品牌持续壮大，入选省农业标准地改革试点，获评省级农业“机器换人”高质量发展先行区。

开展三江口、姚江南岸等重点片区城市设计和产业规划编制。设立全省首个百亿元级城乡有机更新基金。启动秀水历史文化街区保护焕新项目。改造完成26个城中村和55个老旧小区，建成3个省级未来社区。天一阁·月湖·金汇特色产业风貌区入选省第二批城乡风貌样板区，海曙区获评“美丽浙江十大样板地”。开展“城乡环境整治提升”百日攻坚行动，高分通过省文明城市指数测评，新增月湖盛园等5个“席地而坐”城市客厅示范区域，创建省级生活垃圾分类

集士港镇深溪村“我的青春在深溪闪光”打卡景观地

示范片区2个、示范小区25个，拆除违章建筑167万平方米。推动美丽乡村宜居家园建设，拆旧建新涉及面积115万平方米，鄞江镇成为省级美丽城镇样板镇，新增省级美丽乡村示范镇1个、未来乡村4个、精品村16个。309省道荷梁线一期等32条道路开工建设，33条道路建成通车，新增停车位2.5万个。实施三江口防护、沿江泵排群等水利工程，鄞江堤防工程主线封闭，完成城市低洼道路改造13.6万平方米。地表水区控以上断面水质优良率升至92.3%，$PM_{2.5}$年均浓度处于全市最优，龙观乡成为全国首个生物多样性友好乡镇，章水镇入选省低（零）碳创建试点，创建成为国家生态文明建设示范区。

数字化改革"一图四库"统建共享项目启动建设，53个省市重大应用贯通落地，防台减灾智治平台、服装产业大脑等一批特色场景应用上线运行，率先建立全区"只用一张图"服务机制，政务网络安全绩效评估居全省首位。全域国土空间综合整治，探索工业用地全生命周期管理和二级市场转让交易管理，升级改造工业用地4150亩，规上工业亩均税收增长6%，12家企业入选省亩均效益领跑者名单，横街镇入选省乡村全域土地综合整治与生态修复"11350"工程，获评国家自然资源节约集约示范区。深入实施"三创"驱动，启动一流创新型城区建设，发布翠柏里创新街区扶持政策，承办全国第四届工业互联网大赛，甬水桥科创中心、阿里云创新中心启用，宁波工业互联网研究院全市首个入选国家新一代人工智能开放创新平台，获评全国首批"科创中国"创新基地。"工程师友好区"启动建设，全省首家工程师人才服务中心成立运营，新引进工程师人才9700余名、大学生2.4万余人，8人入选国家级、省级重点人才计划，新增国家级博士后工作站3家。

民生支出占一般公共预算支出比重达73.7%，全面完成8件民生实事。全省首个共富善信托成立运营，"物质+服务"社会救助改革入选省共富试点，所有行政村集体经济总收入超100万元、经营性收入超30万元，城乡居民收入倍差缩小至1.75。与安徽省蚌埠市五河、吉林省延边州珲春、湖北省黄冈市英山建立对口合作关系，累计实施帮扶项目22个。实现城镇新增就业2.4万人、城镇失业人员再就业1.8万人，创业担保贷款资金发放规模居全市第一。户籍人口基本养老、医疗保险参保率分别达到99.7%、99.8%，"天一甬宁保"参保率居全市前列，困难群众医疗保险资助参保实现全覆盖，长期护理保险制度试点经验全市推广。筹建保障性租赁住房10531套（间），新增公租房保障家庭3055户。区福利中心开工建设，建成各类养老机构34家，新增3岁以下婴幼儿托位977个。海曙中学开工建设，建成校（园）8所区级综合性医院等级创建取得零的突破，创成省中医药文化传承生态保护区，南塘老街入选国家级夜间文化和旅游消费集聚区，成为省首批促进人民群众精神富有试点区，获评全国"书香城区"、新时代文明实践文艺志愿服务项目示范带动地。

启动"大综合一体化"行政执法改革，全区85.2%执法力量下沉基层，"一站式"执法办案管理中心运作模式全市推广。深化社区管理体制机制"统分沉"改革。设立全省首家商业社区。入选省现代社区"五社联动"提质增效行动试点。做好老年人群疫苗接种和重点人群加强免疫接种工作，启用亚定点医院。完善应急指挥运行机制，各类生产安全事故起数、死亡人数分别下降25%、14.3%，刑事、治安案件数分别下降16.9%、30.6%，连续17年获评省平安区。启动实施新一轮农贸市场提质升级三年行动，"放心消费"数智治理经验全省推广，创建成为省食品安全示范区。

依法接受人大监督，自觉接受政协民主监督，办理建议提案489件。出台法治政府建设实施意见，组建区合法性审查中心，行政负责人出庭应诉率、复议结果法院维持率均达100%，行政执法繁简分流机制获评省县乡法治政府最佳实践。成立区政府咨询委员会，主动公开政府信息38871条。

【成立全省首个百亿元级城乡有机更新基金】 2022年8月4日，海曙区城乡有机更新基金发布会举行，该基金遵循"政府引导、社会参与、市场运作"的运行模式，聚焦城乡有机更新、历史街区保护、租赁保障住房、市政道路等项目，促进海曙城市功能优化、民生保障、品质提升和风貌保护。当天，中交四公局华东公司与海曙区签订城乡有机更新基金购买协议；浦发银行宁波分行、工商银行宁波分行、中信银行宁波分行与海曙区签订城乡有机更新基金意向合作协议。

（节彦举）

8月4日，海曙区城乡有机更新基金购买签约仪式发布会举行

重要会议

2022年区政府常务会议一览表

表8

时间	会议名称	会议内容
1月21日	区政府2022年第一次常务会议	听取关于疫情防控“六大机制”落实情况及岁末年初疫情防控工作方案、2021年安全生产工作情况及岁末年初安全生产工作安排、2021年海曙区人民政府质量奖评审、2022年度海曙区国有土地上房屋征收计划项目、储备项目、2022年度海曙区集体土地房屋拆迁计划等情况的汇报。审议并原则通过《宁波市海曙区人民政府关于促进经济高质量发展“凤凰行动”计划的实施意见》《海曙区“城乡环境整治提升”百日攻坚专项行动实施方案》《海曙区“拔钉清零净地保供”百日攻坚专项行动实施方案》《海曙房屋建筑和市政基础设施工程生产安全事故应急预案》《海曙区服务业发展“十四五”规划》《海曙区生态环境保护“十四五”规划》《海曙区残疾人事业发展“十四五”规划》等
2月16日	区政府2022年第二次常务会议	听取关于接入浙江省“智慧医保”平台工作推进、开办宁波市海曙区石碶街道江上小学（暂名）等4家学校（幼儿园）等情况的汇报。审议并原则通过《2021年海曙区经济高质量发展奖项评定办法》《关于深化科技特派员制度助力“科创中国”省级试点区建设的实施意见》等
2月19日	区政府2022年第三次常务会议	审议并原则通过《关于进一步支持生产性服务业重点领域高质量发展的若干意见（试行）》《海曙区综合交通发展“十四五”规划》《海曙区城乡建设“十四五”规划》《海曙区城中村改造“十四五”规划》《海曙区妇女发展“十四五”规划》《海曙区儿童发展“十四五”规划》等
3月18日	区政府2022年第四次常务会议	听取关于2022年度海曙区政府信息化项目计划等情况的汇报。审议并原则通过《关于优化“百创汇海”人才集聚工程 全力建设“工程师友好区” 打造现代化滨海大都市创新型卓越城区的意见》《海曙区政务信息化建设项目管理办法》《海曙区政策性小微企业财产保险项目第三轮（2022—2024）实施方案》《关于2021年度法治政府建设情况的报告》《海曙区制造业高质量发展“十四五”规划》等
4月22日	区政府2022年第五次常务会议	听取关于启动海曙区镇乡大管网供水建设工程等情况的汇报。审议并原则通过《关于确定2022年区政府领导建议提案领办件的通知》《宁波市海曙区森林火灾应急预案》《海曙区全民健身实施计划（2021—2025年）》等
5月12日	区政府2022年第六次常务会议	听取关于海曙区美丽乡村建设提升方案等情况的汇报。审议并原则通过《海曙区加快推进“大综合一体化”行政执法改革试点工作的实施方案》《海曙区省和谐自治标杆区试点行动方案》《关于进一步建立健全审计查出问题整改长效机制的实施意见》《关于深化“匠心汇海”技能人才提升计划 加快新时代海曙工匠队伍建设的实施意见》《海曙区小型水利工程建设管理办法》《海曙区水利管护及防汛专项工作实施办法》《宁波市海曙区山洪灾害防御预案》等
5月24日	区政府2022年第七次常务会议	听取关于海曙区规范民办义务教育发展专项工作等情况的汇报。审议并原则通过《海曙区工业用地项目全生命周期管理操作规程》《宁波市海曙区·蚌埠市五河县结对合作帮扶框架协议》等
6月1日	区政府2022年第八次常务会议	听取关于海曙区开展深化长期护理保险制度试点工作等情况的汇报。审议并原则通过《关于加强电动自行车综合治理的实施意见》《鼓励备案非标电动自行车提前淘汰置换工作实施方案》《海曙区违法建筑“除险保安”专项整治工作方案》《宁波市海曙区深化长期护理保险试点方案》《宁波市海曙区防汛防台抗旱应急预案》《海曙区产业投资基金管理办法》等
6月15日	区政府2022年第九次常务会议	听取关于海曙区2022年“信访积案化解”“城乡环境整治提升”“拔钉清零净地保供”百日攻坚专项行动工作等情况的汇报。审议并原则通过《海曙区重大项目“1314”统筹推进机制实施方案》《海曙区人民政府关于成立稳进提质八大攻坚行动专班的通知》《宁波市海曙区人民政府 宁波银行股份有限公司战略合作协议》《宁波市海曙区人民政府 浙商银行股份有限公司宁波分行战略合作协议》等
7月4日	区政府2022年第10次常务会议	听取关于开展“七张问题清单”有限空间作业安全整治攻坚行动及2022年上半年安全生产和消防工作、新增2022年海曙区国有土地上房屋征收计划项目等情况的汇报。审议并原则通过《2022年海曙区经济高质量发展奖项评定办法》《海曙区人民政府质量奖管理办法（2022年修订）》《海曙区林业发展专项资金管理细则（试行）》《宁波市海曙区人民政府与宁波幼儿师范高等专科学校（宁波教育学院）教育协同创新合作框架协议书》《海曙区人民政府 庆元县人民政府共建山海协作“科创飞地”框架协议》等

续表 8

时间	会议名称	会议内容
8 月 8 日	区政府 2022 年第 11 次常务会议	听取关于海曙区申报创建浙江省食品安全示范县（市、区）、海曙区打击治理电信网络诈骗违法犯罪工作等情况的汇报。审议并原则通过《关于 2022 年高质量推进乡村全面振兴促进农民农村共同富裕的实施意见》《海曙区村级集体经济持续提升行动计划》《海曙区创建浙江省食品安全示范区工作方案》《宁波市海曙区突发地质灾害应急预案》《宁波市海曙区人民政府与中国电力国际发展有限公司战略合作协议》等
8 月 29 日	区政府 2022 年第 12 次常务会议	审议并原则通过《关于海曙区 2021 年财政决算草案的报告》《关于海曙区 2022 年上半年预算执行情况的报告》《海曙区政府投资项目评审管理办法（试行）》《海曙区政府投资项目代理建设管理办法》《关于调整 2022 年度地方储备粮轮换计划的报告》《宁波市海曙区人民政府办公室关于实施流动人口量化积分管理的通知》《宁波市海曙区人民政府、宁波市农业科学研究院关于推进农业生态高效发展战略合作协议》《宁波市海曙区人民政府、中交第二公路工程局有限公司战略合作框架协议》等
9 月 9 日	区政府 2022 年第 13 次常务会议	听取关于全区疫情防控工作、2022 年海曙区常态化扫黑除恶斗争等情况的汇报。审议并原则通过《海曙区人民政府 庆元县人民政府 2022 年度海曙—庆元山海协作工程合作协议》等
9 月 29 日	区政府 2022 年第 14 次常务会议	听取关于 2022 年海曙区对口及山海协作工作、做好 2022 年国庆假期及前后疫情防控工作、第三季度安全生产和应急管理工作、“轩岚诺”“梅花”台风期间地质灾害风险点治理等情况的汇报。审议并原则通过《2022 年海曙区甬蚌结对合作帮扶工作计划及任务分解》《宁波市海曙区人民政府 京东方智慧科技有限公司合作框架协议》《海曙区人民政府 宁波市水务环境集团有限公司水环境综合治理战略合作框架协议》《关于推进鄞江镇千年古城复兴试点工作的若干意见》《海曙区创建浙江省全域旅游示范区实施方案》《海曙区人民政府咨询委员会工作规则》等
10 月 11 日	区政府 2022 年第 15 次常务会议	审议并原则通过《海曙区高水平推进应急救护工作行动方案》等
10 月 31 日	区政府 2022 年第 16 次常务会议	听取关于2022年“梅花”台风水毁工程修复及其实施机制、进一步规范房屋征收补偿工作协调平台机制、争创全国社会治安防控体系建设示范城市建设和迎检工作等情况的汇报。审议并原则通过《以新发展理念引领海曙经济高质量发展的若干政策意见》《宁波市海曙区人民政府 京东方智慧科技有限公司投资合作协议》《海曙区人民政府办公室关于加快发展保障性租赁住房的实施细则（试行）》《海曙区城市有机更新实施意见》《宁波市海曙区人民政府关于调整区政府领导工作分工的通知》《关于深入实施“1684”文化强区行动计划 加快打造魅力卓越人文城区的实施意见》《海曙区医疗救助实施操作暂行办法》《海曙区人民政府 珲春市人民政府对口合作框架协议》《海曙区人民政府 英山县人民政府共同推动新时代大别山革命老区振兴发展对口合作框架协议》《宁波市海曙区人民政府 中国计量大学关于推进生物多样性友好乡镇标准化建设战略合作协议》等
11 月 14 日	区政府 2022 年第 17 次常务会议	听取关于海曙区 2022 年房屋征收拆迁年度计划调整等情况的汇报。审议并原则通过《海曙区关于深入推进法治政府建设的实施意见》等
12 月 8 日	区政府 2022 年第 18 次常务会议	听取关于海曙区 2022 年重大项目推进情况及 2023 年重大项目建设计划、建立 2023 年海曙区政府投资项目库、政府投资项目追加计划等情况的汇报。审议并原则通过《关于全面推行田长制的实施意见》《宁波市海曙区婚俗改革实施方案》《海曙区县乡公路网规划（2021—2035）》《海曙区促进对口工作和山海协作的招商引资、劳务协作及消费帮扶实施办法》等
12 月 28 日	区政府 2022 年第 19 次常务会议	听取关于 2022 年四季度安全生产和消防工作等情况的汇报。审议并原则通过《政府工作报告》《关于海曙区 2022 年国民经济和社会发展计划执行情况及 2023 年国民经济和社会发展计划草案的报告》《关于海曙区 2022 年预算调整方案（草案）的报告》《关于海曙区 2022 年预算执行情况和 2023 年预算草案的报告》《海曙区农村规模化供水“应通尽通”工作实施方案》《2022 年度区委区政府落实粮食安全责任制情况的报告》《宁波市海曙区农贸市场提质升级三年行动实施方案（2022—2024 年）》《海曙区重大项目管理办法（试行）》《宁波市海曙区雨雪冰冻灾害应急预案》《海曙区突发重大动物疫情应急预案》等

2022 年区政府其他会议一览表

表 9

时间	会议名称	会议内容
1 月 11 日	区政府全体（扩大）会议	审议《政府工作报告（审议稿）》《2021 年海曙区民生实事候选项目（审议稿）》，部署 2022 年政府重点工作
2 月 9 日	区美丽村庄宜居家园建设工作暨区旧村改造新村建设领导小组会议	进一步统一思想、聚焦重点、狠抓快干，全力以赴推动美丽村庄建设行动计划落地见效
2 月 17 日	区安全生产工作会议	严格贯彻落实国家和省市安全生产工作会议精神，坚持人民至上、生命至上，强化底线思维和红线意识，全力以赴统筹好发展和安全，为全面建设现代化滨海大都市卓越城区夯实安全基础
2 月 17 日	区政府政协对接会	通报了 2022 年区政府、区政协的重点工作，部署政府政协下一步工作
3 月 28 日	区“招强补链”攻坚年动员大会	动员全区上下迅速掀起全员招商的热潮，以实际成效推动卓越城区建设走向深入
4 月 1—2 日	区疫情防控工作部署会	分析研判疫情形势，部署下一步工作
4 月 25 日	区政府廉政工作会议	贯彻落实国家、省、市廉政会议精神，部署 2022 年廉政工作
5 月 7 日	区自建房安全专项整治会议	认真贯彻落实习近平总书记关于对全国自建房安全开展专项整治的重要指示精神，全面部署开展自建房安全专项整治，彻查隐患，及时解决，坚决防范各类重大事故发生，切实保障人民群众生命财产安全和社会大局稳定
5 月 9 日	区疫情防控工作会议	深入贯彻习近平总书记在中央政治局常委会会议上的重要讲话精神，全面落实全国、全省新冠疫情防控工作电视电话会议的决策部署，按照全市新冠疫情防控工作会议的工作要求，部署海曙区疫情防控工作
5 月 25 日	区稳住经济大盘会议	深入贯彻习近平总书记“疫情要防住、经济要稳住、发展要安全”重要指示精神，按照全国稳住经济大盘电视电话会议及省续会部署要求，以超预期的状态、超常规的举措做好稳经济工作，牢牢稳住经济大盘，确保经济运行在合理区间，努力交出经济高质量发展的高分答卷
5 月 26 日	秀水街历史文化街区保护改造项目推进会	对标落实市政府工作报告提出保护焕新秀水街等历史文化街区的要求，规划先行，高标定位，按计划推进项目落地实施
7 月 6 日	区重大前期项目工作领导小组第一次会议	学习贯彻习近平总书记在中央财经委员会会议的重要讲话，认真落实省委、省政府和市委、市政府的决策部署，在当前抓项目抓投资的关键期、窗口期、机遇期，通过大前期办，深入谋划推进一批重大项目，为全面建设现代化滨海大都市卓越城区打开一个滚动开发的格局
7 月 19 日	2022 年海曙区防汛防台应急演练	深入贯彻习近平总书记关于防汛救灾工作的重要指示精神，全面落实党中央、国务院和省委、省政府的决策部署，按照市委、市政府的工作要求，以铁的担当、铁的纪律、铁的作风，全面落实各项防汛防台措施，严阵以待、严防死守，坚决守护广大人民群众的生命财产安全，为党的二十大胜利召开营造安全稳定的环境
7 月 25 日	区政府全体（扩大）会议暨区安委会全体会议	深入贯彻落实省第十五次党代会、市委十四届二次全会、区委十届三次全体（扩大）会议精神，总结上半年工作，分析研判当前经济社会发展和安全生产形势，谋划下步重点工作举措
7 月 27 日	区疫情防控工作部署会	深入贯彻习近平总书记“疫情要防住、经济要稳住、发展要安全”的重要指示精神，按照省委、省政府的部署和市委的工作要求，科学精准有力有效抓好疫情防控，巩固和维护好疫情防控成果，为经济社会发展营造稳定安全环境
8 月 11 日	区疫情防控工作部署会	坚决贯彻习近平总书记关于统筹疫情防控和经济社会发展的重要指示精神，全面落实省委、省政府的部署和市委、市政府的工作要求，根据当前疫情防控新形势和病毒新特点，始终紧绷思想之弦，压紧压实工作责任，守土尽责筑牢疫情防控的坚固防线
9 月 8 日	海曙区—珲春市座谈会	双方就对口合作工作深入互动交流
9 月 19 日	区政府与区总工会联席会议	会议听取区总工会工作汇报，审议区总工会提交联席会议提请事项

续表 9

时间	会议名称	会议内容
9 月 23 日	海曙区—庆元县山海协作联席会议	两地政府签订结对协议，两地教育、科技、文广旅体、卫健等部门签订结对协议，石碶街道与屏都街道、江厦街道与荷地镇、鄞江镇与左溪镇、横街镇与贤良镇、古林镇与淤上乡、月湖街道与江根乡签订乡镇结对协议，并举行帮扶资金捐赠仪式
11 月 10 日	海曙区—喜德县东西部协作联席会议	区党政代表团到四川省凉山州喜德县开展东西部协作工作，听取海曙区—喜德县巩固拓展脱贫攻坚成果同乡村振兴有效衔接相关工作，举行东西部协作资金、森林消防车捐赠仪式和洞桥镇、南门街道—且拖乡结对签约仪式
11 月 13 日	区疫情防控工作部署会	深入学习贯彻习近平总书记在中央政治局常委会会议上的重要讲话精神，认真落实进一步优化防控工作的二十条措施，坚决果断、扎实细致地做好各项防控工作，以快制快阻断疫情传播链条
12 月 2 日	区疫情防控工作会议	深入学习贯彻习近平总书记关于疫情防控的重要指示批示精神，全面落实省委、省政府和市委、市政府的部署要求，科学精准落实疫情防控优化措施，聚焦“防、治、救”等重点工作，全面提高医疗卫生服务保障水平，切实保障人民群众健康安全和经济社会发展
12 月 6 日	区知识产权工作领导小组（扩大）会议	深入学习贯彻党的二十大精神和习近平总书记关于知识产权工作的重要论述，全面加强知识产权创造、运用、保护和服务，为海曙高质量发展建设共同富裕样板区和现代化滨海大都市卓越城区作出新的更大贡献
12 月 6 日	区 2023 年度第一批次征收任务集中下达启动仪式	介绍海曙区 2023 年度第一批次征收任务集中下达计划，并展示项目情况；相关镇（乡）街道签订征拆任务书；部分镇（乡）街道作表态发言
12 月 7 日	镇（乡）街道明年工作思路座谈会	各镇（乡）街道就明年工作谈思路、话想法、谋发展，并围绕区政府明年工作提出建议
12 月 14 日	第一次区级田长会议	推动建立以耕地保护为核心的“田长制”，按照职责分工，明确承担工作的机构、落实各级责任人员，加快出台运行各项配套制度，形成健全的耕地保护责任体系
12 月 14 日	第一次区级总林长会议	抓好“林长制”全面落地
12 月 14 日	区农村乱占耕地建房（非住宅类）专项整治推进会	听取开展农村乱占耕地建房（非住宅类）专项整治试点工作情况，部署下步工作
12 月 14 日	国家自然资源督察反馈问题暨卫片执法问题整改部署会	播放海曙区卫片督察工作汇报视频，通报全区卫片执法及督查卫片整改情况，部署下一步工作

（曹路曼）

重要活动

【海曙区与招商蛇口签订城市有机更新战略合作协议】 2022年2月23日，海曙区与招商局蛇口工业控股股份有限公司城市有机更新战略合作协议签约仪式举行。签约后，海曙区与招商蛇口开展深度合作，引入新零售、新文创、新休闲等新兴业态，为项目推进创造优质条件、提供优质服务，为现代化滨海大都市注入更多时尚活力和文化魅力。

【国家卫健委中国疾控中心专家组督导检查疫情防控工作】 2022年4月13日，由国家卫健委中国疾控中心宁波组组长带领的专家组到海曙区督导检查疫情防控工作。专家组到相关小区及医学观察点，检查了解相关措施、医疗废弃物处理、抗原检测应用等工作，并对具体工作进行指导。

【市科技活动周启动仪式】 2022年5月21日，2022年宁波市科技活动周启动仪式在天一广场举行，全市科普工作联席会议成员单位代表、科技工

5月21日，2022年宁波市科技活动周启动式现场

作者、学生、科技型企业及市民代表近200人参加。本届科技活动周以“走进科技 你我同行”为主题，突出宣传《中华人民共和国科学技术进步法》《中华人民共和国科学技术普及法》，宣传科技创新成果，开展科学普及惠民活动。

【中国工业互联网产业创新与生态发展大会在海曙召开】 2022年11月27日，中国工业互联网产业创新与生态发展大会在海曙召开。中国工程院院士李培根、杨华勇出席。“科创中国”工业互联网创新基地是2022年宁波市入选的首批“科创中国”创新基地（产学研协作类）。“科创中国”目的是构建资源整合平台、供需对接平台、技术服务和交易平台，通过探索产学融合的组织制度和激励机制，推动技术服务和交易的规范化、专业化、市场化、国际化，让科技更有效服务经济社会高质量发展。按照计划，“科创中国”工业互联网创新基地将精准对接数千家高校、院所、企业以及金融智库等机构，持续向宁波导入科技资源、提供专业服务，并以双创活动周为契机，联合多方力量营造更优的创新生态。

（芍彦举）

区政府办公室工作

【概况】 2022年以来，区政府办公室围绕经济运行监测、数字化改革、重大项目建设等重点工作，全面落实重大项目服务推进机制，做好综合协调和服务保障。组织保障好区长办公会议、每月区政府常务会议、区安全生产工作会议、区政府全体（扩大）会议等各类政府工作例会90余次，着力破解“中梗阻”“上急下缓”等问题。

完成《政府工作报告》、经济分析材料、综合性专题性会议材料等各类重要文稿300余篇。牵头开展区领导年度重点课题调研。深化政务信息工作，共向省、市府办信息处报送信息751条次，被各级政府办公厅信息处录用214条次。

使用“数智督考”系统对省、市重

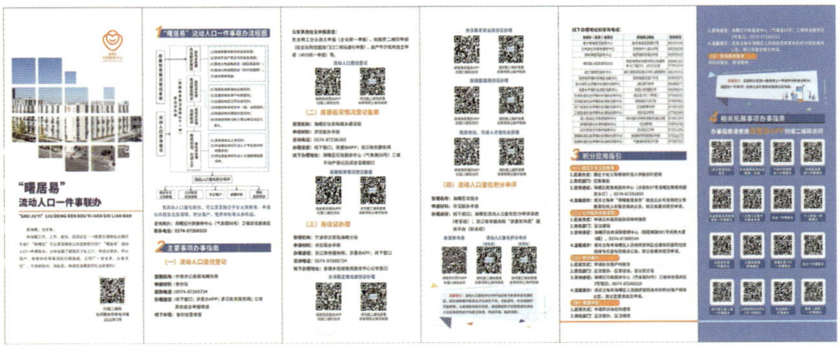

“曙居易”流动人口一件事联办手册

点工作进行平台晾晒。紧盯中央环保督察、助企纾困政策兑现等重点工作，开展专项督查，保障实施三大百日攻坚行动，抓好“七张清单”重大督查问题整改，促消费工作被省政府予以督查激励。办理答复省、市、区领导批示，共承办各级领导批示件2105件，市、区级提案建议569件，55项省、市、区民生实事完成。

强化数字化引领，相关经验做法被作为浙江省基层政务公开标准化规范化典型案例。制定出台《海曙区人民政府2022年度重大行政决策事项目录》，全区通过政府网站和信息公开平台公开政府信息21100余条。及时、有效回应社会关切，依托“甬易办”、81890等平台，推动惠民利企政策精准化匹配和个性化推送，区本级办理政府信息公开申请41件。强化政务新媒体监管，政务新媒体指数稳步上升。

抓好经济稳进提质八大攻坚行动。开展“双十佳亮点工作”评选。先后打赢多场疫情防控阻击战。推进数字政府建设，建设“多跨协同”应用场景和流程再造、数据共享等工作，“有效投资e本账”项目获重大应用省级试点。

重新修订区委外事工作委员会工作规则和区委外事工作委员会办公室工作细则，起草城市国际化工作规则。指导区教育局承办国际性会议，指导中东欧线上音乐会、中芬合作交流会开展，协助组织全省涉外专项业务培训会议等。开展国际友好城市风险排查等，妥善处置涉外突发情况，保护公民和机构的海外利益。

落实“浙里新市民”管理系统上线运行。推进全市新增一线环卫工人公租房保障项目，完成952户环卫工人补贴发放。出台海曙区《关于实施流动人口量化积分管理的通知》，首次推出积分体检、“大手拉小手”亲子活动、新市民综合保险、子女享“天一甬宁保”等4项积分应用，惠及流动人口1.06万人次。首创“曙居易”流动人口一件事联办制度，将子女入学、公租房申请等15件政务事项细化梳理形成“办事路径一张图”。

规范区政府重大行政决策制定程序，编制区政府年度重大行政决策目录。推行行政规范性文件合法性审核机制，提出意见84条，行政规范性文件备案100%。开展行政规范性文件清理工作，加强对镇（乡）街道及部门单位的指导和备案管理。对区政府办公室合同、涉法文书进行合法性审查并出具书面审查意见书50份，提出意见116条，审核把关区政府本级信息依申请公开的案件38件。开展《政府信息公开条例》普法志愿服务活动。

开展科长“亮绩践诺”岗位建功活动，提升干部作风面貌，相关做法被浙江省机关党建网录用。组织实施区府办“五讲五比”专项行动，开展集中宣讲、主题讨论、作风自查、练兵赋能等工作。

【重大项目统筹协调机制建设】 2022年，区府办着眼强化重大项目前期综合管理及统筹协调目标，推动重大项目管理一系列制度机制建设。坚持协调全周期，助推建立重大项目“1314”统筹协调机制，落实区重大前期项目工作领导小组会议制度，建立“协调服务、领办破难”机制制度，通过上述工作，统筹推进重大项目谋划生成和前期工作。

（周沁钰）

民生实事项目

【概况】 2022年海曙区民生实事项目共计8项，各项目均按期完成年度目标任务。

【教育设施补强项目】 2022年，教育设施补强项目的目标任务：开工建设雅戈尔中学改扩建工程。开工建设并完成8所学校“平安护学区”创建项目。至2022年底的完成情况：雅戈尔中学改扩建工程于7月22日开工。“平安护学区”创建项目包括竹福园幼儿园、范桂馥小学、尹江岸小学、市级机关第一幼儿园、德财幼儿园、镇明中心小学实验校区、宁波市第二幼儿园（五江湾园）和市级机关第二幼儿园8所学校，主要实施内容为非机动车位划线、地面EAU水性漆涂刷、更换树池、增加减速带和路面修复等。项目于6月中旬开工，8月底完工。已完成年度目标任务。

【医疗服务提质项目】 2022年，医疗服务提质项目的目标任务：开工建设石碶街道社区卫生服务中心迁建工程。启动实施慢性阻塞性肺疾病免费筛查、社区肝病免费筛查和肺癌免费筛查。至2022年底的完成情况：石碶街道社区卫生服务中心迁建工程于5月12日完成施工许可证申领，并开工建设。完成慢性阻塞性肺疾病免费筛查、慢性肝病免费筛查和肺癌免费筛查项目（简称三病筛查项目）方案拟定。通过高危因素筛查，对辖区内的目标人群开展免费筛查，及针对性的干预和随访。已完成年度目标任务。

【高品质康养与阳光助残项目】 2022年，高品质康养与阳光助残项目的目标任务：开工建设海曙区综合福利中心。开工建设并完成高品质康养服务建设项目，包含区级康养联合体单位1个，镇（乡）街道级康养联合体单位4个。至2022年底的完成情况：海曙区福利中心于6月21日举行奠基仪式。高品质康养服务建设项目中的区级康养联合体（鼓楼街道居家养老服务中心）及4个镇（乡）街道康养联合体（古林晨光康养联合体、望春街道居家养老服务中心、段塘街道居家养老服务中心和章水镇居家养老服务中心）均已完成建设。已完成年度目标任务。

【“四好农村路”建设项目】 2022年，“四好农村路”建设项目的目标任务：开工建设并完成8千米“四好农村路”，包括白山线、鄞里线（清源桥—龙观界）、鄞江环镇东路。开工建设密北线（密岩—细岭）改造提升工程。至2022年底的完成情况：“四好农村路”建成长度超过9.8千米，包括白山线改造提升工程、鄞里线（清源桥—龙观界）改造提升工程和鄞江环镇东路改造提升工程，均完成竣（交）工验收。密北线（密岩—细岭）提升改造工程于4月开工，10月完工。已完成年度目标任务。

【水环境综合整治提升项目】 2022年，水环境综合整治提升项目的目标任务：开工建设沿江泵排群工程（一期）。开工建设并完成三江口防护工程。完成河道护岸工程5千米、河道清淤8万立方米。至2022年底的完成情况：沿江泵排群工程（一期）位于高桥镇姚江南岸叶家河出口处，本工程主要建设内容为泵站、内河节制闸、引水闸和引水管道，工程总投资为1.65亿元，建设期限为24个月。工程于3月开工建设。叶家碶泵站进入填筑进场道路阶段。三江口防护工程位于永丰路东侧，滨江绿化带内，全线总长1.6千米，工程总投资为1260万元，于4月开工，已完工验收。河道护岸工程（5千米）涉及集士港镇、古林镇、横街镇、鄞江镇及洞桥镇相关河道，已建设完成5千米。完成35条农村河道清淤工作，累计河道清淤方量26万余立方米。已完成年度目标任务。

【全民健身体育设施建设项目】 2022年，全民健身体育设施建设项目的目标任务：开工建设并完成高桥镇岐湖村、横街镇梅梁桥村等多功能运动场2个。开工建设并完成月湖街道迎凤社区、高桥镇岐湖村、集士港镇湖山村等百姓健身房11个。开工建设并完成健身步道（含登山步道）30千米。开工建设并完成保利天悦东侧地块（体育公园）和恒威海上花院南侧地块（体育公园）等两个主题体育公园。至2022年底的完成情况：高桥镇岐湖村、横街镇梅梁桥村2个多功能运动场完工。月湖街道迎凤社区、高桥镇岐湖村、集士港镇湖山村等11个百姓健身房均完工。30千米健身步道（含登山步道）位于章水镇，项目于4月开工，11月完工。保利天悦东侧地块（体育公园）和恒威海上花院南侧地块（体育公园）于6月完工。已完成年度目标任务。

【城市低洼道路改造项目】 2022年，城市低洼道路改造项目的目标任务：开工建设并完成新园路、徐家漕路、悠云路等15条道路面积约10万平方米的车行道、4万平方米人行道抬升改造，5000米管道改造及沿线泵站，照明设施改造。至2022年的完成情况：城市低洼道路改造项目包括新园路、徐家漕路、徐家漕路99弄、南苑街、新典路、悠云路、民通街、广安路、海金路、万兴路、万金路、雅源南路、体育场路、南站西路、蓝天路15条道路，主要实施内容为道路竖向抬升、管网修复性提升改造、泵站改造、路面结构恢复、绿化铺装提升、路灯改造提升、沿线井盖提升和箱体美化等。各项目于11月底完工，已完成年度目标任务。

【保障性租赁住房安居项目】 2022年，保障性租赁住房安居项目的目标任务：开工建设约15万平方米的保障性租赁住房。至2022年底的完成情况：海曙区WCH-07-i5-2地块保障性租赁住房项目位于邮件互换中心北侧，于6月15日完成施工许可证申领，并开工建设，地下室土方开挖完成55%，地下室底板完成25%。已完成年度目标任务。

（叶　辉）

12月7—16日，龙观乡党委书记虞挺作为浙江省代表团成员受邀参加联合国《生物多样性公约》第15次缔约方大会（COP15）第二阶段会议，并在会上发言

外事工作

【概况】 2022年，受新冠疫情影响，海曙区国际交流活动大幅减少。全年全区共办理党政因公出国（境）审批1批、2人次。

【获评“茶花友谊使者”】 2022年9月30日，2022年宁波市“茶花友谊使者”授予活动举行，来自10个国家的12位外国友人获颁“茶花友谊使者”荣誉。其中，海曙区企业宁波舒福安卫浴设备有限公司总经理百通（法国籍）荣膺宁波市“茶花友谊使者”称号。

【出访活动】 2022年12月7—16日，宁波市生态环境局海曙分局局长、龙观乡党委书记到加拿大蒙特利尔参加联合国《生物多样性公约》缔约方大会第15次会议第二阶段会议。

（朱　杰）

侨务和港澳事务

【概况】 2022年，区侨联发挥“以侨引侨”“以侨聚侨”作用，对基层“侨胞之家”建设进行专门指导。并开展一系列活动，凝聚侨界群众、汇聚侨界力量，促进“侨胞之家”成为侨界群众的情感地标和精神家园。海曙区“侨胞之家”获评全国“侨胞之家”典型选树单位；望春街道清风社区“侨胞之家”、西门街道天一智慧谷“侨胞之家”、高桥镇“侨胞之家”、古林镇“侨胞之家”等4家单位获评浙江省“五星级侨胞之家”；王升大博物馆获评浙江省华侨国际文化交流基地；智能研究院、望春工业园区2家单位获评市级侨界双创基地，古林御史文化陈列馆、宁波府城隍庙、中东欧文化交流中心等3家单位被评为市级华人华侨文化交流基地。

在杭州、上海建成海曙异地乡贤理事会，侨台界别连续5年获评区政协年度先进界别。

【获评省级“五星级侨胞之家”】 2022年，根据《全省侨联系统“星级侨胞之家”选树管理实施办法》，经各相关单位专家实地考察和联合评审，海曙区望春街道清风社区“侨胞之家”、西门街道天一智慧谷“侨胞之家”、高桥镇“侨胞之家”、古林镇“侨胞之家”获评浙江省“五星级侨胞之家”。

【入选第四批“宁波市侨联侨界创新创业基地”】 2022年，海曙区各个侨创基地不断强化规范化、精准化、智能化水平建设，由区侨联推荐的宁波望春工业园区、宁波智能技术研究院2个基地参评宁波市侨联组织开展的第四批“宁波市侨联侨界创新创业基地”评选。经走访考察、综合评估等环节，上述2个基地入选。

【王升大博物馆获评第四批浙江省“华侨国际文化交流基地”】 2022年，浙江省侨联公布第四批32家省级“华侨国际文化交流基地”名单，海曙王升大博物馆入选。该博物馆作为华侨文化交流基地，始终坚持“走进来，送出去”宗旨，探索文化交流基地建设新模式，引导全社会更多人参与活动，在传统文化传承和凝侨聚心中，发挥能动作用。

【获评第五批宁波市“华侨文化交流基地”】 2022年，宁波市侨联公布第五批宁波市华侨文化交流基地名单，海曙区宁波府城隍庙、御史文化陈列馆、宁波中东欧文化交流中心入选。宁波市华侨文化交流基地是以中华文化为核心，以民族文化、地域文化为特色，以华侨文化为纽带建设的交流平台，

“天一智慧谷”侨胞之家获评浙江省“五星级侨胞之家”

旨在弘扬中华优秀文化、促进中外文化交流。获评后，3家单位作为宁波市华侨文化交流基地，以打造独具特色魅力的文化项目为主旨，开展多个侨文化交流宣传活动，在弘扬中华优秀文化同时宣传“侨界”工作。

【海曙区侨联八届二次全体委员会议召开】 2022年1月7日，区侨联召开八届二次全体委员会议，区侨联第八届全委会委员参加。会议传达学习区第十次党代会精神，通过了相关人事变动事项，总结回顾2021年全区侨务工作取得的成绩，重点介绍“侨心一线牵 铺就共富路”特色工作。针对海曙区侨务工作面临的新形势和新任务，对2022年侨务工作提出六大行动新思路，并以海曙区统战工作提质增效三年行动计划为基础，提出六大攻坚新要求。会议表彰2021年度海曙区基层侨联组织“标杆单位”和“示范单位”。集士港镇、洞桥镇、鼓楼街道、望春街道侨联主席分别从为侨企解难题、活力建侨、法助联盟、阵地建设等方面详细交流先进经验，并分享2022年的重点工作。区留联会、海创会以及各镇（乡）街道侨联相关负责人在总结年度工作的基础上，结合实际，就工作中遇到的突出性、典型性问题开展讨论，并提出了客观的意见建议。

【揭牌启用浙江省首个国际新侨驿站】 2022年2月28日，浙江省首个国际新侨驿站——海曙区狮丹努集团“侨胞之家”揭牌启用。海曙区基层侨联主席、侨界人士代表参加启动仪式。仪式中同步连线柬埔寨、越南的分支站点，进行海外侨务联络站的揭牌。狮丹努“侨胞之家”成立后，将统筹所在国家（城市）的侨务联络工作，凝聚侨心、为侨服务、汇聚侨力、倾听侨声，发挥好国际新侨驿站“侨联天下”的作用。

【海曙区侨联八届三次常委（扩大）会议暨半年度工作会议】 2022年7月8日，海曙区侨联八届三次常委（扩大）会议暨半年度工作会议召开。会上，区留联会会长、区海创会会长、月湖街道及“沿山联片”共富带沿线的横街镇、鄞江镇、章水镇、龙观乡侨联主席以“践行‘两个先行’，展现侨界担当”为主题，分别围绕“侨爱永行”“共富带建设”“百侨团（企）帮百村”等内容进行了主题演讲。会议总结回顾2022年上半年全区侨务工作取得的成绩，部署了下半年的重点工作。区留联会、区海创会，以及各镇（乡）街道侨联相关负责人总结半年度的工作亮点，提出下半年工作思路。

（邬晓匀）

应急救援

【概况】 2022年，海曙区推进全社会应急体系建设，有效应对重点领域内的风险和挑战。

开展应急预案编制及预案演练工作，不断完善应急预案管理机制，促力提升处置突发事件的能力，维护社会安全稳定。

【城乡村（社）应急体系建设】 2022年，区应急管理局根据各镇（乡）街道的实际情况，因地制宜推进基层村（社）应急体系改革工作。分别选取江厦街道的天封、郡庙2个社区和洞桥镇的洞桥名苑社区、李家村，作为城市和农村应急体系建设的试点村（社）。牵头上述2个镇、街道，指导相关村（社）成立社区应急管理领导小组，组建以社区工作者、消防员、属地企业等各方力量参与的应急突击队。同时，指导建立村级避灾安置点、应急物资储备库等，夯实村（社）应急管理基础，进一步提升基层应急处置能力。

【强化镇（乡）街道应急管理工作联系指导能力】 2022年，区应急管理局压实压紧全局工作人员的应急管理主体责任意识，每名局工作人员均作为指导员，联系、指导1个镇（乡）街道推进应急管理各项工作。工作职责包括掌握所联系镇（乡）街道防台防汛、除险保安等风险点以及安全生产隐患排查整治等各项工作。细化梳理7条工作细则，要求各镇（乡）街道指导员逐条落实细则，并努力靠前服务，及时掌握相关工作的进展及难点，充分发挥协调沟通的纽带作用。此外，将工作人员所联系镇（乡）街道的事故防范工作、目标责任制考核排名与其业务考核相挂钩，使年终考核、评优评先的导向更加清晰明确。

【提升全过程应急能力建设】 2022年，区应急管理局综合应急指挥中心打造完成。该中心集值班值守、信息汇总、监测预警、会商决策、指挥调度等5大功能于一体，为区委、区政府处置各类重特大突发事件的一体化指挥调度平台。自7月运行以来，承接防汛防台应急演练、台风防御、疫情防控“除险保安”研判、森林火险处置以及其他区级应急保障任务60余场

2月28日，全省首个新侨驿站——狮丹努侨胞之家正式启用

6月16日，章水镇开展抢险救灾应急救援力量联训演练

次，连续运行最长时间达150余小时。同时，投入190余万元，更新应急指挥视频调度终端设备，将单兵、布控球、车载云台、无人机等可视化指挥调度装备以及卫星便携站等设备配发至各镇（乡）街道，逐步搭建区级可视化指挥调度系统平台，基本实现公网中断条件下的1小时内可视化指挥调度能力。

【应急救援力量培育】 至2022年底，海曙区基层应急救援体系初步形成。区应急管理局组建1支区级综合应急救援队伍和7支基层专职消防队（集士港、横街、洞桥、章水、龙观、石碶、望春工业园区）。区应急管理局与6支社会化应急救援队伍（海曙四明户外应急救援队、海曙零距离应急救援队、海曙山岳救援队、海曙蓝天救援队、宁波市太平洋应急救援服务中心、章水镇高山救援队）建立合作关系，全面织牢社会救援屏障。

【应急处置能力提升】 2022年，区应急管理局在“1+31”应急预案体系基础上，进一步修订防汛防台等自然灾害类应急预案，编制森林火灾等应急预案，使该体系覆盖范围进一步全面。年内，实施多灾种、规模化的多部门、跨区域综合应急演练12场，通过演练，推进应急预案向实战化、常态化转变，提升应急演练的质量和实效。

（张　振）

防灾减灾

【概况】 2022年，海曙区坚持“两个坚持、三个转变”防灾减灾救灾新理念，以薄弱环节、重点地区为抓手，加强全区自然灾害防御能力，筑牢辖区安全发展基础。

推进章水地震观测台站建设，至年底，完成观测台站防震减灾文化墙设计安装。

【开展自然灾害综合风险普查工作】 2022年，区应急管理局按照统一领导、分工协作、分级负责、共同参与原则，有序推进自然灾害综合风险评估与区划工作。至年底，形成风险评估报告等成果，并推广普查成果的运用。其中，地震专项风险普查方面，完成全区1:25万地震构造图和数据库、场地地震工程地质条件数据库、全区1:25万地震危险图，并编制完成1:25万区域地震构造图报告和说明书、地震动概率危险性分析及编图技术报告，且通过第一阶段房屋建筑详查数据的质检。

【防灾减灾宣传】 2022年，围绕“减轻灾害风险 守护美好家园”全国防灾减灾日和第33个国际减灾日“早预警、早行动”工作主题，区应急管理局持续深入推进防灾减灾应急科普知识“五进”活动。各镇（乡）街道及减灾委成员单位根据区减灾委的要求，利用宣传橱窗、电子屏，在属地区域内以及铁路宁波站、客运中心站等人员聚集区域开展系列宣传或演练活动。

【避灾安置场所规范化建设】 2022年4月起，区应急管理局启动10个镇（乡）街道，共计20个避灾安置场所的规范化建设工作。至10月，经省减灾办审核，新增的20个避灾安置场所规范化建设均确认完成。其中，洞桥镇沙港村创建成为省级综合减灾示范社区（村）。

（胡兆铭）

消防救援

【概况】 2022年，海曙消防大队接警2648起，其中成灾火警66起。出动消防车5678辆次，抢救被困人员112人，疏散人员129人，成功处置多起火灾。做好抗击“梅花”台风工作。

开展消防安全“百日攻坚”、影响消防安全违建拆除、沿街商铺违规住人持续“清零”、高层建筑专项治理等整治行动。各镇（乡）街道对出租房（自建房）、电动自行车、高层建筑、工业企业、合用场所、危化品企业、重点人员密集场所进行排查、整治。

承办宁波市“119”消防宣传月启动仪式，在天一广场、南塘老街、鼓楼沿历史文化街区等人员密集场所开展消防宣传活动。消防“云平台”注册人数达到7.34万人次。严格落实消防安全知识宣讲小组常态化宣讲和消防监督员“每周一日”宣传教育机制，宣讲团累计培训340场，受众5万余人。重点节点期间，向目标人群发送短信提示信息30万余条。发挥消防队站和消防安全体验馆作用，组织社会群众参观体验，累计对外开放174场。结合辖区火灾特点与典型案例，宣传消防救援队伍良好形象，在中央和省级媒体累计发稿160余篇。

联合区应急局下发《关于进一步加强基层应急管理体系和能力建设的实施意见》，进一步压实消防安全责任，强化约谈警示力度。推动多部门形成火灾隐患整治齐抓共管的局

11月，宁波财经学院消防安全云平台宣传活动

面。海曙消防大队与区教育局完成7所中小学首批消防安全副校长的聘任工作。

【消防安全“百日攻坚”整治行动】 在2022年的消防安全“百日攻坚”整治行动期间，海曙消防大队排查十人以上居住出租房1120家，整改529处；排查工业企业4348处，整改隐患4993处；排查合用场所8472处，整改隐患666处；排查化学危险品企业141家，整改隐患215处；排查工业企业违章搭建面积50余万平方米，拆除影响消防安全违建面积30余万平方米，聘请第三方单位对全区高层建筑的消防安全情况进行排摸和评估。大队对3163家社会单位开展消防安全检查，发现并督促整改隐患2606处，下发处罚决定书357份，下发临时查封决定书42份，责令“三停”单位98家，罚款323.85万元。

【消防演练】 2022年，海曙消防大队先后组织开展11次全要素、全过程的实战综合演练，开展“单位熟悉”（熟悉重点单位建筑物使用及重点部位情况；熟悉重点单位内部的消防设施情况；熟悉重点单位的消防组织及其灭火救援任务分工情况）607次，灭火演练522次，其中夜间演练155次。

【消防救援力量培养】 2022年，《海曙区政府专职消防队提档升级方案》逐步在辖区落地，7个乡镇开展专职消防队正规化建设和提档升级工作，洞桥、集士港、望春工业园区专职消防队的独立建站完成。招录培训新专职消防队员64人。召开专职消防队队长、微型消防站站长联席会议4次，每月组织开展协同演练和实地帮扶。组建灭火救援队、宣传巡逻队、便民服务队等3个分队，检查指导沿街商铺510余家，开展微型消防站培训243场次，强化群众防范意识引导以及学消防用消防普及，进行相关巡逻1120人次等。

（陈　杰）

机关事务管理

【概况】 2022年，海曙区公车管理平台承担“全省‘三公’一张网”试点，实现对GPS、保险、加油、维修等数字化管控与监督，并纳入省级“三公”领域数字化改革试点的公权力监督跑道。区行政中心和政务服务中心办公区屋顶分布式光伏已并网，装机容量共825.3千瓦时。改革食堂就餐模式，创新推出自助餐、低脂营养餐、下午茶、熟食、净菜等，打造高品质“幸福餐厅”。对照严格控制楼堂馆所建设的要求，推动出台《海曙区党政机关办公用房管理细则》，提升办公用房的规范管理水平。

根据省、市统一部署，启动全区办公用房规范使用检查和房屋调查登记，共收取办公用房自查报告92份，对25家单位进行实地抽查，并下发整改通知书，全面摸清房产底数。加快推动“最多跑一次”改革，全面梳理机关干部关心的饭卡办理、物业维修、通行证办理、会议预订等热点问题，实现“线上一网通办”。

有效保障市、区重大会议期间，紧急任务等情形下的用车需求。提升区行政中心干部车辆停放管理工作科学性。加班加点、通力协作，在抗击海曙、北仑疫情以及“梅花”“轩兰诺”台风时，全天候保障区疫情防控和防台防汛指挥中心、专班的会务、用餐、出行。

【机关节能管理和垃圾分类】 2022年，《2022年海曙区公共机构节约能源资源工作要点》印发。区机关事务管理局统筹抓好海曙区2022年度公共机构节约能源资源工作。开展中国水周、世界地球日、全国节能宣传周和全国低碳日等系列活动，印发《节能降碳绿色办公行动指南》等宣传资料近万份。印发《2022年度宁波市公共机构生活垃圾分类工作方案》，并对71家公共机构进行暗访检查，确保垃圾分类工作落实到位。通过省能耗统计系统平台按季报送能耗数据，以数字化为抓手监督指导公共机构用能情况。经推荐，政务中心办公区申报创建“绿色食堂”1家。全区推广公共机构光伏应用，全年并网总容量为3482.9千瓦时。

【开发智慧后勤服务平台】 2022年，海曙区打造智能化机关后勤服务运营体系。智慧餐饮系统依托“浙政钉”平台，打破数据壁垒，各机关单位人员信息收集率达90%。率先引入指静脉技术，创新实现指静脉、人脸识别、二维码、就餐卡等四种支付手段，实现在线消费。开发精细化服务模块。上线预订功能，可实现中西点心在线预订及反馈，每日在线预约人数80人。开放菜单每日发布、即时反馈等服务互动功能，优化餐饮体验。构建数字化分析模型，通过在线点餐，自动采集用餐数据，掌握每日就餐人数，反算原料所需，实时查看库存，按需采购，做好仓储，通过后台数据分析，做到精准备餐，人均就餐剩余降至115克。

（张璐瑶）

中国人民政治协商会议海曙区委员会

综　述

【概况】 2022年1月，中国人民政治协商会议第六届宁波市海曙区委员会第一次会议召开。会议听取和审议政协第五届宁波市海曙区委员会常务委员会工作报告、第五届宁波市海曙区委员会常务委员会提案工作报告，并列席宁波市海曙区第十二届人民代表大会第一次会议，听取和讨论政府工作报告及其他有关报告，组织大会发言，选举政协第六届宁波市海曙区委员会主席、副主席、秘书长和常务委员，审议通过政协第六届宁波市海曙区委员会第一次会议决议。大会共收到以提案形式提出的意见建议356件，立案294件。全部提案按期答复。确定将《关于抢抓历史机遇期，助力海曙民营经济深度融入高质量建设共同富裕样板区的建议》等9件提案列为区政协六届一次会议重点提案，由区政府领导根据分工领办、区政协主席会议成员根据分工督办。《关于抢抓历史机遇期助力海曙民营经济深度融入高质量建设共同富裕样板区的建议》等21件提案被评为优秀提案。

围绕加强和改进基层政协工作等开展课题研究，共形成47篇研究成果，相关文章分别获得市政协理论研究一、二、三等奖。形成由区政协党组、机关党组、专委会功能型党支部、机关党支部组成的党组织架构，推动党的组织和党的工作实现"两个全覆盖"，协助区委制定《关于新时代加强和改进人民政协工作的实施意见》等重要文件，落实重大事项请示报告制度。研究出台"建言资政和凝聚共识双向发力"等意见制度。

为"十三五"规划修编、新海曙空间发展战略规划、"十四五"规划编制、融入长三角一体化、宁波临空经济示范区、数字经济、都市经济、优化营商环境、大交通建设、地标建设、城乡接合部建设、新村建设等进行专题协商。围绕现代都市农业建设、农业特色产业发展、浙贝母产业发展、新型农业经营主体培育、省级生态文明建设示范区创建、"无废城市"建设、区域污染防治、小城镇环境综合整治等建言献策。围绕解决执行难、推进乡镇（街道）矛调中心规范化建设、基层"四个平台"建设、社会治理领域"最多跑一地"改革、数字赋能81890能级提升、安全生产、扫黑除恶长效机制建设、基层检察室建设和派出所执法规范化建设等议政建言。

围绕"十四五"教育设施专项规划、学前教育社会化办学城乡教育一体化、推进未来学校建设、全民健康事业发展、中医药事业高质量发展、深化医联体建设、普济医院、中医药街区和中医特色专科建设、保姆市场培育发展、家庭医生签约落实、社会化养老服务体系建设、"书香海曙"建设、大型文化设施布局与建设等献计献策。围绕高水平全面建成小康社会补短板、"五水共治"、城乡生活垃圾分类、文明城市创建、老旧小区改造、高水平公交都市建设、"三大主题年"活动、"最多跑一次"改革、城市精细化管理、饮用水达标提标工程、区域交通秩序整治、农产品质量安全等履职建言。

建立党派提交集体提案、协同调研、联动履职等工作机制，召开"百年风华、初心永存"等党外人士座谈会，组织开展侨乡建设主席会议视察、海外侨台联络联谊协商恳谈、"两新"组织调研座谈等活动，加强与民族宗教界代表人士的走访联系。建立区政协应用型智库，成立区政协委员企业家联谊会，支持区政协书画院、艺术之友社、政协之友联谊会等社团，举办专题研讨会、书画摄影展等系列庆祝活动，编撰出版"甬城系列"文史合集，在国家级媒体刊发报道57篇，获"全省政协联谊报宣传工作先进单位"称号。捐款2000余万元用于新冠疫情防治工作，捐赠防疫物资逾10万件，"烟花""灿都"台风期间捐款400余万元，捐赠防台风物资逾4万件。

【政治协商机制建设】 2022年，海曙区建立党委会同政府、政协制定年度协商计划机制，政府与政协年度重点工作对接机制，党政领导参加协商活动、开展政情通报、定期反馈情况等机制。区政协深化与上级政协和党政部门的联合联动监督，突出委员民主监督小组专业优势。建立主席会议定期研究和听取专委会、界别、联委会工作制度。建立委员信息管理系统，健全委员履职档案、履职评价机制。

4月27日，区政协召开"请你来协商·民生议事堂"工作推进会，研究部署"民生议事堂"建设工作

【提案办理能力提升】 2022年，区政协不断加强集体提案征集力度。组织开展新任政协委员培训、全体委员轮训、常委年度培训等多层次、多形式、多领域的学习教育，筑牢提案理论能力根基。同时，创新提案办理的协商方式，开展同类提案协商办理和年度提案民主评议。至年底，集体提案比重由届初的5.4%增至13%。

【协商平台建设】 2022年，区政协贯彻落实省委关于建设"请你来协商"平台的要求，协助区委制定专项实施意见。年内，打造以"民生议事堂"为引领的"X"类协商品牌，并突出与"开放空间""村民说事"等基层协商平台的有机衔接。同时，建好用好委员工作室、委员会客厅等载体。率先在全市实现镇（乡）街道联委会工作室全覆盖。推进"海曙政协·掌上履职"平台建设，创设"飞群议事厅"线上协商平台，以数字化赋能助推政协工作提质增效。

【"甬商·两新"政协委员会客厅获评全省首批五星级委员会客厅】 2022年，位于月湖景区芳草洲的"甬商·两新"政协委员会客厅获评浙江省首批五星级政协委员会客厅（全省共计8家）。该会客厅于2019年5月挂牌成立，围绕政协工作中心，以服务联谊"两新"组织和人士为主要特色，聚焦营商环境和基层治理等主题，开展各项工作。为更好团结联谊基层群众，探索施行流动分客厅机制，提高基层协商效率。

（胡锡超）

重要会议

【区政协六届一次会议】 2022年1月21—24日，中国人民政治协商会议第六届宁波市海曙区委员会第一次会议召开。会议听取和审议政协第五届宁波市海曙区委员会常务委员会工作报告、第五届宁波市海曙区委员会常务委员会提案工作报告，并列席宁波市海曙区第十二届人民代表大会第一次会议，听取和讨论政府工作报告及其他有关报告，组织大会发言，选举政协第六届宁波市海曙区委员会主席、副主席、秘书长和常务委员，审议通过政协第六届宁波市海曙区委员会第一次会议决议。

会议期间，新一届委员共向本次会议提交26份大会发言材料，涉及政治、经济、社会、文化、生态等各个领域，6篇作为大会现场发言材料，其余20篇作为书面发言材料。

会议表彰中国共产党等6个界别先进集体、集士港联委会等5个联络委员会先进集体、马富强等19名优秀政协委员、余志敏等6名社情民意反映积极分子、刘慧杰等9名提案撰写积极分子，以及18件优秀提案，区政府办公室等8个提案承办先进单位。

【区政协常务委员会会议】 2022年2月25日，区政协六届一次常委会会议召开。会议听取区人民法院、区人民检察院工作通报和区政协六届一次会议以来提案审查立案情况通报，审议通过《六届区政协常务委员会关于专门委员会设置的决定》《政协第六届宁波市海曙区委员会专门委员会主任、副主任名单》《政协第六届宁波市海曙区委员会联络委员会主任、副主任名单》《政协第六届宁波市海曙区委员会常务委员会2022年工作要点》《六届区政协常委会关于加强自身建设的意见》，并结合海曙区实际情况，以分组形式深入协商讨论相关议题。

6月29日，区政协六届二次常委会会议召开。会议围绕2022年区政协常委会重点提案"助力海曙民营经济深度融入高质量建设共同富裕样板区"开展请你来协商提案办理协商。

11月4日，区政协六届三次常委会会议召开。会议传达学习党的二十大精神，审议《关于统筹谋划西枢纽产业布局的建议》《关于打造"专曙优学"名片的建议》常委会重点课题调研报告。

（胡锡超）

重要活动

2022年海曙区政协主席会议专题协商（议政、视察）活动一览表

表10

时间	活动地点	专题协商（议政、视察）活动	活动成果
5月25日	四明山、丁家地块	重大项目建设	围绕海曙区四明山环线建设、丁家地块开发提出意见建议
5月26日	区政协会议室	城市防汛应急协同体系建设	围绕城市防汛应急协同体系建设等提出意见建议，形成《区政协“城市防汛应急协同体系建设”协商建议书》
6月24日	三江口、鄞江镇	防灾减灾体系建设	围绕防灾减灾体系建设提出意见建议
7月18日	海曙公安分局	智慧安防建设	围绕电信网络诈骗、智慧安防建设、维稳安保等工作提出意见建议
8月12日	区政协会议室	以数字赋能助推制造业高质量发展	形成《区政协“请你来协商”以数字赋能助推制造业高质量发展专题协商会协商建议书》
10月14日	横街镇	加强国土空间整治，有效提高工业用地利用率	围绕工业用地全生命周期管理数字化应用平台、“征改还补换”工业用地整治措施、推广“定制＋租赁＋转让”模式等提出意见建议
11月9日	高桥镇	姚江南岸片区发展规划	围绕姚江南岸片区发展规划提出意见建议

2022年海曙区政协委员恳谈会、约谈会一览表

表11

时间	会议主题	会议成果
3月23日	发展茶产业，打造茶文化	围绕进一步推动海曙区茶产业发展，促进茶文化环境营造，扩大茶在全民中的影响力提出意见建议
5月19日	加强智能信息化基础建设在慢病管理中的作用	从健康科普、数据收集、信息交互等角度提出意见建议，为加快基层医疗机构信息化建设，助推医疗卫生健康服务普惠共享献计献策
6月1日	打造农业产业化共富联合体	通过委员恳谈会，使委员们了解到了共富联盟在吸纳低收入农户、精准产业帮扶方面的作用，起到凝聚共识的效果
8月11日	加强退役军人服务站建设，提高退役军人服务水平	从加强服务管理、安置就业、职业规划、抚恤优待等不同角度建言献策，为进一步发挥服务站职能作用、做好共同富裕背景下退役军人工作发声

【区政府区政协2022年重点工作协商对接会】 2022年2月17日，区政府区政协2022年重点工作协商对接会召开。会议听取2022年区政府、区政协重点工作，就区政府、区政协2022年度重点工作安排达成共识。

【区政协城乡环境整治提升专项集体民主监督活动】 2022年4月28日，区政协主席会议成员带队，围绕海曙区城乡环境整治提升开展专项集体民主监督。实地视察洞桥镇两路两侧点位、石碶街道拆迁地块现场，座谈听取区综合行政执法局关于海曙区城乡环境整治提升工作的汇报。并于5月18日、8月5日进行“回头看”活动。

【海曙书画院换届】 2022年6月23日，海曙书画院召开书画院全体会议、理事会会议。会议选举产生新一届院长、副院长、秘书长、副秘书长、理事。换届后，新一届书画院成员将把艺术创作融入时代洪流，把艺术创作根植于人民沃土，用情讲好群众鲜活故事，凝聚强大精神力量，争当德艺双馨典范。

【市、区两级政协全会提案民主监督活动】 2022年7月15日，市、区两级政协围绕“全域国土空间综合整治体制机制建立”主题开展市政协全会提案民主监督活动。市政协视察横街镇水家村，听取海曙自然资源和规划分局、横街镇、市水利局等部门单位工作汇报，与会委员现场监督建言。

【海曙区政协艺术之友社换届】 2022年7月20日，海曙区政协艺术之友社换届，选举产生海曙区政协第五届艺术之友社理事长、副理事长、秘书长。

【区政协宣传工作会议】 2022年8月12日，区政协举行宣传工作会议。区政协主席会议成员、区政协办公室和

8月12日，海曙区政协宣传工作会议召开

专委会主任、副主任，界别第一召集人，联委会主任参加，会议邀请区委领导、各级媒体、区全媒体中心相关负责人参加。会议聘任外宣顾问团，界别代表、联委会代表、《人民政协报》浙江记者站交流发言。

【政情通报会】 2022年8月16日，区政协召开2022年政情通报会，区政协主席主持会议，区政府领导通报区政府半年度工作，区政协领导通报区政协半年度工作。

【提案办理“回头看”暨民主评议会】 2022年10月21日，区政协召开2022年度提案办理“回头看”暨民主评议会。会议听取市区教育局、区经信局、市自然资源和规划局海曙分局等提案承办单位全年度提案整体办理情况汇报。与会委员围绕提案办理工作进行发言交流，并对3家承办单位进行评议打分。

【区各民主党派、工商联负责人和无党派人士代表政协工作座谈会】 2022年12月7日，区政协召开区各民主党派、工商联负责人和无党派人士代表政协工作座谈会，听取民主党派、工商联和无党派人士界别年度工作亮点、对区政协常委会工作报告和提案工作报告及2023年工作建议，以及关于民主党派基层组织如何更好在政协中发挥作用的建议、需要向省、市政协会议提出提案的事项、对区政协工作和机关建设的意见建议。

（胡锡超）

重点提案

【关于抢抓历史机遇期，助力海曙民营经济深度融入高质量建设共同富裕样板区的建议】 2022年，区政协关于“抢抓历史机遇期，助力海曙民营经济深度融入高质量建设共同富裕样板区”的建议，获得区经信局回复：将继续大力推进民营经济发展，做大做强共同富裕的经济基础。围绕民营经济主体梯次培育，实施产业能级迭代工程，推进产业数字赋能、扶持“大优强”和行业优势企业、培育“专精特新”中小企业、加快培育优势产业集群；围绕支持民营经济科技能力提升，实施科技创新策动工程，推动空间全域创新、打造工程师友好型城区、实施优势领域技术攻坚行动、壮大创新主体；围绕支持民营经济健康发展，实施营商环境提升工程，完善体制机制、激发开放活力、营造“共富海曙”浓厚氛围。将充分引导和激励民营经济反哺社会，推动全社会共同富裕。促进民营经济融通融合发展，推动城乡设施共建共享，共同谋划重点区块开发、形成合力高标准建设空铁新城、参与“三沿”开发带动、众志成城开展全域国土空间综合整治；拓宽民营经济参与共同富裕的路径渠道，引导鼓励投身公益事业，吸引民营经济参与社会公共服务、引导民营企业参与三次分配、充分发挥标杆引领作用。

【关于做好宁波西枢纽规划建设配合工作的相关建议】 2022年，区政协关于“做好宁波西枢纽规划建设配合工作”的相关建议，获得区发改局回复：宁波西枢纽已得到国家相关部委、省委、省政府和市委、市政府的高度重视，在相关部门合力协作下，加快推进规划建设中。成立工作专班，构建“1+1+X”的组织体系（“领导小组+领导小组办公室+若干专项组”），提供坚强组织领导；深入前期调研，做好企业分布排摸，细化排摸工作，进一步摸清全片区内企业分布，建立信息完备的企业电子数据库，为企业搬迁安置提供翔实的数据支撑；建立政策体系，谋划企业搬迁安置，将会同责任单位根据开发建设时序编制企业分批分序搬迁安置工作计划，牵头制定针对优质企业留置的惠企政策包，加大争取力度，确保优质企业实现区内保留；探索操作路径，实现企业稳妥过渡，制定以“全部货币安置+保留优质企业”为核心的企业征收补偿实施路线图；加强协同配合，梳理可用安置地块，针对规划核心区内租赁型优质企业，对照小微企业园入园标准，排摸潜在招商意向企业，主动上门，招引优质企业进入小微企业园，实现优质企业提前安置；用好政策东风，向上争取要素保障，向市级部门争取在西枢纽周边片区给予一定面积工业用地建设临空工业园区，用于海曙区优质企业的搬迁再安置，被市级部门采纳，在西枢纽片区整体空间开发和用地布局中统筹考虑。

【关于加快临空智能制造产业园区建设的建议】 2022年，区政协关于“加快临空智能制造产业园区建设”的建议，获得区工改中心回复：规划空间布局，着力打造临空智能制造产业园区。市、区两级在编的国土空间总体规划将根据西枢纽研究成果完善西枢纽片区用地布局，结合临空经济示范区着力打造高端智能制造平台，提升产业能级，加速形成临空指向的先进制造业集聚区，打造宁波未来制造业发展的新兴增长极；加大政策扶持，着力助推特色产业集聚发展，加强产业政策的引导作用、完善存量工业用地改造提升工作机制；加强要素保障，加快推进开发区（园区）整合提升，多措保障工业用地需求、加快开发区（园区）整合提升、开展工业园区升级改造。

【“提升三江口能级”类提案的处理建议】 2022年，区政协“提升三江口能级”类提案，获得区商务局回复：将打造“最核心”泛三江口大地标，提升三江口“核心”商圈、打造标志性特色商业街区、完善“一芯两带多节点”商业体系（强化泛三江口商圈辐射带动作用，加快推进商贸设施西拓南延，实施星悦城、南站里、新星商业中心1号地块、龙湖天街、江汇城等项目建设，推动东西互动、优势互补的商业布局）；提升“最时尚”品质消费优势，丰富消费品供给、提升特色品牌优势、引领新型消费风尚；注入“最宁波”多元文化内涵，持续挖掘海曙文化内涵、加快街区提档升级、鼓励打造“国货”品牌；完善“最智慧”消费生态体系，打造智慧消费场景、推进智慧设施布局、提升智慧商圈服务。

【“加快数字经济发展”类提案的处理建议】 2022年，区政协“加快数字经济发展”类提案，获得区经信局回复：海曙区数字经济起步较早、发展较快，率先布局工业互联网等未来产业，数字经济发展成效显著，但同时面临着数字产业比重低、竞争力弱、发展快而不优等问题。未来，将加快形成具有影响力的数字经济生态，打造重点产业平台、加快核心技术攻关、引导产业资源集聚；加快推进数字要素引领的现代化经济发展，丰富新技术场景应用、加大数字化宣传推广、增强信息化安全保障；加快形成全方位多层次的数字经济保障体系，打造政策扶持高地、完善土地供给机制、完善人才招引机制、完善金融扶持机制。

【“完善托育”类提案的处理建议】 2022年，区政协“托育”类提案，获得区卫生健康局回复：将加强托育服务体系建设，编制托育服务规划，形成托育服务“1+17+X”模式［在区级建立1家婴幼儿照护示范机构，为全区托育服务提供设立、管理、运营等标准化。17个镇（乡）街道设立至少1家婴幼儿托育机构，并设立与海曙区“十四五”卫生健康事业规划中建设托位任务数，满足大多数托育服务需求，达到15～20分钟服务圈］；建立以普惠为主、市场化协同的托育服务供给体系；以家庭为主，加强对家庭婴幼儿照护的支持和指导；统筹管理，筑牢婴幼儿照护服务安全健康底线；制定措施，确保政策落实有力；挖掘资源，引导公办、民办幼儿园开设托班；做好服务，引导托育机构选择举办托育服务合适场地；方便就及，倡导就近办托、单位办托；培养人才，建立一支婴幼儿照护服务专业化队伍；做好保障，尽快出台托育服务的补助政策；加强管理，做老百姓放心的托育服务。

【“提高防洪涝能力”类提案的办理建议】 2022年，区政协“提高防洪涝能力”类提案，获得区水利局回复：将进行台风复盘分析，找出问题关键点；召开治水大会，制订治水长远思路；加快推进水利工程建设（加快实施鄞江堤防封闭和三江口堤防提标工程、加快推进沿江泵排群工程、疏通骨干排涝河道、增设水库山塘泄洪设施设备）；专题研究流域防洪能力，科学系统长效治水；建设“防台减灾智治场景应用”，提高防汛防灾能力和水平；建立健全重点区域的监测网络和预警措施，提升风险管控能力；建立完善的防洪工程体系，提升洪涝灾害防御能力；建立洪涝灾害防御工作机制，组建抗洪抢险专业队伍；建立市区两级防洪调度工作体制，提升洪涝灾害风险处置能力；加大执法力度，开展河湖小流域“清四乱”专项整治，确保排水通畅。

【关于进一步加强海曙区电信网络诈骗防犯治理工作的建议】 2022年，区政协关于“进一步加强海曙区电信网络诈骗防犯治理工作的建议”，获得海曙公安分局回复：通过深化工作方案，完善反诈体系；坚持深挖严打；强化预警劝阻，提升阻断能力；提升宣防维度，确保全面覆盖；全力追赃挽损，减少群众损失。并围绕《海曙区深化打击治理电信网络诈骗违反犯罪工作方案》，发挥区反诈中心职能作用，与各成员单位紧密协作，保持高压严打态势、完善全区反诈宣传体系、完善预警劝防工作体系、提升追赃挽效率，确保实现2022年海曙电信网络诈骗发案数和损失金额均同比下降10%的目标。

【“老旧小区改造”类提案的处理建议】 2022年，区政协“老旧小区改造”类提案，获得区住建局回复：将坚持群众导向，改造前充分征询群众意愿，结合居民需求，因地制宜形成改造方案；过程中公开接受群众监督，鼓励业主自发参与施工监督，在各项目现场设置咨询电话和居民接待点；施工结束后邀请居民代表参与验收，由属地组织开展群众满意度问卷调查；切实发挥组织协调和督促指导职能，系统谋划，一体推进。各部门承担落实相应责任，形成“目标一致，分工协作”的改造合力；在消防通道畅通的前提下，尽可能保留原有大型乔木，由物业负责定期养护和修剪；建立项目原材料检测合同备案制度；制定灵活精细政策；继续通过老旧小区改造加强对业主的宣传引导。同时建议由物业主管部门牵头，加快修改完善相关条例，形成规范化收缴使用标准；用好用活社区论坛和“两微一端”等信息化平台，通过第三方新闻媒体、官方公众号、政府门户网站，定期发布老旧小区改造相关信息。

（胡锡超）

①	②
③	④
⑤	⑥

①3月15日，区政协党组理论学习中心组（扩大）会议召开，传达学习习近平总书记在全国两会上的重要讲话精神和全国两会精神

②6月22日，区政协"社情民意信息基地"揭牌仪式在宁波财经学院举行

③6月24日，区政协开展"防灾减灾体系建设"主席（扩大）会议视察活动

④9月22日，村社深处有协商"让闲置厂房活起来"民生议事堂活动举办

⑤10月28日，海曙区政协委员工作室建设推进会召开

⑥11月24日，区政协主席张宁辉（前排右二）到"甬商·两新"委员会客厅宣讲党的二十大精神

纪检·监察

综　述

【概况】 2022年，海曙区纪检监察组织构建“六大监督保障机制”，强化“1+4+17”专项监督机制，围绕护航党的二十大，紧盯疫情防控、除险保安、防汛防台、全域治水、三大攻坚专项行动等重点领域和任务，累计开展专项监督49项，发放监督提醒通知书等“一书三单”243份，编发监督专报86期。

督促严格执行党委（党组）落实全面从严治党主体责任规定，协助区委落实“五张责任清单”，抓实省委主体责任落实情况延伸检查问题整改，推动“两个责任”贯通协调、同向发力。紧盯“关键少数”，向区委常委会专题汇报党的十九大以来“一把手”信访举报情况，与新任“一把手”开展“三交底”廉政谈话27人次。1个党组织、10名党员干部因履行管党治党责任不力被问责。开展省委巡视反馈问题整改“回头看”专项监督。

推进纪检监察体制改革和数字化改革一体融合，“三公”领域、国企“三公”管理、基层（村社）领域非高频小微权力事项、发改系统价格制定等4个省级试点落地海曙，试点数量居全市首位。其中，“三公”领域公权力大数据监督应用在全市推广部署，获评全省纪检监察系统“最佳场景”。协同参与的改革项目“基层公权力大数据监督应用”和“建立健全公权力大数据监督机制”获省改革突破金奖，区纪委区监委被浙江省纪委评为“成绩突出建模单位”。公权力大数据监督应用全年共发现红色预警293条，转问题线索16条，处理20人。

3月，新任党委（党组）主要负责人集体“三交底”廉政谈话会议召开

系统谋划部署纪检监察体制改革，建立改革工作领导小组、改革办和3个专项工作小组，明确44项工作要点和责任分工。贯彻落实《纪检监察机关派驻机构工作规则》，深化推行派驻机构“轮驻监督”。区监委首次向区人大常委会报告专项工作。落实省、市纪委监委关于推进开发区（园区）纪检监察体制改革的相关要求，针对“区政合一”具体特点，明晰临空经济示范区纪检监察工委职责权限、任务分工和工作要求，健全完善与区纪委区监委领导班子一体决策、工作一体谋划、监督一体覆盖、业务一体办理的“一体化”工作模式。

组织开展“三大能力提升年”活动，建立“一线攻坚、一线建功”机制。实施“政治素质专项研判”行动。实施“五提五争”作风建设专项行动，开展“对标找差距、先行必有我”大讨论，梳理整改问题627个。

推进全员培训“迭代升级”工程，开设“理论学堂”“云端讲堂”“实践课堂”，搭建工作推进“协同小组”、师徒结对“青蓝工程”和室组地联系“薪火计划”等载体。制定出台委机关标兵部门、派驻机构标兵单位考评办法。开展全区纪检监察系统警示教育活动，严格执行省纪委“九个严禁”和全市纪检监察干部政治行为禁令。建立派驻机构常态化调研督查工作机制，通过实地调研共发现解决问题17个。

7月13日，区监委首次向区人大常委会进行专项工作报告

严格纪检监察权力边界，落实纪检监察干部影响干扰监督执纪执法权公正行使情形报备机制。

【“三公”领域监督应用】 2022年，区纪委区监委以公权力大数据监督试点为契机，探索开发“三公”领域公权力大数据监督应用。通过构建“1+3+N”体系框架，开发监督数据模块、监督预警模块、问题处置模块、全景画像模块等4个核心模块，归集市、区两级涉“三公”部门数据，智能化排查发现各单位“三公”经费支出使用过程中存在的违规行为，形成实时预警、精准处置、整改反馈的全程管控体系。

【区纪委十届二次全会】 2022年1月29日，中国共产党宁波市海曙区第十届纪律检查委员会第二次全体（扩大）会议举行。会议传达学习习近平总书记在十九届中央纪委六次全会上的重要讲话精神、中央纪委常委会工作报告和省纪委十四届七次全会、市纪委十三届七次全会精神，回顾总结2021年纪检监察工作，研究部署2022年任务。全会由区纪委常委会主持，审议通过区委常委、区纪委书记、区监委主任所作题为《更好运用百年经验，勇于推进自我革命，以纪检监察工作优异成绩迎接党的二十大胜利召开》的工作报告，审议通过会议决议。出席会议的区纪委委员23人，列席180人。

【“三大能力提升年”活动】 2022年3月，区纪委区监委出台《“三大能力提升年”活动实施方案》，聚焦纪检监察干部的政治能力、专业能力、变革能力，实施以“政治建设领航行动”“专业筑基强能行动”“变革重塑赋能行动”三大行动为主要内容的干部能力提升计划，着力锻造一支政治素质高、忠诚干净担当、专业化能力强、敢于善于斗争的纪检监察铁军队伍。

【“五提五争”作风建设专项行动】 2022年8月，区纪委区监委出台《关于开展“五提五争”作风建设专项行动实施方案》，在全区纪检监察系统开展以“聚焦格局境界提升，争做‘学思践悟’的标兵；聚焦担当作为提级，争做‘护航中心’的标兵；聚焦业务本领提质，争做‘塑能变革’的标兵；聚焦实绩成果提效，争做‘比学赶超’的标兵；聚焦锻钢铸魂提档，争做‘正己修身’的标兵”为主要任务的作风建设专项行动，推动全区纪检监察系统思想大洗礼、作风大转变、效能大提升、攻坚大突破。

（林英魁）

党风政风监督

【概况】 2022年，区纪委区监委机关出台《关于构建六大监督保障机制护航卓越城区的实施意见》，建立“跟进启动、贯通联动、会商研判、专报报送、项目化管理、闭环管理”六大监督保障机制，推动监督机制集成化、监督指向精准化、监督成效最大化，确保各项决策部署落地落实。规范审慎回复党风廉政意见265件，严把政治关、廉洁关，提出暂缓使用、不宜使用等否定性意见4人次。

常态化开展“曙清节廉”行动，共查处享乐主义、奢靡之风问题13个，批评教育帮助和处理16人，其中党纪政务处分13人。坚持发现一起、查处一起、曝光一起，对13起16人违反中央八项规定精神典型问题进行公开通报。开展酒驾醉驾及其背后“四风”问题专项治理，向区委常委会通报区管干部酒驾醉驾问题4起，查处党

1月29日，中国共产党宁波市海曙区第十届纪律检查委员会第二次全体（扩大）会议召开

员和公职人员酒驾醉驾问题案件109件。深化整治形式主义、官僚主义，出台“一件事”问责预警办法，深入查纠贯彻落实重大决策部署，推进重点工程项目中的慢半拍、不担当、不作为问题，以及基层减负“走形变样”问题，共查处形式主义、官僚主义问题10起，批评教育帮助和处理12人。

聚焦漠视侵害群众利益问题，围绕农村回迁安置、村经济合作社运行、国有土地上房屋征收安置等10个方面开展专项治理。深化提级监督制度，加强村（社区）主职干部监督，紧盯“三资”管理和村级工程项目，加大基层小微权力腐败惩治力度，查处群众身边不正之风和腐败问题40起，党纪政务处分17人。

【“一件事”问责预警办法】 2022年4月，区纪委区监委机关出台《“一件事”问责预警办法（试行）》，通过对重点领域、关键事项、特定环节中可能需要问责的情形进行事前预警、前置监督，靶向纠治形式主义、官僚主义突出问题以及隐形变异问题。结合日常监督、群众或部门“点题”，聚焦在重大决策部署落实和重点项目工程推进中可能存在打折扣等行为造成工作推进滞后，在联系服务群众中可能存在推诿扯皮等行为造成不良影响，在服务经济社会发展中可能存在不作为等行为严重影响改革发展等方面情况，收集梳理“一件事”预警问题线索，按照分析研判、明确责任、模拟问责、发起预警、实施响应等5个步骤组织实施，助推问责预警工作落地落实。

【漠视侵害群众利益问题专项治理】 2022年5月，区纪委区监委机关出台《2022年海曙区漠视侵害群众利益问题专项治理实施方案》。会同区发改局等10家单位，确定10个专项治理项目，建立情况沟通、线索移送、问题查处、督责问责、公开通报等协作机制，推动解决群众“急难愁盼”问题。累计开展督导检查123次，督促整改问题27个，推动建立完善制度19项，查处腐败和作风问题4起，批评教育帮助和处理党员干部4人。

（林英魁）

纪律审查和监察调查

【概况】 2022年，海曙区纪检监察组织推进粮食购销领域腐败问题等专项整治，共立案176件，同比增长10%，党纪政务处分174人，同比增长22.5%，严肃查办一批严重违纪违法案件。加强“室组地”联动，发挥片区协作作用，镇（乡）街道纪检监察组织自办案件全部破零，派驻机构违纪案件立案13件，位列全市第一。在强大震慑和政策感召下，3人主动投案。构建全覆盖案件质量管控机制，规范案件审理流程，联合区委统战部制定民主党派成员及无党派人士政务处分后函告操作规程，不断提升规范化、标准化水平。

深化以案促改促治，推动工程招投标、粮食购销等领域制度建设，协助召开区委常委会警示教育专题民主生活会，做实纪检监察建议闭环管理，发出纪检监察建议书15份。运用“四种形态”批评教育帮助和处理共472人次，其中运用第一、二种形态占比为93.2%。认真落实“三个区分开来”，为11名党员干部澄清正名，打击处理诬告陷害行为2起。开展“三阶式”回访教育，受处分人员回访教育63人。

【重复检举控告“清零”专项行动】 2022年1月，区纪委区监委出台《重复检举控告“清零”专项行动实施方案》，专项行动分为排查起底、集中治理、验收总结三个阶段，通过建立“集体研判”“定期会商”“及时督办”“审核把关”四项机制，扎实推进重复检举控告“清零”工作。截至5月，16件重复检举控告全部“清零”，问责处理3人，挽回经济损失48万余元。

【“初信初访办理规范提升年”行动】 2022年3月，《海曙区纪检监察机关处理检举控告操作要点》出台，进一步规范信访举报办理程序，切实提高信访件办理质效。推行实名检举控告双向承诺，实行信访举报“双分办”即“归口分类、精准分流”模式，落实镇（乡）街道信访治理“四责协同”机制，督促基层纪检监察组织严格依规依纪依法办理信访举报件。2022年受理的检举控告件、初次举报件、重复举报件，同比分别下降46.7%、39.2%、65.9%，呈现质升量降态势。

（林英魁）

廉洁文化建设

【概况】 2022年，《关于深化落实省纪委省监委2022年监督推动清廉浙江建设高质量发展工作的实施方案》出台，建立“1+7+（N）+5”统筹协调机制，推行清廉建设主体责任和监督责任“双清单”工作机制，实行“专班+小组”运作模式，深化运用清廉建设指导

7月，区管年轻干部“明廉正心”集体谈话会议召开

性评价指标，构建清廉建设面上统筹、条块聚力、一体推进的运作格局。

建优建强清廉单元，巩固深化机关、村居、学校等清廉单元建设成果，推动选树清廉单元建设先进典型。雅戈尔实验学校被评为首批省清廉学校建设示范校，章水镇李家坑村被评为省清廉村居建设示范村，7家单位被评为市清廉建设典型基层单位。推动实施清廉民企创建示范单位三年培育计划，深入构建亲清新型政商关系。

以“曙色廉韵”品牌为引领，探索建立社区家风建设指数体系，组织开展“清廉宁波·你我同行”走进海曙活动，宁波家风馆被评为省级廉洁文化教育基地，御史文化陈列馆、天一阁·月湖“书香湖语”廉园等6个阵地列入市级廉洁文化教育基地。

实施“青廉行动”，对40岁以下区管年轻干部开展“明廉正心”集体谈话，扣好廉洁从政“风纪扣”。推动警示教育常态化，组织95家单位近2000名党员干部参加“镜·鉴”——宁波市党员干部违纪违法典型案例教育展，探索推行“会前讲廉十分钟”，筑牢拒腐防变思想堤坝。

5月14日，海曙区“美好·品质从家出发”主题活动暨社区家风建设指数发布会举行

【社区家风建设指数体系】 2022年，区纪委区监委以月湖街道为试点，制定“社区家风建设指数”测评标准，围绕家风涵养铸魂、家风模范培树、锋领作用彰显、家庭发展共促、家庭平安筑基等五个方面，梳理15项测评内容45项评分标准，明确考评实施主体、评比频次、评比方式等内容，推动柔性要求量化可评。将党员干部作为家风建设的重点人群，探索建立在职党员“回家指数”，强化结果运用，督促在册党员、在职党员在社区中亮身份、做贡献、严要求，推动由廉洁党员干部养成到廉洁家庭、廉洁社会建设，不断丰富廉洁文化建设内涵。

【青廉行动】 2022年3月，区纪委区监委联合区委组织部、区委宣传部等5个部门，制定出台《海曙区“青廉行动”实施方案》，通过实施“明廉正心”谈话、加强“思廉守正”教育、做细“多维筑廉”防控、实施“实践锤廉”活动、贯通“管爱促廉”措施、涵养“廉心廉行”家风、弘扬“崇廉拒腐”风尚等七大举措，不断提升年轻干部廉洁自律能力，涵养新时代年轻干部廉洁勤业、清白做人“精气神”。

（林英魁）

注释：

“三交底”廉政谈话：对新任党（工）委、党组主要负责人开展廉政谈话时，就主体责任履职清单、所在单位问题清单、重要廉政风险清单面对面谈话交底，明确任务要求，落实工作责任。

“五张责任清单”：党委（党组）书记第一责任人责任清单、党委（党组）主体责任清单、班子其他成员责任清单、纪检监察组织专责监督责任清单、组织部门职能监督责任清单。

“1+7+（N）+5”统筹协调机制：即1个工作专班，7+（N）个清廉单元建设专项小组，专项治理、推动政商交往亲清正循环、公权力大数据监督应用建设、廉洁文化建设、清廉建设理论研究等5个专项工作组。

“三阶式”回访教育：在党纪政务处分案件生效后，按不同回访教育策略对受轻处分案件进行“标准访”，对重处分案件进行“重点访”，对典型的关联案件进行“延伸访”。

民主党派

中国国民党革命委员会宁波市海曙区基层委员会

【概况】 2022年，中国国民党革命委员会宁波市海曙区基层委员会（简称民革海曙区基层委员会）下辖支部8个。至年底，新发展党员7人，累计党员127人，各级人大代表、政协委员22人。基层委建成“白云·知行苑”党员之家，拥有“知行苑”党员之家6家，共建“海曙·同心苑”党委之家工作阵地。

基层委被省委会评为2017—2021年先进集体；六支部被评为省级示范支部；二支部被评为市级示范支部；八支部党员之家（月湖知行苑）被民革浙江省委会评为2022年度五好党员之家、省级组织建设先进集体；七支部、八支部、二支部获市委会参政议政、反映社情民意先进集体二等奖及三等奖。

张新被民革中央评为全国祖统工作先进个人，袁建树、刘慧杰获2022年浙江民革“骄傲人物”称号，李杰、李霞、裘隽彦等三名党员获评2017—2021年民革全省先进个人；杨振铎获评2022年度民革全省社会服务工作先进个人；吴祖峰、金武辉、周启雯、周琰忻、杨露群、马飞娜、胡波、郭建波、谢友建被民革宁波市委会评为2022年度先进党员；李霞、郑旭东、江筱婷、刘慧杰被民革宁波市委会评为2022年参政议政先进个人；周琰忻、郑烨、郑学东、李霞被民革宁波市委会评为2022年反映社情民意信息先进个人。

【民革海曙区基层委员会参政议政】 2022年海曙区两会期间，民革海曙区基层党员中的市、区人大代表向大会提交建议8件，市、区政协委员向大会提交提案26件，其中集体提案1件。民革代表首次在区政协六届一次大会上作《关于进一步完善我区洪涝风险管控的建议》集体提案发言，党员代表作《关于打造“一村一顾问”海曙样板，助力现代化滨海大都市卓越城区的建议》发言。《关于完善普制托育的建议》《关于优化实施老旧小区改造的建议》被列为区领导领办重点提案。党员共撰写社情民意92篇，全国政协及中央统战部录用5篇，省委统战部及省委会录用7篇。向区政协提交社情民意36篇，录用23篇。共征集年度调研课题13个，其中5个课题被列为市委会重点调研课题，2篇转化为市政协民革界别集体提案，1篇转化为省委会常委会课题。

【民革海曙区基层委员会社会服务】 2022年，民革海曙区基层委员会充分发挥党派自身优势，“一支部一品牌”工作持续推进，开展形式多样的“同心助力共富活动”，形成古林镇前虞村数字农业共富，章水镇字岩下村“山货下山”共建、“畅想哆来咪”与鄞江镇外来务工子女学校结对，民法典宣讲进社区等民革特色服务品牌。民革海曙区基层委员会结对章水镇字岩下村7户低保户，联合致公党海曙区基层委开展扶贫工作；成立亲情台海服务队，凸显党派特色；“河海相融 携手共富”结对帮扶活动协调采购价值50万元的安徽蚌埠农产品，被推荐为民革省委会社会服务先进团体；“爱心 光明行”携手民革市委会妇青委结对凉山州开展“技能帮扶”之“博爱亮睛”工程，为凉山州学校学生讲授用眼知识，并向凉山州捐赠帮扶资金近5万元；结合安全生产月开展公益讲堂、廊桥医生进企业、进养老机构“纾困”公益讲座系列活动8场次，服务近380人次。

（朱俊帅）

中国民主同盟会宁波市海曙区基层委员会

【概况】 2022年，中国民主同盟海曙区基层委员会（简称民盟海曙区基层委员会）发展盟员3人，至年底实有盟员105人，分属4个支部。盟员中担任市人大代表1人，市政协委员2人，区人大代表2人，区政协委员9人。

【民盟海曙区基层委员会参政议政】 2022年海曙区政协六届一次会议召开期间，9位民盟籍政协委员提交11件个人提案，涵盖经济、社会、法治等多领域。发动盟员经济撰写社情民意，《校园厕所也需“革命”》《关于尽快研究建立港澳台居民身份证制度的建议》《公立医疗机构大面积亏损加剧》等3篇被民盟中央录用，其中《关于尽快研究建立港澳台居民身份证制度的建议》同时被全政协社情录用。

【创立“海盟讲堂”社会公益培训品牌】2022年，民盟海曙区基层委员会发挥教育主界别优势，创立“海盟讲堂”，开展社会公益性培训，为社会大众提供文化、教育、法律、健康等公益课程，提升公众文化素养。讲师团成员包括海曙美协副主席兼秘书长阎云泉、海曙区慈善总会义工分会副会长王培红、宁波青年学者周东旭、新浪微博教育博主王颖、民盟“喜悦合唱团”团长张璐、获“宁波市优秀律师”称号的周彬、省基层名中医杨立波等社会服务骨干盟员。全年深入社区、乡镇，组织开展3次线下讲座，关注家庭教育，开设“智慧父母研修班”1期，共8次课程。其中，盟员周东旭先后受海曙图书馆、天一阁、宁波城投等机构邀请开展线上、线下宁波历史文化讲座10余场，线下受众达500余人，线上听众数万人。

（朱俊帅）

中国民主建国会宁波市海曙区基层委员会

【概况】 2022年，中国民主建国会宁波市海曙区基层委员会（简称民建海曙区基层委员会）发展新会员6人，转出人员1人，转入人员50人，(其中因市委会老龄支部调整，转入老龄会员46人)，至2022年底，有会员178人。

民建海曙区基层委员会下设6个支部，并设参政议政、调研宣传、社会服务、会员服务4个专业工作委员会和民建海曙公益促进会。会员中有1名省政协委员、2名市人大代表、19名区政协委员、区政协常委和人大代表。

民建海曙区基层委员会“章水同心共富实践基地”获“浙江民建助力共同富裕实践基地”称号，民建海曙区基层委员会获民建宁波市委会“参政议政先进集体二等奖”“信息工作先进集体三等奖”，三支部获“民建宁波市先进支部”称号，四支部获“民建宁波市优秀支部”称号。召开届末领导班子民主生活会，接受民建市委会督查组对2015—2023年工作的督查，获民建宁波市委会内部监察委的好评。

【民建海曙区基层委员会参政议政】2022年，民建海曙区基层委员会会员曹云获评浙江省政协十二届三次会议以来履职成绩突出委员，海曙区基层委员会获民建宁波市委会2022年度参政议政先进集体二等奖、2022年度信息工作先进集体三等奖，毛雪琴、余志敏获评民建宁波市委会2022年度参政议政先进个人，童绍数、王坚军、毛雪琴获评民建宁波市委会2022年度信息工作先进个人，毛雪琴提交的《关于加强我市民营科技企业持续创新的建议》，被录用为“资政建言直通车专报”，获得市委书记批示，获参政议政优秀成果一等奖；余志敏提交的《关于提升甬江流域行洪能力的建议》转化为市政协集体提案，获参政议政优秀成果三等奖。

【民建海曙区基层委员会社会服务】2022年，民建海曙区基层委员会投身防台抗旱、抗疫等工作一线，并通过多种渠道捐款捐物，会员为社会捐款800万元。继续结对11名章水镇困难学生和铁路宁波站“蓝精灵”志愿服务队。各支部与海曙老年支部的结对，走进敬老院、乡镇老人、困难老会员、困难学生家庭慰问帮扶。保持与蜜岩村的密切联系，承办第五届“农夫市集”。三支部获评“民建宁波市社会服务工作先进集体”称号，海曙区民建公益促进会志愿服务队获海曙区“最佳志愿服务组织”称号。

（朱俊帅）

中国民主促进会宁波市海曙区基层委员会

【概况】 2022年，中国民主促进会宁波市海曙区基层委员会（简称民进海曙区基层委员会）发展新会员4人，累计会员184人，其中，女性会员118名，男性会员66名；平均年龄55岁。其中，在职会员120人，占比66%；副高及以上61人，占比33.7%。会员中有市政协委员2人，区人大代表、政协委员10人。基层委员会下设6个支部。

民进海曙区基层委员会获评2022年度全省优秀基层组织。

【民进海曙区基层委员会参政议政】2022年，民进海曙区基层委员会中担任区政协委员、人大代表的委员共提交包括《关于提升全区医疗救助对象家庭医生服务质量的建议》《关于推进我区基础设施产权化以提升建设项目融资能力的建议》在内的提案建议23件。基层委员会集体提案《关于加强“双减”背景下城乡家庭教育的建议》被评为区级优秀提案。陈少华、周含被评为2022年度优秀政协委员，郑曙辉被评为社情民意反映积极分子，竺慧文、周海杰被评为提案撰写积极分子。基层委员会举办8期“智汇+”信息采集活动，专题研讨收集社情民意信息。13名会员的36篇信息被民进市委会等采用，其中，《以“人教版数学教材”问题的处理为契机，进一步完善教材审定制度的建议》《关于提高国内儿童安全座椅使用率切实保障儿童安全出行的建议》等2篇信息被全国政协录用，6篇信息被民进中央录用，1篇信息被省委统战部录用，16篇信息被省委会录用，4篇信息被宁波市政协录用。基层委完成民进市委会课题2个，包括陈少华负责的《推动我市科普基地多样化建设的建议》以及俞乾文负责的《关于引入保险工具化解重装货车安全设备升级成本，助推运输安全的建议》。

【民进海曙区基层委员会社会服务】2022年，由民进海曙区基层委员会副主委陈少华创办的民进社会服务实践基地——21世纪车间获得较大网络关注。自8月科普夏令营活动开展以来，至年底的服务对象达500多人次。“山货下山”项目帮助大皎村村民销售羊尾笋13000斤，销售金额达169000

元。“开明书宸”基地开展5期送教入社区活动。

（朱俊帅）

中国农工民主党宁波市海曙区基层委员会

【概况】 2022年，农工党海曙区基层委共吸收新党员12名，党员总人数达101人。基层委被市委会评为2020—2021年度先进基层组织，调研、信息、宣传工作先进集体；被农工党省委会评为2021年度庆祝中国共产党成立100周年活动先进集体；被农工党中央评为全国先进集体。

农工党海曙区基层委在海曙“同心荟”党外人士之家召开4次班子会议，专题学习海曙区政协、人大会议精神，市级两会，海曙区第十次党代会精神，中共十九大精神等。10月，和农工党江北区基层委班子成员共同学习中共二十大精神，并进行工作交流。

【农工党海曙区基层委员会参政议政】 2022年，农工党海曙区基层委党员高秀峰、王昱、易娟、薄丁旖获得农工党全省2021年度参政议政工作先进个人；薄丁旖获得农工党全省参政议政优秀成果一等奖；易娟获评农工党全省2021年度党史理论研究先进个人。朱政玉、王卫亚、薄丁旖、易娟、顾晓明等5名党员被农工党市委会评为调研、信息、宣传先进个人和积极分子。高秀峰、薄丁旖获得全市优秀党员称号。海曙区两会期间，农工党海曙区基层委中担任政协委员的13人提交委员提案20余篇、集体提案2篇；在闭会期间向区政协报送各类社情民意30篇。20余名党员共撰写信息调研40余篇，均被农工党市委会录用，18篇报送省委会、3篇被农工党中央转送全国政协，其中《立足优势统筹发展 加快甬舟温台临港产业带建设》《当前我省稳进提质攻坚行动面临四个不足亟待破解》等2篇调研获批示。

【农工党海曙区基层委员会社会服务】 2022年，农工党海曙区基层委联合宁波市心理援助协会、宁波大学附属医学院在章水镇里梅村革命老区开展“矢志不移跟党走，携手奋进新时代”——“同心共富”义诊活动，20余名不同科室的医疗专家为村民提供健康诊疗服务。与致公党海曙区基层委合作在鼓楼举办健康讲座。开展“山货下山”爱心助农活动，合计帮助村民们销售4000斤山货。基层委结对章水镇梅龙村3名困难家庭，并走访慰问；担任政协委员的郭永松、黄莹之向四川省凉山州喜德县捐款3万元。马凯明、鲁完意获评农工党全省2021年度社会服务工作先进个人。

（朱俊帅）

村民通过“山货下乡”开辟创收新途径

致公党宁波市海曙区基层委员会

【概况】 2022年以来，致公党宁波市海曙区基层委员会（简称致公党海曙区基层委）共开展各类活动23次。全年新发展党员5名，至年底，有党员69名。在新一轮换届中，推荐优秀党员担任人大代表、政协委员，市、区两级人大代表、政协委员共计19名，占全体党员比例为24.6%。

基层委被市委会授予2022年度宣传思想工作先进集体、参政议政工作先进集体、组织工作先进集体、2022年工作创新奖等荣誉。

鲍百易获致公党中央授予“2022年度中国致公党宣传思想工作先进个人”荣誉，励娴获致公党中央授予“2022年度中国致公党社会服务工作先进个人”荣誉。郑漪、原泉、崔蓉英、孙熙姝获评市委会优秀党员，初菡霖获评市委会宣传思想工作先进个人，张纯熠获评市委会参政议政工作先进个人，钱柯帆获评市委会组织工作先进个人，梅团获评市委会社会服务工作先进个人，华骋珅获评市委会党务工作先进个人。

【致公党海曙区基层委员会思想组织建设】 2022年，致公党海曙区基层委建立实施了基层委学习“第一议题”制度，开展各类专题学习近10次，相继组织广大党员学习贯彻中共二十大、中央、省、市、区党代会精神和致公中央、省委会市委会各级会议精神，学习各级两会精神以及中央统战工作条例和政治协商工作条例等。组织党员参加海曙区党外代表人士厦门大学培训班，提升党员能力建设；参加区委统战部“追寻红色足迹，同心喜迎七一”重走长征路活动。四个支部均开展各类主题活动：一支部开展“喜迎二十大、甬同心跟党走”家风主题教育，二支部组织开展宁波“致公杯”中德象棋云上交流赛，三支部和四支部共同开展“高山村的共富路上有我们相助”活动。11月，在基层委组织开展学习中共二十大会议精神，基层委领导班子成员、各支部主委每人报送1篇学习体会。党员吕诗奇参加区委统战部“同心奋进新时代 聚力阔步新征程”主题演讲比赛获得佳绩。推进“矢志不渝跟党走 携手奋进新时代”政治交接主题教育开展，加强组织建设，提升社会影响力。规范完善基层委数字化档案和履职系统。

【致公党海曙区基层委员会参政议政】 2022年，致公党海曙区基层委完成社情民意信息23篇，其中9篇被市委会录用。完成5个调研报告，其中《关于开展新业态职业伤害权益保障试点工作的研究》获省委会肯定。提交20余篇市区两级人大建议、政协提案。

【致公党海曙区基层委员会社会服务】 2022年，致公党海曙区基层委开展专场社会服务8场次，捐赠资金3.2万元，实际受惠群众近400人次。新设两大服务基地，分别是鼓楼街道文昌社区的“致爱驿站”服务基地，每月开展捐赠、义诊、健康讲座、公益理发、棋类教学等社会公益活动，自5月底揭牌以来已累计开展各类服务6场次，覆盖当地60岁以上老人2400余人，实际受惠居民近300人次；段塘街道文化站筹备建设的致公“大师工作室”(致公之家)，发挥党派“大师”所能，开展社会服务活动。其中，鼓楼“致爱驿站”重点关注老年人群，开展老年人疾病预防和健康养生等服务，针对当地“百岁粥坊”以社会捐赠经营模式开展每年1万元捐赠行动。在章水镇高山移民村——宁岩下村开展乡村振兴共同富裕行动，结对2户低收入群众开展为期三年帮扶行动，开展送医义诊、公益理发、购买农特产品社会服务活动，引进企业赴村考察，增加村级经营性收入；开展凉山州对口帮扶捐赠行动，党员陈伟江代表企业捐赠2万元为海曙结对的喜德县助学。整合资源发挥最大同心力。整合宁波市第一医院、致公党宁波社会服务工作委员会、兄弟党派、属地街道等各方资源，开展义诊、送医健康服务、购买农特产品等服务。

（朱俊帅）

九三学社宁波市海曙区基层委员会

【概况】 2022年，九三学社宁波市海曙区基层委员会（简称九三学社海曙区基层委）累计有社员78人，吸纳3名入社积极分子。基层委员会下设3个支社。社员中有1名省政协委员、3名市人大代表和政协委员、13名区政协委员和人大代表。

九三学社海曙区基层委被评为全国宣传思想工作先进单位、浙江省社会服务工作先进基层组织。

吴俊被评为九三学社浙江省社会服务先进个人，黄文波被评为九三学社宁波市组织建设工作先进个人，宋瑜被评为九三学社宁波市宣传工作先进个人，单赢被评为九三学社宁波市社情民意信息工作先进个人，金中青被评为九三学社宁波市社会服务工作先进个人。

【九三学社海曙区基层委员会参政议政】 2022年海曙区两会中，九三学社海曙区基层委有人大代表4名，人数为历年最多，其中黄河春、单赢连任，厉罕、王棣为新当选的人大代表。单赢当选为区第十二届人民代表大会常委会委员、监察和司法委员会委员。

两会期间，海曙区基层委员会共提交《关于加强我区基础设施项目建设的建议》等提案12件、《关于对临空经济示范区重大事项进行法律合规的建议》等建议5件。海曙区基层委员会提交的集体提案《关于做好宁波西枢纽规划建设配合工作的相关建议》被列为2022年海曙区政协重点提案，由常务副区长李冠杰领衔办理。

海曙区基层委参与市、区两级各类座谈会，围绕市委、区委的“精特亮”工程，组织开展东钱湖“绿水青山”精品路线、“千年罗城”精品路线等调研活动；围绕千年古镇复兴，开展鄞江古镇发展调研等。承接九三学社市委会委托课题1个，申报九三学社市委会课题4个，报送社情民意信息12篇，其中，单赢报送的《关于我国刑法增设“暴行罪”的建议》、陈媛报送的《小微企业标准亟待更新统一，助力减负纾困政策有效落地》被社中央录用，单赢报送的《关于进一步完善精神损害抚慰金赔偿标准等建议》等5篇信息被省政协录用。

【九三学社海曙区基层委员会社会服务】 2022年，九三学社海曙区基层委委员田亚军在疫情防控中代表海曙驰援北仑；舒先定带领抗疫小组驰援杭州、衢州；俞泉斌为39名在甬凉山学子和其他感染新冠的社员们免费提供抗疫药物，累计捐赠药品上千盒；严厚军自行采购4台消毒机赠予鼓楼街道养老院。组织金中青、岑孟荣、杨浩波、刘坦、厉罕、翁凌辉、赵文玲等社员中的专业建筑人才，助力横街镇爱岭村美丽乡村建设，进行实地踏勘、方案评审、对接，形成了爱岭村规划设计方案初稿。打造庆元—海曙社会服务品牌，庆元籍社员吴俊组织社员金中青等建筑专家，对庆元县部分村庄进行美丽乡村规划，已完成对江根乡坝头村、上杉坑村、后洋村等4个村的乡村规划。吴俊牵头打造的“云水茗心”数字订制茶园项目为当地提供多个就业岗位，在庆元“全员谋项目、聚力新发展”比拼中获第二名。深化海曙“高山巡回”医疗服务品牌建设，依托“甬九同心·送医进村”高山巡回医疗服务活动，安排专家社员轮流上门，为山区老年群体提供以眼科和慢性病为主的医疗服务项目。截至年底，项目共服务近500人次。打造家庭教育品牌，社员吴文波带领团队实施“海贝计划”家庭教育项目，被中国成人教育协会评为2022年全民学习活动周“特别受百姓喜爱终身学习品牌项目”。

（朱俊帅）

群众团体

海曙区总工会

【概况】 2022年，海曙区有基层工会组织2365家。其中，单建企业工会2099家、联合工会266家。覆盖企业1.56万家，职工入会率97.5%。有工会会员36.45万人，其中农民工23.45万人。区总工会在市总工会2022年度重点工作考核中取得一等奖。

深化“中国梦·劳动美”主题教育，开展“守好红色根脉·班前十分钟”活动。开展“喜迎二十大·建功新时代”全区职工征文比赛及故事大赛、海曙区第二届企事业单位三人篮球比赛等活动。举办2022宁波市美丽乡村健身行海曙洞桥站、章水红色走读、职工阅读活动等。组织参加合唱、书画、三人篮球等全市职工文体联赛和职工艺术节，安排开展“海工乐学”公益课堂50场次。广博集团股份有限公司的优秀案例被评为全市职工思想政治工作优秀案例，古林镇茂新村御史家风教育基地被命名为宁波市产业工人思想政治教育基地，雅戈尔集团股份有限公司授牌成为首批宁波工人大学二级学院，为产业工人提供线上线下相结合的学历提升服务及非学历订单式技能素养培训。全年被全国及省市区级媒体录用共277篇。

出台《新时代海曙区产业工人队伍改革实施方案2021—2025年重点任务清单》《新时代海曙非公企业产业工人队伍建设改革全域综合推进方案》，点线面结合促进试点单位发挥示范引领作用，全域推进产改工作。安排举办互联网营销师等市级职工技能精英赛3场、电力工程设计等群英赛10场。雅戈尔集团股份有限公司被列入省级“幸福共同体企业领头雁行动”培育企业，宁波东海集团有限公司被列入市级“幸福共同体企业领头雁行动”培育企业。组织全区各企业开展“安康杯”竞赛活动和职工“随手拍”活动。实施海曙劳模工匠培养选树计划，5名优秀技术工人被评为“浙江工匠”，9人获评“宁波工匠”，16人获评“海曙工匠”；国家税务总局宁波市海曙区税务局第一税务所获“全国工人先锋号”称号，7家单位被评为“宁波市工人先锋号”、30个班组被评为2022年“海曙区工人先锋号”。开展“红五月劳模工匠志愿服务月”活动，举行海曙区庆祝五一国际劳动节暨劳模工匠先进代表座谈会。

开展技能等级认定人数1647人，全区拥有技能等级认定评价点超过50个。制定《海曙区推进集体协商助力高质量发展共同富裕样板区三年行动计划（2022—2024）》，启动能级工资和员工福利集体协商新模式。12月，全市集体协商观摩会在海曙举行，安健家政作为宁波市新就业形态企业集体协商观摩样板进行现场展示。12家新业态企业签订集体合同，覆盖职工3325人。加强新《中华人民共和国工会法》宣传，开展线上线下普法活动23场；开展劳动关系稳定专项排查化解行动，排查企业1076家，涉及员工87348人；接待劳动争议咨询案件1409件，涉及职工1946人次，调解结案961件。

4月27日，海曙区庆祝“五一”国际劳动节暨劳模工匠先进代表座谈会举行

9月20日，宁波工会职工流动体检车走进章水，为辖区一线职工进行免费综合体检

在春节期间慰问困难职工家庭、新就业形态劳动者、对口帮扶地区人员，发放慰问金共计14万元，对留甬过年的优秀一线职工和新就业形态劳动者开展5场“51服务卡”会员专项普惠活动。组织开展夏季职工劳动保护和防暑降温工作，本级工会慰问职工39584人，慰问款40万元。安排一线优秀产业工人疗休养100人，组织各企业单位一线产业工人疗养体检活动800人。2022年政府工会联席会议通过“优秀职工健康体检扩面工作”议题，新增健康体检名额2000人；为2500余名新就业形态劳动者参保“工惠保”，共计18万元；补助新就业形态劳动者医疗互助参保2000人次。推进“新就业形态劳动者温暖行动”“提升职工生活品质塑造幸福生活环境企业试点”，新创建市级户外劳动者驿站10家。联合开展2022宁波海曙“乡旅惠”（第二季），“家人你好”工创家爱心直播间亮相。共计508批次16731人向区总工会报备并开展疗休养工作。

开展线上招聘专场活动4场，推出岗位220余个。出台《宁波市海曙区总工会经费回拨补助暂行办法》，多措并举促进应收尽收、应返尽返，为符合条件的小微企业返还工会经费930.36万元。慰问疫情防控工作人员、物流驾驶员和货车司机，发放价值9.05万元的物资；划拨送温暖专项资金102.68万元，用于慰问坚守防疫一线的医务工作者、公安民警社区工作者以及广大疫情防控志愿者。

开展“一会一品”创建活动，评选章水镇总工会“守好红色根脉，携手共富道路”等优秀项目12个，成为海曙工会工作优秀实践创新案例。指导婚庆行业工会、美发美容化妆行业工会、芝士公园联合工会等“小二级”工会规范换届和组建，重点关注新就业形态群体建会入会工作，作为全市唯一代表在全省新业态职工队伍建设视频会议作经验交流。

“海曙区基层工会活力指数评‘家’体系”入选省总工会特色场景建设，“职工电子书屋”确定为浙江数字工会2022年省市县联建项目。重点抽查基层工会财务规范化285家，对42家工会单位进行经费收支审计。培树工会志愿服务品牌，海曙匠道助盲助困收纳志愿服务项目和“段小家”志愿服务进工地项目参评2022年宁波市工会志愿服务项目大赛分获金奖和铜奖。

【庆祝“五一”国际劳动节暨劳模工匠先进代表座谈会】 2022年4月27日，海曙区举办庆祝“五一”国际劳动节暨劳模工匠先进代表座谈会活动，表彰周永生等入选2021年“宁波工匠”培养项目的12名工人，王春生等16名获“海曙工匠”称号的工人，宁波市中迪电子工具有限公司烙铁装配车间等30家获2022年海曙区“工人先锋号”称号的集体。

【2022宁波海曙“乡旅惠”（第二季）启动】 2022年6月27日，区总工会联合区文广旅体局、区商务局、区农业农村局、区供销社及全区各级工会在海曙区南塘老街共同开展“乡旅惠”惠民活动。整合工会、文旅、商贸、农旅等各方面平台，进一步推广海曙山水与海曙文化。

【宁波市首场新就业形态企业集体协商现场观摩会在海曙举办】 2022年7月15日，区总工会举办宁波首场新就业形态企业集体协商现场观摩会，市、区协调劳动关系三方相关单位参加。区总工会、区人社局、区工商联共同草拟《推进集体协商助力高质量发展建设共同富裕样板区三年行动计划（2022—2024年）》，重点针对新就业形态企业（行业）开展集体协商“破冰”行动，推进“能级工资”集体协商“提速”行动，打造一批市级以上具有海曙特色的原创性集体协商精细化创建示范单位和高质量发展建设共同富裕的企业样板。

【升级打造“家人你好”集合直播服务平台】 2022年10月28日，位于高桥镇梁祝天地的工创家+7号“家人你好”爱心直播间线上线下同步运行。该直播平台集直播、咖啡、交友、公益等功能，致力推广海曙美景、美村、美宿、美店、美食、美物，推动工会服务功能和服务半径进一步延伸和拓展。同时，致力于吸纳和培养以工会干部和劳模工匠领衔的工会主播队伍，发挥工匠劳模示范引领作用，打造“人人当主播”的创业培训基地。

【海曙区工会第八次代表大会召开】 2022年10月29日，海曙区工会第八次代表大会举行。大会选举产生海曙区总工会第八届委员会委员51名、第八届经费审查委员会委员11名。选举产生海曙区总工会第八届委员会主席、副主席、常务委员。

（李　颖）

共青团海曙区委员会

【概况】 2022年，海曙区有基层团委48个、基层团工委11个、团总支25个、团支部1287个，团干部1779人，团员15067人。有官方微博“海曙共青团”、微信公众号“海曙青年”、视频号“海曙青年”、抖音号“海曙小青”、“一直播”平台账号“海曙共青团”，发布宣传各类工作信息。承担省级及以上试点任务6个。

获团中央表彰6次、团省委文件表彰10次、市委市政府文件表彰1次。在团中央或省级、市级非团口以上会议作典型发言9次。承办团市委及以上重点会议活动10次，接待省、市调研海曙共青团工作17次。相关工作被中央电视台、人民网等国家级、省级以上媒体报道60余次。

在全国打响“青春守护红色根脉”的海曙IP，区志愿者协会“我为烈士来寻亲”项目获中国青年志愿服务项目大赛金奖，孙嘉怿作为全省唯一代表在全团作长达90分钟的专题分享，得到团中央和人民出版社肯定。打造“共青团数字化改革”省级试点，作为省内唯一的团县（区）委，入围全省“数智群团-群团助力双减”跑道试点。打磨宁波市“青年友好型城区”建设样板，发布全区首个中长期青年发展规划，推动翠柏里创新街区、青年人才驿站等工作形成一系列标志性成果。

【“青年之家”城隍庙枢纽站】 2022年3月，“青年之家”城隍庙站对外营业，日常面向新兴青年、一线工作人员开展户外电影大放送、“耕风运动”大跳操、明州喜剧脱口秀、主题讲座、脱单快闪、DIY手工、暑期研学等活动40余场，覆盖青少年群体900余人次。作为全国首个地铁上的“青年之家”枢纽站，该站设立“青春服务专项窗口”，凝聚26家青年社会组织、集成10余家职能部门开展公共服务，年内举办援建山区图书馆等青年实事活动180余场，一站式解决“青年所需”。《“青年之家”成服务青年“大管家”》被《中国青年报》头版报道，获团中央关注。同时设立“甬爱e家”城隍庙枢纽站，将新业态新就业群体纳入城市社区党建体系，依托全区120家“甬爱e家”户外劳动者服务驿站，为快递小哥、外卖小哥等新业态新就业群体提供公益理发、避暑纳凉等公益服务，助力打造尊重关爱新业态新就业群体的“舒心城市”。

7月17日，“甬爱e家”户外劳动者服务驿站在骑士节送专曙特饮给快递小哥

【共青团宁波市海曙区十四届四次全委（扩大）会议】 2022年3月11日，共青团宁波市海曙区十四届四次全委（扩大）会议召开。团区委委员、候补委员，各镇（乡）街道团（工）委书记、区直属团组织负责人等60余人参会。会议通过《团区委委员卸职递补确认案》，总结过去一年工作，研究部署新一年任务，按照区委和上级团组织部署要求，以打造“卓越共青团”为目标，重点实施“四大卓越”工程，为海曙高质量发展建设共同富裕样板区、全面建设现代化滨海大都市卓越城区凝聚起最磅礴的青春力量。

【建团100周年纪念活动】 2022年5月10日，全国最美志愿者、全国五四红旗团委等10名获奖个人和集体代表，与团干部、优秀青年代表一起集中观看庆祝中国共产主义青年团成立100周年大会直播。5月13日，团区委召开“喜迎二十大 永远跟党走 奋进新征程”海曙青少年学习贯彻庆祝中国共产主义青年团成立100周年大会精神座谈会。

【共青团宁波市海曙区第十五次代表大会】 2022年5月31日，共青团宁波市海曙区第十五次代表大会召开。共有代表200名、列席人员28名，代表平均年龄为28.1岁，基层一线代表占94.5%，大学及以上学历占95%，呈现出“高学历、年轻化、基层性”的特点。团代会审议并通过共青团宁波市海曙区第十四届委员会工作报告，明确今后五年海曙区青年工作重点任务，以建设“卓越共青团”为统领，实施“四大卓越工程”，促进全区团工作迈上新台阶，并选举产生共青团宁波市海曙区第十五届委员会。“海曙青年”微信公众号专题推出聆听团代表心得感悟两期，联系实际交流所学、所思、所悟13条。

【民生实事项目“亲青课堂”暑托班】 2022年7—8月，团区委联合区教育局开启2022年义务教育阶段学生暑期托管服务工作暨“亲青课堂”暑托班项目，分两期开展，每期两周，共计办班点46个，覆盖小学生1.4万人次。团区委特色开发“五力融合”课程体系，组织“青”字号集体等13支志愿服务团队，征集80多门课程精准送入各办班点。其中，段塘街道北宸府小

7月9日，“山货进城　助农共富”亮相甬爱e家共富直播间

区作为海曙区首个“双减”社区公益托管青春观察站，在校园外开办“亲青课堂”社区公益托管班。不断完善“志愿者授课+社区实践+研学基地”三位一体托管体系，联合区司法局在尹江岸小学办班点开展“小海螺”法治夏令营，邀请优秀青年律师进校园开展普法宣传工作。

【“青春奋进‘两个先行’争当窗口卓越青年”基层团干部培训班】 2022年7月28—29日，2022年度海曙区“青春奋进‘两个先行’争当窗口卓越青年”基层团干部培训班暨“喜迎二十大、永远跟党走、奋进新征程”主题团日活动举行，各镇（乡）街道、机关事业单位、企业、学校等各领域团干部和优秀青年代表90余人参加。培训传达浙江省第十五次团代会精神，并就海曙共青团系统半年度工作进行晾晒通报，集士港镇、古林镇、区教育局、区卫健局、海曙公安分局、海曙开投集团、区文广旅体局等7家团组织代表上台述职。

【全国首创“共富中转站”载体】 2022年7月，区委组织部、团区委、区农业农村局、区民政局联动辖区内党团组织、未来农场有限公司、快递物流企业，共同打造“共富微共体”，依托“甬爱e家”户外劳动者服务驿站、“青年之家”探索建设线上+线下“共富中转站”。该线上平台于7月8日上线，以“甬爱共富直播间”和“未来农场”App为载体，开展“山货进城、助农共富”海曙助农共富直播专场2场。用户可直接线上下单订购海曙农产品，后台将农产品批量送往离客户最近的“甬爱e家”站点，4小时内由“共富中转站”送货上门，实现“一条龙”助农服务。“共富中转站”做法受到中央电视台关注报道。

【2022年度海曙区青年工作联席会议】 2022年8月18日，海曙区青年工作联席会议召开，部署推动青年发展指数和青年发展型城区建设有关工作，28家联席会议成员单位和规划实施重点单位分管负责人参加。围绕省党代会提出的建设“青年发展型省份”精神，第一时间组建联席会议成员单位和规划实施重点单位联络工作群，围绕《海曙区青年发展型城区建设实施方案》及建设预期成果清单、政策举措清单、实事项目清单等“一方案三清单”开展意见征求，进一步推动青年项目落地见效。

【全国少工委委员、全国少先队名师工作室带头人调研少先队社会化工作】 2022年10月12日，全国少工委委员、全国少先队名师工作室带头人魏慈瑛等到海曙区调研少先队社会化工作。团区委以“青春向社区报到”行动为抓手，依托党建带团建带队建，发动党员、青年团员、少先队员等九大群体，利用课后业余、节假日等时间“向社区报到”，经常性开展志愿服务、敬老爱老、劳动锻炼、安全自护等活动，形成“自主化”运转、“项目化”运作、“积分化”运行三大场景。

（龚靖惠）

海曙区妇女联合会

【概况】 2022年，海曙区有镇（乡）街道妇联17个、机关（园区）妇委会10个、村（社区）妇联268个。36个党政工作部门（党11+政25）中，28个部门的领导班子配备女干部48人，占总数的77.8%，其中正职女干部15人。17个镇（乡）街道中，7个镇（乡）街道领导班子配备正职女干部8人，占41.2%。17个镇（乡）街道妇联组织换届工作全部完成，共选举产生镇（乡）街道妇联执委289名，其中主席17人，专职副主席17名，兼职副主席57名。35周岁以下执委83名，占比28.72%；本科以上学历执委222名，占比76.82%。执委平均年龄40.59岁，较上届有明显下降。

开展“巾帼心向党 喜迎二十大”主题宣传活动，组建“她说曙韵”宣讲团，组织实施“六讲六做”大宣讲、“我奋斗·家国美”故事汇、“海曙她最美”图片展播、“巾帼创·共富有我”视频录制、“巾帼心向党 聚焦二十大”各界妇女代表话未来、“浙里童声·曙娃礼赞二十大”少儿诗歌朗诵等学习宣传活动。规范提升“海曙姐妹巾帼红”志愿服务项目，组织80余个巾帼志愿服务团队。全年被国家、省、市级媒体报道和信息录用12篇，海曙信息、共富信息等区级平台录用15篇，海曙女性公众号编发200余期。

开展“巾帼共富直通车”技能培训40余场次，为2000余位妇女送去职业技能；组建巾帼共富导师团、顾问团；培育区巾帼共富科创、农创、云创、助创共富基地10个，其中“沐坑”获评市巾帼共富农创基地；培育樊丹阳、徐佳宁等一批“巾帼助共富头雁”，“沐坑”等三个巾帼创助共富项目分获宁波巾帼共富创新项目大赛三等奖1名及优胜奖2名。开展“百岗结百户”结对助富活动，组织各级巾帼文明岗与100户困境妇女儿童结对；联合喜德县妇联，开展“与曙同德”姐妹携手促共富行动，在儿童服务、就业帮扶、爱心公益等方面组织相关交流和帮扶工作；国家税务总局宁波市海曙区税务局段塘税务所办税服务厅等5个岗位（集体）荣获浙江省巾帼文明岗称号，柳国飞荣获浙江省巾帼建功标兵称号。打造美丽庭院星级村19个、示范户100个、达标户6000个，举办美丽庭院摄影、视频大赛，新媒体系列采风等活动，扩大美丽庭院建设工作的影响力。

区妇女儿童维权窗口共接待群众来电来访84件。开展“12338”热线主席接访日工作12次。依托“海曙女性”公众号，发布“平安家庭”各类信息21条，“以案说法”9期。编印发放“平安家庭”“反家暴”等宣传册6.3万份。组织金石榴女律师维权服务站海曙分站志愿者结对下沉镇（乡）街道，开展巾帼普法宣讲21场。

【家庭教育宣传】 2022年，海曙区以“送法进万家 家教伴成长”为主题，加强《中华人民共和国家庭教育促进法》宣传普及。线上，依托海曙区妇联官微，通过推出图解上述法律专栏、开设“海岸线”家庭教育云课堂等方式，为不同年龄段儿童和家长提供多元化家庭教育指导。线下，举办海曙区首届亲子绘本剧短视频大赛、家庭教育促进法主题讲座、家庭教育促进法巡展等，营造全社会支持家庭教育的浓厚氛围。此外，区妇联整合“海岸线家庭教育讲师团”、海曙区花季关护讲师团等力量，开展“乐享曙假 关护一夏”家庭家教家风基层巡讲活动18场。

【家庭文明建设】 2022年，区妇联联合生态环境局海曙分局、区文明办，评选认定区级“绿色家庭”100户、区级“文明家庭”100户、区级“最美家庭”100户。全区4户家庭获评省级各类特色家庭、32户获市级荣誉。依托宁波家风馆阵地优势，举办海曙区“把爱带回家——送法到家 让孩子健康成长”2022寒假儿童关爱服务活动，承办宁波市好家庭好家教好家风故事分享会，举办传承与新风——海曙好家庭好家风展，展示全国、省级各类文明家庭代表及感人故事20余篇。与区纪委联合开展“美好·品质 从家出发”清廉家风主题活动，举办海曙区“好家风点亮生活”微记录征集活动，承办“清廉宁波·你我同行”第十站走进海曙活动。举办海曙区“与曙童行 喜迎六一”困境儿童关爱服务活动，为辖区10户困境（留守）儿童送去爱和温暖。通过选树一批清廉家风先进典型、宣传一批“廉洁守法家庭”“最美家庭”事迹、征集一批清廉家风文化作品、上下联动举办一系列清廉家风建设活动，开展“清风传家·德润之江”主题宣传教育活动。深入挖掘本土家风文化资源，整合打造海曙区十大家风传承点，制作海曙区十大家风传承点手绘地图。

【妇女儿童阵地建设】 截至2022年底，全区建成儿童之家272个，实现村（社区）儿童之家全覆盖，并创建3家浙江省示范型儿童之家、40家宁波市示范儿童之家。制定《海曙区妇女儿童综合服务驿站建设实施方案（2022—2024年）》，以教育培训、维权调解、创业帮扶、公益关爱、儿童服务为主要内容，有序推进妇女儿童综合服务驿站打造。打造完成宁波市二星妇女儿童驿站3家，其中1家获评首批省级三星妇女儿童驿站。

【未成年人遭受性侵害防治及干预】 2022年，区妇联面向辖区内幼儿园中班的幼儿，定制一批《绝对不能保守的秘密》儿童版防性侵宣传手册，共计发放数量12000余份。同时，整合海曙区花季关护讲师团等力量，开展“乐享‘曙’假，关护一夏”海曙区花季关护基层巡讲活动，共计10场。启动海曙区未成年人性侵危机干预与心理援助及援助团队督导、成长项目，开展危机干预与心理援助54次、未成年人家庭教育服务59次。

【出台海曙区妇女和儿童发展“十四五”规划】 2022年2月，海曙区妇女儿童“十四五”发展规划出台。规划涵盖参政议政、劳动就业、教育卫生、科学技术、文化体育、人文社会环境、权益保障等内容。其中，妇女规划共有妇女与家庭建设、健康、教育、经济、决策和管理、社会保障、法律保护和环境等8个优先发展领域，较“十三五”妇女规划增加“妇女与家庭”领域，设置10个重点指标，提出72个目标举措。儿童规划共有儿童与家庭、健康、安全、教育、福利、法律保护和环境等7个优先发展领域，其中，较“十三五”规划

2022年，区妇联面向辖区内幼儿定制一批《绝对不能保守的秘密》儿童版防性侵宣传手册，共计发放数量12000余份

重点增加“儿童与家庭”“儿童与安全”两个领域，设置9个重点指标，提出61个目标举措。

【海曙区妇联十一届七次执委（扩大）会议暨综合素质培训班】 2022年3月3日，海曙区妇联十一届七次执委（扩大）会议暨综合素质培训班召开。区妇联第十一届执委，各镇（乡）街道妇联正副主席（干事），党委部门（机关）妇（工）委会主任（负责人），区妇联机关全体干部等70余人参加。

【举办宁波市首场公益家政云集市】 2022年8月26日，2022年宁波首场公益家政集市暨宁波市一老一小紧缺人才灵活就业对接会召开。活动由区妇联、区人社局、宁波市成功育婴职业培训学校承办，旨在搭建集家政供需对接、职业招聘、政策宣传、技能培训、创业就业辅导等为一体的公益化平台，助力更多灵活就业女性实现就业致富。

【举办海曙区女性领导力培训班】 2022年9月20—22日，海曙区女性领导力培训班举办，海曙区部分区管女领导干部、社会各界优秀女性代表等60余人参加。培训班深入学习贯彻习近平新时代中国特色社会主义思想和党的十九届六中全会精神，深入学习领会省第十五次党代会精神，进一步增强女领导干部政治能力、服务中心大局工作能力。

（翁赛娟）

海曙区工商业联合会

【概况】 2022年，海曙区工商业联合会共有会员2236人，成立镇（乡）、街道、园区商会共18家，注册异地商会4家，注册村级商会7家，在外海曙商会3家。

区工商业联合会围绕“喜迎二十大”，开展“甬同心·跟党走”系列活动。在工商联换届中，6名企业家进入省联执委会、27名企业家进入市联执委会。推荐5名企业家为市级新时代中国特色社会主义优秀建设者。实行主席会长轮值制度，举办一期由50位执常委参加的履职能力提升培训班。实施“栽树工程”做好青蓝接力。

助力经济稳进提质，开展“走企连心”活动，走访慰问企业200余家。创新服务平台载体，推出“三服务”工作新品牌“355会员集市”，助力服务中小微企业健康成长，受惠企业500家。依托街道商圈党组织，在10个商圈挂牌成立“民营经济人士之家”。做强原有服务平台，“‘11087’警企服务中心”工作案例入选全国法治护航民企发展“五个一百”典型事例。

【民营企业服务社会】 2022年，区工商联集结25名民营经济人士，组织成立民营经济人士“平安护航队”。发出《关于号召广大工商联会员企业和民营经济人士参与疫情防控的倡议书》，发布《海曙区民营经济领域助力疫情防控志愿者招募令》。发动56家爱心企业成立“崇医联盟”，先后征集3批56家爱心企业成为首批会员单位。引导民营企业参与国家乡村振兴战略，发动19家企业与四川喜德结对，8家企业与庆元县结对，区“创二代”捐赠喜德10万元成立“山海情”创业基金，区工商联与五河县工商联签约结对友好工商联。

【优化营商环境】 2022年，区工商联着力构建亲清政商关系，持续办好亲清直通车·政企恳谈会，召开4场政企恳谈会，涉及组合式税费支持政策、金融政策专题等宣讲以及清廉民企创建示范单位建设推进验收等内容。持续推进清廉民企建设，下发《海曙区清廉民营企业示范单位三年培育计划》《海曙区清廉民企创建工作指导手册》。古林镇商会、中宁化集团入选市级清廉民企创建工作先进单位，区工商联获清廉民企建设优秀案例征集比赛“优秀组织奖”。开展民营企业营商环境调查，形成《统战参阅》获批示。多渠道报送社情民意信息30篇，有2篇被全国工商联录用，张江平等企业家建议纳入宁波市“稳经济16条”措施。

【深化商会改革】 2022年，海曙区加快推进异地商会建设，成立杭州海曙商会、上海海曙商会，组织在外海曙企业家回乡交流。继续深化基层商会改革发展，推进古林镇商会争创全国“四好”商会。加快商会阵地建设，以“商会阵地建设提升年”为主题，与10个商圈、园区开展阵地融合共建。探索建立商会工作评价机制，出台两个评价办法，推动基层商会标准化建设。

【召开基层商会秘书长年度会议】 2022年1月14日，海曙区工商联召开基层商会秘书长年度工作会议，深入学习区第十次党代会精神，谋划部署2022年工作，促进“两个健康”发展，区委统战部副部长、工商联党组书记、常务副主席陈亮主持会议并讲话，区工商联轮值主席、华茂集团总裁、执行董事徐立勋，轮值会长、宁波华晟轻工集团有限公司董事长陆意祥出席。

【成立“老兵就业创业联盟”】 2022年3月12日，海曙区工商联、海曙区退役军人事务局在国骅老兵驿站联合举办“老兵就业创业联盟”授牌仪式暨“春暖花开、职等你来”甬尚老兵退役军人专场招聘会。君禾泵业、旷世居家、黄古林工艺品、国美电器等12家企业参加招聘活动，推出近200个工作岗位。“老兵就业创业联盟”由海曙区工商联与区退役军人事务局共同发起，旨在研究和探索民营经济服务退役军人事务的新路径新方式。联盟成立后，将通过常态化的税收和金融优惠政策宣传解读，让更多民营企业和退役军人熟悉掌握相关政策支持，同时引导更多民营企业积极承担社会责任，科学提供就业岗位，为退役军人就业创业、促进“两个健康”奠定良好的工作基础。

【成立“共享法庭”】 2022年4月6日，海曙区首家基层商会商事“共享法庭”在高桥镇商会成立。商事“共享法庭”成立后，通过“一块屏，一根线”串联起法院与商会，线上开庭，实现“快捷解纷、司法协助、基层治理、法治宣传、快捷视频”等五项功能，做到诉讼关口

4月6日，海曙区首家基层商会商事"共享法庭"在高桥镇商会成立

前移，帮助民营企业解忧纾困，服务和保障民营经济健康发展。

【召开"阵地建设提升年"动员会】2022年4月27日，海曙区工商联（商会）系统在高桥镇召开"阵地建设提升年"动员会议暨一季度基层商会秘书长会议。与会人员现场参观高桥镇商会尤看健康运动中心、经桥服务中心、党群服务中心及商会办公场地，并进行座谈。会上，对2021年度区工商联系统先进集体、优秀秘书长和优秀信息员进行了表彰，各基层商会和异地商会秘书长围绕一季度工作开展情况和今后工作计划作交流发言。

【省工商联到海曙调研】2022年5月18日，省工商联一行到海曙区工商联主席（会长）企业太平鸟集团和海曙区高桥镇商会调研。海曙区工商联主席、海曙区商会会长、太平鸟集团董事长张江平，高桥镇商会会长、华缘集团董事长张宵华等陪同。

【召开"政治事业双传承"座谈会】2022年5月31日，海曙区工商联组织召开"政治事业双传承"新生代青年企业家座谈会。区"创二代"青年企业家联谊会班子成员，新生代青年企业家代表等参加。与会人员参观海曙"同心荟"党外人士之家和乡贤之家·侨胞之家，并围绕"新生代青年企业家如何做好政治事业双传承"主题展开座谈。座谈会上，新生代青年企业家们介绍各自企业的发展情况，阐述对"政治事业双传承"的理解和在传承过程中遇到的问题、疑惑。

【全区清廉民营企业建设推进会】2022年7月15日，全区召开清廉民营企业建设工作推进会。年内，全区认真贯彻落实中央和省、市关于清廉民企建设的部署要求，由区委统战部牵头，区纪委监委作业务指导，区工商联具体实施，区委组织部、经信局、公安分局等部门和各镇（乡）街道、基层商会合力共创，得到民营企业、企业家的积极响应。在工作推动上，坚持党建引领、完善组织制度、培育清廉文化、营造诚信氛围，以构建亲清政商关系为工作着力点，努力推动"政""商"双向发力、同频共振，促进区清廉民企建设不断向纵深发展。

【相继成立杭州、上海两地的海曙商会】参见"中国共产党·统一战线工作"。

（曹　景）

海曙区文学艺术界联合会

【概况】2022年，区文联被省文联评为"2022年成绩突出集体"。先后举办"再现宋韵"明州宋瓷文化展、"大观·宋韵"书画作品展等"宋韵文化"艺术周系列活动、"曙色新韵"小幅中国画学术展、"宋韵风雅"书法工作坊、"中国梦·梨园情"暨"曙色戏韵"文艺演出、"唐风宋韵·中秋雅集"咏诗会、"最美宋词"主题篆刻展等彰显海曙特色的文艺活动20余场。

区文联与宁波市戏剧家协会签订"艺术乡建"合作共建协议，联合市文联在鄞江镇建岙村举办"送欢乐下基层"文艺演出，在章水镇樟村举办"我们的节日·重阳"敬老拍摄活动；美术家协会与深溪村、建岙村结对共建艺术村；月湖诗社与黄古林诗社签订"文化帮扶共富合作协议"；影视家协会在章水镇、洞桥镇挂牌成立"影视创作基地"，在洞桥镇开设首期"洞见"海曙区影视实训营；音乐家协会结对石碶街道车何渡村，民间文艺家协会结对洞桥镇，戏曲家协会结对横街镇桃源村和龙观乡后隆村，开展基层艺术社团帮扶工作。

共有100余件文艺作品获市级以上奖项（入展），其中，音乐作品《我们的领航人》获浙江省第十五届精神文明建设"五个一工程奖"；纪录片《秘色之城》获第六届浙江省纪录片"丹桂奖"；学术著作《浙东古戏台》获第八届浙江省民间文艺"映山红奖"；男子群舞《弄潮儿》获2022年浙江省群星奖；歌曲《守望》获浙江省第十一届音乐舞蹈节兰花奖金奖；图书《万家灯火》《光阴慢》获宁波市第十五届精神文明建设"五个一工程奖"；综合材料作品《尘外》入选第七届全国青年美术作品展；综合材料作品《思归》《与光同尘》入选第四届全国综合材料绘画双年展；摄影作品《海岛潜景》入选第十六届上海国际摄影艺术展；多媒体类摄影作品《一个家庭的百年相册》、书法作品《宋代浙江名诗名句》等33件作品分别在第十九届浙江省摄影艺术展览、"沙孟海奖"第十一届全浙书法篆刻大展等省级展览中获奖（入选）；诗集《在这一天失恋》、甬剧电影《典妻》等17件作品或个人获宁波市文联各文艺门类奖。

启动中国文联新时代文明实践文艺志愿服务项目示范带动地建设，依托"中国文艺志愿服务""志愿浙江"

5月9日，海曙区文学艺术界联合会第三次代表大会开幕式举行

平台，共注册海曙文艺志愿服务团队700余人次。协同区文化和广电旅游体育局推出“艺家人”文艺志愿服务队伍品牌建设，打造文艺志愿服务队主题歌《艺起来》，全年共开展“送福写春联”“温暖全家福”“大手小手‘艺’起走”“一镇一品”文艺志愿团队成果汇报、展览展演、培训讲座等文艺志愿服务活动50余场，惠及群众24000余人次。区文联被市文联评为2022年度宁波市“文艺志愿服务优秀组织”。

【区文联第三次会员代表大会】 2022年5月9日，区文联第三次代表大会召开。大会全面回顾和总结二次文代会以来的工作成就和经验，紧密围绕卓越城区建设，科学谋划今后五年全区文艺事业发展目标、方向和重点任务，选举产生区文联新一届委员会及主席团，为未来五年全区文艺事业发展打下扎实组织基础。

【“宋韵文化”艺术周】 2022年5月，海曙区“宋韵文化”艺术周活动举办。艺术周主要包括“再现宋韵”明州宋瓷文化展、“大观·宋韵”书画作品展、“甬上文化名人说宋韵”系列文化讲座4场、“艺术前沿”与当代水墨画家高泉强的对话等。其中，作为本次艺术周的重头戏的“大观·宋韵”书画作品展于5月24日在天一阁博物院云在楼开展，现场展出《清明上河图之虹桥繁盛》《山径春行图》《画堂春》等书画作品，受到群众的欢迎。

【“艺·曙说”文艺宣讲】 2022年11月2日，作为海曙区宣讲工作推陈出新的成果之一，“艺·曙说”文艺宣讲团在月湖畔成立，首批宣讲员由辖区12个区级文艺家协会的30名文艺骨干组成，以文艺形式宣讲党的二十大精神。当日表演节目包括原创诗歌朗诵《曙说·美丽乡镇》、男声小组唱《海曙楼》、相声《这十年》等。

【首届“青年文艺之星”评选】 2022年11月，海曙区开展海曙区首届“青年文艺之星”评选活动，作为实施优秀青年文艺人才培养工程的重要抓手，来自文学、戏剧、美术、书法、摄影、音乐、舞蹈、曲艺、民间文艺、电影等10个类别的10名青年文艺骨干参评。“青年文艺之星”评选以发现一批富有潜质的文艺新人，激励一批德艺双馨、创新务实的优秀青年文艺人才，营造文艺人才脱颖而出的良好氛围为目标，每2年评选一次，参评对象为40周岁以下、崇德尚艺、在相关文艺领域取得较好成绩的青年文艺工作者。

【“艺术乡建”工作】 2022年12月，《海曙区“艺术乡建”文艺振兴乡村三年行动计划（2023—2025）》出台，全方位、立体化推进“艺术乡建”工作。“艺术乡建”是浙江省文联在全国率先提出的一项开创性工作，年内，区文联组织广大文艺工作者“走下去”，按照“一村一品”的要求，走差异发展、特色发展之路，并先全省推出文艺家协会与农村文化礼堂结对帮扶创新举措，让文联组织在乡村振兴中找到新方位。

（毛　培）

海曙区残疾人联合会

【概况】 2022年，海曙区有持证残疾人17952人，其中视力残疾2774人、听力残疾2705人、言语残疾344人、肢体残疾6904人、智力残疾1818人、精神残疾2748人、多重残疾659人。

全年享受困难残疾人生活补贴2213人、重度残疾人护理补贴8717人；389名残疾学生和残疾人家庭子女享受助学补贴；3234人享受“生活补助金”；1087人享受“城镇职工养老保险补贴”；2195人享受城乡居民医疗保险补贴。

为322名残疾儿童和少年（未满18周岁）开展康复服务，包括视力康复1人、听力言语康复17人、智力康复82人、孤独症康复178人、脑瘫等肢体康复19人、GMS全身运动评估25人、自费耳蜗机子补贴和人工耳蜗处理器升级补贴各1人、困难儿童家庭康复生活补贴3人。发放精神残疾人（18岁至未满60周岁）作业疗法训练补贴20人，残疾人精准康复服务率达到88.34%，基本康复服务率100%。完成残疾人家庭医生签约16025人，签约服务率达到87.2%，“三类”重点人群家庭医生签约服务2399名。完成辅具适配849件，其中轮椅7辆、护理床1张、助听器46台、上肢假肢5条、下肢假肢6条、矫形器7件、纸尿裤11人，其他类辅具766件，辅具适配率均达到100%。完成9名脊髓损伤等重度肢体残疾人功能评估及适应性训练；对40名重度肢体残疾人辅具租赁服务和6名肢体残疾人开展“线上病房”居家康复服务。依托卓远愈养服务中心构建“患者一家属一专家”互助网络，该模式于5月19日在全省康复工作会议上被省残联作为精神残疾精品项目点名表扬。完成6家成年肢体康复机构的评估，并通过验收。

完成残疾人家庭无障碍改造105户、重要公共服务场所无障碍改造11个，成功创建省级无障碍社区2家。以2022年新一轮数字化改革为契机，携手宁波市民卡公司，通过智慧残联“1+X”平台实现海曙区户籍的残疾人证与爱心卡联动办理。借助81890志愿服务线上平台和社会助残力量，为220户残疾人家庭对接康复、营养、护理、生活用品以及法律咨询、心理辅导、学业辅导等“物质+服务”类心愿。推出“遗”脉相传——残障人士非遗学习计划项目、“爱智链”肢体残障人士社区康复融入计划项目等第七届社会助残创新项目10个。联合匠道工作室打造收纳服务品牌项目，为20户视障家庭提供收纳服务960余次。全年累计开展线上线下助残服务342场次，服务残疾人7531人次，参与公益助残服务1493人次。依托残疾人特色社团（公益课堂）开展课堂教学和社团活动，其中肢残人士阳光合唱队亮相宁波市公益助残展示展销会。

3月2日，第23次全国爱耳日，海曙区医务人员为老年人提供义诊服务

完成280个村（社区）残协和17个镇（乡）街道残联、5个专门协会换届工作，成立孤独症人士及亲友协会。9月16日，海曙区残疾人联合会第六届主席团第六次会议召开。10月23日，海曙区残疾人联合会第七次代表大会召开。12月1日，“曙光里”残疾人综合服务中心启用。

【残疾人就业工作】 2022年，全区有6家残疾人扶贫基地、21家“残疾人之家”（其中五星级2家，四星级11家，三星级8家）、7家工疗车间，与近500家用人单位建立联系，为残疾人提供就业岗位。开展残疾人“薪有所属”行动，通过“一人一策”帮扶措施，全年新增残疾人就业462名。22名残疾人实现自主创业，发放创业补贴84000元。培育和扶持平面设计师王旭亚（聋哑人）、软件工程师楼陈泉（肢体残疾人）等一批就业创业典型。开展就业辅导、技能培训20余场次。“灿益工坊·印象宁波”扶持残疾人文创项目（产品）40余个，获评宁波首家国家级残疾人文创孵化基地，被省残联纳入2022年杭州亚残运会残疾人事业展示点。7月，五谷画坊创意助残基地以及李勤、汪国腾、汪友丰等多个优秀残疾人创业者代表参加宁波市公益助残展示展销会。

2022年海曙区残疾人扶贫基地一览表

表12

序号	名称	序号	名称
1	宁波市海曙民创粮蔬专业合作社	4	宁波市海曙龙观原享农场
2	宁波市海曙浩凯果业专业合作社	5	宁波市海曙秀章花木场
3	宁波市海曙糖街西瓜专业合作社	6	宁波市海曙石碶银恩家庭农场

2022年海曙区“残疾人之家”一览表

表13

序号	名称	序号	名称
1	宁波市海曙区段塘街道怡情残疾人服务中心	7	宁波市海曙区广安养怡院
2	宁波市海曙区月湖街道县学社区银杏残疾人服务中心	8	宁波市海曙区孔舍残疾人康复服务中心
3	宁波市海曙区满天星残疾人服务中心	9	宁波市海曙区卓远愈养中心
4	宁波市海曙区白云街道云乐社区添翼助残服务中心	10	宁波市海曙区聚乐阳光家园
5	宁波市海曙区西门街道彩虹桥残疾人服务中心	11	宁波市海曙区集士港晨阳阳光家园
6	宁波市海曙区鼓楼街道博爱残疾人服务中心	12	宁波市海曙区白云街道安丰爱智链残疾人服务中心

续表13

序号	名称	序号	名称
13	宁波市海曙区君乐阳光家园	18	宁波市海曙区洞桥镇敬老院
14	宁波市海曙区望春街道徐家漕社区绿森林阳光家园	19	宁波市海曙区甬恒阳光家园
15	宁波市海曙区南门街道尹江岸社区快乐鸟残疾人服务中心	20	宁波市海曙区江厦街道享复残疾人服务中心
16	宁波市海曙区鄞江镇敬老院	21	宁波市海曙区章水镇助残服务中心
17	宁波市海曙区龙观乡敬老院		

2022年海曙区工疗车间一览表

表14

序号	名称	序号	名称
1	宁波奇卓家居用品有限公司	5	宁波市启福龙鞋业有限公司
2	宁波茂迪塑业有限公司	6	宁波市海曙天骄针织有限公司
3	宁波骏业工艺品有限公司	7	宁波市海曙新艺洁具有限公司
4	宁波弘顺工艺品有限公司		

【残疾人民生实事项目建设】 2022年，海曙区完成“残疾人之家”规范化提升2家（安丰社区爱智链残疾人之家、横街镇聚乐阳光家园），残疾儿童定点康复机构规范化提升1家（星梦残疾人康复教育中心）。完成重要公共服务场所无障碍改造点位11个、省级无障碍社区创建2个（白云街道安丰社区、江厦街道莲桥社区）、家庭无障碍改造105户。“残疾人净居亮居”工程被评为“全省残联系统担当作为好案例”。

【疫情期间残疾人保障服务】 2022年疫情防控期间，全区21家“残疾人之家”实施闭园管理，对智力残疾人等相关人员做好居家照料工作。畅通“12385”残疾人服务热线，响应困难群众的呼声和需求，对6198名重度残疾人以及一户双残的家庭，及时提供必要的帮助。协调社会力量、发动各方资源，通过“海曙助残学习平台”公众号推出线上防疫公益课堂和倡议书，开展个人防护、心理疏导、网上问诊、文化宣传等线上服务，确保全区18400余名残疾人的生活、学习有序稳定。

【“灿益工坊·印象宁波”纳入2022年杭州亚残运会残疾人事业展示点】 2022年，海曙区残疾人文创机构灿益工坊被省残联纳入2022年杭州亚残运会残疾人事业展示点，宁波市共2家。灿益工坊位于南塘老街，是海曙区残联打造的集“研发、培训、就业、孵化、制作、销售”为一体的残疾人文创产业综合体。机构以助力残疾人文创从业者增收致富为使命，先后获评全省残联系统担当作为好案例，全市首家国家级残疾人文创孵化基地培育出江厦“听障布艺达人”李勤、古林“东爸手作”父子木雕等匠人品牌。

【海曙区率先推出残疾人证与爱心卡“一次办”服务】 2022年，为帮助残疾人群体更好融入社会，享受美好生活，海曙区残联以2022年新一轮数字化改革为契机，携手宁波市民卡公司，通过智慧残联“1+X”平台数据共享，简化残疾人办理爱心卡流程，在宁波市率先实现海曙区户籍的残疾人证与爱心卡联动办理，实现“让信息多跑路，让群众少跑腿”。

【海曙区人民政府残工委全体（扩大）会议暨区残联六届主席团五次会议】 2022年5月11日，海曙区人民政府残工委全体（扩大）会议暨区残联六届主席团五次会议召开。区残工委各成员单位分管领导、主席团委员等参加。会议通报2021年度基层残疾人工作评价及优秀评选结果。区残工委副主任代表区政府残工委和区残联主席团作工作报告。

【首家乡级残疾人专门协会成立】 2022年7月6日，横街镇残联召开镇残疾人专门协会暨第一次代表会议，成立海曙区首家乡级残疾人专门协会。大会选举褚调娥（智力残疾人亲友）为镇残疾人专门协会主席，董鲁达（视力残疾）和王聪灵（言语残疾）为副主席，协会委员中各类残疾人均有代表。

【海曙区残疾人联合会第七次代表大会】 2022年10月23日，海曙区残疾人联合会第七次代表大会召开。大会全面回顾过去五年残疾人工作发展历程，谋划部署今后五年残疾人事业发展目标及奋斗任务，选举产生新一届主席团、出席宁波残疾人联合会第八次代表大会代表，推举产生新一届执行理事会。

【“曙光里”残疾人综合服务中心启用】 2022年12月1日，“曙光里”残疾人综合服务中心启用。“曙”代表海曙；“光”寓意“以爱之名，向光而行”；“里”象征残疾人温馨港湾。该中心位于卖鱼路91号，面积450平方米，共三层。在楼层功能布局方面，一楼以残疾人办事服务窗口为主；二楼以残疾人活动场所为主；三楼以残疾人康复体验中心为主。系全市功能最为完备、内涵最为丰富的残疾人综合服务中心，“五位一体”（“党建+”“就业+”“服务+”“融

"曙光里"残疾人综合服务中心

合+""智慧+"）模式在残联系统具有示范引领地位。年内，继续优化"曙光里"帮扶项目的集成发展，为全区17个镇（乡）街道残联、6个残疾人专门协会、21个"残疾人之家"提供资源链接，使全区助残机构的服务半径、布局和功能得到新的跃升，带动残疾人物质富裕和精神富裕。

（孙燕燕）

海曙区红十字会

【概况】 2022年，区红十字会召开七届五次理事会，出台《海曙区高水平推进应急救护工作实施方案》实施"九大专项行动"，贯彻落实中国红十字会总会和浙江省红十字会打造"群众身边的红十字会"要求，持续推进红十字博爱家园建设。全年接受社会资金捐助164.7万元、物资8万元。实现执证救护员培训9747人次，普及培训17.7万人。造血干细胞捐献2例、人体器官捐献4例、角膜捐献6例、遗体捐献5例。

【三救三献】 2022年，区红十字应急救援合作机制建设不断加强，5家社会应急力量救援队伍核心救援人员持证率达100%。区红十字山岳应急救援队出动专业性救援任务12次。新增配村（社）赈济救援装备5套，新增安装AED 设备9台。应急救护培训"救在身边・校园守护、交通救护伴行、机关先行、安老护老、救援先锋"专项行动启动，全区65所中小学普及培训8.8万余名师生，宁波栎社国际机场、轨道交通、交警大队等单位培训1354人次；联合区委组织部（区直机关党工委）、区民政局、区应急局等部门和街道组织应急救护培训，199名机关干部、107名养老护理员、347名消防员获得培训证书。"5・8"人道公益日应急救护驿站（AED）、器官捐献者子女助学项目筹款26万余元，9396人次参与网络筹资，众筹款排名获全省第10、全市第一。"9・9公益日"募集资金3万余元，用于区对口扶贫四川凉山州喜德县喜德思源实验学校建立学校"图书角"。实施"小桔灯"项目助学器官捐献子女7人次，发放救助金18000元。

7月31日，月湖街道梅园社区开展AED专项应急救护培训

【红十字组织建设】 2022年，社区（村）红十字组织建设不断推进，村（社区）建会率达到100%。及时召开区红十字会七届五次理事会，改选会长1名、常务副会长1名、副会长3名，聘请名誉会长1名。贯彻落实中国红十字会总会和浙江省红十字会关于打造"群众身边的红十字会"要求，持续推进红十字博爱家园建设，新增建成"博爱家园"项目4个，新增红十字成人会员8798人、红十字志愿者3648人。

【红十字宣传教育】 2022年，海曙区协调镇（乡）街道、社区（村）和学校等各级各类红十字会，利用"学雷锋"日、"5・8"世界红十字日博爱周、世界急救日、全国防灾减灾日等契机，采用横幅、移动宣传栏、散发公益宣传册、网络微信等形式，及时宣传疫情防控、防灾救灾、网络募捐、志愿服务、救护培训、无偿献血、志愿捐献等工作。发放各类宣传册1500余份。依托区全媒体中心宣传平台，讲好红十字故事，推出"95后"大学生毛同学、爱心妈妈章女士造血干细胞捐献爱心救人行为，以及"心呵护、爱相随"网络募捐，感人事迹和典型工作信息，被省、市红十字会及"浙江新闻""甬派"等多媒体平台采用。"红十字心向党"微视频和2021年度获中国红十字会总会报刊"宣传先进集体"证书照片在区迎接党的二十大大型陈列展参展。《红十字精神与中国文化的有机融合》获评2022年度中国红十字优秀作品、优秀理论文章。获评中国红十字总会报刊2022年度"宣传先进集体"。社会捐赠款物、年度审计报告等公开公示，及时回应社会关切；两篇新闻报道获市红十字会、市新闻工作者协会第二届红十字好新闻评比"优秀奖"。

【红十字青少年教育】 2022年，海曙区各学校红十字会加强青少年素质、德育、健康教育引领，宣传传播红十字文化和精神，推动和开展有利于学生身心健康的活动。为增强学校师生逃生技能和知识，举行避震减灾逃生演练，进一步提高全体师生处置应对能力。同时，各学校红十字会针对青少年特点，相继开展普及性应急救护培

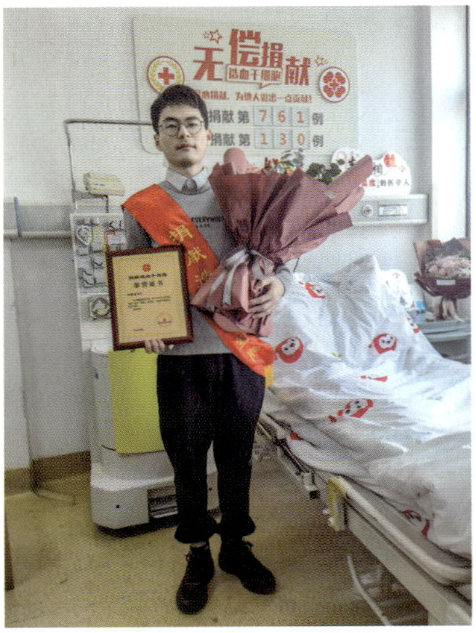

捐献造血干细胞志愿者毛同学（左）与章女士（右）

训、防灾救灾演练、红十字文化、心理健康、青春期教育、艾滋病预防、远离毒品等具有红十字特色的活动和教育，推动校园红十字文化建设。各校开展年度红十字青少年“生命教育、你我同行”主题教育月活动，引导红十字青少年践行社会主义核心价值观，让红十字青少年进一步理解保护生命和尊严的重要性。其中，雅戈尔中学作为省红十字青少年人道法实践阵地，探索红十字青少年工作模式，参与中红会生命教育防灾避险知识竞赛，组织夏令营和红十字文化进学校宣传活动，在该校初二年级的10个班级中，完成全年82课时教学计划。

【红十字志愿服务】 2022年，海曙区不断完善红十字志愿者队伍建设，招募新增红十字志愿者3648人。推动无偿献血宣传动员与红十字工作一体化，造血干细胞捐献登记志愿者入库181人次，遗体、器官（角膜）捐献登记志愿者1022人次。区各级红十字志愿者参与疫情防控、抗台防灾、关爱空巢、困难救助、志愿者招募、救护知识培训等便民服务，设摊便民服务1500余人次。实地慰问医护人员，参与疫情防控值班值守，联系基层组织做好抗台救灾、疫情防控等志愿服务。

【造血干细胞捐献】 2022年2月28日，温州医科大学2017级学生毛同学成功采集305毫升造血干细胞混悬液，挽救他人生命，成为海曙区第10例、宁波市第130例、浙江省第761例造血干细胞捐献者，也是海曙区首例学生造血干细胞捐献者。4月29日，36岁的章女士完成150毫升造血干细胞悬浊液捐献采集，挽救他人生命，成为海曙区第11例、宁波市第131例、浙江省第777例造血干细胞捐献者。

【“5·8”人道公益日网络众筹】 2022年5月7—9日，由中国红十字会发起设立、中国红十字基金会具体实施、全国红十字系统共同参与开展的“5·8”人道公益日腾讯公益平台互联网众筹募捐活动实施。区红十字会推出“心呵护、爱相守”应急救护驿站（AED）和救在身边（器官捐献者子女助学）公益项目，制作发布两期微信公众号，通过红十字基层组织，在社区、村、物业微信群传播，活动参与人数9396人，共完成261185.32元募捐，腾讯公益平台网络配捐13710.56元，实现网络平台筹资募捐总目标，众筹款排名获全省第十、全市第一。

【爱心义卖】 2022年6月1日，海曙区信谊小学大队辅导员赵洁等两位教师来到区红十字会，将学校红十字青少年“六一”儿童节义卖所得22321.8元全部捐赠给区红十字会，用于人道公益事业。海曙区信谊小学在六一儿童节期间开展爱心义卖活动，学生将自己闲置的书籍、学习用品、玩具、手工作品等拿到校园现场义卖。通过义卖活动，引导红十字青少年关爱他人、回报社会，学生既奉献爱心，又锻炼实践能力，共同用爱心和善行诠释着中华美德。

【应急救护工作动员部署会】 2022年12月6日，海曙区召开应急救护工作动员部署会议，相关部门和镇（乡）街道共39家单位参加会议。会议通报全区应急救护工作情况，就《实施方案》相关内容进行详细解读，并部署相关工作。

（孟令震）

法治·军事

政法综治

【概况】 2022年，区委政法委围绕“平安护航二十大”工作主线，以维护国家政治安全和社会大局稳定为首要任务，全力以赴保安全、护稳定、促发展。完成党的二十大、2022年北京冬奥会、冬残奥会及各级两会、党代会等重要时段安保任务。及时协调化解矛盾隐患，保障重大项目有序推进、重大决策平稳落地，指导办理各类风险评估事项。海曙区连续18年获评省级“平安区”，捧回全省首批“二星平安金鼎”。

【“平安海曙”建设】 2022年，海曙区平安建设全面提档升级。树立总体国家安全观和“大平安”理念，以除险保安行动为总抓手，开展平安建设攻坚提质行动、平安建设争先进位大比拼活动，打赢“除险保安百日行动”、平安护航党的二十大等攻坚战。加强社会治安防控体系建设，常态化推进扫黑除恶斗争，打击电信网络诈骗和养老诈骗，集中破解生产、消防、交通、食药等领域重点难点，实施平安建设晾晒通报、检查督查、挂牌督办、约谈倒查等机制，全区有效警情同比下降6.2%。强化基层社会治理，开展平安小区等27项基层系列平安创建活动，发挥村（社区）平安护航队作用。组织12轮次检查督促，开展“红袖章小喇叭”平安巡逻、“1+8”星火相传活动，运用一封信、手机短信、平安小视频等13类载体，累计发放宣传资料300余万份，全方位、多层次、立体化、全覆盖营造平安建设氛围。海曙区省平安考核成绩列全省第三十二位、全市第二位，同比分别上升4位和1位，获评宁波市2022年平安建设（除险保安）考核优秀单位。

【数字法治系统建设】 2022年，区委政法委牵头推进全区数字法治改革。完成浙江省、宁波市交办的15项改革任务，综合应用功能上线率100%，年度考核取得全市前三的优异成绩。梳理储备10个应用场景，“步态识别”技术入选全省数字法治系统现场教学活动。办案规范化管理、互联网企业网络犯罪威胁感知、企业多跨协同服务等3个项目入围全省数字法治一本账S3；“全链条司法协同”项目入选全国“2022政法智能化建设创新案例”。深化“大综合一体化”行政执法改革，建立“1+8”行政执法体系，移动执法PDA应用获上级肯定，通过移动办案执法信息化的应用，海曙区简易程序案件数占全市33.36%。“海曙区‘智慧矫正’改革做法”“全链条司法协同改革做法”分别被《光明日报》《人民日报》刊用。

【执法监督工作】 2022年，区委政法委牵头落实8个多跨协同制度，推进刑事诉讼涉案财物管理处置、滥诉行为甄别、“判实未执”人员清理等专项

10月，“平安海曙”建设组织开展平安签名活动

工作。建立全区政法干警依法履职保护委员会、滥诉联合甄别专业委员会，推动制定配套机制文件39个，开发建设数字化成果27件。在全市率先牵头开展电竞酒店违规接纳未成年人上网整治行动，全区15家电竞酒店全面禁止未成年人入住入网。探索建立基层法庭与镇（乡）街道反向委派调解工作机制，推动“共享法庭”建设。

【政法队伍建设】2022年，海曙区在政法队伍中进一步贯彻落实《中国共产党政法工作条例》，开展再学习再宣传再贯彻活动，举办学习宣讲活动、专题辅导讲座、警示教育活动、应知应会测试等，参与测试人数居全市第二。强化区法学会建设，邀请专家学者举行专题讲座。推进“五问五破、五比五先”作风建设专项行动，深化“政法亮剑”党建品牌，提高干部纯洁性，增强凝聚力和战斗力。政法工作的多篇正面宣传报道被《人民日报》、新华社，中央政法委“长安剑”等媒体刊用。

【区委政法工作会议】2月21日，区委政法工作会议召开。会议学习传达中央和省委、市委政法工作会议精神，总结2021年度工作情况，部署2022年度全区政法工作。

【全区建设平安海曙工作会议暨“平安护航二十大、除险保安迎亚运”动员部署会】2022年4月20日，全区建设平安海曙工作会议暨“平安护航二十大、除险保安迎亚运”动员部署会召开。会议通报2021年度海曙区省平安考核情况及区对各镇（乡）街道、部门平安建设考核情况，部署2022年海曙区“除险保安”工作。

（应欣芷）

依法治区

【概况】2022年，海曙区把依法行政贯穿政府工作始终，按照中央和省、市部署，全面落实法治政府建设各项要求，努力建设人民群众看得见、摸得着、感受得到的法治成果，促进全区经济平稳健康发展和社会和谐稳定。

【法治政府建设】2022年，海曙区组织实施“法助共富、法护平安”专项行动，制定并落实法治海曙建设“八大抓手”重要工作方案。修订完善区委全面依法治区委员会成员单位名单，召开十届区委全面依法治区委员会第一次（扩大）会议，法治海曙建设年度重点任务层层压实。落实党政主要负责人履行法治建设第一责任人制度，以大会述法、书面述法形式，实现述法评议工作全覆盖，8个部门主要负责人在区人大常委会上述法。实施法治督察与巡视巡察相结合机制，督察结果纳入区委巡察报告。多层次开展法治示范创建活动，白云街道、段塘街道争创宁波市第二批法治建设示范乡镇（街道），《“一站式”执法办案管理中心》项目获依法治市办推荐参评浙江省县乡法治政府建设“最佳实践”。政务2.0“一网通办”办件率达96.09%，跨部门联合监管率为53.17%。以“浙政钉”为载体打造乡镇（街道）“合法性审查工作”数字化应用模块，审查各类项目共计3625件，相关工作经验被《光明日报》《人民论坛》《今日浙江》等主流媒体报道，该项目作为宁波市司法局唯一推荐项目，申报省级年度创新推进项目。

【首创“行政复议观察员”制度】2022年，海曙区在全市首创“行政复议观察员”制度。行政复议观察员参与行政复议案件审理、实地调查、调解等其他相关复议工作事项，以此进一步发挥行政复议解决行政争议主渠道作用，促进行政争议多元化实质性解决。

【行政执法监督】2022年，海曙区成立合法性审查中心，常态化开展行政执法证申领换发工作，共组织开展两次行政执法人员综合法律知识考试，赋权镇街持证人数由2021年底的14人提升至249人。清理行政执法主体，对受委托执法的单位以及“三定方案”明确不承担行政职能的事业单位等不具备行政执法主体资格的单位核销其行政执法主体资格，共核销115个。依托数字化行政执法监督平台应用开展执法案卷线上线下评查，共评查案件150余件。针对性制发行政执法监督通知书和案卷评查反馈函。对6个存在行政败诉败议案件单位制发《行政执法监督问责建议书》。对4个行政执法部门制发《行政执法监督通知书》，规范行政执法行为。落实《中华人民共和国行政处罚法》，梳理轻微违法告知承诺制执法监管事项。落实“四级”立法意见征求，共完成立法意见征求18件，召开立法座谈3次，做好“政府立法数智平台”应用，向立法平台反馈有效立法意见和建议100余条，有效立法意见反馈条数位列全市第三。

【行政规范性文件管理】2022年，海曙区进一步强化行政规范性文件合法性审核机制。收到区政府文件咨询件32件，纳入行政规范性文件管理并进行审核的21件，出具书面意见书21份，提出意见84条，意见采纳率100%，相关文件涉及助企纾困、综合执法、人才队伍建设、流动人口管理、住房保障等领域管理。审核党的规范性文件等其他文件材料66份，提出意见建议76条。加强行政规范性文件备案。区政府及区政府办公室全年制发行政规范性文件11件，及时报备率100%，未发生备案纠错文件。切实加强对镇乡（街道）及部门单位的行政规范性文件指导和备案管理。收到镇乡（街道）及部门单位报备的行政规范性文件12件。完成区政府行政规范性文件的全面清理，开展涉及碳达峰碳中和、共同富裕、优化营商环境、激发市场活力等内容的专项清理工作。经清理，区政府行政规范性文件继续有效71件，废止或者失效24件，修改3件。

（姜一寅　沙泽宁）

社会治理

【概况】2022年5月，区社会矛盾纠纷调处化解中心迭代更名为区社会治理中心，保留区社会矛盾纠纷调处化解中心牌子。成立后，集运行监测、矛盾调处、分析研判、协同流转、应急指

5月，原区社会矛盾纠纷调处化解中心迭代升级为区社会治理中心

挥、督查考核六大功能于一体，为区委、区政府直属的公益一类事业单位。

中心入驻13个职能部门，拥有9个线上线下工作平台、5个专业调委会及心理服务、仲裁公证等社会力量，设置人民来访接待、矛盾纠纷调解、公共法律服务三大功能区及9个服务窗口，实现“一窗式受理、一站式接待、一揽子调处、一条龙服务”。

深化“县乡一体、条抓块统”改革，健全完善“141”基层治理体系，推动建立“多中心合一、一中心多用”的社会治理综合指挥平台，构建由1个区中心、17个镇（乡）街道综合信息指挥室、网格、微网格构成的四级社会治理组织架构，形成党建统领、中心统筹、网格统管、数智统合的基层治理新格局。

【健全优化基层治理指挥体系】 2022年，区社会治理中心打造纵向上下贯通、横向部门协同、底座数据连通的“土”字形指挥体系。区级层面，新建综合性指挥中心，明确六大功能，接入相关调度系统，建立上连省、市的指挥中心，下达17个镇（乡）街道和269个村、社的一体化可视化指挥贯通体系，实现基层治理“一个中心”统一指挥调度。当年承接防疫防台等保障任务40余场。镇（乡）街道层面，强化执行，按照“1+4+X”机构模式，建强镇街综合信息指挥室，镇街主要负责人为主任，副书记为常务副主任，一名中层正职为专职副主任。全区镇街指挥室均完成机构设置和硬件改造。建立中心班子成员包联镇街制度，强化重点镇街以及村社与区级联动。村、社层面，做实村（社区）综合指挥工作站，动员基层各方面力量，实现视联网点位全覆盖。协同推进“共享法庭”建设，推动矛盾纠纷实现区级+镇（乡）街道+村（社区）的“一站式受理、一条龙服务、一揽子解决”机制。

【健全优化基层治理管理模式】 2022年，区社会治理中心开展海曙区网格、微网格集中过筛和系统落图工作，优化最小治理单元，并完成网格统一标准化编码。推动“两代表一委员”、“三官三师”、“大综合一体化”执法、协辅警等组建最强治理团队，通过“五问五破五比五先”基层智治擂台比武、网格拉练、信息化系统VR教学、点对点指导等多种形式，提升网格长（员）业务能力，组织开展除险保安、文明城市创建等全员全域网格主题拉练10次。优化督导考核机制，实行网格绩效指标每日晾晒通报。建立关爱激励机制，推荐市级“网格之星”80人，制发网格工作证和聘书1500份。

【健全优化基层治理多跨应用体系】 2022年，区社会治理中心推动应用场景的谋划和建设，加强“感知+大脑”的赋能作用，助力基层工作减负增效。推进数据贯通，实现“基层治理四平台”与人大督事平台、纪委监督平台、警务平台等信息共享、业务协作。开发推进“文物安全隐患整治一件事”等新型场景应用，压实属地主体责任和职能部门监管责任。推进三级智治平台全覆盖，实现17个镇（乡）街道的智治平台以及村、社智管家账号100%登录使用。

【健全优化基层治理风险防范体系】 2022年，区社会治理中心坚持“调解优先、诉讼断后”原则，做实矛盾纠纷化解工作。建好阵地，开展信访接待区、纠纷调解区、法律服务区三大功能区改造，优化空间布局，提升接访容量。区、镇两级中心受理各类矛盾纠纷事项31043件，化解率98.6%。深化“曙调”特色调解品牌，引入2名调解员充实区中心，实现交通、劳动、金融等行专调解力量实质进驻，形成基层先调、区调攻坚、诉调访调衔接的分级调处机制。接待咨询346件，受理调解案件126件，调解成功率98.37%。加强“浙江解纷码”应用推广，引导群众矛盾纠纷“指尖”化解。与区人民法院共建“调诉联盟”，在区人民法院“反向”开设区中心受理专窗。联合区信访、法院、司法等部门，调处多起案件。

（芦成志）

公　安

【概况】 2022年，海曙公安分局被省委、省政府评为全省优秀公安局（全省8个，宁波唯一），经侦大队获评全省优秀基层公安单位，队伍正规化考核排名全市第三。全年有2个集体、4人立二等功，2个集体、27人立三等功，16个集体、95人受嘉奖表彰，138人受市公安局通报表扬，63个集体、213名个人获评区级以上荣誉，其中高桥派出所获评全国第二批“枫桥式公安派出所”，古林派出所副所长张登奎被评为全国优秀人民警察。

【行业场所管控工作】 2022年，海曙公安分局推进消防监督检查工作。按照《分局公安派出所消防工作指引参考》要求，切实列管重点单位，整改安全隐患，查处违法行为。强化娱乐场所顶格严管，依托警情“清零”工作机制，严格落实娱乐场所的顶格管控措施。加强护校安园工作，严格督促落实各项校园安全防范措施，“护学岗”设置率达到100%，完善突发事件预案，开展演练2次。

【刑事侦查】 2022年，海曙公安分局共发生电信网络诈骗案件2370起，同比下降17.45%。抓获电信网络诈骗犯罪嫌疑人617人，移送起诉182人，公诉241人。打掉团伙42个，打掉位于广东电白、海南澄迈、山东潍坊、河北廊坊等国内电信网络诈骗窝点5个，破案729起，破案率36.45%。打掉各类团伙16个，抓获违法犯罪嫌疑人139人，侦破案件38起。“两抢”案件发案同比上年持平。继续深化2021年公安部部署的“团圆”行动，开展完善信息、宣传发动、采集数据、比对核查、积案攻坚、认亲确认等6项工作，通过自主信息研判发现并找回本地历年失踪妇女1人，组织认亲活动1次。组织开展夏季治安打击整治“百日行动”，全面落实涉毒违法犯罪打击、吸毒人员排查管控以及易制毒化学品管理等各项工作，共破获涉毒违法犯罪案件20起，抓获犯罪嫌疑人52人，移送起诉49人，缴获各类毒品2000余克。破获侵财案件500余起，移诉盗窃人员（含掩饰、打击文物、打击医保类犯罪人员）496人；抓获历年侵财类逃犯数275人。严厉打击食药环犯罪，全年完成移诉指标141人、侦办省标案件4起，绩效位列全市第一，大要案办理位列全市第一名。参加浙江省公安厅组织的涉税案件比武，获得三等奖。

6月29日，“全民反诈在行动”反诈宣传日广场主题活动在海曙区印象城举行

【危爆物品管控】 2022年，海曙公安分局在全区范围内组织开展危爆物品专项检查整治。组织开展危爆物品从业单位自查自纠，派出所检查和分局抽调力量交叉检查，查处剧毒和易制爆企业违规案件1起，联系销毁剧毒化学品1.454千克。加强烟花爆竹禁燃禁放管理工作，严肃查处烟花爆竹违法犯罪行为，发放宣传资料13000余份，签订责任状（承诺书）2100余份，及时劝阻燃放烟花爆竹180余起。

【警企服务】 2022年，海曙公安分局进一步深化“11087，亲清在浙里”警企服务工作，推进警企服务中心和各站、室的建设。推进智慧警务建设，利用省级相关平台，将企业征信、诉讼、电力、税务等涉企关联数据等纳入平台，对优质企业、风险企业进行划分，提前监测风险，实现多跨协同服务。执法办案的同时注重宣传，组织律师事务所、行业协会等，从法律风险、违法根源、防控对策等角度分领域为80余家企业开展专题培训。开展警企座谈会18场，收集意见建议89条，接报举报线索2条，均第一时间落实相应措施。

7月15日，宁波市公安局政治部为海曙公安分局户证中心授牌

【政务服务一体化新体系建设】 2022年，海曙公安分局推进“1个网办中心+17个便民窗口+N个延伸点”的一体化政务服务体系、无差别办事网络建设。17个公安政务分窗口全部入驻镇（乡）街道便民服务中心，288个延伸点遍布社区、村庄、企业园区的“15分钟便民办事圈”，全部接通政务服务2.0平台，305名村（社）辅警兼任政务导办员。1月，被省公安厅列为政务服务网办中心建设试点，并以全省第一的成绩通过验收。海曙公安分局服务群众、企业的相关做法先后被《人民日报》（海外版）、《人民公安报》、“宁波新闻”等主流媒体报道，相关工作动态被省公安厅录用。

【户证办理】 2022年，海曙公安分局户证中心接待群众3万余人次。办理户口迁移1.3万余人次，全城通办1200余份，跨省通办超过160份，项目变更800余份，制作第二代居民身份证1.16万余份，二代临时居民身份证1500余份，长三角首次申领居民身份证80份。

【海曙公安与阿里资产平台签署战略合作】2022年12月6日，海曙公安分局与阿里资产平台签署战略合作协议，阿里资产协助海曙公安在淘宝“阿里拍卖”频道建设涉案资产处置专区，对可以依法由公安机关处置的财物予以网上公开竞拍。自此，开启公安涉案资产数字化处置新模式。

（李鹏展）

交　警

【概况】2022年，海曙交警大队下辖直属、秩序、事故、指挥中心4个内设中队，下设一、二、三中队、铁骑中队及南站、高桥、栎社、集士港、鄞江、古林中队10个路面中队。

道路交通死亡事故62起，死亡64人，死亡事故数较上年同期起下降21.52%，亡人数较上年同期人下降20.00%。查处各类交通违法行为41.4万起，其中机动车违法18.9万起，非机动车行人交通违法22.5万起。

2022年，海曙交警大队被授予全省公安机关创文明交通治秩序乱象“减量控大”系列行动成绩突出集体。集士港中队被授予全省优秀公安基层单位称号，并受到市政府集体嘉奖，指挥中心被授予市级“青年文明号”称号，3名个人荣立三等功，12名个人受到市级、市局级嘉奖。

大队坚持政治建警方针，以党的二十大交通安保工作为主题主线，以道路交通安全综合治理、城市交通精细化管理、公安交警数字化改革、执法规范化和基层基础建设为主要抓手，聚焦首善标准，聚力“五大提升”，一以贯之抓队伍、严执法、保安畅、优服务，全力推动新时代公安交管工作高质量发展，有效确保辖区经济社会高水平发展，不断提升人民群众满意度、获得感。

【强化道路交通事故防控】2022年，依托区道安专委办，海曙区形成由区政府主要负责人牵头，各镇（乡）街道、职能部门各司其职、管理到位、资金到位、治理到位的交通事故防治机制。抓实各项应急预案和联系制度，继续深化“警保联动”“警医联动”制度，最大限度减少交通事故亡人数。明确隐患点段治理责任部门和责任镇（乡）街道，深化隐患点段治理，实行挂账管理、销号治理。按时保质完成省、市、区级挂牌治理道路的隐患排查治理及“隔封亮建透”样板路广泽路建设，治理完成率100%。在全区重点运输企业同步开展“三见面”“三必查”等联合检查63次，约谈重点驾驶人员200余人次，检查各类重点车辆120余辆。开展各类交通违法整治行动150余次。累计查处酒驾违法1460起，“两客一危一重”重点违法1559起，电动自行车重点违法182608起，侦破交通事故肇事逃逸案件182起，刑事立案116起，行政拘留71人，吊销驾驶证581人，暂扣驾驶证758人。

【提升城市交通治理水平】2022年，海曙区实施道路交通事故远程调处机制，由指挥中心远程调处专员通过电话联系事故当事人收集现场证据，结合视频监控认定事故形态、责任，引导当事人快速撤离现场，持理赔短信就近到理赔中心进行后续处理，进一步配合铁骑网格勤务，有效提升事故接处警效率。在大力整治交通违法基础上，多策并举治理城区、城乡接合部交通秩序乱点、堵点及事故隐患点211处；排查设施4000余处；施划交通标线21500平方米，新增交通标志牌264块，警示桩401根，安装交通隔离护栏726片；参与并配合海曙智慧停车项目完成停车位施划1746个；清理“僵尸车”76辆；消防通道治理7处。同时，通过阶段性调研、交通设施改造、交通组织调整、高峰交通管制控流、地面单向绿波分流等举措，治理交通秩序乱点、堵点及事故隐患点80余处。

【筑牢交通安全宣传阵地】2022年，海曙区依托交通宣传“七进”机制，开展“美丽乡村行”“知会避险”等系列主题宣传，采取宣传车下乡、宣传员进村、宣传活动进集市等形式，深入亡人事故地点周边农村区域开展“一事故一宣传”交通安全宣教活动。全年开展各类交通安全宣传活动140余场次，发放交通宣传资料3万余份，曝光重点交通违法1500余次，曝光典型交通事故案例70余个。

（王宾原）

检　察

【概况】2022年，区人民检察院先后获评全国检察宣传先进单位、全省先进基层检察院等省、市级以上荣誉36项，4个案件获评最高检典型、优秀案例，13个案件获评省、市级精品、典型案例。

【刑事检察】2022年，区人民检察院依法批捕犯罪嫌疑人355人、起诉1297人，同比分别下降52.6%、34.4%。依法严惩严重暴力犯罪，起诉故意杀人、强奸、抢劫等恶性犯罪45人。从严打击电信网络诈骗、养老诈骗、集资诈骗等涉众型侵财犯罪，起诉265人，加大追赃挽损力度，努力守护群众财产安全。协同履行反腐败政治责任，加强与监察机关衔接配合，参与市人民检察院立案查办司法工作人员徇私枉法、滥用职权等职务犯罪，审查起诉区监委、市人民检察院移送的职务犯罪案件11件11人。办理涉未刑事案件116件162人，依法严惩性侵、虐待等侵害未成年人犯罪，起诉19件26人。加强刑事侦查监督，全年监督立案68件、监督撤案13件，纠正漏捕、追诉漏犯32人，其中判处5年以上有期徒刑6人。加强刑事审判监督，提出抗诉4件。加强刑事执行监督，依法纠正羁押场所监管、刑罚执行、社区矫正等领域违规违法现象，向有关单位制发“纠正违法通知书”17份，落实“减假暂”实质性审查。贯彻落实少捕慎诉慎押刑事司法政策，诉前羁押率23.5%，较上年下降12.6个百分点。全面落实认罪认罚从宽制度，对认罪认罚的1670 名犯罪嫌疑人从宽处理，一审服判率接近100%。深化检警监督协作，与公安机关联合成立侦查监督与协作配合办公室，共同构建刑事诉讼"大控方"格局，执法司法制约监督更加规范高效。

【民事检察】 2022年，区人民检察院全面贯彻落实民法典，加强民事审判监督，办理生效裁判监督案件28件，建议法院再审19件，提请市人民检察院抗诉1件，再审检察建议采纳率达到100%。加强民事执行监督，围绕司法网拍、车辆查封扣押等环节存在的不规范问题，发出检察建议42份。针对依生效调解书强制执行中的法律空白问题，通过类案监督，及时推动法院建制堵漏，相关案件获评最高检优秀案例。与政法各部门合力推进防范和打击虚假诉讼，加大追索劳动报酬虚假诉讼、"逃债型"虚假诉讼案件的监督办理力度，切实维护司法权威和审判秩序。

【行政检察】 2022年，区人民检察院切实加强行政诉讼监督，办理年内全省首例行政生效裁判抗诉监督案件，并建立涉劳案件多部门协作调处机制，办案经验获省院检察长批示肯定，获评全省检察机关行政检察精品案例和2022年度全国十大行政检察典型案例。加强非诉执行检察监督，审查"终结本次执行程序"行政非诉执行案件70余件，对其中13件案件提出监督意见，均获采纳。坚持权利保护与权力监督并重，推进行政违法行为监督，纠正行政违法行为4件，加强行政滥诉行为联合甄别，切实维护行政秩序和司法权威。

【公益诉讼】 2022年，区人民检察院强化监督履职，办理行政公益诉讼案件36件，发送检察建议35份均获回复整改，实现诉前维护公益目的最佳司法状态。坚持"当诉则诉"，针对非法占用河道问题依法提起海曙区首起环境资源行政公益诉讼，以公益起诉促部门履职，维护公益诉讼制度刚性。重视发挥公益诉讼惩罚性赔偿制度震慑、指引作用，对危害食品安全、污染环境的责任人提起民事公益诉讼9件，诉请判处被告人支付惩罚性赔偿金，均获法院支持，让违法者"痛到不敢再犯"。加强新领域探索，督促有关单位在个人信息保护、未成年人权益保护、文物与文化遗产保护等方面存在的问题落实整改，督促修缮"蓝碧轩四烈士公墓"案获《检察日报》宣传报道。针对未成年人入住"电竞酒店"上网游戏问题开展专项监督，推动区委政法委牵头公安、文旅等多部门进行联合整治，以涉未行政公益诉讼助推新业态治理，确保监管不留盲区。

【检察参与区域社会治理】 2022年，区人民检察院会同区人民法院、区司法局认真做好征迁补偿安置协议司法确认，保障重大工程项目建设。主动对接服务重大改革，与区综合执法局会签《关于在"大综合一体化"行政执法改革中加强数字化检执联动的实施意见》，建立数据共享、行刑衔接、案件线索移转等联动机制，在区执法指挥中心设立检察官办公室，常态化派驻检察官开展行政执法监督、疑难案件会商等工作，助力行政执法改革。立足职能全力保护市场主体，优化法治营商环境。深入清理涉企刑事"挂案"，深化涉案企业合规改革。联合区司法局构建便捷审批、监管机制，方便31名民企社区矫正人员赴外地从事生产经营活动。加强企业知识产权保护，发挥知识产权检察职能集中统一履行效能，与法院、公安、市场监管等单位建立知识产权协同保护机制，起诉侵犯知识产权犯罪14人，帮助企业挽回损失100余万元。

6月9日，海曙区滥诉联合甄别委员会第一次会议召开

【司法为民】 2022年，区人民检察院贯彻落实区委决策部署，先后组织干警参与抗台防汛、疫情防控900余人次。深入践行"两山"理念，与公安、环保、水利等部门会签《关于建立生物多样性保护协作配合机制的意见》，与高校签约成立全省首家"生物多样性司法保护理论与实践基地"，协同推进高水平保护。贯彻新时代"枫桥经验"，加强诉源治理，促成刑事和解26件，帮助企业、个人追回经济损失880余万元。坚持做好"群众信访件件有回复"，妥善处理各类信访180余件次。加强司法救助工作，向因案陷入困境的当事人或近亲属发放司法救助金26万余元。

【海曙区涉案未成年人家庭教育指导中心成立】 2022年5月12日，区人民检察院牵头成立海曙区涉案未成年人家庭教育指导中心。标志着政法委、民政、妇联、关工委等多部门参与，公检法司全线贯通的涉案未成年人家庭教育指导工作模式初步形成。该模式将治安处罚未成年人、不捕不诉未成年人、起诉后判处实刑或者缓刑的未成年人、被性侵害未成年人全部纳入家庭教育指导范围。以区级层面的家庭教育指导中心为总牵头人，下设

区人民检察院开展多次未成年人教育进校园活动

各指导站，由中心统一指导、推动各个指导站的工作。中心将涉案未成年人家庭教育指导工作和涉罪未成年人的精准帮教、被性侵害未成年人的精准保护和严重不良行为未成年人的精准预防结合起来，针对涉案未成年人及其父母同步开展工作。

【海曙区营商环境投诉监督中心成立】 2022年11月，海曙区营商环境投诉监督中心在区人民检察院挂牌成立，该中心是区委、区政府统筹全区行政执法监督、检察法律监督和纪检监察监督中有关营商环境投诉监督职责的议事协调机构，主要负责受理市场主体反映的各级机关或具有公共服务职能的单位及其工作人员不履职或不正确履职，影响营商环境等7大类问题。成员包括区纪委区监委机关、区信访局、区发改局、区经信局、区司法局、区市场监管局、区综合行政执法局、区政务服务办、区人民检察院等9家单位。

（卢思超）

法　院

【概况】 2022年，区人民法院共受理各类案件18410件，同比下降14.82%，诉源治理取得初步成效。办结19111件，其中一线法官人均结案数354件，居全市第2位。全院共有5个集体、18名干警荣获市级以上表彰，涌现出浙江省普法工作成绩突出个人、宁波市巾帼建功标兵等一批先进个人。

【刑事审判】 2022年，区人民法院新收一审刑事案件1039件，审结1019件。严惩危害社会治安犯罪，审结故意伤害、抢劫、强奸等严重暴力犯罪57件。严惩“投资养老”“以房养老”诈骗，集中开展惩治养老诈骗专项行动，审结美嘉乐颐养院等诈骗案件。严惩“刷单返利”“跨境诈骗”等电信网络诈骗，审结“中油溢家”“中扬联众公司”等涉众型经济犯罪案件16件。审结全区首例高空抛物刑事案件。审结区商务局原四级调研员宋文夫受贿等职务犯罪案件8件8人。

【民商事审判】 2022年，区人民法院新收一审民商事案件11567件，审结11619件。防范化解房地产领域风险，审结涉房屋买卖、房屋租赁、建设工程等案件900件。保护劳动者合法权益，审结劳动争议案件535件。打造劳动争议审执一体化模式，联合区劳动仲裁委促成37件劳动争议一次性解决，获《光明日报》等多家媒体报道。审结婚姻家庭、继承等家事案件686件。参与宁波电台“她权益”直播等公益活动。法检共建未成年人司法保护机制，设立未成年人家庭教育指导站，保障未成年人健康成长。

【行政审判】 2022年，区人民法院新收一审行政诉讼案件135件，审结102件，判决行政机关败诉7件。审查行政非诉案件171件，裁定准予执行163件，“裁执分离”先进经验在全国行政审判工作会议上作交流发言。推动涉重大工程项目补偿安置协议司法确认工作，完成司法确认20件。深入推进依法行政，支持大综合一体化行政执法改革，编写行政败诉典型案例，发布行政审判白皮书，行政机关负责人出庭应诉率继续保持100%。邀请行政

12月，区人民法院法警大队开展主题党日活动

机关参与庭审旁听100余人次，开展“行政微讲团”讲座5次。

【案件执行】 2022年，区人民法院新收执行案件4983件，执结6536件，执行到位金额8.03亿元。发布执行工作提示81条、监管121次，终本合格率提高到100%。打击逃避、抗拒执行行为，以拒执罪判处3件3人。推进涉财产刑执行退赔工作，与公安机关密切协作，建立协同、智能、高效的联动退赔机制，在“广州领域传媒”“邮币卡”等案件中向受害人发放赔偿金363.6万元。

【人民法庭建设】 2022年，区人民法院开展“枫桥式人民法庭”创建活动，打造特色鲜明的人民法庭集群，望春法庭参与基层治理的经验入选最高法院第四批新时代人民法庭建设案例，西郊法庭探索物业纠纷基层共治模式，石碶法庭健全道路交通事故一次性解纷机制，鄞江法庭打造“海法护航”青少年法治教育基地，古林巡回审判点服务临空经济示范区发展。加强“共享法庭”建设，推进三大特色应用场景打造，建成“共享法庭”315个，覆盖100%的镇（乡）街道、99%以上的村社，化解纠纷455件，协助执行657次，普法宣传41场、受众4500余人次，海曙区高桥镇司法所服务站获评全省首批示范“共享法庭”。推动出台“共享法庭”建设考核办法，完善庭务主任激励机制，真正做到实战管用、基层爱用、群众想用。

【法院数字化改革】 2022年，区人民法院紧扣“全域数字法院”改革重点，突出多跨场景开发应用。创新诉讼服务方式，将“海法一键通”诉讼服务热线升级为“甬法一键通”司法服务集约化处理平台，实现在线服务“最多问一次”。研发“行政诉讼府院智联系统”，探索行政执法和审判执行信息资源在线共享，入选全国“2022政法智能化建设创新案例”。打造“执行规范化智能辅助”项目，推动事务性执行无纸化流转和数据全留痕，提升执行监督的可操作性和整体办案效率，该项应用入选全省数字法治系统“一本账S3”清单。

（张　严）

司法行政

【概况】 2022年，海曙区监管社区矫正对象共1037人，无脱漏管现象发生。开展矛盾纠纷排查1219次，主动调解案件量较上年同比提升5.1%，调解各类案件14481件，成功率99.8%。全区公共法律服务三级平台共办理法律援助案件1033件，为群众、企业挽回经济损失1087余万元；海曙区三级公共法律服务平台共接待来电来访法律咨询19749人次，其中来访群众2444人次，接听来电咨询及视频咨询16332个，办理认罪认罚法律帮助案件1529件，办理群体性劳动纠纷案件22件695人次，挽回经济损失1087万余元。

开展法治讲座（培训）310余场、广场普法活动260余场、“送法进村（社区）”350余次，发放普法宣传资料16万余份（册）。建立法治宣传“融媒体矩阵”，“鼓楼沿”普法直播间常态化开展5期，微信公众号“海曙普法”焕新为“法治海曙”，共制作、发布微信250余期共574条。发布甬派“法治宁波”专栏信息60篇，累计阅读量超2000万次。累计创建国家级民主法治（示范）村（社区）3个、省级65个、市级210个，培育“法律明白人”“法治带头人”1092人。获评2022年全省司法行政系统法治建设[民主法治村（社区）创建]工作成绩突出集体。

进一步健全和完善“谁执法谁普法”普法责任制，根据“八五”普法规划、全区年度守法普法工作安排，先后印发《2022年海曙区普法依法治理工作实施意见》《2022年全区法治宣传教育责任清单》等文件，细化工作目标。持续拓展普法载体，联合区委宣传部、共青团海曙区委、区教育局共同成立宁波市首个由司法行政工作人员主理的普法工作室——“一琦”普法工作室，打造古林镇宁波市家风馆等6个省、市、区级公民法治素养观测点，打造“法治书吧·法润曙阅”点位6个，在宁波轨道交通1号线打造宁波首列“民法典地铁专列”，宣传覆盖面达5万余人次。落实理论中心组和政府常务会议学法讲法制度，全年组织区委理论学习中心组学习法律法规6次，区政府常务会议学法13次。

推进律师行业党建工作全覆盖、全规范、全统领，坚持应建尽建的原则，指导有党员3人以上的律所建立党支部，实现律所党员和党建工作全覆盖。扎实推进“扬帆行动”，截至年底，海曙区共有律所18家，专职律师390名，实习律师69名，公职律师97人，每万人律师比达4.57，全年全区律所营收34746.83万元，同比2021年增长37.73%，1名法律人才入围市级引才工程。关注企业法律服务需求，

9月21日，望春法庭召开“枫桥式人民法庭”创建暨“共享法庭”工作推进会

结合“知识产权周”“民营企业法治体检”“三师助企”等主题服务要求，开展法律咨询、法治宣讲、法治体检等服务，助力企业生产经营，全年线上线下为辖区中小企业进行法律咨询3500多次，提供法治体检等法律服务3900多家次。

【人民调解】 2022年，海曙区建有调解组织302个，调解员1174人，专职调解员387人，其中特级1人、一级11人、二级25人、三级26人。在全市率先通过政府购买服务聘任16名专职人民调解员，统筹配备至区人民调解委员会及行业性专业性调解组织，制定下发《宁波市海曙区专职人民调解员管理制度规范》《宁波市海曙区专职人民调解员工作绩效考核实施办法（试行）》，针对性加大调解员日常管理、业务培训、评优评先以及组织业务交流等工作力度，施行《海曙区人民调解“以奖代补”实施办法》，村级奖励范围从专职人民调解员扩大至从事人民调解工作的人员，口头及简易纠纷个案奖励金额由20元调整至50元。

【社区矫正】 2022年以来，持续深化“智慧矫正”建设，完成“浙里社区矫正”与基层网格贯通，加强司法所与乡镇街道综合信息指挥室协同，实现网格异常事件实时上报、实时流转、快速处置。迭代升级“步态识别”应用开发，率先在全国社区矫正领域引入“步态识别”技术，开发建设基于“步态识别”的社区矫正全维度监管应用2.0版本，打造全国首个社区矫正对象步态特征信息库，累计推送轨迹数据20000余条，比对准确率达95%，申报“全省司法行政现代化培育项目”。做精做优教育帮扶，打造社会工作项目化运作2.0版，在全市率先通过项目化运作模式征集社区矫正精品化项目，创建“启新·曙新未来”社区矫正社会工作品牌。2022年，共监管社区矫正对象1037人，联合共建26个社区服务和活动基地，组织开展教育活动、公益服务等活动580场，参与14130人次。

8月，洞桥司法所人民调解员陈杰在《重拾丢失的亲情》节目中接受采访

【公共法律服务】 2022年，海曙区274个村（社）发挥法律服务站点力量，为群众提供家门口的法律服务，充分运用法律援助的申请受理、评价和回访等环节的数字化手段，新增开一线“12348”热线，打造24小时值班电话，为17个镇（乡）街道配备公共法律服务自助一体机，联合天一公证处在全区各村（社）建立“公证E通服务点”，达到镇（乡）街道公共法律自助服务、公证E通服务全覆盖；完善村社法律顾问考评制度，制定由律师自评、村社和司法所评分的考核机制，提高法律服务质量和工作水平，组织推进农民工讨薪专项行动、妇女权益保障行动、残疾人权益保障行动及“法助共富、法护平安”专项行动、“法援惠民生 关爱老年人”专项活动等，为特殊群体开启法律援助绿色通道，体现法律服务温度。

【推出全省首支原创法律援助题材民谣音乐MV《永不熄灭的光》】 2022年3月9日，由省司法厅法治宣传中心指导，市司法局、区司法局联合出品的全省首支原创法律援助题材民谣音乐视频《永不熄灭的光》上线。该视频根据真实法律援助改编，展现司法行政队伍回应新时代人民群众法律援助新期待，敢于维护弱势群体合法权益的勇气与担当。自发布后，司法部、中央政法委“长安剑”“平安鼎”等官方微信平台及央视频、“浙江新闻”等转发传播，起到良好的社会宣传效果，累计播放量超百万次，并获第四届平安浙江三微比赛“音乐MV类”二等奖。

【洞桥司法所优秀调解案例获中央电视台宣传】 2022年10月22日，中央电视台17套农业农村频道《乡理乡亲》栏目播出以洞桥司法所人民调解员陈杰主持调解的一起真实案件为蓝本，记录这位宁波市首席人民调解员调解故事的节目——《重拾丢失的亲情》，节目时长25分钟。这是陈杰调解工作室时隔一年后再次登上央视平台。陈杰调解工作室始终坚持发展“枫桥经验”、实现矛盾不上交，探索打造“政府主导、多元联动、云端调解、数据共享”的洞桥调解模式，成立以来在人民调解工作中取得良好成效。

【成立宁波市律师协会海曙分会】 2022年11月9日，宁波市律师协会海曙分会成立大会举行。该分会致力于进一步建立健全律师管理体制，发挥分会在区域律师业发展中的积极作用，共同推动宁波律师工作健康发展。活动当日，为“律享空间”揭牌。“律享空间”是区司法局、市律协海曙分会立足“党建联盟，法治共享，汇聚人才”的理念推出的品牌，“律享空间”将作为党建共建联盟的载体，法律人休憩驿站，律师风采展示的平台，参与社会服务的枢纽，广纳法律人才的窗口。

（姜一寅）

2022年，海曙区人防法治体验馆常态化接待青少年学习人民防空知识

人民防空

【概况】 2022年，海曙区推进人民防空宣传"五进"工作，结合"3·1"国际民防日、"5·12"全国防灾减灾日等活动节点，开展人（民）防系列宣传活动，在15个社区悬挂、张贴人（民）防宣传系列海报160余张。组织南门街道开展应急疏散演练活动。

根据省、市人防指挥部相关工作要求，完善区人防指挥部编组分工，推进区人防专业队训练工作，10月，参加市人防指挥部开设指挥所演练。定期巡查维护全区防空警报器，组织防空警报试鸣操作技能培训，加强人防通信警报智能化建设，实施全区警报统控系统升级改造。对结建人防工程开展平时使用和维护管理"双随机"抽查工作。

【人防宣传教育】 2022年"3·1"国际民防日和"9·18"国防教育日期间，海曙区强化提升人民防空宣传教育实效。依托海曙区民防体验馆，进行民防日活动宣传，志愿者为参观群众讲解人防民防相关知识、技能操作步骤。在广场、宣传栏等区域布置横幅，设置宣传海报，分发宣传手册。不断扩大人防宣传范围，区人防办与社区等单位联合共建，通过张拉横幅、摆放宣传展板、发放宣传手册、设立政策咨询台、开展互动答题等多种形式，宣传人民防空法律法规、人防民防相关知识，自救互救基本技能等。发放人防知识手册1000余册。

（董雅芳）

人民武装

【概况】 2022年，区人武部党委以迎接党的二十大、学习贯彻党的二十大精神为主线，学习贯彻党的十九届六中全会和军分区党委全会精神，坚持以能力建设为重点，以制度建设为基础，以正风肃纪为准绳，狠抓正规化建设和各项工作落实。

参加军分区组织的第四届岗位练兵比武暨应战能力检验评估，获得指挥作业获第1名的成绩。组织专武干部和民兵分队训练。防抗"梅花"台风期间，累计出动民兵405人次，累计协助转移群众70人，相关事迹在中央电视台、"浙江新闻"等5家媒体播出。

开展"三学三立"活动，不断提高人武部机关和基层武装部正规化建设水平。先后开展"迎接二十大、创建安全年""四严四整"教育整训、"百日安全活动"和保密安全专项整治等活动，严密组织文职人员教育整顿，部队安全管理根基不断夯实。

【国防动员与基层组织建设】 2022年7月，海曙区党委议军会和党管武装工作暨国防动员委员会全体会议召开。9月，专题组织区委理论中心组传达学习中央军委国动部讲话精神。年内，推动基层武装部"评星挂牌"2.0版建设和"窗口型"村（社区）级民兵连部建设。以征集各级各类毕业生为重点，多措并举开展好征兵宣传、体格检查、政治考核、役前教育训练和集中封闭管理等工作，适应"一年两征"新变化。

（张洋铭）

9月14日，"梅花"台风期间民兵参与救援与抗击台风的报道

农业农村·乡村振兴

综　述

【概况】 2022年，海曙区下辖9个涉农镇（乡）街道、164个行政村。全区农经统计范围内共有股份制村经济合作社177个（集士港镇19个、古林镇24个、高桥镇20个、横街镇28个、鄞江镇12个、洞桥镇19个、章水镇18个、龙观乡10个、石碶街道17个、望春街道8个、段塘街道2个），其中164个村股份经济合作社、13个社区股份经济合作社。股东在册28.5万人。

全区有耕地面积约15万亩，山林面积约40万亩，水域面积约36.5平方千米。截至2022年底，建有高标准农田面积12.68万亩，粮功区面积8.9万亩。

清理腾退粮食生产功能区“非粮化”2784.9亩，因地制宜种植小麦、水稻、旱杂粮等农作物，种植利用率达100%。打造市、区二级粮食绿色高产示范基地18个，推进高标准农田提升改造项目14个。

【“南塘河”农业区域公用品牌】 2022年，海曙区充分整合本地农产品资源，打造“南塘河”农业区域公用品牌，统一品牌包装设计，明确运营主体，开展品牌宣传推广。在区政府、区行政服务中心、雅戈尔大道办公区设置专卖点3个。截至年底，“南塘河”品牌已授权专业合作社和家庭农场近百家，上线特色粮油米面、肉禽生鲜、时令果蔬等8大类、300余种产品。

（夏　扬）

3月2日，海曙区副区长黄健直播销售“南塘河”农产品

农业经济

【概况】 2022年，全区实现农林牧渔业增加值18.08亿元，同比增长2.3%。实现农林牧渔业总产值24.29亿元，其中农业产值19.98亿元，林业产值1.13亿元，畜牧业产值0.69亿元，渔业产值1.09亿元，农林牧渔专业及辅助性活动产值1.40亿元。

完成粮食播种面积15.33万亩，总产量6.61亿吨。其中，小麦3.18万亩，早稻1.57万亩，晚稻7.79万亩，旱杂粮2.79万亩。

茶园面积1200公顷，其中可采摘面积650公顷，产量380吨，产值2400万元。竹种植面积7353公顷，毛竹笋产量7200吨；雷竹面积199公顷，产量4100吨，总产值4300万元。

牧业产值0.47亿元，有规模畜禽养殖场10家，其中猪场6家、肉牛场1家、蛋鸭场2家、蛋鸡场1家。生猪出栏2.01万头，牛出栏240头，羊出栏0.08万头，家禽出栏6.50万羽。

渔业产值1.14亿元。淡水养殖面积185公顷，水产品总产量2133吨。形成锦鲤、光唇鱼、棘胸蛙等特色品种繁养一体化养殖模式，有国家级水产养殖健康示范场1家、省级水产养殖健康示范场3家，宁波市海曙郭斌养鲤场获“亚洲最佳锦鲤

海曙区粮食种植基地

场”“浙江省渔业共富主体”等荣誉称号。

【郭斌养鲤场入选省级渔业共富主体】 2022年，位于鄞江镇金陆村的郭斌养鲤场入选省农业农村厅公布渔业共富主体名单。该养鲤场占地面积4.53公顷，集锦鲤繁养于一体，通过探索“提供苗种、技术指导和回收部分养殖鱼”共同富裕新模式，陆续与国内20余家养殖场开展合作，实现上下游产业链共赢。

【海曙区茶叶获评第15届森博会两项金奖】 2022年11月5日，在国家林业和草原局、浙江省人民政府主办的第15届中国义乌国际森林产业博览会上，“它山堰”白茶和“南塘河”樱花红茶获金奖。据统计，全区有投产茶园1200公顷，50亩茶园以上的茶企11家，通过食品SC认证的企业9家，注册有“它山堰”“五龙潭”“皎溪”“四明银雾”等茶叶品牌，年产超千斤企业有4家，成为乡村群众致富的“金叶子”。

（夏　扬）

农业执法

【概况】 2022年，海曙区农业综合行政执法队围绕农产品质量安全、品种权保护、农业投入品、渔业等，以开展“绿剑”护农投入品、种业监管、“利剑”护安全农产品、渔业执法专项执法行动为主线，对种子、农药、肥料、兽药、饲料和饲料添加剂等各类农业投入品全覆盖执法监管，净化农资市场。出动执法人员251人次，检查企业138家次，完成行政处罚案件64起，其中农业行政处罚案件34起；渔业行政处罚案件30件。

以开展全区城乡环境整治提升百日攻坚专项行动为契机，实行农业生产废弃物收集处置区域全覆盖、回收种类全覆盖，共收集农资包装废弃物100.9吨，无害化处置81.1吨，其中，处置废旧农膜76.95吨（含地膜72.36吨，棚膜4.27吨，遮阳膜0.32吨）。

以“浙优农品”赋能“肥药两制”改革，打造“浙农优品”助推乡村振兴。通过数字化改革，搭建农药、化肥等投入品“进—购—用—回”一体化平台，覆盖全区42家农资店和182家规模追溯主体，实现药肥的闭环管理，从源头上控制肥药施用量，同时通过测土配方施肥、绿色防控、农田退水“零直排”治理等技术措施，在洞桥镇百梁村设立稻麦轮作模式的农产品产地环境监测点，全面掌握农田排放水质情况，从而实现源头控制、过程减量和末端减排。

持续加强渔政执法力度，切实保护渔业资源，组织打击内河非法捕捞行动279次，巡航里程2.2万余千米，出勤渔政执法人员916人次。收缴违法船只（包括水泥船、橡皮船、轮胎等）88只、背包电瓶37只、各类网具2493顶、挂桨机等其他作案工具32件。全年破获违法捕捞案35起。严格落实内河禁渔各项要求，开展执法巡查62次，刑事立案41起76人，收缴船只10只、背包电瓶15只、钓竿17杆，清理违规网具29顶，共计4150米、地笼479只。

【海曙区农业行政许可案卷连续2年获评全省优秀】 2022年，区农业农村局办理的兽药经营许可案上榜全省农业行政执法优秀案卷名单，系全市唯一。海曙区根据“最多跑一次”改革精神及政务服务2.0要求，准确参照有关法律法规为群众提供审批服务，确保按期或提前办结。不断强化行政许可文书制作能力培养，确保做到“一案一

宁波市海曙郭斌养鲤场

2022年，海曙区组织开展“绿剑”专项执法检查行动

卷”，案卷要素齐全、表达规范。2022年累计办理农业行政许可事项20项，办结率达100%。

【开展“绿剑”行动守护“舌尖”安全】 2022年，海曙区组织开展“绿剑”专项执法行动，全力保障农业生产和农产品质量安全。切实加强农药、种子、兽药、饲料等农资打假和农（畜、水）产品质量安全、农机渔业生产安全等执法检查，重点查处违法违规使用禁限用药物和常规药物残留超标等违法行为，从源头保障农产品消费安全。累计出动执法人员60人次，检查农资和兽药经营单位21家，抽检农（畜）产品12批次，发现违法违规行为5起。

【高标准完成农产品质量安全全程追溯试点创建】 2022年，区农业农村局按照“生产有标准、质量有控制、过程有记录、产品有检测”要求，稳步推进农产品质量安全全程追溯试点创建工作，鲛溪茶业、新莳农场等7家试点通过验收，提前完成创建目标。

（夏　扬）

农业产业化

【概况】 2022年，海曙区有区级及以上农业生产龙头企业33家，其中，国家级2家、省级3家、市级23家。新增省级骨干农业龙头企业1家（宁波华业纤维科技有限公司）、新认定区级农业龙头企业3家（浙江荃盛食品有限公司、宁波集丰食品配送有限公司、宁波皎溪农业科技有限公司）。宁波黄古林工艺品有限公司成功入选宁波市引领乡村振兴十强农业龙头企业。

高质量完成古林镇国家级农业产业（蔺草）强镇建设。新创建特色多彩农业基地3个（集士港“生态广昇”、高桥镇“良荣蔬菜”、章水镇“隐唐归曙”）。新增区规范化农旅融合示范点创建项目6家、新业态农业创建项目2家，浙东大竹海和童皎村获浙江省“森林氧吧”称号。农业休闲观光总人数达160万人次，休闲农业年收入达2.7亿元，同比增长80%。

【海曙区农业农村高质量发展大会】 2022年3月2日，海曙区农业农村高质量发展大会召开。会上，海曙区农业区域公用品牌发布，海曙区曙高共同富裕基金成立，浙江省新农第六产业研究院、海曙区乡村振兴研究院、樱花产业国家创新联盟常务理事单位等进行现场揭牌。海曙“种植大脑+未来农场”数字化改革项目进行成果预演。稻虾生态共养基地提质扩面项目、高桥镇江南村农业综合体项目、浙东大竹海农旅融合项目、农创金陆共富乡村农业综合体建设项目、新业态全产业链中蜂生态平衡保护基地项目、海曙区浙贝母综合体项目、章水镇樱花产业共富项目等7个项目进行推介。茂新村农旅综合体项目、高桥镇望江村千亩多彩农业示范园项目、智能农林节水灌溉设备制造基地项目、章水镇“乐创富农”竹加工产业园项目、“爷爷的水稻田”功能水稻及种子创新示范基地项目等6个项目现场签约。

【海曙区“稻虾共生”生态种养模式】 2022年，海曙区“稻虾共生”通过创新生态种养模式，实现“一田双收”。1500亩“稻虾共生”地块养殖的小青龙批发价120元/千克，零售价达160元/千克，亩均产值仍达7000元以上，亩产经济效益远超传统水稻种植。与常规地块相比，“稻虾共生”地块不施农药，且减少80%化肥施用量，通过一系列绿色防控措施，共生地块所受病虫害影响较轻。亩均稻谷产量达500

海曙种植大脑场景

千克以上，可出稻米330千克以上，按照10～15元/千克的售价，每亩水稻可售3300～4950元，生态效益明显。

【首个市级精品绿色农产品基地建设】 2022年，海曙区横街镇精品绿色农产品基地创建完成，以93.6分成绩通过市级验收，系全市首个。自2020年申报创建以来，海曙区围绕“生产规范、品质优良、品牌响亮”目标，对横街镇大雷村、雷庄村2000亩以竹笋为产业的核心基地进行全方位提升，引领竹笋产业高质量发展。该基地完成绿色食品认证与追溯试点创建的面积已达80%，并依托“竹农下山”文旅节、精品绿色农产品（竹笋）展示展销会等推介方式，带动竹笋产值增长10%以上。

（夏 扬）

农业机械化

【概况】 2022年，全区水稻耕种收综合机械化率达91%，农机总动力达到13.88万千瓦。拥有纯农田作业拖拉机240台、水稻插秧机359台、农用植保无人机130台、联合收割机119台、谷物烘干机278台，粮食批次烘干能力达4369吨，粮食机械化烘干率达到92.5%。

有国家级农机示范专业合作社2家（宁波市海曙粮人粮机专业合作社、宁波市海曙南瑞粮机专业合作社）、省级农机示范专业合作社8家（华丰粮机专业合作社、绿光粮机专业合作社、岐阳农机专业合作社、粮人粮机专业合作社、南瑞粮机专业合作社、横涨粮草专业合作社、西杨粮机专业合作社、顺吉粮机专业合作社）；有省级现代化农事服务中心1家、省级农机服务中心3家、省级全程机械化应用基地6个、省级农机创新试验基地2个，成功创建以畜牧为主导产业的省级农业“机器换人”高质量发展先行区。

【海曙未来农场上榜首批省级现代化农事服务中心创建名单】 2022年，“海曙未来农场现代化农事服务中心”入选全省首批省级现代化农事服务中心创建名单（共20家），全市仅2家。海曙区先后出台农机购置、农技推广等各类“双强”政策58项，累计发放农机购置补贴资金3000余万元。立足古林蜃蛟省级现代农业园区，高标准打造8000平方米现代化农事服务中心。引入国家级示范社粮人粮机专业合作社，服务范围从耕、种、收等核心环节，逐步拓展至农资配送、集中育苗等全链条流程，水稻耕种收、植保、烘干社会化服务覆盖率达80%以上。依托国家级数字大田农业试点优势，建设农业四情监测点5个，覆盖全区10万亩水稻种植区，及时准确为农户提供病虫害情报等农事建议。配备农机具远程监测装置，搭载农机检测与协同精密作业服务集成系统、决策平台系统等。

农用无人机在田间喷洒农药

【再获省级特色产业农业“机器换人”高质量发展先行县】 2022年，海曙区获评特色产业农业（畜牧）“机器换人”高质量发展县（全省26个），系继2021年凭借水稻产业获评后再次获评。全区饲料加工机械化率、饲喂机械化率、环境调控机械化率、粪便处理机械化率均已实现100%，规模猪场养殖机械化率达95%以上，均配套有粪污处理设施，其中3家猪场还配备日处理能力50吨的污水处理设施，粪污处理设施配套比例与畜禽粪污综合利用率均达100%。

（夏 扬）

农村经营管理

【概况】 2022年，海曙全区农经统计范围内共有合作社174家，区级规范化合作社38家，其中市级示范性14家、省级示范性5家、国家级示范性1家。拥有示范性家庭农场55家，其中区级示范性家庭农场37家、市级示范性家庭农场26家、省级示范性家庭农场12家。

至2022年底，全区村级集体经济组织的总资产为211.2亿元，同比增幅10.3%，其中货币资金存量50.6亿元，同比增幅6.3%；村级集体经济总收入12.4亿元，同比减少6.0%，其中经营性收入7.88亿元，同比增加4.4%；经营性收入30万元以上的行政村数全覆盖，50万元以上的行政村占比超过90%。

【探索农村承包地数字化管理模式】 2022年，海曙区紧扣数字化改革，按照“测绘成图、实时变更、数字流转”的原则，开发并试运行农村承包地日常管理系统，赋能土地承包工作精益化管理。重点围绕承包权分户合并、互换转让、征地退出等高频需求，形成“村级申请确认—乡镇审核—数据校验—备案出证”的权证在线变更流程，累计在线办理权证变更业务104件，完成承包地地块的测绘和确权10万亩，涉及农户约4万户。

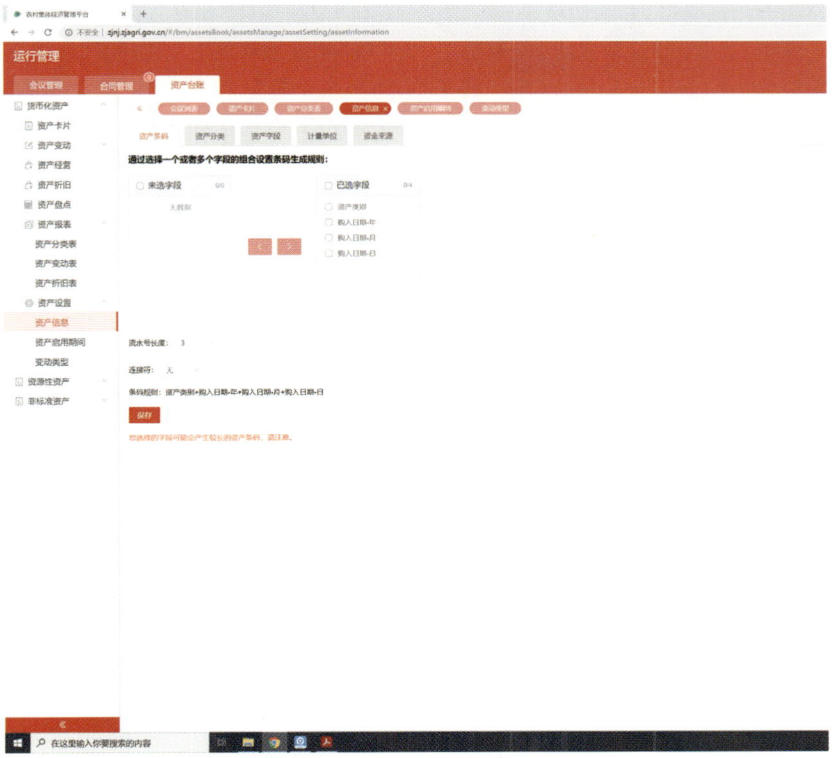

"浙农经管"重大应用"村集体资产管理"场景模块

【先行先试建设省级村集体资产管理应用场景】 2022年，区农业农村局作为全省农业农村系统"浙农经管"重大应用"村集体资产管理"场景模块的第一批"先行先试"单位，紧扣固定资产登记、实物照片上传、账内账外资产核对等任务全力推进试点工作。截至年底，新增或导入资产卡片27516条共计34.36亿元，完成清理"有账无物"资产705条，分类排查账外资产，精准掌握村级资产情况。

【村经济合作社运行问题专项治理】 2022年，海曙区出台《海曙区村经济合作社运行问题专项治理方案》，通过自查自纠和重点整治，发现村经济合作社机构设置、民主决策、章程制定、收益分配、资产处置等方面问题229起。至年底，已全部整改完成。通过规范合同，直接增收金额62.4万余元；统一全区各村、社使用新的"一事一表决"格式，杜绝普遍存在的"一次表决多个事项"现象，进一步规范村、社民主决策和监督；出台《海曙区农村土地流转交易指导意见（试行）》，进一步规范全区农村土地流转交易行为。

（夏 扬）

乡村振兴

【概况】 2022年，海曙区实现全区村集体总收入100万元以上行政村占比100%，经营性收入30万元以上行政村占比100%，50万元以上行政村占比达90%。全区农村居民人均可支配收入46504元，同比增长6.4%。城乡居民收入倍差1.75，较上年缩小0.04。立项产业帮扶经营主体17家，整村帮扶村2个，带动低收入农户127人，增收184.4万元。年度低收入农户人均可支配收入22829元。

有序推进美丽乡村创建，助推古林镇创建省级美丽乡村示范乡镇。推进省级特色精品村3个、市级示范乡镇1个、乡村振兴示范带2条、小集镇式中心村2个、梳理式改造村23个的创建任务。推进风景线"一环十线"之绿谷樟溪海曙段建设。

开展农村人居环境整治提升专项行动，累计形成问题清单23663个，整改率100%，共计清理废弃垃圾7888.3吨，清理乱堆乱放4796处，清理河塘沟渠1647条。新增农村生活垃圾集中处置站点4处。评定省级星级公厕19个、省级示范性公厕2个。

因地制宜打造省级未来乡村4个，其中，古林镇茂新村获评优秀等级。

【低收入农户增收】 2022年，海曙区聚焦产业造血扶贫，在全市首创低收入农户产业帮扶规范化（示范性）示范点，有效激发村企参与帮扶的积极性，因户制宜开展产业帮扶。通过"造血式"帮扶与"灵活性"就业等方式，带动全区低收入农户人均可支配收入同比增长10%以上。其中，泽宇农业专业合作社与低收入农户签订购销协议，以高于市场价20%的价格收购稻谷等农作物2万余千克，帮助低收入农户人均增收25733元。良荣蔬菜专业合作社按照18.75元/时的工资聘用

集士港镇深溪村爱溪亭下方河道装饰景观

低收入农户从事劳动，帮助低收入农户增收26400元/人。

【省级美丽乡村特色精品村】2022年，古林镇仲一村、洞桥镇三李村、鄞江镇建岙村入选年度浙江省美丽乡村特色精品村名单，至此，全区共创成16个省级美丽乡村特色精品村。其中，建岙村依托红色革命旧址，以“建岙妈妈故里红色堡垒传奇”为主题，改造建岙妈妈故居、建岙妈妈农场等五大景观项目；三李村以新村建设与“形象提升工程”为基础，加快推进全民体育广场建设，新建篮球场1个、羽毛球场2个、儿童活动场所1个及生态河道900米，同时优化中心公园、健身步道及河岸景观；仲一村引入专业保洁公司，成立环境卫生督查组，定期开展卫生巡查与考核。

【省级数字化场景先行村】2022年，集士港镇深溪村入选浙江数字乡村“金翼奖”百优数字化场景先行村名单。自数字化改革以来，深溪村聚焦数字赋能乡村创新，围绕党建统领、民生所盼、村务治理等领域建设，打造一系列“深溪智慧”场景。包括以“智慧广播”激活农村思想文化建设，发挥全村20余个智慧广播的“乡村大喇叭”喉舌作用，将反诈防骗常识、历史文化底蕴等政策之声、文化之声传播入民耳，深化入民心，使群众随时随地听通知、晓政策、学知识；以“智慧旅游”助推乡村共富，汇聚乡贤力量，改造升级深溪步道，并推出村级公众号“漫步深溪”，让游客动动手指便能在线查看村庄导览、宣传视频等，突破时空限制，打造网红景点。

（夏　扬）

水利·防汛防台抗旱

水　利

【概况】 2022年，海曙区实施《海曙区全域治水提升攻坚行动方案（2021—2023年）》，推进治水工作。13个区控及以上断面水质均达考核要求，28条三江一级支流水质持续提升。月湖省级美丽河湖、集士港镇市级水美乡镇、蜃蛟片及章水山区片市级美丽河湖片区创建完成。

辖区内有区级以上河（湖、库）23条（其中市级11条），镇级河（库）216条，共设立区级河（湖）长22名、镇级河（湖）长182名、村级河（湖）长222名。

1月8日，海曙区水利工程项目开工仪式举行，48个治水项目陆续开工建设，标志着海曙区全域治水提升战全面启动

【推进治水项目】 2022年，鄞江堤防整治工程提前半月实现封闭、姚江（三江口）防护工程完工，“防洪圈”缺口全部封闭，“轩岚诺”“梅花”台风期间有效发挥洪水外挡作用。古林镇依托河网水系整治首创打造13千米水上巴士游船线路。完成河道清淤总量达34万立方米、河道生态缓冲带建设5千米、小流域整治项目17个，新增章水镇樟溪河、古林镇茂新村等网红打卡地。持续补强排水基础设施，完成新建改造管网10千米，隔油池提标改造55座、排水管网养护提升13千米。

【污水排放治理】 2022年，海曙区下发《2022年度海曙区“污水零直排”创建任务书》，完成石碶街道、洞桥镇、鄞江镇创建工作，实现省级“污水零直排区”全域创建；完成鄞江、洞北工业区“污水零直排区”市级创建以及望春工业园区省创“回头看”和市级标杆打造工作。深入开展“污水零直排区”创建“回头看”，对已完成省创验收的镇街进行创建成果再检验。强化农村污染管控，新建生态拦截沟1条，完成131个农村生活污水设施标准化运维任务。

【深化河湖监管】 2022年，根据全省河（湖）长制提档升级的相关要求，海曙区及时更新、核对、整理河（湖）长制基础信息，完成公示牌、排口、水质监测及工程项目等基础数据的录入和维护。率先完成浙水美丽平台维护，关联总河长38名、河（湖）长426名，推进省、市两级平台数据的融合贯通。从市级河道（段）着手逐步开展河湖健康评价工作，完成南塘河海曙区段、剡江海曙区段的河湖健康评价，西塘河的健康评价工作开始前期的数据采集，通过建立河湖健康档案可以科学、动态掌握河湖健康状况，为管理、保护、治理河湖提供有力支撑。全年，各级河（湖）长累计巡河5万余次，发现问题8199个，全部整改落实。

【力推水质提升】 2022年，根据《宁波市“甬有碧水”攻坚行动实施方案》和各专项行动要求，区相关部门、各镇（乡）街道全力推动《海曙区“曙有碧水”攻坚行动》。实施常态化河湖水质监测，对镇级以上河道实施全覆盖水质监测，其中区级以上河长制河湖23条共设置205个点位，镇级152条河道设置152个水质监测点，涵盖区级河湖圈的所有分段和支流。加大水质提升设备投入，探索生物治水和生态引调水举措，通过高桥泵站从姚江调水置换并净化河网水，改善水质。

【涉水问题处置】 2022年，海曙区完成办理全市生态环境保护工作会议披露生态环境问题和长江经济带宁波市警示片中问题3件；省级督办交办3件；市级督办交办24件；区级111件；网络（问政）投诉举报89件，合计210件。持续开展“找寻查挖”专项行动，共发现问题650个，全部完成整改，并全部录入“生态环境问题发现·督察在线”。参与“找寻查挖”跨区域互查，提交报送市办各类问题121个。

【供水节水】 2022年，海曙区持续推进鄞江、龙观、章水3个乡镇的大管网供水项目；完成21个中高层住宅小区二次供水改造任务；宁峰灌区创建成为市级节水型灌区；横街镇毛岙村、惠民村2处农饮水水源保障工程建设基本完工。干旱期间，通过限时供水、应急送水、外江引水等举措，保障山区生活用水和平原灌溉用水正常。推进节水型小区（单位）等节水载体创建，10家小区获评省级节水型小区（单位），5家单位获评节水标杆，完成1家省级节水教育基地建设。

【公众参与护水活动】 2022年，海曙区累计开展50余个公众“绿水币”宣传推广以及治水护水活动，使“绿水币”概念更深入人心。截至年底，全区“绿水币”注册人数超3.7万人，平均活跃度12%以上，治水、护水的社会性不断增强。开展“世界水日·中国水周”等节水宣传活动，营造全社会节约用水氛围。持续开展治水信息宣传，在省“五水共治”微信公众号上发表信息4篇；其他各类媒体刊发治水新闻110余篇。

【宁波水利文化广场】 2022年12月，宁波水利文化广场规划方案进行批前公示。宁波水利文化广场将坐落于海曙区鄞江镇，东至环镇东路，南至规划道路，西至浙江开开太空水有限公司，北至地块界线。建设单位为它山堰文化旅游发展有限公司。项目总用地面积12377平方米，总建筑面积16410平方米，容积率约0.61。

（冯　桑）

防汛防台抗旱

【概况】 2022年，海曙区新修订防汛防台、突发地质灾害、雨雪冰冻、山洪灾害防御等自然灾害领域应急预案，进一步健全上述各灾种的指挥（工作）机构。多部门协同开发建设海曙区“防台减灾智治”场景应用平台，为区防指指挥、调度、决策提供重要技术支撑。全年实现“不死人、少伤人、少损失”的防汛防台目标。

【强化自然灾害防范应对】 2022年，区应急管理局完善区防指、区森防指组织架构，修订完善《海曙区防汛防台抗旱指挥部工作规则》《防汛防台应急预案》《森林火灾应急预案》，进一步明确各级各部门责任。区防指办、区森防办会同主要成员单位开展专项研判8次，督导相关部门在灾害性天气、小流域山洪、地质灾害、森林防灭火等重点领域做好监测预警预报工作。发布汛情工作单30份、森林火险风险提示单3份。

【2022年防汛防台应急演练】 2022年7月19日，区防汛防台抗旱指挥部办公室组织开展2022年防汛防台应急演练。演练设区“防台减灾智治”场景应用介绍、应急响应、应急处置、应急结束等4个环节，包括指挥决策、会商研判、皎口水库超标准泄洪调度、城市运行安全保障、山区道路发生泥石流等多个具体场景。从演练结果看，基本符合预期成效。

【推进基层防汛防台体系标准化建设工作】 截至2022年11月，全区17个镇（乡）街道267个村（社区）已相继完成基层防汛防台体系标准化建设工作，形成防汛防台上下贯通、镇村一体化工作格局。4月起，区防指办以“1+4”模式（1场区级线上视频培训+4场重点片区现场培训），指导17个镇（乡）街道、267个村（社区）开展基层防汛防台体系标准化建设业务交底培训。

（李　杰）

7月19日，2022年防汛防台应急演练举行

工业·建筑业·房地产业

工业经济

【概况】 2022年，海曙区完成规上工业总产值1436.8亿元，同比增长3.8%，实现规上工业增加值243亿元，同比下降2.9%。

围绕浙江省打造全球先进制造业基地和宁波市打造全球智造创新之都目标要求，打好数字化改革、经济稳进提质发展、新一轮制造业“腾笼换鸟凤凰涅槃”攻坚战。

深化实施制造业“双三十”头部企业梯队培育三年行动计划，结合省、市重点企业培育计划，制定55家培育对象年度目标任务，落实财政专项扶持资金1500万元，依托专项服务机制支持培育对象做大做强。新增省“雄鹰行动”培育企业1家；新增国家级专精特新“小巨人”企业9家、市级单项冠军培育企业13家、市级专精特新中小企业36家；新增1家省级、2家市级服务型制造业示范企业。建立单项冠军、专精特新中小企业培育库，精准引导符合条件的制造业企业提升创新能力、管理水平、经营效益，争取入围各级培育计划。新上规模小微企业61家。

纺织服装产业入选全省首批中小企业数字化改造试点区创建名单，举办2022中国职业装产业发展大会。中国职业装创新发展基地落户。

建立星级绿色工厂分层次动态培育机制，新增16家四星级绿色工厂，12家企业完成自愿性清洁生产审核；9家企业创建成为市级节水型企业。推动服务型制造和生产性服务业发展，宁波帅特龙集团有限公司新获评国家级、省级服务型制造示范企业。

深化“亩均论英雄”改革，开展地企双评模式，进一步扩大评价覆盖面，实施资源要素差别化配置政策，推动要素资源向A、B类企业集聚，加大反向倒逼力度，促进D类企业改造提升。

【国家级专精特新“小巨人”企业培育】 2022年8月，在工信部委托宁波公示的第四批专精特新“小巨人”企业名单中，海曙区宁波恒特汽车零部件有限公司等9家企业入选，涵盖工业互联网、新材料、汽车等领域。截至该名单公布，全区已有国家级专精特新“小巨人”企业20家，省级专精特新中小企业20家，市级专精特新中小企业50家。专精特新“小巨人”企业在制造业产业链中处于关键位置，海曙区通过助力提升辖区企业的创新能力、规范企业的经营管理水平、拓展企业上市融资渠道等方式，同时开展多层次、全方位的专项服务活动，包括创新投入、人才、资金和平台服务等方面的支持，持续赋能提升企业的专精特新能力。

【服装中小企业数智化改造项目】 2022年11月，海曙区服装中小企业数智化改造项目签约启动仪式在古林镇嘉乐智尚国际服装产业园举行，宁波嘉纳服饰有限公司、宁波市春禾时装有限公司等5家企业通过智造升级

宁波恒特汽车零部件有限公司车间流水线场景

服务，将在区、镇及技术企业共同支持下，推进数智化改造，实现服装制造产业的转型升级，具体的数智化改造按照“N+X”合同工程总包模式进行。与此同时，海曙区对首批改造的企业给予最高50万元的资金补助；针对实施完成后作为标杆的2家企业，分别给予10万元奖励。中国农业银行股份有限公司宁波市分行向全市制造业中小微企业提供中、短期流动资金“智造贷”产品。

【中国职业装创新发展基地落户】 2022年11月，由中国服装协会、海曙区人民政府主办，中国服装协会职业装专业委员会、宁波市服装协会承办的“2022中国职业装产业大会”在海曙举办。会上，中国职业装创新发展基地落户海曙。落户后，该基地成为海曙区全面促进职业装产业高质量发展的载体，通过坚持全产业链思维，依托时尚纺织产业发展的基础优势，加快数字赋能，推动产业转型。

【宁波帅特龙集团入选多个国家级示范名单】 2022年12月8日，在工信部委托宁波公示的第四批服务型制造示范名单中，辖区企业宁波帅特龙集团有限公司入选。年内，该公司还获评“国家企业技术中心”“国家知识产权示范企业”等2个称号。帅特龙集团自创建初期就设立企业技术中心，一直专注于汽车功能性内外饰件的研发与创新。入选上述名单后，继续致力于深耕汽车功能性内外饰件领域，发挥企业研发平台的技术与人才优势，加大科技创新力度，赋能企业高质量发展。

（孟思思　高　博）

工业园区升级改造

【概况】 2022年，海曙区以“工改三年行动计划”为主要目标，坚持产业用地全生命周期管理、空间全域布局、要素全程优配、统筹产业结构调整，结合全域国土空间综合整治和宁波西枢纽项目规划，以低效用地改造优化城市空间，助推经济高质量发展。

启动工改项目213个，启动实施工业用地升级改造4151亩，完成三年既定计划目标75%，其中，“工改工”4044亩，“工改城”“复垦（清退）”3477亩。拨付拆旧、建新补助资金1458万余元，拨付海曙区工业园区基础配套设施项目专项债资金4500万元，用于横街水家、洞桥上水碶等园区基础配套设施建设，免除存量自主容积率提升项目市政基础设施配套费1150万元。

【工业园区改造项目】 至2022年底，占地面积31.34亩的古林藕池未来智慧园主体工程结顶，该园区采用“带方案出让+配建村级资产”模式运作，新建厂房建筑面积约6.7万平方米，规划打造成数字化未来园区。占地面积13.3亩的横街水家工业园（一期）主体工程结顶，该园区采用村级自主开发模式，计划投资4700万元，新建厂房建筑面积约2.3万平方米。占地面积约15.6亩的横街镇林村“两山”地块部分投产运营，该项目为乡村振兴产业园改造提升项目，总投资约1亿元，新建建筑面积约2.7万平方米。占地面积73亩的洞桥上水碶智能装备小微园完成地块拆迁，该项目计划投资4.5亿元，新建厂房建筑面积12.65万平方米，计划引进高端汽配、智能装备、电子信息相关产业，打造成为海曙示范标杆小微园。

宁波帅特龙集团电镀中心场景

【存量工业用地改造】 2022年，海曙区继续支持企业盘活存量地块，区工改中心以及属地政府强化履约监管能力，同时提升服务指导水平，力促相关地块提容增效。梳理审议通过17个存量自主容积率提升项目，合计占土地面积288亩，总投资约6.3亿元。建成后，新增建筑面积约17万平方米，达产后新增产值22亿元。

【工业地块谋划持续推进】 2022年，各镇（乡）街道结合区域经济发展现状和规划，深挖可用于腾挪集聚的成片工业园区和可先行启动的工业地块。区级相关部门不断完善工改政策体系和工作流程，通过土地综合整治、合理优化布局、国有平台参与合作等方式，做好谋划指导工作。重点项目上，实施梯度分区、逐步突破，对古林藕池、横街水家等续建项目加强督导，确保竣工交付、运营投产；对洞桥上水碶等新建项目强化服务，稳步推进；对石碶临江小微园等计划项目助推蓄力；对高桥岐湖区块等储备项目科学谋划，尽早提前介入、统筹要素保障。

（丁佳雯）

宁波望春工业园区

【概况】 2022年度，园区GDP总量为34.32亿元，增速7.9%。96家规上工业企业总产值为159.38亿元，同比增长16.9%。规模以上工业增加值30.34亿元，同比增长13.1%。固定资产投资11.79亿元，同比增长21.07%；其中，完成工业投资6.65亿元。

园区在建工业项目9个，推进园区保障性租赁住房，完成投资1.88亿元。园区规上企业研发投入6.16亿元，同比增长10%，占销售比重达3.88%，占地区生产总值比重18%，规模以上工业高新技术产业增加值占规模以上工业增加值比重86.2%，增幅高于规模以上工业增加值4.1个百分点，居全市同类开发区前列。园区限额以上商品销售额完成230.8亿元，同比增长20.2%。

杉杉物产旗下4家大宗商品贸易企业全年完成销售218.6亿元，同比增长22.9%，占园区比重超过94.7%；限上服务业营业收入5.19亿元，同比增长20.6%。园区上亿元企业达到25家，2022年园区财政总收入为5.2126亿元。

拥有各级资本市场挂牌企业15家，高新技术企业70家。国家级“科技孵化器”1家，国家级“众创空间”1家，国家级“小微型企业创业创新示范基地”1家，省级小微企业园4家。博士后工作站5个，院士工作站2个。累计建成各级工程中心90家。硕士及副高以上职称的高层次人才350余人，其中，市级引才项目7人。

【宁波望春工业园区获得市级相关荣誉】2022年，园区获得2022年度宁波市级绿色园区、宁波市侨联侨界创新创业基地、宁波市金牌劳动人事调解组织等荣誉。园区企业宁波金大万翔生态技术有限公司获得国家级首台（套）荣誉，宁波宏大纺织仪器有限公司、宁波鸿腾精密制造股份有限公司、宁波同创强磁材料有限公司、宁波思明汽车科技股份有限公司等企业获得国家级专精特新“小巨人”称号。

【凯德·启望中心启动运营】2022年1月14日，中新创智（宁波）产业园首个项目——凯德·启望中心启动运营。该产业园系新加坡凯德集团和宁波海曙区政府在望春工业园区范围内合作开发的新一代产业园项目，也是新加坡企业与宁波地方政府在市区范围内的首个同类合作项目。该项目总建筑面积约10万平方米，由4幢9层楼的建筑围合而成。

（洪　璐）

建筑业

【概况】2022年，海曙区有资质内建筑业企业118家，建筑业总产值578.60亿元，比上年同期上升15%。主营业务收入435.69亿元。利润总额8.28亿元。

房屋建筑施工面积3175.90万平方米，其中，新开工面积1026.78万平方米。区建筑企业承建的5项工程获2022—2023年度国家优质工程奖，7项工程获2022年度浙江省建设工程“钱江杯”优质工程奖。

中新创智（宁波）产业园外景

【持续落实工程建设领域保证金制度改革】2022年，区住建局落实工程建设领域保证金制度改革，以工程保函替代保证金，健全“工程保函+信用”挂钩机制，大幅降低保证金缴纳金额，切实减轻建筑业企业负担。10月开始，根据《浙江省人力资源和社会保障厅等8部门关于印发〈浙江省工程建设领域农民工工资保证金管理实施细则〉的通知》等文件要求，自2022年底起，工资保证金制度由工程所在地的人力资源社会保障部门具体实施。

【在建工程“红色工地”创建】2022年，全区15个在建项目工地创建“红色工地”，累计在建“红色工地”创建项目31个。为更大程度增强“红色工地”力量辐射面，广泛开展“优秀红色工地”“争先创优”“标化工地”“绿色工地”“平安工地”等创建活动，工地项目部党员发挥先锋模范作用，带头落实工作责任、带头做好质量安全监督、带头提高施工技能，严把质量、严守安全、严控文明施工，实现工程建设与党的建设“互动共赢”。

【全区装配式建筑项目稳步发展】2022年，全区累计落实装配式建筑项目面积超过835万平方米。其中，2022年新备案面积198.7万平方米，超额7.4%完成年度目标任务（185万平方米）。2022年，区住建局通过示范引领、面上推动，推进以装配式建筑为代表的新型建筑工业化，助力区内装配式建筑发展提速增效。此外，严格执行全市钢结构装配式住宅试点要求，以政府（国有）投资的住宅项目和房地产开发住宅项目为试点，新备案海曙区西成地段HS04-02-19地块项目等6个钢结构装配式住宅项目，面积15.4万平方米。

【建筑行业领域碳达峰碳中和】2022年，海曙区对全区部分公共建筑实际情况进行调查摸底，形成《海曙区民用建筑能耗信息统计报告》。引入专家团队，探索制订既有建筑的节能改造、光伏建设实现途径，推进年度工作目标。

【开展建筑业企业“双随机”检查工作】2022年，根据《省建设厅关于印发浙

3月2日，海曙区建筑业高质量发展大会召开

江省住房和城乡建设领域双随机抽查事项清单和2022年度双随机抽查计划的通知》（浙建城管发〔2022〕19号）、宁波市住建局《关于印发2022年度住房城乡建设领域“双随机、一公开”抽查计划的通知》（甬建函〔2022〕52）和资质管理规定等有关要求，海曙区开展2022年度建筑业企业“双随机”检查工作。年内，采用现场实地核查与掌声执法相结合方式，随机抽查建筑企业11家，其中施工企业8家、造价咨询企业1家、勘察设计企业2家，所有抽查企业均合格。

【海曙区建筑业大会】 2022年3月2日，“携曙共建，筑就未来”海曙区建筑业高质量发展大会召开，辖区内外重点建筑业企业、重点房地产企业近100位代表参与。大会总结回顾海曙区建筑业“十三五”期间的成绩，谋划和部署未来五年海曙区建筑业发展。会上，发布海曙区建筑业精品工程“月湖杯”和“海曙建筑帮”微信公众号，并推介“十四五”期间海曙区重点规划建设项目。

（杜争辉）

房地产业

【概况】 2022年，海曙区房地产开发完成投资247.66亿元，比上年同期增加5.3%。商品房销售面积125.29万平方米，比上年同期增加0.1%，全市排名第一，其中住宅成交110.64万平方米，比上年同期增加1.9%。

区住建局完成12个批次房地产开发项目预售许可审批，2个房地产开发项目现售备案审批。组织召开12个地块的建设条件论证工作和6个新项目的初步设计审查会议。

海曙区房地产经纪机构备案增加45家，累计在册525家。共完成房产交易合同备案9024件，购房资格核查9019户。租赁企业开业申报31件，至年底，辖区在册的租赁企业共计71家，全年办理房屋租赁合同备案3689件。

共筹集9797套市场租赁住房房源，其中，新建改建租赁住房数量5963套、盘活存量房源3834套。

【房地产市场联合专项检查工作】 2022年，区住建局开展房地产市场联合专项检查工作，以房地产企业和房地产经纪机构为检查主体，通过查看台账和现场检查的方式，就开发资质逾期、销售规范、广告宣传、业务承接、房源发布等方面问题展开检查，共发现各类问题10个。针对证件公示不规范、跨行业经营等问题，检查组人员责令现场整改，做到“早发现、早整改”；对于不能当场整改到位的，明确整改方案和时限，落实问题整改闭环机制。

【整顿规范存量房交易行为】 2022年，区住建局对违规存量房屋转让合同网签行为进行整顿和打击，发布整治行动告知书。年内通报2家违规房地产经纪机构，并责令整改。

【研究落实房地产企业纾困政策】 2022年，区住建局走访相关房地产企业24次，研究落实纾困新政策，协调朗拾里、新月河滨府等项目的资金问题，并根据市住建局政策，协调监管银行落实相关政策，宁波坤钰置业有限公司、宁波兆汇房地产有限公司完成以银行保函替换商品房预售资金监管额度，分别释放预售资金3亿元、1亿元。

【强化房地产企业预售资金监管力度】 2022年，区住建局对21家房地产企业资金监管账户内的资金进行排摸检查，加强与资金监管银行的日常对接频次，形成月报表制度。8月，自预售资金监管新政策实施以来，相关项目均与区住建局、监管银行签订预售资金监管协议，并由监管银行聘请第三方工程造价咨询机构，核实工程造价、查勘工程形象进度，审核资金入账，等等。

【试点开展房票新政策】 2022年，海曙区共有1个项目（中塘路剩余地块国有住宅收购项目）实施房票安置，发放房票169张、金额2.6亿元。同时，推动辖区15家房地产企业入驻市级房产网上房源超市。

【奖补项目资金绩效及监督管理工作】 2022年，区住建局对中央财政支持住房租赁市场发展试点奖补项目开展专项检查，检查内容包括项目执行情况、资金使用情况、公司财务管理制度、专项资金使用独立台账等，覆盖专项资金申报、使用全过程。抽取的5个托管、1个新建奖补项目均未发现问题。

（邵　燕）

安置房与保障性租赁用房建设

【概况】 2022年，区开投集团承建辖区安置房项目14个。其中，姚丰村旧村改造村民安置房等3个项目完工，雄镇地块安置房工程等3个项目开工。

承建的望春、横港地块保障性租赁用房工程开工建设，着力缓解青年

段塘安置房二期（环城西路以西2号地块）项目（锦棠佳苑）外景

人、新市民等群体的阶段性住房突出问题，逐步构建新型城乡一体化住房保障体系。

【姚丰村旧村改造村民安置房项目完工】 2022年5月7日，姚丰村旧村改造村民安置房项目竣工备案。工程西至薛家北路，北至蓝天西路，东、南至福瑞南路，总建筑面积154022平方米，其中地上建筑面积105879平方米，地下建筑面积48143平方米，由15幢高层住宅、1幢幼儿园、1幢社区服务中心和沿街商铺用房组成，住宅总户数891户。

【雄镇地块安置房项目开工】 2022年6月20日，段塘街道雄镇地块安置房项目开工。工程位于启运路地段，东侧临南塘河，北侧临半江河，西侧临环城西路，南侧临杭甬高速，用于统筹安置段塘街道丁家区域的拆迁居民。项目总建筑面积约15.9万平方米，规划建设17幢住宅，计划总户数1041户。

【后仓恒立地块安置房项目开工】 2022年6月20日，后仓恒立地块安置房项目开工。工程位于石碶街道冯家村河东侧，南新塘河南侧，同德路西侧，鄞县大道北侧。总用地面积27584平方米，总建筑面积88777平方米，建设16幢高层住宅和沿街商铺，计划总户数542户。

【段塘安置房二期（环城西路以西2号地块）项目完工】 2022年6月28日，段塘安置房二期项目竣工备案。工程南至段塘西路，西至看经路，北至段塘中路，东至环城西路。总用地面积4.8万平方米，总建筑面积19.34万平方米，总计住宅16幢，总户数1235户。

【望春工业园区保障性租赁住房项目开工】 2022年6月30日，望春工业园区保障性租赁住房项目开工。工程位于古林镇，东至规划路，南至邮件互换中心，西至聚才路，北至布政村，总用地面积45430平方米，总建筑面积144530平方米，主要建设内容包括住宅、一座活动中心、沿街商铺及配套附属用房。计划建设保障性租赁住房1897套，提供40至75平方米单间和两居室共4种户型选择。

【横港地块保障性租赁住房工程开工】 2022年11月4日，横港地块保障性租赁住房项目开工。工程位于望春工业园区，西至经三路，东至规划道路，北至科茂路。总用地面积为20331平方米，总建筑面积46082.89平方米。设置机动车位163个，其中地上64个、地下99个，非机动车停车位1471个。计划建设保障性租赁住房918套，其中住宅型租赁用房140套、宿舍型租赁用房778套。

【段塘安置房三期（环城西路以西1号地块）工程完工】 2022年12月8日，段塘安置房三期项目竣工备案。工程南至段塘中路，西至看经路，北至段塘东路，东至规划地块。总用地面积4.8万平方米，总建筑面积20.03万平方米，总计住宅14幢，总户数1216户。

【丽园南路安置房工程开工】 2022年12月28日，丽园南路安置房项目开工。工程位于气象路地段，地块北侧为在建学校，东侧为海语天下小区，南侧为环城南路，西侧西湖花园小区。总用地面积29165平方米，总建筑面积117563平方米。总计住宅9幢，计划总户数616户。

（张　璐）

住房保障、老旧小区及棚户区改造

【概况】 2022年，海曙区实行“公共租赁住房、保障性租赁住房并举”的保障方式，稳步提高公共租赁住房补贴保障比例，扩大住房保障覆盖面，努力实现定向精准保障。新增低保、低保公租房保障家庭56户。

推进2020年4个棚改计划项目。2022年新开工2个棚改安置房项目：集士港镇卖面桥朱家地块、集士港镇万众村地块。申报2022年棚改专项债券，共有后仓、黄隘、董家桥、信谊小学东4个项目获得棚改专项债券，共计5.28亿元。

完成55个老旧小区改造，改造面积332万余平方米，总投资约8亿元，涉及居民约2.7万户，同步开展雨污分流改造、低洼地改造、绿色社区创建等工作，坚持“统筹改一次”。

加强城镇房屋使用安全管理，推广“保险+服务”安全监管模式。共完成12幢在册危房实质性解危，完成90幢房屋安全鉴定报告备案工作。推进房屋建筑调查，复核图斑216853个，所有数据均录入浙江省房屋建筑和市政设施调查系统，并通过市、省、部级质检。完成自建房安全专项整治，排

4月2日，举行保障性租赁住房项目认定仪式

查自建房118345户（幢），发现并治理隐患房屋22户（幢）。逐步完善农村困难家庭危房改造补助机制。做好安居示范村创建工作，创建33个安居示范村。

强化濒危历史建筑修缮补助资金使用管理机制，完成鄞江镇永丰庵、古林镇麻房民居和横街镇凤南三弄3处濒危历史建筑的市级专项补助资金拨付，共拨付资金316259元。

【公共租赁住房保障】 2022年，海曙新增公租房租赁补贴家庭2962户，实物配租93户，共发放租金补贴4676.8万元。截至12月底，全区共有11004户在保家庭，配租在保家庭4603户，补贴在保家庭6401户。

【一线环卫工人房屋租赁政策保障】 2022年，海曙区面向一线环卫工人，强化住房租赁的政策保障，1—12月，共计新增一线环卫工人租赁补贴保障家庭1005户，涉及1203人，被保障人数及保障水平处于全市领先位置。《宁波晚报》《钱江晚报》等媒体均对此进行报道。

【超额完成保障性租赁住房省、市两级民生实事考核目标】 截至2022年底，海曙区筹集建设保障性租赁住房10579套，超额5.76%完成省定目标，超额10%完成市定目标。同时，加快完善住房保障政策体系，《宁波市海曙区人民政府办公室〈关于加快发展保障性租赁住房的实施细则（试行）〉的通知》于11月25日实施，系宁波市六区内的首个指导性细则。

【城镇住房保障受益覆盖率指标完成总量位列全市第一】 截至2022年底，海曙区城镇住房保障受益覆盖率（共富）从2021年43.44%提高至48%。全区累计保障约18.2万户、45.48万人，受益覆盖率指标完成总量居宁波市首位。

【农村住宅危房改造治理补助】 2022年，海曙区住建、财政、民政、残联、旧改中心等部门，协同完成全区农村住宅的危房改造治理补助工作。面向2021年实施住宅危房改造治理的14户家庭发放专项补助资金，共计发放429520元。

【绿色社区创建】 2022年，全区有27个社区创建成为绿色社区，涉及20个中心城区社区和7个乡镇社区，标志着全区60%以上的社区均已建设达标。年内，编制《海曙区绿色社区建设行动实施方案》，明确至2022年底基本实现海曙社区人居环境整洁、舒适、安全、美丽的目标。

【棚改计划项目建设】 2022年3月、9月，纳入2022年全区棚改计划新开工项目的集士港镇万众村拆迁安置项目、卖面桥朱家地块项目分别开工。合计总用地面积84293平方米，共计新开工安置住房1650余套，建设工期30个月，总投资约14亿元。同时，石碶后仓城中村改造安置房一期项目、石碶黄隘城中村改造安置房项目、董家桥地块安置房项目、信谊小学东安置房工程项目等四个纳入2020年棚改计划的安置房新开工项目加快推进。截至年底，后仓、黄隘、董家桥地块项目基本完工，进入准备竣工验收阶段，信谊小学东进入室内外装饰装修工程阶段。

【城镇老旧小区改造】 2022年3月，海曙区老旧小区改造工程完成立项，改造项目涉及面积332万余平方米，总投资约8亿元。6月，陆续进场施工，主要涉及外墙粉刷、道路修补、飞线整治、绿化治理、安防升级等。其间，建立老旧小区施工许可机制，开展现场督查项目21次，发现并整改问题24个，发放建设工程安全质量整改通知书24张。12月底，55个改造项目完工，惠及居民2.7万户。

【海曙区历史建筑测绘建档工作在质检验收中获评优秀】 2022年6月9日，市住建局发布全市历史建筑测绘建档质检验收情况通报，海曙区被评为优秀。海曙区是宁波市历史建筑遗存最为丰富与集中的地区，已公布历史建筑326处，总建筑面积约15.5万平方米，占全市总量的1/4，老城区和海西片区各占一半。其中，城区主要集中在月湖、秀水、永寿三个历史文化街区内；海西主要集中在鄞江古镇以及高桥、古林、横街、章水等乡镇的村落之中。为使测绘成果更全面、细致，并减少测绘工作对历史建筑的干扰，测绘采用三维激光扫描、无人机倾斜摄影测量和近景摄影测量等多种技术手段。

（徐培娜　王　冰）

综合经济管理

发展规划管理

【概况】 2022年，海曙区实现地区生产总值1501.27亿元，同比增长2.7%。其中，第一产业增加值17.18亿元，同比增长2.0%；第二产业增加值425.84亿元，同比增长0.4%；第三产业增加值1058.26亿元，同比增长3.6%，对经济增长的贡献率分别为0.9%、3.9%和95.2%。三次产业结构为1.1:28.4:70.5。GDP地均集约度为2.52亿元/平方千米。按常住人口计算的人均GDP达到14.22万元，增长1.9%。

其他主要发展指标中，一般公共预算收入117.06亿元，下降9.7%。固定资产投资同比增长13.3%；社会消费品零售总额879.40亿元，增长4.2%；货物进出口总额874.63亿元，同比增长3.4%。

全年全体居民人均可支配收入74504元，同比增长4.9%。其中，城镇居民人均可支配收入81600元，增长4.4%；农村居民人均可支配收入46504元，增长6.4%。全年城镇居民人均生活消费支出50842元，农村居民人均生活消费支出30736元。

【规划管理】 2022年，《海曙区委托编制规划经费管理办法》完成并印发。该办法的出台，可进一步推动规划管理的科学化、规范化和制度化，提高规划编制质量和服务决策水平，从而更好助推现代化滨海大都市卓越城区建设。

【《海曙区2022年国民经济和社会发展计划》编制】 2022年，区发改局完成《关于宁波市海曙区2022年上半年国民经济和社会发展计划执行情况的报告》，起草《关于海曙区2022年国民经济和社会发展计划执行情况及2023年国民经济和社会发展计划草案的报告》。同时，配合区征收办做好2022年度国有土地上房屋征收计划的相关工作。

（江功武）

经济体制改革

【概况】 2022年，海曙区出台社会信用体系建设“十四五”规划，印发年度工作要点，召开工作推进会。在各行业、领域强化信用体系建设，推进全市首个诚信示范商圈创建，制定天一商圈商户信用管理办法，启动信用模块建设，组织商户签订信用承诺书。发动银泰百货（东门店）、石浦酒店天一店等商圈企业打造“天一分”守信激励场景，面向高于650分（含）的宁波市民提供促销优惠活动。

进一步推进营商环境优化，完善组织架构，推动建立由区长为总召集人、常务副区长为召集人、25家区级机关部门为成员的优化营商环境工作联席会议制度，构建协同联动、齐抓共管、系统高效的工作格局。聚焦优化涉企服务、提高投资效率、清除市场壁垒、降低交易成本等目标，编制印发《海曙区2022年优化营商环境重点任务清单》，将企业从登记准入到清算退出全生命周期的事项纳入清单，协调推进24个重点领域、94项改革任务。

新型城镇化年度考核位于全市前列。出台海曙区2022年度新型城镇化和城乡融合发展工作要点，持续开展政策性农村住房保险财政保费及农村补贴，覆盖承保户数129751户。推动省级小城市培育试点，集士港镇获评浙江省年度考核良好等级。建立海曙区鄞江镇千年古城复兴试点工作领导小组，区委、区政府主要领导任组长，领导小组下设指挥部，建立工作专班，制定《关于推进鄞江镇千年古城

专版 浙江日报

鄞江：千年明州府 潮客往来间

6月30日，鄞江千年古城建设情况获《浙江日报》整版报道

复兴试点工作的若干意见》，围绕资源要素集聚、主导产业培育、基础设施建设等方面出台支持政策，鄞江千年古城建设情况被《浙江日报》整版报道。有序推进长三角一体化、杭甬“双城记”相关工作，长江经济带生态环境问题国家警示片问题“零曝光”。

【实行医疗保障定点医药分级分类管理】 2022年，海曙区推进各领域信用分级分类监管，其中在医疗保障领域，率先在全市出台《宁波市海曙区医疗保障定点医药机构信用管理办法（试行）》。该分类管理办法将辖区定点医药机构按照信用评分标准分为A、B、C、D、E五个信用等级分类，医保部门按照守信激励、失信惩戒的原则，根据信用评价等级，对定点医药机构实施分级分类管理。同时，医保周转金制度、现场稽查频次等内容与信用评价结果相挂钩。该办法作为医疗保障领域深化“放管服”改革、优化营商环境、创新监管方式的重要举措，出台后可引导相关机构形成不敢失信、不能失信、不愿失信的经营氛围。

【“浙里营商数字化平台”建设】 2022年，海曙区动态跟踪“浙里营商数字化平台”建设，重点动态跟踪维护“无感监测”指标指标，实现以评促改、以评促优。挖掘提炼优化辖区各行业的营商环境创新案例，全年在“浙里营商数字化平台”上报相关案例近30个，数量位于各区（县）、市前列。

（张　兢）

国有资产管理

【概况】 2022年，区国资中心强化各类惠民惠企工作出实效，响应各级关于纾困助企工作要求，开展行政事业单位和国企房产租金减免工作，共计减免租金3900余万元，惠及小微企业和个体工商户4500余户。开展西片区共同富裕示范区美丽乡镇建设、乡村振兴基础设施提升等项目，更新乡村风貌。参与组建区城乡有机更新基金，辐射“三沿”（沿山、沿路、沿河）开发，探索产业扶贫新路径，进一步助力乡村振兴和共同富裕。

2022年，宁波港航服务中心实景

区属国企全年实现营业收入约69亿元、净利润约7亿元。年内，区国资中心稳步推进市场化改革，及时组建公司主体，分步布局道路泊车、教育产业、人才发展、产权交易等业务板块，逐步推动政府资源的市场化整合。持续加强项目代建、安置房开发、资产管理等传统业务运营，做大主营业务收入。探索开展产业投资、医废处置、新能源、养老服务等板块，寻求新的营收增长点。出台《海曙区国有企业投资上市企业和拟上市企业管理办法》，协助企业对接多层次资本市场，促进区域企业转型升级。

区国资中心重点抓好全区经济社会发展中的主业板块和重大项目建设。多渠道、多途径筹集资金，有力支撑基础设施和公共服务领域重大项目的补短板。同时，开展存量资产盘活，优化存量债务结构，促进国企资产与负债规模保持同步可持续增长，形成相对可控、可循环的资产负债管理水平，确保年末全区国企资产负债率保持在60%左右，整体债务期限结构及融资成本也进一步优化。截至2022年末，全区国企直融比例约50%，融资成本整体处于4.2%～4.5%。

【全区盘活存量资产扩大有效投资专项行动】 2022年，区国资中心在全域盘活存量资产，扩大有效投资专项行动中，梳理形成城建及非税资产、低效土地、国有（集体）企业低效资产及不动产权证补办等4张盘活资产清单。在此基础上，运用调整土地开发强度、引入专业运营管理团队、加快整合提升筹资能力等举措，累计盘活重大资产10余项。其中，不动产权证补办面积达到101万平方米。

【国资监管体系强化健全】 2022年，海曙区陆续制定、完善国资国企监管系列制度，出台监管清单、授放权清单等制度8项。围绕投资、人力资源管理、财务管理等重点板块，明确监管事项，进一步规范业务办理流程。结合企业发展实际逐步扩大企业相对自主权，进一步强化企业主体责任意识，推进国资监管向管资本为主转变。推进专职监事队伍建设，建立专职监事定期报告制度。探索开展经理层任期制和契约化管理及职业经理人选聘，逐步完善企业负责人薪酬分配制度。

【落实省委关于推动国有企业党建整体建强的要求】 2022年下半年以来，区国资中心有计划、分步骤接入国企党建管理职责。9月底，海曙区国资中心党委成立，其后陆续做好党建专项行动谋划、集团公司支部增设、党建归口工作部署等，坚持和加强党对国有企业的全面领导，强化国企政治导向，推进党组织建设内嵌公司治理。截至2022年底，全区国企纳入国资部门归口管理的党组织共有12个，党员159人。

（杨宏云）

海曙国有资本投资经营集团有限公司

【概况】 2022年，宁波市海曙国有资本投资经营集团有限公司（以下简称海曙国投集团）以实现国有资产保值增值、提高融资化债能力为根本任务，以深化国企改革提质增效为重要抓手，以争创一流区级国有平台为发展目标，聚焦“产业投资、工业园区改造、资产运管、工程建设、区块（街区）开发、城市服务”六大方向，深耕布局产业投资、城市服务等业务板块，资产总额661.28亿元，净资产323.3亿元，资产负债率51.11%；营业收入25.78亿元，利润总额2.4亿元，净利润2亿元；融资余额（含专项债）184.57亿元，实现加权平均年化综合融资成本4.47%（不含乡镇）。

集团维持主体信用AA+评级。先后获评全省“示范数字档案室”，宁波市重点工程立功竞赛模范集体、“安康杯”竞赛优胜单位等荣誉。

海曙国投集团引入职业经理人1人、选聘职业经理人1人，面向社会招聘136人。部门公司逐步完善，集团本级内设办公室、党建人事部、战略发展部、资本运营部、财务管理部、纪检审计部6个部门。截至2022年末，累计投资子公司69家，其中控股子公司44家、非控股子公司25家；全面管理广聚公司及其子公司共6家、原工业集团相关企事业单位7家。子公司集团化改革、市场化转型取得重要进展，2022年新设及首次持股公司15家，注销2家。

【区城乡有机更新和产业投资基金组建】 2022年，海曙区城乡有机更新和产业投资基金组建，一期总规模100亿元，首次募集20亿元，为宁波市落地规模最大的城乡更新基金。基金遵循“政府引导、社会参与、市场运作”的运行模式，聚焦于海曙城区的城乡有机更新、历史沿街保护、租赁保障住房、未来社区建设、新型城市基础设施建设、城市防洪排涝能力提升等项目，以促进海曙城市功能优化、民生保障、品质提升和风貌保护。

【海曙国投集团承建工程项目】 2022年，海曙国投集团累计承接各类公建及其他项目47个（含代建项目）。截至年底，竣工9个、在建24个。其中，为补齐教育硬件短板，国投集团紧扣工期节点，提前4个月完成新芝小学迁建工程建设任务，并获2022年度宁波市建设工程结构优质奖。该项目开工于2020年9月底，总投资约2.6亿元，总用地面积约2.57万平方米，规划36个班级，建成后解决周边1600余名适龄学生的就学问题。港航服务中心项目完成主体结构结顶，2—10号地块建设项目中，113.5米的标志性塔钟结构工程完成。区福利中心和宁波盆景园项目提前3个月开工建设。邻里型智慧菜市场海曙高塘菜市场改造完成，可设置摊位213个，网点47间。

【提升丁家湾片区整体开发体量】 2022年，民航浙江安全监督管理局批复同意海曙区丁家湾地块建设项目净空审核，系宁波市最大体量开发片区净空优化调整方案，优化调整后，丁家湾片区将由原来限高68米提高至82米，整体开发体量提升10万～20万平方米，总体量达到140万平方米，将为片区构筑时尚产业、数字经济和文化创意产业提供更大平台和载体。丁家湾地块位于宁波栎社国际机场东，距离机场31号跑道入口直线距离将近3.3千米，属于机场障碍物限制面的内水平面及锥形面。受机场二次雷达遮蔽影响，丁家湾地块原净空限制程度较大。为突破机场净空限高，提升地块开发体量，实现土地收益最大化，国投集团邀请航空领域专家开展论证研究，结合电磁环境和航空安全分析，使用计算机仿真技术评估地形地貌、天线、地块等各关键要素，在确保对机场现行及规划飞行程序、飞机性能、机场灯光设施、最低雷达引导高度均无影响前提下，进行机场净空限高调整。

【海曙国投集团城市服务业务】 2022年，经81890求助服务中心、海曙国投集团携手宁波大学共同编制，于2022世界数字经济大会暨第十二届智慧城市与智能经济博览会发布的“81890民生服务指数”，被区政府录选数字化改革七大实战成果。教育产业等多家公司组建成立。承接保安业务77项，道路监控、智能化工程业务18项，营业收入超5000万元。高塘等3个菜场督查考核完成。11个区级信息化项目完成招标，累计30个项目投用，3个项目启动试运行，通过规范建设，有效降低建设成本近100万元。

（唐嘉慧）

海曙开发建设投资集团有限公司

【概况】 2022年，海曙开发建设投资集团有限公司（以下简称海曙开投集团）负责的项目共有74个（前期项目11个，新开工项目26个，续建项目37个），全年均按计划有序推进，累计完成投资83.78亿元。

重点抓实做大做优主业、狠抓重点项目建设、创新融资方式、拓宽融资渠道、深化改革创新、统筹安全生产、强化党建引领和企业文化建设。“1+5+N”公司组织架构基本搭建，“房建、市政、交通、投融资”业务板块渐趋成型。宁波国际邮件互换中心投入使用，段塘二期三期安置房、姚丰安置房、春城花园北侧安置房相继建成。万兴路、联丰路、学院路等道路完工通车，东渡路街区整治等民生项目完工。海曙中学、荷梁线、雄镇、后仓恒立地块安置房和望春租赁住房等重大工程启动。秀水街区改造提升合作协议签署，陈宅保护焕新正式启动，长乐未来社区高标准创建。融资能力进一步提升，抢抓政策窗口机遇，通过发行境外债券、超短融等方式，新增直接融资约46亿元。间接融资工作同步开展，银行贷款同比新增约29亿元。2022年综合融资成本为4.2%，连续四年实现降本。先后荣获海曙区2022年重大项目建设先进金奖、2015—2022年度海曙区模范集体荣誉。宁波国际邮件互换中心、段塘二期安置房、新丰路项目获得2022年度宁波市“甬江建设杯”优质工程奖。

【资产运营多元发展】 2022年，海曙开投集团探索资产运营的多元化，业务板块的多样化。加强注入资产的管理，累计划转区内安置房住宅、商业、车位共计10022套（个），建筑面积共计32.15万平方米；公租房4046套，建筑面积20.72万平方米；临时性收储地块25宗，面积340亩。累计解决历史遗留产权登记包括住宅、地下车位共计598套（个），建筑面积2.99万平方米。注资成立海卓医学实验室有限公司、海岳酒店管理有限公司。在城市服务项目中，道路泊位建设按批次开展，海曙核心城区道路泊位布局基本完成，累计投入运营泊位3369个。鄞江镇凤山矿、潘岙岭矿山分别通过区级“绿色矿山”现场验收。

【非公开公司债券发行】 2022年3月，海曙开投集团下属交投公司平台发行第二期非公开公司债券，发行规模5.5亿元，期限3+2年期，最终票面利率3.47%，票面利率相比上期发行下降23个BP。11月，开投集团完成15亿元私募公司债的簿记发行工作，债券期限3+2年期，票面利率2.90%，全场认购倍数3.25倍，票面利率创辖区公司债历史新低。

【超短期融资债券发行】 2022年4月，海曙开投集团发行2022年度第一期超短期融资债券，发行金额3.5亿元，期限178天，票面利率2.47%，是继3月注册7亿元人民币超短融发行额度后的首次发行，获得2.37倍全场认购倍数。10月，发行2022年第二期超短期融资券，发行金额3.5亿元，期限180天，认购倍数2.91倍，票面利率2.14%，相较于首次发行利率2.47%，发行价格再创新低。

（张　璐）

市场监督管理

【概况】 2022年，全区新设立内资企业8049家，注册资本（金）459.92亿元，同比分别减少17.09%和增加8.15%。其中设立私营企业7600家，注册资本（金）317.33亿元，同比减少18.17%和0.57%。设立个体工商户12283家，资金数额12.13亿元，同比分别增加4.63%和4.12%。全年新设农民专业合作社5家，出资额335万元，分别比上年同期增加25%和减少89.91%。新登记外商投资企业及分支机构52户，投资总额11.93亿美元，注册资本4.92亿美元，其中外方认缴3.34亿美元，同比分别减少45.83%、增加46.02%和减少31.19%、50.22%。

查处市场监管领域案件925起，罚没款1149.8万元。受理消费者投诉举报23949件，为消费者挽回经济损失547万余元。获评2022年度全省消保委组织建设示范点创建单位。

【海曙十大特色伴手礼】 2022年4月29日，东鼓道甬城惠客厅开展为期6天的海曙区特色伴手礼现场展评活动，共展出19家辖区企业的35件特色伴手礼。5月初，海曙区消费者权益保护委员会、海曙区市场监督管理局组成评审组，对入围的35个海曙区特色伴手礼，根据地域感、品质感、文化感、获得感、安全感以及网络投票6个方面的标准，进行综合评审，确定海曙区2022年十大特色伴手礼，其中食品类5个、生活百货类3个、文创类2个。

【首创“光彩诚信贷”解企业融资“急渴”】 2022年7月18日，“光彩诚信贷”授信仪式举行，现场为海曙区内历年获评的市、区两级诚信民营企业、个体工商户给予5亿元的整体授信额度。作为海曙区为获评诚信民营企业、个体工商户的民营经济主体专属打造的“信用红利”，“光彩诚信贷”将分别授信企业和个体工商户每户300万元、50万元纯信用贷款，大幅缩短办贷周期，最快三天内可放款。首批6500万元授信已落地，惠及30家市区两级诚信民营经济主体。

【典型案件查处】 2022年，区市场监管局加强价格、广告、侵权假冒等重点领域和特种设备违法行为的执法打击，查获一批典型要案。在商标保护领域，与公安部门联合查办3起知识产权侵权连环案，罚没款合计82.12万元。在殡葬行业价格问题领域，突破性查办3起价格违法案件，罚款9万元。在特种设备监管领域，查办宁波云气能源贸易有限公司违反特种设备安全管理规定案，罚款50万元，该案入选2022年度省局特种设备十大违法案例在全省执法培训会上交流发言，并被推荐为国家局典型案例。

【“放心消费在浙江”建设】 2022年，培育放心消费单位5068家，其中培育无理由退货承诺单位2106家，放心工厂388家，放心街区（放心商圈）14个，放心乡村（社区）8个。策划推出“谁最海曙”系列特色主题宣传，绘制首张海曙美食地图，打造35件“专曙”特色伴手礼，其中9件获评宁波市特色伴手礼、3件获评浙江省特色伴手礼。3月，区市场监督管理局获评全省系统“消费宝”首批优秀试点单位。11月7日至

11月7—9日，全省深化“放心消费在浙江”行动现场会在海曙召开，天一商圈作为全省首批“放心消费示范商圈”，其“三方四级、数智治理”建设经验获推广

9日，全省深化"放心消费在浙江"行动现场会在海曙召开，天一商圈作为全省首批"放心消费示范商圈"，其"三方四级、数智治理"建设经验获推广。区市场监管局获评2022年度全省消保委组织建设示范点创建单位。

（黄鹏晓）

工商行政管理

【概况】 2022年，全区市场主体总量达13.65万户，同比增加7.88%。企业开办7项业务"一网通办，一窗通办，全城通办"，实现1个环节、当日办结，"零见面"网办率达95.68%。分类实施"普通注销简化办，特殊注销灵活办，非正常户注销强制办，证照注销联合办"，帮助4990家企业减少退出成本140万元。电子营业执照下载量11.16万家，下载率达82.34%，实现涉税事项、社保医保、政府招投标等政务服务高频领域的互通互认和共享共推。

强化信用监管，企业、个体户、农专社年报率分别为95.44%、94.07%、98.88%。牵头构建多部门"一网联动、随机抽查、协同监管、综合执法"的大监管格局，完成"双随机"抽查任务5087户次，跨部门监管率达59.9%，位居全市第一。围绕"广德湖""南塘河"两大区域农业公用品牌，将29家旗下农户纳入"双随机"检查，以地方特色农业诚信体系建设支撑品牌共富战略。19家企业跻身省、市信用管理示范企业榜单，强化事中事后监管获市政府督查激励。

树立商品市场新形象，改革农贸市场长效管理考核办法，重塑管理力量、管理体系、管理模式、考核机制、执法理念，进一步加大属地镇（乡）街道牵头考核权重，压实"四方责任"，形成长效管理合力。有序完成洞桥、鄞江、高塘、后隆4家农贸市场改造提升，启动新一轮农贸市场提质升级三年行动。依托果品批发市场，助农联企稳销保供，精准帮扶新疆香梨、哈密瓜等特色果品销售超1.2亿元，合作代销山区26县果品5300万余元。

【企业住所自主申报承诺制】 2022年3月起，海曙区施行企业住所自主申报承诺登记，分批次建立申报承诺区域。不同于过去需要申请人提交房屋产权证明、租赁合同等多份住所证明材料，简化后申请人只需要提交《住所（经营场所）信息申报承诺书》，对房屋的产权权属、使用功能及法定用途等作出符合事实和规定的承诺就能办理营业执照。此次市场主体登记改革，有效破解长期以来"住所证明难""材料杂"的痛点，简化住所材料，尊重市场主体自主自治的同时，也提升窗口为民服务的效率。

【歇业备案"一件事"改革】 2022年7月25日，区市场监管局联合区人社局、区税务局、区医保局、区人民法院、区政务办出台《宁波市海曙区市场主体歇业备案"一件事"改革实施方案办法（试行）》，在行政服务中心三楼综合服务区开设"歇业备案办理专窗"，实行"一窗受理、集成服务"，为市场主体提供歇业制度政策咨询和业务办理服务。有歇业意向或需求的企业仅需提交《市场主体歇业备案申请书》《歇业备案承诺书》等材料，可完成歇业备案"一件事"，现场即办即结，后续恢复经营也只需进行一键启动。

【"e企播"送服务解难题】 2022年9月20日，区市场监管局联合区人力资源和社会保障局、区税务局在81890e企播平台在线开设"个体工商户服务月"主题直播。通过讲课和在线互动的形式，为个体工商户提供线上法律指导和政策解读服务。在一个小时的直播里，近2000名观众在线观看。区市场监管局作为区扶持个体工商户发展工作联席会议的牵头单位，联合区扶持个体工商户发展工作联席会议的成员单位开展直播活动，旨在"送服务、办实事、促发展"，聚焦个体工商户发展面临的困难和诉求，围绕便利准入、降费减税、优化环境等，深入浅出地把政策措施的重难点进行了梳理和温馨提醒，确保个体工商户从业者应知尽知、应享尽享相关优惠。

（黄鹏晓）

食品药品监督管理

【概况】 2022年，区市场监管局在新冠疫情防控中突出人物同防、源头防控、精密智控，启用商品市场"一场一专班"制度，建档进口冷链经营企业、进口水果经营企业，完成11起冷链阳性食品应急处置事件，核查海关转办进口冷链货物提货未消杀集装箱去向线索207件。指导宁波果品批发市场新设全市唯一的进口水果专业核酸检测站，全省首推集中隔离点（供餐点）食品安全积分管理制度，全市首批上架新冠病毒抗原检测试剂，探索药店

5月5日，宁波彩虹大药房有限公司白云连锁店、安丰街连锁店、蓝天路连锁店、丽雅苑连锁店4家门店执业药师经过培训后正式上岗，作为全区首批核酸检测志愿服务采样点正式启用

核酸采样志愿服务新模式获《浙江日报》关注报道，率先引入“防疫管家”智能终端赋能特殊人群“一证通行”。疫情防控政策优化调整后，倡导防疫药品拆零销售，落实限购登记，缓解市民“购药难”问题。

落实食品安全党政同责，高标准创成省食品安全示范区，新增五星级食安办1家、四星级食安办3家。开展“守底线、查隐患、保安全”专项行动，指导御坊堂获批全省首家山茱萸食药物质管理试点单位，全域推广外卖封签，首次引入社会监督员护航外卖食品安全。“甬有食安”民生实事工程落地落实，7家重点农贸市场建成标准化检测室，14类重点农产品、4126家场内经营主体纳入“浙食链”溯源监管。

成立区食品安全风险综合治理中心，发挥抽检“前哨”作用。深耕民生药事服务站“一站一品”建设，央媒、省媒专程报道四明大药房“药品援助”慈善项目。试点推广药企智慧监管“黑匣子”，高位推进医疗器械唯一标识工作，“线下传统监管+线上智慧监管”齐发力。

【全市首张药品零售连锁总部委托储配许可】 2022年4月21日，经过实地调研评估、现场审核、问题整改，宁波市海辰药品零售有限公司通过许可检查，公司负责人在海曙区行政服务中心窗口领取药品经营许可证，这也是全市首张药品零售连锁总部委托储配的药品经营许可证。在符合相关要求前提下，允许药品零售连锁总部委托储存、配送药品，可以减轻部分小规模药品零售连锁总部单独设立储存仓库、配备运输设备和人员的运营成本，能够有效整合药品储存、运输和配送资源，盘活闲置的药品仓库，优化营商环境，对促进海曙区药品流通领域的健康有序发展起到一定作用。

【首批“隔离送餐综合保险”落地】 2022年4月22日，宁波海曙福来顿商务酒店有限公司和宁波明鑫酒店管理有限公司投保“隔离送餐综合保险”，成为海曙区首批投保该保险的餐饮单位。该保险属于商业险，保障对象为宁波市范围内的所有集中隔离点配送餐单位。为尽可能降低相关单位因暂停营业遭受的经济损失，同时保障隔离点群众用餐安全，区市场监管局对接市食责险运营服务中心，为辖区22家集中隔离点配送餐单位推出该保险。

【宁波御坊堂生物科技有限公司成为全省试点】 2022年5月24日，宁波御坊堂生物科技有限公司通过铁皮石斛、灵芝、山茱萸等三类食药物质试点省级审评，成为全省首家开展全部三品种食药物质试点的企业。该公司申报的试点产品为铁皮石斛透明质酸钠饮品、灵芝蛹虫草饮品和黑枸杞山茱萸饮品，经过对企业基本条件、研发、生产、检验等4大项28小项的审查，最终通过评审。本次试点至11月3日止。试点结束后，企业需立即停止生产，已生产的产品允许销售至保质期结束。

12月13日，区市场监督管理局、高桥镇人民政府联合上药控股宁波医药股份有限公司在梁祝社区开展“安全用药，用心同行”志愿服务活动

【海曙达昌行经贸有限公司入选亚运会供餐单位】 2022年，海曙达昌行经贸有限公司作为全市7家单位之一，入选杭州亚运会供餐企业。赛事期间，该企业负责为宁波赛区供应食用油、面粉、白砂糖、饮料、巧克力、淡奶油等80余个单品。针对亚运食品安全保障规格高、专业性强的要求，区市场监管局启动专项指导工作，要求企业建立完善的管理流程制度、构建食品安全责任闭环、强化线上溯源体系。

（黄鹏晓）

质量技术监督管理

【概况】 2022年，海曙区新认证“品字标”浙江制造企业30家、绿色产品企业1家，远远超额完成“品字标”培育年度考核任务，获证全省唯一一家旋转式脱水拖把“品字标”企业。全市首创“专家模拟测评”，4家企业（组织）获市政府质量（创新）奖，数量位居全市并列第一，创造历史最好成绩。

新发布“浙江制造”标准4个，获批市级标准化试点示范项目4个，新增主持（参与）制修订国家标准8个、行业标准1个。率先发布《生物多样性友好乡镇规划指南》，系国内首个深入整合乡镇发展与生物多样性保护内容的标准。牵头《中药饮片代煎服务规范》《天一商圈的商圈社区化服务规范》两项市级地方标准获立项。

数字化赋能特种设备安全，实现高风险隐患100%闭环处置，特种设备赋码率达99.9%，电梯维保扫码和特种设备作业扫码分别达99%和95%以上。完成备案非标电动自行车提前淘汰置换工作。

【2022年度“区长质量奖”】 2022年2月9日，海曙区人民政府发布《关于表彰2020年度区长质量奖获奖组织

的通报》，根据《海曙区人民政府质量奖管理办法（2022 年修订）》有关规定，经严格评审，区政府决定，授予万邦工程管理咨询有限公司、浙江荃盛食品有限公司、宁波福特继电器有限公司等3家单位“2022年海曙区人民政府质量奖”。授予宁波金鑫轴承科技有限公司、浙江德利福科技股份有限公司等2家单位“2022年海曙区人民政府质量创新奖”。

【海曙首个计量服务受理点揭牌】 2022年5月16日，“宁波市计量测试研究院海曙受理点”在区市场监管局集士港分局设立，宁波市计量院派专员入驻，为海曙区计量器具使用单位提供业务受理、器具转送、报检指导、技术支撑等服务。此前，海曙区内由于没有法定计量检定机构，辖区企业、商户等大量计量器具使用单位需要定期将在用器具送往市计量院进行检定（校准），送检距离长。针对此情况，相关部门经与市计量院反复协商研判，创新采用受理点的方案，以集士港分局为点位，打通计量便民惠企服务“最后一公里”。

【全省唯一旋转式脱水拖把“品字标”企业】 2022年7月5日，海曙企业宁波伊司达洁具有限公司获得浙江省品联会“品字标”授权，其生产的“旋转式脱水拖把ES1018”被授予“品字标”产品称号，成为全省唯一一家，该企业产品和企业品牌故事入选浙江省“品字标”网上展厅。宁波伊司达洁具有限公司创建于1988年，2018年至2021年，连续四年荣获中国轻工业刷类及清洁用具行业十强企业。2021年12月，企业被评为中国日用杂品行业“质量标杆”典型企业，产品远销美、澳、日、欧等60个国家。

【新修订质量奖管理办法】 2022年7月27日，《海曙区人民政府质量奖管理办法》及评审管理实施细则陆续修订出台（以下简称《管理办法》）。新修订的《管理办法》对首次获评中国质量奖和提名奖企业的奖金，分别由200万元和150万元增至500万元和300万元；对首次获评省政府质量奖和创新奖企业的奖金，分别由100万元和50万元增至150万元和100万元。此次修订打通质量奖和创新奖评审过程，下设“质量奖”和“质量创新奖”两个等次，每年获奖总数不超过5家，精准引导企业主动对标高等次奖项标准。

（黄鹏晓）

物价监督管理

【概况】 2022年，区市场监管局强化防疫用品、猪肉、粮油、蛋菜等重点民生商品和教育、医疗、商业零售等重点民生领域的价格监管，全年处理价格举报投诉1141件，查处价格违法案件44起，涉及医疗药品、商品零售、停车收费、电费价格等领域。

推进公平竞争审查，着力营造健康的市场环境，清理存量文件308份，增量文件295份，废止6份。

【殡葬服务收费检查】 2022年3月29日，区市场监管局联合区民政局、区发改局对辖区内的经营性和公益性公墓收费情况开展专项检查。从检查情况看，辖区内两家经营性公墓在经营场所和官网上均公示相关服务项目和收费标准，并按标准收费，其余28家公益性公墓均为乡村公墓，建墓时间比较久远，由于殡葬活动受地方传统风俗影响，收费标准不一。相关部门调取存在问题的公墓经营单位理念收费记录和墓穴管理台账，要求立整立改，退还多收费用，同时做好明码标价、规范票据。4家公益性墓地经营单位被立案调查，多收金额涉及30余万元。

【“双减”及教育收费专项检查】 2022年，海曙区按照“双减”工作专班《关于开展非法办学和违规收费专项整治行动的通知》和《关于开展2022年度教育收费专项检查的通知》文件要求，规范教育行业价格秩序。区市场监管局、区教育局、区卫健局对8家非学科类培训机构、15家托育机构开展收费检查。开展“双减”暨教育收费“双随机”专项检查，检查中小学校、幼儿园、成人学校、学科类培训机构20家。共立案查处4起价格违法和不正当竞争违法行为。

【月饼市场专项清查】 2022年8月15日以来，根据上级要求实施最严月饼“瘦身令”新规，区市场监管局在全区范围内集中整治过度包装、“天价”月饼等问题。截至9月，出动执法人员92人次，检查经营主体46家，立案1起，责令整改1起，下架商品货值1.34万元。

（黄鹏晓）

知识产权保护

【概况】 2022年，区市场监管局立足知识产权大保护格局，聚焦成果转化、质押融资、公共服务、数字赋能和创新保护五大方面，助力海曙区经济高质量发展。全区商标有效注册量59724件、新增注册8576件，总量位居全市第三。有效发明专利拥有量3348件，高价值专利拥有量1056件，同比分别增长16.66%和25%。

国家知识产权示范企业实现零的突破，新增国家知识产权优势企业9家、浙江省知识产权示范企业5家、中国专利优秀奖1项及宁波市外观设计银奖1项、专利优秀奖1项、外观设计优秀奖3项。

全年发放专利专项补助414.89万元，项目涉及国内外发明专利补助、专利领航补助、贯标认证补助和市级示范企业补助。

【促成全省首单专利FTO侵权责任保险落地】 2022年，为降低知识产权法律风险，解决专利FTO报告（专利侵权风险分析）存在的非主观漏检问题，区市场监管局对接宁波市局，联合宁波知识产权保险运营机构推陈出新，力促辖区美高厨具有限公司与中国平安财险宁波分公司签约全省首单专利FTO侵权责任保险。该险种可保障企业在做过FTO分析后推出的新产品，首次被其他专利权人提起侵权诉讼时，既能赔付法院判决的经济赔偿责任及诉讼费用，又能保障请求无效对方专利的相关支出，累计保障最高达100万元。

【知识产权质押融资服务】 自2022年以来，为扩大知识产权金融服务的普及面和惠益面，帮助小微企业解决因缺少不动产担保而带来的融资难题，区市场监管局整合部门和社会资源，建立政银知识产权金融服务联络员队伍，由泰隆银行海曙支行成立质押业务敏捷小组，提供全流程的政策咨询、产品推介、业务协调等服务。全年办理知识产权质押融资19.15亿元。

【首届高校知识产权成果展示交易会】 2022年5月5日，区市场监管局与浙江工商职业技术学院联合主办海曙首届高校知识产权成果展示交易会暨“工商三江讲坛”活动。现场，浙江工商职业技术学院将部分优质知识产权成果制作成电子书进行展示，线上观众可在云端通过扫码的方式进行阅览。作为科技创新的翅膀，强化知识产权建设、塑造一流营商环境至关重要。以知识产权运营融合高校教学和成果产业化，贴合“产教融合”的发展理念，促进了教育链、人才链与产业链、创新链有机衔接，实现成果转化的全链条畅通。在知识产权交易签约仪式上，共有5项专利转让和6项产学研合作完成签约，总额达305万元。

【5家企业入选首批省级知识产权示范企业名单】 2022年9月24日，省市场监管局公布浙江省知识产权示范企业名单，帅特龙、联达绞盘、星箭航天、斯普智能、博洋服饰5家海曙企业入选，有效期三年，自2022年9月起算。区市场监管局探索行政部门、保险行业、市场主体的联动保护机制，主动对接宁波知识产权保险运营机构开发各类保险应用新场景，强化保险工具对企业知识产权运维管理的支撑作用。全区共有254件专利、商标投保，保额9363.23万元，保费105.16万元，已累计指导9家企业应对海外知识产权纠纷诉讼。

（黄鹏晓）

审　计

【概况】 2022年，区审计局共实施审计项目17个，查出相关问题140个，推动盘活财政资金1.27亿元。移送司法机关、纪检监察机关和有关部门处理事项3件，移送处理人员1人。研究制定《关于进一步建立健全审计查出问题整改长效机制的实施意见》《中共宁波市海曙区委审计委员会成员单位工作协调制度（试行）》《审计工作重大事项督察督办办法（试行）》等文件。全区内部审计指导监督工作获全市内审系统考核“五连优”，1个审计项目获评全市优秀审计项目表彰。

【财政审计】 2022年，区审计局重点关注优化营商环境、促进惠企资金直达、稳就业促创业等内容，揭示此前存在的惠企资金下发滞后或未下发等情况，助力企业减负担、全区经济稳增长。在“同级审”中，关注财政资源统筹、财政支出政策落实、政府债务管控等情况，推动出台预算项目库管理、代建项目管理等方面11项制度。提高审计核查精准度，深化医疗保障、受灾补助等领域的数据综合分析比对，揭示受灾资金拨付不精准、困难群众应保未保等问题，促进维护社会民生。

【投资审计】 2022年，区审计局完成政府投资决算审计项目23个，审计总投资额48.98亿元，提出相关建设管理问题77个，促进被审计单位完善内控管理制度，提高项目建设内部管理责任。实施全区重大水利投资项目建设管理情况专项审计调查，关注项目实施过程中的重大损失浪费、重大风险隐患和管理漏洞等环节，促进建设单位健全制度、加强管理，促进提升全区水利投资项目管理水平和资金使用效率。

【经济责任审计】 2022年，区审计局进一步优化调整经责审计文书规范，提升经济责任审计成果的规范性。探索实施经责审计会商研判机制，落实“三个区分开来”要求，分层分类实施审计，服务干部监督工作。深化自然资源资产审计工作，关注“双碳”领域政策落实情况和四明山区域开发利用情况，为推动全区绿色发展、落实“碳达峰碳中和”目标提供审计支撑。优化区经责联办日常工作，对接指导15家单位完成领导干部离任交接工作，增强领导干部依法履职意识。实施国有企业领导干部经责审计，重点关注融资平台风险、产业投资平台建设等情况，助力国有企业高质量发展。

【推进科技强审】 2022年，区审计局结合审计项目实施，贯彻数字化审计理念，加强宏观和微观数据分析应用，追踪资金使用绩效，提高发现潜在问题线索的能力。参与宁波市审计局社保智审数改系统开发设计，参加与的项目在全省排名居于前列。贯彻科技强审要求，注重从大数据审计实践中总结、验证相关技术方法，提高全局大数据应用能力和水平，并建成局数据分析室。落实审计电子数据采集工作，充实审计数据资源。

【专项审计调查】 2022年，海曙区实施全区储备粮管理情况专项审计，核查粮食流通管理、储备安全管理和质量安全管理等情况，推动出台3项制度，促使被审单位上缴811.91万元。开展稳进提质政策专项审计调查，促进直达资金更好发挥惠企利民作用。实施3岁以下婴幼儿照护服务推进情况专项审计调查，推动婴幼儿照护服务体系规范发展。

【内部审计指导服务】 2022年，区审计局加强内审实务指导，编写《内部审计实务指南》等索引指南，推动全区内审工作规范化。组织开展“向先进致敬 走进雅戈尔”内审交流活动，加强会员单位间先进经验交流。健全内审人才培养机制，研究制定全区内部审计骨干人才库管理办法，向市级推选23名优秀内审专家人才，为审计事业提供人才保证和智力支撑。

（施江锋）

统　计

【概况】 2022年，区统计局陆续出台《海曙区工业工作规范和评价办法》《海曙区住户调查电子记账监管细则（试行）》《统计分析材料报送规范管理制度》等5项制度，修订完善《统计人员工作手册》《GDP支撑性指标解读》等2项工作规范，进一步推进专业统计工作规范化，强化数据质量管控。组织各专业、统计站走访企业350余家，开展联镇走访调研20余次。

发布统计快报125篇，分析57篇，完成月报发布9期。向两会及相关部门发放《海曙概览》1000余本。被国家统计局录用统计文化7篇、统计分析2篇、调研信息4篇。先后向区委、区政府领导班子报送《关于我区GDP的构成分析及稳增长相关建议》《从企业成长周期视角看近五年我区“小升规”发展特点及下步建议》《关于海曙区和先进城区生产性服务业发展情况的比较分析》等专题分析。完成《十八大以来海曙经济社会发展成就综述》，在“海曙发布”和“宁波统计”公众号刊登。完成宁波市统计系统立项课题《高质量发展视域下工业企业创新效率评价研究》。

大力推进统计系统数字化改革工作，其中“数据智能管家”和“基层统计网格智治”2个项目被列为省级试点单位。充分利用“浙江民调在线”开展社情民意调查，开展“梅花”台风受灾情况、助企纾困政策满意度、高质量发展建设共同富裕样板区群众感知度等自主调查4次，并撰写相关调查报告，平均一个调查样本量超过500余份。

成立海曙区第五次全国经济普查筹备领导小组及办公室，加强与财政、编办等部门沟通协调，对经费预算、人员配备等工作进行谋划，确保第五次全国经济普查工作协调有序推进。

【基层统计网格智能化管理】 2022年5月，《关于全面推进基层统计网格智治工作的实施意见》印发，全区范围内逐步建立区级、镇（乡）街道、工作片区和企业层面的四级统计网格架构，共121个四级网格，涉及2500余家“四上”企业。年内，依托网格平台，开展工业、劳动工资专业大型直播培训2次，覆盖2100余家企业；17个镇（乡）街道均已建立“统计之家”，其中，横街镇的“统计之家”是由市统计局首个揭牌成立的“统计之家”。

【开展统计督察反馈问题整改】 2022年6月1日，国家统计局向浙江省委、省政府反馈2021年在浙江省（杭州市、舟山市、丽水市）开展统计督察的相关意见，指出浙江省统计工作仍然存在的一些问题，共涉及五大方面、15个问题、22条整改措施。区统计局根据问题清单，组织开展查摆整改，并形成整改报告上报。专题开展《统计造假不收手不收敛问题专项纠治自查工作》和《全面清理纠正违反统计法律法规文件和做法》2项自查工作。

（王　渊）

安全生产监督管理

【概况】 2022以来，区应急管理局抓好安全生产各项工作，防范化解各类安全风险，推动安全生产形势持续稳定向好。

【持续加大消防安全专项整治力度】 2022年，区应急管理局相继开展“筑安”“护航一号”“护航二号”等一系列安全生产专项执法系列行动，执法成效较上年有较大提升。区安委办、消安委办先后印发《海曙区工业企业火灾隐患排查整治工作方案》《海曙区重点领域火灾隐患排查整治攻坚行动实施方案》，明确18.5万平方米影响消防安全的违章建筑拆除任务。全区拆除影响消防安全的违章建筑30万余平方米。

【推进“除险保安”大排查大整治】 2022年在“除险保安”专项排查整治工作中，由区安委办统筹抓总，重点行业领域部门牵头，区、镇街、村社三级安全监管力量下沉一线，分级分类摸清底数企业，持续督促企业开展隐患自查自改，确保以最短时间达到最大检查覆盖率。建立基层指导员制度，一对一指导镇（乡）街道，将“除险保安”暗访督查问题以工作清单形式量化到每位指导员，确保完成整改任务，“除险保安”工作年终排名位列全省第3、全市第1。

【加快完善安全生产责任体系建设】 海曙区应急管理局根据省安委会对安全生产责任体系、考核体系作出的重大改革调整，协同7个专委办和各镇（乡）街道，梳理完成海曙区委、区政府责任清单和履职清单，实现应急管理责任体系全覆盖。完善优化安全生产“1+X”组织架构，各专委会通过会议协商、书面协商等方式明确专委会领导和成员单位的安全生产责任、履职重点任务，确保责任明晰、分工明确、监督到位。

（张　振）

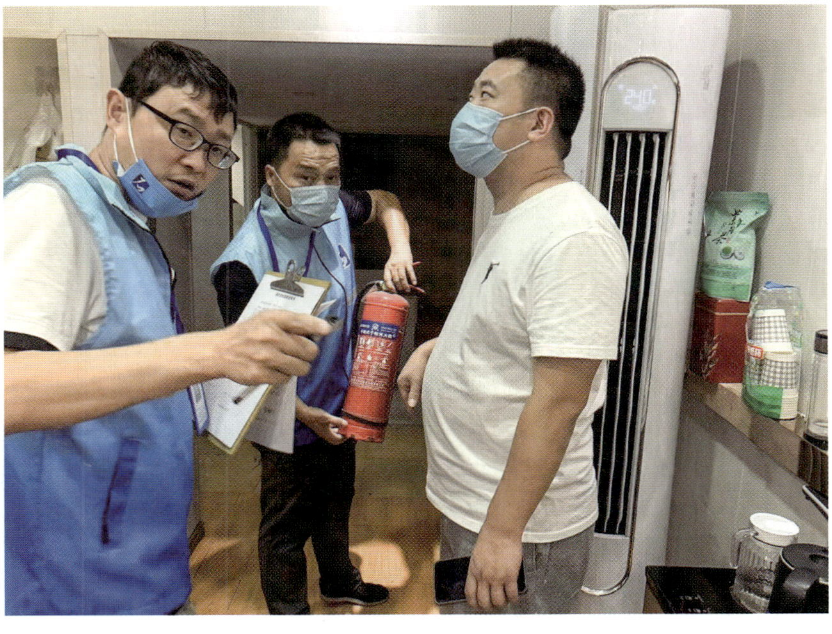

9月29日，网格员开展“除险保安”排查整治

行政审批管理和公共资源交易管理

【概况】 2022年，海曙区全年政务服务事项收件491万余件，即办比80.87%，承诺期限压缩比93.58%，政务2.0单事项占比达标率达91.25%，全渠道“一网通办”办件率达到97.56%。群众“好差评”主动评价率52.87%，初次评价满意率99.98%，有效差评件为0。

海曙区平台完成公共资源交易项目1113宗，交易额125.2亿元，节约金额12.9亿元，增收金额0.093亿元。各镇（乡）街道完成公共资源交易项目750宗，交易额9.8亿元，节约金额0.52亿元，增收金额0.49亿元。

【推出“曙居易”流动人口一件事联办】 参见“人力资源和社会保障·流动人口服务管理”。

【打造“群众等候不超过15分钟”惠民新场景】 2022年，区政务办依托政务智感通平台，开发上线“15分钟等候超时提醒”功能，通过对群众等候时间的智能感知、动态监测、实时提醒，让潮汐窗口更优化。群众在办事时，如果取号之后超过15分钟还未被窗口叫到号，该功能将会通过“钉消息”提醒相关区块负责人，及时采取增开潮汐窗口、调派后台人员支援、引导网办掌办自助办等措施，避免群众等候时间过长。2022年，累计发送超时提醒信息1200余条，增开潮汐窗口130余次，引导至网办掌办470人次。

【“高山代办2.0版”升级“家门口”智慧服务】 2022年，区政务办以数字化改革为抓手，打造“整体智治”现代政府的便民服务窗口，不断深化“高山代办2.0版”，逐步通过“网办”“掌办”来替代原先“由代办人员递送资料到乡镇办理”的服务模式。对17个镇（乡）街道便民服务中心进行政务2.0改造，配置取叫号机、高拍仪、Pad等硬件设备和软件系统，实现政务2.0“城乡一体化”，取叫号等办事数据全汇聚分析，提高全区政务服务体系规划能力和精细化服务水平。同时以高桥镇为试点，实现便民服务中心对村（社区）便民服务站的远程视频帮办（受理）。

【“快速招标”受理服务助推工程项目加速跑】 2022年，区政务办紧盯工程招投标环节，提供“快速招标”受理服务，推进工程项目尽快落地。在项目招标公告发布前新增30天招标计划发布环节，对时间紧、任务重的摘地项目、重点工程、民生项目等，建立招标计划“减时”制度，计划不足30天，招标人也可随时申请发布招标公告。年内，为海曙福利中心、海曙中学、老旧小区改造等135个项目提供服务。同时，实行容缺受理模式，在招标项目仅有发改赋码的情况下，只需承诺初步设计批复、工程规划许可证等资料在中标通知书前提供，即可最大程度实现先招后补，平均每个最多项目缩短20天。

【打造“海小易”限额以下工程项目选取场景】 2022年，为进一步优化营商环境降低市场主体制度性交易成本，区政务办聚焦个体项目金额小、工程周期较短、涉及行业众多，与城乡居民生产生活密切相关的限额以下工程项目，转变“预选库”交易方式，完善管理办法，建立“海小易”支撑工具，引入信用竞争，以“开放型”超市突破“封闭式”选取，打造便捷、高效、规范、有信的选取新模式。年内，完成全区限额以下工程项目570个，中选金额7.32亿元，节约财政资金、村集体资金以及企业交易费用1043万余元。

【破解招标代理机构监管难题】 2022年，针对取消预选承包商制度后，招标代理机构大量涌入，造成一人多职定位混乱、业务水平参差不齐等监管难题，区政务办强化源头治理，提升代理机构服务质量。在市级统一的招标代理评价办法基础上，建立积分制，将量化积分和红黑榜在交易门户网站、交易大厅、电子交易系统晾晒出来，为全区招标人自行选择优质代理机构提供重要参考。开发代理人员登记认证程序，录入收集代理人员在职企业、社保缴纳、市建筑市场信息等个人信息，支持动态修改方便各级交易监管人员实时查询，杜绝一人身兼多个同类公司职位的“作坊式”“外包型”情况。同时，在招标文件预公示阶段开放代理人员“互审”通道，共同提升业务水平。

【持续优化基建投资项目“全过程、一站式”服务】 2022年，区政务办紧扣企业投资审批服务效率提升，打造基建投资项目“全过程、一站式”综合服务平台，设立1个综合咨询岛、1个自助办理岛、2个洽谈岛，安排1名综合咨询人员负责综合受理，以所涉14个基建项目审批部门组成专家团队作为后台支撑，精准地为项目业主提供专业辅导，实现“一站式”基建投资项目审批。2022年，提供服务1900余人次，累计办件3200余件，服务项目322个。同时，建立“盯督破立兜”五字工作法，打造项目帮办小程序，在线记录基建项目“一月一访、一月一会、一月一督”全过程伴随式服务，形成项目服务数据库，可查阅、比对、借鉴，配合3.0平台，以服务“追”着项目跑，促进基建项目审批快速推进。

（韩晓彤）

商贸·经济合作

现代服务业

【概况】 2022年，海曙区服务业承压前行、进中提质。全年增加值1058.26亿元，同比增长3.6%，占地区生产总值的比重由68.6%上升至70.5%。其中，生产性服务业增加值643.21亿元，同比增长34%。

宁波西枢纽交通先导工程开工建设。国际邮件互换中心启用。实现第五航权货运航线零的突破。顺丰华东创新产业总部基地、设计产业园等一批服务业载体加快建设。翠柏里创新街区势头强劲，甬水桥科创中心、阿里云创新中心启用，宁波工业互联网研究院成为全市首个入选国家新一代人工智能开放创新的平台。新增国家级众创空间2家、高新技术企业116家、科技型中小企业222家，获评全国首批"科创中国"创新基地。

深化国际消费城市示范区建设，社会消费品零售总额879.4亿元，同比增长4.2%。发放1.46亿元消费券，承办宁波购物节开幕式，东渡路街区全新亮相，天一商圈入选省级示范智慧商圈创建名单。5家外贸企业获评省内外贸一体化领跑者企业，新增2个省级公共海外仓，"9610""9710""9810"模式出口规模位居全市第一，外贸自营进出口总额达到875亿元，增长3.5%。

"工程师友好区"启动建设，全省首家工程师人才服务中心成立运营，新引进工程师人才9700余名、大学生2.4万余人，8人入选国家级、省级重点人才计划，"甬江引才工程"入选项目数位居全市第二，新增国家级博士后工作站3家。举办中芬平台合作交流、海曙创新创业大会等活动，吸引近3000家企业参与，首批5家赛道明星企业注册落户。

科信会计师事务所获取全市首家证券业务服务资格。中外运、华展、城建设计、房屋建筑、交通工程咨询、银泰海曙等8家企业入选2022年度服务业重点行业"亩均效益"领跑者名单。蓝卓工业互联网、可之科技估值分别达60亿元、30亿元，企业研发机构支撑进一步强化。

2022年10月，工业互联网研究院作为一家主攻工业互联网、智能制造、人工智能等前沿领域的新型研发机构，获批"智能制造国家新一代人工智能开放创新平台"

【首家本土从事证券服务业务的会计师事务所】 2022年11月1日，辖区企业浙江科信会计师事务所（特殊普通合伙）（以下简称浙江科信）通过财政部和证监会关于从事证券服务业务的备案，成为宁波首家本土从事证券服务业务的会计师事务所，结束宁波20年来本地事务所无法进军资本市场的历史。当日，浙江科信与甬兴证券、甬股交、舜建集团、奉化区投资集团、海曙国有资本投资经营集团签订战略合作协议，并与宁波交通投资控股有限公司、宁波西磁科技北交所签约。浙江科信前身为成立于1999年的宁波科信会计师事务所有限公司，2022年9月完成特殊普通合伙转制，截至2022年8月底，有包括61名注册会计师在内的127名员工。

（赵　璐）

商贸流通

【概况】2022年，海曙区以促消费、稳增长为抓手，着力开展消费促进工作，重点抓好商业业态提升、商贸流通体系提档工作。全年商品销售总额同比增长9.0%；社会消费品零售总额879.4亿元，同比增长4.2%；餐饮业营业额同比增长9.3%。海曙区获省政府促消费工作真抓实干督查激励。

贯彻落实《海曙区进一步稳经济促发展若干举措》等市、区配套政策，帮扶支持重点行业稳定发展，集中推动汽车、家电等大宗消费和餐饮等接触性消费快速复苏。以造节造势方式，打造新的消费热点，加速市场回暖。承办宁波购物节开幕式，先后组织天一车展、“潮回东渡路”暑期夜生活节等活动，指导杉井·奥特莱斯、京东五星、银泰百货等开展政企联动促消费活动。全年累计发放各类区级消费券1.3亿元，组织各类主题促消费活动30余场，引导商家在政府消费券的基础上推出满额赠礼等配套活动300余场。

持续推进宁波国际消费城市示范区和夜间经济先行区建设。加快打造品牌首站之区，核心商圈集聚区域首店100余家、品牌旗舰店43家。加强老宁波特色消费，结合中医药特色街区建设，打造宁波市老字号品牌集聚区，赵大有、东福园等29家企业被认定为“宁波老字号”。优化全域商业网点布局，深化“一站式”便利服务供给，杰迈众创园建成市级“一刻钟便民生活圈”。

深化商圈数字化改造，指导杉井·奥特莱斯、天一·和义商圈整合提升智慧场景，天一商圈获评省级示范智慧商圈试点。推进市“精特亮”特色街区创建，先后完成东渡路步行街、日新街临街更新改造，启动和义大道、天一广场提质改造，南塘老街以“精特亮”考核第一名获评市级最靓特色街区，鼓楼沿、东鼓道、天一广场、杉井·奥特莱斯列入年度宁波市“精特亮”特色街区创建项目。

【海曙区促消费工作获省政府激励】2022年，海曙区促消费工作获省政府真抓实干督查激励。海曙区按照宁波市统一部署，在餐饮、百货、汽车、家电、文旅等多领域发放消费券，有效刺激消费回暖，促进整体经济稳步发展。全年累计发放各类区级消费券1.3亿元，以“浙里来消费”为主线，紧扣中秋、暑期、购物节、国庆、美食节、年货季等消费热点，连续举办“春暖甬动·惠享海曙”“热力暑期·惠享海曙”“潮购金秋·约惠海曙”等促消费系列活动，组织各类主题促消费活动30余场，引导商家在政府消费券的基础上，进一步推出满额赠礼等配套活动300余场，不断释放消费潜力，有效助推疫情影响下市场加快复苏。

【承办2022宁波购物节暨“浙里来消费”开幕式及活动】2022年8月4日晚，由市商务局和海曙区政府联合举办的2022宁波购物节暨“浙里来消费”活动在海曙区开幕。本次购物节以天一广场为主会场，各区（县、市）夜市为分会场，举办开幕式启动仪式，包括现场连线分会场夜市、现场消费券发放等环节。海曙区统筹和整合全区丰富的商业载体和品牌资源，突出政企互动、商家和消费者互动、文商旅联动，推出“激情夏日·购在海曙”“浪漫七夕·爱在海曙”“特色街区·游在海曙”“庆典活动·享在海曙”“汽车购置·惠在海曙”五大板块、30余项子活动。同时，天一广场、和义大道、杉井·奥特莱斯广场、海曙恒一广场、月湖盛园、南塘老街等商圈综合体推出主题特色营销活动；东渡路夜生活节、天一车展汽车夜市及夏日市集等主题购物活动为海曙商业增添动力。

【获评第二批“宁波老字号”】2022年11月，根据宁波市商务局关于印发《宁波老字号认定暂行办法（修订版）的通知》（甬商务消费〔2022〕121号）要求，在区（县、市）商务主管部门初审、市商务局调查鉴别并书面推荐申报的基础上，海曙区6家企业被认定为“宁波老字号”。分别为宁波纺织仪器厂、宁波神钻工具有限公司、宁波伽叶堂农业科技有限公司、宁波宁泰酿酒有限公司、宁波云海宾馆有限公司、宁波饭店有限公司。截至年底，海曙区共有中华老字号4家、浙江老字号19家、宁波老字号29家。

【杰迈众创园创建为2022年度“一刻钟便民生活圈”】2022年12月30日，根据宁波市商务局《关于公布2022年度一刻钟便民生活圈名单的通知》，杰迈众创园入选2022年度“一刻钟便民生活圈”名单。杰迈众创园的便民生活圈致力于服务好厂区工人及周边居民，围绕“一村一区数厂房”的空间格局，打造办公孵化区、教育培训区、生活服务区、休闲娱乐区等业态，使企业工人、居民能在15分钟快速触达办公、生活、消费、文体、休闲等各类目的地。

8月4日，2022宁波购物节暨“浙里来消费”开幕式

天一广场停车场智慧升级

【天一广场Ⅳa区改造焕新】2022年底，天一广场Ⅳa区改造升级项目基本完工，新开放的水晶街引进文创品牌熊沢书店，餐饮品牌蔡澜、星平小馆等，华润超市升级成为万家MART。通过硬件改造升级、业态全面置换，原本小散旧店面为主的日新街已焕新为“天一水晶J·生活新集市”，汇聚购物、餐饮、文艺、时尚潮流等生活体验。

（苏美凤）

市场运行

【概况】2022年，海曙区进一步确保“菜篮子工程”建设管理的规范、有序，大幅增加基地产品供应宁波本地市场的数量。疫情防控期间，组织经营主体参加应急供应保障相关培训、预案演练。组织2家企业参加产销对接会。

围绕“监管+服务”，实现商务系统“双随机”执法检查事项100%覆盖，协调处理消费投诉件2754件。强化成品油行业监管，完成辖区50余家成品油企业年检，20余家企业经营许可证变更。加强文明城市创建指导，对商超、餐饮等重要点位排查300余次，督促整改占道经营等相关问题500余处。

投入5400余万元资金，组织5次购新车送消费券活动，刺激汽车消费市场活跃度。

持续提升消费扶贫力度，开展消费帮扶企业认定，推进消费帮扶各项政策的落实。引导企业开展帮扶产品采购和销售，采购东西部协作、山海协作的农副产品分别为4100万元、518万元。打造“餐饮体验馆、展示销售馆、彝族工艺馆和共富街”三馆一街，使之成为海曙服务各地乡村振兴及共同富裕的重要载体。

【落实防疫保供任务】2022年，面对辖区受多轮本土及外地疫情影响，海曙区协同推进疫情防控、市场保供、“三区”保障、防疫后勤的任务。本土疫情影响期间，为防疫“三区”内的群众、医护及相关人员、一线志愿者配送物资生鲜包23万余份、盒饭10万余份、其他生活及防疫物资50万余份。10月以来，加大支援北仑等地疫情的力度，向白峰、郭巨等街道驰援蔬菜、粮油包等应急物资，与兄弟县（市）、区合力做好疫情防控期间保供、保民生任务。

（孙碧峰）

石碶市场区

【概况】2022年，石碶市场区商品成交额20.86亿元，比上年下降47.2%。市场区收入总额2854.04万元（已扣除三个月退租租金721.10万元），同比下降18.2%。

认真落实安全生产责任制，与市场经营主体层层签订安全生产责任书，其中员工119份，经营户3583份，签订率达100%。加强各类老旧消防设备的更新换代，更换烟感报警器装置123只、喷淋328只；新增消防广播扬声器18只、声光报警器2只、手动报警按钮2只，基本实现烟感喷淋系统全覆盖。更换灭火器1000只。6月24日、12月7日，分别在市场北主辅区及周边区域和南二区一至三楼、地下室停车场及周边区域开展消防疏散逃生演练工作，演练涉及商铺1500余个，参与人数超过2500人。

新开辟非机动车位100个。更新市政护栏360米。重新划定非机动车位停车位标线380平方米。

围绕建立诚信、和谐市场的目标，严格按照有关法律法规，维护消费者

4月13日，区商务局向疫情防控“三区”开展物资配送工作

合法权益。受理各类投诉51起，结案率100%，为消费者挽回经济损失52541元。

【石碶市场区综合改造提升】 2022年，石碶市场区投资60万元，改造升级东饮街沿街店铺的店招，实现统一材质、统一规格，消除原先店招破烂陈旧等乱象。投入80万元，开展综合环境大整治，对市场内破损的遮阳棚、公告栏、基础设施及污损、脱落的墙体进行更换和修补，提升整体环境。投资约390万元，改造提升市场主楼外立面形象，同时改造主楼店铺店招，美化市场整体形象。

【面向市场经营主体纾困惠企】 2022年，根据《关于做好减免小微企业和个体工商户国有房产租金有关事项的通知》，石碶市场区结合实际经营情况，对承租下属公司自有经营性房产的非国有小微企业、个体工商户，减免三个月租金。其中，若是5月31日之前合同到期，租金已收的，直接退还3个月租金；5月31日以后的减免3个月，不足3个月的按实结算。截至12月底，退租商户共计3002户，涉及退租金额721.10万元。

（李含笑）

招商引资

【概况】 2022年，海曙区引进企业4952家（不包含自然落户企业），注册资金379.75亿元。其中，注册资金1亿元以上企业44家。实际利用外资2.57亿美元，大市外内资累计到位资金179.42亿元，“浙商回归”累计到位资金99.72亿元。

区招商中心组建5支产业链招商小分队，按照“重点产业招商地图”，前往上海、湖北、福建、广东等地开展地毯式拜访，对接企业90余家。与此同时，搭建“海曙智慧招商平台”，通过分布地图和分级分类筛选形式，向“目标群体”展示区域内产业经济及其空间布局的情况，解读区域内地块、楼宇、厂房等有形资源，实现资源要素“一图通览”、需求匹配“一键直达”。

【开展系列企业服务活动】 2022年，海曙区以宁波（国际）电子商务产业园为载体，大力推进政企合作服务，协同商务、就业、人社、税务等部门，围绕直播经济、融资信贷、退税减税、就业补贴等各项惠企政策，以“线上政策快享”结合“线下政策精讲”模式，为近100家电商企业“送政”上门。加速推进校企服务，于校招季组织与宁波财经学院、宁波第二技师学院、浙江工商职业技术学院的线下企校互访研学、专场实地宣介、校园招聘月等活动，为小吉科技、综讯、笨鸟为代表的17家企业共招聘员工200余名。与宁波财经学院举行政校协作签约仪式暨实训基地揭牌仪式，财经学院将在园区开设“学徒订单班”，推行“企校互通，践学一体”的双向育人机制，实现训与用、供与需无缝对接。

【秀水街历史街区改造提升项目签约】 2022年2月22日，海曙区与招商局蛇口工业控股股份有限公司城市有机更新战略合作协议签约仪式举行。秀水街历史文化街区是宁波历史文化名城中最重要的成片物质文化遗存之一，也是宁波老城内仅存的格局、风貌最完整的片区之一，有区级文物保护单位吴宅1处、桂花厅等市级文保点12处、历史建筑16处和传统风貌建筑27处。该项目拟在秀水街历史建筑修缮复原的基础上，引入新零售、新文创、新休闲等新兴业态，将秀水街历史街区打造成最时尚、最精彩、“最宁波”的城市地标以及城市更新的典范样本。

【海曙区委经济工作会议暨产业高质量发展大会】 2022年3月1日，在海曙区委经济工作会议暨产业高质量发展大会上，60个项目签约落户，总投资达550亿元，其中外资超8亿美元。本次签约的项目，产业类型涵盖总部经济、高端制造、生物医药、现代商贸、专业服务、文化创意等诸多领域。一大批科技含量高、产业带动强、集群效应明显优质项目落户，激发海曙区经济高质量发展新功能。

【宁波阿里云创新中心基地启用】 2022年9月26日，宁波阿里云创新中心基地启用仪式在海曙区举行。阿里云创新中心是阿里云基于互联网、大数据、云计算的科技创新企业服务平台，致力于为中小企业提供一站式、多维度、高品质的创新创业服务。启用后，海曙阿里云创新中心将作为阿里云在海曙区的技术输出中心、人才培训中心、创新创业企业孵化加速中心及生态集聚中心，助力区域数字科技产业创新升级。

（张凡杰　章晓梦）

2月22日，秀水街历史街区改造提升项目正式签约

总部经济

【概况】 2022年，海曙区共有市级标准总部企业71家，蛙声科技、中铁四局浙东总部、万科祥盈人力资源总部、浙江磐陀基业岩土科技总部等多个优质总部项目落地。

加快海曙区总部大楼项目建设，推进新星蔡江河地块、城建设计院南侧地块、汽车南站南侧地块、尹江岸菜场地块招商。其中，新星蔡江河地块完成招拍挂，宁波港航服务中心（中外运总部大楼及海关大楼）、温州商会大厦按期建设中。

【蛙声科技落户】 2022年9月25日，蛙声科技在第一届海曙区卓越工程师人才峰会上签约落户海曙。该公司是国内首创多麦克风阵列级联技术及人像分屏拼接技术的高科技企业，致力于为企业及个人提供全场景音视频产品解决方案，ZOOM、Google Meet、腾讯会议等头部企业皆为其用户。截至签约时，公司已完成亿元级B轮融资，整体估值达15亿元。

【中铁四局浙东总部落户海曙区】 2022年10月26日，中铁四局浙东总部项目中铁四局集团宁波工程有限公司落户海曙，是海曙区定向招引大型央企区域总部的重要成果。落户后，企业将参与舟山、台州、宁波等浙东片区的公路、市政、房建、环保等重点建设工程。

【华康保代互联网业务经营中心落户】 2022年10月，华康保代互联网业务经营中心落户海曙区。华康保代是全国首家取得全国性保险代理公司经营许可资质的保险代理公司，已在近250个城市设立营业网点，旗下专属签约保险代理人近万人，客源数百万人。该中心落户后，将进一步完善海曙乃至宁波的保险市场，优化升级产业结构。

（孙鸣飞　彭　磊）

对外经济贸易

【概况】 2022年，海曙区通过加大外贸主体培育、加快制定稳外经贸政策、加快完成政策兑现、加大综合服务力度等手段，外经外贸总体运行平稳，稳中有进。全区货物贸易进出口实现874.6亿元，同比增长3.4%。进出口增速全市排名较2021年提升1位，指标完成率全市排名较2021年提升2位，出口777.6亿元，同比增长4.6%，货物贸易进出口、出口在全省分别居第12位、第8位。

以国家出口转型升级基地（汽车零部件）企业为基础，5家企业入选浙江省内外贸一体化改革试点产业基地第三批名单，累计获评浙江省外贸一体化“领跑者”企业7家（宁波宁兴控股股份有限公司、广博集团股份有限公司入选第一批）。省级示范型外贸综合服务平台累计达到3家，分别为宁波大洲进出口有限公司、宁波宁兴贸易集团有限公司、宁波宁化通国际贸易有限公司。

全区新增境外投资项目30个，核准中方投资总额21916.6万美元，宁波狮丹努集团被评为“浙江省本土民营跨国公司领航企业”，浙江广博集团、宁波狮丹努集团入选宁波市本土民营企业跨国经营20强。

中东欧经贸合作进一步深入，全区共有879家企业与中东欧14国发生贸易往来，实现中东欧商品进口额4.05亿元。

服务贸易进出口额规模315.17亿元。

全区跨境电商“9610”“9710”“9810”出口总额55.75亿元，完成市对区年度考核指标的182.8%。

【入选浙江省第三批内外贸一体化改革试点产业基地】 2022年，海曙区5家企业入选浙江省内外贸一体化改革试点产业基地第三批名单，分别为浙江动一新能源动力科技股份有限公司、宁波旷世智源工艺设计有限公司、维科控股集团股份有限公司、宁波旷世居家用品有限公司、宁波联达绞盘有限公司。年内，海曙区以省级内外贸一体化“领跑者”企业创建为工作抓手，通过龙头引领、科技赋能、营销推广等方法，不断加速全区内外贸一体化发展，鼓励辖区的龙头企业开展内外贸一体化培育，截至年底，有广博集团、宁兴控股、维科控股等7家国家高新技术企业成为内外贸一体化“领跑者”。

【获评省级优秀海外仓与华侨仓】 2022年，宁波捷时进出口有限公司的美国加州雷德兰兹仓被评为2022年省级公共海外仓，宁波商仓供应链有限公司的美国加州安大略仓2022年新评为首批省级优秀华侨仓。海曙区海外仓建设稳步推进，以上2家加之2021年获评省级优秀公共海外仓的捷时进出口英国萨福克仓，省级公共海外仓达到3家。截至年底，全区8家企业在美国、英国等地设立的海外仓面积27.78万平方米，服务国内卖家超过450家。

【开放型经济获奖情况】 2022年，海曙区开放型经济综合评价获得宁波市级三等次第一位。单项奖方面，外经合作工作、跨境电商工作分别获二等次第二位，服务贸易工作获三等次第二位。

【新增省级示范型外贸综合服务平台】 2022年7月，宁波大洲进出口有限公司获评省级示范型外贸综合服务平台。宁波大洲进出口有限公司作为宁波重点外贸企业，基于传统贸易优势和互联网新型模式，致力于发展集通关服务、金融服务、物流服务和退税服务等众多服务于一体的一站式外贸综合服务平台，以提高进出口效率、降低交易成本、解决贸易融资难题、增强企业国际竞争力、扩大市场份额。2022年1—12月，公司出口额为5.7亿元。

【宁波狮丹努集团获“2022年浙江本土民营跨国公司领航企业”称号】 2022年11月30日，第五届浙江本土跨国公司成长论坛暨“丝路领航”新三年行动计划启动仪式上，省商务厅

2023年，狮丹努集团股份有限公司获评浙江本土民营跨国公司领航企业

发布2022年度浙江本土民营跨国公司“领航企业”名单，宁波狮丹努集团入选。该集团是集国际贸易、自主品牌营销、服装生产、金融投资为一体的集团型企业，拥有完备的研发中心，在东南亚布局生产基地多年。除国内以外，还在柬埔寨、缅甸、越南等地拥有4家海外公司和1家纺织质量技术服务公司。

（方　强）

电子商务

【概况】 2022年，全区共实现网络零售额439.3亿元，绝对值排名全省第16。重点电商企业方面，太平鸟电子商务、唐狮网络科技、博洋控股集团3家企业分别实现网络零售额15.29亿元、10.84亿元、10.69亿元，网络零售额规模排名全区企业前三。

形成“1+7+8”电商示范发展框架，淘宝村数量居全市中心城区首位。直播电商基地快速发展，开展直播电商基地培育工程，引导基地完善功能、优化经营，提升能级，鼓励申报省、市直播电商基地等级评定。截至年底，直播销售超千万元的企业已达到20多家，直播电商头部企业队伍快速壮大，有力带动区内中小直播电商企业的发展，形成近千家直播电商产业链企业。结合宁波市直播产业政策，从培育建设直播电商基地、引进MCN直播经纪机构、发展直播电商代运营企业等方面，初步研究制定首个海曙区直播电商产业政策。

加强各类电子商务领域人才培养。围绕电商新业态、本地数字化发展两大方向，依托阿里中心等重点项目以及启格等培训学校，基于宁波当地的产业带、商家学习需求，研发和配置更具区域产业特色的教学体系，开设人才培训课程，培养优质的电商实战人才。大力动员电商企业参与“甬江引才工程”的申报，太平鸟集团的“数字化智能计划经营”和“一带一路全球化机遇下的跨境电商品牌出海运营”2个项目获评成为“甬江引才”工程。

【巩固省数字生活新服务样板区创建成果】 2022年，海曙区参与省级数字生活新服务主题宣传活动。以数字生活新服务特色镇和新零售示范企业为基础，分别推荐古林镇、集士港镇2个乡镇以及浙江广博、太平鸟集团2家企业参与数字生活新服务优秀案例征集大赛，宣传、展示数字生活新服务一年来的工作成果。

【完成2021年度电商政策兑现】 2022年，2021年度海曙区电子商务专项扶持资金兑现工作完成，共有24家企业符合扶持条件，共计兑现金额186.24万元。海曙区强化电商政策的引导与激励作用，鼓励电商运营、电商零售、电商服务等各类型企业以及园区探索创新业务模式，进一步做大做强网络零售规模。

【各类电子商务载体提升能级】 2022年，仟仁合一电子商务产业园获评市级A级电子商务产业基地，截至年底，辖区有9个（家）相关载体获得市级以上认定的电商产业基地。年内，相关部门合力引导各类电商园区、产业基地、电商村、重点企业等不断完善功能、优化经营，进一步提升载体的功能能级。同时，加快培育发展直播电商基地，智尚服装产业基地获评省直播电商基地，富港电商城直播电商基地被明确为宁波市新设直播电商基地。

【强化服务电商水平】 2022年，海曙区在服务企业直播销售业务中不断提升服务水平。截至年底，太平鸟电子商务有限公司、小吉电子商务有限公司、唐狮网络科技有限公司、雅戈尔服饰有限公司等4家企业获评宁波市十佳直播电商品牌企业。智尚国际服装产业园获评宁波市十佳直播电商基地。宁波市海曙北纬三十度文化交流活动策划有限公司、宁波江边飞鸟电子商务有限公司获评宁波市十佳直播电商服务企业。

【建设直播共富工坊】 2022年，结合省、市各级关于电商直播工坊的建设要求，海曙区引导符合条件的企业申报省、市级相关工作。截至年底，集士港镇新后屠桥村“五彩后屠助农工坊”获评省级直播电商式“共富工坊”，同时参与世界直播电商大会，并获2022首届电商直播式共富工坊短视频大赛银奖。旅管家、“阳光里”共富工坊、大雷村“书记直播间”共富工坊等10家共富工坊获评宁波市级直播电商式“共富工坊”培育名单。年内，海曙区相关部门、属地镇（乡）街道对符合条件的共富工坊加强指导，引导共富工坊强化市场运营，引荐专业的运营管理团队入驻共富工坊自然村，在管理制度、场地设置、配套设施、技能培训等多方面提供指导，努力在生产效益、就业人数、低收入农户就业、村集体经济增收等多方面实现跃升。

【直播电商政策宣讲】 2022年5月26日，区商务局联合宁波市商务局、区招商中心以及各类律师事务所等相关单位的专家，同时召集海曙区重点电商企业20余家，在海曙区电商园举办“直播电商·甬城有约”宁波直播电商经济政策（海曙专场）解读会。此次政策宣讲面向企业重点解读宁波市直播电商产业政策，以及网络直播合法合规、风险控制等问题。通过宣讲，加强直播电商政策的宣传落实，指导企业

5月26日，“直播电商·甬城有约”宁波直播电商经济政策解读会召开

对直播电商经济政策有更清晰理解。

（赵世坤）

东西部协作

【概况】 2022年是“十四五”规划的关键之年，也是海曙区新一轮东西部协作的承上启下之年，按照国家、省、市有关工作的指示精神，2022年5月，召开全区对口及山海协作领导小组会议，布置全年工作目标任务，印发《2022年海曙区东西部协作工作计划及任务分解》。9月、10月，区政府常务会议、区委常委会分别专题听取东西部协作工作汇报。

2022年海曙区“东西部协作及对口工作”资金拨付情况表

表15

时间	拨付单位	拨付款项
3月	新疆库车市	援疆挂职干部工作经费10万元
7月	四川凉山州喜德县	东西部协作挂职干部工作经费60万元
11月	四川凉山州喜德县	追拨喜德县帮扶资金200万元

【专项协作激励机制实施】 2022年，海曙区联合对口地区继续实施专项协作激励机制。兑现2021年招商引资、劳务合作及消费协作政策补助资金，四川省凉山彝族自治州喜德县、海曙区15家企业获得奖励资金140.64万元。实施《海曙区促进东西部协作和山海协作的招商引资、劳务合作及消费协作实施办法》（海政办发〔2021〕42号），鼓励引导辖区各类企业赴对口地区投资，并给予最高30万元的补助。

【喜德县考察团到海曙考察】 2022年7月6—8日，喜德县党政代表团到海曙考察。考察团一行到宁波狮丹努集团、宁波雅戈尔集团、集士港镇山下庄村等地进行调研，并召开党政联席会议和喜德县招商暨农特产品推荐活动。

【海曙考察团到喜德县考察】 2022年11月9—11日，海曙区党政代表团到喜德县开展调研对接活动。考察北山乡良田禽类养殖产业园、彝欣社区（下山移民集中安置点）、喜德县冕山镇民主村、喜德中学冕山校区、鲁基阳光玫瑰葡萄种植项目，召开挂职干部人才座谈会、海曙区—喜德县东西部协作联席会议。

【消费帮扶】 2022年，海曙区着力打造作为消费帮扶重要载体的三个场馆。分别为餐饮体验馆，代表企业有宁波疆心比芯供应链管理有限公司、宁波甬疆商贸有限公司；展示销售馆，代表企业有宁波斯佐瑞贸易有限公司、宁波一柒农业科技有限公司等；彝族工艺馆，代表企业宁波支延商贸有限公司。3月初，通过企业申请和实地考察，全区13家400平方米以上门店符合条件。11月初，开展“甬凉聚力·携手‘网’前网络帮扶活动”。全年消费帮扶企业直接采购凉山州农特产品6300.6万元。

（陈吟佳）

对口合作

【概况】 2022年，根据《吉林省与浙江省对口合作实施方案的通知》、《沪苏浙城市结对合作帮扶皖北城市实施方案》、《关于确定宁波市与延边州、蚌埠市区县结对关系的通知》、《关于确定宁波市与黄冈市对口合作区县结对关系》等文件精神，海曙区与吉林珲春市、安徽五河县、湖北英山县建立对口合作关系。

5月11日，召开海曙区对口工作领导小组暨山海协作工作领导小组（扩大）会议，部署年度对口合作重点工作任务，印发《2022年海曙区对口合作工作计划及任务分解》《2022年海曙区甬蚌结对合作帮扶工作计划及任务分解》。

【珲春市考察团到海曙考察】 2022年9月8日，吉林省珲春市党政代表团到海曙区对接对口合作工作。考察团走访集士港镇山下庄村，了解美丽乡村建设工作，并到宁波狮丹努集团了解企业生产经营情况。双方召开两地座谈会。

【海曙考察团到珲春市考察】 2022年11月21—23日，海曙区党政代表团到吉林省珲春市开展对口合作工作调研。调研期间，考察珲春铁路口岸、中俄互市贸易现代物流集散中心项目、华瑞参业生物工程有限公司、吉林珲春海洋经济示范区冷链物流基地示范项目、珲春市贸易进口商品落地加工基地项目、雅戈尔（珲春）有限公司等。并召开珲春市—海曙区对口合作联席会议，举行珲春市—海曙区对口合作框架协议签约仪式。

【五河县考察团到海曙考察】 2022年5月1—13日，安徽省蚌埠市五河县党政代表团到海曙区纺织服装企业进行考察。工作期间，重点考察狮丹努集团和雅戈尔集团。并召开两地政府开展合作帮扶工作座谈会。

【英山县考察团到海曙考察】 2022年8月23—25日，湖北省黄冈市英山县党政代表团到海曙区对接对口合作相关事宜。工作期间，走访考察甬安印务工贸集团、雍华家家昴科技有限公司，海曙、英山两地召开对口合作对接会。

（陈吟佳）

山海协作对口帮扶

【概况】 2022年，海曙区赴省内结对地区组织产业项目洽谈、项目签约会2次，共计2批次20人。完成"山海协作"产业合作项目（含3年续建项目）17个，共计完成到位资金2.52亿元。其中，新建产业项目13个，实际到位资金1.08亿元；续建产业项目4个，实际到位资金1.44亿元。宁波海曙—丽水庆元"科创飞地"实际投资100万元，已入驻企业2家、引进项目3个。援建项目6个，落实援建资金570万元，其中，财政援建资金450万元、社会帮扶资金120万元；累计投入乡村振兴示范点420万元，完成乡村振兴示范点2个（含已建）；帮助销售农副产品972.4万元；组织培训（含转移）劳动力650人次；3名干部和2名专技人才在丽水市、衢州市挂职；1篇"山海协作"典型案例入选宁波市"山海协作"典型案例汇编。

海曙区委、区政府将"山海协作"作为重要工作列入议事日程，定期听取工作汇报，研究解决有关问题。5月11日，召开区对口工作领导小组暨"山海协作"工作领导小组会议，总结回顾2021年工作，研究部署2022年工作，会议审议通过《2022年海曙区山海协作工作计划及任务分解》。区委常委会和区政府常务会议分别专题听取协作工作汇报。

丽水市庆元县、宁波市海曙区两地人民政府于7月举办海曙"山海协作'科创飞地'"签约仪式，"飞地"一期位于海曙区科创大厦，已投入运营，宁波庆元商会为海曙"科创飞地"辅助运营方，浙江贝讯信息科技有限公司作为首个招引项目，至年底已进驻入户。

7月27日，庆元县青年企业家协会参观海曙区星野里农场

【结对帮扶庆元县相关情况】 2022年，海曙区与庆元县完成新一轮乡镇结对、村企结对工作，由海曙区的古林镇、石碶街道、横街镇、江厦街道、鄞江镇、月湖街道分别结对庆元县的淤上乡、屏都街道、贤良镇、荷地镇、左溪镇、江根乡。同时，在乡镇结对大框架下，明确村企结对关系。海曙区工商联落实企业，分别结对庆元县濛洲街道民族村同源村和道岗村。两地团委发起成立海曙——庆元"'山海协作'青春帮共体"，促成两地青年企业家协会签订合作共建协议。推动两地文化交流，先后举办两地共庆元宵、彩虹计划捐建、共建山区图书馆公益换书、文联采风、"足球换竹球"等活动。海曙发挥自身区位优势和商圈优势，动员辖区各单位和热心企业参与消费帮扶，年内，在海曙名特优农产品展销中心设立"庆元800"区域品牌农产品专柜，促成庆元县芸洲集体经济发展有限公司与海曙捷风电子商务有限公司签订农产品购销意向协议，探索消费帮扶"村企购销"模式，共实现销售额达1184万元。

7月27日，海曙—庆元山海协作青春帮共体成立仪式

2022年海曙区“山海协作”资金拨付情况表

表16

时间	拨付单位	拨付款项
3月	庆元县	年度援建资金250万元
3月	庆元县	省级结对乡村振兴重点帮促淤上乡银田村结对帮促资金200万元
3月	庆元县	山海协作年度工作经费10万元

【庆元县党政代表团到海曙考察】2022年6月29日，庆元县党政代表团到访海曙。重点考察海曙区相关产业，推进招商引资工作。

【海曙区党政代表团赴庆元考察】2022年9月22—23日，海曙区党政代表团赴庆元县开展“山海协作”考察。重点考察屏都街道蔡段村与淤上乡银田村两个乡村振兴示范点，召开两地联席会议，签署新一轮推进山海协作工程合作协议、部门结对协议和乡镇结对协议。并向庆元县政府捐赠支援款200万元，用于建设乡村振兴重点帮促村。

（陈吟佳）

供销合作

【概况】2022年，区供销社有下属事业单位1家、全资企业2家、参股企业1家、基层供销社6个、新型基层社3个。领办参办的专业合作社18家、管理指导的村级综合服务社59家、农村农资经营加盟店51家。

创新农业品牌服务，注册“南塘河”区域公用品牌，涉及水果、蔬菜、肉类等9个品类，授权海曙区内10余家农业龙头企业、专业合作社使用。成立农合联品牌指导站，作为农合联会员的指导平台，促使各类农业主体树立品牌意识。举办“开茶节”“竹农下山文旅节”“农夫市集”等展示展销活动，帮助销售农副产品超100万元。

持续推进供销社建设和“三位一体”农合联改革，推进镇级现代农业服务中心和产业农合联实体化运作，深入挖掘平台功能，按照省级示范创建标准，指导镇级现代农业服务中心和产业农合联进行服务升级。成立龙观供销合作社，并将其作为乡村合作经济的示范点。培育农事服务中心示范典型，指导高桥、洞桥等乡镇农合联对农事服务中心进行升级改造，以农产品营销为特色，深入挖掘服务功能，联合打造兼具“三位一体”服务功能和产业特色的为农服务经纬网。在乡镇配置供销专干，解决供销社工作队伍“头重脚轻”问题，提升服务效果。

按《海曙区区级农资储备管理办法》要求，确定农资储备承储企业。在“春耕”、“双夏”、秋收等重要时间节点，加大农资供应和调配力度，保证农资应急、淡季储备量。加大农资优惠力度，让利销售化肥800余吨，累计让利8万余元。推行农田病虫害专业化防治，开展统防统治服务面积4万亩。

加强对社有房产的管理，规范房屋招租的审批手续，确保房屋招租全程公正、公平、公开，共发布招租信息17条，新签订租赁合同17份。租金增加39.95万元，较上一轮涨幅达12.98%。

海曙区供销社获评宁波市2022年度综合业绩考评优秀单位，章水镇农合联获评浙江省第一批示范性乡镇农合联，古林镇农合联被认定为全省第二批示范性乡镇农合联，龙观乡农合联现代农业服务中心被认定为第五批省级现代农业综合服务中心，贝母产业农合联被认定为浙江省第三批产业农合联。

【落实金融惠农措施】2022年，海曙区各级农合联平台联合辖区金融机构，面向农业经营主体发放“农合贷”“丰收农合贷”“农合联甬农贷”惠农项目贷款；印发《宁波市海曙区农民合作经济组织联合会涉农信用贷款贴息补助实施办法》，对各类涉农主体进行贴息补助，贴息贷款的金额近700万元。针对农资价格过快上涨的问题，发放100万元的农资消费券。

【助力春笋销售】2022年3—4月，海曙本地春笋上市受疫情影响，笋企面临收购价走低、用工难、销路受限等多种问题，春笋出现滞销堆积现象。区供销社、龙观乡、横街镇等深入笋农、相关企业，了解需求与困难，着力打通滞销“瓶颈”。区供销社利用直播电商形式，与横街镇共同开展“阿拉宁波农产品”春笋线上直播销售。上半年，累计销售春笋5000吨。

【疫情防控期间落实居民购菜保障任务】2022年，受本地以及外地多轮疫情影响，辖区居民买菜难、农业经营主体卖菜难的两难问题频发，相关部门加强对菜场的经营指导，落实受影响居民的购菜保障任务。区供销社第一时间摸清菜品供应品类、日供量、价格等基本情况，并通过“海曙新闻”客户端加强宣传，满足供求双向需要。梳理宁波以及黔西南地区、庆元县等对

3～4月，区供销社工作人员助力春笋销售直播活动

口扶贫地区的优质农产品，纳入“海曙供销”微信公众平台，并对接“阿拉优鲜”App及小程序，居民通过上述渠道可直接线上下单购买，线下即时配送。

【第四届海曙区开茶节】 2022年3月15日，第四届海曙区开茶节在龙观乡向阳舍的千亩茶田，以线上云直播形式开幕，现场，采茶女采摘2022年第一批新茶——“乌牛早”。自首届海曙区开茶节以来，区供销部门、龙观乡等地，以线下结合各种线上销售渠道，力促辖区茶农增收。同时，以它山堰、郁金香等为代表的优质茶叶产品纳入“南塘河”品牌，在国内外市场上受到认可。

【农夫市集活动】 2022年6月17日，“宋韵鼓楼”2022海曙区农夫市集在鼓楼沿历史文化街区开市，40余家海曙区农贸企业带着宁波本土时令瓜果、蔬菜山珍等农特产品参加。除海曙本土农特产品外，还有来自四川凉山州的姬松茸、腊味等产品。此次活动以产地直销方式，将物美价廉的优质农产品直接带给市民。同时，也进一步助力东西部结对帮扶。

【第二届“庆丰收、共富裕”农产品展销会】 2022年10月29日，海曙区农合联第二届“庆丰收、共富裕”农产品展销集市活动在杉井·奥特莱斯广场举办。共设置展销摊位14组、直播带货台位1个、团购专区1个。区农合联会员单位宁波一柒农业科技有限公司组织设立对口帮扶地区的专用摊位，四川喜德、浙江庆元、吉林延边等地的10余种农产品进行集中展示展销，现场还以直播带货形式，提升销售额。

（忻晓笑）

粮食流通

【概况】 2022年，海曙区粮食作物播种面积15.33万亩，全年粮食产量6.61万吨。全年轮出粮食2.16万吨、轮入粮食2.92万吨，完成储备粮新增任务0.76万吨，2022年底全区储备粮规模达4.40万吨（含0.49万吨储备成品粮）、储备油规模达300吨。

严格执行最低价粮食收购政策，落实三季地产粮食收购，全年收购入库33919.7吨，其中小麦2701.8吨、早稻7961.3吨、晚稻23256.6吨（其中“甬优”系列产品15405204吨）。执行粮食订单指导性计划，规模稳中有升，2022年完成订单规模32796.9吨，同比增长36%，实现早稻订单全覆盖，其中小麦2665.8吨、早籼稻7961.3吨、晚稻17197吨、甬优1540 5071.9吨。

区粮食和物资储备局与区发改局采取合署办公模式，内设粮食物资科，负责全区粮食安全保障体系建设，包括粮油供需平衡、粮食市场调控、订单粮食收购、储备粮油管理、仓储设施建设、物资储备及流通统计和质量监管在内的行政执法监督管理。下辖国有独资粮食收储企业——宁波市海曙粮食收储有限公司，下辖粮库1个、粮站7个，在职干部职工56人。

【粮食应急保障】 2022年，海曙区着力提升粮食安全与应急保障能力，修订完善《宁波市海曙区粮食供给应急预案》和粮食应急操作手册，落实应急加工企业2家、应急供应网点47家、应急配送中心2家和应急运输企业1家，配备应急发电机能力1200千瓦，应急日加工能力达到1050吨/日（梁桥米业750吨、米氏实业300吨）。完善粮食应急措施，落实粮储公司成品粮库存保持4900吨。冬季，在海曙高山地区4个供应点囤放大米1.7万斤，用于保障严寒冰冻气候山区居民口粮。

【新增地方储备粮规模】 2022年，海曙区粮食调控和供给安全能力进一步增强。及时调整地方储备结构，在原有36450吨地方储备粮基础上，新增地方储备粮7550吨，至2022年12月底，储备规模达到44000吨。

【探索“五优联动”新模式】 2022年，《2022年度海曙区优质晚稻五优联动细化实施方案》出台。该方案明确，通过“龙头企业+科研机构+粮食生产主体”合作方式，从良种选育、组织生产、收购仓储、产品加工到品牌营销，进行全产业链融合推进，探索“五优联动”新模式。全年，“五优联动”种植面积达到1.39万亩。

【小麦收购完成】 2022年6月，全区小麦收购工作基本结束，国有企业累计收购小麦2701.8吨。由于天气适宜，质量相对较好，绝大部分达到中等收购标准以上。小麦收购价格（中等质量标准）为每50千克120元，订单小麦每50千克另加价外补贴23元，对种粮大户（生产经营面积和全年粮食种植面积均在50亩以上）投售订单内小麦实行直接补贴，每50千克补贴7元。站点为农户提供免费上门服务，帮助农户调节烘箱水分、温度、除杂，指导解决烘箱故障。收购站点延长收购时间，方便农户快速售粮。

【夏粮收购完成】 2022年8月，海曙区完成年度夏粮收购任务，共收购入库早稻7961.3吨，其中订单7961.3吨，实现早稻订单全覆盖。早稻收购价格为每50千克128元，订单早稻每50千克另加价外补贴30元，对种粮大户（生产经营面积和全年粮食种植面积均在50亩以上）投售订单内早稻实行直接补贴，每50千克补贴8元。为保证收购进度，海曙粮食储备收购站点与农户通过电话、微信等方式衔接，实时掌握收购时间、售粮排队程度、收割和烘干进度，农户根据实际情况合理安排收割、烘干、售粮等工作。

【中晚稻收购完成】 2022年12月，海曙区完成中晚稻收购任务，共收购入库中晚稻23256.6吨，其中晚籼稻谷16017.7吨、粳稻谷2034.9吨、“甬优1540”（优质品种）5204吨。为确保中晚稻收购平稳有序进行，区粮食部门提前调研摸清中晚稻生产情况，通过调销腾并、清空库存，提前备好备足仓容和收购资金，满足农民出售余粮的需要；合理设置收购网点，做好收购服务工作，以方便农户售粮；大力推广“一站式”服务，入库全部采用散粮机械化流水线入库，方便售粮农户；在各收购点备足收购仓容、机械设备、收粮人员，收粮期间早开门晚关门，做到人等粮、仓等粮、钱等粮。同时，主动联系兄弟县（市）、区粮食部门，做好粮食的余缺调剂。

（方铁龙）

数字海曙

数字经济产业

【概况】 2022年，海曙区数字经济核心产业增加值从2019年的47.4亿元，增加到65.2亿元；占地区生产总值比重从2019年的4.0%，提高到4.3%。

海曙区以建设全省数字经济发展新高地为导向，加快实施数字经济创新提质“一号发展工程”，以实现数字经济超常规高质量发展为目标，做好推动数字经济产业发展和推进数字转型融合赋能，区域数字经济向高质量发展迈进。

大力发展新兴技术产业，举办第四届中国工业互联网大赛、工信部“5G全连接工厂”现场会、海曙区智能制造高质量发展大会等，与宁波阿里中心合作举办诸神之战“智能制造赛道”全球总决赛暨智能制造峰会。按照“政策引导、平台孵化、人才创新”的思路，专题为中国工业互联网大赛举办宁波海曙会客厅与投融资沙龙。借助世界数字经济大会开幕式，在北京推广宣传海曙数字经济产业优质发展环境。

推进产业数字化“三个全覆盖”，聚焦纺织服装、汽车汽配和电子元器件三大行业，开展数字化诊断工作，对企业的设计、生产、物流、销售和服务等环节的数字化情况进行评估。

【数字转型融合赋能】 2022年，海曙区1个产品被列入2022年度国内制造业重点领域首台（套）产品、5个产品列入省内高端装备制造业重点领域首台（套）产品，新增5家市级单项冠军重点培育企业。通过龙头企业深度应用、中小企业数字化改造试点探索，不断完善应用体系，提高数字化设备使用效率，推动传统行业智能转型。至年底，全区共建成省级未来工厂1个，省级数字化车间、智能工厂3个，市级数字化车间、智能工厂19个。

6月24日，诸神之战“智能制造赛道”全球总决赛暨智能制造峰会在海曙区举行

【服装行业中小企业数字化改造】 2022年，海曙区重点推进服装行业中小企业数字化改造工作。专题召开时尚纺织服装产业数字化转型座谈会和数字化改造调研启动会，明确针对中小企业的“1+1+X+N”数字化改造模式。在全市率先出台总包商评选流程，并形成总包商名单。纺织服装行业中小企业数字化改造入选全省首批试点县（市、区）创建名单。

【入选首批省数字生活新服务标杆区创建名单】 2022年2月，海曙区凭借数字商贸、数字文旅、数字政务、数字学习、数字出行、数字健康等六大创建领域的数字化建设成效，入选首批省数字生活新服务标杆区创建名单。商贸领域，引进宁波阿里中心赋能实体商业发展；智慧商圈、街区建设的数量均位居全市第一。淘宝村数量居全市中心城区首位；在全市率先开展“智慧菜场”建设；建成全市首个“数字外贸”平台。文旅领域，建成多个国家、省、市首家数字化文化场所；建成全市首个“公共图书馆远程智能监控网络体系”；全区国家AAA级及以上旅游景区实现数字化管理。政务服务领域，推进“政务服务2.0”应用，“一网通办”率达到98.31%；列入省“智能预审批”应用区县试点；打造家门口智慧服务体系，实现“远程办”“小区办”，“浙里办”海曙专区日活跃率用户数超过2.5万人，掌上执法率达到99.98%。教育领域，入选省人工智能教学试验区；市级以上智慧校园数量占30%以上。交通建设领域，建成“智慧交通中心”平台等系统，实现公路管理智慧化；移动支付公交端和主流移动支付覆盖率达到100%。民生领域，三代社保卡实现全市公交刷卡支付、全国314个城市通用；实现区域医疗数据互通共享；建立“网上看病”“在线结算”“送药上门”的闭环式管理和服务；定点医药机构医保电子凭证全面覆盖。

【“数智甬水”党建联建“E企享”】 2022年11月25日，由阿里云主办、阿里云创新中心（宁波海曙）承办、领科产业集团协办的“数智甬水”党建联建“E企享”——2022秋季创业节活动举行。阿里云创新中心（宁波海曙）基地由海曙区、阿里云计算有限公司、领科产业集团三方联合打造，聚焦数字经济、智能制造产业领域，通过整合发挥阿里云在云计算及阿里巴巴集团在数字经济多方面的资源优势，成为海曙区的技术输出中心、人才培训中心、创新创业企业孵化加速中心及生态积聚中心。

【智能制造联盟】 2022年12月1日，宁波市智能制造联盟发起并启动N+峰会&智造圈合作计划。通过“N+峰会”串联政府部门、行业协会、高校院所、金融机构、电信运营商等单位以及智能制造产业链企业，形成“引来一个、带动一批、辐射一片”的生态集聚效应，打造全产业链智造生态圈，赋能本土制造产业智慧新发展。

（蔡 哲 胡莹芳）

通 信

【概况】 中国移动海曙分公司（以下简称海曙移动）2022年通信服务收入超11.03亿元，通信用户94.53万人，通话用户89.02万人。累计开通5G基站1518个，助力宁波建成全国首批“千兆城市”，千兆光网已覆盖用户超62万人。海曙移动获评全国总工会“最美工会户外劳动者服务站点”；天宁旗舰厅获评省部级“银龄跨越数字鸿沟科普行动”成绩突出集体。

中国联合网络通信有限公司宁波市海曙分公司（以下简称海曙联通）2022年下辖7个支局、9家营业厅、1家社区服务网点、3个县分部门（综合支撑部、政企客户部、网络运行部），共有员工130余人。海曙联通实现全年主营业务收入超3亿元。已建成5G基站550余个，其中2022年新建基站100个，新建5G室分70个，5G重要场景覆盖率达到95%。改造和建设小区宽带网络，小区覆盖率达90%以上。着力打造3千兆精品网络。

中国电信股份有限公司宁波分公司海曙分局（以下简称海曙电信）2022年累计完成主营收入指标47097万元，累计主营收入完成44386万元，累计完成率94.24%；产数收入指标8012万元，累计完成5764万元，累计完成率71.94%；码号级收入指标38321万元，累计完成38740万元，累计完成率101.09%。下设支局17个，服务网点190余个。服务海曙城市建设，主干光缆割接130条次、中继光缆割接46条次、配线光缆割接338条次。点、线、面结合，推进5G网络建设，全年新开通5G基站75个，5G室分设备200套。杭甬高速海曙段5G网络全面覆盖、杭甬高铁海曙段5G网速全线优化，轨道交通5G站点建设期间，针对特殊场景要求，一站一案规划施工方案。完成重点旅游景区、商业中心、高校、栎社机场、火车站等交通枢纽的5G网络覆盖。截至年底，实现海曙主城区和重要乡镇、交通干线、重要场景5G网络全面覆盖，经过网优测试，海曙城区DT路测覆盖率指标98.92%，上下行速率分别为205Mbps和1.17Gbps，已经符合城区路测指标要求。

【海曙移动参与省级未来社区建设】 2022年，海曙移动秉持低本、高效能理念，深度参与段塘街道雄镇未来社区建设。重点完成“浙里未来社区在线”重大应用的部署贯通，建立人、房、小区、未来社区关系数据库和未来社区公共服务设施数据库。同时，利用数字化技术为未来治理场景赋能，布局面向段塘全域的三个“可见可达”，达成小而美、可插拔、有场景的应用目标，将全域的感知体系和数据通过全域孪生，实现平战一体式管理。年内，雄镇社区获得省级未来社区称号。

【海曙移动5G园区项目】 2022年，海曙移动与海曙区望春工业园区管委会合作建设5G园区项目。在望春工业园区部署园区大脑，聚合各个应用数据的中台，为管理者提供实时数据和辅助决策。整合工业园区内各智能系统、基础数据，如招商引资平台、交通

11月3日，雄镇社区未来社区建设验收

管理、环保监测、设备运维等，同时还支持数据的可视化展示和分析。通过5G专网建设，园区管理、设备管理、远程办公等工作都可依托5G专网，满足网络快速响应与稳定运行需要，缩减端到端时延，保证传输带宽，提高数据安全性。

【海曙联通数字融合创新】 2022年，海曙联通通过参与区内各机关、企事业单位、镇（乡）街道的各类基础设施信息化建设，助力政府提升服务效能。重点参与古林镇未来农场AR展厅及标准数据机房（数据中心）建设、未来乡村及未来社区建设、教育局标准考场以及体育中考维保及平安校园等工作，同时参与区民政局“邻E家”线上邻里中心的开发。

【海曙电信打造安全社会】 2022年，海曙电信服务辖区公共视频监控治理与共享应用的建设，承接海曙区视频监控统一运维服务项目以及区市场监管局数字化执法办案区建设项目。上述2个项目的建成，整体提升海曙区公共安全视频监控的运维水平和质量，实现省、市、县以及部分乡镇和前端现场执法的实时指挥、实时会商以及数据实时传输，提升执法办案的数字化能力。

【海曙电信承建恶劣天气文物灾害预警监测处置平台】 2022年，海曙电信承建海曙区恶劣天气文物灾害预警监测处置平台。该平台以不可移动文物为主体对象，从日常文物隐患发现与汛期文物应急处置以及文物维护修缮为切入点，提升不可移动文物的监管保护能力。同时，项目实现基层治理四平台业务和数据的贯通，借助基层网格力量，进一步提升文物保护日常巡检能力，并且实现跨部门、跨层级协同对接，加强文物保护工作的监督与处置能力。

【浙江移动天宁营业厅手机服务中心落户】 2022年11月，浙江移动天宁营业厅手机服务中心落户海曙。该中心是中国移动在全省首家也是省内最大的手机服务中心，将围绕手机交付前、中、后三个阶段为广大手机用户提供20余项全面优质的服务。

（张　晶　潘岱玲　康丹薇）

大数据发展服务

【概况】 2022年，区大数据服务中心统筹推进全区大数据发展工作，规范政务信息化项目建设管理，加强公共数据高质量供给，推进大数据基础设施建设，深化多跨场景与特色应用建设，有力有序有效推进海曙区一体化智能化公共数据分平台建设，为海曙各领域数字化改革提供有力支撑。

制定实施《海曙区政务信息化项目建设管理办法》，开发使用政务信息化项目全周期服务管理系统，新建、运维和续建项目以及申报2023年度的项目全部纳入线上服务监管，以数字化手段切实提升管理水平。

组织开展《公共数据条例》宣传和IRS体系培训，构建完善常态化数据治理机制。建立首席大数据官和数据专员工作机制，落实首席大数据官及数据专员队伍在区级单位与镇（乡）街道全覆盖，提升全区数据工作队伍素养。数据共享亮点突出，7个海曙特色数据产品案例入选省、市数据产品案例集，1个项目入围浙江数据开放创新应用大赛复赛。

推进多跨协同，拓展场景应用，聚焦重大现实需求，打造多跨协同应用场景，多个应用被列为省级典型应用或示范。整合办公业务移动端，政务服务进一步优化。

着力构建隐患处置闭环，2022年在全省县（市）区政务网络安全年度绩效评价中居首位。

【实施《〈浙江省公共数据条例〉海曙区宣贯方案》】 2022年，《〈浙江省公共数据条例〉海曙区宣贯方案》（以下简称《条例》）实施。该方案明晰相关单位法定职责，推动条例落实落地。区相关部门及时组织普法宣传、解读释疑，充分利用电子屏、宣传册等载体开展多渠道、多形式的宣传活动，普及数据法例，营造工作氛围，督促工作落实。同时，依法开展《条例》宣贯监督检查，推动依法规范数据处理和安全管理行为。

【深化多跨协同场景应用】 2022年，海曙区推动上级重大应用贯通与本地特色应用建设，着力提升数字化改革成效。协同推动区防台减灾智治、投资项目全周期监管服务应用系统、工业用地管理服务平台等重点应用建成投用。加速迭代基层公权力监督平台、“链上救助”、综合办案执法PDA等应用，全力打造实战实用实效的好应用。其中，基层公权力监督平台，获浙江省改革突破奖金奖；海曙人大审议监督综合应用获全省人大数字化改革创新奖；入所人员快速人案核查系统”获全国公安基层技术革新奖；“步态识别”技术对象管控应用入选全省数字法治系统建设成果展示；“全链条司法协同”项目入选2022政法智能化建设智慧法院创新案例。

【深化“三个掌上建设”】 2022年，海曙区整合办公业务移动端，建设推广“两端”应用，先后在“浙政钉”上架海曙智慧后勤、海曙数字人大等16个应用，在“浙里办”海曙专区上架81890生活通等高频应用。至年底，“一网通办”率达98.52%，政务服务2.0窗口“一网通办”率达98.89%，“互联网+监管”事件处置率达100%。

（陈　沁）

注释：

IRS：一体化数字资源系统（Integrated Resources System，简称IRS）。该操作系统在2021年9月的乌镇世界互联网峰会上发布，是浙江省数字化改革形成的制度性变革成果。IRS统筹整合全省政务数字应用、公共数据和智能组件等海量的数字资源，打破原先各地的“信息孤岛”，使资源整合成“数字大陆”。IRS已成为省、市、县一体化智能化公共数据平台，该系统的建成，也为浙江省全方面、各领域数字化改革夯实底座奠定基础。

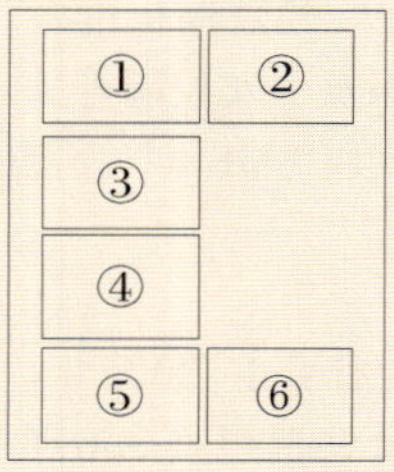

① 3月2日，“智汇创新·数造未来”海曙区智能制造高质量发展大会举行，展示数字化转型新成果，并发布一系列新项目、新行动

② 5月13日，宁波市智能制造专家委员会第一次工作会议在海曙召开，专家就海曙区时尚纺织服装行业数字化转型进行交流探讨

③ 11月15日，以“工赋智造，数字育能，打造发展新优势”为主题的第四届中国工业互联网大赛宁波赛站决赛在海曙区举行

④ 11月15日，第四届中国工业互联网大赛宁波赛站决赛期间，海曙区邀请与会代表参观甬水桥科创中心

⑤ 宁波城市大脑海曙平台

⑥ 智慧81890大数据可视化平台

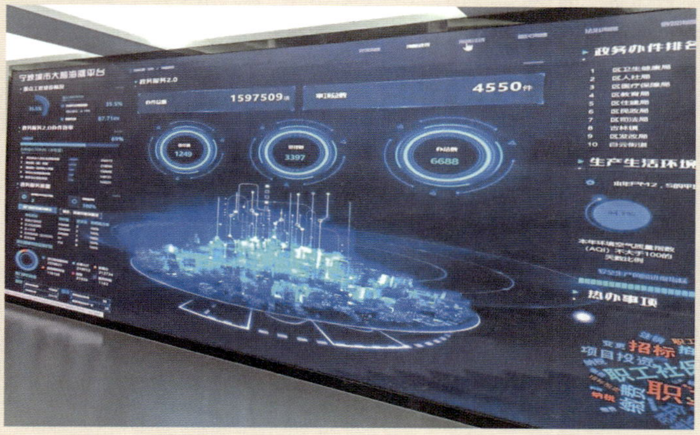

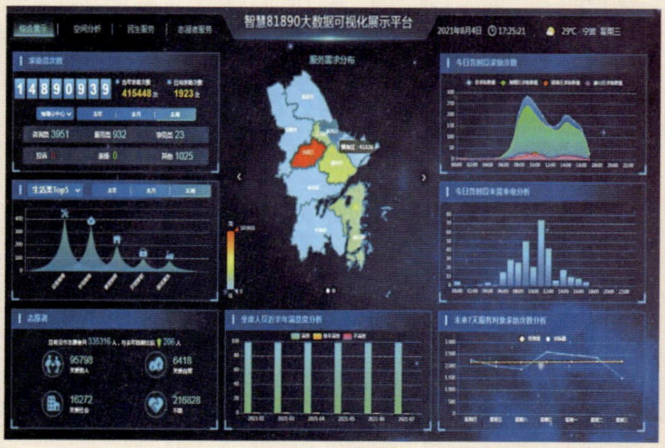

交通·邮政·口岸

交通建设

【概况】2022年，区交通运输局编制完成《宁波西枢纽概念性规划配合研究—交通专篇》，研究制定《海曙区县乡公路网规划（2021—2035年）》。推进交通重点项目建设，累计完成交通建设投资3.3亿元，同比增长15.8%，促投资稳增长作用显著。

密北线、联丰路西延延伸二程等项目完工通车；S309鄞州至开化公路荷梁线（鄞江—章水）公路工程开工建设。228国道海曙段等前期项目稳步推进。

【228国道海曙段工程（通途路—鄞县大道）通过审查】2022年8月11日，228国道海曙段工程（通途路—鄞县大道）可行性研究报告通过审查，进入实质性推进阶段。228国道海曙段起于江北连接线，以跨江大桥形式往南跨过姚江后进入海曙，依次经高桥镇、集士港镇、横街镇、古林镇、洞桥镇，终点与荷梁线相交，全长21千米，按一级公路标准建设，设计速度为80千米/小时，标准断面宽度为34米，双向六车道，总投资约80亿元。根据《海曙区"十四五"综合交通发展规划》，228国道是海曙整个区域的中轴线，其建成后可优化完善海曙城西乃至宁波中心城区的整体路网结构，并分流机场路高架交通流量，缓解宁波绕城高速以内城区交通压力。从区位上看，228国道海曙段连接谋划中的宁波西枢纽，也成为沟通海曙与江北、奉化的大动脉，串联宁波南北产业片区，带来全新集聚。

12月16日，309省道鄞州至开化公路荷梁线（鄞江—章水）公路工程于鄞江镇攀岩公园举办开工仪式

【密北线（K0+000～K7+500）改造提升工程完工通车】2022年9月17日，海曙区密北线（K0+000～K7+500）改造提升工程提前完工，实现通车。密北线是四明山环线内现有的主要公路之一，于20世纪90年代建成通车，起点位于章水镇蜜岩村东南侧荷梁线与密北线交叉口处，终点位于余姚北溪，路线全长34.01千米，本次提升改造段为蜜岩至细岭段，全长7.5千米（县道三级公路标准）。此次工程不仅对路面、基础设施进行改造提升，也对周边路域环境进行美化，在提升公路路况、"颜值"的同时，促进四明山区美丽生态旅游经济发展。

【309省道鄞州至开化公路荷梁线（鄞江—章水）公路工程开工建设】2022年12月16日，省级重点工程项目309省道鄞州至开化公路荷梁线（鄞江—章水）公路工程开工启动。该项目全长约5千米，采用一级公路设计标准，兼顾城市道路功能，设计速度60千米/小时，双向四车道，总投资约19.1亿元，计划于"十四五"期间建成。荷梁线是宁波精品线路"四明红色线"和海曙区"绿色发展·共同富裕根脉线"的重要组成部分，沿线山水风光优美，历史文化名镇、村密布，建成后可成为四明山大花园东向门户主通道，并实现海曙区所有镇（乡）15分钟上高速。

（王一波）

1月17日，春运首日，海曙区交通执法队开展“平安春运交通护航、疫情防控从我做起”的普法宣传

运输管理

【概况】 2022年，区交通运输局继续加大运输市场监管力度，相继开展交通领域打非治违、“迎亚运”路域环境整治等多个专项行动，办理交通行政执法案件3365件，处罚金额666万余元。完成春运、国庆等重大节假日运输及雨雪冰冻天气公路保畅任务，累计保障旅客出行39万余人次。年内，未发生一起重大安全责任事故。

【重大节假日运输保障】 2022年，区交通运输局牢固树立“安全至上、以人为本、服务至上”的理念，统筹做好重大节假日运输保障和疫情防控工作，完成重要节点的运输保障任务。2022年春运期间（1月17日至2月24日），全区公路客运旅客运输发送量27.74万余人次；国庆节假日期间（9月30日至10月7日），全区公路客运旅客运输发送量11.33万余人次。全年均没有出现旅客滞留现象，运输市场秩序总体安全平稳。

【交通领域打非治违】 2022年，区交通运输局以“利剑2022”专项执法行动为抓手，立足海曙作为宁波交通枢纽门户的定位，持续加大交通运输领域打非治违力度，重点围绕非法营运、站外上客、无证危运、超限超载、滴漏撒等开展集中整治，并联合公安、交警等部门形成整治合力，累计开展“春运护航”“暑期客运市场专项整治”“国庆运输保障”“护航二十大”等多次专项整治行动，全年累计完成行政处罚案件3365件，处罚金额666万余元。其中，道路运输类行政处罚案件1516起，公路管理类行政处罚案件1847起，交通工程类行政处罚案件2起。此外，办理轻微违法告知承诺案件170起，超限运输案件移交交警处置335起。

【迎亚运“两路两侧‘三化一平’”路域环境整治】 2022年，区交通运输局依托“迎亚运建窗口”重要契机，联合区“三改一拆”办、区综合行政执法局等部门在全区开展迎亚运“两路两侧‘三化一平’”专项整治行动。全年累计排查并整改路域环境问题点位8536个，累计投入保洁、绿化、小修等人员4.4万余人次，路面“洁化”清扫15.5万余千米，垃圾清运9100余吨；“绿化”修补修剪47万余平方米；“美化”整治拆除乱搭乱建32处、非公路标志牌40处，美化建筑外立面25处；修复路面病害4.31万余平方米，整治桥头跳车41处。完成G228海曙南（洞桥）高速出入口综合改造工程，海曙区横街、宁波西高速出入口改造提升工程，提升城市门户形象。对联丰路跨杭甬高速跨线桥等7座桥下空间实施围网工程，并协同区“三改一拆”办、属地镇（乡）等部门，共同推动3处桥下空间活动场地改造。

【交通执法规范化建设】 2022年，区交通运输局根据交通运输部统一标准，完成全部3个中队基层站所的视觉形象建设，并完成行政执法人员与辅助执法人员工作制服换装及24辆执法车辆外观统一喷绘等工作。其中，五中队获评省级基层站所规范化建设示范单位。交通规范化建设过程中，逐步建立执法人员常态化培训、

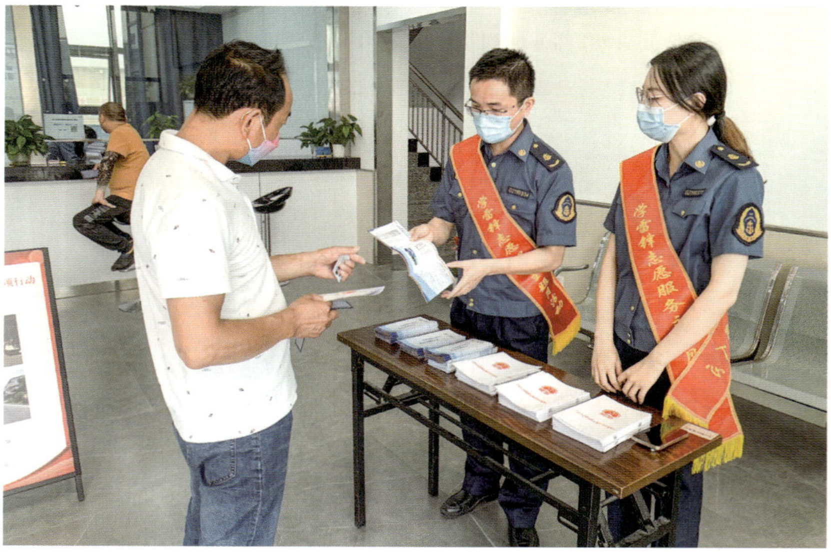

5月27日，海曙区交通执法队在318省道海曙超限运输检测站开展“路政宣传月”集中宣传活动

9月14日，受第12号台风“梅花”影响，214省道积水路段全面抢通

考核机制，强化执法装备配备，累计采购80台4G单兵执法记录仪，实行专人专机配置，并将视频数据接入区交通指挥中心，由专人实时抽查，定期通报，强化执法队伍内部监督，提高队伍整体办案能力。

【抢通“梅花”台风受灾214省道喇叭口】 2022年9月14日，受第12号台风“梅花”影响，214省道K10+900（喇叭口）左侧路面积水严重，当日上午8时40分，区交通运输局派出应急抢险人员奔赴现场，启用抽水泵进行强排，经过两个小时的强排，主车道积水基本排尽。因降雨持续不断，河道上游水位高涨，当日下午喇叭口再次积水。抢险队伍现场协商，通过借助大车诚处雨水井及污水沟进行二次接龙强排，把水引流到鄞江镇。13时30分，现场增加1台抽水泵联合排水，3台抽水泵共同运转抢通干道。

（王一波）

铁路宁波站

【概况】 2022年，铁路宁波站发送旅客966.57万人次，到站旅客968.73万人次，日客流量5.3万人次。全年区域共处理各类交通违法行为（含事故）20413起；查处非法营运208起（含无证网约车），出租车、大巴车违规经营77起；机动车人行道非法停车抄告106起，一般程序案件30起，智慧城管处置1383起，规范共享单车停放2761辆。

南站综管办结合铁路宁波站区域工作实际，牵头完善疫情防控、运输保障、防台防汛等相关应急预案，做好旅客疏运、交通组织、环境保洁、执法保障等各项工作。在春运、国庆等重大节假日期间，统筹协调火车站地区公安分局、铁路宁波站、汽车南站、轨道交通宁波火车站等单位，联勤联动，完成节假日保障任务。

【铁路宁波站区域疫情防控】 2022年，铁路宁波站区域建立健全疫情防疫工作机制，每日复盘、通报存在问题，及时优化调整防疫举措。12月4日，《宁波市优化调整疫情防控相关措施通告》发布。自防疫工作开展以来，南站综管办连续战“疫”2年316天。

【“奋战一百天　迎接二十大”综合秩序百日专项整治行动】 2022年7月18日至10月25日，南站综管办牵头联合火车站地区公安分局，组织下属交通执法中队、南站交警中队、南站城管中队、综合管理大队等执法队伍，开展铁路宁波站区域“奋战一百天　迎接二十大”综合秩序百日专项整治行动，聚焦整治“黄牛”“黑车”“电的”等顽疾难点。本次专项整治行动共罚款“黄牛”148人次，拘留9人次；查扣非法营运嫌疑车辆33辆，查处出租车、网约车违规营运16起，查处客运车辆违规营运11起；罚款“电的”82起，机动车违停抄告311起；规范共享单车停放2670起，教育劝阻流动乞讨19人次，教育查处跨门占道经营20起。

【铁路宁波站区域文明城市创建】 2022年，铁路宁波站区域文明城市创

7月18日至10月25日，铁路宁波站区域开展“奋战一百天 迎接二十大”综合秩序百日专项整治行动

铁路宁波站文明区域推进城市创建

建工作水平不断提升。《南站综管办创建全国文明城市督查工作实施方案》在完善后实行，针对划分的13类31条交通场站测评标准，铁路宁波站区域内成立2支督查小组，开展日常督查与专项督查，每日上传动态、静态问题清单。聚焦薄弱环节，对辖区内环境秩序、基础设施、消防设施、垃圾分类等重点内容进行自查自纠，督促相关责任单位完成闭环整改。树立创建工作“一盘棋”思想，加强同场站各单位沟通联系，对创建工作新目标、新要求，开展创建业务培训，共建共创，形成工作合力。

【“同一片海”党建志愿服务】 2022年，宁波站区域党群志愿服务中心作为站区志愿服务的主阵地，开展“同一片海”大讲堂活动。共开展通用英语口语培训6期、服务技能提升培训2批次、文明礼仪培训2批次。服务中心配备助听器、老花镜、写字板、轮椅推车等无障碍设备，为旅客提供接站、送站预约服务，满足特殊旅客出行需求。2022年，共为高校提供有效打卡49次，合计时长1092.5小时；海曙区各机关党员志愿者打卡70人次；常态化提供问询指引、取票购票等服务10万余人次，帮助特殊困难旅客192人次。

（成方州）

宁波汽车南站

【概况】 2022年，宁波汽车南站共运输旅客159.48万人次。其中，五一、国庆等节假日期间，共保障旅客出行38.12万人次。7月，新增宁波汽车南站—象山影视城套票，以点对点运输方式缩短旅客旅途时间。

车站在严格落实疫情防控措施的前提下，努力做好保运营、谋发展，有序推进车站各项工作安全平稳发展。根据客流周期性与时效性变化，优化班次、提升服务。

【严格落实车站安全生产工作】 2022年，宁波汽车南站加强相关关口的封闭管理和对外来人员、车辆的监管工作，规范液体查验和人检标准。通过培训教育、模拟闯关、综合检查等督查方式，加强重点岗位安全责任意识和防恐应急能力。严格落实“三不进站、六不出站”管理规定，做好旅客行李的“三品”检查及班车出站时的超员、超载检查。共检查旅客随身携带行包205.3万件，查获危险品2237起。

【汽车南站文明城市创建】 2022年，宁波汽车南站对照文明城市的测评体系，全力实施站容站貌、标志标牌、环境卫生等综合整治，做好车站的绿化、美化、亮化，厕所异味处理和病虫害防治。新增各类公益广告，更换、更新垃圾分类等内容的标识标牌。完善基础设施，加强消防安全防控体系建设，维修、改造行包房到达通道等，做好各类设备设施的维护保养。同时，利用服务台广播、显示屏、微信公众平台等方式传播防疫、文明创建公益广告，营造浓厚的宣传氛围。

【3561服务特色品牌建设】 2022年，汽车南站继续深化3561服务特色品牌建设，加强志愿服务站点建设，推进信息无障碍建设，购置助听器、手写板，制作盲文名片，并在原有无障碍通道、无障碍卫生间等设施的基础上，新增无障碍扶手，更新信息无障碍相关标识标牌。不断满足老年人和残障人

端午节期间，宁波汽车南站工作人员与旅客合影留念

士等群体的信息需求，持续做好特殊旅客出行的预约接站服务。结合学雷锋、植树节、端午节、儿童节、无烟日等主题，组织开展秩序维护、宣传引导、扶老携幼、文明劝导各类志愿服务活动20余次。年旅客满意度和驾乘人员满意度都达到99.6%。

（李　佳）

宁波汽车客运中心

【概况】 2022年，宁波汽车中心站发送旅客27.4万人次，日发送客流751人次。全年共组织开展“黄牛”专项整治行动8次，传唤教育“黄牛”27人次，劝离600余次。

【宁波汽车客运中心春运保障】 2022年春运期间，宁波汽车中心站共发车4303班次，发送旅客4.41万人次。客运综管中心根据站区实际情况，组织公安、交通执法等部门联合执法，重点打击“黄牛”“黑车”等违法违规行为，处置“黄牛”拉客21人次，接到群众求助9起，现场处理纠纷10起。规范大客车营运8起，劝导教育违规出租车51起；处理机动车违停56起，规范“共享单车”、非机动车停放462辆次，纠正占道、跨门经营17起，驱离流动摊贩6起。同时，联合高校及社会爱心团体，服务旅客1.2万人次，完成春运保障任务。

【宁波汽车客运中心文明城市创建】 2022年，客运站综管中心结合“五整顿两提升”工作要求，对辖区全域进行精细化管理。常态长效治理区域内无证经营、违规安装空调外机和广告灯箱、跨门经营、垃圾分类、车辆违停、乱涂写乱张贴等违规现象。组织开展环境美化提升工程，对通达桥两侧绿化进行苗木升级和补种；对出站口公厕进行美化提升，更换成“六月雪”等绿植品种；对售票处室外上端LED大型显示屏更新升级，提高区域品质环境。

（成方州）

9月22日，宁波汽车中心站氛围布置

宁波栎社国际机场

【概况】 2022年，宁波栎社国际机场完成旅客吞吐量616.56万人次，同比下降34.84%；完成货邮吞吐量8.53万吨，同比下降24.34%；航班起降5.61万架次，同比下降27.74%。年旅客吞吐量全省排名第二，全国排名第29。国际及地区旅客吞吐量1.79万人次，同比下降60.22%；国际货邮吞吐量3.46万吨，同比下降21.63%；国际及地区起降1841架次，同比下降25.4%。

新增阿勒泰、南充、郴州等全新通航点，加密深圳、成都等枢纽机场的航班，北京、重庆、成都、贵阳4条航线达到准快线标准。在逐步推进国际（地区）客运航班的恢复上，增加澳门、香港2条定期地区航线及布达佩斯、米兰2条洲际包机客运航线。至年底，共开通客运正班航线115条（含国内航线113条、地区航线2条），通航城市81个，（含国内航点79个，地区航点2个），开通国际客运包机航线2条，国际包机航点2个。全年累计运营货运航线10条，其中客改货航线1条，全货机航线9条（含国内航线1条，地区航线2条，国际航线6条）。2022年参与运营的航空公司达34家。

2022年，宁波栎社国际机场实现第38个安全年，成为全国仅有4家被评为2022年全国民航“安全生产月”活动先进单位的机场之一；在民航局运输机场运行安全保障能力上半年评估中，获31个同类机场第一名；在年度安全运行绩效考核中，成为华东地区唯一连续两年优秀的机场；华东地区“平安民航”建设考核实现大跨越，两个考核主体获得双第一；中国机场协会评选2022年度运输机场安全管理优秀案例——卓越奖，宁波栎社国际机场独揽3项，是获此殊荣最多的机场；此外，在鸟害防治、证件查验、智慧管理等多方面管理机制被民航局作为优秀典型在行业内转发推广。

推出“阳光畅行+”首乘服务、“一键取餐”、“易安检”、“甬穗快线”等特色服务，提升旅客服务体验，获评航旅纵横App2022年旅客臻选服务提升卓越奖；阳光服务品牌在全国级荣誉大满贯的基础上，2022年再度获中国企业品牌创新成果奖；阳光地平线班组获“全国民航工人先锋号”称号；运行控制室护航班组获“全国民航示范班组”称号；“阳光畅行”打造特殊旅客无忧出行服务，案例入选中国民用机场服务优秀案例库。

【机场疫情防控】 2022年，宁波栎社国际机场保障重点涉疫地区航班1945架次，重点旅客17.3万人次。10月，根据上级相关要求，完成2号航站楼国际入境航班相关区域涉及保障改造。11月30日，宁波至香港（往返）定期航班复航，是机场自2021年9月

5月24日，宁波、舟山两机场互为异地货站项目签约揭牌仪式举行

暂停国际（地区）定期客运航班以来，首个恢复的国际（地区）客运正班航班。从11月30日恢复香港地区定期航线至年底，共保障14架次香港进港定期航班。至疫情防控政策调整前，实现“机场全域人员零感染、不破防”的目标。

【宁波、舟山两机场互为异地货站项目揭牌】 2022年5月24日，宁波、舟山两机场互为异地货站项目签约揭牌仪式在宁波栎社国际机场举行，标志着宁波、舟山两机场互为异地货站项目启动。异地货站项目的落成有助于两地联动实现异地货物分拨、舱单管理、进出口申报、初筛放行和异常处理等一系列现场操作，方便甬舟两地海产生鲜等运输时效高的货品的快速运送，深化省内各口岸机场间货运业务往来，促进“浙江货浙江走”，吸引“省外货浙江走”。

【开通国际商务包机】 2022年7月10日、8月30日、9月21日宁波栎社国际机场开通宁波往返布达佩斯商务包机；7月21日，宁波往返米兰商务包机航线。承运方均为中国东方航空，包机航线的开通，有效助力本地外贸企业出境开启“稳订单”之旅，联络海外客商，进一步稳订单、保订单、拓市场。

【开通首条第五航权货运航线】 2022年10月30日，宁波市首条浙江省第二条第五航权货运航线（纽约—宁波—仁川—纽约）开通。该航线由康尼航空公司使用B747-400全货机执飞，把宁波作为中转站，仁川作为中间点，通过利用中、美、韩三国之间的国际第五业务权，有效串联宁波、纽约、仁川三地机场货运航线网络，实现了三地机场自由上下货物并灵活分配货物走向。

【宁波栎社国际机场跑滑系统优化工程竣工】 2022年11月30日，宁波栎社国际机场跑滑系统优化工程竣工，该工程是国内首例千万级国际机场单跑道跑滑系统优化项目，新建1条联络滑行道，3条快速出口滑行道，并对A平行滑行道进行超大机型拐弯增补。竣工投用后，机场快速出口滑行道数量达到4条，突破滑行道数量不均衡的“瓶颈”，新增非全跑道起飞程序，在优化跑滑结构、充分利用跑道容量资源、增加机场高峰小时容量上具有重大意义。

表17

2022年宁波栎社国际机场主要航空公司基本情况表

航空公司	旅客运输量		货邮运输量		平均客座率（%）
	实际（万人次）	比上年增长（%）	实际（万吨）	比上年增长（%）	
中国东方航空	130.3	−32.7	1.7	−23.1	64.4
春秋航空	146.4	−21.6	1.3	−0.2	71.6
中国南方航空	80.2	−27.6	1.2	−15.4	67.0
浙江长龙航空	32.8	−47.1	0.4	−47.2	60.5
海南航空	31.6	−38.0	0.4	−25.2	65.6
中国国际航空	24.7	−61.6	0.3	−59.7	62.6
四川航空	34.6	−34.9	0.5	−29.2	69.3

表18

2022年宁波栎社国际机场新开通的部分国内定期航线表

航空公司	航线	开通日期	航班号	机型	班期
春秋航空	宁波—兰州—阿勒泰	3月28日	9C6785/6	320	每周246
成都航	宁波—南充—西昌	8月6日	EU1827/8	ARJ	每周246
成都航	宁波—郴州—成都天府	9月30日	EU1864/3	ARJ	每周1357

2022年宁波栎社国际机场定期航点一览表

表19

航点名称	具体航点
内地航点79个	广州、北京首都、北京大兴、深圳、青岛、昆明、重庆、长沙、成都、大连、武汉、海口、郑州、西安、哈尔滨、天津、南昌、沈阳、贵阳、三亚、厦门、长春、宜昌、汕头、丽江、南宁、石家庄、兰州、银川、珠海、兴义、西宁、临沂、呼和浩特、乌鲁木齐、太原、安庆、桂林、铜仁、绵阳、延吉、威海、烟台、景德镇、湛江、万州、淮安、赣州、洛阳、井冈山、盐城、宜春、泸州、连云港、衡阳、运城、遵义茅台、西昌、宜宾、克拉玛依、库车、常德、北海、毕节、襄阳、南阳、十堰、遵义新舟、巴中、岳阳、榆林、天府、伊宁、济南、阜阳、西双版纳、南充、阿勒泰、郴州
港澳台航点3个	澳门、香港、台北（货机）
国际航点5个	大阪（货机）、马尼拉（货机）、首尔（货机）、河内（货机）、安克雷奇（货机）

（周　虹）

轨道交通建设

【概况】 2022年，区轨道交通建设推进管理中心继续协助、配合各区级部门做好轨道交通建设及运营开发过程中的房屋拆迁、政策处理等各项工作，做好项目建设的要素保障和资金管理工作。调整单位的机构设置，将征迁相关职能划出，新增重大项目建设、重点区块开发方面前期的筹划统筹、转化牵头和跟进协调等职能，同时，将原依托区交通局运作的管理体系调整为暂依托区发改局运作。

立足轨道项目建设前期推进及统筹协调，强化轨道收储地块开发政策协调及要素保障，密切联系市、区各有关单位，持之以恒地抓好各项工作的落实，完成一大批制约轨道交通建设的政策处理和征地拆迁等要素保障工作，获得宁波市轨道交通工程立功竞赛保障贡献奖、宁波市轨道交通工程立功竞赛先进个人等荣誉。

宁波轨道交通8号线一期海曙段首个站点丽园南路站进场施工。宁波轨道交通6号线一期工程海曙段开工建设前的各项准备工作按计划进行，该项目征迁范围已基本确定，征迁工作于7月20日启动。协调各部门共同推进地块收储开发的前期保障工作，截至2022年底，望春桥站地块已开展征迁签约工作，泽民站地块、天一家园西站地块开发方案已获宁波市政府批复。

【宁波轨道交通6号线征拆及政策保障】 2022年7月20日，经前期协调、广泛征集民意，宁波轨道交通6号线一期工程海曙区征迁工作启动，征迁范围涉及古林、集士港、高桥、望春和西门5个镇、街道，拆迁面积约27.4万余平方米。宁波轨道交通6号线一期工程西起海曙区古林镇古林中路，东止于北仑区红联站，全长39.6千米，设站点24座。在海曙区共设置11个站点和一个车辆段，其中，涉及征拆的有7个站点、7个区间、1个车辆段（高桥南车辆段）。根据总体工作计划，区轨道交通建设推进管理中心协调施工单位开展6号线一期海曙段站点、区间岩土工程勘察工作。已与上级部门签订《宁波市轨道交通6号线一期工程海曙区保障工作委托协议书》，并申请3000万元政策处理保障工作启动资金。年内，与集士港镇、古林镇、高桥镇、西门街道、望春街道签订政策处理委托保障协议。截至2022年底，完成7个站点的施工班组进场工作，其中，古林站作为宁波西枢纽“空铁一体”大交通枢纽的重要组成部分和先行开工站点，已于12月28日开工建设，累计完成使用拆迁及政策保障资金2.45亿元。

【轨道交通8号线征拆及政策保障工作】 截至2022年底，宁波轨道交通8号线海曙辖区内全部7个站点的施工班组进场工作，其中，海曙段首个站点——丽园南路站于1月10日进场施工，累计完成使用拆迁及政策保障资金3.8亿元。年内，完成七站八区间建设工程规划许可工作，为8号线相关站点的按时开工和征迁工作的及时启动提供保障。青林湾站清风社区沿街商铺全部签约腾空。丽园北路二耀庭小区及沿街商铺征收拨付征迁资金2亿元。

古林站作为宁波西枢纽“空铁一体”大交通枢纽的重要组成部分和先行开工站点，于12月28日开工建设

南苑站至丽园南路站区间博纳理赔中心地块征迁国有出让土地11669平方米，拆迁建筑面积超过8430平方米，已启动签约工作。重点完成丽园南路站、丽园北路站、泽民站等站点和区间施工涉及的施工围挡、交通导改、临时停车位设置、临时借地、绿化及设施设备迁移等一批政策处理问题，做好各项施工方案的解释、公示等工作。

（周义兵）

公共停车管理

【概况】 2022年，海曙区经营备案公共停车场总量为284家，泊位总量为51985个，总面积为103.97万平方米，其中，公建停车场37家、配建停车场179家和临时停车场68家。海曙区非机动车泊位总量为169180个，其中，2022年新增非机动车泊位21422个，修复51144个。

2022年海曙区公共停车场数量一览表

表20

序号	单位	停车场数量（家）	泊位数量（个）	面积（万平方米）
1	江厦街道	35	4933	9.866
2	月湖街道	20	3436	6.872
3	鼓楼街道	19	3297	6.594
4	西门街道	9	1587	3.174
5	南门街道	29	6860	13.72
6	白云街道	21	2255	4.51
7	望春街道	33	8818	17.636
8	段塘街道	23	3575	7.15
9	石碶街道	30	4418	8.836
10	古林镇	20	2975	5.95
11	高桥镇	31	5755	11.51
12	鄞江镇	1	144	0.288
13	集士港镇	11	3727	7.454
14	洞桥镇	1	170	0.34
15	章水镇	0	0	0
16	龙观乡	0	0	0
17	横街镇	1	35	0.07
合计		284	51985	103.97

【智慧泊车】 2022年，海曙区智慧停车泊位总量为3354个。其中，新建智慧停车泊位508个（包含一级收费区域新增泊位120个、二级收费区域新增泊位388个）。

（杨娜萍）

邮　政

【概况】 2022年，中国邮政集团有限公司海曙区分公司（以下简称海曙邮政分公司）有邮政从业人员500人，设有26个邮政营业点、18个金融网点、13个揽投部、3个特快揽投部。

全年业务收入11351万元，比上年同期增长34.8%。其中，代理金融业务收入5739万元，比上年同期增长22.3%。函件业务收入178万元。报刊业务收入774.45万元，比上年同期增长6%。

寄递业务完成业务收入4430.6万元，同比增幅34.2%，完成率115%；国内特快完成业务收入2149.9万元，同比增幅74.5%，完成率143.7%。

共投递特快邮件141.37万件，妥投141.08万件，妥投率94.22%；投递快递包裹1343.47万件，妥投1341.76万件，及时妥投率96.40%；甩点直投158.2万件，占妥投量11.79%。

共收寄特快邮件292.9万件，收寄及时率97.63%，共收寄快递包裹725.4万件，收寄及时率99.95%。

【成立全市邮政系统首个扫黄打非基层工作站】 2022年，海曙邮政分公司建立分公司级别的扫黄打非工作小组，并按照上级部署，在大厦支局建立扫黄打非工作站，成为邮政系统宁波地区第一个基层工作站。工作站成立后，不断细化工作职责和制度，加强“扫黄打非”工作的宣传与落实，并设立工作台账，不定期召开“扫黄打非”会议，全力扫除涉“黄”涉“非”等文化垃圾。

【邮快合作打通快递进村“最后一公里”】 2022年，根据国家及邮政集团相关要求，海曙邮政分公司与中通、申通、圆通、极兔、百世、韵达、中吴、尹邦、子杰、铖铖货运及优韵11家快递企业签订邮快合作快递进村工作协议，章水镇四明山区的11个村和横街镇12个村的快递进村工作由邮政代理投递。此前，由于受部分民营快递公司的运营能力以及山区交通不便等多重原因，海曙山区群众寄送、收发快递有较大不便。海曙邮政分公司加大邮快合作的范围及深度，要求各乡镇的揽投部门对所属各行政村的快递进村情况进行梳理，在邮快合作的带动以及各类志愿者的参与下，山区村邮政寄递“最后一公里”问题得到有效缓解。

10月27日，海曙海关关员入企调研，为企业提供政策指导

【海曙邮政管理局成立】 2022年2月28日，海曙邮政管理局成立大会暨揭牌仪式举行。统一管理海曙区1.2万名快递从业人员。成立后，海曙邮政以践行“人民邮政为人民”服务宗旨，加强服务时效性、便捷性，实现群众方便用邮、快速用邮、幸福用邮。重点加快产业集群发展、提升产业平台能级、推动双循环枢纽城市建设为导向，集中推动邮政快递业多个重点项目进展取得重大突破。

【宁波市“亲青小哥”关心关爱行动启动仪式】 2022年8月16日，由共青团宁波市委员会、宁波市邮政管理局主办，共青团宁波市海曙区委员会、海曙邮政管理局、宁波市快递物流行业团工委承办的宁波市“亲青小哥”关心关爱行动启动仪式暨首站活动在宁波野生动物园举行。现场发布一系列关心关爱快递物流行业等新就业新业态群体的服务活动。

（费琬春）

海 关

【概况】 海曙海关于2018年底经国务院及海关总署批准成立，2019年11月4日开关。主要职能包括宁波关区海港（单证）通关、宁波关区集中验估和宁波市海曙区的海关属地监管工作。辖区范围为宁波市海曙区（除栎社海关辖区外）。海曙海关为浙江省文明单位。2022年，海曙海关被国家机关事务管理局等4部委联合授予“节约型机关”称号，进口报关大厅获评浙江省巾帼文明岗，“曙光”验估工作室获评2020—2021年度浙江省青年文明号。

2022年，海曙海关共办结进出口报关单482.2万份，同比增长6.8%，其中，进口报关单9.6万份，增长6.8%，出口报关单472.6万份，增长6.8%；征收关税和进口环节税430.5亿元，增长44.4%，报关单补税金额1.38亿元，增长10.7%，验估补税4.71亿元，增长69.5%；已结关的进出口申报货运量1.44亿吨，增长14%，进出口贸易总额（美元值）2793.8亿美元，增长27.9%；辖区新增注册企业659家，比上年同期增长10.8%，新增备案食品、化妆品企业10家，减少23.1%，办结稽查作业40家，减少37.5%，设立加工贸易手册358份，减少7.5%，金额6717.3万美元。

聚焦外贸发展形势和企业实际诉求，推动保稳提质工作落实落细。成立促进外贸保稳提质工作专班，以“问题清零”为抓手，对重大政策、重要环节、重点企业等保持实时关注，充分了解企业发展状况、通关需求和困难，全力支持和保障口岸通关顺畅，不断优化口岸营商环境，推出3个方面13条举措，贴近企业做好服务，全年共解决60家企业62个问题，切实帮助企业纾困解难。深入优化通关服务，全力保通保畅，组建业务应急支援队，优化验估、核查等作业模式，形成常态化保障机制。持续推广“两步申报”、提前申报、汇总征税等便利举措，不断优化口岸营商环境，推广签证便利化、自助打印等措施，开展政策宣讲和企业帮扶，破解政策落地“最后一公里”难题。

优化属地纳税人管理，加强对重点纳税企业服务，定期走访调研辖区主要税源企业，推广汇总征税、自报自缴、多元化税款担保改革等便利化措施，帮扶企业减负增效，支持企业扩大进口。开展常态化税收分析，依托系统数据模型动态掌握铁矿、原油等主要税源产品进口情况和税收数据，完善税收风险防控体系，确保各项税款应收尽收。以迎接国家审计工作为契机，完善内控机制和事后批量复审工作机制，不断提升税收征管质量。设置专员专岗对接服务企业，为企业提供纳税指导，解答企业通关咨询，做好优惠贸易协定、政策性退税等税收优惠政策宣传，聚焦国家政策导向和地区产业实际，深入行业龙头开展海关税政调研，提升综合治税工作效能。

【应对技术性贸易措施】 2022年，海曙海关开展辖区技术性贸易措施影响调查工作，共调查企业78家，包括国外技术性贸易措施影响调查47家、重点产品技术性贸易影响调查21家、重

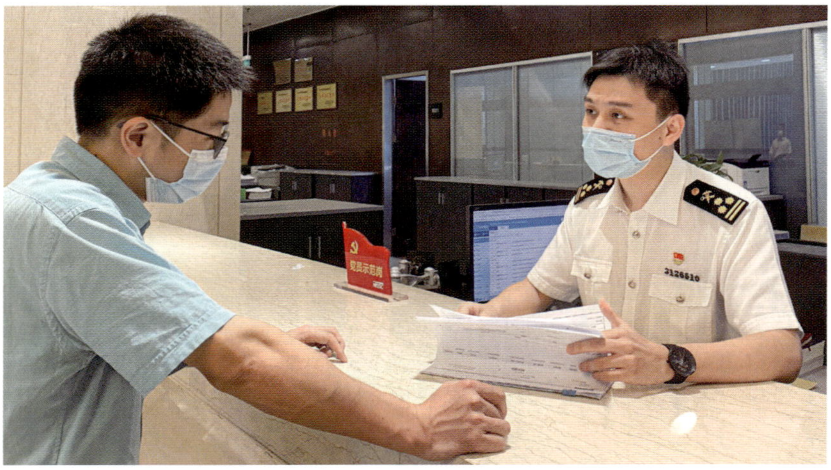

8月9日，海曙海关关员在窗口接受企业咨询

点国家技术性贸易措施影响调查企业10家，调查数量相比2021年增加105%。海曙海关汇总宁波关区纺织产品技贸措施影响调查问卷信息，完成《2021年纺织产品技贸措施影响调查报告》。共计报送国外技术性贸易措施信息17条，录用8条；撰写《技术性贸易壁垒协定》（TBT）、《实施卫生与植物卫生措施协议》（SPS）特别贸易关注2条，SPS通报评议1条，全部得到采用；撰写技贸类调查报告4份。建立技贸直通车企业名单，辖区共计12家企业加入名单；开展辖区企业技贸措施宣传培训5次，惠及企业15家，培训覆盖企业人员33人。

【RCEP实施工作】 2022年，海曙海关共签发RCEP原产地证书10194份，签证金额3.73亿美元，出口货物享受境外关税优惠373万美元。开展普及式培训，设立RCEP咨询专窗、借助QQ群，“线上+线下”全方位开展RCEP政策宣贯及解读，组织3轮线上培训，覆盖人数2800余人；联合区商务局开展辖区企业培训1次，在线人数700余人。调研走访辖区6家企业，排摸了解企业基本情况、主要RCEP成员国进出口情况等，形成“一企一档”，指导企业熟练掌握协定降税清单、原产地规则、申报实操等重点信息，为企提供“最佳享惠”方案。宣传推广经核准出口商制度，推动宁波狮丹努进出口有限公司成为RCEP实施后，宁波关区首家经核准出口商，助力企业2022年自行开具原产地声明1513份，货值超327万美元。抓好RCEP原产地管理信息化应用项目上线落实，提出智能审核功能优化建议11条，搜集空白原产地证书领用、经核准出口商办理等问题共7条上报。推进RCEP原产地证签证便利化，做好“最多跑一次”宁波办事政务服务自助终端原产地证书自助打印的推广应用工作，发放原产地证自助打印倡议书，围绕企业诉求及时解决问题，打通“难点”“堵点”，有效提升自助打印率。

【验估工作】 2022年，海曙海关依托集中验估专业队伍，聚焦税收安全，开展主动验估，全年验估补税4.71亿元，同比增长69.5%。其中，自主验估补税3.18亿元，占验估补税总额的67.52%。优化集中验估作业模式，健全“全审全控”机制，以归类、价格、原产地等涉税要素为重点，丰富风险筛查模型和技术手段，利用云擎系统，建模开展单证事后批量复审7万余票；推动集中验估与属地纳税人管理优势叠加，总结提炼对重点企业采取进口合同备案管理的实践经验，研究推广成功管理模式，营造纳税遵从度典型示范效应，全年对“双特”（特许权使用费、特殊关系）台账企业估价补税1.1亿元。围绕“一大一高一新”（大型税源企业、高风险行业、新型贸易业态）开展行业性专项验估，做到“处置一家、规范一片、治理一域”，其中，牛皮纸行业验估实现补税1000万元。持续优化稽核查税收征管要素审定工作，有效促进统一执法和防范行政争议，共复核《税收征管要素审定表》201份，其中，规范调整51份。

【检验检疫工作】 2022年，海曙海关严格执行海关总署和宁波海关抽样检验和风险监测计划，开展出口备案食品生产企业日常监督检查，强化食品安全社会共治。检出不合格进口食品化妆品3批次，货值39585欧元，完成食用酒精等9大类食品监测，获得监测数据87个，监测结果为“检出”的样品10个，涉及18个项次，样品检出率和项目检出率分别为66.7%、20.7%。提升危险化学品、压力容器、儿童消费品、医疗器械等重点敏感货物监管水平，检出进口重点敏感消费品不合格10批，检验不合格率43.5%，进口医疗器械检出不合格1批，不合格率6.67%，进口总体检验不合格率24.4%。开展“国门绿盾2022”行动，严把国门生物安全关，完善进境动植物及其产品生产、加工、存放单位监管机制，推动企业落实主体责任，不断提升动植物检疫执法能力，植物疫情信息被海关总署录用46条。

【打击走私】 2022年，海曙海关持续完善风险研判、线索移交、数据互通等方面的长效协同机制，提高打击走私能力。开展“国门利剑2022”联合行动，移交一般行政案件立案数44起，涉案货值4048.61万元；移交刑事案件立案数4起，涉案货值359.4万元；稽核查追补税4427万元。严厉打击骗退税，梳理、分析宁波口岸常见的易伪报归类骗取出口退税商品，建立骗退税企业“黑名单”。深入精准打私，组织开展进口再生金属行业稽查行动、打击伪造动植检疫证书专项行动，查获固废案件13起，责令直接退运不符合国标的再生金属91票，发现动植检疫证书存疑10份并做退运处理。

注释：

RCEP，Regional Comprehensive Economic Partnership，《区域全面经济伙伴关系协定》，即区域全面经济伙伴关系协定，为全球最大的自贸协定，也是一个全面、现代、高质量和互惠的自贸协定。

（傅漪纯）

财税·金融

财　政

【概况】 2022年，宁波市海曙区全年财政总收入207.63亿元，同比下降7.8%，其中一般公共预算收入117.06亿元，下降9.7%，占全区财政总收入的56.4%。全年税收收入107.86亿元，下降10.1%，占一般公共预算收入的92.1%。全年完成非税收入12.21亿元。全年完成一般公共预算支出138.35亿元，增长21.5%。

【财政惠企】 2022年，海曙区财政局发挥财政在制度、政策、资金等方面的支持作用。落实落细组合式税费支持政策，2021年全区累计退减缓税50.51亿元，以“真金白银”缓解企业现实发展问题。财政资金围绕“应保尽保、早兑快兑、落地落细、见实见效”，全年累计兑现惠企政策资金14.28亿元，惠及市场主体4.9万家。促进消费稳健复苏，精准发放1.27亿元消费券，进一步提振市场信心。开展“千名干部助万企、高效纾困破难题”行动，宣传省市区各项惠企政策，实现企业与政府部门“无缝隙”对接，助企帮扶“零距离”。及时推送“薪资保”等财政支持稳就业政策性金融产品，强化对市场主体和就业群体的兜底保障，通过财政全额贴息，精准滴灌金融助企活水。

【民生领域财政支出】 2022年，全区一般公共预算支出的73.71%以上用于民生领域重点支出。重点加强基础性、普惠性、兜底性民生保障建设，增强民生政策的有效性和可持续性。加快建立大管网供水、共富产业园等一批共富项目落地，深入开展“物质+服务”社会救助改革，持续优化“一老一小”服务体系。持续深化农村集成改革，进一步夯实粮食安全“压舱石”，深入实施新时代美丽乡村“13511”工程，提升整体农村人居环境，打造一批高标准的“浙东民居”。加快推进“4566”乡村产业振兴行动，深入推进“种植大脑+未来农场”建设，推广壮大“南塘河”农业区域公用品牌。加快推进城乡有机更新，支持未来社区建设、老旧住宅小区改造以及城市片区更新改造。推进千年罗城复兴、资源循环基地以及全域国土综合整治等前期谋划，运用财政奖补、金融互动、产业基金引导、目标考核激励等方式，促进区域整体开发。

【财政改革】 2022年，海曙区强化中长期的财政规划管理，加强中期财政规划对年度预算的预期引导和总量控制，科学预判中长期可用财力，研究建立跨年度预算平衡机制。持推进预算管理改革，启动支出标准化体系建设工作，提高预算编制质量和资金分配效益。稳步推进“智慧财政”系统建设，出台制定《推进镇（乡）街道“一体化”建设工作实施方案》，构建覆盖市、区、镇（乡）街道三级财政预算执行体系。深入推进财政电子票据改革，实现应用全覆盖。依托“政采云”平台，推进项目采购全流程电子化改革，实现供应商采购流程“一次都不用跑”，采购电子化开评标率达100%，切实降低企业参与政府采购制度交易成本。

【强化财政管理】 2022年，海曙区深入开展财政运行暨地方财经秩序专项整治工作，切实强化财经纪律刚性约束；持续推进全区行政事业单位内控体系建设，不断完善镇（乡）街道财政财务规范化管理，确保基层财政各项工作平衡运转；加强全区性非税专户存量资金管理，清理盘活规范相关资金，提高财政资金使用效率；启用公款竞争性存放网上招标平台，规范单位银行账户和公款竞争性存放管理；进一步构建政府过“紧日子”的长效管理机制，压减一般性支出和非急需非刚性支出；依托“政采云”平台，推进项目采购全流程电子化；纵深推进财政专网安全工作，筑牢网络架构安全、数据安全防线；建立会计人员诚信管理体系，强化对全区会计人员的监督管理。

（高　瑜）

税　务

【概况】 2022年，海曙区累计组织税收收入207.57亿元，下降6.28%；组织社保基金收入102.54亿元，增长9.35%；组织非税收入5.46亿元，增长3.39%；职业年金6.02亿元，下降6.58%。办理出口退税77.99亿元，增长2.65%。

推进退税减税，成立退税减税

政策落实工作领导小组，建立健全“1+10”工作运转机制。依托海曙区政府牵头的工作机制和当地的财政、税务、中国人民银行三部门会商机制，强化退付资金保障，退库速度较上年提速67.5%。推出“税直达”宣传辅导方案，开展网格化宣传、点对点辅导、线上线下政策推送，并跟进算好账，做好政策效应分析和宣传引导。截至12月31日，新的组合式税费支持政策已累计为企业减轻税费负担和增加现金流超50.51亿元。

完善税费业务，实现国有土地使用权出让收入等四项非税收入平稳划转，从加强组织保障、夯实征管基础、开展缴费服务、切实跟踪问效等方面落实好划转工作。推出全市首家土地出让金“集成征收”业务服务，实现个人缴纳土地出让金与契税、印花税一体征收。联合不动产登记部门推出不动产“无差别综合受理”业务模式，实现“一窗受理、集成服务”再升级，推进居民换购住房个税退税政策便捷快享。加强“退税云管家”品牌建设，推广出口单证“电子化”备案模式，加大外贸新业态支持力度。持续升级网上办税，推出“非接触式”办税缴费事项233项，较上年增加19项，全年网上办税率达96.65%。落实企业所得税税收优惠政策，惠及企业19457户次。高效完成企业所得税汇算清缴工作，实现非居民企业所得税汇算清缴申报率100%。精细实施个人所得税综合所得汇算清缴，根据“行政事业单位+大型用人单位”的地区特点，健全专人负责制，一对一进行个税年度汇算辅导，力求汇算有序合规高效。构建税务、人社、医保、镇（乡）街道、银行参保缴费协作网网络，推广以自主缴费为主、银行账户扣款为辅、现金缴费兜底的多元化缴费渠道，完成城乡居民“统模式”首个集中征收期的征收工作。

优化纳税服务，开展“我为纳税人缴费人办实事暨便民办税春风行动”，持续推进税费事项快办优办。上线“甬税助”远程协办平台，探索税费服务“问办协同”新模式。通过“线下+线上”广泛宣传，实现税收政策“不问即知”；围绕数字化改革和智慧税务建设，实现税费事项“不见即办”、

4月28日，区税务局联合宁波银行开展“税说”云课堂，通过线上直播形式为宁波财经学院高校师生讲授税费政策

税惠红利“不来即享”。聚焦重点行业、头部企业、小微初创三类群体，通过送政策、优服务、解难题，全力服务企业夺取“开门红”。

联合多部门举办全国个体工商户服务月主题直播活动、出口退税政策直播宣讲活动，助力企业纾困解难、激发潜力活力。与九大银行合作打造“就近办”查询平台，以“地图+菜单式”方式整合资源引导缴费人就近办理缴费业务。

【“依法治税”工作】 2022年，区税务局坚持依法治税，将法治理念贯穿税务工作全过程。依法依规组织税费收入，加强税源管理和收入质量监控，落实组合式税费支持政策，稳经济一揽子政策及接续政策措施，做到应收尽收、应减尽减、应退尽退。坚持严格规范公正文明执法，开展“说理式执法”（以文书为重要载体把事实依据、法律依据以及两者间的内在逻辑向税务行政相对人展示），落实“首违不罚”事项清单，持续推进落实行政执法公示、执法全过程记录、重大执法决定法制审核制度。推进“公职律师涉税争议咨询调解中心”建设，探索税费争议解决新方式，2022年未发生行政诉讼案件。深化司法协作机制，办理法院税费协作案件60件。加强局内公职律师队伍建设，采取中青年混搭形式，参与行政复议、司法协作、疑难案例处置研讨等工作，实现专业人才理论知识与实践经验双提升。截至2022年底，海曙区税务局共有14人具备法律职业资格证书，其中7人为公职律师。参与普法宣传，联合海曙区人民法院开展“宪法你我 税法同行”主题普法宣传活动，引导纳税人缴费人学法、执法、守法。

【《关于进一步深化税收征管改革的意见》落实】 2022年是《关于进一步深化税收征管改革的意见》落实的攻坚之年，区税务局紧扣国家税务总局、市税务局的工作部署，在已有工作基础上开展探索实践，持续抓好“四精”建设（精确执法、精细服务、精准监管、精诚共治），深化税收征管改革工作取得明显成效。在精确执法方面，有效发挥公职律师团队在“说理式执法”工作中的作用，执法文书的制作和审查由公职律师全程参与，确保执法文书语言规范性、表达准确性，增强税收执法的公信力。在精细服务方面，《海曙税务大企业直通车》刊物作为“千帆聚海”大企业工作室的拳头产品，从个性化服务与风险提示服务两大主线着手，将最新税收政策与热点问题定期推送给企业，打造了税收政策推送直达直享的新型服务模式。在精准监管方面，紧跟上级部署，做好出租房源精准监管等试点项目的落实工作，切实提高监管水平和征管效率。在精诚共治方面，持续优化部门协作流程、完善税费征缴协作，与海曙区发改委、市场监督管理局等部门合作，探索信用共治模式，形成“褒扬诚信、惩戒失信”的工作合力。

8月30日，区税务局在横街镇政府参与区行政服务中心开展的政务流动车活动

【“我为纳税人缴费人办实事暨便民办税春风行动”】 2022年，区税务局以“智慧税务助发展・惠企利民稳增长”为主题，连续9年开展“我为纳税人缴费人办实事暨便民办税春风行动”。聚焦纳税人缴费人急难愁盼问题，围绕“诉求响应更及时、智慧办理更便捷、分类服务更细致、执法监管更公正、税收共治更聚力”五大方面，整合服务资源、拓展服务领域，分三批推出5大类20项121条举措，持续深化“放管服”改革，优化税收营商环境。按照“细化措施—跟踪实施—明察暗访—绩效考核—责任追究—制度完善”的闭环管理思路，建立持续改进长效机制，确保各项目标任务高质量落实落地。通过增强政策确定性、管理规范性、系统稳定性、办税便利性、环境友好性，持续巩固和扩展“便民办税春风行动”成果，不断提高纳税人缴费人的获得感和满意度。

（赵佳莉）

金融监管

【概况】 2022年，海曙区先后开展全区第三方财富、虚拟货币、伪金交所、养老领域非法集资等专项风险整治工作，制定工作方案，筛选排查名单，通过“线上+线下”方式排查企业2354家，挤压养老诈骗线索企业2家，督促第三方财富管理公司停业1家。

加强风险核查，各部门协同联动，结合上门走访、高管约谈等措施对搬离海曙区37家预警企业线索进行核查，通过挤压至年底，有7家风险机构注销。

高度关注投资受损群体的维权情况，2022年以来共收到浙江省统一政务咨询投诉举报平台流转的投诉件23件，均已按时妥善处理。

【地方金融组织监管】 2022年，区地方金融监督管理局主要承担小额贷款、融资租赁、融资担保、典当行、商业保理、地方资产管理等地方金融组织的许可备案、业务指导和行业发展等工作。全年，监管员列席各小额贷款公司股东会、董事会、监事会7次，实地走访地方金融组织和类金融机构49家次，督促完成企业整改8家。

（钟　蕾）

金融服务

【概况】 2022年，全区金融业实现增加值154.96亿元，同比增长6.7%，拉动全区地区生产总值0.64个百分点；金融业贡献税收20.6亿元，同比增长7.7%。至年底，全区银行机构本外币存款余额4054.6亿元，较年初增加683.4亿元，同比增长19.5%；全区本外币贷款余额3714亿元，较年初增加343亿元，同比增长9.1%。全年保险保费收入65.98亿元，同比增长16.91%；保险累计赔付36.74亿元，同比增长1.95%。

【海曙区中小微企业贷款贴息政策】 2022年，《海曙区中小微企业贷款贴息政策实施方案》出台，给予中小微企业发放贷款时间在2022年8月1日至12月31日期间的银行贷款1个百分点的贴息补助，贴息期限3个月，单家企业最高贷款余额不超过1000万元，授信总额最高不超过40亿元，以此纾解海曙区中小微企业在融资成本、资金压力等方面的问题。

【全市首创“绿色保险+绿色信贷”模式】 2022年，人保财险基于海曙区设计产业园项目，向宁波盈捷工程咨询有限公司签发全市首个绿色建筑性能保险合同。根据该保单，中国建设银行宁波分行向宁波盈捷工程咨询有限公司发放2022年度首笔绿色建筑贷款，提供授信3亿元，利率为LPR-30个基点。该项目是以绿色保险和绿色信贷相结合的模式畅通绿色建筑融资渠道，为全市首创，通过建筑业与银行、保险融合，服务绿色环保，助力“双碳”战略的探索实践。

【全省首创专利FTO侵权责任保险】 参见“综合经济管理・知识产权保护”。

【推出新市民综合保险】 2022年，海曙区面向新市民，推出新市民综合保险。被保险人由海曙区流管办根据量化积分情况选取，保费全额财政拨款，首批保障覆盖1万余人。持海曙区有效居住证，并在海曙区获得流动人口量化积分33分以上的新市民，即可免费投保。该险种具有保障全面、需求切合、标准统一等特点，“家财险+意外险”等产品叠加，为新市民提供更为全面、实惠的保险保障。保险内容具体包括除火灾爆炸救助、见义勇为救助、“两抢”治安案件救助、高空坠物伤人救助、溺水意外事故救助、煤气燃气毒气中毒救助等人身保障外，由火灾爆炸原因导致家庭财产直接经济损失的也在保障范围内。

【全面升级政策性小微企业财产保险】 2022年，海曙区聚焦小微企业投保特征，加大对易受台风等自然灾害影响区域内小微企业的支持力度，要求洞桥镇等“易灾”乡镇地区的企业参保数量占全区比例不低于18%，确保政策性保险配额向乡镇倾斜。出台政策性小微企业保险保费优惠政策，对连续3年投保的小微企业补贴保费金额的80%，每年仅需缴纳880元，为全市最低。同时，消区财政和乡镇二级补贴，建立区财政一级补助制度，调动各部门推广小微险积极性。至年底，投保企业数较上年实现翻两番。

【全省首创首版次软件综合创新保险】 2022年3月31日，浙江国利网安科技有限公司与中国太保产险宁波分公司于举办首版次软件综合创新保险线上签约仪式，为全省首个。对于国产软件而言，只有批量进入市场，才能在应用中得到检验和提升，形成良性发展的新生态，而首版次软件综合创新保险能够承担企业因为首版次高端软件质量缺陷造成的损失，降低企业研发成本，减少企业经营风险，加快软件新产品的普及应用，由此有效分担创新企业和用户单位风险。本次签约的示范效应将为更多软件产品供需双方提供借鉴，推动探索海曙区抢抓软件产业大发展历史机遇、布局软件产业高质量发展的新路径。

【全国首创数据知识产权安全保险】 2022年11月，中国太保产险宁波分公司与浙江商安信息科技有限公司签订数据知识产权安全保险。本次签订标志着海曙聚焦数字经济这一新兴领域，在全国率先走出数据知识产权运用促进和保护的新路径。协议签订后，承保企业在数据存证平台对相关数据知识产权存证确权后，若发生数据被盗、泄露等数据知识产权安全事件，导致的被侵权损失及应急响应、数据恢复、仲裁诉讼等费用，将由保险公司负责赔偿。该保险最高累计保障额度200万元，保费按相应费率计算。本单企业核定保费为1万元，若发生数据知识产权安全事件，可获得最高50万元的赔偿。

（余倩妮）

上市服务

【概况】 截至2022年底，全区境内外上市企业共15家，新三板企业9家，甬股交挂牌企业376家，全区实现直接融资115.1亿元。

围绕资本市场服务实体经济主线，全力推进“凤凰行动”海曙计划，建立上市后备企业库，根据企业规模、上市意愿和上市进展对企业进行分层分类入库，对19家重点拟上市企业进行发文公示。

建立全流程问题跟踪解决服务机制，针对企业股改上市和经营发展过程中涉及的各类问题开展协调服务，帮助对接相关部门，实现定期走访、专班服务并建立“一企一档”，共走访服务企业94家次。组织全区25家拟上市企业申报省、市两级拟上市企业培育库，其中有21家企业入选市级库。浙江斯普智能科技股份有限公司完成企业报会，开诚生态、三生生物、狮丹努、金鸡强磁、欧陆创意5家企业报上市辅导。

累计为29家企业兑现“凤凰行动”补助资金2207.04万元，减轻企业上市负担。发挥金融顾问作用，组织召开金融顾问海曙区域组工作推进会，开展各类服务活动。牵头举办海曙区上市公司董秘座谈会、资本市场培训会、资本市场联络员培训交流会等活动。

【海曙区上市公司董秘座谈交流会】 2022年7月15日，区金融发展服务中心于雅戈尔集团召开海曙区上市公司董秘座谈会，会集辖区13家境内外上市公司的董秘、高管。本次座谈会是“董秘走进上市公司”系列活动的第二站，参会人员走进雅戈尔集团，实地参观数字化智能制造车间和时尚中心。座谈会中，区金融发展服务中心通报2021年以及2022年上半年海曙区经济发展情况，介绍2022年海曙区重点工作，并从年报解读全区上市公司的发展情况；13家上市公司围绕2021年发展经营情况、存在问题和困难以及对区金融服务工作建议，逐一交流发言。

【拟上市企业、专精特新企业、人才企业培训会】 2022年9月23日，区委组织部、区经信局、区金融发展服务中心与宁波银行湖东支行联合举办“海聚专精 凤凰启行”海曙区拟上市企业、专精特新企业、人才企业培训会。20余家辖区内拟上市、专精特新企业的高管参加。培训会上，区金融发展服务中心和区委组织部介绍海曙区新一轮区“凤凰行动”政策以及人才政策，国信证券从专精特新企业上市公司现状、上市板块选择、如何上市筹备等方面进行细致讲解，宁波银行永赢基金分享先进制造业行业相关动态。

（苏怡丹）

银　行

【概况】 截至2022年末，海曙区共有宁波市分行6家、一级支行67家，村

3月，全省首单首版次软件综合创新保险完成线上签约

镇银行2家。全区银行机构本外币存款余额4054.6亿元，较年初增加683.4亿元，同比增加19.5%；本外币贷款余额3714亿元，较年初增加343亿元，同比增加9.1%；一级支行不良贷款余额13.29亿元。

【工商银行宁波市分行】 2022年，工商银行宁波市分行贷款余额超3100亿元，存款余额近2800亿元，主营指标以及多个细分领域指标同业领先；160余家物理网点和220余家自助银行遍布全市，员工4000余人，服务的对公客户超6.2万户、个人客户超830万户。荣获2022年度市民喜爱银行卡发卡行、2022年度发展杰出贡献金融企业、2022年度社会责任先锋金融企业、2022年度普惠金融服务口碑奖、2022年服务制造业先进奖等多个称号。

【浦发银行宁波分行】 2022年末，浦发银行宁波分行本外币存款余额1144亿元，较年初增长111亿元，增幅10.75%。贷款余额1361亿元，较年初增加172亿元，增幅14.48%，拥有员工1100余人，服务企业客户超4万户，个人客户超200万户。2022年，分行精准落实稳企纾困，全年累计投放达2015亿元，办理延期贷款和无还本续贷业务超1500户，累计金额超70亿元。

【中信银行海曙支行】 2022年末，中信银行海曙支行对公存款16.22亿元，较年初增长2.59亿元；储蓄存款余额5.58亿元，较年初增长1.16亿元，制造业贷款余额24732万元，战略性新兴产业贷款5892万元。有效代发企业客户数21户，代发额30370万元，代发个人客户数5037人。法人普惠贷款增量141万元。2022年，获中信银行年度代发业务优秀支行、中信银行私行产品销售优秀支行等称号。

【中国农业银行海曙支行】 2022年，中国农业银行海曙支行下设1个支行营业室和9个二级支行。截至2022年末，全行本外币各项存款、贷款分别达到179亿元、163亿元，存贷份额提升居区域内四大行首位。以"贯彻稳经济决策部署一揽子措施"为导向，继续加强实体经济服务力度，服务重点项目跑出"加速度"、助推数字经营"显力度"、普惠民生服务"有温度"，金融服务能力获广泛认可；巩固"求实"文化，擦亮"微爱"公益品牌，走近罕见病患儿群体、凉山州小学开展结对，走进企业、社区开展减费让利、反欺诈宣传，用实际行动守护和谐金融环境。

【中国银行海曙支行】 2022年末，中国银行海曙支行本外币各项存款余额140.24亿元，本外币各项贷款余额145.71亿元。支行下辖11个二级支行和1个支行营业部，共有员工200余人。

【中国建设银行海曙支行】 2022年末，中国建设银行海曙支行实现税前利润3.12亿元，本外币贷款余额180.36亿元，比上年同期增加11.88亿元。截至12月底，个人贷款余额68.45亿元，比上年同期减少3.76亿元。个人贷款客户数据11533户，较年初新增3691户。海曙支行所辖14个网点全部配备基础惠民服务设施，为环卫工人、出租车司机、快递员等户外工作者及"老弱病残孕"、儿童提供便利的饮水、休息场所。建立6家"爱心妈咪小屋"，对孕期、怀孕期和哺乳期的女性给予呵护关心。

【交通银行海曙支行】 2022年末，交通银行宁波海曙支行人民币日均存款56.93亿元，较年初增加3.23亿元；人民币日均贷款余额48.52亿元，较年初增加1.37亿元。外币日均存款3281万美元；外币贷款日均余额1456万美元。在业务经营方面，支行对公对私客户总量稳定增长，存贷规模逐步做大，不良贷款控制良好，高风险资产保持在较低水平。

【宁波银行湖东支行】 2022年末，宁波银行湖东支行形成10家网点，240余名员工的规模。全年日均存款198亿元，年末存款余额219亿元，较年初新增21亿元；年末贷款余额60亿元，较年初降低4.6亿元。深化新引进企业服务体系，通过多方驻点为新到区内企业提供更高效的结算服务；在汇率市场剧烈波动的当下，支行与企业保持线上线下交流，提供全周期的汇率管理服务。

（余倩妮）

保险机构

【概况】 截至2022年末，海曙区共有保险公司中心支公司及以上机构14家，全年保险保费收入65.98亿元，同比增长16.91%，增速位居全市第二；保险累计赔付36.74亿元，同比增长1.95%。其中，财产险和人身险分别实现收入32.94亿元和33.04亿元。

海曙区创新推出全国首创"绿色保险+绿色信贷"模式、数据知识产权安全保险，全省首创专利FTO侵权责任保险、首版次软件综合创新保险等保险产品，全面升级政策性小微企业财产保险。

【中国人民财产保险股份有限公司宁波市分公司】 2022年，中国人民财产保险股份有限公司宁波市分公司全年实现保费61.56亿元，同比增长10.2%。首席承保宁波政策性农业保险，全年新增落地宁波市首单绿色建筑性能责任保险、首版次软件综合创新保险、农村消防设施综合保险等15项创新项目。"天一甬宁保"推广工作成效显著。上线宁波事故快处一网通办平台。95518客户服务中心获全国"金融五一巾帼标兵岗"称号，连续24年获评浙江省文明单位。

【中国太平洋财产保险股份有限公司宁波分公司】 2022年，中国太保产险宁波分公司向社会提供风险保障逾10万亿元，支付各类赔款24.6亿元，实现保费收入42.8亿元，同比增长11.0%，综合成本率91.4%，市场份额稳居第二。揭牌成立新能源车事业发展中心宁波分中心。非车险不断强化专业服务能力，年内先后落地全国首创项目6个、省（市）首创项目5个。在"天一甬宁保"推动中成为全市首家达成率100%的保险公司，"灵活保"项目获评宁波市共同富裕首批十大最佳实践案例，是其中唯一的保险类实践成果。亿元保费监管投诉量0.51，行业年度消保考评位列第一。官微注册会员超67万人次，客户线上交互需求超195万次。助工助农助商的“太享购”平台入驻企业90家，上架商品1200余种，成交额破千万元。

【中国人寿保险股份有限公司宁波分公司】 2022年，中国人寿保险股份有限公司宁波市分公司达成总保费29.51亿元，同比增长2.49%。其中新单保费9.07亿元，同比增长10.38%，实现标保保费1.50亿元，同比增长2.17%。全年处理赔案9.14万件，总赔付金额2.88亿元。在宁波保险业消保工作年度考评位列全辖寿险机构第一。坚守底线，严格依法合规经营，开展了重点风险有效排查治理，强化审计监督，强化干部履职监督，提升制度执行管理。

【中国人民人寿保险股份有限公司宁波市分公司】 2022年，中国人民人寿保险股份有限公司宁波市分公司实现总保费收入7.4亿元，首年保费收入4.56亿元，其中新单期交保费1.58亿元，十年期及以上首年期交保费1462.73万元。2022年，宁波分公司集团“卓越保险战略”为引领，深入推进落实“湘江突围”转型工程，“大个险”渠道坚持扩新军、强结构、稳基础，专业化经营机制更加完善。银保渠道多元化建设取得进展，各营业部发展均衡。

【泰康人寿保险有限责任公司宁波分公司】 2022年，泰康人寿保险有限责任公司宁波分公司实现保费收入23.26亿元，赔付理赔金4975.4万元，赔付总件数1944件，全年累计销售“幸福有约”643件，“HWP”项目（健康财富规划师）人力455人。获得2022年度宁波市“平安金融”深化创建活动达标单位、海曙区金融突出贡献企业等荣誉。

【新华人寿保险股份有限公司宁波分公司】 2022年，新华人寿保险股份有限公司宁波分公司总保费收入6.29亿元，同比增长18%。其中新单保费23814万元，同比增长18%，续期保费39056万元，同比增长17%。组织开展“感恩有您 情暖环卫”“关爱环卫工端午送温情”“情暖中秋 传递祝福”等专项关爱活动，并为14700名环卫工人捐赠意外伤害保险，保额共计14.7亿元。以客户为中心，履行主体责任，强化消费者权益保护机制建设，持续推进消费者金融知识普及，提升消费者权益保护工作水平，被评为宁波市保护消费者权益工作先进集体。

（余倩妮）

地方金融组织

【概况】 2022年，海曙区有小额贷款公司3家，典当行8家，正常经营的融资租赁独立法人公司4家，融资担保公司6家（其中市级2家，区级4家），地方资产管理公司1家（市级）。

【宁波海曙永鑫小额贷款股份有限公司】 2022年，宁波海曙永鑫小额贷款股份有限公司累计发放小额信贷1.35亿元，累计业务202笔，年末贷款余额1.66亿元。

【宁波市海曙鹏源小额贷款有限公司】 2022年，宁波市海曙鹏源小额贷款有限公司累计发放小额信贷1.38亿元，累计业务487笔，年末贷款余额0.34亿元。

【宁波金江互联网小额贷款有限公司】 2022年，宁波金江互联网小额贷款有限公司累计发放小额信贷0.04亿元，累计业务6笔，年末贷款余额1.02亿元。

【浙江香溢德旗典当有限责任公司】 2022年，浙江香溢德旗典当有限责任公司共发生业务334笔，年末典当余额0.64亿元，典当总额3.46亿元。

【宁波典当行有限责任公司】 2022年，宁波典当有限公司共发生业务2125笔，年末典当余额0.04亿元，典当总额0.38亿元。

【宁波市民通典当有限公司】 2022年，宁波市民通典当有限公司共发生业务124笔，年末典当余额0.16亿元，典当总额0.62亿元。

【宁波鑫义典当有限公司】 2022年，宁波鑫义典当有限公司共发生业务210笔，年末典当余额0.13亿元，典当总额1.05亿元。

【浙江香溢融资租赁有限责任公司】 2022年，浙江香溢融资租赁有限责任公司融资租赁资产总额11.82亿元，其中售后回租6.48亿元，不良租赁资产率为0。

【国骅融资租赁有限公司】 2022年，国骅融资租赁有限公司融资租赁资产总额0.92亿元，其中直接融资租赁资产总额0.05亿元，售后回租投放0.63亿元。

【宁波富博融资租赁有限公司】 2022年，宁波富博融资租赁有限公司融资租赁资产总额0.50亿元，售后回租投放0.17亿元。

【浙江蚕豆融资租赁有限公司】 2022年，浙江蚕豆融资租赁有限公司融资租赁资产总额0.02亿元，售后回租投放11.43亿元，不良租赁资产率为0。

【宁波渔业融资担保有限公司】 2022年，海曙宁波渔业融资担保有限公司在保余额6.11亿元，同比增长8.07%，全部涉农，惠及578户渔民。

【宁波农信融资担保有限公司】 2022年，宁波农信融资担保有限公司在保余额0.46亿元，均为政策性业务，惠及42户小微企业和“三农”主体。

【海曙中小企业融资担保有限公司】 2022年，海曙中小企业融资担保有限公司在保余额10.94亿元，同比增长26.47%，惠及333户企业。

（钟　蕾）

旅　游

综　述

【概况】 2022年，全区星级饭店接待国内人数41.42万人次，同比下降17.54%。实现营业收入5.22亿元，同比下降2.27%。星级饭店累计客房收入1.67亿元，同比下降11.64%；餐费收入2.25亿元，与上年同期持平。

旅游景区累计接待游客2052.57万人次，同比下降32.18%；实现营业收入2.14亿元，同比下降44.35%。

旅行社接待国内游客6.69万人次，同比下降44.77%；组织国内游客16.84万人次，同比下降54.63%。

乡村旅游（季度核算）共接待游客37.19万人次，同比增长16.91%；实现乡村旅游经营总收入1.29亿元，同比增长17.06%。

【成立全市首个乡村全域旅游共富联盟】 2022年6月14日，宁波市首个旅游共富联盟——海曙区乡村全域旅游共富联盟宣告成立。该联盟由区文广旅体局、区农业农村局、海曙区国投集团、浙江工商职业技术学院和海曙区旅游协会联合发起成立。以“资本+大脑+市场”的架构，将乡村旅游的资源、资本、智力各要素有机整合，引流专业运营机构、规划设计、乡创企业、旅游媒体和电商平台，进一步拉长乡村旅游产业链，形成闭环。

【入选2022年省休闲农业与乡村旅游精品线路】 2022年6月，省农业农村厅、省文化和旅游厅公布2022年“浙里田园”休闲农业与乡村旅游精品线路，以绿色康养为主题特色的海曙区“四明问秋”旅游精品线入选。该线路最佳观景时节为秋季，线路涵盖宁波五龙潭风景区、龙观庄园、向阳舍慢生活农场等休闲农业集聚区资源，游客既能进入森林氧吧呼吸四明山清新空气，也能品尝或采购茶叶、笋制品、时令果蔬等当地特色农产品，还能在五龙潭山水旅游节、“二月二龙抬头”、开茶节斗茶比赛等节庆、休闲活动中感受独特的民俗魅力，获得乡野农耕体验。

【2022乡村旅游季暨全域旅游示范区创建】 2022年7月16日，“美好生活 乐享‘曙’假”2022海曙乡村旅游季暨海曙区全域旅游示范区创建活动在龙观乡半山伴水度假村启动。活动当日，推出2022海曙乡村旅游夏季IP——“海曙夏日休闲游”6条游线以及“美好生活　乐享‘曙’假”IP品牌体系。6条游线以四明山水为依托，包括红色精神之旅、乡村露营之旅、桃源竹乡之旅、沁夏避暑之旅、绿色生态之旅、综合体验之旅，有研学、避暑、康养、美食、露营等多种文旅供消费者选择。现场，海曙区向全社会分享近年来全域旅游的发展成果：半山伴水景区跻身国家级AAA级旅游景区，高桥镇、洞桥镇成为浙江省AAAA级旅游景区镇，晴江府民宿成为浙江省银宿级民宿，龙观禅那获得浙江省文化主题（非遗）民宿称号，龙观庄园获评宁波市三叶级客栈。

（张淑晗）

海曙乡村旅游活动——蜃蛟游龙

旅游开发与建设

横街镇翠山寺古洞桥

【概况】 2022年，《宁波市海曙区创建浙江省全域旅游示范区实施方案》发布，集合各部门、各镇（乡）街道力量，推进浙江省全域旅游示范区创建工作。

依托海曙城区深厚的历史文化底蕴以及优美的人居自然环境，区文广旅体局着力在体制机制、基础设施、服务产品等方面不断完善。年内，建立海曙区旅游智慧化数字中心、旅游集散中心、游客服务中心等。

【“微改精提”工程】 2022年，海曙区完成两条精品线路（明州罗城环线、水韵滨江休闲线）创建，并通过上级评审。创建完成后，相关部门重点加强对明州罗城环线内相关项目的督促与进度管理，包括微游老城线路、公园景区入画、罗城青少年研学、罗城AR数字建模等。完成广泽共富精品线、三江六岸漫行道共约30千米的创建，包含精品线标识牌设计、交叉口改造、道路两侧风貌提升等。

【梳理海曙文旅家底】 2022年，海曙区共认定等级资源单体517个，资源密度0.87个/平方千米。全部资源涵盖地文景观、水域景观、生物景观、天象与气候景观、功能建筑与现代设施、历史遗存、文化和旅游购品、人文活动与文化标识的8大主类，涉及21个亚类、59个基本类型。其中，自然类资源52个，占资源总量的10.01%，人文类资源465个，占比为89.99%。全区共认定优良级文化和旅游资源单体147个，其中五级资源6个，包括天一阁、梁祝文化、它山堰及中国大运河（宁波段）4个特品级资源，占资源总数的1.16%；四级资源9个，占比为1.74%；三级资源132个，占比为25.53%。从行政区划的角度，月湖街道、鄞江镇、章水镇、高桥镇等街道在资源的数量及储量方面都处于全区前列。

鄞江廊桥

【新增旅游景区镇（乡）街道】 2022年1月6日，第四批浙江省AAAA级、AAA级旅游景区镇（乡）街道名单揭晓，古林镇、横街镇、鄞江镇创建成为省AAAA级旅游景区镇，鼓楼街道、江厦街道创建成为省AAA级旅游景区街道。至此，全区有8家AAAA级旅游景区镇（乡）街道，3家AAA级旅游景区镇（乡）街道。古林镇拥有丰富的旅游资源，古韵留存的小桥流水、旧时风流的南北老街、独具特色的乡村博物馆、年代久远的芦家桥文明，以及省级非遗项目——草席编制技艺，始建于宋、重建于清咸丰九年的镇级文物保护单位黄古林庙及其周围的民居建筑群保存完好。该镇以宁波西枢纽打造的“空铁新城”项目为契机，推出未来农业、火车观光、“农业+”研学等现代旅游业态，利用优秀的旅游资源禀赋推动乡村振兴、城乡环境提升和居民富裕。横街镇地处海曙中西部，有竹林5.32万亩，是全国单片竹林面积最大的乡镇，被称为“中国竹笋之乡”。除了竹林，镇内还有溪下水库、藤岭水库等多处休闲胜地，有区级文物保护单位9处、保护点25个，爱国主义教育基地1个，每年举办竹乡生态休闲旅游节，乡村旅游已成为横街镇经济发展新的经济增长点。鄞江镇地处四明山东麓，素有“四明首镇”之称，有世界水利工程奇迹它山堰，至今保留完好的江南民居宗祠及古村落建筑风貌和民俗文化，反映出老宁波“一道街渠一道水”的传统城镇格局和居住文化。该镇传承千年下来的庙会文化、宁波走书等民俗风情广受欢迎。

（林愉淳）

旅游营销和节庆活动

【概况】 2022年，海曙区开展山海协作人才养研基地建设及职工疗休养推介活动、海曙乡村旅游季暨海曙区全域旅游示范区创建、“海丝诗画 风雅海曙”文旅主题展、“5·19”中国旅游日推出文旅季活动——《遇见海曙》发现之旅、“云尚海曙，美好生活”短视频大赛、“乡旅惠”惠民活动、海曙区“2022热力暑期 惠享海曙”等消费活动。

引进旅邦号“穿越时空的旅行”成都火车包列活动。参加2022宁波旅游夜市走进舟山、2022寻找美丽中华全国旅游城市定向赛宁波站、杭州都市圈2022文化展、2022中国国际旅游交易会、宋韵杭州奇妙夜、“诗画浙江，蜀浙里好玩”2022浙江（四川）旅游交易会、宁波市“市民旅游日”、“海阔天空 盐途有你”2022海盐文化旅游推介会、2022宁波国际旅游展、协办参加宁波国际旅游展“百县千碗”美食集和“百县千碗”名点名小吃大赛。

12月，宁波国际旅展“百县千碗”美食集活动

【“云尚海曙·美好生活”线上文旅体融合品牌】 2022年以来，海曙区探索文旅体线上活动常态化运作新模式，推出“云尚海曙·美好生活”线上文旅体融合品牌。该品牌设置“共享曙文化”“传承曙风雅”“悠游曙风光”“耀动曙青春”“聚集曙资源”5大板块，策划安排线上系列文旅活动，为市民游客提供优质文旅体服务。“5·19”中国旅游日期间，组织开展“云尚海曙，美好生活”短视频大赛。

【2022宁波海曙“乡旅惠”惠民活动】 2022年6月27日，区总工会联合区文广旅游体育局、区农业农村局、区供销社、区商务局及全区各级工会开展2022宁波海曙乡旅惠（第二季）惠民活动在南塘老街启动。启动仪式现场发布6条职工疗休养线路、城乡互游疗休养线路，南塘河农业区域公用品牌、海曙区农旅采摘地图等得到推介。

【山海协作人才养研基地建设及职工疗休养推介活动】 2022年9月19—20日，庆元·海曙“山海协作”职工疗休养推介会暨人才养研基地挂牌仪式在海曙区举行。庆元、海曙两地工会介绍近年来工会工作开展情况和当地职工疗休养政策，并交流建立人才养研基地、加强两地之间人才（劳模）的意见。

【参加“游诗画浙江，蜀浙里好玩”2022浙江（四川）旅游交易会】 2022年11月1—3日，区文广旅游体育局参加在成都举行的“游诗画浙江，蜀浙里好玩”2022浙江（四川）旅游交易会，并在省旅交会上荣获优秀展台奖。本届旅交会设有诗画浙江主题展区、各市主题形象馆以及特色文旅商品销售板块，展位数600余个，参展单位600余家，参展代表2000余名，展示空间总面积近11000平方米。其中诗画浙江主题展区涵盖数字化改革成果展示区、“诗画浙江·百县千碗”展示区、非物质文化遗产展示区、对口地区展区、长三角一体化高质量发展展区、亚运特色专区等。

11月1—3日，“游诗画浙江，蜀浙里好玩”2022浙江（四川）旅游交易会在成都举行

【2022宁波国际旅游展】 2022年12月23—25日，区文广旅游体育局参加2022宁波国际旅游展，并获最佳活动组织奖。展会上，海曙各地文旅企业为市民准备“文旅年货”，现场展销售卖梁祝文化公园等景区门票，半山伴水渡假村住行一体套票、南塘河农产品等特色产品，以及寿全斋滋补养生产品，宁波王升大、宁波赵大有等宁波非遗产品，另有南苑饭店的“海曙十碗”美食套餐等。

【“百县千碗”美食集活动】 2022年12月26日，由省文旅厅主办，市文广旅局、浙江省餐饮行业协会承办，区文广旅游体育局等协办的2022“百县千碗”名点名小吃大赛暨2022宁波国际旅游展“百县千碗”美食集活动在海曙南苑饭店举行。浙江全省各地116位选手、163道菜品通过视频形式进行展示。活动揭晓“十佳面条”“十佳饼”等诸多奖项，其中，海曙“仓桥面结面”入选2022“百县千碗”的“十佳面条”。

（江　滢）

旅游行业管理

【概况】 2022年，海曙区域内旅游饭店（含星级饭店、花级酒店和绿色旅游饭店）共32家。其中，有国家星级饭店13家。包括五星级饭店4家（宁波南苑饭店、宁波凯洲皇冠假日酒店、华侨温德姆至尊豪廷大酒店、宁波万豪酒店）、四星级饭店3家（宁波大酒店、浙海大酒店、宁波嘉和大酒店）、三星级饭店6家（宁波饭店、宁波云海宾馆、宁波中山饭店、宁波福来顿商务酒店、宁波天成酒店、维也纳国际酒店城西店）。

有国家绿色旅游饭店13家（宁波凯洲皇冠假日酒店、宁波万豪酒店、石浦大饭店华府店、威斯汀酒店、海曙天港禧悦酒店、宁波富邦大酒店、阳光豪生大酒店、宁波大酒店、宁波嘉和大酒店、宁波饭店、宁波云海宾馆、南苑五龙潭度假酒店、宁波中都开元名都大酒店）。其中，有6家饭店同时也是星级饭店。

有浙江省金桂级品质饭店3家，分别是宁波富邦大酒店和真和逸庭酒店、海曙天港禧悦酒店。其中，海曙天港禧悦酒店于2022年被评为浙江省金桂级品质饭店。

有省特色文化主题酒店1家（南塘阅居酒店），同时这家酒店也是五花级酒店。

有市花级酒店12家。其中，五花级酒店3家（南塘阅居酒店、达人邑酒店、真和逸庭酒店）、四花级酒店5家（南苑E家城南店、南苑E家集士港店、星程酒店、宁波天港漫非酒店奥特莱斯机场店、天一广场亚朵酒店）、三花级酒店4家（丽呈睿轩宁波天一广场火车站酒店、锦江之星机场店、四季青藤酒店宁波火车站店、南苑E家横街店）。

有区书香酒店9家。其中，金阁级书香酒店5家（宁波南苑饭店、宁波富邦大酒店、宁波云海宾馆、宁波万豪酒店、南塘阅居酒店），银阁级书香酒店4家（宁波嘉和大酒店、宁波饭店、达人邑酒店、宁波大酒店）。

有旅行社114家（旅行社82家，分社32家）。其中，五星级旅行社3家（浙江飞扬国际旅游集团股份有限公司、宁波中国青年旅行社有限公司、浙江春秋国际旅行社有限公司）、四星级旅行社8家（宁波市锦江旅游汽车服务有限公司、浙江飞扬联创旅游有限公司、宁波大地国际旅行社有限公司、浙江天天商旅国际旅行社有限公司、宁波达人旅行服务有限公司、宁波市职工旅游有限责任公司、宁波市旅游集散服务中心开发有限公司、浙江文华国际旅行社有限公司）、三星级旅行社1家（宁波旅行社有限责任公司）。

宁波万豪酒店

【2022年浙江省导游大赛优秀奖】 2022年10月17日，省文化和旅游厅公布“迎亚运 展行业风采”2022年浙江省导游大赛获奖名单，辖区企业宁波市会展旅业有限公司的导游陈胡叶作为全区唯一，获得浙江省导游大赛优秀奖。为综合提升导游素质，海曙提早布局，于2021年下半年举办“展示千年古城，彰显魅力海曙”导游风采大赛，选拔10位优秀导游为2022年浙江省导游大赛备赛做好储备，在此基础上，开展为期四轮、持续2个月的集中训练。至赛前，选拔出最有实力的选手开展实景化的模拟演练，增强选手舞台表现力和自信心。

【浙江春秋国际旅行社有限公司新评定为五星级旅行社】 2022年10月，根据浙江省旅行社品质评定委员会认定，浙江春秋国际旅行社有限公司成为浙江省五星级品质旅行社，也是新版浙江省《品质旅行社评价规范》（DB33/T 719—2021）颁布实施后，宁波第一家获评五星级品质的旅行社。2020年9月，浙江春秋国际旅行社有限公司在海曙成立，作为落实宁波市政府与春秋航空战略框架协议的重要载体，当年12月，即通过四星级品质旅行社。此后，继续按照五星级品质旅行社的标准，从管理品质、产品品质、营销品质、诚信品质、服务品质、设施品质和经营状况等方面持续提升经营品质，强化管理能力。在疫情防控期间，该旅行社妥善处理各类退团退订工作，并不断转型升级，开拓市场发展多元业务，已打造专列、亲子、研学、微游、自由行、自驾游等多项特色旅游品牌。

（陈宇骏）

天一阁·月湖景区

【概况】2022年，天一阁·月湖景区管委编纂“天一阁·月湖文丛”第二部专集《天一阁·月湖诗词精选注释》，出版《天一阁·月湖楹联书法集》，举办专家学者主题漫谈。印制《“诗画月湖”诗词摄影集》。

协办宋韵文化高峰论坛，省宋韵文化研究中心宁波研究和实践基地落户。举办《云石会》传奇艺术漫谈活动。组织“宋韵丹青”诗书画创作及展陈，接待参观游客6000余人次。举办“十洲宋韵 千载华裳”五一汉服云游园。联合宁波印社，举办“宋韵·金石”名家篆刻活动，30位篆刻名家现场治印，并展陈“月湖宋韵百米长卷”，制作宋韵时尚插画。

举办“无垠·湖上”中东欧线上音乐会，线上观演突破10万人次。举办“艺·无涯”国际公共艺术大赛，评选出符合景区特质的雕塑作品，网络投票环节浏览量超200万人次，总投票量高达4万人次。举办“月湖问茶”——“5·21”国际茶日、“Back To Mine·焕新”迎新音乐会等线上活动，后者观看直播突破72万人次。东泠艺术馆开馆。

深化“书香湖语”廉园建设，成为宁波“廉景文化名片”。承办全市“清廉宁波·你我同行之走进海曙”活动。

月湖获浙江省2022年度“美丽河湖”称号。景区建筑主体加装探测器、报警器、疏散指示图等消防报警设备，在南北区各设置1个微型消防站，依托智慧消防云平台和智慧消防小管家App实时在线管理。组织消防演练3次，专题安全培训1次，发出40份整改通知书，督促开放单位有效整改。排摸小微企业和个体工商户房屋租赁情况，与符合政策条件的5家单位签订疫情防控期间房租减免协议，减免租金24万余元。

与区气象局合作建设自动气象站，定期播报景区旅游气象资讯。在共青路、玉兰林设置复古英伦电话亭。24小时城市书房推出系列公益性书香活动，举办书香活动12场。升级景区手绘地图，并印制实物地图，供市民游客使用。景区被认定为“浙江省智慧景区”。

景区二期提升工程被列为宁波市“微改造、精提升”示范项目、宁波市“精特亮”工程重要点位，至年底进入验收阶段。月湖桥以南区域的夜景灯光设备安装工作基本完成。完成芳草洲景观改造提升工程，增设雾森系统，加固整修景区北区平河驳岸。协助区住建局，完成金汇风貌样板区创建工作，被列为“浙江省2022年度第二批城乡风貌样板区”。吴氏支祠（前进）仪门、宝奎巷L10、蒋宅进行保养维修，解决漏雨等问题。完善吴氏支祠（后进）修缮方案，申请专项维修资金。针对宝奎巷L1、F11墙体内植被生长导致墙体开裂、漏雨及吴氏支祠厢房漏雨等问题，推进抢修工程设计、经费申报与落实工作。

10月，天一阁·月湖景区举行月湖宋韵百米长卷展陈活动

联合天一阁博物院、宁波市海城投资开发有限公司、宁波第二中学等首批7家单位，组建成立“天一阁·月湖景区”党建联盟，推出天一阁广场改造、共青路整体美化、智慧化景区创建等8大工程、22个子项目，完成景区夜间亮化等12个工程项目。在湖水治理中注入文化元素，淤泥被创新设计包装成花草养料，组织开展宣传推广活动，向企业、政府、村（社）等赠泥6000余瓶，“千年湖泥·花草伴侣”获评2022年度宁波“五水共治”最佳宣传品。举办“送戏下乡”甬剧折子戏专场、“浓浓敬老情 暖意在金秋”老党员游景区、新春送福等多项惠民活动。

【天一阁·月湖景区获评“浙江省智慧景区”】2022年4月26日，景区被宁波市文广局认定为“浙江省智慧景区”。在该项工作建设期间，景区以数字化改革为抓手，以解决游客停车难为切入口，推进“游易停”——天一阁·月湖景区畅行智停应用场景项目。以提升景区旅游智能化形象为目标，将范宅及月坛咨询服务点升级改造为智慧服务亭，新增数字化功能，并维修提升外观。引进景区智能服务机器人，为市民游客提供多种智慧化服务。在记忆广场实施智能门禁试点。

【“十洲宋韵 千载华裳”——五一汉服云游园活动】2022年5月1日，景区通过线上视频形式举办“十洲宋韵 千载华裳”——五一汉服云游园活动。其间，市民游客观赏宋时文人雅士焚香、插花、对弈、游园赏景的闲情寄趣，感受景区古典园林移步易景、人景合一的独特韵味。

【“无垠·湖上”天一阁月湖中东欧线上音乐会】2022年5月28日，“无垠·湖上”天一阁月湖中东欧线上音乐会举

5月28日，"无垠·湖上"天一阁月湖中东欧线上音乐会举行

行。音乐会邀请到国内知名导演与中外优秀表演艺术家，演出时长共计60分钟，以中西器乐演奏形成艺术对话，并使用舞蹈元素串联全场。超过10万人次在线观看。

【"艺·无涯"——天一阁·月湖公共艺术大赛】 2022年7月5日起，历时5个月的"艺·无涯"天一阁·月湖公共艺术大赛启动，面向全球发布作品征集令，并最终收到作品数百件。本次大赛以景区内各类雕塑艺术为载体，用雕塑艺术形式展现天一阁、月湖的历史文化与人文情怀。投票期间，总浏览量近200万人次，总投票数突破4万票。

【"清廉宁波·你我同行"走进海曙活动】 2022年11月8日晚，"清廉宁波·你我同行"走进海曙活动在天一阁·月湖景区举行。此次活动由市纪委监委机关、市妇联、海曙区委主办，通过诗词朗诵、情景剧演绎和小品表演等方式弘扬优秀家风家训，传承清廉文化。活动以景区清廉文化为线索，依托"书香湖语"天一阁·月湖廉园这一文化名片，弘扬宁波古今清廉文化，讲好新时代家风家训。

【"焕新BACK TO MINE"天一阁·月湖线上迎新音乐会】 2022年12月31日19点，"焕新BACK TO MINE"天一阁·月湖迎新音乐会线上开唱。本次音乐会在景区花果园庙上演，知名音乐人现场对话全新音乐理念，演绎经典歌曲，实现古典建筑与现代艺术风格有机融合。超过72万人次在线观看，同时在线的最高人数突破27万。

（陈鲁萍）

五龙潭景区

【概况】 五龙潭景区位于海曙区龙观乡，是一处以自然风光为依托，以中华龙文化、浙东山乡风情、民俗文化内涵、以溪流飞瀑、怪石险峰为特色的风景名胜区。面积共16.17平方千米。为国家AAAA级风景区、省级风景名胜区。

2022年，景区总客流达9万人次，比上年同期减少55%。其中，青云峡漂流3.8万人次、观瀑水景玻璃天桥2万人次。

为加强景区周边市容环境秩序，组织开展为期一周的专项综合整治行动，包括劝离无证设摊，规范占道经营，规范门牌店招、乱堆放、乱晾晒等行为，有效提高五龙潭景区周边市容环境秩序。

【景区内地质灾害点整治】 2022年7月1日起，五龙潭景区内的龙茶线段地质灾害点边坡治理工程进场施工，从景区内的秋水亭起至下茶奄，共计10处点位。为保障游客安全，自施工之日起，景区实行闭园，暂停营业。

（王　辉）

11月8日，"清廉宁波·你我同行"走进海曙活动

自然资源管理·生态环境保护

自然资源管理

【概况】 2022年，海曙自然资源和规划分局制订年度用地报批计划，完成12个批次共计17个项目、617亩的农用地转用和土地征收报批，新增建设用地规模280亩。全年垦造新增耕地、建设用地复垦分别验收30亩、126亩。

供应具体建设项目用地，累计供应建设项目用地115宗、4586亩（其中：出让20宗、724亩；划拨95宗、3862亩），实现合同土地出让金63.7亿元。完成全区工业用地调查约4000宗，有效开展为期40日的“批而未供”土地消化攻坚行动，全年累计消化“批而未供”土地1807亩，处置存量“供而未用”土地91亩，城镇低效用地再开发面积983亩，盘活存量建设用地1880亩，完成率分别达110%、152%、123%、122%。

开展生态修复治理，完成2021年度千亩方项目市级验收一个，实现耕地集中连片3000亩，完成“洞桥镇三李村等3村”等3项全域土地综合整治工程区级验收。抓好涉矿生态修复治理，涉矿问题的整改落实。推动鄞江镇凤山第一石场废弃矿山治理项目达到绿色矿山创建标准。按照规范要求完成23万支松树免疫制剂的注射，章水、龙观、鄞江、洞桥、集士港等5个镇、乡的松材线虫病防控问题完成拔点。

实施国土绿化，完成百万亩国土新增绿化2369亩，千万亩森林质量精准提升6452亩，完成率分别达到158%和184%，森林抚育3899亩，林相优化850亩，全区域森林覆盖率已超过50%，推动海曙区获评2022年度全省林长制考核优秀县。打造“慧眼森林”跨场景应用平台，及时化解违规野外用火引起的火情风险16起，处置早期森林火情4起，实现全年零火灾、零伤亡。

开展自然资源执法，核查确定589个农村乱占耕地建房问题，并上报省级。卫片执法工作查处违法占用耕地面积25.81亩。严厉打击非法破坏野生动植物资源各类违法犯罪行为，累计协助侦破野生动物刑事案件11起，查处行政案件3起。

开展自然资源确权统一登记，纵深推进清理规范林权确权登记历史遗留问题试点工作，试点林权类不动产登记“整村推进”发证模式。全年累计核发不动产权证3.46万本。

【推行林权类不动产登记“整村推进”发证模式】 2022年3月，海曙自然资源和规划分局启动林权登记“整村推进”模式试点工作。明确自然资源规划分局统筹协调，镇乡政府沟通衔接，村集体经济组织具体实施，第三方单位技术支持的协同机制，创新“三集中、一批量”工作机制、实施“就近申请、就近领证”便民措施等举措，由区人民政府办公室出台《关于建立林权权属争议三级调处机制的通知》等规

3月，海曙自然资源和规划分局工作人员现场发放林权类不动产产权证书

范性文件。在此基础上，完成横街镇芝岭村50户共计184本林权类不动产权证书的发放工作。

【落实“林长制”年度工作目标任务】 2022年5月，自浙江省林长制办公室印发《关于2022年浙江省林长制工作考核指标体系、目标任务和评分细则的通知》以来，海曙区以林长制为抓手，加快落实年度目标任务。全年累计完成新增造林绿化面积2369亩，千万亩森林质量精准提升6452亩，创建2个“一村万树”示范村、2个“浙江森林氧吧”以及省森林城镇、省生态文化基地、省首批古树名木文化公园各1个，按照规范要求完成23万支松树免疫制剂的注射。

【全国自然资源节约集约示范县（市）创建】 2022年9月，海曙区启动全国自然资源节约集约示范县创建工作。海曙区以城镇低效用地改造提升作为转型升级的切入点与突破口，加快对“批而未供”土地和闲置土地的盘活，进行全域空间综合整治与生态修复，实施历史街区有机更新。全年累计消化“批而未供”土地1807亩，处置存量“供而未用”土地91亩，城镇低效用地再开发面积983亩，盘活存量建设用地1880亩，实现耕地集中连片3千亩，完成洞桥镇三李村等3村等3项全域土地综合整治工程区级验收。

【启动实施“田长制”】 2022年12月，海曙区委办、区政府办联合印发《关于全面推行田长制的实施意见》，建立区、镇（乡）、村三级田长组织体系，区委书记、区长担任区级田长，建立区领导联系责任田制度。设立区级田长制

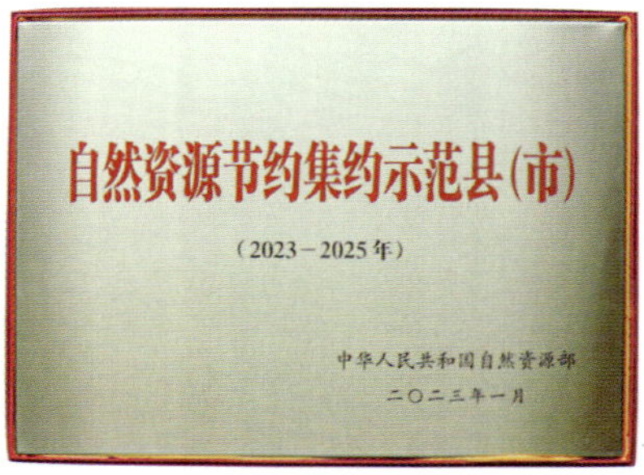

9月，海曙区获得全国自然资源节约集约示范县（市）奖牌

2022年，海曙区行政服务中心设立的不动产登记区块27度暖心服务吧

办公室，负责田长制工作的指导、协调、督查、考核等日常事务，建立健全工作制度，编制年度工作计划，监督各项任务落实。区级田长制办公室设在海曙自然资源和规划分局，办公室主任由海曙自然资源和规划分局主要负责人担任。

【推进不动产登记相关工作任务】 2022年11月，浙江省自然资源厅印发《开展2022年度“浙江省不动产登记窗口便民利民服务成绩突出集体和个人”通报表扬活动实施方案》的通知，海曙自然资源和规划分局对标评选要求，开展窗口标准化、规范化亮点工程，升级27度暖心服务吧、蓝马甲两大优质服务集群。落实企业降费要求，全年减免涉企不动产登记费用455万余元。推动不动产登记队伍作风常态化建设，形成包含1个智能闭环管理系统、3套文件汇编、28项规范性文件、110张风险防控卡片在内的工作成果。

（毛舜逸）

环境综合治理

【概况】 2022年，海曙区以生态环境质量改善为核心，深入打好污染防治攻坚战，$PM_{2.5}$浓度降至19微克/立方米，排名全市第一，达到历史最好水平；区控以上断面水质优良率为92.3%，饮用水水源地水质继续保持100%达标；重点建设用地安全利用率为100%，受污染耕地安全利用率为97.5%。

深入打好蓝天保卫战，实施空气质量提升百日攻坚专项行动，开展城市扬尘、农业面源污染和异味综合治理攻坚等五大子行动；强化VOCs（Volatile Organic Compounds，含有挥发性有机物的物料或工艺）治理，完成5个原辅材料源头替代和35个低效治理设施提升治理任务。落实移动源管理任务，完成加油站油气回收检测任务10家，完成夏季重型柴油货车抽检，完成非道路移动机械抽查250台；加强污染天气应对，出台《海曙区中、轻度污染天气应急管控方案》，采取应急措施50余次；完成重污染应急减排清单和城市污染源清单中大气污染源排查438个。

落实“甬有碧水”攻坚行动方案要求，牵头制定“曙有碧水”水质监测考核专项行动方案；排摸28个三江一级支流水质考评河道及监测点位，进行科学合理优化，持续开展水质监测考核排名和月度预警通报；做好饮用水水源保护区工业企业整治“回头看”工作，完成年度检查排查，确保无经营“回潮”现象；推进鄞江工业区、洞北工业区年度市创工作、望春工业园区省创“回头看”和市级标杆打造工作，2022年度市创工业园区已完成区级初验；开展长江经济带生态环境问题“举一反三”、五水共治“找寻查挖”等多条线涉水问题大排查大整改，问题整改完成率100%。

7月，海曙生态环境分局举办巡河护河活动

开展辖区内受污染耕地"源解析"前期调查，完成工作方案编制并通过专家评审，并按计划推进各类指标采样工作；开展建设地块土壤污染状况调查及报告评审，重点建设用地安全利用率保持100%。持续开展"双收运"体系建设，一般工业固废和小微产废企业危废收运率均达100%；推进"无废城市细胞"创建工作，完成建设任务57个；开展机动车维修行业危险废物专项整治专项行动，对辖区内90余家一类、二类机动车维修企业进行排查，严厉打击擅自转移、非法倾倒和非法处置利用等违法行为。

【《海曙区生态环境保护"十四五"规划》发布】 2022年1月，《海曙区生态环境保护"十四五"规划》发布。该项规划文件以协同推进高质量发展和生态环境高水平保护为主线，从打造生态宜居海曙、绿色低碳海曙、山清水秀海曙、现代化智治海曙等四方面提出46项具体任务，谋划"生物多样性保护系统工程""城乡污水治理基础补强行动""工业园区绿色升级转型海曙模式"等12个特色专栏，安排生物多样性体验地建设、雨污主干管网建设、南新塘河水质提升等63个重点工程。

【《高质量发展建设新时代美丽海曙规划纲要（2021—2035年）》发布】 2022年3月，海曙区发布《高质量发展建设新时代美丽海曙规划纲要（2021—2035年）》，对新时代美丽海曙建设进行总体谋划，明确近、中、远三阶段目标任务，以及六大领域任务和38项美丽海曙建设指标体系，助力高质量建设发展共同富裕样板区。

【创建首批市级"无废城市细胞"46个】 2022年4月，2021年度宁波市"无废城市细胞"建设名单公布，海曙区46家单位上榜，其中"无废乡村"数量居全市第一。"无废细胞"工程为海曙区构建"无废城市"全民共建共享体系的重要抓手，年内，相关部门一体推进工厂、园区、乡村、学校、医院、工地、景区等7大类"无废细胞"创建，发挥精品细胞在固废污染防治、资源化利用、城乡整体环境优化及"无废文化"培育等方面的典型引领和示范带动作用，推动形成绿色发展方式和生活方式。

【成立海曙区生态环境志愿者联盟、聘任特邀观察员】 2022年6月2日，海曙区生态环境志愿者联盟成立，首批6支志愿者队伍加盟。同日，举行生态环境特邀观察员聘任仪式暨座谈会，由区内的人大代表、政协委员、民主党派和无党派人士、环保组织、环保志愿者以及关心、热爱环保事业的人士组成的首批17位特邀观察员亮相。

【一镇四村（社区）创建成为全省第二批低（零）碳试点】 2022年10月，浙江省碳达峰碳中和工作领导小组办公室发文公布全省第二批低（零）碳乡镇（街道）、村（社区）创建单位名单，章水镇入选低零碳乡镇试点，万安社区、芝红社区、安丰社区、水岸心境社区入选低零碳试点村社区。

【《海曙区全域"无废城市"建设实施方案（2022—2025年）》印发】 2022年12月，海曙区印发《海曙区全域"无废城市"建设实施方案（2022—2025年）》，明确"无废城市"建设总体要求，制定目标清单、任务清单、项目清单、责任清单四张建设工作清单。

【《海曙区"曙有碧水"水质监测考核专项行动方案》印发】 2022年12月，海曙区印发《海曙区"曙有碧水"水质

6月2日，"美丽中国 我是行动者"海曙区生态环境志愿者联盟成立仪式

监测考核专项行动方案》，提出2025年海曙区地表水水环境质量目标，明确强化规划引领、加强水质监测、组织排查整治、实施绩效考评等四项主要任务，以改善海曙区水环境质量。

（李　娜）

环境质量监测

【概况】 2022年，海曙区环境空气质量综合指数为3.04，空气质量优良天数比例88.1%，无重度及以上污染天。$PM_{2.5}$年均浓度19微克/立方米，首次位列全市第一；PM_{10}年均浓度38微克/立方米。“千吨万人”以上集中式饮用水水源地水质达标率和优良率均为100%；区控以上断面水质功能达标率100%，优良率92.3%。地表水环境质量总体稳定，保持在较好水平。

【上线“无污染城区”特色场景应用】 2022年8月，以“无异味园区”和“城市环境眼”场景应用为基础，由政府主导、多元参与的“无污染城区”场景应用上线。年内，积累感知数据800余万条，发布重点企业监管闭环任务28个，企业形成整改计划45项，园区异味超标告警呈下降趋势，推送露天焚烧及抑尘作业386次。

【实现主要河道水质自动监测全覆盖】 截至2022年12月，海曙区第二批21个地表水自动监测站建设完成。至此，辖区基本形成覆盖全区重点水系和主要河道的地表水水质自动监测网络。包括13个区控以上断面、4个姚江支流、41个中心城区主要河道自动监测站。通过对地表水水质的自动监测，实现水质的实时连续监测和远程监控。

9月，海曙生态环境分局工作人员到相关企业进行防台防汛专项检查

【全区环境质量自动监测网络建设】 2022年，覆盖各乡镇和重点河流的海曙区环境质量自动监测网络基本建成。海曙生态环境质量监控信息平台上线应用，实现全区环境质量的实时晾晒、污染源监管信息及生态创建指标、特色亮点的一屏展示。

（李　娜）

12月的海曙区水气自动监测站点位一览图

环境执法监管

【概况】 2022年，海曙生态环境分局通过“回头看”、举一反三排查整治及矛盾纠纷化解三大行动，消除重点环境问题27个。

处罚生态环境违法案件56起，办理五类（环境污染防治类、生态保护类、资源开发利用类、气候变化应对类、生态环境治理与服务类）案件12起，实施生态损害赔偿5起。《中国环境报》报道海曙生态环境分局查处的“新《中华人民共和国噪声污染防治法》实施后首例噪声扰民”案件，“宁波方兴食品有限公司污染源在线监控弄虚作假”案列入选公安部典型案例。

【生态环境安全“除险保安”专项行动】 2022年，海曙区开展生态环境安全“除险保安”专项行动，对重点排污单位、排污许可发证单位、环境风险源单位、环境信访企业等开展检查。共计排查发现各类环境问题及安全隐患70项，隐患整改率100%。

【三类“园区、企业、设施”安全生产专项整治行动】 2022年，海曙生态环境分局开展三类“园区、企业、设施”安

9月，海曙生态环境分局工作人员检查相关企业生产情况

全生产专项整治行动，对海曙区185家排污许可证企业的环保治理设施情况进行排查。累计排查涉气、涉水及涉危废环保设施1018个。

【“科所联动巩固零直排，利剑斩污护航二十大”专项检查行动】 2022年10月，海曙生态环境分局开展“科所联动巩固零直排，利剑斩污护航二十大”专项检查行动，对相关工业园区内企业的“污水零直排建设工作落实情况”“生产（生活）废水处理、排放落实情况”以及“一般工业固废（危险废物）日常规范化储存、收运情况”进行检查。本次专项检查行动共计出动20余名执法人员，对近20家企业轻微环境问题现场责令立行立改。

（李　娜）

生态文明建设

【概况】 2022年，海曙生态环境分局坚持以改善生态环境质量为核心，突出“生态文明建设示范区”和“无废城市”创建两大抓手，深入打好污染防治攻坚战，一体推进各类环境问题整改，持续深化生态环境领域数字化改革，加强生物多样性保护，美丽海曙建设迈上新台阶，获评“美丽浙江十大样板地”，创建成为国家生态文明建设示范区。

【海曙区获评“美丽浙江十大样板地”】 2022年3月，由《浙江日报》、浙江省生态文明研究院共同发起的寻找“美丽浙江十大样板地”活动名单经网络投票评选公布，海曙区系全市唯一上榜的区（县、市）。作为一个集中心城区、郊区、山区等区域空间形态为一体的复合型城区，海曙区汇聚山、水、林、田、湖等各类生态地貌。全区坚定践行“绿水青山就是金山银山”理念，突出生态示范创新引领，用绿色呵护城乡，协同推进经济高质量发展和生态高水平保护，统筹山水林田湖保护治理，坚持人与自然和谐共生，探索“两山”转化有效路径，走出一条生态美、产业兴、百姓富的可持续发展之路。

【“生态海曙·绿色共富”2022年浙江生态日主题宣传活动】 2022年6月29日，由海曙区人民政府主办，海曙生态环境分局和龙观乡人民政府共同承办的“生态海曙·绿色共富”2022年浙江生态日主题宣传活动暨龙观生物多样性友好体验馆开馆仪式在龙观乡举行。生态环境部宣传教育中心与海曙区人民政府签订战略合作协议以来，双方共同在龙观乡开展全国首个“生物多样性友好乡镇”项目，将生物多样性保护和美丽乡镇建设融合，打造现代乡村治理的亮丽名片。

【龙观生物多样性友好体验馆入选省首批生物多样性体验地】 2022年11月，在全省生态环境系统推进高质量发展建设共同富裕示范区大会上，龙观生物多样性友好体验馆获得首批“浙江省生物多样性体验地”授牌，系全市唯一。

【海曙区获评国家生态文明建设示范区】 2022年11月，在第六批国家生态文明建设示范区和“绿水青山就是金山银山”实践创新基地命名表彰授牌活动上，海曙区捧获“国家生态文明建设示范区”荣誉称号，是全市唯一上榜的区域。海曙区始终把生态文明建设贯穿经济、政治、文化和社会建设各方面和全过程，全力打造生态文明全域治理的“海曙样板”，区域生态环境质量和发展效益取得显著成效。特别是坐落于四明山区域的龙观乡，作为“两山”实践创新基地首发站的培育点，立足生态优势和山区特色，通过开展全国首个生物多样性友好乡镇试点建设，推进生物多样性保护引领工作，已成为海曙区生态建设的一大亮点。

【海曙区两名代表受邀参加联合国COP15第二阶段会议】 参见“镇（乡）街道·龙观乡”。

（李　娜）

能源管理

【概况】 2022年，宁波市对海曙区能源“双控”考核目标为单位GDP能耗同比下降2.6%。根据区统计局内部测算，全区2022年度单位GDP能耗同比下降2.7%（按照全口径统计，2022年度单位GDP能耗同比下降2.26%）。从“十二五”以来，海曙区单位GDP能耗实现十二连降，“能源双控”形势平稳。

龙观乡开展全市首个乡镇级生态产品价值（GEP）核算试点。新建成新能源汽车公共充电桩325个，完成年度计划203.13%。望春工业园区开展区域能评和园区循环化改造，入选省级“污水零直排工业园区”。构建新型电力系统，政企协作，启动智慧零碳电厂建设。全国首创“绿色保险+绿色信贷”模式畅通绿色建筑融资渠道。

2022年，龙观乡成为宁波市首个碳普惠试点地区

【加快推进碳达峰碳中和】 2022年，海曙区碳达峰碳中和工作获宁波市政府督查激励。在龙观乡实施光伏发电碳普惠减排交易（龙观乡寓建光伏项目），年节约标煤1620吨、二氧化碳4486吨、二氧化硫135吨，实现全市首个重大活动碳中和。

【清洁能源开发利用实现倍增】 2022年，海曙区推进创建全省整区推进分布式光伏规模化开发试点，实施“光伏+”七大工程，光伏新增装机容量超额完成市下达目标任务。2021—2022年，全区2年内新增光伏装机容量约8万千瓦，较历史累计实现倍增。龙观乡光伏村模式入选第三届“全球减排案例”，寓建光伏项目年发电量达530万千瓦，4个村打造成为负碳乡村。

【段塘中路节能降耗项目】 2022年，海曙区段塘中路项目的固化土路基施工完工。该项目为海曙区首个采用“固化土”代替塘渣的新工艺试验项目，相比宕渣等传统填筑材料，“固化土”技术可节省淤泥消纳费、砂石采购费等建设成本，间接减少传统填料开山行为对自然山体的破坏。工程前期，海曙区与宁波城建设计院、省勘院共同研究住建部关于“沿海软土地区建筑渣土资源化利用关键技术研究及示范应用”课题，探索集约高效的淤泥固化处理技术，通过投加固化剂等处置方式，形成减水固化泥浆用于路基填筑的新型泥浆处置方法。

【长输油管道安全保护】 2022年，海曙区在长输油管道安全保护工作中强化制度监管，形成安全生产“闭环”网络，同时落实巡查制度，及时发现问题并做好处置工作。相继组织开展中航油长输管道“除险保安”大排查大整治、“平安油气长输管道创建”中航油长输管线安全保护隐患排查整治、中航油长输管道安全保护隐患排查等重大活动。实施多部门联动，属地参与的检查机制，共计开展18次，检查第三方施工现场4次，三桩一牌更新（加装）218个。9月，开展中航油宁波分公司长输管道突发事件应急处置演练1次。

【打造数智化空调负荷智能监测平台】 2022年夏，区发改局联合海曙供电分公司开展空调负荷智能监测和柔性调控研究，经不断优化完善，该智能监测平台搭建完成，首批共有126个公共建筑单位参与开展空调负荷智能监测，涉及22个公共机构、14个商业综合体、31个写字楼、29个酒店宾馆。该平台获上级肯定，并推广至宁波市鄞州区、江北区。平台建设前期，调研分析海曙区全行业用电现状：商业电量占区全社会电量比例居高不下、空调负荷占商业总负荷54.97%。此后，依托该数字化平台，引导商户合理设置空调温度，科学管理空调运行，降低能耗水平，缓解高峰用电压力。

【与中国电力国际发展有限公司签订战略合作协议】 2022年8月28日，在中国产学研合作促进会微能源网协同创新平台与碳中和绿色发展创新平台2022年度峰会暨“低碳能源 零废未来”论坛举行。海曙区政府与中国电力国际发展有限公司签订战略合作协议。根据协议，中国电力将结合海曙区的风光资源禀赋、能源结构转型、园区发展及乡村振兴等现状，对全域范围内的风电、光伏等新能源进行整体布局和开发，推进屋顶分布式建设及工业园区绿能转型。

【辖区企业获评碳中和绿色创新示范企业】 2022年9月4—5日，2022中国国际服务贸易交易会绿色发展与碳中和主题系列会议在北京举行。会上，由龙观乡首创的“光伏版”乡村振兴共同富裕分成模式在会上分享，项目实施方宁波光年太阳能科技开发有限公司获“2022服贸会——中国能源企业碳中和绿色创新示范企业”荣誉称号。

（曾　珍）

9月28日，区发改局联合海曙公安等部门和中航油宁波分公司开展航油管道应急演练

城乡建设与管理

国土空间规划

【概况】 2022年，海曙自然资源和规划分局完成“三区三线”划定并启用。推进全区国土空间总体规划编制形成阶段性成果，同步开展全区167个行政村的村庄规划评估，推动耕地保护利用规划、林地保护利用规划、五龙潭省级风景名胜区总体规划等专项规划的编制。深化城市重要地段城市设计和市政规划研究，累计完成青林湾地段，长乐未来社区地段等控制性详细规划编制（调整）10余个，重点推进丁家湾、姚江南岸、罗城鼓楼片区城市更新等重要地段城市设计。

落实行政审批服务窗口“领导坐班制”“陪办制”“首问责任制”和重大项目“挂图作战”等工作机制，累计办理审批事项1176件，对全区150个重大项目实施清单式管理。重点完成海曙中学、冯家村新村建设、阿尔卑斯地块、洞桥垃圾焚烧发电新建项目、高塘三村地块等92个建设项目的工程规划许可审批，完成段塘安置房、华润柳西地块、洞桥幼儿园、姚丰安置房、望京门遗址公园等88个建设项目的竣工规划核实。

推进重点交通市政工程建设项目，309省道鄞州至开化公路荷梁线（鄞江—章水）公路一期工程、228国道海曙段工程（通途路—鄞县大道）一期工程、鄞县大道（同德路—阳光路）工程等15个重大项目按时开工建设。完成309省道鄞州至开化公路海曙荷梁线（鄞江—章水）提升改造工程、洞桥垃圾发电厂110千伏送出工程、西马西园110千伏架空电力线上改下工程、秀丰路（秋实北路—凌澧路）道路工程及海曙区防洪排涝工程（千丈镜、河蟹堰碶河快速通道排水系统）先导工程等市、区级重点基础设施建设项目的规划方案审查。做好轨道交通8号线一期工程海曙区内各站点规划审批及管线迁改，以及轨道交通8号线一期工程海曙区内各站点方案的论证；开展孝闻片区雨污分流改造规划研究论证。

完成2021年度国土变更调查，并及时启动2022年度工作，完成国家下发首批1291个图斑的内外业调查。结合各类专项规划完成全区用地“一张图”编制，全区道路红线和河道蓝线得到动态更新和维护。

开展测绘与基础地理信息数据管理，实现实景三维模型全区域覆盖，覆盖面积为592.2平方千米。绕城范围内城市开放公共区域下地下管线、轨道交通、人防等六大类重要地下管线普查工作完成。完成测绘项目验线管理17个，完成年度测绘行业安全生产检查、年度安全监管情况专项检查、年度测绘地理信息“双随机”检查、年度涉密测绘地理信息成果保密检查以及开展全市省级基础测绘成果使用情况核查等5项检查，开展海曙区1:500、1:2000比例尺地形图更新、2022年海曙区数字孪生空间底座数据资源建设、宁波市海曙区基础控制网更新、专题数据更新和地图制作等基础数据管

6月，村庄规划评估会现场

理工作，共收集竣工核实平面地形图1.88平方千米，基础测绘20.18平方千米，地下管线数据131千米，基础地形图数据196幅，遥感影像数据3幅。

【启动海曙区控制性详细规划评估】 2022年4月，海曙区启动全区范围内控制性详细规划评估工作，项目计划历时一年，共涉及42个控制性详细规划单元，覆盖面积106平方千米，旨在通过梳理2019年以来控规编制及调整、管理等情况，完善控制性详细规划用地一张图，试划新控规编制单元。

三维倾斜模型（局部）

【启动海曙区行政村村庄规划评估】 2022年6月，海曙区启动全区范围内行政村村庄规划评估工作，项目计划历时一年，共涉及167个行政村，覆盖面积595.5平方千米。通过对现有村庄规划编制情况的梳理和分析，明确海曙区已编制的村庄规划中存在的主要问题，评估其与村庄未来发展方向的适宜性，并基于区级国土空间规划等上位规划对村庄发展的定位，提出区域内各行政村的发展指引与村庄规划编制的重点与建议，指导未来村庄规划的编制实施。

【完成"三区三线"划定】 2022年9月，海曙区完成"三区三线"划定并启用，共划定耕地保护目标14.74万亩，永久基本农田9.60万亩，生态保护红线面积21.95万亩，城镇开发边界21.68万亩，为保障重大项目、近期建设、基本民生和推动实现空间资源的精准投放布局打下基础。

【实景三维模型全区域覆盖】 2022年10月，海曙区在全市范围内首次实现实景三维模型全区域覆盖，覆盖面积为592.2平方千米。开展全域倾斜摄影三维模型，实现优于5厘米分辨率的实景三维成果全覆盖，其中，三江六岸区域分辨率为3厘米。建立实体多元模型，建成基础地理实体、自然资源实体、影像实体和实景三维（实体）等新型基础测绘产品和二维、三维"一体化"时空数据库，以三维实景展现山水林田湖草等自然资源和人工建构筑物的分布。

【完成城市地下市政基础设施普查】 2022年12月，海曙区完成绕城范围内城市开放公共区域下重要地下管线、地下通道、地下停车场以及人防工程普查。累计普查地下管线总长度5641.91千米，探测管线点339075个，编绘1:500数字综合地下管线图1734幅，普查地下公共停车场10处，普查面积为354573.47平方米，普查地下人行通道2处，普查面积为35449.95平方米，普查人防工程9处，普查面积为114831.84平方米。

12月，海曙区城市地下管线勘测现场

注释：

"三区三线"中的"三区"是指城镇空间、农业空间、生态空间三种类型的国土空间。"三线"分别对应在城镇空间、农业空间、生态空间划定的城镇开发边界、永久基本农田、生态保护红线三条控制线。

（毛舜逸）

房屋征收

【概况】 2022年，海曙区共实施37个征收项目（含4个跨年度项目），共涉及房屋建筑面积81.75万平方米，总户数2681户。已完成征收项目30个，完成征收面积约47万平方米；完成1个遗留项目"清零"。作出征收补偿决定2件，收到行政复议1件，行政诉讼案件33件。同时，做好房源筹措管理等相关工作。

【房屋征收项目】 2022年，海曙区全力开展"拔钉清零净地保供"百日攻坚专项行动，保障丁家湾、三市里、千年罗城等重点片区开发，推进鄞州大道快速路、轨道交通6号、8号线等重点工程建设。共实施房屋征收项目37个，涉及房屋建筑面积81.75万平方米，总户数2681户。截至年底，已完

11月9日，区房屋征管中心召开海曙区2022年征收拆迁工作培训班暨“拔钉清零净地保供”百日攻坚专项行动推进会

成征收项目30个，涉及房屋建筑面积约47万平方米，已完成签约的项目总体签约率达99.8%。其中，2022年度市级国有土地上房屋征收考核任务指标（年度计划项目），共7个项目，涉及面积约29万平方米，均在签约期内实现“清零”。

【安置房源管理】 2022年，海曙区筹措段塘街道雄镇小区西侧，后仓恒立、丽园南路等地块的安置房源。累计完成丁家地块（A片区）、丁家地块（C片区）、西门街道零星老旧房改造、南门街道零星老旧房改造、鼓楼街道零星老旧房改造、广仁街地块项目274套安置房的抽签定位、内部结算、对外结账交付工作，完成8套历年遗留项目安置房补抽签工作。同时，做好春城花园北侧安置房交付前准备工作，完成9套缺套房源回购工作。

（陈伟燕）

旧村改造

【概况】 2022年度，海曙区城中村改造任务共计26个，涉及改造面积156.23万平方米（其中拆除类115.89平方米，整治类40.34平方米）。至年底，项目完成率100%，完成改造面积155.18万平方米，面积完成率99.33%。城中村考核在全市排名优异。

2022年，集体土地拆迁项目共18个，涉及集体土地4289亩，总建筑面积约79.48万平方米，其中住宅2881户，非住宅116户。截至年底，8个项目完成签约“清零”，完成拆迁面积9.74万平方米。

【涉重大项目房屋征收工作】 2022年，海曙区推动宁波西枢纽交通先导工程100%签约，该工程共需征收石碶街道西杨村小洞桥自然农民集体所有土地4.57公顷，共计被征收人143户，房屋建筑面积2.52万平方米（其中未经登记建筑0.9万平方米）；推动丁家湾片区“清零”，该片区共涉及征收房屋总建筑面积21.6万余平方米（不含未经登记建筑），被征收人872户，年内完成丁家湾A、B片区“清零”工作；推动姚江南岸长乐未来社区智慧征收，借力“云征收”平台，针对摸底建档、测绘测量、评估作业、协议签约等流程，大幅度提高签约效率，仅用不到2个月实现国有土地房屋征收签约率100%，集体土地签约率达96.7%，该项目全部签约；推动荷梁线拓宽工程鄞江、龙观段和鼓楼街道西北街地块改造项目等签约“清零”。

【“拔钉清零净地保供”百日攻坚专项行动】 2022年，海曙区启动“拔钉清零净地保供”百日攻坚专项行动，其中，对74个项目开展集中攻坚，最终实现53个项目拆迁“清零”，29个项目入库，交地1232亩。

【安置房建设与交付】 2022年，海曙区开展多部门联合验收审批，大大缩短安置房建设竣工周期，并提前谋划安置房交付工作。完成姚丰安置房分配交付747户，完成段塘（一期）安置房分配交付1028户，完成段塘（二期）、段塘（三期）安置房抽签定位1866套。同时，为加紧段二、段三安置回购工作，创新应用试行安置房回购线上抽签新模式，首次采用电脑在线直播抽签。

【法治拆迁】 2022年，海曙区共计协调解决环城南路西延重大项目工程拆

4月，居民参观姚丰安置房——姚丰铭府小区

迁历史遗留补偿纠纷7户，完成段塘村旧村改造项目行政裁决3件。行政诉讼一审发案量、应诉量分别控制在8件、13件，行政诉讼败诉案件控制在0件，行政复议被纠错0件；行政机关负责人出庭率100%。依法强制腾空执行申请2户，助力项目拔钉“清零”。

（陈伟燕）

“三改一拆”专项行动

【概况】 2022年，海曙区“三改”（旧住宅、旧厂区、城中村改造）工作累计完成改造建筑面积354.24万平方米。其中，完成旧住宅改造316.78万平方米，完成旧厂区改造6.86万平方米，完成城中村改造30.6万平方米；“一拆”（违法建筑拆除）累计拆除违法建筑面积166.77万平方米。

南门街道获评浙江省2021年度“治违控违示范乡镇街道”，段塘街道和集士港镇申报争创2022年度省级“治违控违示范乡镇街道”。

【旧住宅改造】 2022年，海曙区上报宁波市“三改一拆”办老旧住宅改造累计完成改造30689户，面积316.78万平方米，包括月湖街道桂花园小区、望春街道天一家园小区和青林湾东区、西门街道柳庄小区、白云街道白云一村等47个老旧小区整治改造。整治改造内容主要包括小区外立面美化粉刷、楼道管线整合、绿化增补、增加停车位等内容。

【旧厂区改造】 2022年，海曙区旧厂区改造上报三个项目，其中古林镇启运路地段HS07-03-11地块项目于年内完成旧厂房翻建改造建筑面积40000平方米；横街镇水家村低效用地改造提升项目于年内完成旧厂区改翻建建筑面积23095平方米；高桥镇宁波鑫豪泰仪表有限公司于年内完成旧厂房改造5537平方米。

【城中村改造】 2022年，海曙区城中村改造涉及2个乡镇街道、4个拆迁项目，拆迁签约1454户，完成城中村拆迁面积30.6万平方米。其中，集士港镇卖面桥城中村改造项目拆迁签约110户、拆迁面积9.4万平方米，元禾村地块改造项目拆迁签约450户、拆迁面积4.13万平方米，横港城中村改造项目拆迁签约434户、拆迁面积6.4万平方米；洞桥镇鄞江堤防整治工程改造项目拆迁签约460户、拆迁面积10.67万平方米。

【新增违法建筑管控】 2022年，海曙区采取卫星图斑和日常巡查相结合方式，严控新增违建产生，发现一起、督办一起、对账销号。全年累计巡查拆除新增违建12处，拆除违建面积14346平方米。其中，高桥镇拆除2021年第二批图斑点位石塘村新增违建540平方米，鄞江镇巡查发现并拆除合力新型建材有限公司新增违建3200平方米，石碶街道巡查发现并拆除方力科技股份有限公司新增违建近万平方米。

【“两路两侧”“四边三化”环境综合整治】 2022年，按照省、市迎亚运工作要求，海曙区按照“高标准、全覆盖”的要求，施行“人防+技防”动态监管，加大对高架、高速、轻轨、铁路、机场等重点区域巡查，按期完成市级交办问题点位共计142处，完成区自查问题点位共计141处。协调清退杭甬高速桥下路灯仓库，落实集士港镇翁家桥村杭甬高速桥下空间利用安评会商工作。

【存量违法建筑拆除】 2022年5月，海曙区部署开展违法建筑“除险保安”专项整治，加快重点存量违法建筑的处置进度。至9月结束，“除险保安”专项整治共处置各类违建70.47万平方米，其中拆除存在安全隐患违法建筑18.82万平方米。古林镇组织拆除金云街区域24家企业存在消防安全隐患违建3万余平方米；洞桥镇集中拆除洞北工业园区14家企业存在消防安全隐患违建1.25万平方米；集士港镇集中拆除工业园区存量违建2万余平方米。

（薛荣锋）

市政建设

【概况】 2022年，万兴路（万隆路—皎河路）道路工程、段塘万科地块配套道路及附属工程、翠柏路（柳汀街—蔡家河）综合整治工程、五江口雅戈尔地块配套道路工程、范江岸路（规划20米路—望童北路）道路工程、工业互联网配套道路工程、段塘中路（看经路—环城西路）道路工程、段塘西路（丽园南路—环城西路）道路工程、新星商业1号地块西侧桥梁工程、鄞县大道（秋实路—横街南路）改造工程、联丰路（机场路—薛家路）改扩建工程、后仓安置地块配套道路工程、春城花园中间配套路工程、望春工业园区丰泰路（科泰路—科研路）道路工程、望春工业园区丰成路（科泰路—科研路）道路工程等15个项目完工。

【翠柏路（柳汀街—蔡家河）综合整治工程验收】 2022年3月，翠柏路（柳汀街—蔡家河）综合整治工程完成初

2022年3月，翠柏路（柳汀街—蔡家河）综合整治工程完成初步验收

2022年7月，万兴路（万隆路—皎河路）道路工程完成初步验收

步验收。项目于2020年3月开工建设，南起柳汀街，北至蔡家河，全长约2400米，标准断面宽24米，建设标准为城市次干路。

【万兴路（万隆路—皎河路）道路工程验收】 2022年7月，万兴路（万隆路—皎河路）道路工程完成初步验收。项目于2021年7月开工建设，西起万隆路，东至皎河路，长680米，规划道路红线宽度37米，建设标准为城市主干路。

【工业互联网配套道路工程验收】 2022年9月，工业互联网配套道路工程完成初步验收。项目于2021年12月开工建设，北起中都置业配套一路、二路交叉口，沿在建工业互联网地块布设，终点位于地块西南侧，全长294米，红线宽度为16米，建设标准为城市支路。

【新星商业1号地块西侧桥梁工程验收】 2022年9月，新星商业1号地块西侧桥梁工程完成初步验收。项目于2021年12月开工建设，本项目位于宁波市海曙区丽园北路1350弄50号众创空间与宁波供电公司交会处黄家河上，西起电业局南侧路，上跨黄家河，东至新星商业1号地块，道路全长约90米，桥梁全宽12米。

【联丰路（机场路—薛家路）改扩建工程验收】 2022年10月，联丰路（机场路—薛家路）改扩建工程完成初步验收。项目于2020年12月开工建设，东起机场路，西至薛家路，道路全长约370米，标准断面宽度为44米，建设标准为城市主干路。

【段塘万科地块配套道路及附属工程验收】 2022年11月，段塘万科地块配套道路及附属工程完成初步验收。项目于2022年4月开工建设，包括君运路南侧河道开挖及君运路、盛德路的续建。其中，君运路长约680米，盛德路长约260米，标准断面宽20米，建设标准为城市支路。

【五江口雅戈尔地块配套道路工程验收】 2022年11月，五江口雅戈尔地块配套道路工程完成初步验收。项目于2021年12月开工建设，共包含2条道路：五江口路和规划支路，其中，五江口路北起新星路（长225.04米），南至范江岸路；规划支路东起五江口路（长208.08米），西至规划20米路，两条道路红线宽均为20米，长度合计433.12米，建设标准为城市支路。

【范江岸路（规划20米路—望童北路）道路工程验收】 2022年11月，范江岸路（规划20米路—望童北路）道路工程完成初步验收。项目于2021年12月开工建设，位于后孙地段，是通途路以北、姚江以南区域内重要的东西向通道。向东跨越五江斜河，与五江口路平面交叉，终点止于望童北路，道路全长490米，红线宽度为36米，建设标准为城市次干路。

【段塘中路（看经路—环城西路）道路工程验收】 2022年11月，段塘中路（看经路—环城西路）道路工程完成初步验收。项目于2021年12月开工建设，西起看经路，南至环城西路，道路全长370米，标准断面宽度为20米，建设标准为城市支路。

【段塘西路（丽园南路—环城西路）道路工程验收】 2022年11月，段塘西路（丽园南路—环城西路）道路工程完成初步验收。项目于2021年12月开工建设，西起丽园南路，东至环城西路，道路全长818米，标准断面宽度24米，建设标准为城市支路。

2022年11月，段塘中路（看经路—环城西路）道路工程完成初步验收

2022年11月，段塘西路（丽园南路—环城西路）道路工程完成初步验收

【鄞县大道（秋实路—横街南路）改造工程验收】 2022年11月，鄞县大道（秋实路—横街南路）改造工程完成初步验收。项目于2021年11月开工建设，西起横街南路，东至秋实路，道路全长约4.7千米，标准断面宽度为27米，建设标准为城市次干路。

【春城花园中间配套路工程验收】 2022年11月，春城花园中间配套路工程完成初步验收。项目于2022年3月开工建设，项目西起半漕河，东至望童北路，全长162米，道路红线宽为20米，建设标准为城市支路。

【望春工业园区丰泰路（科泰路—科研路）道路工程验收】 2022年11月，望春工业园区丰泰路（科泰路—科研路）道路工程完成初步验收。项目于2022年7月开工，南起科研路，北至科泰路，全长397米，标准断面宽度为12米，建设标准为城市支路。

【后仓安置地块配套道路工程验收】 2022年12月，后仓安置地块配套道路工程完成初步验收。项目于2022年3月开工建设，包含求精路、规划20米路、规划16米路等三条道路。其中，求精路南至规划16米路，北至鄞县大道，西至后仓安置地块，东至菩悦花苑地块，路线全长275米，规划标准段宽度26米，建设标准为城市次干道。规划20米路南至规划16米路，北至鄞县大道，东至后仓安置地块，西至拆迁地块，路线全长280米，规划宽度20米，建设标准为城市支路。规划16米路西至规划20米路，东至求精路，北至后仓安置地块，南至拆迁地块，路线全长287米，规划宽度16米，建设标准为城市支路。

【望春工业园区丰成路（科泰路—科研路）道路工程验收】 2022年12月，望春工业园区丰成路（科泰路—科研路）道路工程完成初步验收。项目于2022年6月开工，南起科研路，北至科泰路，全长382米，标准断面宽度为12米，建设标准为城市支路。

（孙甫伟）

公建类项目建设

【概况】 2022年，海曙开投集团承建公建类项目7个，其中海曙中学项目开工建设，横街临时防疫隔离点工程等4个项目完工。

此外，长春门文化公园二期项目完成初步验收。

【宁波市社会体育指导中心改造提升暨新建游泳馆工程完工】 2022年3月9日，宁波市社会体育指导中心改造提升暨新建游泳馆工程完工。项目位于海曙区蓝天路406号，总用地面积12533平方米，建筑面积2255平方米，建设内容包括新建游泳馆1幢，装修改造6层单体老楼以及道路、给排水、景观绿化等附属工程。

【保利天悦东侧地块（体育公园）工程完工】 2022年5月10日，保利天悦东侧地块（体育公园）工程竣工。工程位于机场路西侧，总用地面积8663平方米。主要建设内容为广场、绿化、健身场地、跑道、景观小品等。主要分南北两区：南区为运动公园，包括休闲健身区、儿童活动区、滨水景观区，北区为极限运动公园。

【恒威海上花院南侧地块（体育公园）工程完工】 2022年5月30日，恒威海上花院南侧地块（体育公园）工程竣工。工程位于恒威海上花院南侧，总用地面积9755平方米，主要建设内容为棒球训练场、管理用房、绿化、景观小品。

【长春门文化公园二期工程完成初步验收】 2022年12月29日，海曙区长

2022年5月10日，保利天悦东侧地块（体育公园）工程竣工

春门文化公园二期工程完成初步验收。公园位于南郊路地块，东起立交路，西至南塘河，北始长春路，南至铁路桥，总面积约13000平方米。根据《南塘河历史文化街区保护规划》等相关精神，该地块规划建设成为集遗址展示、休闲游览、文化体验于一体的开放式文化主题公园，包括公园景观小品、绿化提升、沿河驳岸修复、人行桥梁修复等。

（张璐　王亮）

2022年底，柳汀街段宁波站线路整改养护轨道拼接完成

南站区域开发建设

【概况】 2022年，海曙区南站区域开发建设管理中心（区铁建中心）配合宁波市铁路和西枢纽建设中心工作部署，继续推进宁波枢纽庄桥至宁波段增建三四线工程，全年共完成投资1.33亿元，累计投资5.45亿元。协调完成沿线管线迁改、交通疏解等工作；助力开展宁波西枢纽客运直通线工程海曙区段线位选址的优化工作。

【宁波枢纽庄桥至宁波段增建三四线工程】 2022年，通苏嘉甬铁路的重要组成部分——宁波枢纽庄桥至宁波段增建三四线工程（海曙段）超额完成市铁办下达的全年工作任务。包括完成柳汀街北侧一次迁改结算、路内管线迁改、永丰西路军缆迁改及环城北路管线迁改预算；白云公园水域补偿改河事宜；协调沿线施工范围（环城北路、通途西路、中山西路）封道、交通疏解；协调胜丰河、蔡江河、西塘河跨铁路工程红线范围内的建筑物拆除等相关工作。

【宁波西枢纽客运直通线工程】 2022年，南站区域开发建设管理中心开展客运直通线线位方案研究。分别与铁道第三、第四勘察设计院集团有限公司以及区级相关部门对沿线冲突点位摸排、梳理，为直通线线位选址决策和工程实施提供支撑。

（成方州）

2022年，海曙供电公司进社区，向居民科普光伏项目

公用事业

【概况】 2022年，海曙区全社会用电量61.12亿千瓦时，同比增长0.26%。全社会最高负荷132.13万千瓦，同比上升7.34%。公司累计完成售电量54.80亿千瓦时，同比增长0.44%。售电收入41.25亿元，同比上升10.80%。累计完成业扩送电15346户，合计送电容量51.26万千伏安，同比增长11.90%。

区供电局坚持新型电力系统建设和电网基础设施能力提升并重的指导思想，以“四能四力”为主要实施路径，重点聚焦系统调节能力提升，以降低电网峰谷差率、建设城乡一体化电网、发展多种光伏模式为工作主线，推进以新能源为主体的新型电力系统构建。重点打造易涝区域配电站房全景监测等10个示范项目，至年底，项目完成率均达100%。

【电网建设】 截至2022年底，海曙区共有500千伏变电站1座，主变2台，总容量2000兆伏安；220千伏变电站5座，主变12台，总容量2700兆伏安；110千伏变电站22座，主变48台，总容量2270兆伏安；110千伏用户变5座，主变10台，总容量358兆伏安；35千伏公用变电站2座，主变3台，总容量37.50兆伏安；35千伏用户变14座，主变24台，总容量249.30兆伏安。

全区共有110千伏输电线路51条，线路长度288.50千米；35千伏输电线路5条，线路长度76.45千米；10千伏配电线路518条，线路长度2675.27千米；10千伏开关站、环网站780座，10千伏公用配电变压器5314台，总容量3132.19千伏安。

2022年，完成电网建设年度投资3.70亿元，其中主网投资1.70亿元；配网投资2亿元，改造、新建线路268.78千米，新装、更换配电变压器及设备1352台，共计容量81951千伏安。梁祝110千伏输变电工程依法合规开工。取得明州500千伏变电站第三台主变扩建、古林110千伏输变电工程等五个工程核准批复。取得茶山抽蓄500千伏线路送出工程、110千伏文化变接线优化工程可研批复。推进宁峰110千伏输变电工程、龙观110千伏输变电工程等三个工程前期可研工作。

【编制《海曙区电力设施专项规划实施方案》】 2022年，海曙供电局联合区发改局委托宁波市规划设计院编制《海曙区电力设施专项规划实施方案》。该方案根据海曙区的经济社会发展趋势，预测未来电力需求的变化，包括用电量的增长、电力负荷的分布等，将至2035年的海曙区主网项目站所用地和线路廊道等关键要素纳入新一版海曙区国土空间规划。

（诸天颖）

城市管理

【概况】 2022年，海曙区共发现城市管理问题466695件，立案367509件，其中区级部门应解决340641件，已解决340641件，处置率100%，及时处置率99.48%。进一步加快推进“城乡一体化服务监管执法平台”的应用工作，着力解决疑难案件，加速提升城市管理精细化、智慧化水平。

开展全区城乡环境整治提升、燃气安全、建筑垃圾、车辆违法占道、户外广告等专项整治。

探索、加快推进“大综合一体化”行政执法改革工作，首创区级“一站式”执法办案管理中心。在2022年度全年改革指数、效能指数评价中，海曙区位列全市各县（市）、区第一。

【“大综合一体化”行政执法改革】 2022年，海曙区聚焦“人员综合、业务综合、管理综合、数据综合”四方面重点，探索、加快推进“大综合一体化”行政执法改革工作。全区85.2%的执法力量下沉镇（乡）街道，已赋权的集士港、古林、高桥、洞桥、石碶等5个镇（乡）街道成立综合行政执法队。针对跨领域案件，建立综合执法清单、专业执法清单、乡镇执法清单。将20个条线、835项执法权交由5个赋权镇（乡）街道实施。建立指挥协调、综合研判机制，开展联勤联动、联合执法、“综合查一次”，提升跨领域跨部门综合执法成效。挂牌成立区综合行政执法指挥中心，首创区级“一站式”执法办案管理中心，“1+8”执法力量等入驻集中办公。制定出台执法办案、执法协作、行政管理、执法保障、督查考核等5个方面25项制度。在2022年度全年改革指数、效能指数评价中，海曙区位列全市各县市区第一。

【城乡环境整治提升百日攻坚专项行动】 2022年，根据区三大百日攻坚战部署要求，成立由区综合行政执法局牵头，区委宣传部、区农业农村局、区交通局、区水利局组成的工作专班，统筹推进中心城区、路域、农村人居和水域四大领域环境综合整治提升工作。通过制定形成“一图、一表、一制度、一驾驶舱”，落实“日汇总、周会商、月通报”工作机制，推动工作落实。其间，共召开11次专班会议，开展7次专项督查，下发26个交办单。各镇（乡）街道按照全国文明典范城市创建标准，对各类环境问题开展拉网式排查形成问题清单“一本账”，实施挂图作战、对账销号，累计整改乱堆乱放、乱搭乱建、绿化缺失、道路坑洞等各类环境问题4.19万个。

【执法队伍规范化建设】 2022年，区综合行政执法局加强执法队伍规范化建设，持续推进全省综合行政执法“最佳实践”基层执法队所和“枫桥式”综合行政执法中队的创建培育行动。其中，鼓楼中队、集士港中队获评“最佳实践”基层队所。同时，依照宁波市综合行政执法局“一队一品”专项行动实施方案，开展“一队一品”三年创建行动，培育一批基层执法中队建设“精品”。截至2022年底，第二批8个中队创建成功，累计已有15个中队创建成功。

【开展养犬管理整治】 2022年，区综合行政执法局通过宣传引导、执法监

5月11日，集士港镇综合行政执法队进店“综合查一次”

8月30日，区综合行政执法局通过“政、校、企”三方协作，组织宁波财经学院艺术系学生对箱体进行美化

管、捕捉救助、人性收容等方式解决养犬管理难题，涉犬问题投诉大幅下降。2022年，累计出动16223人次，办理涉犬简易案件549件，罚款14300元，办理一般程序案件108件，罚款11110元。全年制作发放宣传图册30000余册、宣传版画500余张，普法宣传11891次，教育整改3562人次，捕捉收容788只流浪犬，收容管理工作位列全市第一。

【燃气安全专项执法整治】 2022年，区综合行政执法局开展燃气安全专项执法整治行动。其间，主要以宣传教育、执法检查、督改隐患、治违查违为工作主线，迅速建立政企联动、齐抓共管、群防群治的工作机制，排查各类燃气安全隐患，防止燃气安全事故发生。另外，联合行业主管部门、管道企业开展石油天然气管道重点保护部位的执法检查，尤其是高后果区的执法管理。全年共出动3690人次，检查单位3020家，书面整改354起，立案401起。

【建筑垃圾专项整治工作】 2022年，区综合行政执法局通过强化源头管理、严格执法，持续规范建筑垃圾审批、运输、中转、处置各个环节，加快推进建筑垃圾全过程治理体系建设，推进建筑垃圾专项整治工作。全年共开展集中整治60余次，检查建筑渣土车辆560余辆，书面整改130起，立案查处494起。

【箱体飞线美化行动】 2022年，区综合行政执法局在全区主城区集中开展以清洁“城市家具”为主要任务的专项美化行动。该行动主要针对配电箱体、电线杆、公用电话亭、飞线等“城市家具”进行全方位清理规范，提高城市“颜值”，营造亮丽、整洁、宜居的城市环境。全年累计整治飞线562处、拆除废弃电线杆52根、电话亭51座，完成350个箱体彩绘美化。

【车辆违法占道专项整治】 2022年，区综合行政执法局按照“宣传+提醒+抄告”治理模式开展车辆违法占道整治行动。针对重点路段和重要商贸区、服务窗口、车站、学校、菜场周边开展集中整治，对违停车辆易发、多发路段加大宣传规范力度，坚持集中治理与常态管理、教育与处罚相结合，做到治理一片、巩固一片、规范一片。全年共计清拖“僵尸车”13辆，规范共享单车停放18399辆，清拖共享单车20346辆，抄告人行道违法停车和泊位欠费53320辆。

【户外广告专项整治】 2022年，海曙区开展户外广告专项整治行动，完善户外广告体系，明确各方职责，理顺事前、事中、事后监管制度。依据市里规划的广告详规，明确禁止设置区、一般控制区和引导发展区，明确户外广告设置位置、类型和面积等基本要素。同时开展广告招牌品质化提升行动，根据《宁波市第19届亚运会城市提升行动任务书》，对户外广告设置情况进行监督检查，迎亚运专项行动期间共巡查发现451块违法设置的大型户外广告设施，均已督促整改到位。全年累计拆除违法广告2068块，面积9862.5平方米。

【城乡一体化服务监管执法平台应用】 2022年6月起，“宁波市智慧城管平台”迭代升级为“宁波市城乡一体化服务监管执法平台”（城运平台）。海曙智慧城管按照“一体平台三级运行”搭建框架，覆盖全区17个镇（乡）街道，形成纵向联通市级和省级平台，横向联动相关职能部门的组织架构体系。推进“全域一张网”建设，重点加强镇（乡）、街道平台应用能力和城市管理统筹协调能力，落实快速响应制度。在此基础上，优化业务流程，充分利用“闭环管理，动态清零”的处置监管模式，不断深化各协同部门之间的业务合作，进一步明确案件责任主体，缩减城市管理盲区。

（陈闻宁　张　帆）

市容管理

【概况】 2022年，海曙区保洁面积共计685.71万平方米。区综合行政执法局承担146条主要道路保洁、机械化清扫、洒水及2198组果壳箱、12189只垃圾桶的养管任务。中心城区内有垃圾中转站3座，年清运垃圾15.93万吨，清运粪便3.15万吨，实现日产日清。132座公厕通过市场化方式养管。

开展“两点一房”规范化管理提升，从硬件上解决历史遗留难题，加强宣传氛围的打造，给居民一个干净整洁的投放环境。8月，生活垃圾智慧收运系统运行，实现生活垃圾点对点打卡和实时化监督。2022年建设完成5

个末端处置场所，不断提高生活垃圾回收利用率。建立联合考核机制，完成40多家重点行业单位交叉检查，落实整改问题140多起，提升“管行业、管垃圾分类”成效。2022年新建成省级高标准分类示范片区2个，示范小区25个。海曙区获评2022年度全省生活垃圾治理工作优秀单位。

【“迎亚运”外立面整治提升行动】2022年，区综合行政执法局开展“迎亚运”外立面整治提升行动，制定《海曙区“迎亚运、创典范”建（构）筑物外立面洁化整治提升工作方案》，将市环卫中心下发的324个需整改点位清单进行重新梳理，启用微信公众号“海明测”平台，明确责任街道。责任街道接任务后，将整改情况通过公众号予以反馈，区综合行政执法局予以监督管理，从而形成问题整改的闭环机制。2022年海曙区已完成全部问题点位的整改工作，整改率100%。

【市容环境卫生责任区管理】2022年，区综合行政执法局持续推进市容环境卫生责任区管理制度，做好责任区划分、责任书签订、责任内容上墙工作，对卫生责任牌上牌情况进行全方位考核检查。全区230条一、二级道路和79条三、四级道路的责任区制度签订工作已经全覆盖。海曙区8551家责任区单位全部签订责任书，其中引领性单位为701家、其他单位签订数量为7850家，并根据店铺营业情况实行实时更新。2022年，创建解放南路为省级“街容示范街”；镇明路、翠柏路、尹江岸路、公园路、蓝天路、姚江东路、新典路等20条道路被评定为2022年度宁波市“市容环境卫生责任区管理制度示范路”；莲桥第、高鑫广场、月湖盛园被评定为2022年度宁波市“市容环境卫生责任区管理制度示范街区”。

【“两点一房”改造提升】2022年，海曙区开展投放点、归集点和垃圾房“两点一房”品质提升工作，通过安装无接触式自动感应门、智能烟感报警系统，依托视频监控加强管理，设置厨余垃圾过滤设备和垃圾房地坪前绘制3D立体画等方式，使垃圾房朝着智慧化、便民化发展，居民垃圾分类投放的舒适度和满意度不断攀升。2022年完成90%以上“两点一房”的升级改造，点位超过300个。

集士港镇橄榄树雅苑小区垃圾房

【分类投放设施问题“清单制销号”工作】2022年，海曙区按照宁波市居住小区分类投放设施、归集点占道问题“清单制销号”工作要求，对照市分类办“销号清单”，督促各镇（乡）街道配齐配足投放设施，对破损、损坏、脏污、磨损的投放容器集中更换，对损坏的投放设施进行修缮更新，对归集点占道问题进行集中整治。建立对账销号制度，实现闭环管理并形成管理长效机制。2022年完成分类投放设施销号185个、归集点占道销号112个。

【装修（大件）垃圾管理体系】2022年，海曙区逐步建立和完善装修（大件）垃圾从源头产生、预约投放、定点收运、高效处置的数字化全过程闭环监管体系。规范居住小区装修（大件）垃圾投放管理，对小区装修（大件）垃圾及绿化废弃物投放点位建设进行规范性指导，采取预约收集，或通过封顶密闭、分类隔断、分类标识的方式集中暂存，逐步解决装修（大件）垃圾“乱投放”“无处放”等难题。根据“来源可溯、去向清晰”的要求，建立装修（大件）垃圾全链条智慧监管系统。建设装修（大件）垃圾末端处置设施，2022年建设完成5个末端处置场所，不断提高生活垃圾回收利用率。

【重点行业生活垃圾分类专项检查】2022年，海曙区按计划推进重点行业生活垃圾分类专项检查，完成对区教育局、区交通局、区农业农村局、区商务局等管辖的40余家重点行业单位的交叉检查，通过第三方抽查60多家行业单位，对在检查中发现问题以督查单的形式由行业部门督促责任单位进行整改，共发督查整改单40多份，落实问题整改140多起。发挥行业部门的责任心和主动性，牢固树立起管行业就要管垃圾分类的工作理念，通过比、学、赶、超深入推动行业垃圾分类工作向规范化、标准化发展。

【公厕改造提升】2022年5月6日起，区综合行政执法局对气象路、天一豪景、汇景新苑等10座环卫公厕进行装修改建，历时三个月全部完工，总投资约350万元。此次改建对有条件的公厕设置方便老幼、残疾人等特殊人群使用的卫生间（第三卫生间）及轮椅坡道、抓手扶杆等人性化设施设备；提供洗手温水、洗手液、干手器、可回收物垃圾桶、免费厕纸等便民设施和服务；完善公共厕所标识指引、文明标语，提升服务人性化水平。建立智慧公厕信息化平台，安装具备显示开放时间、蹲位数量、意见反馈等功能的信息显示屏；入口安装监控摄像头、人流量计数器、臭气环境监测设备、烟雾报警、厕位有人无人显示、指纹考勤、扫码取纸机等设备，提升服务智慧化水平。

【“席地而坐”城市客厅示范区创建】至2022年底，完成和义大道、鄞奉滨江公园、月湖盛园、时代广场和月湖金汇小镇等5个区域的“席地而坐”示范区域创建。通过日间实行1个保洁责任区、5个作业岗位、N种精细化保洁工具的实时“1+5+N”保洁机制，夜间实行“大面积冲洗、洗刷顽固性污渍”保洁，并采购一批高压风暴式洗地机、坦能M20车等先进装备，提高保洁效率。

（韩辰宇　刘佳宁）

设施养护

【概况】2022年，海曙区有区管道路292条，包括区属道路282条，市属区管道路10条，车行道长度201.78千米（其中区属162.66千米，市属区管39.12千米），面积424.93万余平方米（其中区属279.27万平方米，市属区管145.66万平方米）；人行道面积126.56万余平方米（其中区属94.18万平方米，市属区管32.38万平方米）。

海曙区有区管桥梁总数213座，其中，区管桥梁170座，市属区管43座。

完成通途西路花卉大道改造，“口袋公园”“甬小园”建设，以及月湖公园、中山广场、海曙公园南园等重点公园绿地的提质改造工作。

【市政道路养护】2022年，区综合行政执法局完成望京路、灵桥路等12条道路人行道净化改造工作，共计整治人行道11435平方米，树池下沉整改612座，拔除废弃电线杆12根。配合“迎亚运”道路设施品质提升，完成环城南路（机场路—鄞奉路）大面积沥青摊铺12950平方米；三支街（长春路—甬水桥路）大面积沥青摊铺5958平方米；解放路（解放桥—长春路）大面积沥青摊铺3636平方米；机场路（环城南路—启运路）大面积沥青摊铺32991平方米。

针对高架地面道路夏禹路、环城南路等高架墩台周边道路基础不均匀沉降，造成墩台沿线高低起伏、跳车严重的情况开展墩台整治，共计完成夏禹路、环城南路、机场路、通途路西延沥青改造90996平方米。完成“平安护学区”二期、三期创建项目实施工作，对广济中心小学、宁波市实验学校、竹福园幼儿园、尹江岸小学等19所学校周边市政路段的设施进行改造提升。

【照明设施提升】2022年，海曙区区管公共照明设施总量56696盏，其中功能性照明设施21623盏、景观性照明设施35073盏。区综合行政执法局通过更换灯头、安装单灯控制系统、灯杆刷漆等方式，持续推进路灯照明质量提升，全年累计完成287杆灯杆和333盏灯头更新。完成机场路与沁园街、夏禹路、气象路、新典路等4个交会区域照明提升项目；完成22条道路照明亮化提升工作，累计清洗灯头1628盏，光源置换177个；悬挂“迎亚运”、“迎国庆”、公益广告等各类道旗共2725杆。在新典路、气象路等189条道路增设绝缘套筒、漏保装置2279套。

5月19日，海曙区综合行政执法局开展“人行道净化专项整治行动”，对高塘路“无主”电线杆进行清除

【燃气行业监管】2022年，区综合行政执法局健全城镇燃气突发事故应急响应机制，编制《宁波市海曙区燃气突发事件应急预案》。全年金属软管更换超5万户，“瓶改管”项目完成35个，燃气管道检测264千米，燃气管道更新改造11.75千米。

【智慧赋能创新精细化养管】2022年，海曙区推进智慧赋能，创新精细化养管手段，提升精细化养管水平，多次组织园林绿化养护单位开展关于“智慧园林”系统的培训交流，确保各养护单位清楚了解该系统的各个模块及使用流程。在系统养管模块试运行中，考核人员可通过手机终端对城区绿化养护工作进行巡查，发现问题实时下派任务，再由责任单位进行整改反馈，经审核通过后形成闭环工作体系，确保问题发现一处解决一处。在试运行过程中，“智慧园林”系统的案件完成率保持在100%。

【通途西路花卉大道改造】2022年，海曙区完成通途西路花卉大道改造。通途西路位于高桥镇，东接机场高架，西至杭甬高速大隐互通，改造前该路行车空间缺少开合变化，行车体验单一，沿线车道、非机动车道及人行道构筑的主要色彩灰暗，路侧绿化以常绿树种为主，缺少色彩变化。改造后的通途西路以黄山栾树作为行道树，搭配绚丽海棠等开花乔木，中下层配置夏鹃、毛鹃、紫娇花、小叶栀子花等，护栏攀爬藤本月季，整体视觉效果显著提升。

【“口袋公园”与“甬小园”建设】2022年，海曙区完成爱菊口袋公园、保利天悦东侧小公园共2个“口袋公园”的建

7月中旬，海曙区绿化养护中心的绿化工人利用新型洗地车冲洗鄞奉滨江公园沿江步道

设、改造任务。其中，爱菊口袋公园紧邻爱菊艺校（姚丰校区），为一“L”形沿河绿带，配有成品桌椅、跑道、廊架等设施供周边的学生及居民休憩、锻炼，富有设计性的灯光为公园夜景增色，给周边居民散步休闲带来更好的景观体验；保利天悦东侧小公园内配置有体育、游乐设施，融合“公园”与“运动”，功能多、实用性强，植物品种及色彩搭配都比较丰富，景观效果较好，开放后为体育爱好者们提供更为便利、优美的运动场地。此外，2022年还完成柳汀立交桥西北角、永丰北路东侧华慈医院西侧、永丰北路停车场南等3处“甬小园”的改造工作，对陈旧老化、景观落后的绿地因地制宜进行提升改造，打造处处皆绿、城景交融的精美绿化景观。

【桥头“跳车”专项整治】 2022年3月，区综合行政执法局启动26座桥梁桥头跳车整治工作，其中包含省民生实事项目新峰桥、沁春桥等8座，共计施工热沥青罩面14512平方米。

【积水点改造】 2022年3月初，区综合行政执法局启动偃月街、老鄞奉路、后河巷三处低洼地改造，累计调整侧平石2053米，抬升人行道1403平方米，平均垫高沥青路面30厘米共计5770平方米。复盘2021年“烟花”“灿都”台风积水情况，结合日常道路养护工作，投入资金约7000万元，对蓝天路、悠云路等15条低洼道路开展综合整治。

【桥梁养护】 2022年7月1日起，海曙区启动全区桥梁常规检测，共计检测桥梁193座。其中，A级桥梁133座、B级桥梁49座、C级桥梁11座、D级桥梁0座，桥梁完好率100%。全年累计完成蓝西桥、龚家河桥、澄波桥、澄波2号桥、酱元桥、燎原桥、高塘桥等7座桥梁大修，沥青摊铺面积共计11156平方米，燎原桥、高塘桥的栏杆更换178米。

【重点公园绿地提质改造】 2022年，海曙区完成三处重点公园绿地提质改造。开展月湖景区芳草洲景观提升，包括芳草洲沿水系及景亭周边绿地提升改造、雾森系统安装，柳汀街与镇明路疏林广场东南角等多处花境提升改造。对中山广场设施修葺与提升，改造位于广场中轴线的荷花池，使喷泉设施焕新成为广场新的景观亮点；同时，改造儿童角，面积约300平方米，改造内容包括地坪改造、塑胶垫更换、儿童游乐设施更换等。完成海曙公园南园改造，包括公园景观园建改造、绿化提升及景观电气等，新增景观灯13盏、景观桥1座，绿植部分采用圆锥绣球、欧洲木绣球、大花绣球、乔木绣球、红巨人朱蕉等打造特色花境。

（杨娜萍　李　莎）

5月，月湖景区芳草洲沿水系及景亭周边绿地提升改造完成，新增雾森系统

科　技

综　述

【概况】 2022年，海曙区围绕“卓越城区”定位，聚焦“海曙创造”品牌塑造，高水平推进创新型城区建设，在“科创中国”试点、翠柏里创新街区、硬科技创新攻关等领域深入探索，获批全市首个智能制造国家新一代人工智能开放创新平台、全市首批中国科学技术协会“科创中国”创新基地，为全面建设现代化滨海大都市卓越城区提供强有力的科技支撑。

【2022年市科技活动周启动式在海曙举办】 2022年5月21日，宁波市科技活动周启动式在海曙举行。本次科技活动周以“走近科技 你我同行”为主题，其间，全市各地各部门将开展科技规划与政策线上答题竞赛、科普“四进”、双碳科普宣传等活动共300余项，通过组织群众性科技活动，推动在全社会形成讲科学、爱科学、学科学、用科学的氛围。

【举办宁波—芬兰科技合作交流大会】 2022年8月31日，“科创中国 芬甬先行”宁波—芬兰科技合作交流大会举行，开启宁波海曙“中芬合作平台”2.0升级版。“中芬合作平台”2.0版从拓宽合作渠道、提高服务效率、升级对接模式等三方面进行优化，继续依托芬兰当地机构力量对接科技资源的同时，凝聚当地华人机构资源力量，企业“一对一”间接对接模式转变为“面对面”直接对接模式，提升匹配对接精准度和合作成功率。

【蓝卓supOS工业操作系统蝉联工信部“双跨”平台】 2022年8月，工信部公布2021年跨行业跨领域工业互联网平台清单，蓝卓supOS工业操作系统再次入选，并跻身全国前十，是本次唯一一个入选的工业操作系统。蓝卓自主研发supOS工业操作系统致力于为中国工业转型升级打造“统一的数字化底座”攻关工业操作系统核心关键技术，经过近4年发展，该系统在关键技术创新、应用落地能力、开放性生态等多领域都取得丰硕成果。通过构建“未来工厂+行业大脑”探索工业互联网应用新模式，为不同区域高质量发展提供新路径。

（陈文沁）

科技创新

【概况】 2022年，自入选“科创中国”省级试点区以来，区科技局、科协围绕试点区建设谋划年度目标任务，持续推进“科创中国”科技经济融通平台建设、区域创新共进建设、科技人才服务建设、海外智力汇聚建设、高端智力平台建设五大行动，高质量打造科技创新“高地”。

深入实施“硬科技创新三年行动计划”，宁波工业互联网研究院有限公司（以下简称工研院）等五大产业技

8月31日，“科创中国　芬甬先行”宁波—芬兰科技合作交流大会举行

甬水桥科创中心

术研究院能级持续提升。创建全省首批技术创新中心、省级重点实验室、省级工程研究中心等重大科创平台。

打造创新创业大会、赛道明星活动、中国创新创业大赛等特色创业和人才交流活动载体。完善优化创新创业活动体系，开展部门联动云上科技招商，矩阵化构建“海曙创造”创新流量载体。

【首届海曙“科创中国”赛道明星开班】 2022年5月24日，首届宁波海曙“科创中国”赛道明星开班。本次活动由海曙区政府主办，阿里云加速器承办，近3000家国内科技创新型企业创始人参与，最终30余人成为首批学员，学员所在的产业类型涉及智能制造、云计算、高端装备制造等多个领域。明星班通过嫁接杭、甬双城优势资源，聚合阿里巴巴技术、产品及商业生态，协同资本、政策等多方资源，为入选企业提供业务、融资、品牌、战略、组织、技术等全方位服务。开班当日，中国服务型制造联盟副秘书长马良栋及中国工程院院士谭建荣为学员分别带来“数字技术与服务型制造”和“数字经济与数字转型：关键技术与发展趋势”两场主题分享。

【工研院入选首批国家级“科创中国”创新基地公示名单】 2022年8月，中国科学技术协会公布首批“科创中国”创新基地认定结果公示名单，工研院的“科创中国”工业互联网创新基地入选（产学研协作类）。年内，工研院建成“攻防评一体化”工控安全试验场，成为引领国内工控安全的重要基地，工控安全产品已应用于30余项科研攻关和国家重大基础设备安全防护项目，依托工控安全试验场自主研发的控制器完整性监测与恢复系统V2.0，获评浙江省及宁波市重点首版次软件产品，填补我国工控安全领域对工业控制器针对性防护方面的空白。

【工研院获批建设“国字号”人工智能开放创新平台】 2022年10月，工研院建设智能制造国家新一代人工智能开放创新平台获得科技部批复，这是宁波大院大所首次跻身“人工智能国家队”（此前全国范围仅百度、腾讯等15家单位获批）。工研院自落地海曙以来，孵化高科技公司15家，其中被认定国家高新技术企业有3家，仅浙江蓝卓工业互联网信息技术有限公司的估值就近60亿元；发布工业操作系统supOS4.0版，累计自主开发或生态合作800余个工业App，推广应用超过2600家用户，supOS连续3年入选工信部跨行业跨领域工业互联网平台。

（陈文沁）

科技项目与科技成果

【概况】 2022年，海曙区加速推进《流程工业智能制造基础信息平台工厂操作系统的研发》等国家重点项目，发布supOS4.0等重大成果，“草料二维码系统”“人工智能自动批改产品”等一批成果助力北京冬奥会核酸检测、2022年浙江省高考批阅。辖区科技单位累计获省、市级科学技术奖20项。

市对区科技大市场考核连续两年获全市第二。紧扣数字化改革目标任务，做好科技大市场3.0改版升级工作，大力加强“四库一人一活动”建设，基本完成改版工作。

企业发明专利转化及产业化步伐加快推进，宁波三生生物科技股份有

工研院俯瞰图

宁波三生生物科技股份有限公司

限公司一项发明专利获中国专利优秀奖，年产3000吨高性能钕铁硼项目等高新项目开工。拓展合作渠道，鼓励区内企业与市内外高校科研院所开展技术交流合作与科技成果产业化，并对上述企业落实奖励政策，年内共奖励14家企业16个技术合作项目，补助经费113.8万元；技术交易奖励17家企事业单位，奖励总额82万元。

加大技术经纪人等专业型人才队伍建设，配合做好技术经纪人培训等工作，提升服务企业能力，推进研究院开展企业走访及技术问诊等活动，促成研究院与斯普泳池、美高厨具等开展合作。开展线上线下技术推介活动和技术需求精准对接等送技术上门服务，打通科技成果转化“最后一公里”。

【百家企业跻身国家高新技术企业榜单】 2022年2月，宁波市2021年度第一批、第二批国家高新技术企业名单公布，海曙区100家企业入围，其中，博洋家纺的上榜实现海曙纺织服装领域国家高新技术企业零的突破。年内，相关部门全面梳理，精准挖潜辖区内建有区级以上工程技术中心、“一企一策”、拥有人才项目、软件及科技服务业等各类企业，从中遴选一批技术含量高、创新基础好、发展潜力大的科技型企业进入高新技术苗子企业培育库。同时，持续完善区域知识产权政策体系、不断加大专利资金扶持力度，引导高新技术企业在海曙转型升级过程中发挥关键作用。

（陈文沁）

科普工作

【概况】 2022年，区科协落实《关于新时代进一步加强科学技术普及工作的意见》《“十四五”国家科学技术普及发展规划》《宁波市科普事业发展“十四五”规划》等文件精神，紧扣“海曙创造”品牌，构筑全新的创新体系，促进科技与经济深度融合。宁波工业互联网研究院有限公司获评中国科学技术协会首批“科创中国”创新基地（产学研协作类），两个项目入选中国科学技术协会2022年度“科创中国”系列榜单。

各级科协强化选树科技人才，宁波芯然科技有限公司徐晨获宁波市青年科技奖，宁波星箭航天机械制造有限公司丁昂获浙江省“科技追梦人”称号，镇明中心小学教师陈少华扎根基层科普的优秀事迹首登“央视新闻”，其科普视频入围中国科学技术协会、教育部、中国共产主义青年团中央委员会、中国科学院、中国工程院等五部委联合发起的“科学也偶像”科普视频大赛，为全市唯一入选作品。

区科协分别与中国林业学会、中国生物工程学会合作共建学会服务站。指导、协助高桥镇与中国生物工程学会、省生物工程学会建立战略合作关系。开展“三长带三会”试点工作，联合区林业特产学会、区教育学会等开展专题活动25场，惠及企业近百家、服务群众超20万人次。与王建宇院士、胡思得院士共同携手新建院士工作站（院士创新中心）2家。强化高层次人才交流合作和优秀科研成果转移转化，支持和引导区内企业与国内外优秀人才新建博士创新站13家。

开展“5G+工业互联网”科技赋能、“企业专家日”、科技政策培训会等系列惠企服务。结合海曙区深入开展经济稳进提质攻坚“千名干部助万企、高效纾困破难题”行动，以组建“联企服务团”“助企纾困队”等形式，了解企业难点堵点，加快企业问题诉求反映流转，协同解决企业实际困难。

围绕“节约能源资源、保护生态环境、保障安全健康、促进创新创造”，开展科普“五进”惠民活动20场。

【科协组织建设】 2022年，海曙区科协组织深化学（协）会联络制度，不断推动向基层延伸，在科技工作者相对集中的企业和园区分别发展企业科协5家、园区科协1家，进一步拓展科协阵地。新建全省首批“院士科普站”2家，数量位居全市第一。各级科协推进特色产业科普示范基地建设。屠呦呦旧居先后获评浙江省首批科学家精神培育基地、中国科学技术协会首批科学家精神教育基地；宁波希诺赛生物科技有限公司等2家企业获评浙江省科普教育基地。

【“高端智力海曙行”活动】 2022年，海曙区推动“高端智力海曙行”活动，先后多次组织国家（省）级学会专家深入镇乡、企业一线，为企业发展提供技术支撑。邀请马军、郑纬民、李培根等两院院士和专家学者到海曙调研指

6月1日，“科创中国　科技六一”活动举行

导，全年到访两院院士44人次，数量全市第一。

【推进“银龄跨越数字鸿沟”项目】 2022年，海曙区继续聚焦帮助老年人跨越“数字鸿沟”痛点，以老年人智能手机培训普及为抓手，推进“银龄跨越数字鸿沟”数字化改革项目出实效。共计开展培训590场，发放资料2万余册，惠及群众17700人次。9月17日，组织开展宁波市首届老年人智能手机短视频创作大赛，收到60周岁以上老年人作品200余个。年内，区科协沈雷雄获评省“银龄跨越数字鸿沟”科普专项行动成绩突出个人。

【“科创中国　科技六一”活动】 2022年6月1日，由区科协指导，宁波拾烨智能科技公司、“锐特研学”无人机科创团队联合主办的“科创中国 科技六一”活动在海曙赫维斯学校举行。这是海曙区“科创中国”系列活动首次走进区内学校。当天，该校学生学习手控操作无人机飞行要点，师生共同体验FTF空中机器大赛项目，并探讨学习我国科技发展进程。

（陈文沁）

气象科技与防灾减灾

【概况】 2022年，海曙区完成省级气象监测能力提升工程项目建设，完成X波段雷达选址和暴雨预警信号调整试点工作。开拓城市景区气象保障模块，凝练“文化+气象”概念，与天一阁·月湖景区签署气象防灾减灾联动合作框架协议。推行“1+N”为农气象服务模式，关键农时开展农业气象专题服务和茶叶、草莓、樱花等特色农产品服务。开展极端气象条件对宁波地区呼吸系统疾病影响评估研究。

进一步提高基层气象防灾减灾水平，开展防灾减灾标准化村建设，开展气象灾害防御水平评估，编制海曙区气象灾害风险区划图，完成海曙区第一次全国自然灾害综合风险普查气象行业技术报告。

【加快推动高质量气象现代化建设】 2022年，海曙区完成省级气象监测能力提升工程项目建设，升级四要素站16套、六要素站5套，新建温雨站3套、全天空观测仪6套。成立X波段雷达项目领导小组和暴雨预警信号调整试点工作领导小组。作为省气象局暴雨预警信号调整工作5个试点区县之一，多跨协同推进气象灾害（暴雨）预警信号试点发布工作；完成X波段雷达选址报告。

【开拓宁波城市景区气象保障】 2022年，天一阁·月湖景区与区气象局签署气象防灾减灾联动合作框架协议。园内的微型智能气象观测站和负氧离子监测站建设完成。此外，天一城市书房实时展示气象信息和负氧离子观测数据，通过微信公众号，发布负氧离子监测报告；有声气象科普读物进驻城市书房，开辟城市气象科普视听结合科普新阵地。

【持续提升气象服务共同富裕能力】 2022年，区气象局面向新型农业经营主体服务对象数量增加到188家，气象服务专员全程跟踪水稻、小麦生长期开展针对性服务。联合宁波市生态环境气象中心、区农业农村局连续四年发布杖锡樱花花期气象预测，并克服疫情影响，通过“直播”“云赏樱”等形式开拓樱花服务。

【极端气象条件对宁波地区呼吸系统疾病影响评估研究】 2022年，宁波市自然科学基金项目——极端气象条件对宁波地区呼吸系统疾病影响评估研究由区气象局领衔，完成立项。该项目研究本地主要的极端气象条件及其变化对呼吸系统疾病的影响，并分析研究呼吸系统疾病的分布特征，定量评估，各气象条件与呼吸系统疾病的暴露—反应关系，建立宁波极端天气综合健康预警系统，为制定相关干预措施和政策提供客观依据。

【基层气象防灾减灾水平建设】 2022年，海曙区围绕气象高质量发展，筑牢防灾减灾第一道防线，提高基层气象防灾减灾能力，落实气象防灾减灾纳入区网格化管理体系，创建省级气象防灾减灾标准化村（社区）49个。同时，逐步完善覆盖城乡的气象科普体系，推动气象科普进农村、进社区、进企业、进学校。加强气象灾害风险管理，开展第一次全国自然灾害综合风险普查工作，对影响海曙区的9种气象灾种（台风、暴雨、干旱、高温、低温、雨雪冰冻、大风、风雹、雷电）进行气象灾害危险性等级和风险评估与区划，完成海曙区第一次全国自然灾害综合风险普查气象行业技术报告。

（朱宪春）

教　育

综　述

【概况】 2022年，海曙区有中小学64所，其中初中12所、九年一贯制学校13所、小学39所、特殊学校1所，在校中小学生84749人；幼儿园127所，在园幼儿31808人。义务阶段入学率、中小学巩固率均为100%，初中升入高中段比例为100%，“三残”（智残、体残、肢残）儿童入学率100%。

有事业编制教师5095名。其中，省特级教师17名、正高级教师11名、市名教师25名、市学科骨干教师82名、市名（骨干）校长19名、市甬派教育管理名家培养对象9名、市首批甬城教育名家培养对象5名、市名（骨干）班主任14名，12名教师入选市领军与拔尖人才第一、二、三层次培养人选。

建成校（园）8所、新增学位4680个，开工建设校（园）4所。1所学校获评全国垃圾分类示范工作重点单位，新增省现代化学校（园）8所。

召开全区教育大会，确立“卓越城区打造卓越教育”的目标任务。探索高中市区共建共管模式，海曙中学开工建设，开办宁波中学海曙合作班，办学层次进入城区高中第一梯队。海曙区学生评价改革入选全省深化新时代教育评价改革试点项目，系全市唯一。

全域推进作业改革，建立区域作业资源库，入选省市优秀案例12项。推进课后服务“迭代升级”，入围全市课后服务课程建设实验区，基本形成“一校一品”课后服务体系，区域案例入选省级“双减”优秀实践案例。做好教育系统“除险保安”工作，新增5A级平安校园4所，实现等级平安校园全覆盖。

持续推进儿童青少年视力健康三年行动计划，成立全市首家近视防控宣教中心，新增省近视防控特色学校2所，全区儿童青少年近视率连续3年降幅一个百分点以上。入选省首批区级心理辅导中心建设项目，开工建设区级心理辅导中心。

区教育局获评2022年度省“教育工作业绩考核优秀单位”，成为全市“甬有优学”基础教育先行试验区，学前教育补短提升工程获评市政府督查激励事项，在省政府教学成果奖评选中获奖4项，家庭教育“海贝计划”等2个项目入选全国“终身学习品牌项目”。

10月27日，2022年“浙江省项目化学习展示月之项目化学习中表现性评价的设计与运用”专场活动在海曙举行

【教学成果获评浙江省政府教学成果奖】 2022年1月29日，省教育厅公布2021年省教学成果奖名单，宁波市第一幼儿园《指向儿童经验重构的行为课程新探索》获特等奖，海曙区教研室《小学语文思维可视化教学的十年实践》、广济中心小学《玩创相融：小学创新启蒙教育实践探索》获一等奖，横街镇中心幼儿园《指向中国传统文化的“童化戏曲”综合主题课程研究》获二等奖。其中，前三项代表浙江省参加国家级教学成果奖评审。

【获评2021年度全国青少年足球特色学校】 2022年2月8日，教育部认定并命名全国青少年校园足球特色学校2038所、全国足球特色幼儿园2030所，海曙区8所学校（幼儿园）入选。其中，雅戈尔中学、石碶街道实验小学、古林镇蜃蛟小学、广济中心小学等4所学校获评全国青少年校园足球特色学校，爱菊云朵幼儿园、气象路幼儿园、竹福园幼儿园、石碶街道艺韵幼儿园等4所幼儿园获评全国足球特色幼儿园，数量全市第一。

【获评2021年浙江省现代化学校】 2022年2月11日，浙江省教育厅、浙江省人民政府教育督导委员会办公室公布2021年“浙江省现代化学校”名单，东恩中学、海曙中心小学、广济中心小学、翰香小学、启文幼儿园、宁波市第一幼儿园、新芝幼儿园、集士港镇成人文化技术学校等8所中小学、幼儿园入选。

【原创视频“战疫三部曲”】 2022年4月26日，由区教育局联合区学生合唱艺术团录制的原创战“疫”主题歌曲《在一起》发布，系海曙学子第三次通过童声向战“疫”中的逆行者和坚守者致敬。2020年3月9日，由区学生合唱艺术团“云合唱”录制而成的战“疫”歌曲《窗外》视频推出后反响热烈，阅读量（播放量）达1.6万人次。《宁波晚报》、“学习强国”学习平台等媒体转载。

【《海曙区中小学生劳动教育清单》发布】 2022年5月1日，区教育局发布“一至九年级劳动教育清单”，包含“必达”和“选达”两个部分，在充分发挥传统劳动、工艺项目育人功能的同时，紧跟科技发展和产业变革，创新劳动教育内容、途径和方式，倡导线上线下互动，让学生身心参与、手脑并用、知行合一，充分发挥劳动教育树德、增智、强体、育美的综合育人价值。

【区教育局获相关荣誉】 2022年6月29日，宁波市教育局公布《2021年宁波市教育新闻宣传工作先进评选结果》，海曙区教育局获2021年宁波市教育新闻宣传工作先进集体荣誉。另外，海曙短视频传播案例《宁波海曙足球少年夺冠后火了》获浙江教育新媒体优秀案例奖，“海曙教育发布”公众号获评浙江省教育新媒体综合力十强、宁波市教育优秀新媒体。

9月8日，海曙中学奠基仪式举行

【学前教育补短提升工程获评宁波市政府督查激励事项】 2022年7月12日，宁波市人民政府办公厅发布关于对2021年真抓实干成效明显的区（县、市）、开发园区予以督查激励的通报。海曙区入选实施学前教育补短提升工程措施有力、成效明显的区（县、市），全市共3个。

【海曙中心小学（西校区）垃圾分类工作获评全国性示范重点单位】 2022年8月31日，国家机关事务管理局、住房和城乡建设部、国家发展和改革委员会、生态环境部联合公布的全国公共机构生活垃圾分类示范工作重点单位名单，确定146个单位（办公区）为示范工作重点单位，全市共3家入选，海曙中心小学（西校区）获评。

【小学生综合素质评价“海曙模式”入选省级试点】 2022年9月5日，中共浙江省委教育工作领导小组秘书组公布浙江省深化新时代教育评价改革试点项目，共53个，海曙区《小学生综合评价改革》入选，系全市唯一一家。在9月19日举办的浙江省小学生综合评价改革工作推进视频会上，镇明中心小学作为全市唯一代表，作题为《表现性评价：推动综合评价改革纵深发展》的经验分享。

【海曙区教育大会召开】 2022年9月8日，海曙区教育大会召开。会上播放海曙教育宣传片。海曙区政府与市教育局签署了共同建设“甬有优学”基础教育先行试验区战略合作框架协议。大会对2021年浙江省教学成果奖、2022年浙江省“春蚕奖”“绿叶奖”获奖者等各级各类优秀教师进行表彰。优秀教师代表，以及区教育局、区人社局、高桥镇、海曙外国语学校先后发言。

【海曙中学开工建设】 2022年9月8日，海曙中学新建工程奠基仪式举行。海曙区各镇（乡）街道及相关单位主要负责人，校（园）长和优秀教师代表参加会议。该校位于高桥镇大西坝河与广泽路以东，通途西路以南，北望姚江，总投资10亿元，占地面积10万平方米，为48班制高级中学。项目以“四明书院、活力绿岛”为设计理念，兼具传统书院风格和现代生态建筑气质，建设内容包括教学楼、行政楼、食堂、图书馆、宿舍楼等6幢主体建筑及附属设施。

（许文迪）

学前教育

【概况】 2022年，海曙区新增省一、二级幼儿园3所，全区公办园覆盖率达57.7%、普惠性幼儿园覆盖率达94.3%、省二级及以上幼儿园覆盖率达75.3%。2个教研组获评省级先进。

闻裕顺幼儿园园长李江美

【入选首届浙江省教书育人楷模】2022年7月4日，浙江省教育厅公示《2022年首届浙江省教书育人楷模选树人员名单》，全省20名教师获此殊荣，宁波市闻裕顺幼儿园园长李江美入选，系宁波市唯一，并推荐为2022年全国教书育人楷模候选人。

【获评省二级幼儿园】2022年7月29日，宁波市教育局公布《2022年二级幼儿园及升星级幼儿园评估认定名单》。其中，古林镇蜃蛟幼儿园和石碶街道冯家幼儿园获评2022年浙江省二级幼儿园。

【入选"2022年浙江省先进教研组"】2022年11月29日，省教育厅教研室公布2022年浙江省先进教研组评审结果，宁波市第二幼儿园中心教研组、宝韵音乐幼儿园音乐教研组等2个教研组成功入选。至此，海曙区已获评浙江省先进教研组16个（学前6个，义务段10个），总数居全市首位。

（许文迪）

义务教育

【概况】2022年，海曙区中考强基录取数、重高率、公办普高率等多项指标较往年均有大幅提高。成为全省第二个、全市首个"浙里问学"轮值区，在线服务成果获省教育厅肯定。

切实抓好课改成果提炼推广，承办全市基础教育改革论坛，相继举办"月湖之约"研讨会、课堂节。深入推进省STEM教育项目试点区、省人工智能教育实验区建设，承办全省项目化学习专题研讨会，新增省级"人工智能+教育"试点校5所。

深化城乡义务教育共同体建设，与舟山定海建立跨地区教共体6对，全区城乡公办学校实现教共体覆盖率100%，海曙区教共体做法获评省级典型案例。持续推动城区优质教育资源向镇（乡）街道辐射，组建海曙中心小学、闻裕顺幼儿园首批城乡紧密型教育集团2个。

高标准推进教育系统文明城市创建工作，健全文明校园创建结对指导及月测评榜单制度，在全市教育系统文明创建专项测评中名列第一。

举行合唱、舞蹈、足球等赛事22项，荣获全国一等奖4项、省一等奖21项、市一等奖56项。

【入选浙江省城乡义务教育共同体区域和学校典型案例名单】2022年1月14日，浙江省城乡义务教育共同体区域和学校典型案例名单公布，认定15个区域案例、59个学校案例。区教育局《教共体"三引提质"推进城乡教育一体化发展》入选区域文本案例，广济中心小学、横街镇中心小学教育共同体《聚焦"四共"模式，推动教共体融合发展》入选学校案例。

【启动中小学生寒假托管服务】2022年1月20日，区教育局启动2021学年中小学生寒假托管服务工作，统筹管理全区学校开放教室、图书馆、运动场馆等各类资源设施，提供作业管理、绘本阅读、传统文化、安全自护、科学普及、经典鉴赏、手工实验、文体艺术等课程；指导部分学校组织学生到研学旅行基地、红色教育基地、名人故居等开展校外实践活动，相关举措获《浙江新闻》等多家省、市级媒体聚焦报道。

【获评省、市级清廉学校】2022年2月11日，市教育局公布2020—2021年度清廉学校示范校评选结果，共26所学校入选，雅戈尔实验学校、古林镇中心小学获评。10月18日，中共浙江省委教育工作委员会办公室公布首批浙江省清廉学校建设示范校名单，宁波市入围11家，雅戈尔实验学校获评。

【首个跨区域"诗教联盟"】2022年3月2日，全市首个跨区域"诗教联盟"成立，成立仪式以视频形式在宁波市海曙区广济中心小学、库车市第二小学会场和其他分会场同步举行。联盟核心学校为广济中心小学，成员涵盖新疆阿克苏地区库车市、贵州贞丰、陕西延安、天津、浙江丽水、辽宁丹东、安徽泾县等全国8个省（自治区、直辖市）的20余所学校。

【与舟山市定海区跨地区教共体结队】2022年3月11日，宁波市海曙区与舟山市定海区举行跨地区教共体结对仪式，两地12校共同参与，围绕义务教育优质均衡进行深度交流，共谋发展。两地结对学校负责人分别代表学校签署跨地区教共体结对帮扶协议书，宁波市海曙外国语学校和舟山市定海区第五中学代表两地学校举行师徒结对仪式，宁波市海曙区石碶街道冯家小学和舟山市定海区沥港中心小学代表结对学校发言。

【推出浙江省"浙里问学"免费在线答疑服务】2022年5月28日，海曙区作为全省第二个（全市首个）轮值区，推出“名师答疑服务”和“个别答疑服务”。组建初中名师答疑服务团队7个、小学名师答疑服务团队5个，共录制名师导学课程12节，以“名师导学+名师答疑”的形式与参与学生在线互动，集中指导学习、锻炼过程中遇到的困难。同时，安排海曙外国语学校和海曙中心小学2所学校共29位骨干教师组建2支个别答疑服务团队。在系统后台依照提问顺序，由轮值的相关学科教师“一对一”予以解答。在线服务成果获省教育厅肯定。

【承办宁波市基础教育改革论坛】 2022年6月2日，海曙区承办宁波市“高质量课后服务·高标准教学管理”基础教育改革论坛。论坛上，古林镇中心小学校长林群作题为《博雅服务编经纬，童乐无价织人生》的经验分享，海曙中心小学副校长周静珠主持第二板块主题沙龙。在“高标准教学管理”论坛上，海曙外国语学校副校长张文武参与主题沙龙，围绕主题“教师发展管理”与其他区县名校长、教研员展开热烈讨论。

【获评浙江省“新时代好少年”】 2022年6月29日，省文明办、省教育厅、团省委、省妇联、省关工委联合公布2022年度浙江省“新时代好少年”名单，全省共19名，全市共3名，海曙第二外国语学校学生董璐涵获此荣誉称号。

【获全国中学生手球锦标赛一等奖】 2022年8月3日，在全国中学生手球锦标赛暨全国青少年手球传统学校锦标赛（16岁组）上，石碶街道立星学校手球队获一等奖（全国第三）和“体育道德风尚奖”，2名学生获“体育道德风尚奖运动员”称号。

【获评浙江省健康促进学校与近视防控特色学校】 2022年9月5日，省爱卫办、省教育厅、省卫生健康委公布2022年浙江省健康促进学校评估结果。其中，古林镇中心小学、高桥镇中心小学、达敏学校等3所学校获评2022年浙江省健康促进学校（金牌），爱菊艺术学校、石碶街道实验小学等2所学校获评第三批浙江省近视防控特色学校。11月3日，宁波市实验小学、集士港镇广德湖小学、雅戈尔实验学校、孙文英小学等4所学校获评2022年浙江省健康促进学校（银牌）。

【入选浙江省“双减”优秀实践案例】 2022年9月20日，省教育厅办公室公布第九批“双减”优秀实践案例名单（共10项），区教育局《民呼我应 守正出新 暑托“海曙样本”提档升级》成功入选。11月30日，省教育厅办公室公布第12批“双减”优秀实践案例名单（共10项），古林镇中心小学《未来科学院：课后服务中的“未来教育”新实践》入选。2个案例均系所属批次全市唯一。

8月3日，海曙区学生陈卓（右二）和张乐懿（右一）参加浙江省第十七届运动会，并在航海模型比赛中获奖

【石碶街道实验小学入选全国航天特色学校】 2022年11月2日，中国宇航学会公示第五批“全国航天特色学校”名单，全国共16所中小学入选，石碶街道实验小学获评，系全省唯一。该校拥有独具特色的VR航空航天教室、航空航天科普长廊，配备有无人机操控飞行、编程飞行、VR模拟飞行等专用场馆教室。同时，依托周边优质资源，与星箭航天公司和栎社国际机场开展合作，打造校外航空航天特色实践基地，挖掘校内外航空航天特色课程资源；利用“航空航天科技节”“中国航天日”等重要节日，组织开展“创意模型我制作”“写给航天人的一封信”“我的太空梦——太空画创作”等系列主题活动。

【获全国第七届中小学生艺术展演活动一等奖】 2022年12月9日，在教育部主办的全国第七届中小学生艺术展演活动中，宁波市海曙区爱菊艺术学校、海曙区青少年宫分别获小学组、中学组艺术表演类节目声乐一等奖，均系全省唯一。此外，石碶街道冯家小学和雅戈尔实验学校分获艺术作品二等奖2项、中原小学获美育改革创新优秀案例二等奖1项，海曙区教育局获优秀组织奖。海曙区另获浙江省艺术节各类奖项19人次，宁波市艺术节各类奖项106人次、优秀组织奖2项，数量均位居全市前列。

（许文迪）

民办教育

【概况】 2022年，海曙区按照“全区民办义务教育在校生规模占比控制在5%以内、‘公参民’学校治理规范到位”的工作要求，织密建强工作体系，严谨制定预案方案，对全区16所民办学校进行分类施策、分类规范，确保专项工作平稳推进。

健全校外培训机构治理长效机制，全区249家学科类培训机构已全部办理注销或转型手续。

9月21日，海曙区民办学校党建工作重点任务推进会在集士港镇中心小学召开

【海曙区学科类校外培训机构全面"清零"】 "双减"工作开展以来，海曙区严格按照学科类培训机构"清零"总体目标，坚持转型、监管、拔钉同步推进，推动"二次压减"平稳有序。截至2022年8月底，全区74家学科类校外培训机构已全部注销或转型，压减率100%。

（许文迪）

社区教育

【概况】 2022年，海曙区健全并完善"三位一体"区域终身教育体系，打造便民学习服务圈，提升终身教育品质，构建"人人皆学、时时能学、处处可学"的终身教育城乡一体"海曙模式"。开展社会人员学历提升行动，共招生1658人，毕业学员309人。组织开展终身教育工作者专题培训和评比活动5次，实现各镇（乡）街道老年大学（老年学堂）全覆盖。海曙区社区学院增挂"宁波开放大学海曙学院"校牌，以"宁波开放大学海曙学院"名义与宁波开放大学开展相关工作。

打造家校社教育生态共同体"海曙样本"，"海贝计划"之助力幸福家庭、"家育五灵"共同体分别入选国家级"特别受百姓喜爱终身学习品牌""终身学习品牌项目"。古林成校《学习智能技术乐享智慧生活》获评教育部"智慧助老"优质教育培训项目，3项成果在省级职业教育与成人教育优秀教科研评比中获奖。

【"海之梦"中小学生社会实践活动】 2022年8月，"海之梦"中小学生社会实践活动通过线上实践形式开展。根据教育部《义务教育劳动课程标准（2022年版）》要求，为督促学生落实《海曙区中小学生劳动教育清单》，特别开设三类厨艺类项目，即厨艺"小课堂"、厨艺知识挑战问答、我是"甬菜小厨师"。近6000名学生完成全部活动内容后获得中小学生社会实践活动实践证书。

【"海贝计划"获评全国终身学习品牌项目】 2022年10月19日，中国成人教育协会全民终身学习活动周工作小组公布2022年"百姓学习之星""终身学习品牌项目"名单，"海贝计划"之助力幸福家庭、"家育五灵"共同体分别入选"特别受百姓喜爱终身学习品牌"（全国共13个，系全市唯一）、"终身学习品牌项目"（全国共160个）。

（许文迪）

特殊教育

【概况】 2022年，海曙区特殊教育继续着力品牌建设，不断挖掘社区融合教学内涵，推进教师队伍专业发展。深入与新疆库车地区进行教师交流工作，创新特殊教育家校合作模式，有序开展特奥创优工作，进一步提升区域融合教育质量。

【特殊教育教师获奖情况】 2022年7月11日，在2022年特殊教育培智学校教学活动评审中，达敏学校教师何秋月获一等奖（全省共6位）。11月24日，何秋月的课例《我的书桌》再获2022年浙江省特殊教育教师教学基本功展示和融合教育优秀教育教学案例名单，并推荐至教育部参加全国遴选活动。

【第五届随班就读学生运动会】 2022年11月24日，海曙区第五届随班就读学生运动会在孙文英小学气象路校区

1月，"海贝计划"团队沙龙活动举办

举行。本次运动会由区教育局、区支持性教育资源中心承办，孙文英小学协办，共有26所中小学校的随班就读学生和资源教师百余人参加。

（许文迪）

教师队伍建设

【概 况】 2022年，海曙区不断创新教育人才招引机制，深入推进未来教育"高精尖"人才公开选聘，首次实施"曙优领雁"卓越校长储备人才及"曙优名家"卓越教师储备人才招聘，招录教师172名，其中高层次紧缺人才4名、研究生59名。

分层分类建强校长、教师、班主任队伍，纵深推进"未来学校"校长培育、名优教师培训项目，持续深化"三名"工作室、"特级教师乡村工作室"、"曙润青芽"班主任成长共同体建设，新培育省特级教师6名、正高级教师4名、市名校（园）长3名、市名班主任3名、市学科骨干13名，入围浙派名师名校长培养对象5名，教育人才增量位居全市前列。

深化教师"区管校聘"管理改革，不断加大教师校长城乡交流力度，交流数量达172人。组建新一轮"特级教师乡村工作室"10个，实现9个镇乡街道全覆盖。实施"曙教菁师"干部提质工程。

【在宁波市中小学青年教师教学技能竞赛中获佳绩】 2022年4月27日，在第四届全市中小学青年教师教学技能竞赛中，海曙区教育工会选送的5名教师全部获奖，其中，海曙外国语学校曹岑、龚梦婷获特等奖，高桥镇中心初级中学黄舒怡获一等奖，储能学校施柳懿获二等奖，古林镇中心初级中学王嘉铭获三等奖。6月24—26日，在第四届全省中小学青年教师教学竞赛决赛中，海曙外国语学校曹岑、龚梦婷获一等奖。

【获评2021年浙江教育年度影响力人物】 2022年5月20日，集士港镇广德湖小学教师胡海霞获评"2021浙江教育年度影响力人物"，系宁波市城区唯一。胡海霞从教20余年，曾先后在鄞州实验小学、宁波市实验小学任教，获得浙江省十佳智慧班主任、宁波市小学语文教坛新秀等荣誉。她于2017年到海曙区集士港镇广德湖小学，开始为期3年的交流，其间，针对乡村学校实际情况，不断调整教学计划和教学行为，通过日常言传身教，不仅改变学生，也影响身边同事。2020年支教期满后，胡海霞主动放弃回到城区小学工作的机会，继续留在乡村学校，为海曙区乡村教育奉献青春。

【"未来学校"校长培育】 2022年7月18—23日，杭州未来学校研究院联合海曙区教育局以"新课标·新理念·新方向·新挑战"为主题，举办海曙区未来学校校长培育（第三期），海曙区23位校（园）长参加培训。

【4名教师获2022年浙江省"春蚕奖"】 2022年8月8日，浙江省人民教育基金会公示《2022年浙江省春蚕奖和绿叶奖拟确定人选名单》，全省共300人入选，海曙外国语学校陈霞、高桥镇中心初级中学陈菊飞、储能学校吴凌华、古林镇中心初级中学许鹏浩等4名教师获评。

【向对口合作地区选派教师】 2022年8月24日，海曙区教育局选派10名骨干教师分别到四川省凉山彝族自治州喜德县、新疆维吾尔自治区阿克苏地区库车市、浙江省丽水市庆元县对口帮扶，为三地输送海曙优质的教育教学理念、经验和成果，促进教育资源优势互补、共赢发展。

【第八届"美德教师"评选】 2022年9月，区委宣传部、区文明办、区教育局联合推出第八届海曙区"美德教师"评选。在全区中小学、幼儿园教师中评选"爱岗敬业""关爱学生""廉洁自律""奉献担当""改革创新"五类"美德教师"。经过公众评选和专家评审，王文伟等10名教师被评为第八届海曙"美德教师"，叶定辉等10名教师获第八届海曙"美德教师"提名奖。

【喜德县16名学前骨干教师来海曙跟岗】 2022年10月17日，四川凉山州喜德县16名学前骨干教师到海曙区开展"浸润式"跟岗。具体包括"释疑·聚力"集中培训、"多元·沉浸"学校跟岗和"分享·拓思"交流展示等内容。

【海曙区获宁波市少先队辅导员"双技"比赛团体七连冠】 2022年11月1—2日，在第16届宁波市少先队辅导员技能技巧比赛中，海曙区选派的4名少先队辅导员获团体总分金奖，实现团体总分七连冠。12月—8日，在团省委、省教育厅、省少工委联合主办的第17届浙江省少先队争章技能展示活动中，海曙区少先队辅导员朱凯雁、吴炳娴代表宁波队参赛，均获个人金奖（全省共20位），也是海曙区连续第8届（两年一届）获该项赛事个人金奖。

（许文迪）

11月，第十六届宁波市少先队辅导员技能技巧比赛获7连冠

文化·新闻

公共文化

【概况】 2022年，海曙区入围省文旅厅首批“促进人民群众精神富有”试点市（县）区，获评2022年全国“书香城市（区县级）”（全国15个，宁波占2席）。完成94个“15分钟品质文化生活圈”和2个城市书房、1个文化驿站的建设任务。打造“云尚海曙·美好生活”公共文化服务品牌，开展2022天一读书节、“曙你最动听”全民嗨唱大赛、“曙你最有戏”宁波市首届配音大赛等品牌活动，累计开展各类线上线下文化活动12100余场，惠及群众3700余万人次。

已建成国家一级文化馆1个、国家一级图书馆1个、全国书香社区2个，省级文化强镇2个、省级书香城镇3个、省级文化示范村（社区）5个。已打造阅读书房100家、“一卡通”分馆135家、城市书房12家、“书香酒店”9家、书香工厂4家、地铁建设项目部临时阅读点1个，家门口的阅读阵地体系逐渐完善。

【入围省文旅厅首批“促进人民群众精神富有”试点市县】 2022年4月13日，省文旅厅发布全省首批“促进人民群众精神富有”试点市和试点县名单，共1市、11个县（市、区）纳入试点，海曙区系全市唯一。出台制定《宁波市海曙区打造“书香工厂”促进人民群众精神富有试点工作方案》《海曙区“书香工厂”建设指南》《宁波市海曙区人民群众精神生活共同富裕指标评价体系（外来务工人员）（试行）》等文件，指导4家基础条件较好的企业开展“书香工厂”建设工作。承担“浙里新市民”文体服务一件事子场景建设任务。推动阅读积分兑换平台纳入积分计算体系，扩大外来务工人员参与线上线下公共文化服务覆盖面。

【推进“浙文惠享”省民生实事工程】 2022年，海曙区对照《浙江省2022年民生实事工程“15分钟品质文化生活圈”、城市书房、文化驿站建设认定办法》相关要求，保质保量完成94个“15分钟品质文化生活圈”和2个城市书房、1个文化驿站建设任务，并制定发布《海曙区城市书房建设资金补助管理办法》和《海曙区文化驿站建设资金补助管理办法》。

【“曙悦·送演出进基层”文化惠民工程】 2022年，海曙区继续实施“曙悦·送演出进基层”文化惠民工程，举办2022天一读书节等各类文化活动12100余场，开展送戏下乡212场、送书下乡30.5万册、送展览讲座557场、文化走亲10场，惠及群众3700余万人次。打造“曙你最动听”全民嗨唱大赛、“曙你最有戏”全市配音大赛、“乡旅惠”惠企活动、“曙色童心”公益儿童剧展演、“平凡曙光·文化艺术在身边”等“曙悦”共富特色活动，惠及外来务工人员逾万人。打造完善“海

2022年，海曙区推进“浙文惠享”省民生实事工程项目建设

曙阅读地图”和“星海曙光”两大数智平台，推进数字图书馆和数字文化馆建设。

【公共文化队伍建设】 2022年，海曙区修订完善《海曙区业余文艺团队管理办法》，组织开展“喜迎二十大·同走共富路”——2022年海曙区优秀基层业余文艺团队展演活动，评选出等级团队124支，并下达扶持经费79万元。推动文化志愿者服务出实效，重点打造“艺家人”文化志愿服务品牌，招募“艺家人”文艺志愿者105人，培育文艺精品项目17个，开展文艺辅导培训1000余课次，惠及群众2万余人次。已有在册文化志愿者队伍908支，文化志愿者47000余人。

（励　挺）

文化产业

【概况】 2022年，海曙区共有162家规上文化产业单位（国标）。规模以上文化产业增加值22.05亿元，同比增长12.5%。其中，规上制造业实现增加值11.26亿元，同比增长31.6%；限上批发零售业实现增加值3.46亿元，同比下降18.3%；规上服务业实现增加值7.33亿元，同比增长7.6%。

【南塘老街入选第二批国家级夜间文化和旅游消费集聚区】 参见“镇（乡）街道·南门街道”。

【举办海曙区第四届“美好生活节”活动】 2022年8月27日，宁波悦享美好生活暨海曙区第四届“美好生活节”活动在南塘老街启动。本次活动历时三月，通过非遗展演、文脉展示、文创展销、线上互动等多种形式，结合二十四节气、中华传统节日等元素，开展“创意甬城，甬力热爱”城市青年周、“创意点亮民俗”悦享佳节民俗体验、“与宁波·共成长”悦享创意人才沙龙、“在宁波看见原创中国”都市美好创意展、“明州罗城·阅见”古建系列文化活动等主题活动。

（林华当）

文物和文化遗产保护

【概况】 海曙区有各级非物质文化遗产项目88项。其中，国家级非遗名录3项、省级非遗名录8项（包括国家级）、市级非遗名录44项（包括国家级、省级）、区级非遗名录88项。有各级代表性传承人107人，其中，国家级传承人2人、省级传承人10人（包括国家级）、市级传承人46人（包括国家级、省级）、区级传承人107人。辖区内有世界文化遗产1处（中国大运河·宁波三江口、水则碑、大西坝旧址），世界灌溉工程遗产1处（它山堰），全国重点文物保护单位8处，省级文物保护单位17处，市级文保单位5处，区级文保单位100处，各级文保点195处，“三普”登录点1600余处。

推进完成1项省级“揭榜挂帅”试点项目，完成全区325处文物保护单位（点）安全责任人公示牌及近1000处未定级“三普”登录点挂牌工作，完成11处文物建筑修缮工程，推动完成2处名人故居开馆，3处不可移动文物入选宁波市级不可移动文物保护利用优秀案例名单。

区文管所以实际行动践行“保护第一、加强管理、挖掘价值、有效利用、让文物活起来”的新时代文物工作方针，借助全省数字化改革东风，提升文物安全智慧防控能力。推动辖区文物安全责任人公示牌安装和“三普”点挂牌工作，强化文物安全责任和监管。落实不可移动文物保护专项经费补助工作，辖区文物保护步入良性发展轨道。做好辖区重点文物保护工程项目指导与监管。致力于文物活化利用目标，推进“2+3”场馆建设。

【创建多样化非遗保护载体】 2022年，宁波市甬江职业高级中学（宁波旅游学校、宁波美术学校）被命名为宁波市非遗传承教学基地，宁波向阳舍茶主题民宿被命名为宁波市非遗民宿，“四明本草”海曙非遗之旅被命名为宁波市非遗主题旅游线路。推进创建天港喜悦区级非遗主题酒店和晴江府区级非遗主题民宿。

【宁波府城隍庙修缮工程获“匠心杯”】 2022年1月10日，2021年度浙江省优秀文物保护工程——“匠心杯”获奖名单公布，共评定获奖项目10个，海曙区宁波府城隍庙修缮工程入选。宁波府城隍庙始建于明洪武四年（1371年），现存庙殿于清光绪十年（1884年）重建，为市级文物保护单位。该修缮工程于2018年10月开工，历时一年，于2019年10月完工。工程严格遵循“不改变文物原状，最低限度干预”原则，对保留建筑进行修复和加固，同时按照史料恢复已被拆除的后戏台，将其整体格局恢复至1884年的历史风貌。2020年6月，宁波府城隍庙对外免费开放。

1月，宁波府城隍庙修缮工程荣获全省优秀文物保护工程“匠心杯”

5月3日，浙江省级传统工艺工作站、非遗工坊（甬台绍衢舟地区）创建会商活动在海曙区举办

【全国重点文物保护单位天宁寺塔维护保养工作完成】 2022年4月21日，全国重点文物保护单位天宁寺塔维护保养工作完成。在不影响文物本体安全的前提下，区文物管理所委托专业单位清理塔身处的杂草树苗及砖瓦缝隙中的根须，及时排除古塔安全隐患风险，筑牢文物保护底线红线生命线。

【承办浙江省级传统工艺工作站、非遗工坊（甬台绍衢舟地区）创建会商活动】 2022年5月31日，浙江省级传统工艺工作站、非遗工坊（甬台绍衢舟地区）创建会商活动在寿全斋国药号举行。甬、台、绍、衢、舟五地文化旅游部门非遗工作人员、传统工艺工作站共建单位以及非遗工坊建设主体等主要负责人100余人参加，海曙区“四明本草”传统工艺工作站作创建经验典型发言。现场开放在线图片和视频直播互动，视频观看人数近3万人，图片观看人数超13万人。

【完成辖区宋代文物资源复核工作】 2022年6月15日，海曙区完成宋代文物资源复核工作。根据前期调查资料，专家小组到各文物资源所在地对天兴庙遗址、杨睦坝等点位进行现场勘查并评估其资源情况及价值，并做好线上填报工作。此次调查旨在厘清全区宋代不可移动文物资源底数，推动文物资源的活化利用，传承宋韵文脉。

【海曙区非物质文化遗产保护发展指数创历史新高】 2022年6月，省文旅厅发布《浙江省非物质文化遗产保护发展指数评估数据（2021年度）》，海曙区排名跃升全省第11位，居全市第一位，创历史新高。

【基本完成文物安全责任人公示牌安装工作】 2022年7月13日，区文物管理所组织人员推进海西片区文物安全责任人公示牌安装工作。截至年末，全区325处文物安全责任人公示牌已基本安装完成。此项工作明晰文物相关单位的责任划分，促使文物安全责任体系建设趋于制度化、规范化，推动文物保护利用与社会协调发展。

【率先完成省级以上文保单位文物安全体检评估及标准制度建设】 2022年7月27日，海曙区组织召开省级以上文保单位文物安全体检评估及标准制定建设项目初步验收会议。年内，完成辖区内23处省级以上文物点位的安全体检检测和评估，并编制安全体检标准及模板，提升文物部门预防性保护能力水平。

【完成永寿街历史文化街区内涝监测设备安装】 2022年7月28日，海曙区完成永寿街历史文化街区内涝水位感知设备安装工作，此举在全市历史文化街区文物保护上尚属首创。此次试点主要根据街区内文物建筑分布情况进行布设，内涝监测设备提高文物安全应急处置工作的预判性。

【打造省级非遗主题精品旅游线路】 2022年7月，省文旅厅公布首批16条省级非遗主题旅游路线，“古城寻遗，四明拾趣——海曙非遗之旅”入围。线路串联海曙老城衣食住行、中医药文化特色、文化遗产标识、四明山水景区等资源，融合人文与自然两大类旅游资源，并配以非遗元素的文旅设施服务。

【举办首届海曙区非遗传承人研培班】 2022年8月1—7日，海曙区组织各

6月15日，全面完成辖区宋代文物资源复核工作

级非遗传承人、传统工艺工作站与非遗工坊负责人以及各镇（乡）街道综合文化站长等基层非遗工作人员近40人，参加首届非遗传承人研培班。文旅部非遗策展专家受邀授课。研培班开设非遗创造性转化创新性发展与实践等课程，以集中授课与案例结合、观摩研讨与实践操作等多种形式，帮助非遗传承人群和基层非遗队伍增加学养、提高能力，优化全区非遗队伍整体素养。

【出台非遗资金管理办法】 2022年10月13日，《宁波市海曙区非物质文化遗产保护补助资金管理办法》印发。该文件根据非遗保护新形势、新要求，优化资金使用范围，完善非遗考核指标，精准施政，鼓励争优创先。

【新增3项市级不可移动文物保护利用优秀案例】 2022年11月4日，宁波市第五届不可移动文物保护利用优秀案例名单公布，共评选优秀案例14个，海曙区大革命时期中共宁波地委旧址、屠呦呦旧居、镇明岭庙3处保护利用案例入选。

【海曙区文博事业发展水平跻身全省“三甲”】 2022年11月14日，2021年度浙江省文博事业发展水平评估报告结果揭晓，海曙区首次跻身全省“三甲”。其中，文物业务工作水平较上年跃升9位，居全省首位，文物资源量和文物事业保障水平皆为全省第三。

自2022年以来，区文保所推进辖区“三普”全面复核工作

【“浙里文物安全——海曙区恶劣天气文物灾害预警监测处置平台”通过验收】 2022年11月17日，省级“揭榜挂帅”试点项目“浙里文物安全——海曙区恶劣天气文物灾害预警监测处置平台”参加省文物局验收。11月23日，“海曙智慧文物”应用上线浙政钉。11月30日，省级数字文化系统第四批优秀应用名单公布，海曙区与市文化广电旅游局共同建设的“文物甬安”应用入选，系全市唯一，并获评宁波市数字文化系统第二批优秀应用。

【基本实现“三普”点挂牌保护全覆盖】 2022年12月19日，海曙区完成辖区未定级“三普”点挂牌工作。此次挂牌工作首次赋予尚未核定公布为文物保护单位的不可移动文物面向全社会公开的身份，同时也调动民众参与文物保护的意识。

（沈雨佳）

“浙里文物安全”——海曙区恶劣天气文物灾害预警监测处置平台

文化市场监管

【概况】 2022年，海曙区文化市场行政执法队安排执法人员检查文化经营场所防疫工作小门管控、“一扫三查”等落实情况，按时向上级报送检查信息。向全区文化市场重点场所发放口罩、工作红袖章等防疫物资，并在全区网吧、娱乐场所内设置疫情防控临时留置点150余个。协调劝导音乐演艺活动延期举办2个。

对全区150余家重点场所安全生产、疫情防控工作开展全覆盖检查，组织召开文化市场安全生产工作会议，邀请消防救援大队开展消防安全生产工作培训，经营单位通过QQ群、微信群上报安全生产演练600余次。通过日常和重要节假日监管，开展安全隐患检查；落实好假日值班和巡查制度，每天安排一组人员保证半天时间开展市场巡查。开展重点人员密集场所消防安全“百日攻坚”整治行动，开展“密室逃脱”“剧本杀”场所排摸，组织对相关场所进行安全生产培训，牵头应急管理、消防救援、市场监管和住建局等部门开展联合检查。

执法队坚持突出重点，围绕文化市场监管和综合执法的工作要求，加强对娱乐场所、网吧、旅游等行业的重点监管。共出动执法力量4772人次，检查各类文化经营单位2159家次，办结案件34起，开展“双随机”检查34次,联合执法行动60余次，有效推动文化市场健康有序发展。

【文化市场执法工作相关会议】 2022年6月24日，全区文化市场安全生产培训暨（网吧）文明城市创建工作会议召开。会议邀请消防救援大队开展安全生产培训，同时专题部署文明城市创建工作，通报2021年文明示范网吧名单。11月3日，全区文化市场文明城市创建工作部署会召开，对文化市场文明城市创建工作进行专题部署，现场发放文明城市测评标准，要求各场所负责人严格自查自纠。9月23日，区文广旅游体育局联合区公安分局、区住建局、区市场监管局、区应急管理局、海曙消防救援大队等部门召开全区“密室逃脱”“剧本杀”行业安全工作会议，并邀请区消防大队开展安全生产培训，提升全区“密室逃脱”“剧本杀”行业安全防控意识以及行业人员的实操和应急处置能力。

【全区KTV等娱乐场所集中整治专项行动】 2022年10月，区文广旅游体育局联合区公安分局、区卫健局、区消防救援大队、区人社局、区市场监管局、区综合行政执法局开展KTV等娱乐场所集中整治专项行动。七部门明确工作职责、统一验收标准，制定《海曙区KTV等娱乐场所集中整治专项行动方案》，按照常态化和高标准的要求，提升和完善监管措施、联动巡查机制和处罚举措。经整治，全区KTV等娱乐场所规范经营水平显著提升。

（于曼云）

图书馆

【概况】 2022年，海曙区图书馆有馆藏图书398762种、1244154册。其中，新增图书135920种、543682册，地方文献新增560种、872册。订购报刊710余种。接待读者1640375人次（含分馆），图书借还1542074册次、122909人次。新增持证读者7786人，持证总人数达35512人。

举办各类读者活动837场，其中“阅游甬城”17场、“海曙讲堂”72场、各类展览69场。举办“小海狸”亲子故事会、“海图荐书”、“微信抢书”、“阅读进行式”等阅读推广活动326场。

【完善三级公共阅读服务网络】 2022年，海曙区以区图书馆为中心馆，镇（乡）街道、社区、村、企业、景区、学校、商圈等为分馆，完善总分馆三级公共阅读服务网络体系建设。新建城市书房2家、“一卡通”分馆16家、“书香校园”15家、“云听”3家、“书香酒店”3家，“书香工厂”4家，进一步完善公共图书馆三级服务网络，构建便捷高效的15分钟公共图书馆服务圈。实施社区图书馆、农家书屋、企业图书馆等基层公共图书馆提质增效工程，建好“家门口的阅读客厅”。

引导和扶持机关单位和社会力量共同参与公共图书馆阅读服务空间体系建设，有2家企业参与城市书房建设，在8个机关单位集中办公场所设立阅读服务“微”空间。

【“4·23”世界读书日活动】 2022年4月23日，海曙区“2022天一读书节”开幕，活动采用线上直播方式。现场发布新版本的书香地图、首批11家升级为“曙悦书房”的城市书房、3条宋代诗词主题游学线路。活动邀请到宁波出版社社长、总编辑袁志坚，盲人作家陈效平，纸飞机童书馆创始人陈菁菁三位分享者与观众讲述眼中的书香之城。当晚，区图书馆依托借阅数据，宣布上年度馆内借阅书籍最多的十位“阅读之星”。

【“曙你最有戏”宁波市首届配音大赛】 2022年5月11日，“曙你最有戏”——宁波首届配音大赛启动。大赛由区文广旅体局主办，区图书馆联合宁波音乐广播特别推出，旨在以全民阅读推广为宗旨，激发多元阅读新方式。经过2个月的角逐，7月15日首届配音大赛决战举行，评选出一、二、三等奖各1名，优胜奖7名，最具人气奖1名。

【爱心图书送往凉山州喜德县】 2022年6月22日，区文广旅游体育局、区教育局以及区图书馆共同推出“书香曙与你 情暖大凉山”爱心捐书活动。区内20余家中小学校在校内发动爱心募捐，共计捐出各类儿童书籍达2万多册。经过多方努力，共募集3.2万册图书。7月15日，上述3.2万册图书的货车从区图书馆出发，驶向2500千米外的四川省凉山彝族自治州喜德县。

【举办宁波市第七届“悦读童年”经典绘本剧创意表演大赛】 2022年7月2日，由市文化广电旅游局、市妇联主办，宁波图书馆承办，区图书馆执行承办，各区（县、市）图书馆协办的第七

4月23日，海曙区举办“2022天一读书节”活动

6月22日，海曙区图书馆3.2万册爱心图书送往凉山州喜德县

届“悦读童年”经典绘本剧创意表演大赛在海曙区广德湖剧院举行。本届经典绘本剧创意表演大赛自4月启动，各区（县、市）经过海选和评比，推选33部作品参加大赛，经过专家评委组专业细致的评审，10部作品入围决赛。区图书馆选送的《神笔马良》获二等奖。

【第五届海曙区中小学“绿书签——我与书房的故事”征文比赛】 2022年7月17日，由区委宣传部、区教育局、区文广旅游体育局联合主办，区图书馆承办的第五届海曙区中小学“绿书签——我与书房的故事”征文比赛暨“新时代好少年”颁奖仪式在区文体中心举行。征文大赛的主题为“我与书房的故事”，自启动以来，全区72所中小学投稿500余篇文章，经层层筛选，评选出一等奖10名、二等奖32名、三等奖55名。

【海曙获评全国“书香城市”】 2022年10月19日，2022年“书香城市（区县级）”发现活动名单公布，海曙区成为全国15个入选地区之一。全区协同推进“图书馆+”模式，建成“曙悦城市书房”“书香工厂”“书香酒店”“书香校园”“书香社区”等分馆220余个，年接待读者200万人次以上，图书流通量达120万册。同时，打造“书香服务综合体”，形成“以书香海曙为核心，文创产品、轻型餐饮、体验经济为拓展”的“1+3”发展模式，用书香涵养城市活力。作为“书香海曙”重要载体，持续推进数字阅读建设，重点打造“海书馆”“海听馆”“海图有声书”“有声书墙”等一系列线上阅读品牌，每年吸引133万人次参加。在全省率先试点建设“书香工厂”10家，在企业图书馆实现“点单式”图书配送服务，让职工不出工厂就能随时进入阅读场景。

（张　怡）

博物馆

【概况】 2022年，海曙区有各级非国有博物馆10家，乡村博物馆10家，辖区博物馆面积合计达到6万平方米，馆藏藏品近1.8万件。

博物馆组织展览、教育等文化活动316场，参观人数109.58万人次。

【“5·18”博物馆日活动】 2022年5月18日，根据2022年度博物馆日主题“博物馆的力量”，海曙区各博物馆释放博物馆的力量，举办一系列精品展览、文博专题讲座、研讨会、青少年研学等宣传活动。受疫情影响，大部分活动通过云展览、云讲座、云活动的模式展开。线下活动方面，月湖美术馆邀请宁波籍国画家杜巽围绕宁波历代名人诗词结合宁波景点，进行大量书画作品创作并展示，以弘扬宁波文化、宁波精神展现宁波深厚的历史文化名城的文化底蕴。龙幽竹文化艺术馆以“非遗文化——纯手工雕刻艺术精品”为主题，举办艺术精品展。赵大有宁式糕点博物馆举办助力体育盛会·2022年度系列展览之“书香、墨香、米香”。区婚俗博物馆举办新时代古家具彩绘展。

【海曙区通过乡村博物馆验收】 2022年9月30日，省文物局发布第三批乡村博物馆名单，海曙区李家坑艺术博物馆、区婚俗博物馆、居家博物园、王升大粮油工艺博物馆、耕泽石刻博物馆等10家乡村博物馆全部通过验收。

（林华当）

王升大博物馆外景

2022年以来，“艺家人”文艺志愿者常态化开展慰问演出

文化馆

【概况】 2022年，海曙区文化馆拓宽服务渠道，开展多项群众文化活动。开展迎接党的二十大宣传，讴歌时代成就。聚焦精品创作，全力冲刺各类奖项。建设“星海曙光”数字文化馆。

【“曙你最动听”——全民嗨唱大赛活动】 2022年1月12日，由区文广旅体局主办，区文化馆、宁波交通广播承办的“曙你最动听”——全民嗨唱大赛举办，有500余名市民参与报名。本次活动为“云尚海曙·美好生活”线上文旅体融合系列活动的组成部分，2月22日，决赛举办，20位“草根”歌手直播竞技，吸引逾11万人在线观看。

【舞蹈《弄潮儿》获浙江省“群星奖”】 2022年5月22日，省文旅厅公布2022年浙江省“群星奖”28个获奖名单，区文化馆的原创舞蹈《弄潮儿》获舞蹈类群星奖。舞蹈以“勇立潮头”的浙江精神为创作背景，20余位青年男性舞蹈演员在大海中搏击冲浪，以该场景意喻“鲲鹏水击三千里”的魄力与担当。

【优秀基层业余文艺团队展演活动】 2022年6月30日、7月1日晚，区文化馆在月湖公园组织承办喜迎二十大·同走共富路——“迎七一·曙色新”2022年海曙区优秀基层业余文艺团队展演活动，两晚共计演出节目40余个。参加本届展演的各个文艺团队成员既有业余文艺爱好者、退休的老人，也有外来务工人员。在普及群众文化艺术的精神感召下，凝聚群众精气神，共筑精神家园。

【《群文艺术创作海曙模式》入选省公共文化服务高质量发展典型案例】 2022年7月9日，经逐级遴选、专家评议、综合评审，浙江省公共文化服务高质量发展典型案例共计21个公布，《群文艺术创作的海曙模式》入选。海曙区开展群众文艺活动的场次和受益人次呈现逐年增长的趋势，活动形式不断拓展，2021年，举办相关文艺活动服务90万人次，培训服务惠及群众10万余人次。数字化服务项目服务20万人次，线上平台注册人数（公众号关注人数）达万人。

【“星海曙光”数字文化馆上线】 2022年8月23日，区文化馆“星海曙光”数字文化馆在浙里办81890平台上线。“星海曙光”数字文化馆建设项目实现手机端、电脑端、大屏端“三端一体”，全方位服务海曙区文化爱好者，为市民朋友提供优质数字文化资源，打造随时随地与名师大家互动交流学习的直播空间，并配备具备数据统计和智能分析的总分馆运行大数据展示系统。

【《我们的领航人》入选浙江省“五个一工程”】 2022年12月28日，由宁波市委宣传部、海曙区委宣传部出品，区文化馆制作的《我们的领航人》入选浙江省第十五届精神文明建设“五个一工程”。《我们的领航人》为原创交响合唱歌曲，歌颂“打赢疫情防控阻击战，决胜全面建成小康社会、决战脱贫攻坚，实现第一个百年奋斗目标”路上的点点滴滴。

（胡幸辉）

新　闻

【概况】 2022年，区全媒体中心《海曙新闻》报刊出刊147期，《海曙新闻》电视、广播栏目分别播出节目278期、

6月30日、7月1日，“迎七一·曙色新”2022年海曙区优秀基层业余文艺团队展演

250期，海曙新闻网更新4128条、海曙新闻客户端发稿12360条、“海曙发布”微信公众号共发稿1852篇、微博发布7302条、政务抖音号“海曙最宁波”发布933条、“海曙发布”视频号发布315条。

在中央主流媒体（含网媒）发稿近500篇，市级、省级媒体发稿1000余篇。其中中央电视台90余篇、《人民日报》44篇、《浙江日报》头版14篇、《宁波日报》头版60余篇。

【《海曙新闻》报刊】 2022年，《海曙新闻》共出刊147期，刊登自采新闻稿件2780余篇，发行量1.8万份。围绕党的二十大，推出“喜迎二十大”“喜迎二十大·幸福印记”“深入学习宣传贯彻党的二十大精神”等系列专栏，报道海曙区十年来的发展变化和建设成就，展现广大党员干部群众立足本职本岗、扎根基层一线、认真履职尽责的生动事迹；围绕“全面建设现代化滨海大都市卓越城区”，开设“打响‘海曙·创造美好品质’品牌 全面建设现代化滨海大都市卓越城区”专栏，通过细腻的笔触、生动的画面，展现“海曙创造、海曙美好、海曙品质”三大品牌，共刊发20篇主题性报道；聚焦镇（乡）街道，以记者践行四力蹲点基层的视角，每周一期的频率聚焦海曙创建文明乡村、打造未来社区，在构建幸福共同体的追梦路上的探索、实践，以及提炼的“海曙样板”，进一步拓展人民群众对美好生活的想象空间，该项目获得宁波新闻奖重大主题报道一等奖。

【《海曙新闻》电视栏目】 2022年，《海曙新闻》电视栏目共播发节目278期、各类新闻2081条。围绕区委、区政府中心工作，策划重大主题报道、专栏报道，先后推出“喜迎二十大”“学习贯彻党的二十大精神”“建设现代化滨海大都市卓越城区”“共同富裕”“抗疫进行时”“建设全国文明典范城市”“东西部协作”“数智海曙”“健康海曙”等各类主题报道，挖掘海曙各项工作推进的特色亮点，讲好海曙故事，为打响“海曙创造、海曙美好、海曙品质”三大品牌，全面建设现代化滨海大都市卓越城区营造良好的舆论环境。

【《海曙新闻》广播】 2022年，《海曙新闻》广播每周一至周五（节假日停播）17：00播出，每期节目时长为5分钟，共播出250期。重点宣传海曙区共同富裕样板区建设、四明山区振兴、数字化改革，服装产业大脑建设、开展对四川省凉山州喜德县等地的东西部扶贫协作、优化创业创新环境引进人才、持续推进党风廉政建设等热点新闻。

【新媒体建设】 2022年，新媒体各平台开设“学习宣传贯彻党的二十大精神”“奋进新征程 建功新时代”“五问五破五比五先”等专栏、话题18个；“海曙”客户端共发稿12360条，总注册用户13.4万人；“海曙发布”微博总发布7302条，关注量达3.5万人，微信公众号共发稿1852篇，关注量逾27万人，总阅读量超千万人次，其中融媒体作品《〈走遍海曙〉今日首发！文末有福利》稿件获得2021年度浙江政务融媒体作品一等奖。“海曙发布”视频号发布视频335条，政务抖音号“海曙最宁波”发布视频1021条。同时，新媒体平台联动各部门开展“塑料污染治理知识问答有奖”“海曙小记者”作品点赞等互动活动，学生、家长等3万余人次参与。

（李玉飞）

体　育

综　述

【概况】 2022年，出台和印发《海曙区全民健身实施计划（2021—2025年）》。在省第17届运动会上，海曙区代表队获得23.5金20银16.25铜，团体总分596分。出台《海曙区文化旅游体育产业专项扶持资金使用管理办法》，年度扶持资金200万元用于体育企业专项扶持。半山伴水度假村成功创建省运动休闲旅游示范基地。

【美丽乡村健身行跑进活力洞桥】 2022年8月7日，由宁波市体育局主办，区文广旅游体育局、区总工会、洞桥镇人民政府联合承办的2022宁波市美丽乡村健身行（海曙站）活动在洞桥镇举行，300余名运动爱好者参与。本次活动以“携手共富、活力洞桥”为主题，以太史滨河公园、洞桥文化礼堂、南塘河等为打卡点，串联出一条10千米的欢乐跑线路。

（林　瑜）

体育设施建设

【概述】 截至2022年底，海曙区体育设施场地总面积达到294.78万平方米，人均体育场地面积2.79平方米。提前完成18项民生实事项目，包括1个村级全民健身广场、2个体育公园、2个社区多功能运动场、11个百姓健身房，30千米登山健身步道。实施海曙区登山步道提升服务项目，对章水镇、龙观乡等5个乡镇的210.24千米的登山健身步道开展路面修整、设施配套及标识引导等方面的提升工作。完成建设社会化十一人制足球场1片，五人制足球场2片以及室内篮球馆1个，室内滑板场和五人制足球场各1片。

8月7日，宁波市美丽乡村健身行（海曙站）活动

【基层体育场地面积提升】 2022年，海曙区新增基层体育场地21处，增加基层体育场地面积56.9万平方米，同比增长23.95%，人均体育场地面积从2.26平方米增长到2.79平方米。其在扩大体育场地面积的增量过程中，结合省基层体育场地建设项目，在城区老旧小区、农村文化礼堂、城市村（社区）空间建设百姓健身房11个，社区多功能运动场2个，村级全民健身广场1个。同时，有效利用城区边角料地块作为微型体育场地，在保利天悦东侧地块及恒威海上花园南侧地块布局建设姚丰极限体育公园及广安棒垒球公园，地块效能进一步发挥。

【月湖街道迎凤社区百姓健身房投用】 2022年9月，月湖街道迎凤社区的百姓健身房投用。该健身房位于水仓小区陈家巷1号2楼，占地面积300平方米，由闲置车棚空间改造而来。健身房配置跑步机、划船机、台球桌，舞蹈房等设体育设施。为加强百姓健身房的后续管理，社区在水仓小区试点“美好家、幸福治”——365邻里共富金项目，众筹4000多元，确保健身房长效满足居民健身需求。

（林　瑜）

竞技体育

【概况】 2022年，在浙江省第17届运动会上，海曙区共有136名运动员进入宁波市代表团大名单，参加田径、游泳、羽毛球、乒乓球等24个分项的比赛，海曙区共获得23.5金20银16.25铜，团体总分596分。

新布局羽毛球、散打、摔跤项目进入校园，全区共有区级以上体育训练基地50家，承办浙江省青少年足球（男子甲组）冠军赛、省青少年软式棒垒球锦标赛；2022年宁波市足球超级联赛海曙赛区，宁波市青少年短式网球、男子足球（乙、丙组）、棒垒球比赛；海曙区青少年短式网球、网球、乒乓球、羽毛球、篮球、击剑、跆拳道、游泳等比赛。

全年输送48名运动员至市级以上运动队参加训练。

【承办浙江省青少年足球（男子甲组）冠军赛】 2022年2月24日至3月1日，由浙江省体育局主办，区文广旅游体育局、宁波市足球协会等共同承办的浙江省青少年足球（男子甲组）冠军赛在海曙区举办。来自全省的8个代表队200余人参赛。比赛以小组单循环赛制及交叉排位赛为赛制，执行国际足联颁布、中国足球协会审定的最新《足球竞赛规则》，每场比赛时长为90分钟，最终根据成绩录取男、女队总名次前八。

【举办多项青少年网球比赛】 2022年暑期，海曙区举办多项青少年网球比赛，提升网球运动在全社会的影响力与普及度。7月上旬，古林镇中心小学举办宁波市青少年短式网球比赛，宁波7个区县（市）代表队的百余名网球运动员参加，比赛采用国家体育总局审定的最新短式网球竞赛规则。7月13—14日，2022年海曙区青少年网球比赛在区文体中心网球场举行，本次比赛由区文广旅游体育局、区教育局主办，全区各个中小学60余名小运动员参加。

（林　瑜）

群众体育

【概况】 2022年，《海曙区全民健身实施计划（2021—2025年）》向全社会发布。18项民生体育实事项目完成，包括1个村级全民健身广场、2个体育公园、2个社区多功能运动场、11个百姓健身房，30千米登山健身步道的建设。线上体育技能公益培训20万人次。承办2项省级群体比赛和3项市级比赛，包括浙江省第10届幼儿国际趣味田径表演大赛、省“全民健身月”系列赛事活动（跳绳）、宁波市社区运动会棒垒球项目及5人制足球赛项目、2022年全国百城千村健身气功交流展示活动（宁波站）。印发《2022海曙区“全民健身月月赛”活动方案》，安排30余项涵盖足球、羽毛球、跑步等群众体育活动。推出“曙练”体育技能公益云课堂，拍摄八段锦、太极、健身操等培训视频5期。推出线下体育技能公益培训，完成12期三级社会指导员培训班，开设游泳、网球公益培训班3期，开展全民健身大讲堂2期。

【获浙江省参加第14届全运会群众赛事活动突出贡献奖】 2022年1月14日，在全省体育局长工作会议中，区文广旅游体育局获浙江省参加第14届全运会群众赛事活动突出贡献奖。海曙区在基层体育设施建设、群众体育活动参与以及群众体育锻炼指导等方面不断加大工作推行力度，保障市民健身需求。同时，在各类赛事上有较大的进步，14届全运会期间，高桥镇沙滩足球队代表浙江省参加沙滩足球（男子组）项目，并获得金牌，实现海曙队伍在国家级体育综合性赛事中的重大突破。

【寻找美丽中华全国旅游城市定向赛宁波站活动】 2022年6月18日，2022寻找美丽中华全国旅游城市定向赛宁波站在海曙举行。活动以“穿越海曙 跑进历史”为主题，设置两条贯穿起天宁寺塔、中山公园、鼓楼、天一阁等宁波著名历史文化遗存点为线路的定向打卡赛道，选手按照地图及任务书提示，依次穿越所有点标并完成各点的任务。

【全国百城千村健身气功交流展示活动（宁波站）举行】 2022年7月10日，由宁波市体育局、市体育总会主办，区文广旅游体育局等承办的2022全国百城千村健身气功交流展示活动（宁波站）在中山广场举行，本次活动共有来自11支代表队的300余名健身气功爱好者参加。

（林　瑜）

体育产业

【概况】 2022年，海曙区出台《海曙区文化旅游体育产业专项扶持资金使用管理办法》，年度扶持资金200万元用于体育企业专项扶持。半山伴水渡假村创建成为省运动休闲旅游示范基地。7月，举办2022“热力宁波”体育消费节海曙站，在消费节期间举办2022年世界滑板大赛宁波站。12月，举办2022“世界杯”嘉年华暨海曙全民体育消费节，在天一广场和杉井·奥特莱斯广场两大商圈进行体育促销活动。对区内高危体育经营场所每月进行“双随机”安全专项检查，对校外培训机构疫情防控工作开展全覆盖检查，检查各类场所500余家次。

【热力体育消费节海曙站活动】 2022年7月3日，由区文广旅游体育局主办，宁波BACKBONE滑板俱乐部和槳·1844街区承办的世界滑板日大赛在槳·1844街区开赛。作为热力宁波·海曙站的主要活动，此次活动贯彻“年轻力·无极限”活动精神。宁波、杭州、绍兴、金华、台州等各地的滑手展示旋转、跳跃、腾空等滑板技能。

【半山伴水度假村获评省运动休闲旅游示范基地】 2022年10月13日，在2022年度浙江省运动休闲旅游示范基地评定工作中，宁波半山伴水度假村经自主申报、专家评审、实地考察和公示等程序，获评2022年度省运动休闲旅游示范基地。该度假村位于龙观乡，是集休闲度假、户外拓展、亲子游乐和企业团建于一体的旅游综合体，设有8大项主题设施和100余个游乐项目。特色项目方面，原版引进德国的水晶塔以及各国的云霄滑索、自由落体、法国攀岩墙、双人大摆荡等项目，还配备蜂巢房、阳光宴会厅、音乐广场、青年酒吧、天巧坊等休闲场所。

（林　瑜）

卫生·健康

综　述

【概况】 截至2022年底，全区有各级各类医疗卫生机构545家。其中，区属公立医疗机构4家（海曙区第二医院、海曙区第三医院、海曙区中医医院、海曙区口腔医院），急救站1家，镇（乡）卫生院、街道社区卫生服务中心16家，村卫生室、社区卫生服务站146家，门诊部及以上社会办医疗机构117家（其中，社会办医院27家）。

全区在职卫技人员16706人，其中，执业（助理）医师数6438人，注册护士数7367人。

区内医疗机构设置床位数为9049张，其中，社会办医床位数1908张。截至年底，区属公立医疗卫生单位年门、急诊病人647万人次，卫生健康事业经费93354.23万元。

基层医疗保障能力和区级医疗服务能级取得突破性进展，在全省基层医疗卫生机构绩效考核中，海曙区排90个县（市）、区第九位。西门望春社区卫生服务中心被评为浙江省社区医院。区第二医院、区第三医院创建为二级乙等医院，实现区属等级医院零的突破，其中区二院综合能力排名首次进入全省81家二乙综合医院前十。古林镇卫生院茂新村卫生室获评浙江省智慧化四星级村卫生室。

“甬安里”作为宁波市中医药特色街区首个商业运营项目开业，定期邀请市、区级名中医、中医类非遗项目传承人、行业权威人士入驻，并开展健康咨询、特色讲座，合力打造“曙色杏林”名医讲堂。

【卫生健康基础建设项目】 截至2022年底，海曙区公共卫生业务用房新建项目主体工程验收完成，宁波市标准化及市优质结构验收完成，累计完成投资9575万元。海曙区第二医院新建工程（东地块）项目的主体结构及二次结构完成，宁波市标准化及市优质结构验收完成，累计完成投资8183万元。海曙区口腔医院项目地下室和主体一层完成，累计完成投资4750万元。段塘街道社区卫生服务中心项目主体三层完成，累计完成工程投资3780万元。

【卫生健康人才队任建设】 2022年，海曙区开展卫生系统事业单位公开招聘2次、基层卫生人才定向培养招录工作1次，招录36名人员（27名在编人员、9名定向培养）。入选“甬江引才”城市经济领域创新团队1名、创新人才1名、科技创新领域青年创新人才1名。入选省医坛新秀1名。入选宁波市领军和拔尖人才第二层次1名。入选宁波市卫生健康第三期青年技术骨干人才2名。同时，加强宁波市卫生健康青年技术骨干人才、第四轮海曙区名医（名中医）、海曙区优秀高中级卫生技术人才和第二轮海曙区医坛新秀管理，推动学科和团队建设，起到示范带头作用。

【国际医疗服务】 2022年，辖区6家医疗机构开展国际医疗服务工作，各机构完善各项硬件设施及队伍建设，不断规范涉外就医流程，提供优质服务。通过国际门诊途径，接待国际友人门诊就诊143人次，提供保健医疗服务1798人次。

【区疾病预防控制中心团支部获评全国“五四红旗团支部（总支）”】 2022年，海曙区疾控中心团支部获得全国“五四红旗团支部（总支）”称号。该支部依托“党建引领、阵地建设、文化关怀、从严治团”四维共推，注重“好

5月，区疾病预防控制中心团支部获评全国“五四红旗团支部（总支）”称号

机制、好作为、好品牌、好服务、好队伍”五好互促，以“青春业务精进队+青春志愿者服务队”为两翼的组织架构，围绕中心、服务大局，推动青年成长成才、团结带领青年建功立业。多年来，支部青年相继获得1项省级奖项、4项市级荣誉，集体获得11项市级以上荣誉，用团结和实干促进公共卫生事业的发展。其间，主动投身“高山巡回”“海曙甬上”等青年服务项目，服务高山群众30000余人次，通过巡回服务首诊发现病例200余人次，有效缓解山区卫生资源配置不平衡、不充分的矛盾。新冠疫情暴发后，团支部响应党的号召，承担各地部分防疫任务。收到来自国务院及河北省、新疆维吾尔自治区、杭州市、衢州市、嘉兴市等地政府的感谢信，获得“最美抗疫人”“最美抗疫先锋”等称号。

（许智蕾　司徒碧波　李军华　黄晓磊　金　芹　洪　宏）

健康海曙

【概况】 2022年，围绕健康中国、健康浙江、健康宁波建设各项任务，海曙区高质量推进健康海曙各项工作。开展10大国民健康行动，加快落实健康海曙专项行动，夯实巩固省级健康促进区创建成果。在2022年健康浙江考核中，市级评分指标列全市第一。

举办健康海曙建设部门联络员专题会议，召开镇（乡）街道健康建设交流会。优化年度工作机制，印发《2022年度健康海曙建设部门考核细则（试行）》。

开展健康影响评价，推进将健康融入所有政策。营造健康海曙文化，全网征集健康海曙标识，优化、发布代表“健康海曙”内涵的形象标志，居民健康素养水平逐年提升至40.91%。

【开展公共政策健康影响评价】 2022年，海曙区建立健全政策、规划和重大工程项目健康影响评估制度，推动健康影响评价工作纳入部门健康考核。完成海曙殡仪馆改扩建（一期）项目以及1个规划、3个政策文件的健康影响评价工作，践行“将健康融入所有政策”要求。

【推进“健康细胞”工程】 2022年，海曙区把健康元素融入群众日常工作、学习、生活各个场所，因地制宜推进健康主题公园、健康餐厅、健康步道、健康小屋等健康支持性环境建设。“健康细胞”建设类型达到16类，建成43个健康支持性环境、1770户健康家庭，3所学校获评浙江省健康促进（金牌）学校，4所学校获评宁波市健康促进（银牌）学校。举办首届海曙区健康达人和健康家庭评选赛，评选出海曙区健康达人10位、健康示范家庭10户。

【2022年度海曙区卫生健康工作会议】 2022年4月26日，海曙区卫生健康工作会议召开。区卫生健康局党委班子、机关各科室负责人、区属医疗卫生单位班子成员及中层干部等参会。会议总结2021年度海曙区卫生健康工作，安排部署2022年重点工作。会议指出，建设共同富裕美好生活是一场时代大考，健康既是党委政府最关注的“必考题”，也是广大群众最关心的“权重题”。2022年，全系统需清醒认识形势与短板，统一思想、凝心聚力，全力书写好优化全生命周期健康服务的答卷。

（褚婷婷）

疾病防控

【概况】 2022年，全区报告各类法定传染病17种10301例，报告总发病率974.55/10万，同比上升68.07%。其中，甲类传染病无病例报告，乙类传染病12种1904例，丙类传染病5种8397例。甲乙类法定报告传染病发病率180.13/10万，发病数下降5.13%，报告死亡病例9例。丙类传染病发病率为794.42/10万，同比同期发病率上升1.01/万，无死亡病例报告。

新增管理HIV/AIDS患者共83例（死亡报告5例、现存活78例），现存活HIV/AIDS病例共计857例。完成第四轮国家级艾滋病综合防治示范区建设验收工作。借助社会组织力量，加强MSM人群（男男性行为）防艾工作。社会组织“海曙甬尚”承担“2022年度国家社会组织参与艾滋病防治基金项目”和“2022年度宁波市艾滋病患者综合干预与管理服务项目”，共计干预目标人群15000余人次，完成检测2610人，新确诊15人；并为异地患者做好借药、送药工作。主流媒体与新媒体合力，拍摄制作艾滋宣教视频1个、创作宣教动画3个，通过海曙区电视台播放，微信公众号发布，强化艾滋防控宣教。联合“海曙甬尚”志愿团队，开展首届大学生艾滋宣教素材大赛。每季度面向生活困难的艾

2022年，海曙区在基层村（社）举办登革热疫情防控宣传活动

滋病感染者发放生活补助。监测各类人群37.8万人次，占全区常住人口比例36.2%。

报告丙型肝炎病例83例，发病率为9.76/10万，与2021年（95例）比较有所下降。转介成功率达100.00%。

登记确诊肺结核患者346名，男女性别比为2.12:1，其中病原学阳性（涂片阳性+仅培阳+仅分子生物学阳性）219例、病原学检查阴性107例、无病原学结果3例、单纯结核性胸膜炎17例。共确诊活动性肺结核病例中流动人口（户籍未在海曙区）177例，占报告全部病例的51.15%。上年同期共计394例确诊患者，除10例医嘱继续服药，其余384例均已结案，其中不良反应1例、非结核病死亡7例、结核病死亡3例、成功治疗350例、诊断变更12例、转入耐多药治疗3例，治疗失败3例，其他4例，成功治疗率为92.35%。2022年新增耐多药患者3例，其中流动人口2例，均已纳入管理。全区共在管耐药患者6名耐药患者，其中流动人口3名，占全部在管耐药患者的50%。共处理辖区学校肺结核疫情13起，筛查密切接触者722人，未有学校结核病聚集性疫情发生，及时沟通要求兄弟单位筛查学校结核病散发患者共13名。组织全区参加2022年宁波肺结核防治科普大赛活动，区疾控中心报送的“走进肺结核”短视频获得该类别二等奖、西门望春街道卫生服务中心报送的“一枚结核杆菌的独白”短视频获得该类别一等奖、石碶街道卫生院报送的“肺结核防治歌谣”获得文字类二等奖。

完善重大传染病医疗救治体系建设，区级后备定点医院按照国家要求加快独立感染楼建设，重点改造升级区中医院负压病床10张、正负压可切换手术室1个。对区第二医院发热门诊完善必要的硬件设施，所有发热门诊诊疗区域均有可开启窗户；实现挂号、收费、配备独立CT、独立药房、独立采样室。指导区级亚定点医院按照国家要求建设完成，开设200张床位（包含20张ICU病床），并加强后备人员培训工作。

按时按量完成各类地方病和寄生虫病监测工作。4月和5月，分别以“全国防治疟疾日”和“全国防治碘缺乏病日”为契机，开展两场宣传活动。

规范处置传染病聚集性疫情，全区报告5起突发公共卫生事件，其中4起为新冠病毒感染，1起为诺如病毒感染。共调查处置各类聚集性疫情102起，所有疫情均得到妥善处置，无死亡病例。

【新冠疫情防控】 2022年，海曙区调查处置11起本土新冠疫情、1起境外输入导致的本土续发疫情。与区市场监督管理局联合处置阳性物品事件8起，涉及火龙果、甜虾以及冷冻鱼等进口食品，以及进口服装布料等阳性物品。完成一轮新冠病毒感染后遗症调查。

【老年人免费接种流感疫苗民生实事项目】 2022年，海曙区面向65周岁以上老年人开展自愿免费接种流感疫苗民生实事项目。全年共接种59394人，超过省、市制定的目标任务数，未发生疑似预防接种异常反应。

【首次开展国家级空气污染和人体生物监测项目】 2022年，海曙区首次开展空气污染和人体生物监测项目，被列入宁波市2个监测点之一（海曙区、镇海区）。8月12日，省、市、区疾控中心现场调查人员联合社区卫生服务中心工作人员到古林镇、高桥镇、石碶街道组织开展人体生物监测项目，通过对一般人群现场流行病学调查和人体生物样本中环境化学物检测，获得有代表性的环境化学物质人体暴露负荷的基线数据。3个镇（乡）街道共计190余名居民参与现场调查。

【首次开展浙江省消毒监测与评价项目】 2022年，海曙区作为宁波市2个监测点之一（海曙区、鄞州区）首次开展浙江省消毒监测与评价项目工作。对10家重点场所进行监测，每个场所采样类型不少于5种，开展消毒工作情况调查、监测与评价，掌握重点场所消毒工作现状。

【完成相关免疫水平监测任务】 2022年，海曙区承担浙江省疾控中心关于麻疹、流腮、风疹、水痘、乙肝等五种疫苗的针对性传染病免疫水平监测工作。同时承担宁波市疾控中心麻疹、乙肝免疫水平监测。共按照要求采集健康人群血清标本480份，送省、市疾控中心进行检测。

【获评浙江省创新免疫规划优秀案例1项】 2022年，海曙区疾病预防控制中心申报的《流腮与水痘两种疫苗针对性疾病监测》被浙江省疾病预防控制中心评选为新冠疫情背景下创新免疫规划工作优秀案例。该中心在流腮和水痘两种疫苗针对性传染病监测方面取得一定成绩，完成科研项目2项，发表论文3篇。

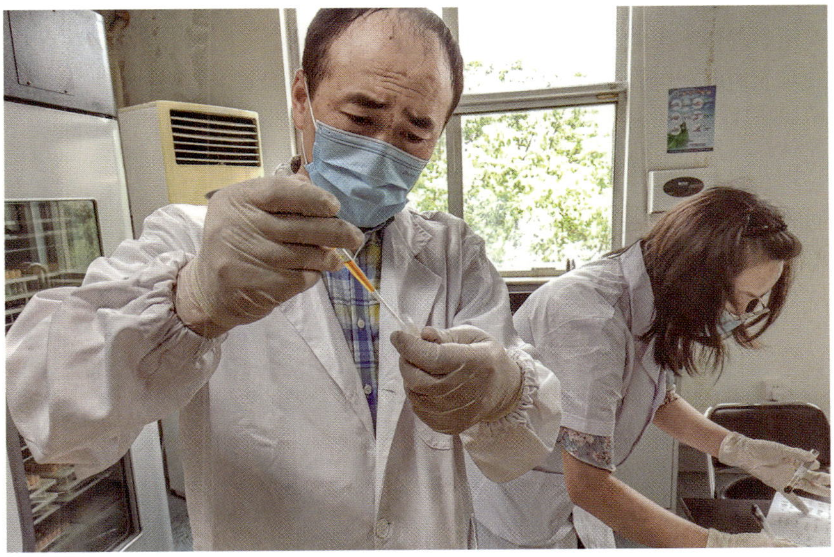

8月，开展麻疹、流腮、风疹、水痘、乙肝等五种疫苗的针对性传染病免疫水平监测工作

【慢性病管理】2022年，全区户籍平均人口为642539人，其中男性311630人，女性330909人，男女性比值94.17∶100。全区户籍人口自然增长率为-1.84‰。居民总死亡率760.27/10万，男性死亡率（892.73/10万）高于女性（635.52/10万）。报告糖尿病发病数3586例，发病率558.10/10万；报告冠心病急性事件发病数325例，发病率50.58/10万；报告脑卒中发病数2124例，发病率330.56/10万；报告恶性肿瘤发病数4539例，发病率706.42/10万。

3月14日，应国家项目组的要求，海曙区代表浙江省开展《全国社区老年人跌倒流行病学调查及跌倒风险评估方法评价项目》流行病学现场调查工作城市点预实验，于7月15日调查启动，该项目在高桥镇、段塘街道的6个社区开展，面向648名60周岁以上老年人开展问卷调查、跌倒风险评估测试及为期一年的跟踪随访。4月19日，海曙区青少年行为危险因素调查启动，共调查学生939名（男生428人、女生511人），其中初中学生435人、普通高中学生268人、非普通高中236人。9月20日，启动居民死亡、慢性病漏报调查和成人行为危险因素监测工作，截至12月底，共完成3885户9399人的调查。

【近视、肥胖和脊柱侧弯等学生常见病干预】2022年6月6日，第27个全国“爱眼日”，全市首家近视防控宣教中心启动。数字化的电子屏向师生家长展示着视力健康、近视防控、弱视治疗等多方面知识，帮助师生家长树立正确护眼观，提高护眼意识，提供近视防控科普服务。宣传肥胖和脊柱侧弯等常见病预防知识。12月，制作“拒绝肥胖”和“预防脊柱弯曲”风琴包，发放至监测点校学生共计3600份。辖区内各学校卫生工作人员开展多形式的常见病预防干预工作，以“全国爱眼日”“全国爱耳日”“学生营养日”等健康主题宣传日为契机，采用知识技能宣讲、学生卫生标准普及、健康父母行动等多种形式，对辖区学校开展近视、肥胖和脊柱弯曲异常等学生常见病预防干预工作。

（朱　平）

卫生监督

【概况】2022年，海曙区完成国家和省级“双随机”（随机抽取检查对象，随机选派执法检查人员）抽查任务585家，共有249家监管单位立案查处，处罚率42.56%，现场执法信息100%通过移动执法终端采集。全区各类发证公共场所经营单位1833家，公共场所监督量化分级管理率达100%，其中A级单位4家、B级单位341家、C级单位1488家，推进公共场所自查自律系统，游泳场所完成自查，住宿场所完成自查60%以上。辖区32家游泳场所自检互联网公示率达到100%，水质抽检96户次，合格92户次，立案处罚4家水质不符合国家卫生标准的游泳场所，并进行跟踪复查，直至水质达标；查处其他违法行为3起，均处以首次轻微违法行为不处罚的决定。严格落实各项疫情防控、安全生产的工作要求，巡查各类医疗机构600余家次，对于少数存在预检分诊人员脱岗、防护不到位等情况的执法人员，要求其立即整改，查处各类违法违规行为80余起。持续推进医疗市场监管，履行传染病防治、学校卫生及生活饮用水等监督监管职责，共办理各类行政处罚案件481件，办结435件，罚没款金额共计304.18万元，申请强制执行6起，无行政复议和行政诉讼案件。

【卫生健康非现场行政执法数字化应用】2022年，海曙区不断强化卫生健康执法的数字化建设，辖区4家口腔诊所安装口腔诊疗消毒监督在线智能监管系统，30家住宿场所试点消毒保洁智能监管数据，上传推送至省、市智能监控平台，2家试点游泳场水质在线监测数据与省、市智能监管平台联网；运用浙江省行政执法监管（互联网+监管）平台，查处数智卫监精密智控系统推送的风险监管案件10起。

【公共场所禁烟监管专项行动】2022年，依据《宁波市禁止吸烟执法工作实施细则（暂行）规定》的禁烟场所、禁烟场所吸烟区的设置、处罚标准、不予处罚的情形等内容，海曙区全面开展公共场所禁烟专项行动。共出动卫生执法人员738人次，检查各类禁烟场所369户次，查处禁烟工作未落实的单位3家。

【打击非法行医】2022年，海曙区打击非法行医结案共计28起（含非法医疗美容），开展日常巡查和回访复查100余家次。开展“医疗美容乱象整治百日攻坚”行动和医疗美容专项行动。对存在违法违规行为的医疗美容机构作出行政处罚共计39家次，吊销医疗机构执业许可证1家；对未取得医疗机构执业许可证开展医疗美容执业活动、非医师行医等违法行为，作出行政处罚18家（人）次。

（张　征）

妇幼保健

【概况】2022年，海曙区孕产妇管理率达100%，3岁以下儿童保健系统管理率达97.31%，孕产妇签约服务率100%，0～6岁儿童签约服务率71.06%（有偿）。孕早期建册率99.17%，产前筛查率98.89%，产后访视率98.13%，新生儿期建卡率100%，新生儿听力筛查率99.76%，新生儿疾病筛查率99.98%，新生儿期先天性心脏病筛查率98.36%，新生儿破伤风发生为零。孕产妇自然分娩率56.19%，婴儿死亡率1.02‰。

基本公共卫生妇幼惠民项目提供免费产前检查46121人次、儿童体检93013人次，合计减免457.06万元。4181名新生儿参加新生儿疾病筛查、5921名孕妇进行免费产前筛查、40人享受免费产前诊断，合计减免金额147.34万元。对5578名24个月龄以下儿童进行孤独症筛查，18名疑似儿童转至上级医院，其中7人被确诊为孤独症患者，均继续随访监测中。继续推进国家基本公共卫生服务中关于0～6岁儿童眼保健和视力检查项目，组织进行年度基层儿保医生眼保健业务培训，并通过专科联盟，邀请妇儿医院眼保健专家团队成

9月25日，海曙区女性健康宣传活动现场

员参与门诊，指导做好眼保健管理与业务能力的提升，在专家指导下加强学科建设和提升科研能力。联合宁波市眼科医院西部院区举办儿童眼病与近视防控专题培训班，覆盖17个镇（乡）街道社区卫生服务中心的儿保医生和托幼机构保健医生，全年完成0～6岁儿童眼保健和视力检查58931人，覆盖率97.8%。

2022年，巨大儿发生率4.61%。《孕产妇心理健康服务模式》实践与推广工作持续推进，为全区3000余名孕产妇在线上进行心理评估，对于有情绪症状的孕产妇将按照原计划做进一步跟进。

做好分时段预约、一人一诊室、加强诊间宣教，通过微信、电话、视频等方式开展在线咨询和指导。健康课堂、亲子活动控制规模，恢复产后访视和新生儿访视的面访，提高访视率和孕产妇、儿童的系统管理率，保障辖区母婴安全。

根据省、市、区局各级对出生证掌上办达标率的要求，继续加大对“出生一件事”的宣传及督导，2022年签发出生证16345例，其中“掌上办”15180例，掌上办率92.9%。

区妇幼保健计划生育服务中心举办区级“两校”孕妇学校75场、育儿学校96场，受教2157人，婚检门诊对青年男女进行面对面、一对一宣教，共接受宣教3715人次，发放孕前保健健康教育资料3000余份。辖区孕妇学校开课683次，受众7992人次，其中网上课堂408次；育儿学校开课348次，受众9910人次，其中网上课堂157次；开展各类主题宣教活动173次，覆盖人群53240人，发放资料27934份、公众号科普文章147篇、科普短视频90个。制作《母乳喂养和食物转换》《婴幼儿动作和语言发育指导》等6个视频，其中《出生日记》在婚姻登记处及基层医疗机构巡回播放，《孕期营养和体重管理》《婴幼儿动作和语言发育指导》《母乳喂养和食物转换》均被“学习强国”宁波市学习平台等录用。

海曙区获2021年度宁波市新生儿遗传代谢病筛查工作先进集体、2022年度宁波市出生缺陷防治科普宣讲技能竞赛团体二等奖、2022年宁波市首届婴幼儿家长养育技能评估竞赛团体一等奖等荣誉。海曙区妇幼保健计划生育服务中心获评浙江省新生儿疾病筛查中心表彰的2021年度新生儿先天性心脏病筛查工作先进集体。

【“两癌”筛查】 2022年，海曙区规范开展，并按要求完成城乡妇女免费“两癌”（乳腺癌和宫颈癌）检查项目，共计筛查乳腺癌3001例、宫颈癌2905例，育龄妇女增补叶酸服用率100%、依从率99.85%。配合省级卫生部门，做好区内初筛及进一步接诊机构信息平台的运行。至年底，省“两癌”信息平台的个案录入率达100%。

【完成首家县级3岁以下婴幼儿照护服务实训基地创建】 2022年7月1日，位于海曙区妇幼保健计划生育服务中心的3岁以下婴幼儿照护服务实训基地创建投用，系宁波市首个县级基地。配备省级师资1名、市级师资2名。精心设计实训基地课程50节、养育小组活动课程40节。每周增开二次营养门诊，由专人负责，通过对孕妇的饮食和运动调查结果进行综合评估分析，给出个性化指导意见，努力降低GDM（妊娠糖尿病）、低出生体重儿、巨大儿的发生率。

（郑　洁）

生育服务

【概况】 2022年，海曙区户籍人口出生2816人，较上一年出生人口数下降9.69%；其中“二孩”812人，占出生人口28.84%，较上年下降3.26%，出生人口孩次结构趋于减少。

持续推进计划生育“最多跑一次”服务管理改革。进一步推广“浙里办”App生育登记，服务窗口生育登记“一证通办”和“全区通办”服务。加强“出生一件事”“婚育户”联办工作的部门协同。全年生育登记2119人，“出生一件事”办理15818件。

继续推进公共场所母婴设施配置标准化建设，公共场所母婴设施新建升级改造62家，配置率100%。其中四星级48个、五星级3个、三星级11个，开展“预防出生缺陷”宣传活动。全区户籍人口性别比为101。

全面落实计生奖励奖扶政策，享受国家（市）级共计6663人，奖扶金额总计799.56万元。享受双女户1559人，奖扶金额总计149.66万元，另有享受区级扩面政策25590人，奖扶金额总计3070.8万元。特扶政策方面，605人享受7200元/人·年的奖扶标准，奖扶金额共计435.6万元，1410人享受9600元/人·年的奖扶标准，奖扶金额共计1353.6万元。8人获得并发症3600元/年/人的扶助标准，金额共计2.88万元。

2022年海曙区生育服务基本情况表

表21

生育服务对象	人数（人）
期末育龄妇女数	137343
期末已婚育龄妇女	96829

（李东琦）

【超额完成宁波市卫生健康委民生工程任务】 2022年，海曙区超额完成宁波市卫生健康委下达的民生工程任务，其中新增托位任务量为820个，实际新增托位977个；开展养育小组进社区、进农村活动任务量为100场，实际开展100场。

【海曙区计划生育协会】 2022年，海曙区计划生育协会以项目化运作模式开展工作。围绕健康主题，在月湖街道迎凤社区建设家庭健康服务中心项目，室内根据不同阶段的健康服务，设计亲子驿站、青春驿站、暖心驿站、养生驿站和分享驿站五大功能区，室外打造设计健康家园长廊，让居民在休闲娱乐的同时接受健康宣传。持续推进青春健康培训项目，指导推荐浙江工商职业技术学院成功申报国家级和宁波市级高校青春健康同伴教育项目点；田莘耕中学青春健康俱乐部被宁波市计生协推荐申报中国计生协"青春健康俱乐部"称号，新拓宁波财经学院为高校项目点。开展相关培训500余场次，惠及9000余人次。对优生优育阵地进行整合，统一向日葵亲子小屋设计版面标识，并制作上墙，镇（乡）街道亲子小屋的覆盖数量达到20家。指导区内各亲子小屋开展各类活动讲座120余场次，受益约1000人次。以"5·29"计生协会员日为契机，设计制作宣传品3000余份，印刷婚育新风海报700张，分发至基层各镇村计生协。

（宫海燕）

医疗管理

【概况】 2022年，海曙区持续以全民健康为目标，以紧密型医联体建设为抓手，不断完善分级诊疗服务体系，深化医疗卫生领域"最多跑一次"改革，强化医疗质量管理，提升医疗服务能力。

发挥牵头医院和核心医院技术辐射带动作用，加强对成员单位的指导，提升基层服务能力。发挥影像、心电远程中心会诊能力，推进智慧医疗。提升医疗质量安全，开展医疗质控飞行检查及院感、病原微生物实验室生物安全等各类专项、联合检查行动。巩固"高山巡回卫生健康服务"品牌，融合群众需求的新元素，打造体系更加完善、内容更加丰富、服务更加贴心的高山巡回卫生健康服务。通过重点学科精准助力扶贫、点对点协同开展健康扶贫、互联网医疗全面保障健康扶贫、特色项目精准对接健康扶贫等，针对性开展帮扶工作。

全区8个学科、13个专科开展第二轮建设。全区各医疗机构获国家级学科立项1项，浙江省医药卫生科技计划项目申报2项；省医学会临床科研基金项目立项1项；宁波市公益类项目立项3项；市县共建学科1项；发表一级论文4篇、二级论文20余篇。2022年内派出规培人员10人次，在培中西医住院医师77名；全科转岗培训4名；县级医院骨干专科医师项目呼吸与危重专业送培1人。

【医疗质量安全管理】 2022年，海曙区进一步强化医疗机构的规范管理，开展综合性飞行质控检查3次，覆盖100余家医疗机构，对存在问题现场及书面反馈，并及时下发通报，要求各被查单位及时落实整改，未查单位也以通报内容为鉴，举一反三及时开展自查工作。定期组织开展医疗质量、院内感染、精麻药品、生物实验室安全等专项检查。提升区级质控中心专业化管理水平，定期开展质控工作会议。定期召开医疗质量分析会、落实医疗质量安全核心制度。开展质控培训及技能竞赛，通过线下或线上开展病历、药事、口腔、护理、院感等质控培训10余场，各级各类医疗机构医务人员参加600余人次。开展药事、检验、护理、院感、门急诊等技能比武，以赛促学，提升医务人员技能水平。

【医疗对口帮扶】 2022年，海曙区陆续有急诊、消化内科、妇产科、骨科的4位专家到四川省凉山彝族自治州喜德县人民医院开展医疗帮扶，在当地完成门急诊3740余人次，抢救危重病例38人次，开展手术381例。同时举

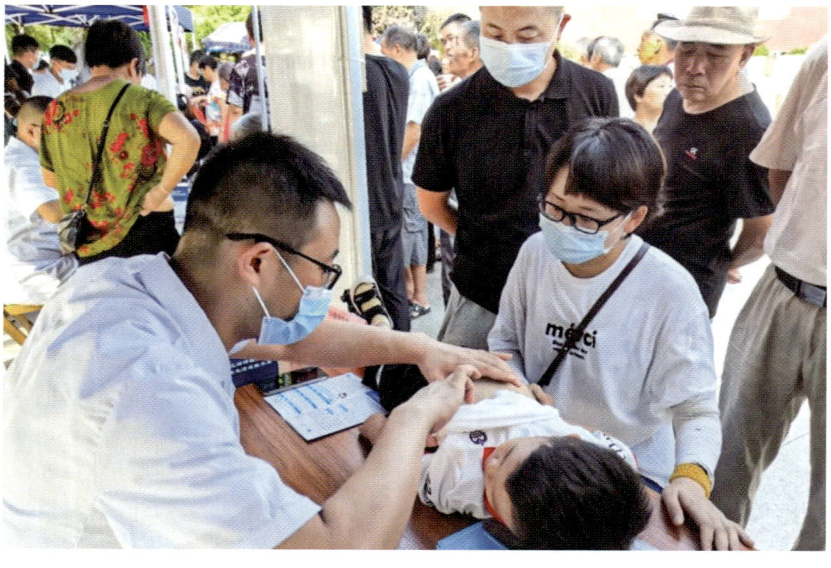

9月3日，在庆元市民广场，海曙区中医院医生乌海华（左一）为当地小朋友检查身体

办多次公益性诊疗活动，包括白内障复明公益行动，为喜德县100名白内障老人进行白内障免费筛查、手术，帮助老人重获光明；3次的海曙—喜德东西部协作医疗专家巡回义诊系列活动等。强化与丽水市庆元县的对口合作，海曙区非物质文化遗产“飞针挑治”植入丽水市庆元县儿科临床服务，采取师带徒模式，为当地中医儿科发展注入海曙元素。组织海曙区名中医专家团庆元义诊活动，传播健康养生理念。6月27—30日，庆元县卫健系统人员到海曙区交流关于庆元慢性病示范区创建、提升基层医疗机构医疗服务能力和公共卫生管理水平等方面的经验，共同推进基层卫生服务综合发展。

【巩固高山巡回医疗服务成效】 2022年，海曙区在原有基础上打造体系更加完善、内容更加丰富、服务更加贴心的高山巡回卫生健康服务。共计派出医务人员514人次，开展高山巡回卫生健康服务共计193次，服务群众15025人次，其中就诊人数6478人次，为行动不便老人提供上门医疗服务417次。落实高山“常态化”疫情防控工作，打造高山“流动微型卫生院”，为高山居民提供涵盖基本医疗，检验检查、家医服务、慢病防治、健康体检、云医院协同门诊、医联体专家实时线上诊疗检查等全面服务。制定高山服务“健康主题月”活动、推出家庭医生“上门服务包”项目、推进远程医疗“一条线”连接、完善优质医疗资源帮扶体系。

【开展“高山服务+”延伸服务】 2022年，章水镇卫生院为使高山医疗健康服务从“巡回”升级为“常驻”，在高山村设置自助微诊室，通过智能化服务，患者实现自助测量血压、体重等，自助问诊，自助取药，该自助微诊室全年接诊2648人次。聚焦偏远山村老年人急、慢性病以及意外安全事故的困扰，采购400余个“云上智健，暖阳共富”智能手表，分发至杖锡片区5个山区村落的群众，筑牢山区老年群体的健康安全屏障。

（李　斌　李军华）

中医中药管理

【概况】 2022年，海曙区落实宁波市《关于促进中医药传承创新发展的实施意见》《海曙区各类骨干医务人员奖励暂行规定》等奖励政策补助近1300万元。海曙区中医医院宁波市传统运动损伤康复中心、中医儿童眼视光中心、陆氏伤科传承基地、宁波市名中医叶立群工作室相继落地。省级名中医陈雷专家团队落户白云街道社区卫生中心，市级名中医孙建红、李宗伟、张元奎团队相继落户海曙二院、石碶街道社区卫生服务中心、鼓楼街道社区卫生服务中心。

9名市级名中医药专家学术经验继承人及18名区级名医（名中医）专家学术经验继承人的继承工作有序开展。新招聘中医药人才19名，其中硕士研究生5名。推进区中医药重点学科、特色学科、非遗和市传统特色学科建设，开展市级名中医传承工作室创建（3项）。整合区域优秀中医药资源及非遗项目，建立海曙区中医特色专科联盟。

中医药发挥在传染病诊疗活动中的功能，发放预防中药成人11323人次、儿童101人次，中成药120盒；提供新冠预防茶饮3000余份、防疫香囊2000余个。

开展中药饮片供应商遴选工作，宁波市鄞州医药药材有限公司、宁波药材股份有限公司、桐君堂药业宁波有限公司、宁波新龙医药有限公司、浙江佐力百草医药有限公司5家供应商中标。

持续推进宁波市中医药特色街区建设工作，加强中医药文化传播，开展“曙色杏林”健康大讲堂项目。开展区首届中医药文化节暨膏方体验日，承办浙江省首届“互联网+中医文化传播”主题活动宁波屠呦呦旧居分会场活动等工作。

【举行浙江省针灸学会2022学术年会】 2022年6月25日，浙江省针灸学会针灸临床专业委员会、针灸现代研究专业委员会2022年学术年会在海曙举行，会聚多位国内知名针灸临床、基础研究的专家和学者，分享国际、国内针灸的最新研究进展和前沿动态。会议间隙，部分与会人员前往海曙区中医医院参观调研，区中医医院针灸推拿科是该院特色科室，也是海曙区重点医学专科。

【“陆氏伤科”入选省非物质文化遗产】 2022年11月，省文旅厅公布第六批省级非物质文化遗产代表性项目，鼓楼街道社区卫生服务中心组织申报的“陆氏伤科”作为传统医药项目成功入选，系海曙唯一。“陆氏伤科”起源于明末清初，距今已有400余年历史，是“甬派中医”代表学术流派之一。传至今，以“注重内外并治、传统祖传手法复

12月，按照国家相关标准要求进行建设的区级亚定点医院投用

位治疗骨折”为突出特色，名声远扬。2017年，宁波陆氏正骨中心（宁波陆氏伤科文化传承基地）落户鼓楼街道社区卫生服务中心，通过扩大门诊业务用房，并购进中药超声透入仪、熏蒸治疗仪等设备，进一步提升治疗效果。

（吕鑫春）

卫生健康改革

【概况】 2022年，海曙区根据重点任务清单及两个医健集团工作要求，稳步推进紧密型医联体建设。至年底，集团内除信息系统外，规章制度、技术规范、质量管理、药品耗材、后勤服务基本实现统一管理。牵头医院和核心医院充分发挥技术辐射带动作用，加强对成员单位的指导，深拓基层特色专科及全、专科联合门诊建设，帮助基层共建专科，提升基层服务能力。

继续扎实推进医疗卫生服务领域“最多跑一次”改革各项便民举措，推动向基层医疗机构延伸覆盖。

发挥影像、心电远程会诊中心能力，推进智慧医疗。全面落实《宁波市推进医疗卫生服务领域数字化改革提升老年患者就医体验工作方案（2021—2023年）》，结合数字化改革，优化就医流程，重点解决包括老年人在内的全人群在就医过程中遇到的困难和问题。

【紧密型医联体建设】 2022年，海曙区构建以市级医院为牵头、区级医院为核心、基层医疗机构为成员单位的“1+1+X”医健集团三级网格化布局。两大医健集团实行一体化、同质化管理，搭建交互平台，建立基层联防联控工作机制，实现信息共享、资源共用、人员共派，并与急救120体系融合，在抗击新冠疫情、常态化防控、应对极端天气等公共卫生应急保障中形成一体五级体系。建立“两员一中心一团队”，分片组团式开展传染病控制、慢病管理、健康教育等，兜住公共卫生网底。建立39个全、专科联合门诊，上级专科医生加入155个家庭医生团队，实现总院专家和基层健康管理的无缝衔接。牵头医院、核心医院的门诊、住院、检查等资源优先向基层医疗机构开放，40%市级专家号源优先供基层转诊预约。区域共享中心形成“基层检查、上级诊断”“基层开单、上级检查”模式，影像中心诊断共计53361人次，心电远程会诊4300人次，较上年同期增加1.46%。加强牵头医院、核心医院优势专科辐射作用，定期派遣医生下沉基层医疗机构，开展坐诊、会诊、查房、讲座等业务指导。

【医疗卫生服务领域“最多跑一次”改革】 2022年，医疗卫生服务领域联动“最多跑一次”改革与数字化改革，优化就医流程，重点解决包括老年人在内的全人群在就医过程中遇到的困难和问题。各区属医疗机构推出适老举措，开通亲属代挂号功能、保留一定比例的当日号源及现场号源，开展现场志愿者服务，专门为老年患者在就医容易发生不便的各个环节提供引导和帮助等。截至2022年底，区级医院门诊智慧结算率达89.12%，病房智慧结算率达95.3%，电子票据覆盖率达100%，基层医疗机构门诊智慧结算、电子票据覆盖率100%，提供便民惠民服务、检查检验报告电子化推送、疫苗预约服务、居家护理服务开展率100%。

【医疗服务行政审批】 至2022年底，区卫生健康局90项权力事项均实现零跑次；“网上办”、“掌上办”、即办、承诺期限压缩比及材料电子化实现率均达到100%。截至2022年底，共办理各类卫生健康行政许可5897件，所有许可件均在规定时间内办结，无行政复议、行政仲裁、行政诉讼案件。

（李军华　许智蕾）

健康教育

【概况】 海曙区全力开展新冠疫情防控应急健康教育工作。组织实施2022年“相约健康社区行”系列健康教育活动，包括社区（村）健康科普知识巡讲、健康素养进农村文化大礼堂、养老机构老年人健康促进活动、公民健康素养宣传展板进社区（村）活动、健康家庭建设活动、中医药健康文化活动。

成立2022年海曙区社区（村）健康素养讲师团，共有讲师223名，包括各卫生院、社区卫生服务中心的妇保、中医、口腔专业技术人员以及临床医生。面向社会公众宣传卫生政策和健康知识，包括预防接种、传染病防治、慢性非传染性疾病防治、健康生活方式、健康素养、楼宇公共卫生等方面的内容。2022年共举办健康素养讲师团讲座504场。

【新冠疫情防控应急健康教育】 利用健康教育云平台，2022年海曙区及时更新市疾控中心上传的各类新冠宣教

9月25日，2022年海曙区“健康达人”评选活动开展急救技能比赛

视频文件，全区140个云平台点位保持全部开机状态。发放画报7800张、折页37100张、报纸120000张，制作微信91条，阅读量372916次，制作小视频16部。云平台140个点位以及各单位发热门诊电视机全天播放新冠疫情防控相关视频93部，播放4070388次，播放时长245782.26小时。全区通过社区微信群或公众号转发健康教育相关电子版文字、图片及音视频类宣传材料。

【开展健康素养进农村文化礼堂活动】2022年，全区建成文化礼堂数量128个，全部礼堂均开展“健康素养进文化礼堂”活动，覆盖率达100%。累计在文化礼堂开展健康讲座278场次，受益人数10345人；提供健康指导、服务129次，参与人数7284人。开展急救技能培训131次，受益人数4531人。强化中医药进文化礼堂频率，累计131次，受益人数5950人。

【拓展楼宇公共卫生特色服务】2022年，各街道社区卫生服务中心在掌握辖区86幢楼宇公共卫生服务情况基础上，为每幢楼宇建立楼宇工作手册。并突出特色楼宇建设，通过“流动健康驿站”、疾病监测、健康知识讲座、健康咨询等，免费在部分楼宇的商务人员开展健康服务。

【健康知识传播】2022年，海曙区及时通过“海曙疾控”微信公众号推出科普推文，传播健康理念。“海曙疾控”微信公众号关注数量达20628人，推出各类科普推文120篇，阅读量达45万余人次，单篇阅读量最高达10万人次。区疾控自制视频56部，其中被“学习强国”学习平台录用11部，单部最高点击量达40万人次。拍摄“阿拉爱健康”视频号作品27部，阅读量达64640人次。

【健康素养水平监测】2022年，海曙区居民健康素养水平为40.91%。健康素养水平总体呈现以下特点：男性高于女性；20～39岁年龄段人群较高，其中30～39岁组最高，而55岁以上年龄段人群较低，其中65～69岁组最低；人群文化程度水平越高，健康素养水平也越高；机关事业单位人员、其他企业人员群体健康素养水平高于其他职业人群，农民健康素养水平最低。

【扩大健康促进学校创建成果】2022年，海曙区成功创建健康促进学校金牌3所、银牌4所。累计有健康促进学校64所，其中铜牌29所、银牌29所、金牌6所，创建比例达到100%。

【支持性环境建设】2022年，全区共申报创建健康支持性环境11家，其中健康小屋2家、健康单位1家、健康步道4条、健康家庭1家、健康餐厅1家、健康食堂2家。截至2022年底，全区累计创建十二大类健康支持性环境185个，其中健康社区28个、健康单位26个、健康食堂39个、健康餐厅19个、健康步道24条、健康小屋（加油站）19个、健康主题公园7个、健康学校19所、健康家庭2家、健康社团1家、健康一条街1条。

【实施营养传播行动计划】2022年5月20日，宁波市全民营养周暨“5·20”学生营养日启动仪式在古林镇中心小学举办，活动旨在提倡合理膳食、营养配餐、吃动平衡，会烹会选、会看标签，知营养、会运动、防肥胖、促健康。为深入推进国民营养计划实施，提高儿童青少年的健康素养和营养健康水平，区疾控中心拍摄制作营养科普视频《鸡蛋知多少》，获得宁波市合理膳食行动暨第一届中小学食育大赛二等奖。结合“会烹会选 会看标签”的活动主题，制作《您会看食品标签吗》宣传视频，普及正确解读食品圈的语言文字。

（柯钦杰）

爱国卫生运动

【概况】2022年，海曙区以爱国卫生运动开展70周年为重要节点，以全力提升城乡人居环境质量、深入倡导文明健康绿色环保生活方式、全域推进卫生城镇创建和健康村镇建设、科学开展病媒生物防制、扎实推进无烟环境建设为主要内容，统筹推进全区爱国卫生各项工作。4月，以“文明健康 绿色环保”为主题集中开展第34个爱国卫生月活动。5月，以“烟草威胁环境”为主题开展第35个世界无烟日宣传活动。高分通过国家卫生城市省级综合评估，8个卫生乡镇国卫镇量化等级评估全部达到良好等级。年度新创省级卫生村53家，省卫生村建设率达到84%，建成除四害村9个，年度新创市级无烟单位99家，省级健康村62个，卫生创建成果得到进一步巩固提升。

【“爱国卫生月”活动】2022年4月，海曙区围绕“文明健康 绿色环保”第34个爱国卫生月主题，开展“文明健

5月31日，海曙区开展“烟草威胁环境”宣传活动

康传理念”科普宣教、“百日攻坚强整治”环境提升、“清洁家园除病媒”专项防制、“爱卫70周年来讲述”主题宣传四大板块主题系列活动，全面营造文明健康小环境，筑牢疫情防控大防线。

【“世界无烟日”活动】 2022年5月31日是第35个世界无烟日，主题是“烟草威胁环境”。着眼公共场所控烟，实施控烟专项整治行动，承办宁波市推进健康宁波控烟限酒行动暨第35个世界无烟日主题宣传活动，发布《对一支香烟的审判》诗歌、控烟动漫视频、“街头巷尾话健康”第35个世界无烟日专题视频、“大白视频间”快板式短视频等系列原创控烟宣教作品。

（褚婷婷）

8月1日，区献血办举行“迎八一　献热血”活动

无偿献血

【概况】 2022年，全区共完成无偿献血8657人，累计献血量为11984.5人份（每人份按200毫升计）。参与捐献机采血小板530人次，捐献血量为658个治疗单位。建立涉及政府机关、卫生系统、企事业单位等5支无偿献血应急流动血库保障队伍继续成为海曙区应急用血的重要保障。

【无偿献血活动】 2022年1月19日，宁波海关组织开展无偿献血活动，关区共有250多名干部职工报名参加，195人成功献血，共计献血量达到64600毫升。8月1日，区献血办在鼓楼献血屋举办“八一退役老兵无偿献血”活动，有18位退役老兵献血成功，献血量6000毫升。

（汪　赟）

人力资源和社会保障

综 述

【概况】 2022年，海曙区城镇新增就业23858人，城镇失业人员再就业18247人，就业困难人员再就业2295人，城镇登记失业率2.22%。发放创业担保贷款8210万元，贷款规模全市第一；拨付就业补助资金1.49亿元。实现企业职工养老保险全国统筹，户籍人口养老保险参保率99.7%。“甬江人才工程”入选量位居全市第二。实现人力资源产业营业收入220.7亿元，同比增长39.2%。

推进“和谐同行”行动计划，劳动用工体检服务企业400余家，培训劳动关系协调员760人，调查283家企业薪酬，进入5000余家企业进行劳动普法。完成电子劳动合同2.16万余份，应用企事业单位260余家。

深化“无欠薪”建设，开展10场专项治理行动。受理各类投诉举报和欠薪线索件4415件，结案率100%。创新“共享法庭”“网络办案”“仲裁进企业”等仲裁调解工作方式，共计处理案件1991件，仲裁结案率、调解成功率、网络办案率分别为95.6%、85.9%和48.5%。

【海曙区劳动人事仲裁“共享法庭”】 2022年7月20日，海曙区劳动人事仲裁“共享法庭”挂牌成立，这是海曙区劳动仲裁与海曙区人民法院共同化解劳动纠纷资源融合的新亮点，也是海曙区劳动纠纷“一站式”多元化解劳动纠纷的新探索。“共享法庭”依托一根网线、一块显示屏，突破时空距离，让司法服务“瞬间移动”到群众身边，挂牌成立后，该区劳动仲裁院与区人民法院首次联合处理劳资纠纷，并成功化解矛盾，30余名劳动者拿到被拖欠的19万元薪资。

（刘　平）

7月20日，海曙区劳动人事争议仲裁“共享法庭”揭牌成立

人才工作

【概况】 2022年，海曙区继续深化“百创汇海”计划，“甬江人才工程”入选量全市第二。新建省级博士后工作站5家，新增3家国家级博士后工作站，新招引进站博士后26人。出台《关于深化“匠心汇海”技能人才提升计划加快新时代海曙工匠队伍建设的实施意见》，完成职业技能培训44000人次，新增技能人才11848人、高技能人才5895人。发放购房补贴7518.99万元，新引进大学生2.4万人。

【海曙区青年技能人才招聘服务月活动】 2022年4月21日，“乐业海曙·一起向未来”海曙区青年技能人才招聘服务月（浙江工商职业技术学院专场）活动启动。该活动由区人力社保局和浙江工商职业技术学院联合主办，从4月21日持续到5月20日，在1个月时间里通过云端招聘会、视频面试会、学徒制实习对接交流会等形式，搭建企业和高校毕业生对接平台。

【海曙区首场重点企业直播带岗宣讲会】 2022年4月27日，海曙区首场重点企业直播带岗宣讲会河南大学专场开播，杉杉物产集团有限公司、宁波宁兴控股股份有限公司和宁波三生生物科技股份有限公司3家区内重点企业推出近30个岗位，在两个小时的直播时间里，累计浏览量超万人次，近百人线上投递简历和求职意向。

【海曙工程师（工匠）学院】 2022年6月24日，海曙工程师（工匠）学院签约和启动大会在浙江工商职业技术学院举行。浙江工商职业技术学院校长周志春和区人力社保局局长钟金龙进行海曙工程师（工匠）学院签约；浙江工商职业技术学院副校长应晓清与海曙区两家职工培训（继续教育）基地签约。会议还为海曙工程师（工匠）学院名誉院长、院长、副院长颁发证书。海曙工程师（工匠）学院首届“匠苗”培训班同步开班。

【2022年宁波市“世界青年技能日”主题宣传活动】 2022年7月15日，由市人力社保局、区人民政府主办，区人力社保局、市人才培训中心承办的2022年宁波市“世界青年技能日”主题宣传活动在海曙印象城举办，活动以“技能谋新篇·青年助先行”为主题，涵盖技能展示、市民体验互动、成果宣传、政策咨询等内容。

（刘　平）

就业创业

【概况】 2022年，海曙区实施支持企业留工优工促生产政策，发放留工优工补贴2793万元，涉及员工7.07万人。推进失业保险稳岗返还政策“免申即享”，兑付失业保险稳岗返还2.35亿元，惠及企业28517家，规模全市第一。为餐饮、零售、旅游、民航、公路水路铁路运输五大特困行业的7554家企业发放首批一次性留工培训补助2950.9万元，金额全市第一。发放创业补贴3527.8万元，惠及企业5646家。发放创业担保贷款8210万元，惠及247个市场主体，资金规模全市第一；落实个人创业担保贷款贴息275.68万元。

开展东西部对口劳务协作，新招用四川凉山喜德籍务工人员571人，东西部劳务协作相关案例入选宁波市对口工作重点打造“金名片”典型案例清单。创建“红帮裁缝”和“生活服务灵活就业”劳务品牌，“红帮裁缝”劳务品牌代言人何先撑入选“全国特色劳务品牌形象代言人”，并参加全国劳务品牌发展大会，为全省唯一。

【就业见习示范基地建设】 2022年1月，浙江省人社厅公布第五批省级就业见习示范基地名单，海曙企业宁波市政工程建设集团股份有限公司入选。至此，全区共有102家大学生就业实践（示范）基地，其中省级示范基地2家、市级示范基地17家、市级实践基地14家、区级实践基地70家。

【劳务协作对接】 2022年2月13日，区人力社保局劳务协作小分队赴贵州省黔西南州贞丰县开展劳务对接。活动期间，小分队到贵州、江西、四川、湖北等四省八地开展劳务协作，对海曙区50余家重点企业3479个优质岗位信息进行推介。其中，在湖北省襄阳市春风行动暨三安行动招聘会上，专设海曙企业专区，对海曙区医疗卫生、医药化工、机械加工等行业51家重点企业进行岗位推介。

【2022新春万企引才月“春风行动助优工”现场招聘活动】 2022年2月16日，由市人力社保局、区人民政府主办的2022新春万企引才月“春风行动助优工”火车站广场人力资源供需对接会在铁路宁波站南广场开幕。52家甬城企业联袂推出350余个岗位，截至当天下午5点，参会单位与130余名求职人员达成初步意向。

【2022年海曙—喜德“东西部协作”劳务输出专场招聘会】 2022年7月12日，2022年海曙—喜德“东西部协作”劳务输出专场招聘会在四川省凉山州喜德县彝欣社区举办。区人力社保局组织21家企业提供1000余个岗位需求，其中8家企业参加现场招聘，喜德县300余人参与。

【2022宁波公益家政集市暨海曙区一老一小紧缺人才灵活就业对接会】 2022年8月26日，由市委社会建设委员会指导，市人力社保局、市商务局联合主办，区人力社保局、区妇联、宁波市成功育婴职业培训学校协办的就业援助·暖心活动“找家政、做家政”2022宁波公益家政集市暨海曙区一老一小紧缺人才灵活就业对接会在网上举行。在81890e企播直播间里，来自区人力社保局的工作人员及区内5家家政企业的负责人担任“主播”，推介行业政策、职业技能培训、家政岗位、家政服务项目等内容，吸引3400余人观看，120余人在线求职登记。

（刘　平）

7月12日，海曙—喜德“东西部协作”劳务输出专场招聘会在喜德举行

社会保障

【概况】 2022年，海曙区户籍人员养老保险参保率99.7%，居全市前列。企业职工社保缴费单位4.48万家，养老保险、工伤保险缴费人数分别为40.32万人、48.08万人，各项待遇领取人数累计221.24万人次，待遇发放总额53.63亿元。落实阶段性社会保险费缓缴政策，为250家单位办理社保费月缓缴额3968万元，涉及人数3.59万人。

【企业职工基本养老保险全国统筹现场推进会】 2022年4月18日，区人力社保局召开企业职工基本养老保险全国统筹现场推进会。会议分析企业职工基本养老保险全国统筹工作面临的困难问题，对下阶段工作进行部署安排。

【社保卡业务“云培训”】 2022年5月6日，区人力社保局通过“云培训”形式对辖区内59个社保卡合作银行经办网点的118名工作人员开展社保卡业务线上培训。本次培训依托“钉钉”网络平台，结合PPT讲解和互动答疑的方式，对社保卡业务和制卡机相关技术等问题进行解答。在授课过程中，参加培训人员与授课老师聚焦社保卡政策，就10年到期卡更换问题、换卡后银行卡号备案问题、社保卡变更银行操作流程、跨省通办社保卡启用问题等常见疑难进行了意见交流。

【企业职工养老保险全国统筹】 2022年5月13日，区人力社保局启用企业职工基本养老保险全国系统，意味着海曙区企业职工基本养老保险实现全国统筹。全国统筹系统上线后，养老保险跨省、跨市转移手续相较此前发生变化，参保人员省内跨区域在企业间流动就业的，基本养老保险关系无须办理实时转移和归集，系统可自动累计缴费年限。在企业与机关事业单位之间流动或跨省就业流动的，仍需办理养老保险关系转移接续手续。

（刘　平）

4月18日，区人力社保局召开企业职工基本养老保险全国统筹现场推进会

劳动关系

【概况】 2022年，海曙区继续深化“无欠薪”建设，开展“绿色治欠”除险保安、漠视侵害群众利益问题专项治理等专项治理行动，受理各类投诉举报和欠薪线索件4415件，结案率100%。

实施“和谐同行”三年行动计划，开展劳动用工体检，推广应用电子劳动合同，推进和谐劳动关系创建活动，1家企业荣获“全国和谐劳动关系创建示范企业”。

加强劳动争议纠纷化解，共计处理案件1991件，仲裁结案率、调解成功率、网络办案率分别达95.6%、85.8%和48.5%。

【欠薪投诉集中接访活动】 2022年1月11日，海曙区根治欠薪工作领导小组在区社会矛盾纠纷调处化解中心组织开展欠薪投诉集中接访活动，当日接待来访群众5批61人次。现场解决欠薪隐患、纠纷3件，涉及金额42.67万元。

【人社部企业工资分配专题调研】 2022年2月27日，人社部劳动关系司一行到海曙区开展企业工资分配专题调研。调研组走访宁波雅戈尔集团，参观企业党群服务中心，并主持召开座谈会，听取企业工资分配情况汇报。

【劳动人事争议案件处理工作连续九年获评省级先进】 2022年4月18日，根据《浙江省人力资源和社会保障厅关于表扬2021年全省劳动人事争议案件处理工作成绩突出集体和个人的通报》，区人力社保局获评2021年度全省劳动人事争议案件处理工作成绩突出单位，至此，区人力社保局劳动人事争议案件处理工作已连续九年获评省级先进。根据通报，区人力社保局郑巩席获评2021年度全省劳动人事争议案件处理工作成绩突出仲裁员，月湖街道劳动人事争议调解中心获评2021年度全省劳动人事争议案件处理工作成绩突出基层调解组织，西门街道劳动人事争议调解中心洪云涛获评2021年度全省劳动人事争议案件处理工作成绩突出调解员。

（刘　平）

人事管理

【概况】 2022年，海曙区加大事业单位干部队伍储备力度，组织相关事业单位人员招考工作，完成报到人员274人。全省事业单位人事工资管理服务系统信息完整度达99.46%。机关事业单位养老保险制度改革、事业单位人员工资等工作开展有序。

【新聘用事业人员岗前培训班】 2022年2月28日，海曙区新聘用事业人员岗前培训班开班，全区168名新录用事业人员参训。培训班持续到3月4日，采取理论授课与实务培训相结合的方式进行，邀请市委党校、市委机要保密局、区委政研室等相关单位专业人员现场授课，还邀请浙江省担当作为好干部、宁波市最美公务员等标兵模范分享先进事迹，整体课程既有对习近平新时代中国特色社会主义思想的解读，也有海曙区情区貌的规划解读。培训期间，区人力社保局联合区委组织部举办“我为卓越城区贡献青春力量座谈会”，20余名新入职的年轻事业干部就入职以来的所思、所感展开发言交流。

【面向2022届优秀毕业生选聘高层次紧缺人才】 2022年3月4—6日，海曙区面向2022届优秀毕业生选聘高层次紧缺人才，经资格确认、笔试、面试三项环节，最终44名考生进入体检环节，男女比例达1:1，各项人才指标实现较大突破。其中，来自C9联盟高校12名，较上年增长50%。

（刘　平）

流动人口服务管理

【概况】 2022年，海曙区共有登记流动人口58.76万人，总量位居全市第五。按性别分，男性32.86万人，女性25.90万人；按年龄分，16周岁以下5.34万人，16～60周岁50.65万人，60周岁以上2.77万人；按学历分，本科及以上学历2.83万人，大专3.98万人，高中（中专、中技、技工学校）8.54万人，初中及以下43.41万人。主要来源地（省）：浙江省、安徽省、江西省、四川省、河南省、贵州省、湖南省。到宁波时长：半年以下——12.22万人；半年至一年——9.82万人；一年至五年——23.75万人；五年以上——12.97万人。

按照权利义务对等、保障基本权益、积分梯度服务的原则，制定出台《宁波市海曙区人民政府办公室关于实施流动人口量化积分管理的通知》。全年共有24户流动人口家庭共55人办理积分落户。

推进流动人口量化积分的公共服务能力持续提升，全区中小学共接纳流动人口随迁子女36962人，其中在公办学校就读人数为35916人，流动人口随迁子女入读公办学校比例为97.17%；新招收流动人口随迁子女7225人，其中小学4022人，初中3203人。根据《海曙区规范民办义务教育工作方案》要求，5所流动人口随迁子女学校转为公办。将符合条件的流动人口子女纳入公益普惠性学前教育公共服务体系，符合条件流动人口随迁子女普惠性学前教育入园率为91.1%。提高流动人口租赁补贴，金额比例达18%，已有1541户流动人口享受住房保障政策，其中配租121户，租赁补贴1420户。逐步扩大住房保障覆盖面，将存在住房困难的环卫工人等一线公共服务行业人员纳入住房保障体系，全年新增补贴保障家庭952户（1145人），新增保障数量居全市前列。

【推动企业流动人口自主申报管理】 2022年，海曙区开展用工企业流动人口自主申报，通过强化“警企共建”，全面掌握企业内部流动人口底数，提高基础信息鲜活度，实现流动人口管理“社会化、信息化、精准化”，有效保障全区企业安全用工环境。实现用工企业流动人口员工居住登记“零跑腿”，切实提高全区流动人口服务管理水平。

【拓展流动人口量化积分应用服务】 2022年，在原有积分入学、落户和公租房保障3项应用基础上，海曙区首次推出积分体检、“大手拉小手”亲子活动、子女享“天一甬宁保”等4项积分应用，全年累计实施积分应用7项，惠及流动人口1万余人。

【承接全市流动人口量化积分应用场景建设】 2022年，海曙区以宁波市唯一入选省文化和旅游促进人民群众精神富有试点为契机，在“浙里新市民”管理平台建设上线“书香识甬”文旅服务应用场景，以阅读为切入点，大力推广阅读促流动人口精神共富。

【优化流动人口服务流程】 2022年，区流管办、区政务服务办、海曙公安分局、区住建局、区教育局等部门推出“曙居易”流动人口一件事联办。通过厘清办事链条，将流动人口子女入学、公租房申请、积分落户、健康体检等15种公共服务的流程梳理成办事路径一张图，为流动人口提供全过程流程指引，群众可根据自身情况对号入座。同时，整合流动人口量化积分申评相关7个主要事项、17个拓展事项的政务服务信息，编制一事联办手册和网办操作指南，手把手引导群众办事。年内，此项措施服务900余人，有效提高申报审核通过率。

【“数智流管”工作试点项目】 2022年，白云街道（奥创中心）承接公寓楼“数智流管”工作试点项目。试点工作以数字化改革为抓手，加强技防建设，通过数据、算法和模型，自动推送涉违法犯罪人员和未登记人员信息，全面掌握人员和出租房屋底数，净化公寓楼居住环境、优化治安环境。同时，通过压实社区、业委会、物业、出租方四方责任，会同综治、应急、消防等部门，开展综合整治、系统治理，在排摸厘清公寓楼住户基础上，建立流动人口服务站，提供就业指导、卫生健康、法律援助等咨询服务，力争打造公寓楼流动人口服务管理品牌。

（叶少艾）

社会生活

人民生活

【概况】 2022年，海曙区居民人均可支配收入74504元，比上年同期增长4.9%。其中，城镇居民人均可支配收入81600元，增长4.4%；农村居民人均可支配收入46504元，增长6.4%。海曙区的城乡收入比为1.75:1。

表22　2012—2022年海曙区城镇居民人均可支配收入及增长速度情况表

年份	城镇居民可支配收入（元）	增长速度
2012	39251	11.3%
2013	43215	10.1%
2014	47190	9.2%
2015	51201	8.5%
2016	55127	7.7%
2017	59482	7.9%
2018	63636	7.9%
2019	68641	7.9%
2020	71391	4.0%
2021	78195	9.5%
2022	81600	4.4%

表23　2012—2022年海曙区农村居民人均可支配收入及增长速度情况表

年份	农村居民可支配收入（元）	增长速度
2012	20727	12.3%
2013	23236	12.1%
2014	25815	11.1%
2015	28087	11.1%
2016	30346	8.0%
2017	32743	7.9%
2018	33997	9.0%
2019	37199	9.4%
2020	39888	7.2%
2021	43689	9.5%
2022	46504	6.4%

全体居民人均生活消费支出46777元，其中城镇居民人均生活消费支出50842元，恩格尔系数为26.1%，比上年同期提高0.6个百分点；农村居民人均生活消费支出30736元，恩格尔系数为29.5%，比上年同期提高0.5个百分点。

【城镇常住居民人均可支配收入】 2022年，海曙区城镇居民人均工资性收入43796元，占城镇居民人均可支配收入53.7%；人均经营净收入13111元，占城镇居民人均可支配收入16.1%；人均财产净收入11597元，占城镇居民人均可支配收入14.2%；人均转移净收入13096元，占城镇居民人均可支配收入16.0%。

【农村常住居民人均可支配收入】 2022年，海曙区农村居民人均工资性收入25208元，占农村居民人均可支配收入54.2%；人均经营净收入9033元，占农村居民人均可支配收入19.4%；人均财产净收入3654元，占农村居民人均可支配收入7.9%；人均转移净收入8609元，占农村居民人均可支配收入的18.5%。

【城镇常住居民消费支出】 2022年，海曙区城镇居民人均消费支出50842元。其中，居住支出16529元、食品烟酒支出13245元，分别占城镇居民人均消费支出的32.5%和26.1%，是城镇居民消费支出中最大的两个组成部分；交通通信支出6558元，教育文化娱乐支出4270元，医疗保健支出4015元。每百户家庭拥有汽车62辆；拥有移动电话219部；拥有计算机87台。

【农村常住居民消费支出】 2022年，海曙区农村居民人均消费支出30736元，其中居住支出9874元、食品烟酒支出9052元，分别占农村居民人均消费支出的32.1%和29.5%，是农村居民消费支出中最大的两个组成部分；交通通信支出3135元，教育文化娱乐支出2718元，医疗保健支出2866元。每百户家庭拥有汽车45辆；拥有移动电话219部；拥有计算机34台。

（陈　娜）

5月31日，海曙区举行首届骨灰免费树葬仪式

民政工作

【概况】 2022年，海曙区新增社会组织31家，其中社会团体3家、民办非企业单位28家。累计有社会组织905家，其中社会团体155家、民办非企业单位749家、基金会1家。2022年，海曙区社会工作者职业水平考试报名人数为2271人，以线下集中培训的方式开展社会工作者职业水平考试考前培训20余场，累计参与培训3000余人次，新增持证社会工作专业人才541人。《宁波市海曙区社会工作助力城乡融合发展的实践研究》获宁波市民政优秀调研论文三等奖。《浙江宁波：调动社会资源 助推城乡携手奔向共富路》获《人民日报》等上级媒体报道。海曙区社工协会启新之家服务中心拍摄的短片《披荆斩棘的人生》登上《中国社会工作》官方视频号。

海曙区结婚登记4943对，办理离婚申请1866对，离婚登记1138对，补领（办）结婚证31852对、离婚证149对。8月9日，海曙区婚姻登记中心获评全省5A级婚姻登记机关。10月，荣获首届“浙江省十佳婚姻登记机关”称号。

至2022年底，共有低保对象2647户3420人，低边对象231户387人，特困人员159人，孤儿6人，困境儿童350人（其中事实无人抚养89人），留守儿童3人。“物质+服务”社会救助改革入选省共同富裕第二批试点。“链上救助”模式获宁波市优秀社会救助案例评选一等奖。“志愿者+”暖心帮扶入选省民政数字化改革试点。

殡葬领域执法1起（古林镇三星村未经批准擅自建造殡葬设施案）。社会组织领域执法3起，撤销登记宁波市海曙区职业技能培训和鉴定协会、宁波市海曙区韦博培训学校、宁波市海曙区新韵培训学校。全年发放各项惠民殡葬资金补助6223616元，下拨生态安葬补助资金1441180元，补贴539人次；免除基本殡仪费用4782436元，补贴4148人。年内，指导龙观凤凰山生态墓园完成省第二批公益性节地生态安葬示范点创建工作。

【“志愿者+”暖心帮扶入选省民政数字化改革试点】 2022年3月1日，省民政厅发布民政系统2022年数字化改革重大应用建设试点单位，海曙区“志愿者+”暖心帮扶入选“浙有众扶”板块“谁来帮”多元参与共治应用场景的建设。此次入选试点的项目主要涉及志愿需求链接、志愿项目链接和志愿活动链接三大场景建设。其中，志愿需求链接场景是将群众的需求分类后链接到“志愿浙江”平台，由“志愿浙江”平台上的志愿组织主动按需提供服务；志愿项目链接场景则是将“志愿浙江”平台的志愿项目链接到项目系统，群众可按需申请“志愿项目”。

【开展公益性公墓附属设施建设改造工作】 2022年3月15日，区民政局联合区财政局发文《海曙区公益性公墓附属设施建设改造专项资金补助办法》，在已推进实施2年基础上，力争3年实现全区老墓地附属设施进行升级改造全覆盖。2022年度，共争取财政补助资金100万元，指导乡镇完成6个墓地的附属设施升级改造。

【海曙区社会工作站“牵手计划”】 2022年3月，海曙区社会工作站“牵手计划”项目启动暨主题培训活动举行，5家优秀社工站与5家新建社工站结对共建。全年共开展海曙区社会工作站“牵手计划”主题培训及建设交流研讨会11场，强化社会工作站社会支持系统，构建海曙区社会工作站体系，提升专业服务能力，加快专业人才培养，推动基层各方联动。

【“物质+服务”社会救助项目入选省级试点名单】 2022年6月15日，海曙区“物质+服务”社会救助项目入选省共同富裕示范区第二批试点名单。“物质+服务”社会救助，以政府购买、推进志愿服务等方式，为困难群众提供生活照料、精神慰藉、心理疏导等55项服务，改变以往“给点钱了事”的工作方法，更好满足困难群众对美好生活的向往。

【海曙区社会组织党员公益日暨“红曙云助农”启动】 2022年6月28日，海

6月28日，“红曙云助农”公益集市

曙区委直属机关工委、龙观乡党委、海曙区民政局等联合举办海曙区社会组织党员公益日暨“红曙云助农”启动仪式。项目自启动以来，吸纳12名团长陆续加入，共建成9个海曙“名特优新”农产品基层提货点和26个果蔬提货点，对接推广多个农产品项目。“红曙助农”直播间完成线上直播40余场，推动城乡融合从1.0模式升级至2.0模式。

【入选省现代社区“五社联动”提质增效行动试点单位】 2022年7月，省民政厅开展现代社区建设改革攻坚项目试点，海曙区入选省“五社联动”提质增效行动试点单位，系全市唯一。试点将健全完善以社区为平台、社会工作者为支撑、社会组织为载体、社区志愿者为辅助、社区公益慈善资源为补充的新型社区治理机制，推动“五社”有机融合，更好发挥多元主体参与社区治理和服务的功能，建设“共建共治共享”的社区治理共同体。

【创建全省5A级婚姻登记机关等荣誉】 2022年8月，海曙区婚姻登记中心成功创建全省5A级婚姻登记机关。11月，再获省民政厅公布的首届“十佳婚姻登记机关”称号。该中心围绕“婚姻服务阵地标准化，婚姻登记队伍规范化，婚俗改革创新多元化”的工作目标，实行婚姻集中登记，初审、受理、审查、登记、颁证“一条龙”的贴心服务，用五心标准获得群众认可。同时，在婚姻登记机关规范化、标准化建设方面也取得一定成效。

（陈梦雅）

基层民主自治和社区建设

【概况】 2022年，海曙区有社区108个、行政村164个，城镇居委会5个，有社区专职工作者1157人。

建强基层治理力量队伍，年度公开招聘两批社工，实际到岗158名，选录43名，另有90名已由现有党务专职工作者转录。截至年底，全区共有专职社区工作者1157名，实现每万城镇常住人口拥有社区工作者19.48名。加强专业支持，分层次开展社工赋能培训活动。出台薪酬保障、定向招录公务员（事业）编制、岗位职级补贴等关心关爱制度，社工关心关爱“暖心八条”获得《宁波日报》报道。社会工作职业资格证书持证率达70.3%。

2022年，新建4个“易进入、可互动、能共享”的居民会客厅。聚合社区多种民生服务，4个社区服务综合体开工建设，计划于2023年投入运营。完成白云街道市级智慧社区试点和集士港镇第二批市级城乡社区治理和服务创新实验区试点验收。完成7个省级农村引领型社区验收工作。新增10个清廉社区，实现清廉社区全覆盖。

年内，《共同富裕背景下的社区治理创新实践》一文刊登于《民政文选》，《海曙区以“统分沉”改革筑强最小单元党建高地》一文刊登于《浙江信息》。月湖街道迎凤社区被民政部授予全国先进基层群众性自治组织称号。

【新社区设立及部分社区辖区范围调整】 2022年4月，海曙区政府通过关于古林镇社区范围调整及石碶街道江上社区设立事项的请示。11月，完成望春街道广安社区和高桥镇蒲馨社区两个特大社区拆分工作，达成现代社区建设任务中，关于2022年底前完成6000户以上融合性大社区规模调整工作的目标。年内，洞桥镇新成立一个社区。江厦街道郡庙社区和新街社区进行规模调整，新成立两个商业社区，以满足基层治理的实际需求。

6月9日，2022年海曙区新社工能力建设培训举办

7月，古林撤镇设街调研会召开

【首届社区治理创新项目评选】2022年10月，为进一步实现全区社区治理的项目化运作、社会化动员、制度化保障和常态化发展，海曙区开展首届社区治理创新项目评选活动。经过初筛，16个项目入围评选大赛，区民政局组织专家对各个项目进行实地走访与评审打分，最终产生大赛各奖项。

【第三批省社区治理和服务创新实验区终期验收获评优秀】2022年12月，省民政厅专家组到海曙开展第三批省级社区治理和服务创新实验区评估验收。专家组进行实地走访，并听取了邻e家系统现场演示汇报，多角度对海曙基层治理和社区建设情况进行考察，肯定海曙区的社区治理工作，海曙区以"统分沉"改革为核心的实验区工作获评优秀。

【推进社区管理体制改革】2022年，区民政局牵头，结合本地社区的实际，推进社区管理体制改革。7月，重点开展定类型编码、定组织架构、定保障机制工作。9月，为推进城乡社区分类治理工作，按照社区类型，将辖区社区分为拆迁安置、村改居、商品房、商住混合型4大类，并按照不同类型梳理社区治理三张清单，提炼出优秀社区工作法。

（张晓妍）

医疗保障

【概况】2022年，海曙区医疗保险参保总人数74.18万人，其中，职工基本医保参保总人数53.03万人，居民医保总参保人数21.62万人。户籍人口参保率达到99.88%，困难群众参保率达到100%。辖区监管定点医药机构525家，其中，定点医疗机构172家、定点零售药店353家。年内医保事项经办超过52万件。区医疗保障局获评2021年度省医保系统工作先进（优秀）单位；区医保中心获省级医疗保障服务窗口示范点、省巾帼文明岗等荣誉称号。

【医保电子凭证全业务流程应用】2022年，海曙区推进医保电子凭证全业务流程应用，全区二级及以上定点医疗机构全流程使用改造完成率100%。强化部门协同，按月重点通报公立医疗机构年结算率和其他月结算率未达标的医药机构。截至年底，全区医保电子凭证年结算率为46.15%。组织12家二级医疗机构参与市级首轮医保移动支付建设。

【深化长期护理保险试点】2022年，海曙区在全市率先开展长期护理保险制度试点。以白云街道为样板，创建"区—街道—社区"三级服务体系，形成区域"递进式三轮入户访视制度"。组建失能等级评估委员会，建立由142名专家组成的评估人员库，完成1.5万余人的生活能力评估，评定60周岁以上重度失能老人1501人。组织完成七批次的长护失能等级评估和抽查复评工作，至年底，已累计有1357人享受长护险待遇。区医疗保障局委托专业机构编纂《长期护理保险生活照料护理服务手册》（以下简称《手册》）作为长护险技术规范，同时，制作形成长护服务"文字+视频+题库"三合一的融媒体教材，通过标准化的演示，充分展示《手册》内容。

【种植牙政策落地惠民】2022年，海曙区严选宁波口腔医院、海曙牙科医院、尚善口腔等18家机构参与种植牙限价支付改革，遴选出沃兰、百康特、DIO、创英等5个推荐品牌，由医院进行带量集采，确保备货充足。全方位宣传医保种植牙政策，并发动全区近500家"两定机构"配合政策诠释工作。截至年底，海曙区结算医保种植牙580余颗，按照平均降幅60%计算，累计为群众减轻医疗负担超145万元。

4月26日，海曙区开展种植牙承诺书签约仪式

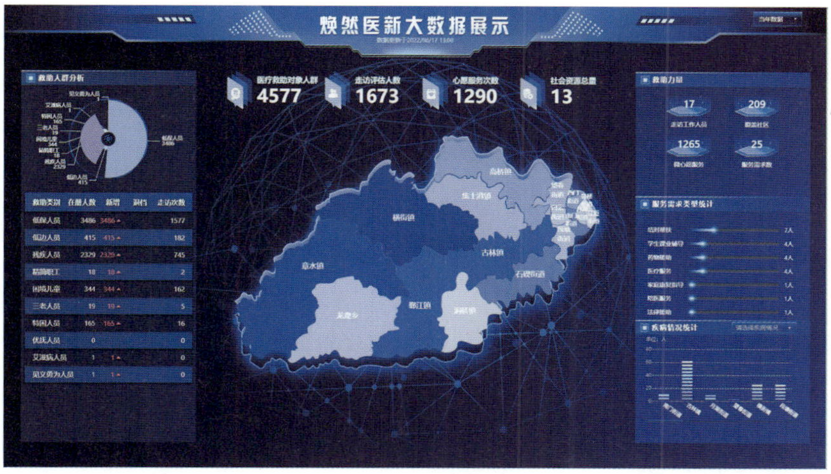

“焕然医新”数字化场景

【筑牢医保基金监管屏障】2022年，海曙区在全市率先开启分级分类信用监管新模式，建立第三方责任医疗费用的联合审查机制，全年实现医保基金案件数量、追回费用的“双提升”。审核定点医药机构票据1060.1万条，涉及金额近20亿元，不予支付医保基金136.43万元。现场检查定点医药机构317家，查处违规医药机构83家、参保人3人、违规医保医师2人，追回医保基金115.90万元。根据《医疗保障基金使用监督管理条例》，办理完成行政处罚案件4起，罚款1.90万元，向公安部门移交涉嫌欺诈骗保案件4起。受理投诉举报80余件，兑现举报奖励2起。

【“焕然医新”项目】2022年，海曙区“焕然医新”数字化应用场景上线，在原有“一库五制”基础上，实现全周期、数字化服务体系，打造医疗救助对象精准画像。一年来项目组电话回访、现场走访2300余户，覆盖230个村（社），链接社会资源12个，持续推进医疗资源共同体建设。项目入选海曙区共富实践案例，实施情况得到《人民政协报》等新闻媒体关注报道。

【“互联网+医保”经办服务】2022年，全区医保事项全部纳入区行政服务中心窗口受理范围，在“一窗通办”的基础上，联合工会、税务等部门入驻医保窗口，方便群众工会救助、参保缴费“一站式”联办。线上推行“网上办”“掌上办”，联合81890创新服务渠道，开设“81890180”专线（谐音“拨一拨就灵医保灵”），打造24小时“不打烊”的医保服务。线下实施“容缺受理”“一次性告知”等服务，避免群众往返跑。

【医疗保障服务三级经办体系建设】2022年，海曙区依托“区+镇（乡）街道+村（社）”三级服务网络，按照“应放尽放”原则，包括退休医保补缴和零星报销业务在内的24个经办事项，全部延伸至镇（乡）街道，基层平台办件量占比达到36.7%。深入偏远村（社区），在章水镇建立大皎、杖锡2个高山服务点，让高山居民“不下山”办医保，打造具有海曙特色的15分钟“家门口服务圈”。

【推进医保支付方式改革】2022年，海曙区医保支付实施总额预算管理，建立“结余留用、超支分担”的责任共担机制，实施总额预算管理“三服务”制度，建立新进定点医疗机构总额跟踪监测机制。发布两轮门诊总额使用情况预警，约谈43家机构，其中面谈26家，指导机构规范医疗服务行为，合理控制医疗费用支出，引导医药机构良性发展。建立以DRGs（Diagnosis Related Group Prospective Payment System，一种基于疾病的诊断和相关分组来进行医疗保险支付的管理系统）付费为主，按病种、床日等多种付费的多元复合医保支付方式。完成2021年度DRGs点数付费清算分析；推进本年度DRGs支付方式改革，完成目标单位运行评估数据采集。

【医疗保障基层联片机制】2022年，区医疗保障局在医保服务工作中继续推行“1+1+N”基层联片工作机制。通过“1+1+N”由专人负责跟踪每个镇（乡）街道数据，每周制作城乡居民医保和甬宁保工作简报，促进工作的有效落实。推进惠民性商业补充保险与基本医疗保险融合发展，对接上级部门和甬宁保项目组，跟踪分析全区参保信息，提供数据支持。补齐医疗保险中短板，进一步提升群众医疗保障水平。全区“天一甬宁保”投保32.89万人，参保率达到44.54%。

【接入浙江省“智慧医保”平台】2022年2月28日，海曙区医疗保障信息化系统根据统一部署，接入浙江省“智慧医保”平台。组建工作专班，开展政策比对和系统需求梳理，完成数据清理1912人。启用15套国家医保编码，

2月14日，区医保局召开定点药店“智慧医保”上线培训会

实行日通报，编码贯标率达100%。做好系统上线前接口开发验证、现场验收、问题搜集反馈等工作。优化窗口设置，开设医保退休、零星报销专窗，联合17个镇（乡）街道医保工作人员，攻坚化解1000余笔退休补缴业务，确保业务经办闭环，待遇平稳过渡。

（陈钟文）

地名工作

【概况】 2022年，海曙区核准新地名7个，出具建议书4个，完成47个项目的门牌编制，共编设门幢牌2439个。

【道路名称统一规范处置】 2022年，区地名办进一步提升海曙道路名称统一管理的法治化、规范化、标准化水平。5月，全面梳理全区道路“一路多名”问题，在征求试点道路沿线企业和商住户代表意见后，草拟《海曙区城市道路名称统一试点工作实施方案》。9月，将原“夏禹路”“苍松路”“尹江路”分别更名为永达路（夏禹路段）、永达路（苍松路段）、永达路（尹江路段）；芦港路（规划）更名为高桥东路，更好发挥城市道路名称指位性、便利性、文化性作用。

【开展界线联检】 2022年，海曙区民政局联合鄞州区民政局开展“海鄞线”界线联检工作，出台《海曙区和鄞州区行政区域界线联合检查工作实施方案》，鼓楼、江厦、南门、段塘、石碶等5个街道分别与鄞州区相毗邻的7个镇街签订《共建平安边界协议书》，10月拟制并完成向宁波市政府报送《海曙区和鄞州区行政区域界线联合检查工作情况的报告》，以维护好海曙区与鄞州区毗邻行政区域界线的完整、清晰，促进边界地区社会稳定。

（蔡久勇）

9月8日，区民政局组织开展年度养老服务机构警示教育暨消防安全培训会议

老龄工作

【概况】 截至2022年底，海曙区有老年人口18.3万人，占户籍人口的28%；有80周岁以上老年人2.57万人，占老年人口的14%；有百岁老人99人，重度失能失智老人1496人，低保、低边、计生特殊家庭老人1204人。

全区建有养老机构34家，其中公办机构9家、民办机构25家。建有居家养老服务机构275家，其中5A级居家中心2家，区域性居家养老服务中心22家，基本实现小型化、嵌入式的机构型居家养老服务设施全覆盖。

养老工作紧扣居家养老、社区养老和机构养老三条跑道，聚焦高质量服务，聚力高水平建设，打造“专曙颐养”名片。养老服务工作获市人民政府督查激励，市对区考核连续四年优秀。

施行养老服务机构政策性保险和民生综合保险，涉及全区34家养老机构、275个居家养老服务机构。借助专业的第三方评估机构的技术能力，开展养老服务机构安全生产监管检测，形成综合性的安全生产评估报告，反馈问题、督促整改。

【老年人优待服务】 2022年，海曙区每月为80周岁及以上老人发放高龄津贴，年累计发放近500万元。继续落实免费安装老年人“一键通”电话机。进一步完善“81890”老年人应急求助服务系统，审核、发放“一键通”电话机1.3万余台，累计惠及近45万人次，办理老年人优待证近5000张。向高龄独居（“空巢”）困难、失能老人提供政府购买上门服务，向烈属、伤残军人、失独老年家庭等提供自选式81890加盟企业政府购买服务，对无子女或子女不在宁波的独居老年人提供政府购买探望服务。继续在全区向80周岁及以上老年人及六大类人员等全面开展基本居家养老服务。至年底，向1.7万人提供各类购买服务。

12月21日，高桥镇梁祝文化公园开展地名文化宣传活动

投保银龄老人关爱系列保险、高龄及困难老年人基本意外伤害保险、养老服务机构政策性综合保险，投保率达100%。在全区开展老年人自理能力筛查17.8万余人。

【养老服务机构建设】 2022年，区民政局成立专项工作领导小组，开展居家养老服保障专项治理及打击养老服务诈骗专项工作，并对全区养老机构开展安全生产与服务质量的集中检查与整改。年内，新建成1家智慧养老院，112张认知症照护床位，19家居家中心配置无感智能服务终端，5家高品质康养联合体，建成16家标准化老年食堂，老年助餐配送餐覆盖95%以上城乡社区（村）。创新"院居家融合"模式，试点开展"养共体"一体化运营，推动"家庭、机构、社区"养老三张床建设，有效打通养老服务资源，有力提升海曙区养老服务品质。

【实施养老护理人员能力提升计划】 2022年，海曙区新增持证护理员115名。按照分类培训、分层培训、全员培训的设计，健全分级分层培训体系，通过开展护理人员专业培训（轮训）、完善养老护理员职业技能等级认定和继续教育制度"三步行动"，切实提升养老服务持续发展能力，每万名老年人拥有持证护理员数达到30人。

【"智慧养老"服务平台建设】 2022年，海曙区加强养老服务数字社会改革，加快各类社会养老服务供需对接，根据数字社会改革工作要求，开展"一键呼叫"、"一键巡检"、养老服务监管、"时间银行"等养老服务应用场景，完善"浙里康养"养老数据治理，养老服务综合绩效名列全市第一。

【老年健康服务】 2022年，海曙区16家基层卫生医疗单位与辖区内34家养老机构、22个镇（乡）街道居家养老中心签订医养结合协议，定期开展健康宣教和针对老年人的特色体检服务。章水镇、横街镇、龙观乡等地的卫生院定期为山里老年人送医送药，得到山区老年人认可。7月25—31日，在全区开展老年健康宣传周活动期间，紧抓"改善老年营养，促进老年健康"主题，共开展活动30场次，面向老年人发放宣传资料2700余份，增强老年人健康意识和守护健康的责任心；持续开展老年人心理关爱措施，成立关爱实施队伍，785名老人完成心理健康评估。由区卫健部门成立联合检查小组，检查辖区5家医养结合机构，督促机构严格落实防护及送医绿色通道措施要求。加强鄞江卫生院、西门望春街道卫生服务中心安宁疗护病区指导，进一步完善设备设施，落实相关管理制度，强化运营与宣传。区卫生监督所、区民政局等对辖区5家医养结合机构和34家养老机构进行机构涉医违法行为排查整治，对管理不到位、用药方法方式不规范的机构进行批评教育，更好地为老年人提供健康服务。

【敬老月活动】 2022年10月，海曙区深入开展以"反诈防骗，敬老助老"为主题的"敬老月"活动。重点走访慰问贫困、失能、高龄、独居、"空巢"老年人等。推进"智慧助老"行动，面向老年人运用智能技术开展相关宣传推广活动。常态化疫情防控背景下，向老年人普及科学防疫知识。面向全区124名百岁老人，每人发放1000元现金和500元礼物等慰问品；各镇（乡）街道开展为老解忧、为老纾困活动，同时开展各种以敬老孝老为主题的文艺活动。

（周万愼）

退役军人事务

【概况】 2022年，区退役军人事务局开展"老兵喜迎党的二十大"系列活动，老兵有奖征文形成一批传颂文章，累计举办"唱红歌、颂党恩"老兵合唱33场次、老兵宣讲21场次，活动影响覆盖2500人次，获"中国退役军人"宣传先进单位荣誉。

承办"甬尚老兵　志愿标兵"宁波市首届"邮储杯"退役军人志愿服务项目大赛，海曙区"我为烈士来寻亲""情暖橄榄绿"分别荣获金奖、优秀奖。作为宁波市内唯一入选单位，在浙江省退役军人志愿服务工作现场推进会上作交流发言。

召开海曙区由政府安排工作退役士兵和退出消防员选岗暨宁波市公开选岗现场观摩会，现场安置率100%，全市退役军人系统到现场观摩，以"送人到岗、跟踪走访、电话排摸"形成送访闭环机制。

搭建供需对接平台，共承办协办专场招聘会、精准对接会7场。推进军创园和创业孵化基地建设，加大"宁波骅创退役军人就业创业服务有限公司"及"国骅老兵驿站"作用发挥。规范落实退役士兵订单式培训和适应性培训，2022年新备案订单式培训机构6家，累计12家，涉及培训项目31项。

2022年，海曙区退役军人志愿服务项目斩获国家、省级大赛金奖

在月湖与宁波二中、宁波市天一阁月湖景区管委会共同打造综合文化长廊。制定《海曙区困难退役军人帮扶援助工作实施细则》，安排义务兵家属、重点优抚对象免费健康体检，组织优抚对象开展5批次的短期疗休养。举办海曙区第二届现役、退役军人子女公益训练营。以“云端+VR”开展“2022·奋进·网上祭英烈”活动，联合驻区部队提供20000余人次网络代祭扫服务。组织社会各界代表300人，在“930”烈士纪念日参加“向烈士敬献花篮”仪式。

全域推动3级网点开展建档立卡及优待证申领制发，新增五龙潭风景名胜区为全市首批退役军人公园、景区优待处，宁波户籍且持有优待证退役军人享受第一道门票免费权益。承办宁波市退役军人（随军家属）个体工商户座谈会，开展退役军人（随军家属）个体工商户“一十百千万”服务月活动，切实促进退役军人就业创业。

【退役军人服务保障体系建设】 2022年，海曙区退役军人服务中心获评“浙江省退役军人服务保障体系建设先进单位”，宁波我是一个兵教育科技有限公司总经理黄殿武获评“浙江省退役军人服务保障体系建设先进个人”。截至2022年，海曙已成功创建49家浙江省“枫桥式”退役军人服务站、207家全国“示范型”退役军人服务站，2家服务站获评“浙江省红色退役军人服务站”，10家服务站获评“宁波市红色退役军人服务站”。

【退役军人及其他优抚对象优待证申领】 2022年，海曙区制定《宁波市海曙区退役军人、其他优抚对象优待证申领制发工作实施方案》，组建领导小组和工作专班，多层次、多阶段召开专项工作部署研讨会，按照“建档立卡、申请办理、审核制发”三大环节，“充分准备、动员部署、试点先行、组织实施、跟踪问效”五个实施步骤，实现精确个人数据翔实、信息要素齐全、申领流程规范、核发优待证精准的工作目标。

【“志在海曙·情暖军心”退役军人志愿服务活动】 2022年，海曙区向社会公开召集小红心志愿服务队等10家优秀社会团队，面向一般退役军人、困难退役军人、军属烈属等群体，开展“志在海曙·情暖军心”五大系列（情暖橄榄绿·守护花开、守护家园、守护荣耀、遇见曙光、萤光助爱）九大主题（与你童在、幸福花开、助力乡村振兴、共助基层治理、讲好红色故事、寻访红色根脉、幸福直通车、爱星同守护、圆梦计划）志愿服务活动。以“小而微”全生命周期志愿服务，“渗透式”情暖退役军人及其他优抚对象，培育“拥军崇军、军民相依”良好社会氛围。

2022年，海曙区开展“志在海曙·情暖军心”五大系列活动，图为退伍军人在宁波火车站开展志愿服务

【志愿服务项目获国家、省级大赛金奖】 2022年，“我为烈士来寻亲·客葬异乡英烈回家”志愿服务项目获省退役军人志愿服务项目大赛金奖。“我为烈士来寻亲·客葬异乡英烈回家”“我为烈士修遗物”志愿服务项目获中国青年志愿服务项目大赛获金奖。其中，“我为烈士来寻亲·客葬异乡英烈回家”志愿服务项目以“崇尚英雄、缅怀先烈、教育后人”为宗旨，旨在传颂我党红色精神薪火相传、初心使命历久弥新，先后为1107位烈士找到家人，让客葬异乡烈士回家。

【税收优惠助力退役军人实现共同富裕】 2022年，区退役军人事务局联合国家税务总局宁波市海曙区税务局和海曙区工商业联合会开展“税务蓝牵手橄榄绿”税收优惠系列活动，落实退役军人、随军家属就业创业税收优惠政策，为73家军创企业减免税收69.75万元，为200家企业录用退役士兵减免税收2920.25万元。

（张　健）

民族工作

【概况】 2022年，海曙区按照民族工作三年行动计划要求，以铸牢中华民族共同体意识为主线，全域推进民族团结进步创建和“浙里石榴红”品牌培育工作。年内，迭代打造西门街道“翠柏里精神家园”，集士港广德学校创设民族团结“广德驿站”，拓展建立洞桥“红果洞力”工作室。

走访慰问生活困难的少数民族群众23人。合力助推章水镇里梅村“山里蓝莓共富”项目，并取得实效，获宁波市民族帮扶项目专项资金1万元，争取区级及镇村配套资金60万元，第一年收入近10万元，助力当地群众实现微心愿10个。

【洞桥·乌恰“石榴籽”共读一本书活动】 2022年8月20日，洞桥镇辖区内的汉族、土家族、瑶族、黎族等各民族小朋友，通过视频连线方式，在“云端”和远在新疆库车市乌恰镇甬库振兴村的维吾尔族小朋友共读绘本《果子红了》。

【"甬同心·跟党走"民族团结进步宣传教育活动开展】 2022年10月11—14日，海曙区委统战部先后在集士港镇广德学校、西门街道汪弄社区、宁波市清真寺、洞桥工业区傅钰日用品有限公司等地，开展"甬同心·跟党走"民族团结进步宣传教育活动。活动现场，工作人员通过布置展板、发放手册、现场宣讲答疑等形式，向现场群众详细介绍民族理论政策法规、民族团结知识等相关内容，并在广德学校为学生们讲授一堂民族团结思政课。

（卢　杰）

宗教工作

【概况】 2022年，海曙区指导区基督教"两会"初步汇编完成《基督教中国化讲道集》，指导开展重点场所和精品特色寺院创建工作。年内，宁波市清真寺被评为省级民族团结进步示范基地，接待讲寺被评为省级宗教法治教育基地，宁波市清真寺、佛教居士林、宁波市基督教百年堂被评为省消防安全"百优争创"活动优秀单位，广德庵被评为省级平安宗教活动场所。

开展登记编号民间信仰场所规范化管理情况梳理。全域常态化开展宗教领域各类风险隐患大排查大整治活动。开展自建房危房排查、燃气安全排查、电瓶车充电等安全排查，全区宗教活动场所微型消防站建设完成全覆盖，燃气报警器实现应装尽装。开展宗教领域乱占耕地专项整治和涉及宗教领域陈列物专项排查。指导场所落实好登记、审核、复核及确认操作流程，严格相关场所管理制度。

按照省委、省政府"大综合一体化"改革要求，对接区综合行政执法部门，对涉及宗教领域的26个行政处罚项目分3批完成划转，并在集士港、古林、高桥、洞桥、石碶5个镇（乡）街道实现赋权下沉，独立行使行政处罚权。加强与相关部门的定期会商、信息通报、联合查处等工作机制。

完成民间信仰场所非法活动整治工作，未发现海曙区民间信仰活动场所有非法活动情况。23个宗教活动场所互联网宗教信息服务许可登记发放完成。

【《海曙区宗教场所分布图文册》编制完成】 2022年3月，《海曙区宗教场所分布图文册》编制完成。全书以镇（乡）街道为单位，按照宗教活动场所、登记编号民间信仰活动场所、未登记佛教场所、未登记编号民间信仰活动场所为序，对全区293个各类宗教场所的地理分布、场所概况及管理情况进行排摸梳理，成为开展相关基础工作的重要凭据。

【《曙地庙事》编制完成】 2022年3月，《曙地庙事》编制完成，是宁波各区（县、市）层面唯一的全口径民间信仰故事集成。此书旨在通过"一庙一故事"的形式，结合社会主义核心价值观，挖掘民间信仰场所承载的文化内涵，对全区119个民间信仰故事进行抢救式搜集、记录、梳理和归并。全书体例架构包括庙宇概况、故事梗概、传承价值三大方面。

【海曙区宗教界人士培训班】 2022年12月14—15日，2022年海曙区宗教界人士培训班举办。全区各宗教团体班子成员、各宗教活动场所及宗教临时活动地点负责人等90余人参加。此次培训采取理论教学、交流研讨、实训演练等结合的方式。培训期间，还组织开展现场消防安全培训与演练。

（卢　杰）

慈善公益

【概况】 2022年，海曙区慈善总会慈善资金收入7192.68万元。全年共有57683人次参与"慈善一日捐"活动，共计捐款758.4万元。2022年"一日捐"线上捐款有新的突破，参与人数达22795人，金额234万余元。全区新建、扩建企事业单位冠名慈善基金11家，续签慈善基金44家。区总会共有194家企事业单位建立冠名基金，基金规模达48231万元，基金到位数2411.56万元。2022年，新建两大共富基金，分别是曙高共同富裕慈善基金、"专曙温暖"共同富裕慈善基金。前者由高桥镇政府和高桥商会牵头发起，联合辖区25家爱心企业共同设立，规模6600万元；后者由区总会与区委组织部、区民政局、区金融发展服务中心、区农业农村局共同发起，已到位资金190万元。

2022年，区慈善总会救助支出总计9718.73万元，救助18488人次。包括助学支出5286.59万元，受助777人次；助医支出1001.8万元，受助3297人次；助困支出2272.93万元，受助11107人次；助老支出87.01万元，受助3123人次；助残2万元，受助2人次；公益性项目70项，支出411.92万元；赈灾支出656.49万元，受助112人次。总会参与东西部帮扶协作与山海帮扶协作，6月，区慈善总会联合海曙区工商联、区民政局、区社会组织服务中心等到凉山喜德县考察，慰问20名困难群众，支出2万元；同月，丽水市庆元县发生特大暴雨灾害，海曙区慈善总会第一时间向庆元县慈善总会援助25万元，重建屏都小学被洪水淹没的学校食堂，包括购置报废老化的厨房设备及餐桌餐具等。

创新慈善模式，慈善信托逐步发展，区慈善总会已成立2单慈善信托，注入资金3笔，资金总金额220万元。3月，区总会成立全省首个共同富裕慈善信托，集结辖区企业及金融机构之力，助推海曙区共同富裕和乡村振兴，工商银行宁波分行向基金捐赠首笔20万元；9月，雅戈尔集团、国骅集团、星箭航天共同向该信托基金注入1700万元规模资金，2022年到位170万元；8月，宁波银行成立30万元社区发展慈善信托。

【推进基层慈善"四大工程"建设】 2022年，区慈善总会将古林镇蜃蛟村、集士港镇岳童村、南门街道马园社区3个村（社）列为全区"四大工程"建设试点。各村、社在年内根据各自优势特点布置推进试点，开发可利用慈善资源。12月，试点工作完成，并召开街道片区现场会。

12月13日上午，海曙区基层慈善工作（街道片区）现场会在南门街道马园社区慈善工作站召开

【慈善义工活动】 2022年，区慈善总会各直属义工大队及各慈善分会结合各类活动、重要节日等定期开展义工活动，共计开展各类义工活动258次，服务受助对象21029人次，累计服务时间1948小时。打造“天天义工”品牌，2022年，依托海曙慈善商店平台，总会联合圆梦、安健、红烛义工大队，精心打造“天天义工”品牌，每周一至周日8点半至10点半，每天有固定的义工服务在慈善商店开展，并根据需求不定期调整服务项目。同时公告服务项目，方便周边居民，让慈善理念更加深入人心。组织开展海岛支老活动，联合区安健慈善义工大队来到舟山六横岛六横镇敬老院，为院内老人带去理发、量血压血糖、采耳等服务。

【慈善商店县学店开业】 2022年6月1日，位于县学街66、68号的海曙区慈善商店开业，此次采取“慈善商店+天天义工”的模式。享受服务的同时，居民主动前来捐赠爱心物资，使商店成为爱心中转站。同时，慈善商店还同步开设线上商城，部分商品可以在微信小程序下单购买。

【海曙区慈善总会换届大会】 2022年7月15日，海曙区慈善总会四届一次会员代表大会暨慈善大会召开，会议审议通过海曙区慈善总会《第三届理事会工作报告》《第三届理事会财务收支情况报告》等，选举产生新一届理事会理事、领导班子成员、监事，为海曙区慈善事业发展奠定良好的组织基础。

【开展中华慈善日系列主题活动】 2022年9月，在第七个“中华慈善日”之际，海曙区慈善总会开展中华慈善日主题宣传月活动。8月31日，在《海曙新闻》刊登《海曙区慈善总会2021年慈善资金募集公告》；9月5日，中华慈善日当天，总会走访慰问圆梦、红烛、安健、满天星等直属义工大队，看望慰问义工大队的相关负责人；慰问百岁老人以及农村老党员、推进基层慈善“四大工程”建设等一系列活动陆续开展。与此同时，各乡镇、街道分会的宣传活动同步开展。洞桥镇、横街镇、段塘街道丽园社区、南门街道马园社区等慈善分会和慈善工作站发动居民开展“慈善一日捐”活动，群众献出爱心；西门街道开展翠柏里公益集结地志愿服务活动，为周边200余名居民提供便利。

【“专曙温暖”共富基金】 2022年9月，海曙区举办非公企业党建联盟现场推进会暨“专曙温暖”共富基金注资仪式。当日，石碶街道“碶”心共富非公企业党建联盟成员——雅戈尔集团党委、国骅集团党委、星箭航天党委共同向“专曙温暖”共同富裕慈善基金注资1700万元，成为全国注资规模最大的养老主题共同富裕慈善信托。

（陈超琼）

关心下一代工作

【概况】 2022年，海曙区关心下一代工作委员会推出13个服务项目，涉及经费28.3万元。《老园丁助学》《宁波新丽人成长培训》《关爱自闭症星宝孩子成长》3个项目入选宁波市慈善总会开展的“久久乐活”活动种子项目，获得经费4.5万余元。专业化

7月15日，海曙区慈善总会四届一次会员代表大会暨慈善大会召开

5月30日，海曙区关心下一代教育基地授牌仪式在宁波智能技术研究院举行

服务不断提升，如在“随班就读特殊学生支持性教育”项目基础上成立老园丁助学工作室，开展送教活动74场次，辅导教师224人次，受益学生243人次。

护航工作室的马坚梅被宁波市评为优秀志愿者，红烛爱心工作室的周正、黄黎波、朱卫军3人被宁波市81890服务中心评为志愿之星，家庭教育指导工作室邵莉被浙江省心理卫生协会评为优秀志愿者。

【优化“假日学校”】 2022年，全区共有“假日学校”105家（其中线下99家），接收学生4514人（其中小候鸟1034人），组织各类主题教育429场次，参加活动的“五老”704人，筹集工作经费25万元。古林镇与该镇商会建立“公益暑托班”，针对外来务工家庭，启用“在职教师+五老志愿者+大学生志愿者+社区志愿者”的队伍，实现暑假期间学习有人教，游玩有人带，安全有人管。段塘街道整合丽园社区、狮丹努集团和“五老”志愿者力量，首次面向产业工人子女开设暑期班“护航驿站公益假日学校”，狮丹努集团为该项活动投入约2万元资金。龙观乡关工委举办“齐声颂党恩·喜迎二十大”第13届青少年夏令营、“强国有我·争当新时代好少年”征文演讲竞赛等活动，“五老”宣讲团成员共开展各类宣讲12场次，青少年受教育达800余人次。鼓楼街道联合公安部门、街道综治办，创建“青少年安全放心网吧”，召开“健康文明上网之我见”座谈会。江厦街道莲桥社区将清廉文化宣传与古宅名人家风家训相结合，打造“亲莲”家风课堂。古林镇春蕾学校获得“童心向党 喜迎二十大”中国汉子棋联谊赛团体二等奖。海之梦社会实践活动采取线上+线下同步模式，线上开展厨艺“小课堂”资源库、厨艺知识“挑战问答”、“我是甬菜小厨师”等体验项目，线下开展“喜迎二十大·一起向未来”2022年海曙区师生厨艺大赛等。

【基层关工委建设】 2022年，海曙区进一步健全镇（乡）街道关心下一代工作协会分会建设。继续深入开展创建“五好”基层关工委活动，古林镇关工委等50家基层关工委被命名为宁波市“五好”基层关工委，至2022年底，全区建有“五好”镇（乡）街道、社区（村）关工委159家，“五好”企业关工委67家，基层“五好”关工委创建率约58%。

【派出所关爱工作站实现全覆盖】 2022年，海曙公安分局实现辖区内派出所关爱工作站全覆盖，初步形成由派出所教导员任站长，社区民警、退休民警、网格员、社会志愿者为主要成员的“1+1+N”工作网络，通过老少“共学、共讲、共唱、共赞”等形式，开展安全知识讲座、举办法律知识讲堂、开展消防演练等活动192场次，受教未成年人近3万人；落实辖区内网吧和电子游戏经营场所的日常巡视检查1500余次；重点帮扶贫困家庭中的未成年人、留守儿童、违法犯罪父母的子女共16名弱势未成年人群体。“警徽下的关爱”被评为2022年度宁波市关心下一代工作优秀品牌。

【精准帮扶关爱青少年】 2022年，区关工委联合区文明办、区教育局等共同开展区新时代好少年评选活动，并在“六一”节慰问部分好少年；开展全区青少年助学帮困活动，共资助50位学生，资助费用5万元。区退教协会各乡镇分会开展“奉献爱心”慈善捐款，其中古林镇的“五老”捐款15750元。横镇街发动企业关工委实现部分儿童的“微心愿”。古林镇关工委提供4万元资金资助古林村50余名外来“小候鸟”。段塘街道联合启文幼儿园开展爱心直播间，用所得的善款帮助困境儿童，实现“童心愿”。

【拓展关心下一代校外教育基地】 2022年，海曙区利用社会资源，推进主题教育实践载体建设提质扩面，通过资源嫁接、联建共用，打造科普研学教育阵地等四大优质校外教育基地。5月，宁波智能技术研究院举行海曙区关心下一代教育基地授牌仪式，是海曙区成立的第一个高科技类校外教育基地，并举办“放飞梦想 创翼未来”科普夏令营。区关工委与区教育局联合制定《科技创想，雏鹰飞翔培育方案》，共同出资建立“海曙人工智能+教育试点学校”，开设区级“未来机甲大师”精英班，第一期学员35名，学习编程知识，拓展科技视野。7月，在市档案馆成立区关心下一代教育基地，并举行“老少同声颂党恩 携手喜迎二十大”活动，通过经常性开展青少年学生爱国主义教育活动、研学实践活动，不断推进党史学习教育走深走实。10月，在鄞江镇趣湾庄园建立心下一代教育基地，旨在以农耕劳动、技能培训、科普教育等为载体为青少年提供更多社会实践和劳动体验平台。年内，段塘街道洞桥（小漕）社区作为全区首个社区挂牌区级校外教育基地，通过“请进来、走出去”的方式，为广大社区开展“假日学校”提供示范。至2022年

8月13日，海曙区关工委举行“放飞梦想 创翼未来”科普夏令营活动

底，全区共拥有市级基地3个、区级基地19个。

（钟林华）

物业管理

【概况】 2022年度，海曙区有物业项目390个，管理面积3382万平方米，其中住宅项目310个，管理面积3002万平方米。住宅项目中，专业物业公司管理的住宅项目301个，建筑面积2986万平方米。非住宅项目80个，建筑面积380万平方米。

开展物业专项维修资金的归集、使用、管理，全年新建项目物业维修资金缴交15个，共计资金1.61亿余元；个人退款149笔，涉及资金6.36万余元；中修以下划拨165笔，涉及资金1649.09万余元；中修以上划拨8笔，涉及资金3.14万余元；电梯加装个人提取4笔，涉及资金2.15万余元。

召开三方议事会议620余次，对小区物业费提价、物业企业退管和选聘、停车改造等问题进行商讨。物业阳光财务公示率达100%。

提前完成助企政策兑现，涉及150家物业服务企业、480个物业项目，共计完成350万元补助资金的发放。

【物业提质提价】 2022年，全区各镇（乡）街道通过“物居业三方会议”“物居业三方党建联建”“物业费分阶段提价”“引入第三方专业社会中介组织”“建立物业环境管理委员会机制”“物业试用期”等方式，累计完成76个小区物业的提质提价工作。其中，58个为2000年以前的老旧小区。

【完善物业管理机制】 2022年，海曙区建立属地街道住宅小区物业管理月度综合测评制度；建立物业“红黑榜”区、街道两级联审机制；完善健全物业基层矛盾纠纷处理机制，按属地管理、逐级处理原则，建立属地街道初级信访、区级矛盾调解和庭前调解溯源治理的多元调解机制。

【实现物业住宅小区党建工作全覆盖】 2022年，海曙区所有社区均建立物居业三方议事会议制度，实现红色物业联盟全覆盖。其中，南都花城、格兰春晨二期、晴园三期和水木清华等小区被评选为2022年度宁波市级“红色物业”项目。南都花城、格兰春晨二期和晴园三期三个小区入选省级“红色物业”项目。

【“平安物业”建设】 2022年，区住建部门联合海曙公安分局等单位，继续开展物业小区治安管理创星级活动。2022年，全区所有物业项目纳入考评，共19个物业住宅项目获宁波市级5星级平安小区称号。

【物业项目创优评优】 2022年，海曙区组织开展“平安小区”“洁美小区”“美好家园”等各级各类住宅小区典型创建，以及“维修无忧项目部”“智慧服务项目部”“绿色生态项目部”特色物业项目部创建评比活动。通过企业申报，业委会、社区、镇（乡）街道审核，海曙区住房和城乡建设局复审，宁波市住房和城乡建设局评定的流程，共有6个物业项目获评市级“洁美小区”、4个物业项目获评市级“美好家园”、12个物业项目获评市级“特色物业项目部”。

【诉调对接工作室合作成立】 2022年9月19日，经区住建局与海曙法院西郊法庭对接，宁波市海曙区物业纠纷人民调解委员会诉调对接工作室在西郊法庭挂牌成立。截至2022年底，该工作室解决物业纠纷案件300余件，当事人主动履行金额100余万元。

【中共宁波市海曙区物业管理协会第一届委员会成立】 2022年12月9日，

2月，海曙区物业管理协会委员会选举大会举行

通过设立投票主分会场，全区200余名物业党员选举产生中共宁波市海曙区物业管理协会第一届委员会。委员会成员共7名，浙江亚太酒店物业服务有限公司葛永亮当选为书记。

【实现住宅小区物业全覆盖】 2022年，海曙区采用“一区一策”形式，通过物业试用期、业主自治、引入国企，并结合老旧小区改造、行业党建、红色物业示范、提质提价等多种方式，于8月底在全市范围内率先完成无物业小区“清零”攻坚行动，实现海曙区所有住宅小区的物业全覆盖。

（黄妍楠）

81890公共服务

【概况】 2022年，81890求助服务中心有职员67人，开通电话热线19条，实行24小时服务。运行81890呼叫平台、失物招领中心、老年人应急呼叫系统、爱心超市等68个服务功能。中心网站点击量累计超过5807万人次。《‘链上救助’助联体：精准对接困难群众需求》被浙江省新闻工作者协会、浙江省残疾人事业新闻宣传促进会评为2021年浙江省残疾人事业“十大好新闻作品”。“‘物质+服务’社会救助改革创新”入选浙江省高质量发展建设共同富裕示范区第二批试点。党支部被中共宁波市委组织部评为“五星级基层党组织”。

为市民解决求助事项76.44万件，办结率100%，满意率96%以上。其中，咨询类占总求助量的75.6%，服务类占总求助量的10.5%，事务类占总求助量的0.2%；另有求医订号6.97万件。微信公众号求助701件，“12355”青少年服务专线接听4704件。“81890”微信服务号总关注量13863个。接待来访居民500余人次，办结率达100%。协同智治平台转至职能部门处置的二级响应事件共计18714件(涵盖“民生e点通”13833件)。首问首接平台处理首问诉求事件7685件，并做好评价闭环工作。接待全国各地学习考察团44批次。

81890下属协会、俱乐部组织情况表

表24

组织名称	组织名称
宁波市海曙区81890服务业协会	宁波81890常青藤俱乐部
宁波市81890志愿服务中心	宁波81890鹊桥会
宁波81890光明俱乐部	

与多家单位合作，建立多个专项服务平台，开通海曙区“81890”中医心理疏导师热线、宁波市康宁医院81890门诊预约挂号服务平台、海曙区81890医保服务专线、成立宁波志愿者学院社会教学点等载体；持续优化“81890生活通”一线五端的“服务圈”建设工作。将市居家养老服务热线96345接入81890求助服务中心，进一步收集服务资源，优化完善老年人服务流程，提供全方位托底保障。

吸纳企业加盟63家，办理注销65家，变更企业资料367次，核实非年检企业信息350余家，审核企业上线资料1250条。共计走访企业100余家，举办相关活动10场。8月，联合宁波市家庭服务行业协会举办2022年度家政服务职业技能比赛。10月，协助宁波市家庭服务业协会和宁波财贸金融工会组织举办宁波市家政服务行业“家政保洁美丽家园”岗位技能竞赛。

统计发布2021年度加盟企业信用评价结果，共有314家加盟企业符合参评标准，其中获评AAA级企业12家、获评AA级企业176家、获评A级企业126家。8月，宁波市消保委根据此评价结果向市民推出一批放心消费家政服务单位名单。

81890企业服务平台上线惠企政策库、惠企礼包、享政辅导、重点巡访、问询办理、e企直播、灵灵讲政策、企服活动、风险预警等内容。截至12月31日，举办政策直播24次，点击量10万余次。灵灵讲政策小视频3期。政策入库475项，通过短信，为初创企业推送政策兑现、服务资源等内容9454家次。服企业进行政策宣传讲活动8场，联系服务企业8089家次，办理问题困难9403件，发布风险预警10次。

81890志愿服务中心全年累计对接志愿服务需求913件，授权审核志愿活动4320次，核准制作81890志愿者证364个，做好志愿浙江信息系统操作培训，推进81890生活惠通APP迭代升级，新增建设志愿服务点派评体系。围绕新时代文明实践中心展开工作部署，81890通过服务配送、志愿人才培育、合作互助等手段，先后开展“甬·志愿”大篷车活动5场；开展专项技能培训课程4次；指导城乡志愿服务项目4个。设计志愿服务菜单5项，结合各类主题新增理论宣讲、文化传播、医疗卫生推向农村文化礼堂，为农村文化礼堂配送志愿活动6场，在洞桥、鄞江2个乡镇新培育志愿服务团队2支。累计受理困难群体微心愿1469个。

【81890求助服务中心下属社会组织活动】 2022年，81890光明俱乐部组织开展1场观影活动，参加的盲人会员14人次。“爱循环”小分队共致电慰问盲人450人次，上门维修盲表30块。

81890常青藤俱乐部有会员648人，为癌症肿瘤患者提供健康活动3场次，参加义工15人次，其中专家3人次。

81890鹊桥会注册登记单身青年近4000人、红娘志愿者25名。

81890爱心超市接收群众、企业等捐赠衣物、家电、生活用品等814件，现金2250元；捐出衣物、家电、生活用品等814件，现金2250元。“心声沟通”联谊俱乐部有会员2923人、志愿者15人。

【81890成立21周年活动】 2022年8月18日，以“新未来，再出发”为主题的81890成立21周年纪念活动暨服务月系列活动启动仪式在中心举行。加盟企业代表、合作单位代表、市级相关部门、市民代表、志愿者代表、新闻

8月18日，81890成立21周年活动举行

媒体参加。同日上午天一家园广场开展“81890便民服务日”公益服务活动，有11家企业参与，提供小家电维修、配钥匙等服务及理发、磨刀等志愿服务，累计服务100余人次。另外，有数十家加盟企业根据自身经营实际，在各自经营场所独立开展便民服务。

【“81890民生服务指数”发布】 2022年9月3日，在2022世界数字经济大会暨第12届智慧城市与智能经济博览会上，“81890民生服务指数”（Livelihood Services Index，LSI）作为数据价值化的范例首次面向社会发布。“81890民生服务指数”在海曙区人民政府统筹协调和指导下，由81890求助服务中心、宁波大学、海曙国投共同编制而成，是以81890平台累积的服务需求数据为基础，反映民生现实需求和家政服务市场变化趋势的指数体系，由民生服务热度指数、服务满意度指数、专业板块指数等构成，从不同类别反映地区市场刚需水平和发展趋势。

（吴　君）

镇（乡）街道

集士港镇

【概况】 集士港镇位于海曙区地理几何中心，行政区划面积49平方千米，其中平原37.3平方千米，山地11.7平方千米。2022年，下辖19个行政村、2个渔业社、5个社区，户籍人口约5万人，在册流动人口约5.9万人。

落实新冠疫情常态化防控要求，重点关注老年人群防护救治，共计发放“防疫包”1.3万余份。

实现地区生产总值70.2亿元，同比增长1.8%。实现财政总收入9.5亿元，同比减少3.0%，其中一般公共预算收入5.2亿元，同比减少10.8%。新增注册企业382家，75家内外资企业落户，国内招商引资实到资金17.5亿元，“浙商回归”实到资金9.2亿元。梦创集士园区建成市级跨境电商园区，2家10亿元级别跨境贸易企业登陆，实现跨境出口1.6亿美元。实施企业数字化改造项目4个、技改项目10个、科研项目325个，实现规上企业研发投入2.3亿元，同比增长7.4%。申报国家“启明计划”4个、浙江省级人才计划1个、“甬江人才工程”5个，数量和层次再破历史新高。落实政策性小微企业财产保险、“薪资保”等企业200余家，面向3000余家受疫情影响的企业发放纾困补助3200余万元，兑现企业奖励政策560余万元。持续扶优育强，加快设计产业园项目进度，新开工君禾科创园、金鸡强磁钕铁硼2个重大项目，规上工业企业亩均税收贡献超过60万元。杰迈众创园建成宁波市级15分钟生活便民圈，杉井·奥特莱斯商圈周年庆营收突破2亿元。

全年粮食播种面积1512公顷，粮食总产量10553吨。广昇美丽田园示范基地完成打造，集士港镇第二届丰收节举办，建成市级粮食绿色高产示范方3家、市级规范性合作社1家，承办省冬修农田水利视频现场会。构筑“广德红韵”共富景观带，建成“田、山、湖”三趣农旅线，累计接待游客超50万人。创新“云端共富”模式，运用“共富集市”“共富工坊”“丰收节”等载体，力推“广德湖”涉农区域公共品牌，新后屠桥村捧得全省首届电商直播式“共富工坊”短视频大赛银奖，全镇村集体经营性收入均超50万元。

拓宽镇域发展空间。“拔钉清零净地保供”百日攻坚涉及6个项目用地。万众新村、董家桥D地块、卖面桥朱家等一批新村项目开工建设，岳童新村后头胡家地块竣工验收。湖山村启动梳理式改造，山下庄村创建为省第二批未来乡村，栎高线、白山线沿线建成美丽乡村精品线。全年累计完成固定资产投资15亿元，同比增长48.1%。全力保障宁波轨道交通6号线、228国道等重大项目征迁工作。加快完善城镇路网，推进经三路（蕙兰路—布政西路）、广蔺路南延（云林路—前塘河）等项目。着手实施井亭未来社区改造一期项目。持续创建美

2月28日，集士港镇综合行政执法队正式揭牌成立，成为“一支队伍管执法”改革试点单位

丽城镇，落实环境整治百日攻坚行动，新增省级星级农村公厕3座、省级示范性农村公厕1座，获评宁波市绿化养护优胜单位。深化垃圾分类新时尚，建成省级高标准“两点一房”（居住小区垃圾投放点、垃圾桶归集点和垃圾房）小区2个、省高标准生活垃圾分类示范小区3个。

加强民生服务供给。白岳幼儿园开工，宁波市海曙第三外国语学校、古林职高迁建等项目进入装修阶段，格兰春晨幼儿园建成省二级幼儿园，公办园和普惠园在园幼儿比例达到94.19%。户籍适龄儿童入学率、巩固率，随迁子女公办学校入学比例全部达到100%。加强紧密型医联体建设，海曙区第三医院完成二级乙等综合医院现场评审。创建宁波首批示范型便民服务中心，推动落实“不动产+公证一事联办专窗”“民宿开办一件事联办”等创新举措，全年办件9万件以上。强化群众法律服务，提供法律咨询160余次。完善困难群众救助体系，全年发放各类救助资金830余万元。推进文化惠民、文化下乡，累计开展文化惠民活动39场、艺术素养培训250期，2个民间艺术馆入选省乡村博物馆。新时代文明实践体系逐步成型，“集士广德”志愿者队伍和“集思广德”宣讲团队更加壮大，新获评区道德模范1人。

深化改革试点工作。加强“大综合一体化”行政执法改革力度，实施“一支队伍管执法”，组建“1+8+N”执法队伍，承接行使处罚权835项，年执法办案数、案件覆盖事项数量位列全区第一。

高标准升级镇综合信息指挥室，全镇近800个数字化点位全部接入，“小餐饮申请咨询”“森林防火”等特色应用场景上线运行，实现一屏统览、一站式指挥。探索“四级发力、五社联动”城乡现代社区建设模式，引入“智慧社区”数字化项目，通过市级城乡社区治理和服务创新示范试点验收。

创新网格治理模式。推进“治理网格”“锋领网格”“楼宇网格”三网融合，累计24万个网格事件实现闭环处置、源头化解。深化“平安三率”宣传工作，用好镇级平安体验馆、平安法治公园载体，提高公众知晓率。加大安全生产监督力度，拆除影响消防安全的违章建筑4.6万平方米，340余家燃气使用单位完成检查整改。提升应急救援能力，镇专职消防队组建运行，有力应对台风“轩岚诺”“梅花”等考验。打造“广德廉韵”品牌，建立健全《集士港镇村（社）干部及聘用人员党纪政务处分执行规定》等规范性制度6项，6个村完成清廉村居创建。

2022年集士港镇各行政村基本情况表

表25

行政村名	面积（平方千米）	户数（户）	人口数（人）	集体经济总收入（万元）	集体经济总支出（万元）	总资产（万元）
万众	3.2	1652	2919	1119.12	2856.15	11523
集士港	0.87	810	1499	331.46	263.19	1735
元禾	0.66	636	1411	149.5	222.14	9367
董家桥	2.09	1031	2178	2663.14	1608.32	7781
新后屠桥	2.25	1045	2070	700.13	682.95	1522
祝家桥	2.63	1592	3715	575.99	707.33	4531
杨家	1.70	637	1772	1573.19	1362.27	12141
丰成	1.98	1037	1815	1191.98	9142.85	14490
横港	1.77	886	1543	10288.51	3577.74	12976
卖面桥	2.57	1322	3095	740.15	924.58	5953
西陆	1.21	524	1033	339.61	313.08	1314
翁家桥	1.57	555	1369	661.06	263.16	2986
岳童	2.24	965	1616	360.7	795.2	12076
广昇	2.43	712	1786	584.18	515.49	2281
湖山	2.26	762	1835	831.3	1038.69	4918
四明山	4.97	477	1250	1020.96	487.66	3524
深溪	4.07	653	1450	1430.55	961.01	3177
双银	3.72	550	1101	496.86	397.51	2408
山下庄	4.85	874	1389	3844.53	6729.32	8197
合计	47.04	16720	34846	28902.92	32848.64	122900

注：表格中数据为调查数

【海曙区第三医院完成首次等级医院现场评审】2022年7月20日，海曙区第三医院二级乙等综合医院现场评审启动会召开。评审组专家从各方面对现场评审情况进行反馈，肯定医院各项工作成绩，并就存在的问题不足提出建设性意见与建议。海曙区第三医院是一家集医疗、预防保健为一体的综合性医院，已形成海曙区骨质疏松疾病、慢性肺病、胃肠疾病、肛肠疾病等四个专病中心，现有1个区级重点学科、3个培育学科，在持续提供基本公共卫生服务的基础上，致力于为辖区及周边区域居民提供优质的医疗服务。

9月28日，宁波金鸡强磁股份有限公司年产3000吨高性能烧结钕铁硼建设项目开工仪式举行

【集士港镇平安体验馆建成开馆】2022年8月2日，集士港镇平安体验馆建成投用，系海曙首家镇级平安体验馆。该馆位于集士港镇中心小学内，建设面积1200平方米，为综合性科普教育体验馆。馆内布置内容涵盖食药安全、消防安全、公共交通安全、急救常识、反诈骗、禁毒等平安工作全范围全领域。通过实物展览、知识问答、体感操作、模拟交通、VR游戏体验等多种方式增加智能性、互动性、趣味性，使参观者能够直观、系统地掌握公共安全知识点。该馆立足镇域辐射全市中小学、社区、企业、社会团体及个人，每年开放200天左右，预计年接待人数超15000人次。

【金鸡强磁钕铁硼建设项目开工】2022年9月28日，宁波金鸡强磁股份有限公司年产3000吨高性能烧结钕铁硼建设项目开工。该项目占地面积61亩，投资规模4.3亿元，将新建标准厂房、仓库、办公楼、生活及配套用房等共计6万余平方米，新增连续式氢破炉、广泰熔炼铸片炉、广泰铸锭炉、成型压机、静压机、烧结炉等关键生产设备141台（套），设备总投资约16000万元。

【集士港镇第二届丰收节暨“广德湖”品牌发布活动】2022年10月1日，集士港镇第二届丰收节暨“广德湖”品牌发布活动举办。发布会着重展示虾稻米、澳洲小青龙、百合花、西瓜等本地农产品，推介区域农产品品牌“广德湖”，旨在提升本地农产品附加值，提升农户产品自信、品牌自信。活动现场还开设有“广德红韵共富集市”，分设展品区、观赏区和丰收区。

【集士港镇农村片区首个公立幼儿园开工】2022年11月2日，集士港镇白岳幼儿园开工。项目位于集士港镇湖山村、广昇村区域内，南至青莲路，西至纵二河，项目总投资约8500万元，用地面积约8000平方米，总建筑面积约9300平方米，系集士港镇农村片区首个公立幼儿园。该园作为推进优质均衡公共服务的重要载体，建成后，可满足镇内农村儿童就近就学、高质量就学的需求。规划建设12个班。

【海曙区粮食中心库一期工程开工建设】2022年12月，位于集士港镇山下庄村的海曙区粮食中心库一期工程开工。项目总投资约1.6亿元，用地面积约1.9万平方米，总建筑面积约2.4万平方米，规划于2025年11月底前完工。建成后，粮食中心库可有效缓解区域粮食储备仓容缺口，增强区域粮食宏观调控和应急保障能力，在重大自然灾害等突发事件引起的粮食市场剧烈波动等紧急情况下，发挥粮食安全“压舱石”作用。

（王丽洁）

8月2日，集士港镇平安体验馆开馆

古林镇

【概况】 古林镇地处海曙区西南部，东临望春街道、白云街道、段塘街道，北靠高桥镇、集士港镇、横街镇，西傍鄞江镇，南望石碶街道和洞桥镇，镇域面积47平方千米。2022年，辖23个行政村、5个社区、2个居委会、2个渔业社，户籍人口约6.5万人，在册流动人口约13万人。

全年地区生产总值超150亿元，增长4%左右，总量稳居全区第一。实现财政总收入14.92亿元，同比减少5.1%，其中一般公共预算收入8.12亿元，同比减少3.1%。

全要素支持宁波顺丰速运有限公司、浙江斯普智能科技股份有限公司、宁波开诚生态技术股份有限公司、宁波黄古林工艺品有限公司、宁波旷世智源工艺设计有限公司、宁波嘉乐服饰有限公司、美高厨具有限公司、宁波金诺通科技有限公司、华勋清洁机械有限公司等一批重点企业健康发展。成立"美好生活智造者产业联盟"，涉及纺织服饰、卫生洁具、香薰蜡烛、家电和农产品等10余个行业，配套企业和古林镇产业链中有关的产、学、研、用等各方资源，建立良性产业生态，开展产业示范应用，增创产业优势，擦亮"美好生活·古林智造"金字招牌。牵头举办银企座谈会、重点企业座谈交流会，开展知识产权专项行动等一系列服企助企活动，古林镇乡贤理事会成立，古林镇商会获评全国"四好"商会。中交第二公路工程局、中交物资等央企在古林成立全资子公司，腾凌未来（宁波）科技有限公司落户古林，引入浙江京色贸易有限公司，万科祥盈人力资源项目签约。

与宁波工业互联网研究院合作，为135家规上工业企业提供技术诊断、定制解决方案，携手宁波市智能制造专家委员会对古林15家重点纺织服装企业进行数字化改造试点调研，5家服装企业作为首批试点签约。

围绕"腾笼换鸟、凤凰涅槃"攻坚行动，强化土地资源高效集约利用，推动制造业高质量发展。推进工改项目10个，总投资5亿元，涉及改造土地面积130余亩，将腾换20余万平方米建筑面积。

巩固"非农化""非粮化"整治成果，通过整治新增粮食种植面积541.16亩，其中水稻种植530.89亩。开展蜃蛟片区2100亩高标准农田改造提升。全镇晚稻种植任务超额完成，早稻种植面积较2021年增长超五成，亩均产量达475千克，创历史新高，相关经验做法被《新闻联播》等央媒报道。

推进10大美丽乡村建设重点提升项目建设，打造未来农场接待体验中心和"云上认养"项目。古林镇和仲一村分别入选全省美丽乡村示范乡镇、全省美丽乡村特色精品村"英雄榜"，茂新村获评浙江省第二批未来乡村，并获得创建优秀等次。

遇见·茂新—稻田火车咖啡"遇见·茂新"被《人民日报》《浙江日报》等媒体报道，打响了古林"遇见·茂新"品牌。试营业期间茂新村日客流量高峰达3万人次

古林镇仲一村

全镇各行政村实现村集体经营性收入2.28亿元，村均950万元，全面消除经营性收入100万元以下的行政村，高质量完成上级下达的"消薄"任务。完善230余户低收入农户一对一结对帮扶长效机制，确保年人均可支配收入不低于9000元。

推进蜃蛟片区农文旅一体发展，成立古林席乡文旅发展有限公司，初步实现七村一渔统筹发展联合经营，共同打造水上共富精品游线，"舟游古林"被列入海曙文旅重点共富项目。试营业以来，仅茂新村的日客流量高峰就达3万人次，文旅公司自营游船精品航线已接载散客和团队2000余人次，稻田火车咖啡"遇见·茂新"被《人民日报》《浙江日报》等媒体报道，古林镇获评省级AAAA级旅游景区镇。

海曙中心小学教育集团古林实验小学改扩建项目开工，古林中心幼儿园成为海西片首家公立省一级幼儿园，古林中学公立普高率突破50%。全镇教师共获国家级荣誉1人、省级12人次、市级25人次、区级119人次。全区第一个智能化、流程化的慢病一体化门诊揭牌，全区第一个智能化卫生室在茂新村建成，全区首个AI机器智能随访助手助力家庭医生签约工作。

盛园、枫园、兴园社区区划完成调整，区域公共服务中心建成投用。省民生实事项目无障碍设施改造完成3处，市级标准老年食堂创建2家，蜃蛟居家养老服务中心5月建成营业，居家养老服务水平显著提升。持续完善公共交易制度，全年共完成各类招投标项目338个、金额2.42亿元。关心关爱弱势群体，先后慰问救助困难群众2128人，救助金额达351万元。

2022年，古林镇农田俯瞰

进一步完善交通安全设施，排查、修复道路安全隐患和设施30余处。成立古林镇综合行政执法队，推进“一支队伍管执法”，办理案件356起。全域开展消防拆违攻坚，共拆除影响消防安全的违章建筑12.5万平方米，拆违面积全区第一。有力防御“轩岚诺”“梅花”台风，完成年度防汛防台抗旱工作。

完成三星村110千伏古林变电站、礼嘉桥和宋严王新村地块、鄞县大道改造（古林段）、薛家小学西南侧地块等项目的拔钉“清零”，涉及建筑面积约5.2万平方米，征收土地面积约200亩。推进鄞县大道（阳光南路—同德路）改造工程（古林段）项目、宁波轨道交通6号线一期工程项目建设配套工作和古林站拆迁工作。

有序推进包家村、礼嘉桥村、陈横楼村新村建设项目。基本编制完成古林镇北片区（环城南路至杭甬高速）规划，启动蜃蛟片区龙三、茂新、蜃蛟、三星4个村庄规划编制，靠前谋划区域内工业整合提升、住房品质提升、路网优化升级、人居环境改善。2022年获评省美丽城镇建设样板。

制定文明创建责任清单，设立文明督查专班，建立“发现—整改—回头看”制度。推进重点区域治理，借助大综合一体化执法，开展城乡环境整治百日攻坚行动、农贸市场周边联合整治行动、薛家新家园环境整治，机场路及环城南路高架沿线环境形象显著提升，长效管理机制初步形成。

建立“三大综合量化评价体系”，头雁领航项目在“书记·向未来”项目评选中获得银奖。“未来农场”党建联盟获评首批宁波市示范性党建联盟。健全“年轻干部到一线去、优秀干部从一线来”的成长模式，选派一批“80后”机关科级干部，分别到13个行政村担任第一副书记或主任助理，下沉到一线抓党建、促发展、惠民生、保稳定。投入80万元建设“未来农场”群雁培训教育基地，集中展现党建引领成果、农业特色优势、历史文化资源、未来发展展望等，为片区农业发展、文化旅游提供智力支持和培育平台。宁波市委党校古林现场教学基地挂牌。以城乡现代社区建设为契机，理顺社区工作事项清单，优化小区网格党建，推进红色业委会建设，进一步激发社区治理效能。

2022年古林镇各行政村（社）基本情况表

表26

行政村（社）名	面积（平方千米）	户数（户）	户籍人口数（人）	集体经济总收入（万元）	集体经济总支出（万元）	总资产（万元）
西洋港	2.50	992	2604	766	165	3122
葑里	2.50	935	2359	467	125	2506
古林	1.68	702	1710	826	228	6217
施家	1.10	466	1198	1195	179	5429
俞家	1.30	673	1635	996	190	15482
郭夏	1.00	454	1114	1628	203	7045
鹅颈	1.10	696	1822	994	178	17475
布政（含布政渔业社）	0.91	862	2259	2534	141	26264
葑水港	1.80	571	1453	3722	252	18313

续表 26

行政村（社）名	面积（平方千米）	户数（户）	户籍人口数（人）	集体经济总收入（万元）	集体经济总支出（万元）	总资产（万元）
张家潭	3.50	1029	2684	4890	308	12744
宋严王	1.20	629	1579	2299	346	11511
陈横楼	1.00	429	1187	1593	1813	117429
藕池	1.00	465	1258	2604	352	16331
礼嘉桥	1.67	881	2438	3659	509	93231
薛家	2.53	1650	4559	2872	743	23031
包家	1.50	753	2023	774	200	100057
蜃蛟	2.10	915	2350	451	274	2389
前虞	3.20	897	2161	533	139	2154
共任	3.50	936	2459	440	144	3156
仲一	1.83	614	1606	1051	164	7306
龙三	2.04	601	1520	445	281	1688
茂新	1.60	635	1692	444	204	7309
三星	2.30	568	1425	903	193	2316
戴家	0.60	1180	2914	828	110	3622
西湖社区	0.14	690	1755	—	—	—
盛园社区	0.23	957	2336	—	—	—
枫园社区	0.55	1026	2464	—	—	—
兴园社区	0.30	1018	2494	—	—	—
古林居委会	0.20	1784	4616	—	—	—
藕池新村居委会	2.12	1300	3308	—	—	—
古林渔业社	—	40	73	—	—	—
合计	47.00	25348	65055	36914	7441	506127

注：表格中数据为调查数

【段三线交通安全隐患治理】 2022年，古林镇对段三线（广泽路—蜃蛟—茂新、上蜃线）的交通安全隐患进行治理。该项目东起广泽南路西至茂新桥头，包含上蜃线支路，全长约为4.5千米，投资9926万余元。项目包括建设非机动车道、人行漫步道，铲除两侧灌木丛，路面白改黑，全线配套新建污水管道，综合管线落地，自来水管保通及铺设，两侧立面整治等内容。

【入选省级园林城镇】 2022年1月，古林镇入选"省级园林城镇"。全镇以"古韵水乡、品质城区、美丽古林"为定位，通过打造公园、道路、河道绿化精品景观，推进市政基础设施建设，重点保护历史特色文化建筑和古树名木，深化人文内涵等，打造多元形态的绿化体系，提升镇区园林绿化水平。

【与宁波工业互联网研究院签署合作协议】 2022年2月21日，古林镇与宁波工业互联网研究院签署合作协议，为全镇135家规上工业制造业企业提供上门技术诊断、量身定制解决方案等全生命周期服务。协议签订后，工研院负责对古林镇企业开展初期调查研究，并根据企业自身实际提供分析报告和给出意见建议，为企业下一步走向提供参考依据，待"技术问诊"结束后，企业可根据自身意愿决定是否与工研院开展下一步合作。同时，该院也为古林镇提供产业发展、企业服务、智能化改造等方面的具体方案，帮助该镇更为全面了解全镇工业运行情况。

【搭建古林镇综合信息指挥中心】 2022年6月30日，古林镇综合行政执法队挂牌。探索"大综合一体化"，实行"一张赋权清单"明确职责，打造"1+8+X"联合执法队伍。搭建镇综合信息指挥中心，确保指挥调度联动协调，数据实时汇集共用。

【打响"买车到古林"金招牌】 2022年6月，古林镇组织开展"百万补贴促进消费"活动，古林镇内汽车销售企业

6月以来，“买车到古林”金招牌逐步在全区乃至全市范围内打响

共销售汽车1000辆左右，销售额近2亿元。活动期间，超300万元的“美好生活智造者产业联盟”产品购物券向消费者发放。在提振消费同时，“买车到古林”金招牌得到有力宣传。

【成立古林镇乡贤理事会】 2022年10月30日，古林镇乡贤理事会成立。当日选举产生古林镇首届乡贤理事会会长、副会长和秘书长，并颁发聘书。成立后，乡贤成员将在古林建设城乡融合共同富裕先行镇的征程中彰显乡贤作为、贡献乡贤力量。

【古林镇薛家小学改扩建】 2022年10月，古林镇薛家小学改扩建项目开工。该工程位于古林镇薛家村，新增用地面积10676平方米（18个班），总用地面积为34137.98平方米，总建筑面积39400.26平方米。项目计划投资17999万余元。

【古林镇区域公共服务中心建成投用】 2022年10月，古林镇区域公共服务中心对外服务。中心位于古林镇育华路51—53号，设立服务窗口3个，配备工作人员3人，服务范围覆盖兴园、枫园、盛园3个社区。区域服务中心秉承“家门口政务”的便民服务理念，承担一定的政府职能和日常便民服务，方便群众和辖区单位办事，提供方便、高效的优质服务。

（徐泽华）

高桥镇

【概况】 高桥镇位于海曙区西部，东靠望春街道，南连古林、集士港、横街3个乡镇，西接余姚市大隐镇，北枕姚江，与江北区隔江相望，镇域面积53平方千米。2022年，辖20个行政村、1个渔业社、9个社区，总人口超21.5万人，其中户籍人口约6.5万人。

全年地区生产总值90亿元，同比增长1.6%。完成规上工业增加值18.97亿元，其中，高新技术制造业增加值10.66亿元。实现一般公共预算收入6.97亿元。完成限上批发业销售额280.33亿元，同比增长4.8%。完成限上零售业销售额1.07亿元，同比增长22.9%。完成限上社会消费品零售额4.20亿元，同比增长43%，增速排名全区第一。完成餐饮业营业额3.25亿元，同比增长60.8%。镇内共有规模以上企业118家、上亿元企业27家、高新科技企业55家。入选年度宁波市“专精特新”中小企业6家，新认定高新技术企业16家，高新技术企业总数达51家，省级科技型中小微企业申报38家，四项指标均居全区第一。全年共申报各级人才项目29个，其中国家级人才项目12个，省级项目工程6个，市“甬江引才”工程11个，其中寰采星科技（宁波）有限公司董事长许宗义入选国家级人才培养工程，宁波众远新材料科技有限公司董事长、总工程师赵文军作为全区唯一入选省级人才培养工程，两家单位同时入选省创业创新团队。宁波先端轻量化科技有限公司等4家单位入选甬江人才计划，引进宁波永瑞医药科技有限公司等高层次人才项目5个，招引落地千万投资以上“高精尖”“小而美”产业项目9个，截至2022年底，在高桥镇落户的高层次人才项目共有28个。

2022年，高桥镇投用全市首批“数智候车厅”

完成长乐未来社区26.87万平方米、336户征迁签约，按时完成海曙中学征地项目，完成高桥镇樟树下1号和3号围墙收购项目、成田幢危房解危收购工作。完成高桥镇中心小学改扩建项目，持续推进邵家渡大桥及接线工程、宁波轨道交通6号线等省市区重点工程项目，完成秀联路路面改造工程等9个路网建设项目，推进上施二期等13个续建项目。开展"万人净城"环境综合整治活动，"三改一拆"工作高压推进，全年完成拆违约18.84万平方米；完成"污水零直排区"复评，推动"活水畅流"、河道疏浚工程，"运河之恋"乡村振兴示范带被评为"宁波市乡村振兴示范带"；统筹推进农棚田舍整治、农田废弃物清理、垃圾分类、厕所革命等，创建成为宁波市新时代美丽乡村示范镇。

2022中考，高桥中学在第一批次强基考试中人数有较大突破，其中强基4人，创新批11人，效实、鄞州、宁中上线人数达到29人，效实白杨上线10人，海曙中学上线6人，普高上线人数达382人。率先在全区推进"一窗通办"，便民服务中心完成窗口办件量12.3万件，同比增长23.5%，完成代办帮办服务2.8万件，同比增长10%，社会保障业务办件量同比增长24.8%，稳居全区镇（乡）街道首位。劳动纠纷调解扎实有效，窗口荣膺省级金牌调解。创新数字服务场景，全区首家试点政务"云"帮办，村社服务站点可办事项从4类15项扩展至14类132项。全区首家引入业务电子档案，实现全流程数字档案闭环。社区队伍更加专业，社工持证率61.6%，同比增幅95.6%。首次召开社区建设大会，优化物业考核管理办法，"安心"工程一长乐社区下辖无物业小区门禁安装项目获区社区治理创新项目一等奖。开展各类社区个性化服务项目32个，居民参与度更广，满意率更高，被《宁波日报》"甬派"等各级媒体累计报道80余篇。聚焦创建全国文明典范城市，整合6个村（社区）新时代文明实践站、文化礼堂等阵地，打造新时代文明示范线，成功创建4个省级、19个市级垃圾分类示范小区。

开展除险保安专项检查，拆除影响消防安全的违建98处，总拆除面积逾9.9万平方米。全年累计开展除险保安专项检查4次，累计排查企业4290家次，发现隐患13579条，均督促整改完毕。常态化推进反诈骗工作，劝阻电诈高危预警对象4351名，劝阻金额850余万元，其中校园电诈下降21%。稳步推进四个平台建设，完善村社目标管理考核机制及网格工作考核机制，全镇划分182个基础网格，探索城乡接合部专职网格长+兼职网格长、社区社工网格化模式。深化"五社联动"社区治理机制建设，新建区域公共服务中心1个、居民会客厅1个、邻舍家小区居民自治服务站35个，高桥、学院、长乐、蒲馨等4个社区被纳入融合型大社区大单元创建。

完成机关党委架构重组及换届，因地制宜新建35个小区党支部，实现小区党建全覆盖；建设党员引领"高桥荟"人才志愿体系，储备高层次和高技能人才300余人，分别编入城建规划组、法治财经组等服务小组；侨胞服务工作提质提效，高桥镇侨联获评省"五星级侨胞之家"和省级华侨文化交流基地。

2022年高桥镇各行政村（社区、渔业社）基本情况表

表27

行政村（渔业社、社区）名	面积（平方千米）	户数（户）	户籍数（人）	集体经济总收入（万元）	集体经济总支出（万元）	总资产（万元）
宋家漕	1.70	948	2052	1852.57	1631.97	20084.07
藕缆桥	0.70	565	1109	1374.61	1213.74	38704.17
新庄	1.20	537	1378	836.72	910.06	13044.69
红心	2.20	1218	2597	1265.44	1856.08	53764.59
联升	1.10	520	1409	196.41	554.23	93542.76
秀丰	2.10	1077	2324	400.83	495.90	5737.93
新联	1.80	597	2108	504.71	774.44	8930.93
蒲家	1.80	901	1850	1018.93	1808.39	5166.80
长乐	1.10	1200	2655	27006.12	15182.14	23331.62
合心	1.20	705	1549	2669.36	854.57	50450.84
望江	3.30	1397	2995	1275.61	1539.09	53775.60
梁祝	1.80	1008	2128	847.86	783.12	3584.19
芦港	2.30	1501	3062	1079.33	3790.61	7139.71
高峰	1.40	841	1576	623.02	1291.92	4008.82
高桥	3.40	1841	3851	7860.80	9998.83	177004.71
江南	3.90	1509	3722	721.24	693.77	13679.89
石塘	2.60	870	2366	580.40	777.03	8275.81
岐阳	4.70	1160	2192	905.58	1101.72	14559.38

续表27

行政村（渔业社、社区）名	面积（平方千米）	户数（户）	户籍数（人）	集体经济总收入（万元）	集体经济总支出（万元）	总资产（万元）
岐湖	6.90	856	2164	1768.07	1273.02	10493.06
民乐	4.90	426	1463	412.18	697.84	4661.26
渔业社	—	76	169	205.96	41.58	1378.1
长乐社区	1.2	4937	2552	—	—	—
紫薇社区	0.3	3566	2133	—	—	—
新桥社区	0.55	3231	1093	—	—	—
学院社区	0.65	4616	2976	—	—	—
蒲馨社区	0.44	3370	2774	—	—	—
海馨社区	0.42	5062	1022	—	—	—
梁祝社区	1.22	5453	1847	—	—	—
高桥社区	1.45	5216	2612	—	—	—
君馨社区	0.49	2850	3437	—	—	—
合计	—	58054	65165	—	—	—

注：表格中数据为调查数

【成立曙高共同富裕基金】 2022年3月2日，由高桥镇政府和高桥商会牵头发起，联合辖区24家爱心企业共同设立的曙高共同富裕基金成立。该基金初始规模为7000万元，在区慈善总会的监督下独立运营，以留本存息方式，每年将基金规模的5%通过慈善总会进行捐赠。通过设立共富基金，集中整合商会慈善帮扶基金及企业各类专属冠名基金，进一步提质扩容，将基金规模从原有的4000万元提升至7000万元。重点围绕“平均数以下”问题和全龄友好城区建设，定向开展联村共建、联企共扶、联校共助以及助医、助老、助学、助困等帮扶项目。通过项目运作，加强对慈善款项立项评审、拨付使用、反馈评估“全流程”管理。

【获评为宁波市“书香小镇”】 2022年4月，高桥镇作为全市唯一，被评为宁波市“书香小镇”。该镇整合优化区域内阅读资源，全方位打造“一心一圈一群”全民阅读矩阵，镇村两级累计投入2亿余元，开拓阅读空间5000余平方米，公共阅读空间藏书量翻番，日常阅读人数增长2.5倍。已建成3个特色阅读空间、5个“博见”有声书房，28个村农家书屋全部实现通借通还，近1400平方米的镇图书馆即将投入使用。同时，岐阳、芦港2个行政村获评国家级“书香社区”，系全省乡镇唯一。联合天一书房、海曙印象城共同发布“印象高桥·觅阅同行”十大活动，持续开展“觅阅四季”读书活动，建立“遇见你”读书会、线上盲盒阅享会、溯水寻根读书会等品牌，营造全民阅读品质氛围。推进数字赋能，推出高桥镇掌上“觅阅”地图，线上提供阅读场馆定位、书籍查询预约、阅读积分兑换等功能，智能推荐最优的借阅点、路线图。全域布点“数智随手阅”书香点阵，在人流密集处设置“随手阅”二维码小景观，填补场馆矩阵间片段化阅读的空白。

4月，高桥镇获评为宁波市“书香小镇”

【海曙区共享法庭（高桥镇司法所服务站）入选全省首批示范“共享法庭”】 2022年2月，海曙区人民法院共享法庭（高桥镇司法所服务站）入选全省首批示范“共享法庭”。自2021年4月高桥司法所与望春法庭试点“共享法庭”以来，双方与镇、村（社）调委会合力搭建“共建共享”平台。高桥司法所通过搭建远程视频设备和直播功能，运用人民法庭解纷资源，安排法官“云指导”化解纠纷，以案释法、实时互动，有效提升基层法治工作水平；同时依托共享法庭，打造集调解协议书、司法确认书出具、线上送达等为一体的全流程“快速通道”，实现矛盾解决又快又妥；建立由法官、民警、司法行政人员、村社书记、各级调解员组成的“小纠纷”化解群，提高“小纠纷”化解率；强化“校—所—庭”合作，选取典型案例，推动普法队伍进宁波财经学院，组织收看望春法庭现场庭审直播，带给学生"沉浸式"法治教育体验，惠及学生2600余名。

【长乐未来社区项目国有土地房屋完成签约】 2022年5月12日，长乐未来社区征收项目启动签约，共涉及国有非住宅34户、建筑面积17.24万平方米（含未经登记建筑）。截至6月30日，国有土地房屋征迁协议签约工作全部完成。作为浙江省未来社区试点项目，镇党委、政府高度重视、靠前指挥，抽调多名镇、村干部下沉一线。其间，推出富有数智特色的"云征迁"新模式，以"数据驾驶舱"支持跨手机端、电脑端等多规格展示，实现34户被征收对象相关数据归集一步到位、工作信息一图展示、拆迁进度一屏掌控，向政府管理端和居民服务端同步开放签约进度、签约地图以及可补偿安置面积等关键信息，形成秩序导向、公平导向、合作导向。

【新庄危旧房住户腾空任务完成】 截至2022年8月15日，高桥镇新庄村汪槽头、张家漕5幢C级危房涉及的330户住户全部搬迁腾空。本次危房解危处置体量大、住户多，处置时间紧、任务重情况，区综合执法局、区住建局、区应急管理局、海曙公安分局巡特警大队等相关部门与工作组成员按照攻坚方案，根据分工安排数个小组落实秩序维护、后勤保障、应急救援具体任务，确保腾空工作有序推进。

（楼红霞）

横街镇

【概况】 横街镇地处海曙区中西部，东靠集士港镇、古林镇，南邻鄞江镇，西连章水镇和余姚市大隐镇，北接集士港镇、余姚市大隐镇，辖区总面积121.7平方千米。2022年，全镇下辖28个行政村、2个居委会，户籍人口36771人，外来人口约2.1万人，常住人口43680人。

镇内竹林面积5.32万亩，是全国单片竹林面积最大的乡镇，被称为"中国竹笋之乡"。全镇地貌完整，为山区、半山区和平原混合带，东部为古广德湖沉积平原，面积占1/5，平均海拔4米，西部为丘陵，境内最高峰玉台山位于竹丝岚村，海拔588米。境内河道属姚江水系，河流总长度40千米，境内最大的河流为湖泊河。

2022年，地区生产总值达到34.03亿元，同比增长1.5%。公共财政总收入5.53亿元，一般公共预算收入2.88亿元。全镇78家规上企业总产值55.01亿元，规模以上增加值11.15亿元，固定资产投资8亿元，工业投资2.85亿元。有规模以上企业75家，2022年新增规模以上企业10家。有高新技术企业33家。有国家级专精特新重点"小巨人"企业1家、国家级专精特新"小巨人"企业1家、省级专精特新"小巨人"企业4家、市级专精特新"小巨人"企业8家。

全镇耕地1.89万亩，林地10.7万亩，其中生态公益林8.15万亩，主要经济作物是毛竹。完成"两非"（耕地"非农化""非粮化"）整治1109亩。完成小麦种植面积5089亩，早稻种植面积2200亩，同比增长120%，晚稻种植面积14850亩，旱杂粮种植2200亩。早稻播种和收割时间分别为3月和7月。单季晚稻播种时间5月底，收割时间10月；连作晚稻播种7月底，收割时间11月。

鲁岙堆场完成平整和复绿工程，并通过市级验收。完成雷旱岙矿山整治复绿工程。古中路、联丰路西延、盛爱公路、望童路溪下至大雷段相继完成建设，并投入使用。"精特亮"工程之"浙东文化思路"鄞县大道横街段完成改造提升。推进芝溪家园梳理式改造，已完成设计方案。完成涉及大雷和新洞山近百亩土地的拔钉"清零"。实施饮用水水质提升工程，改建2个水站，维修加固山区山塘水库4个，推进实施平原和山区污水改造治理2个，完成河道清淤疏浚整治提升5.2千米。

推进文明典范城市创建工作，横街镇获评市级文明镇，有省级文明村2个（水家村、林村）、市级文明村7个（芝溪岙村、朱敏村、芝岭村、毛岙村、惠民村、上阵村、凤林村），实现区级文明村全覆盖。推选"宁波好人"、道德模范、"海曙好人"，有6人次获评区级及以上先进人物。高山快递志愿服务项目、高山助老服务项目分别获得全区志愿服务项目大赛银奖、铜奖。亚太酒店物业服务有限公司承接镇区保洁工作，保洁面积约38万平方米，县、乡道保洁面积约58万平方米，绿化养护面积34万平方米，河道（溪坑）保洁长度约80千米，全镇日均清运垃圾60余吨。

2022年全镇城镇居民人均可支配收入81600元，农村居民人均可支配收入46504元。有低保低边群众406人（低保270户330人、低边34户51人，另有"五保户"25人），残疾人2016人，镇敬老院现有老人68人。

7月6日，横街镇召开2022年经济高质量发展大会

镇居家养老服务中心进入装修阶段。AAA级居家养老服务站有3个（盛家、水家、乌岩），其中，乌岩服务站开始运营。区域性居家养老服务中心为林村管家婆居家养老服务中心，站点30个。共有公立幼儿园、小学、中学各1所，民办小学1所、民办幼儿园2所，在校学生共计3879人，教职工370人。全镇AAA级旅游景区村庄3个、AA级12个。

2022年横街镇各行政村基本情况表

表28

行政村名	面积（平方千米）	户数（户）	人口数（人）	集体经济总收入（万元）	集体经济总费用（万元）	总资产（万元）
东村	1.51	415	983	398.23	1495.45	13615.11
凤岙	5.44	395	968	147.9	375.5	1149.92
梅梁桥	3.49	248	605	227.05	807.68	1716.16
水家	1.01	311	760	1273.34	595.05	7837.29
万华	3.34	872	2094	559.78	384.06	3633.93
桃源	2.72	542	1270	615.12	2193.97	39810.62
应山	3.3	392	947	732.07	910.63	1770.08
横街	0.75	179	445	230.4	198.4	1442.87
凤林	1.44	290	682	2235.05	1502.98	4285.83
林村	1.89	305	708	246.57	840.84	8803.34
盛家	2.64	321	760	507.27	159.47	2145.48
溪下	3.65	584	1451	1496.49	1219.88	3389.57
上阵	2.5	555	1326	232.3	363.06	16330.12
半山	3.95	697	1739	374.58	738.64	1929.39
雷荘	3.66	434	1024	521.64	272.78	13196.04
芝溪岙	1.99	210	510	356.04	337.65	7882.01
芝岭	3.1	260	660	180.43	327.68	1123.55
毛岙	4.41	352	817	754.79	774.29	2710.33
新洞山	1.76	182	465	205.85	803	3728.1
大雷	8.55	1167	2515	368.85	1733.66	1310.56
凤凰	5.19	731	1692	218.82	259.21	946.87
云洲	7.77	1032	2399	151	215.96	886.39
竹丝岚	4.84	515	1228	130.51	675.04	1698.11
惠民	3.38	475	1155	285.6	160.36	1164.51
乌岩	6.89	913	2101	283.16	247.83	1280.35
朱敏	2.12	1019	2503	156.34	118.93	2898.42
爱中	3.02	718	1701	211.9	241.24	1124.57
爱岭	4.25	542	1284	293.23	175.81	1737.65
合计	98.56	14656	34792	13394.31	18129.05	149547.17

注：表格中数据为调查数

【海曙区首个乡村音乐教室落户】 2022年12月1日，中央音乐学院乡村音乐教室在横街镇中心小学落户，系全区首个。落户后，中央音乐学院联合驻宁波的文艺宣讲师，将安排师资，长期指导学校的音乐教育，并以培养学生音乐才能为目标，组建首批镇中小学民乐团等音乐团体。同时，横街镇联合乡贤力量——中央音乐学院院长俞峰母亲徐翠凤，以及爱心企业、爱心人士，向横街三所学校捐赠钢琴、手风琴等乐器，区教育局也下拨30万元专项经费，用于横街镇中小学用于民乐团乐器采购，以解决山区学校音乐师资力量较为薄弱、音乐设施相对缺乏的困境。

11月2日，横街镇通过“音乐+党课”的模式，邀请中央音乐学院派驻宁波的宣讲员带来一场音乐党课宣讲会

【水家工改项目】 2022年，横街镇以水家村为试点，开展低效用地整治，提升水家村级工业园区。该项目分三期，总建筑面积10.4万平方米。其中一期改造项目改造土地面积13亩左右，新建2.3万平方米，总投资约6400万元。该项目已取得海曙区第一本农村集体建设用地证书、海曙区第一个农业银行“富村贷”授信（5000万元）。

【推进横街镇全域国土空间综合整治工程项目】 2022年，横街镇乡村全域土地综合整治与生态修复工程被省自然资源厅列为“2022年度乡村全域土地综合整治与生态修复11350工程”，为宁波市入选的3个项目之一，该项目也是海曙区打造“千村示范、万村整治”工程升级版的重要举措。横街镇以“东联、西绿、南优、北新、中提升”为发展框架，针对山区、平原和建成区的土地资源现状，以点带面、以面拓全域，在土地指标日益紧缺和镇区空间拓展需要的背景下，全镇坚持规划先行，全域打造美丽乡村建设的目标，计划5～8年内在全镇范围内开展全域国土空间综合整治工作，达到“农田集中连片、村民集中居住、产业集聚发展”的效果。年内，已完成土地征地工作和应山6个自然村入户调查工作。

【党建引领助推乡村共富】 2022年，横街镇深入开展“五问五破、五比五先”作风建设专项行动，以“五最党建促五力提升”为主题提振作风、促进发展。成立“横·心”高质量发展共富专班，滚动式推进征地、农文旅发展等项目落地见效。推动全域党建共富联建和高山快递驿站建设，成立区党代表工作室，助推山区养老共富项目落地。

【推进“一老一小”共享共富】 2022年，横街镇重点推进“共富养老·专曙安养”计划，启动实施山区80岁以上高龄留守老人的助餐工作，老人自费6元/天，可享受15元/天、一天两餐（每餐一荤一素一汤一饭）的就餐服务。依托“高山代办”，以中西医结合方式，医疗团队多次为山区老幼诊疗新冠病毒，并配置药方。同时依托“红动高山·快递驿站”，12个山区行政村实现村村通快递，方便留守老人收发寄送快递。

（陈宏光）

鄞江镇

【概况】 鄞江镇地处海曙区西南部、四明山东麓，东接洞桥镇、古林镇，西临章水镇、龙观乡，南抵奉化区江口街道、萧王庙街道，北依横街镇，镇域面积63.9平方千米。2022年，辖12个行政村、1个居委会和1个社区，户籍人口2.2万人。

实现地区生产总值25亿元。新增规上工业企业4家、入库培育16家，新增专精特新“小巨人”种子企业6家，新增省级科技型中小企业17家。宁波更美电器科技有限公司、宁波沃伏龙机电有限公司、宁波德伟电器有限公司、宁波合硕精工科技有限公司4家企业被认定为高新技术企业，宁波腾隆户外用品有限公司、百威（宁波）啤酒有限公司、宁波美固力磁电有限公司3家企业获评三星级绿色工厂。

建成建岙村、它山堰村高标准农田1400亩，完成耕地“两非”整治1890亩，修缮改造卖柴岙、毛家坪等10座山塘水库，整治提升南塘河、清源溪等5条河道。完成四明山区域产业转型建设项目验收，打造生态农业示范基地、精品鱼观赏体验基地等新型农业基地，郭斌养鲤场入选省级渔业共富主体。

成立鄞江古镇开发建设指挥部，完成千年古城复兴综合规划编制，启动宁波水利文化广场、它山庙修缮等项目建设，获评浙江省AAAA级旅游景区镇。修缮完成红色革命老村建岙村内的建岙大会堂、下唐祠堂等红色遗迹，启动运营乡村咖啡馆、建岙妈妈农场等共富项目，客流显著增加。

结合市、区两级国土空间规划编制新政，高质量推进国土空间规划和全域土地综合整治方案编制，完成“三区三线”划定，启动新一轮控制性详

5月29日，鄞江镇举办千年古城复兴乡贤座谈会

细规划和村庄规划编制工作。保障荷梁线道路拓宽项目开工，提前完成工程红线内139户房屋拆迁清零和一期48亩土地征用工作。初级中学迁建工程、殡仪馆扩建工程主体施工加速推进，鄞江堤防工程闭合，集中居住C地块基本完成，集中居住D地块启动开工。启动自来水管网改造提升项目，完成辽路周小区污水改造、毛家坪水厂至横鄞线污水管道连接、荷梁线周边污水接入等工程，实现镇域污水主管网全面贯通，创建省级“污水零直排区”。

加快“最多跑一次”改革步伐，上线智慧大厅事项120项，落实村（社）24小时“自助+便民”服务模式改革，逐步实现分业务领域的无差别受理。启动研究区域性居家养老服务中心升级方案。实施临时救助75人次，累计发放救助金36万元、慰问金93万元，累计发放残疾人各类生活补助金7886人次，共计209.5万元。

开发红色剧本杀、红课红剧，建成红色研学联盟。梅园革命史迹陈列馆获评首批省级乡村博物馆、省级特色文化礼堂。开展国家卫生镇创建工作，通过省级卫生镇和9个省级健康村复评，沿山村创建省级卫生村。坚持特色教育基地建设，优化师资队伍建设，初级中学实现普通高中录取率15年来新高，燕玲小学包揽省飞镖公开赛小学组男女前三名，中心幼儿园获省级龙狮锦标赛三等奖。

探索“共富工坊”，打造梅园工业园区共富车间、建岙妈妈农场共富实践基地，吸收闲散劳动力和低收入群体就近就业。建立帮扶救助长效机制，落实低保、特困、残疾人等各项补助，密切关注低收入农户动态，发挥妇联、侨联优势，开展摸底调查、走访慰问，全镇177户低收入农户全部达到消除标准。

【朱振浩入选“浙江好人”】 参见“人物·朱振浩”。

2022年鄞江镇各行政村基本情况表

表29

行政村名	面积（平方千米）	户数（户）	人口（人）	集体经济总收入（万元）	集体经济总费用（万元）	总资产（万元）
清源	5.80	410	975	627.99	312.04	8115.91
金陆	3.96	376	929	191.92	355.33	23795.01
芸峰	6.40	418	1000	377.38	372.43	1932.78
悬慈	6.60	1093	2610	452.16	377.94	2920.28
它山堰	2.70	721	1657	504.17	629.16	7923.96
鄞江	4.67	661	1641	760.78	573.79	2221.19
光溪	4.91	898	2127	516.67	355.60	17488.60
东兴	2.90	626	1500	1452.52	543.82	30134.59
建岙	7.50	1745	2366	463.88	950.31	4119.97
大桥	2.20	410	973	482.42	937.37	4195.99
梅园	5.60	496	1235	440.17	509.91	5735.56
沿山	2.50	309	798	468.30	735.27	4357.65
合计	55.74	8163	17811	6738.36	6652.97	112941.49

注：表格中数据为调查数

【趣湾庄园入选省中小学劳动实践基地(第三批)暨学农基地】 2022年2月18日，省教育厅办公室、省农业农村厅办公室、省林业局办公室联合发布浙江省中小学劳动实践基地(第三批)暨学农基地名单，共104家。宁波海曙趣湾庄园劳动实践基地入选，这也是海曙区首家入选的基地。趣湾庄园位于金陆村，作为浙江省宁波市中小学生社会实践大课堂资源基地、海曙区中小学生研学实践教育基地，是一家集果蔬种植、农产品加工、休闲旅游、住宿餐饮等三产融合的现代化农业庄园。占地面积1000亩，有大量适合中小学生校外劳动实践教育需求的场所和设施设备，能一次容纳600名以上学生开展学习活动。

【国家体育总局到鄞江调研指导】 2022年2月19日，国家体育总局一行到宁波市鄞江中学和宁波市第二少年儿童业余体育学校调研指导工作。重点考察宁波市第二少年儿童业余体育学校举重、摔跤、散打等训练场馆，以及其到鄞江后建的第一个训练馆、攀岩基地、田径场、体育馆等场所，了解了学生运动队学习生活及训练备战情况，并肯定两校体教融合的办学模式。

【梅园革命史迹陈列馆入选浙江省乡村博物馆第一批认定名单】 2022年5月15日，浙江(杭州)国际博物馆日主场活动启动仪式在临平博物馆内举行。会上，浙江省文物局公布浙江省乡村博物馆第一批认定名单并授牌。宁波市海曙区鄞江镇梅园革命史迹陈列馆入选该名单。该馆位于建岙村，通过展陈记录梅园地区革命斗争史迹，弘扬革命传统、讴歌先烈精神、建立教育阵地、启迪激励后人。通过展示“苦难岁月 砥砺前行”“重点转移 敌后抗日”“血色记忆 日军暴行”“众志成城 抗日反顽”“坚持斗争 迎接解放”五个篇章及鄞江英勇先烈的照片事迹、烈士雕像、部分实物。

【举办省第13届微型党课大赛复赛电影微型党课比赛】 2022年5月30日，浙江省第13届微型党课大赛复赛电影微型党课比赛在鄞江镇举行，活动由省委宣传部、省直机关工委、省教育厅、省国资委、浙江日报报业集团、浙江广电集团主办，来自全省各地的25位选手同台竞技，5名选手获得一等奖，7名选手获得二等奖，10名选手获得三等奖。

【它山遗德庙修缮工程启动】 2022年10月13日，它山遗德庙修缮工程启动。该项目主要对建筑外观屋面和柱梁部分进行修复，为20世纪90年代以来的再次大规模修缮。它山遗德庙俗称它山庙，位于全国重点文物保护单位它山堰的北侧，系后人为纪念鄞县县令王元暐所建。该庙始建于北宋元年(960)，屡毁屡建，现存建筑为清光绪后陆续重建、重修。整组建筑群坐北朝南，分三进院落，由山门、大殿、后殿等建筑组成。它既是它山堰水利文化的组成部分，又是千年鄞江庙会的重要文化地标，具有一定的历史、文化价值。

【获评2022年度美丽城镇建设省、市级样板】 2022年11月18日、12月21日，鄞江镇相继获评2022年度美丽城镇建设市级样板、省级样板。2022年以来，镇内金陆新村二期完工，并完成分房安置，新老农贸市场完成装修并投入运营，环镇东路、鄞里线、鄞倪路3条改造提升道路全部竣工通车。

【获评省AAAAA级景区镇】 2022年12月27日，第四批浙江省AAAA级景区镇名单公布，鄞江镇入选。鄞江镇拥有丰厚的文化遗迹，通过世居家族保留下完好的民居宗祠及古村落建筑风貌和民俗文化，反映出老宁波“一道街渠一道水”的传统城镇格局和居住文化。尤其是千年传承下来的庙会文化、宁波走书等深受群众喜爱。

(马中龙)

5月15日，梅园革命史迹陈列馆入选浙江省乡村博物馆第一批认定名单

洞桥镇

【概况】 洞桥镇位于海曙区东南部，东连石碶街道，西临鄞江镇，北靠古林镇，南接奉化区江口街道，面积35.39平方千米。2022年，下辖19个行政村和2个社区，总户数9717户，户籍人口22507人，外来人口30786人。

实现地区生产总值41.91亿元，同比增长0.8%，其中工业占比73%。财政总收入5.58亿元，同比增加6.7%，其中一般公共预算收入2.81亿元，同比增加0.6%。

105家规上工业企业实现规上工业总产值119.92亿元，同比增长1.9%，实现高新技术企业产值74.41亿元，占规上工业总产值的62.0%，同比增长1.1%。完成全社会固定资产投资9.11亿元，同比增长61.3%，其中完成工业投资3.43亿元，同比增长61.4%。

洞桥花海

落实增产保供任务，完成早稻面积4968亩，小麦面积4581亩，晚稻面积12100亩。重点实施单季晚稻百亩方超千公斤粮食高产攻关项目。申报早稻、连作晚稻绿色高产示范方及优质稻米示范基地2个绿色高产示范基地。推进农田改造提升工程，开展石臼庙村、鱼山头村高标准农田改造提升项目，完成百梁桥旱改水、宣裴村周门旱改水、宣裴村耕地质量提升项目。甬甜农场的“八戒”西瓜获评2022年宁波市“微萌杯”地产精品西甜瓜推选金奖产品。

完成全社会固定资产投资7.9亿元，其中完成工业投资3.1亿元。招商引资成果显著，浙江新大荣建设有限公司注册落户。亿林节水项目主体工程竣工，启新精合新能源锂电池研发大楼项目进入竣工阶段，垃圾焚烧发电新建项目开工。

累计发布线上招聘会5期，覆盖企业300余家，推出岗位2000余个。累计引进硕士以上人才10人，其中博士8人。申报国家级人才项目3个、省级人才项目3个、“甬江引才”计划8个。宁波智能成型技术创新中心有限公司作为重要创新平台，通过省级创新中心专家验收。

按时完成鄞江堤防征收范围内旧房屋拆除任务，共计6.67万平方米。保障鄞江堤防建设工程在汛期之前完成全线封闭。建成强排泵站3个、配备强排设备6台，在抗台中强排作用发挥明显，极大缓解洞桥明苑小区及周边区域、路段防洪问题。

沿江路一期已完成红线范围地上作物政策处理、表土剥离和工程招投标。沙港侧路—纬八路交竣工验收，新建一条宽12米、长600米兼顾城市道路功能的三级公路。公路修复全线保障，完成洞欣路（荷梁线至洞欣大桥）、明江东路、宣家村—横山岙村三条路面大中项目的维修。

避邻项目一号地块完成土地报批。百梁桥和蕙江村完成初步确权工作，共涉及住宅1119户，初步确权面积14.11万平方米。三李村联户自建工作基本完成，新建的联排15套和单间24套完成分房；沙港五期及王家桥杨家地块基本完工。

洞桥中心幼儿园新建工程完成室内装修并投用，成人学校完成迁址装修工作。镇卫生院通过合作，新增眼科、骨科专科、肛肠科专科等3个门诊。洞宣雅苑卫生室装修工程完工投用。

完成9条河道疏浚，总清淤量30870.22立方米。李家新河石臼庙段新建护岸2276米，景观桥、景观廊主体工程已完工。健身娱乐充分保障，利用高速桥下空间打造洞桥公共文化空间项目获群众欢迎。创建宣裴村“百姓健身房”和三李村“全民健身广场”。

社会保障“一网通办”共受理经办业务79302件，完成省智慧医保系统和社保国家系统上线工作。劳动调解案件达成书面调解案件13件，劳动调解率达100%。发放各类帮扶、拥军优抚补助4200余人次、320余万元。打造“洞力·共富工坊”，拓宽农村低收入群体增收渠道。

综合信息指挥室搬迁，纳入党政指挥体系，集会议、决策、指挥、调度于一体。大综合执法中队揭牌，开展违法建筑、菜场周边等联合执法检查，累计办理案件106起。累计排查交通安全隐患点位90余处，增设红绿灯2处。提高防溺水处置效率，设置安装7套监控探头和15套太阳能感应提示系统“技防”载体，组建防溺水救援队1支，全年溺水事故零发生。

洞桥镇全境俯瞰

2022 年洞桥镇各行政村（居委会）基本情况表

表 30

行政村（居委会）名	面积（平方千米）	户数（户）	人口数（人）	集体经济总收入（万元）	集体经济总费用（万元）	总资产（万元）
石臼庙	2.5	319.0	735.0	339.7	365.3	2653.6
沙港	1.9	702.0	1685.0	2564.0	6398.6	41823.6
王家桥	1.8	622.0	1547.0	438.0	421.0	12050.5
上水碶	1.0	305.0	725.0	2340.5	835.4	41374.6
上凌	1.1	244.0	603.0	716.0	682.1	948.5
孙王	1.2	274.0	668.0	188.1	215.3	1119.3
李家	1.3	259.0	676.0	250.7	250.1	1580.6
程家	1.7	294.0	752.0	203.7	203.7	2486.5
洞桥	2.6	564.0	1342.0	779.7	559.5	1773.3
百梁桥	2.3	583.0	1357.0	1214.8	1035.5	2664.1
蕙江	1.3	417.0	960.0	1786.7	517.6	2665.8
潘罗	2.2	537.0	1325.0	2536.6	1444.9	4067.9
宣裴	2.9	518.0	1236.0	4802.2	2018.6	10931.3
三李	1.7	317.0	718.0	261.8	354.9	2315.7
鱼山头	2.3	503.0	1137.0	353.8	429.9	4455.8
张家垫	1.8	460.0	1071.0	850.9	1039.6	7674.5
前王	1.0	294.0	672.0	296.4	199.0	1320.4
树桥	1.8	514.0	1153.0	4060.2	557.5	7283.2
陈严	2.8	534.0	1111.0	328.6	209.8	5539.5
明苑居委会	0.2	1457.0	3034.0	—	—	—
合计	35.4	9717.0	22507.0	24312.4	17738.3	154728.7

注：表格中数据为调查数

【洞桥镇农贸市场搬迁并启用】 2022年5月20日，洞桥镇新农贸市场启用，内设摊位148个。该市场在洞桥镇原农贸市场基础上改建而成，共投资760余万元，改造面积2600余平方米。

【“八戒”牌提味品种西瓜获奖】 2022年8月，经过专家组综合评审及大众评委投票，由洞桥镇企业海曙甬甜农场选送的“八戒”牌提味品种西瓜获2022年宁波市“微萌杯”地产精品西甜瓜金奖。提味品种西瓜作为一个品质优良的新品种，经过多年选育，具有皮薄、甜度高、口感脆、产量高等优点。洞桥镇是宁波本地西瓜的主产地之一，为提升本土农产品附加值、推进农民致富，2022年该镇定期组织专家为瓜农开展农技培训，推广间作套种，科学种植等技术，鼓励有条件的瓜农赴大专院校学习农技，切实提升育苗质量。

【洞桥镇中心幼儿园投入使用】 2022年9月1日，洞桥镇中心幼儿园新建工程投用。该项目位于沙港村，用地面积9819平方米，建筑面积6306平方米，可容纳12个班级，总投4642万元，项目于2022年8月竣工。

【洞桥镇“梅花”台风受灾情况】 2022年9月14—16日，第12号台风“梅花”（强台风级）对洞桥镇造成较大影响。全镇最大受淹面积达17.4平方千米，受淹比例49%，受淹农田面积19000亩，水稻、花木、蔬菜水果等合计损失1950万元。全镇企业中进水约300家，其中规模以上企业36家，损失约2390万元。其他损失259.12万元，合计直接经济损失约4599.12万元。“梅花”台风影响期间，树桥、张家垫、前王村、鱼山头村等行政村受淹最为严重，受淹面积达7平方千米，其中受淹农田面积约3300亩，农业直接损失521万元。工业企业受淹120余家，损失约1250万元。民房受淹约1900户，损失约382万元。其他损失152万元。合计损失约2305万元。

【洞桥镇章远社区成立】 2022年11月14日，经海曙区人民政府批复同意，洞桥镇章远社区成立。该社区管辖范围东至杨家路，南接碧云路、章远路，西至陈严村，北至鄞城大道。下辖

9月，台风“梅花”影响海曙期间，党员群众参与抗洪抢险

银亿新世境等8个住宅小区，并承接洞北工业园区的管理服务工作，该社区的成立是洞桥镇推进城乡现代社区建设的重要举措之一。

（黄　博）

章水镇

【概况】 章水镇位于海曙区西南端，东北接鄞江镇、横街镇，东南接龙观乡，西南依奉化区，西北靠余姚市，镇域面积146平方千米。2022年，下辖18个行政村、1个居委会，总户数1.12万户，户籍人口2.29万人左右。

实现地区生产总值12.98亿元，同比增幅-0.7%。完成一般公共预算收入2665万元，同比增幅-28.1%。实现规上工业增加值1.27亿元，同比增幅-22.3%；完成规下工业增加值同比增幅2.2%；完成高新技术产业增加值10809万元，同比增幅-22.7%；完成规上企业研发投入1407万元，同比增幅-10.6%。完成货物出口总额11143万元，同比增幅4.53%。完成限额以上社会消费品零售额406万元，同比增幅14.12%。完成市外实到资金142万元、“浙商回归”资金142万元。完成有效固定资产投资9923万元，同比增幅63%，其中建安投资6121万元，同比增幅65.4%，工业技改投资726万元，同比增幅-58.6%。

开展“大脚板大排查”百日攻坚专项行动。通过“送苗下村”、“大脚板”扫村、网格员扫户行动，稳妥有序推进新冠防控工作。调动“小分队”全域接力跑，为山区群众送上“健康防疫包”12000个。

农林牧渔总产值34622万元，增速7.37%，居全区首位。深入推进“两非”整治，全镇152个图斑、1823亩面积通过区级实地验收，为全区完成整治面积最大的乡镇。完成总投资1022万元的高标准农田建设项目，涉及农田4000亩。依托乡村振兴公司纽带作用，搭台成立樟溪河农业发展有限公司，为各村代销共富，总营收超过720万元，引领全镇各村集体经营性收入突破700万元，实现30万元以上全覆盖。推进“立早·山水间”共富工坊区域品牌建设，打造完成“兰芯吊瓜”等创富基地8个，面向农村剩余劳动力提供灵活增收岗位200余个。重点推广樟村切面、李家坑花旗芋艿、低坪手工皂、四明海艾等一批传统品牌以及花生、玉米、咸菜等贝母地系列地理标志农产品。与浙江中医药研究所联合成立浙贝母传承创新专家工作站，进一步做好品种研发和大规模机械化耕种改良。与中国科学院赵玉芬院士团队联合推动太空浙贝研究，全力打造浙贝母科创高地。引进里梅高山蓝莓、燕麻松茸菌菇、童皎浙白芍等一批优质产品。

全力护航四明山环线重点工程，推进密北线、细北线和安防工程有序推动榨弯至百步阶公路工程、后溪河后溪公路新建工程等农村路网建设。依托路域整治“百日攻坚”行动，加强对管辖的11条乡道、66条村道的日常巡查，新建便民公交站台，开展乡村道塌方边坡治理，增设减速带和钢护栏等道路安全设施。完成国土空间规划编制“三区三线”核对工作。完成污水专项五年行动规划，提高农村生

10月10日，章水镇章溪村新品“兰芯吊瓜”上市

活污水软硬件配套服务能力。开展蜜岩村、赤水村翻身、李家坑村、杖锡村鹿窠等农村生活污水分散式提升工程改造。启动章水镇垃圾中转站新建工程、四明山主入口景观改造工程等项目。完成2号集中居住地块建设及宇岩下村291户分房安置。章溪新村初步确定土地整治方案及村庄规划调整方向；郑家村桂家自然点联户联建项目签约率超过六成。

推进便民服务中心标准化建设，坚持“一窗通办”和数字化建设质效并举，全面落实政务2.0推广工作，重点协助指导群众开展自助网办。在大皎、杖锡片区安装补登机、24小时自助服务机，“高山代办”服务累计办理各类服务事项300余件。推出全市首个“云上健康”项目，累计为371名山区老年人佩戴健康手环，通过后台大数据，实行精准化健康管理。推进章水镇新建老年乐园项目，有力落实山区孤寡老人及80周岁以上老人的高山助餐项目，建成赤水村居家养老服务站点。

2022年章水镇各行政村（社区）基本情况表

表31

行政村（社区）名	面积（平方千米）	户籍户数（户）	户籍人口（人）	集体经济总收入（万元）	集体经济总费用（万元）	总资产（万元）
章溪	3.13	579	1239	265.32	591.34	1428.63
郑家	5.31	1047	2267	233.93	391.34	6546.09
樟村	5.43	1262	2645	203.76	326.13	1881.58
崔岙	5.83	683	1534	179.79	549.10	1105.48
朱梅	4.16	688	1472	409.52	141.28	912.55
许岩	4.09	633	1362	105.82	263.40	342.31
蜜岩	7.02	706	1519	202.58	269.01	1487.84
童皎	9.23	475	1013	180.63	310.91	1153.41
大皎	10.23	485	976	173.42	470.01	5617.61
杜岙	7.32	589	1238	188.47	127.06	1201.22
梅龙	4.56	541	1130	135.13	191.79	921.59
宇岩下	3.67	274	539	120.13	257.70	1435.25
赤水	6.76	333	690	157.21	183.52	2724.34
箭坪	2.67	310	633	236.08	678.67	2500.53
杖锡	4.98	484	999	285.22	589.11	3666.95
李家坑	4.05	355	689	330.65	596.55	6468.84
燕麻	6.49	283	613	334.02	213.54	1431.01
里梅	4.83	278	610	304.38	233.92	1589.14
樟蜜社区	—	1166	1718	—	—	—
合计	—	11172	22886	—	—	—

【“一村一品”产业打造】 2022年，章水镇挖掘下辖18个行政村的潜力与优势，推出“一村一品”战略（“一个行政村，一件特色农产品”），通过“两非”综合整治、空地流转整理等方式，累计盘活土地2000余亩，并引导村集体、专业合作社、种植大户、第三方经营单位持续开展特色农优产品种植及开发。6月7日，杖锡村收获200余亩的海艾。6月20日，共富产品里梅“高山蓝莓”首次收获。7月28日，“两非”整治出的杖锡片区400亩玉米地首次丰收。10月10日，共富产品章溪“兰芯吊瓜”上市。10月18日，“云上樱花”香薰礼盒完成生产并上市。10月20日，杖锡片区200余亩旱稻开镰收割，成为“一村一品”新产品。10月24日，里梅村进行12个番薯品种试种完成，组织进行主推品种选取。10月25日，由区政协委员陈志诚引进的共富项目燕麻松茸菌菇种植基地喜获丰收。10月28日，与立华制药合作打造的百亩浙白芍产业园由童皎村组织进行种植。

【“云上樱花　共同富裕”党建联盟成立】 2022年1月18日，“云上樱花 共同富裕”党建联盟签约仪式暨樱花产业发展座谈会召开。章水镇党委与宁波旷世智源工艺设计有限公司党支部、浙江春秋国际旅行社有限公司党支部、宁波甬邦餐饮联合会党支部签订党建联盟结对共建协议。该党建联盟聚焦

1月18日，“云上樱花 共同富裕”党建联盟签约仪式暨樱花产业发展座谈会召开

樱花产业发展，以党建联盟带动产业联盟、服务联盟、治理联盟，把相关党组织紧密连接，通过支部共建、资源共享等方式，引导联盟成员下属机构和党员群众参与樱花及其衍生产业，发挥各自特长助力乡村振兴、推动共同富裕。

【浙贝母传承创新专家工作站成立】 2022年3月2日，浙贝母传承创新专家工作站成立，由国家中药材产业技术体系及根茎类药材岗位科学家、浙江省中药研究所所长王志安担任首席科学家。并吸纳中药材育种、农产品精深加工、全产业链数字化领域的6位专业技术人员共同参与。该工作站成立后，系统挖掘和整理章水浙贝母传统历史文化，加快以浙贝母为主的中医药健康养生旅游示范基地建设，为浙贝母文化传承和“浙贝故里”打造及建设创造条件，进一步提升“浙贝之乡”及“樟村浙贝”产业品牌。

【樟溪河水毁修复项目完成】 2022年5月，总长7.71千米的樟溪河水毁修复项目完工。2021年夏，受台风影响，樟溪河流域内遭受特大洪涝灾害，沿线堤防、堰坝均受到不同程度损毁，此次修复完成的河道，恢复原有的生态、水利功能。同时还完成7座拦水堰坝修复，其中3处坝形似鱼鳞，在提高防洪减灾能力的同时增加河道美观性，上述堰坝成为新的网红打卡点。

【平安护航队成立】 2022年6月16日，章水镇举行平安护航队授旗仪式，并联动市巡（特）警支队、区山岳救援队，于章溪河水域开展抢险救灾应急救援力量联训演练。涉及冲锋舟操舟、离心力救援、水中翻艇自救等科目。

【推进“云上健康 共富共享”项目】 2022年6月29日，为进一步提升山区慢性病老人的医疗诊断效率，海曙区高山巡回医疗队运用智慧化手段，面向章水镇内的高山老年群体提供智能健康监测手环服务，上述手环系“云上健康 共富共享”项目之一，在全市同类型地区中属于首创。老人佩戴该手环后，血压、心率、脉搏等数据可得到实时监测，如老人遇到突发情况，数据能快速回传至后台系统，医务人员介入处理。

【入选浙江省第二批低（零）碳乡镇创建名单】 2022年11月3日，全省第二批低（零）碳乡镇（乡）街道创建单位名单公布，章水镇入选创建试点。章水镇把“共同富裕+低碳绿色”作为创建零碳乡镇的核心追求，立足资源特色，围绕“护绿、增绿”做文章，实施“生态立镇、绿色靓镇”战略，在碳汇资源上提质增量，在生态环境、能源、建筑、交通、废弃物等方面有较多进展，如护绿增绿、发展水电、布局光伏、推动绿色建筑、开展污水零直排等，为零碳乡镇创建奠定基础。

【“樟村浙贝”高质量振兴发展研讨会】 2022年12月16日，“樟村浙贝”高质量振兴发展研讨会暨浙贝母传承创新专家工作站2022年度总结会在章水镇召开。省、市、区中医药研究机构、中医药生产企业、中医药协会、中医药种植经营主体的专家学者以及相关部门负责人参加。研讨会上，“浙贝母传承创新专家工作站”首席专家、浙江省中药研究所所长王志安汇报总结2022年专家工作站科研成果以及提出未来计划。专家、学者等围绕“浙贝母高质量发展之路”“‘樟村浙贝’品牌建设和文化传承”“‘灰贝’传统加工工艺创新和省炮规标准提升”等主题座谈交流。

（柯荣耀）

3月2日，“浙贝母传承创新专家工作站”成立

龙观乡

2022年以来，龙观乡推动生产安全宣传教育进学校

【概况】 龙观乡位于海曙区西部，东临鄞江镇，南连奉化区，西北靠章水镇，乡域面积73平方千米。2022年，下辖10个行政村和1个居委会，户籍户数4669户，户籍人口10646人。

全年实现地区生产总值6.8亿元。财政总收入3611万元，一般公共预算收入2018万元。农民收入同比增长11.8%。

引进瑞康（宁波）新材料科技有限公司、宁波能源集团股份有限公司、宁波顺行园林建设有限公司等4家科技型公司以及1家规模以上公司（瑞康公司），通过招引新能源产业，壮大乡域绿色产业。

开展“强村”行动，成立乡村振兴公司，推进光伏、水电、文旅、农业四大支柱产业。加大村级集体经济“消薄”攻坚力度，扩大土地流转规模，实现土地集约化利用。推进“富民”工程，实施“扩中提低”行动，落实低保户一对一帮扶措施。用好“锋领共富十法”，激活五个不同定位的共富工坊，打造四季站与丰收站，开发制作特色产品，进行技术培训、商家对接和物流配送，打通农民增收、共同富裕的“最后一米”。2022年所有行政村经营性收入达50万元。

生物多样性标杆引领显著，获评全国首个生物多样性友好乡镇、生物多样性友好乡镇现场体验活动入选生态环境部和中央文明办联合开展的年度十佳公众参与案例，与中国人民大学环境学院共建教学科研实践基地，与甘肃政法大学共建全国首家生物多样性司法保护基地，建成省、市首批“浙江省生物多样性体验地”。生物多样性助力四明山区域共富案例入选第三批全省生态环境系统共同富裕最佳实践名单。作为全国唯一受邀乡镇赴加拿大参加联合国《生物多样性公约》第15次缔约方大会第二阶段会议，发布全国首个乡镇标准体系。基本形成“政府主导、企业加盟、群众参与、专家指导、金融支持”建设模式。深化与生态环境部宣教中心战略合作，生物多样性规划从1.0版升级为2.0版蓝图，绘制《龙观乡生物多样性工作系统架构图》，厘清58项工作内容。

6月9日，生物多样性友好体验馆仪式上专家介绍龙观乡珍稀生物

启动“一馆三基地多点位”建设，建成省首个生物多样性友好体验馆，建设五龙潭景区生态友好体验基地和四明山中华蜜蜂科普基地，建成“中华水韭池”等生物多样性保护小型基地20多处、生物栖息场所300多个。加强与高校、科研机构、专家的沟通，在生物多样性保护、旅游产业发展、人才培养等方面开展全方位合作。引导向阳舍等文旅企业全流程介入“百草园”等项目开发。成立志愿者团队，提高生物多样性保护工作的全社会参与度。

推动“零碳光伏示范乡”建设，在全省率先启动乡镇级GEP核算，探索开展生态产品价值实现机制试点。零碳光伏点位在浙江省深化党建联建机制暨党建引领“共富工坊”建设全面助力共同富裕现场推进会上通过验收，李岙光伏项目入选全球最佳减贫实践案例。加快公共机构、新村屋顶、工业企业光伏建设，梳理全乡可开发屋顶资源6000千瓦。投资近500万元，启动乡公建部分屋面光伏安装，新增并网光伏装机容量1700千瓦，占总装机容量的30.36%，全乡光伏推广普及率达100%。吸收大路村、山下村等集体经济薄弱村入股乡村振兴公司，参与光伏开发和水电运营，提高村集体自营收入。

推进“美丽乡村”建设，桓村村、龙谷村分别通过省、市美丽宜居示范村验收。指导桓村村、金溪村、雪岙村制定新村建设方案，完成龙谷村天井岙新村202套联排新村住宅的分房。桓村茶厂地块二期项目竣工交付，大路新村二期工程完成房屋主体建设。推进基建项目，五龙潭边坡治理工程完工，荷梁线拆迁工程全面清零，鄞里线建成通车，金谷自来水提升工程通过竣工验收。完成5个年度乡政府实事工程、19个政府投资200万元以上项目。完成四明山环线龙观段前期政策处理，推进13个村级民生实事项目。巩固乡村环境整治百日攻坚战成果，持续提升龙兴路、新潮路、龙茶线等两路两侧环境。

发起红十字“一起捐”线上链接捐款、慈善一日捐等活动，筹集捐款2.7万元。举办“大美龙观·乐享共富”乡演乡建活动。加速推进政务服务2.0，确保全民共享数字政务红利，完善高山便民代办陪办帮办服务985件。提供居家养老服务及政府购买服务4581人次，发放低保、特困保障金151.34万元，发放困境儿童补助金10.29万元，发放22户其他人员困难救助金20.26万元。帮助30余家企业享受返岗交通补贴以及留甬补贴9.8万元。开展惠民便民工程，完善休闲设施、修缮乡村小道、提档人居环境，完成18个年度民生实事项目。

2022年龙观乡各行政村（居委会）基本情况表

表32

行政村（居委会）名	面积（平方千米）	户数（户）	人口数（人）	集体经济总收入（万元）	集体经济总费用（万元）	总资产（万元）
金溪	1.90	408	953	407	91	2298
后隆	6.10	863	2027	328	199	7371
龙谷	17.50	605	1402	339	169	5413
桓村	5.90	615	1565	366	143	13620
龙溪	15.20	494	1106	145	126	676
龙峰	9.80	272	617	202	313	2330
大路	4.10	315	730	119	129	12052
山下	2.50	197	476	110	85	11072
李岙	3.60	228	544	327	129	10186
雪岙	6.40	322	725	104	170	2264
龙观居委会	0.09	347	517	—	—	—
合计	73.09	4666	10662	—	—	—

注：表格中数据为调查数

【龙观乡探索开展生态产品价值实现机制试点】 2022年6月，龙观乡在全市率先开展生态系统生产总值（GEP）核算工作，探索生态产品价值实现路径。这是继衢州丽水大花园核心区、山区26个县、大花园示范县建设单位等36个县（市、区）后，宁波市首个率先探索开展GEP核算应用试点工作的乡镇级单位。龙观乡依托上级力量，组建技术组，逐步明确乡域生态系统分布、编制生态产品清单和开展GEP核算，摸清全乡生态资产家底，于年底完成核算报告编制工作，为生态产品价值实现打下基础。

11月9日，全省深化党建联建机制暨党建引领“共富工坊”建设全面助力共同富裕现场推进会

【省党建现场会召开】 2022年11月9日，全省深化党建联建机制暨党建

引领"共富工坊"建设全面助力共同富裕现场推进会在海曙、奉化两区召开，海曙区"零碳共富"观岭六村、李岙村零碳共富展馆、研学项目龙观生物多样性友好体验馆、大路村共富工坊等点位为现场会的重点考察项目。其中，观岭六村持续推进全域融合党建工作，探索出一条具有鲜明龙观特色的红色党建引领绿色发展之路；大路村加快建设"家门口"的共富工坊，打造"四季站""丰收站""甜蜜站"3个共富工坊，推动桂花、竹子、茶叶等特色乡土产品种植、加工、销售全产业链条延伸到农村，助力村民就业增收。

【龙观乡到加拿大参加联合国COP15第二阶段会议】 2022年12月7—16日，联合国《生物多样性公约》第15次缔约方大会（COP15）第二阶段会议在加拿大蒙特利尔举行，龙观乡党委书记虞挺作为浙江省代表团成员受邀参会。龙观乡在大会上讲述分享"友好保护""全民参与""自然回馈"龙观友好保护故事、展示龙观生物多样性主题宣传视频以及宣传折页，并现场发布全国首个《生物多样性友好乡镇规划指南》地方性技术规范，推动生物多样性保护主流化探索，为推进生态产品价值实现，促进共同富裕提供坚实的体系保障，也为全国各乡镇推进生物多样性友好保护提供海曙样板和海曙经验。

（卢炯炯）

石碶街道

【概况】 石碶街道位于宁波市南郊，东临奉化江，西至宁波栎社国际机场，区域面积34平方千米（其中建成区9.3平方千米）。2022年，下辖15个行政村、9个社区、1个渔业社，常住人口约14.5万人，外来人口登记在册8.9万余人。辖区内有宁波栎社国际机场、宁波轻纺城，地铁二号线、杭甬高速、绕城高速、214省道、鄞县大道、鄞州大道、机场专用公路穿境而过，位置优越、交通便捷，是宁波市重要的"窗口"之一。

实现地区生产总值107亿元。完成一般公共预算收入16.18亿元，经济实力稳居全区首位。完成规上工业增加值和规模以上工业总产值分别为39.3亿元和186.8亿元。完成全社会固定资产投资13.3亿元，其中工业投资额4.1亿元，高新技术投资3.1亿元。完成高新技术产业增加值10.9亿元。完成规上企业研发经费投入3.3亿元。新增国家高新技术企业5家。申报国家级人才项目7人，申报省级人才项目6个，申报"甬江引才工程"16个，拥有高层次专家人才21人。实现固定资产投资同比增长9.9%。完成实到外资4002万美元，黄隘地块3个重点投资项目等投资额2.85亿元。

种粮面积达到7358亩，其中小麦和早稻种植面积，同比增长56%和93%。完成粮食征订任务245万千克，高标准开展农田"两非"整治，改造农田、开发稻虾共养模式，促进生态绿色种养，其中"七乡桥"品牌大米获得省、市金奖和"优质大米"称号。

丁家地块（C片区）项目、横涨村谢家塆自然村项目、宁波市西枢纽交通先导工程西杨村小洞桥自然村项目、上河头安置地块10家非住宅项目房屋征收签约率分别完成99%、94.42%、100%和50%，累计签约615户，征收建筑面积19万余平方米。鄞州大道快速路工程冯家村双江岸集体非住宅违章建筑依法拆除，实现地块上1万余平方米建筑清零。海曙二院扩建工程（西侧地块）剩余房屋依法腾空，实现拆迁清零。拆除旧房面积14.8万平方米、整理出土地292亩，新开工项目4个。黄隘新村二期、上王新村1号地块房屋结顶，雅渡新村建设一期（3号地块）、后仓新村建设2号地块基本完成地下室工程。冯家村新村建设一期项目办理供地，进行工程试桩。石碶村新村建设实现拆迁清零，完成扩初设计，办理供地，塘西新村酡酥（D）地块完成立项、选址、用地规划许可，进入前期手续办理阶段。开展美丽庭院创建，横涨村和石碶村达到二星级标准，获评市级绿色家庭1户。启动"大综合一体化"行政执法工作，8支执法队伍开展联合执法52次，拔除上河头安置地块8户历史违章建筑。拆除市西枢纽交通先导工程西杨村小洞桥自然村项目的历史违章建筑819平方米，提前完成先导工程项目启动交接。"三改一拆"累计拆除违章面积23万余平方米。

华盛菜场、石碶社区、石碶村张家等22个片区内的薄弱区域进行环境卫生、楼道堆物、车辆停放、空中"飞线"等专项整治，创建完成"文明一条街，志愿一条街"特色项目。完成3个老旧小区及小区雨污分流改造，完成214

11月2日，在街道健康教育广场举行"追梦新时代　奋进向未来"石碶街道庆祝党的二十大主题摄影展启动仪式

省道两侧污水管网建设及省级污水零直排创建。推进基础设施改造，建设完成车何渡、横涨村等5个行政村机耕路改造，重点拆除高速公路两边、主要道路及主要河流周边的农棚田舍100余个，奉化江谢家埦堤防加固工程施工完成堤顶加高、防渗加固、防汛道路及堤脚修复，建设排水渠145米及桥梁2座。完成南塘河、护塘河、常乐漕等5795米的河道清淤工作，总清淤量4万余立方米。

村级集体收入1.6亿元，同比增长6%，全街道行政村社员股金分红收入逐年增长。雅戈尔集团、国骅集团、星箭航天等3家企业向“专曙温暖”共同富裕基金注资1700万元。公共事务服务中心年办件量5.6万件，服务咨询12万人次，受理劳动投诉案件188起，处理仲裁调解案件279起，公共资源交易项目金额达9100万元。街道便民服务中心获“宁波市标准型街道便民服务中心”称号。

就业帮扶重点人员3200名，投入69万余元，为8200人购买居家养老服务，提供服务3.3万小时，面向1.82万名高龄老人、困难对象、残疾人等，捐款、救助、补贴共计900万余元。向辖区内60岁以上老人等发放防疫包15930份。

完成立星学校民转公，海曙中心小学雅戈尔校区及闻裕顺幼儿园雅戈尔园区建成启用，实验小学横涨片区扩建工程屋面工程全部完成。辖区内中小学及幼儿园完成校区屋顶防漏修补、运动场地塑胶维护等暑期工程改造。街道社区卫生服务中心迁建项目建设完成工程量50%。

开展打击、整治诈骗专项行动，举办各类反诈宣传活动70余场次。开展“除险保安”百日攻坚专项行动，拆除影响消防安全违章建筑47750平方米，立案处罚企业33家。开展厂改公寓楼消防安全专项整治行动，指导落实金石、金龙公寓消防安全大整改，消除安全隐患。有力防御应对“轩岚诺”“梅花”台风，转移人员5300余人次，完善设立防汛防台仓库，建成街道应急管理中心。

2022年石碶街道各行政村（社区）基本情况表

表33

行政村（社区）名	面积（平方千米）	户数（户）	户籍人口数（人）	集体经济总收入（万元）	集体经济总费用（万元）	总资产（万元）
石碶村	1.5	998	2756	451.16	103.54	19170.53
塘西	1.5	942	2147	2689.15	67.12	28475.2
雅渡	1.6	873	2381	894.68	54.56	12122.95
冯家	1.2	908	2510	314.99	61.13	7845.14
后仓	1.5	903	1735	492.12	75.71	8919.07
黄隘	1.6	566	1536	963.32	56.99	32832.15
联丰	1.5	670	1255	842.2	71.41	8723.37
星光	1.3	1050	2531	806.9	72.23	5833.52
栎社	1.5	1257	2511	710.3	88.66	2866.03
汪家	1.8	780	1999	936.89	60.31	6851.25
东杨	2.1	718	1604	222.35	51.23	1509.65
横涨	2.5	1097	2563	845.31	113.12	9914.27
西杨	2.1	1184	1708	453.41	54.99	3195.81
上王	2.5	555	1384	540.8	68.51	2870.93
车何渡	2.6	1254	2116	443.29	61.25	5002.38
建庄社区	0.4	2461	2265	—	—	—
石碶社区	0.7	3055	7313	—	—	—
东方社区	0.6	4340	3726	—	—	—
新区社区	0.78	5769	6630	—	—	—
丽洲社区	0.6	3537	2237	—	—	—
锦丽社区	0.4	2698	1201	-	—	-
汪源社区	0.4	1516	255	—	—	—
金海塘社区	0.24	1939	772	—	—	—
江上社区	0.61	1352	723	—	—	—
合计	31.53	40422	55858	—	—	—

注：表格中数据为调查数

4月，石碶街道江上社区首届樱花节活动举办

【设立石碶街道江上社区】 2022年4月18日，宁波市海曙区人民政府批复同意设立石碶街道江上社区。社区区域范围为：东起奉化江，南接万兴路，西至万金路，北到鄞县大道。社区居民委员会办公地点设在江上花园小区内。

【成立“一琦”普法工作室】 2022年8月18日，由区司法局和石碶街道办事处发起，联合区委宣传部、团区委、区教育局共同成立的青少年品牌“一琦”普法工作室在石碶街道成立。该工作室名称取自石碶司法所负责人罗一琦，是宁波市首个由司法行政工作人员主理的普法工作室。主打普法原创作品，用青少年中流行的“剧本杀”等文化载体，定期开展特色法治文化宣传教育活动，强调政府、社会、学校、家庭共同参与，构建联动普法圈。

【李如成获得慈善楷模奖】 2022年9月2日，雅戈尔集团股份有限公司董事长李如成获得第七届“浙江慈善奖”之“慈善楷模奖”。雅戈尔集团创建于1979年，40余年来，在企业发展的同时始终不忘社会责任，持续加大对公益事业的支持，涉及扶贫、抗震、救灾、教育、健康、文化等领域，截至评选已累计捐赠6.9亿元。自公司成立以来，先后被中央文明委评为全国文明单位，两次获民政部颁发的“中华慈善奖”，并获得中华慈善总会“中华慈善事业突出贡献奖”“慈善会爱心企业”等荣誉。

【全国注资规模最大的养老主题共同富裕慈善信托成立】 2022年9月8日，海曙区非公企业党建联盟现场推进会暨“专曙温暖”共富基金注资仪式举行。“碶”心共富非公企业党建联盟成员向“专曙温暖”共同富裕基金注资1700万元，并通过慈善信托方式管理，成为全国注资规模最大的养老主题共同富裕慈善信托。

【海曙区首个战略性新兴产业园启用】 2022年9月，占地面积280余亩，建设面积约30万平方米的石碶街道黄隘战略性新兴产业园建成并投入使用。该园区共计投入16亿元，于2020年动工建设，建成后吸引新材料、生物医药、智慧仓储物流等新兴产业类企业入驻，待达产后，产业园产值将达40亿元，税收可达5亿元。

【成立石碶街道应急管理中心】 2022年11月7日，为进一步健全基层应急管理体系，不断提升基层应急管理能力，切实保障人民群众生命财产案例，石碶街道应急管理中心。成立该中心以街道专职消防队为依托，整合街道社会服务综合管理大队、应急救援队（社会救援力量）、民兵队伍、应急救援志愿者队伍等资源。

【获评浙江省金牌调解室】 2022年12月28日，石碶街道人民调解委员会石晏调解工作室被评为“省级金牌人民调解工作室”。该调解工作室自成立以来，因地制宜创新打造有特色、有成效的工作体系，深入开展平安建设和矛盾化解工作，年均调解矛盾纠纷200余件，成功率达100%，为人民群众挽回经济损失超800万元，调解案例多次获评省司法厅优秀案例。

（汪　波）

9月，石碶街道黄隘战略性新兴产业园建成，已吸引新材料、生物医药、智慧仓储物流等新兴产业类企业入驻

月湖街道

【概况】 月湖街道东起解放南路，西至长春路，南邻南苑饭店，北依中山路，辖区面积2.07平方千米。2022年，下辖6个社区，户籍人口2.2万人，常住人口1.6万人。

实现地区生产总值68.17亿元，同比增长0.6%；实现财政总收入8.52亿元，同比增长17.3%，一般公共预算收入3.92亿元，同比增长7.1%。引进磐陀基业岩土科技有限公司总部项目、卓贸进出口综服项目、锐隆新能源外资项目等优质企业，结对服务规上企业130余家，引进大学生人数600余人，鼓励支持企业申报国家级、市级人才项目2个。

与辖区50余家企事业单位签订2022年度公共安全综合目标管理、"三防"安全责任书，落实企事业单位主体责任。开展"除险保安"安全检查工作，重大节日对辖区重点单位全覆盖式检查累计30余家，检查沿街店铺250余家，对发现的问题要求负责人立即整改。配合市商贸局，保障望湖市场完成改造。加大安全生产宣传力度，组织开展安全生产、消防安全、防汛防台等各类培训活动，联合月湖盛园、金汇小镇、华侨温德姆等单位开展消防应急演练及安全生产知识培训。

制定街道全域环境整治工作方案，深化环境"景区化"管理，强化文明城市创建力度，督促业主单位完成中山西路、柳汀街等道路两侧楼宇立面整改41处，累计清理500个楼道及卫生死角。结合老旧小区改造，推动"梅园七亭六院、迎凤邻里花园、太阳最美回家路"等一批改造项目，新增立面污水管，疏通地下污水管网，修复破损管道，对雨污分流不合规现象进行源头治理。成立环境文创突击队，对迎凤街沿街餐饮店宣传相关法律法规，现场发放燃气责令改正通知书和垃圾分类责令改正通知书。加强垃圾分类督导，推进"两点一房"改造升级，对垃圾投放点位、垃圾房等设施予以美化，打造各具特色垃圾点房，15个小区按计划分步实施。

2022年，月湖街道仓基小区空中步道投用

开展防范电信网络诈骗和为期半年的防范养老诈骗宣传工作，通过发放宣传资料、悬挂横幅、举办讲座等方式不断提升群众反诈知晓率，发动群众下载并安装反诈App，减少辖区内诈骗案件发生数量及损失金额。

2022年月湖街道各社区基本情况表

表34

社区名	面积（平方千米）	户数（户）	户籍人口数（人）
县学	0.24	1852	5407
平桥	0.13	1491	3494
太阳	0.46	1008	2383
天一	0.70	1004	2038
梅园	0.25	1799	4745
迎凤	0.11	1350	3650
合计	1.89	8504	21717

注：表格中数据为调查数

【"阳光里"康养联合体建设】 2022年，月湖街道针对辖区内失能、残疾、"空巢"独居、特困等特殊老人占总人口比重高，居家养老服务需求量大的特点，以"阳光里"康养联合体为载体，打造宁波中心城区的康养体系建设样板。引入广安养怡院的专业养老服务团队，提供托养服务和助洁、助餐、助医、助浴、助聊、助乐等应急救助和日常生活照料服务，形成"居养融合式"一体化的养老服务模式。借力阿里巴巴助力共同富裕行动，从智慧硬件配套和软件两方面提升街道居家养老服务中心能级，其中硬件方面已完成电梯加装。

【优化提升月湖金汇党群服务中心】 2022年，月湖街道对偃月街77号月湖

2022年，月湖街道对偃月街77号月湖金汇党群中心进行功能优化升级

金汇党群中心进行功能优化升级，在扎实做好中心党员教育管理基础上，推动“宋氏织造办”“四雅美学馆”“湖西十二讲”等宋韵文化与中心红色元素有机融合，将中心打造成为集研学、雅集和休闲生活为一体的新型党群服务空间。其中，“宋氏织造办”场景式复刻宋式点茶、焚香、宋代家居、宋代插花等文化活动，促使青少年家庭、周边居民、湖畔游客等体验感受宋式美学，滋养精神内涵。

【探索建立社区家风建设指数体系】 2022年5月14日，月湖街道承办区“美好品质 从家出发”主题活动暨社区家风建设指数发布会，得到“央广网”“浙江新闻”《宁波日报》等媒体报道。月湖街道作为海曙区社区家风建设试点单位，在区纪委指导下探索建立相关指数体系，组织各社区开展形式多样的家风主题活动，形成街道、社区联动推进家风建设的氛围，完成社区家风指数测评的半年度初评和复评工作。“社区家风建设指数”和社区家风建设宣传视频于11月8日的“清廉宁波 · 你我同行”走进海曙活动中发布。

【获评全国先进基层群众性自治组织】 2022年10月，月湖街道迎风社区居民委员会入选全国先进基层群众性自治组织拟表彰名单，系全市唯一。街道作为海曙区深化社区体制机制改革试点单位，13个小区均已挂牌建立居民自治站，完成梅园、太阳、平桥、迎凤等小区自治站改造提升工程，基本实现社区公共服务职能上浮街道，自治服务职能下沉小区的改革目的。

（章江琴）

西门街道

【概况】 西门街道东沿北斗河、北郊路，南起西塘河，西至萧甬铁路与望春街道毗邻，北至蔡江河与江北区接壤。辖区面积3.5平方千米。2022年，下辖13个社区，有户籍人口4.8万人，实际居住人口4.4万人。

实现地区生产总值40.25亿元。实现财政总收入5.1亿元，同比增长为37.7%。实现一般公共预算收入2.38亿元，同比增长29.8%。引进企业180家，重点招商项目15个，其中7个完成落户，已完成大市外实到资金6.8亿元，“浙商回归”资金3.8亿元。区重大建设项目原高塘一村、高塘二村、高塘四村项目均已完成竣备验收，原高塘三村地块投资统计入库，主体施工加速推进。规模以上企业研发投入1.18亿元，同比增长112.7%，战略性新兴产业增加值同比增长6.3%；传统商贸业中批发零售业从第三季度开始逐渐回暖，全年限规模以上批发和零售业营业额共计实现183.93亿元，同比增长4.7%。借力翠柏里创新街区打造，重点引进40余家高成长型、科技类企业。申报“国千”启明青年项目、省级引才项目各2个；入选市级“甬江引才”项目3个，区级百创汇海项目10余个。

累计启动龙柏片区（龙柏花园、宁高专教室宿舍、翠中小区）、柳庄片区（海关柳庄、柳庄小区、东方苑、银海苑）、西湾路69弄等8个老旧小区的旧改工程，涉及建筑面积24.71万平方米、居民2378户，改造资金7513万余元。在钱东社区启动街区更新工程，升级基础设施、优化社区环境、完善社区空间，共涉及建筑面积11.8万平方米，惠及居民1581户，升级资金2890余万元。有序实施重点项目，共涉及5个地块收购项目、1个住宅用地出让

6月29日，西门街道召开庆祝中国共产党成立101周年大会暨“七一”表彰大会

项目，分别为西湾路2、4号（19户），新芝路95弄13、14号（16户）、新芝路25号（25户），西湾路1号（28户），西湾路3号（15户）零星危旧房改造地块项目和海曙区西门地段HS08-04-04/07-11地块（高塘菜场）。推进钱南小区、东方威尼斯、胜丰东苑和金亿文园等4个小区雨污分流改造，建造水质检测站2个（北斗、新芝河水质检测站）。

建成高塘恒春、西河花园等8个小区自治站，占总数的87%。开展“四力并举—社工能量源”项目7期，共计培训5000余人次。开展“防疫关爱行”项目，慰问致敬防疫工作者500余人次。申报“15分钟文化圈”6个、区级业余文艺团队4支，组队参加机关篮球赛、健身气功交流赛、老年人门球赛、柔力球培训等比赛和活动5场。承办“宁波全民健身大讲堂”海曙西门站活动，组织80余人次开展文化市场检查5次。开展“花蕾计划”未成年人非遗传承系列活动，举办元宵DIY手工制作、元宵包汤圆、“诗意中秋”等活动8场，累计服务400余人次。

开展基层头雁、党务工作者等各类研学轮训22次，组织开展庆祝中国共产党成立101周年系列活动，为52名老党员颁发“光荣在党50年”纪念章，走访慰问困难党员280人。党支部结对帮扶低收入农户，捐款捐物共计8000余元。构建“数智翠柏”党建联建共同体，开展助企纾困“码上办”行动，走访科创型企业80余次，推出“创客二维码”，为近200家企业提供数字化服务和政策礼包。调动党建共建资源，完成8家“甬爱e家”驿站建设，为新就业群体提供职业培训、健康医疗、相亲交友等服务。创新党建公益联动模式，打造“精神共富”公益综合体，累计服务群众3000余人次。

2022年西门街道社区基本情况表

表35

社区名	面积（平方千米）	户数（户）	户籍人数/居住人口数（人）	社区名	面积（平方千米）	户数（户）	户籍人数/居住人口数（人）
北郊	0.32	2538	4010/5016	汪弄	0.35	4950	12547/8807
龙柏	0.06	867	1884/2346	新芝	0.34	2887	4095/4571
翠中	0.08	1760	2715/3533	永丰	0.12	1668	2682/1798
钱东	0.06	1581	2701/2953	柳庄	0.07	1400	2797/2554
胜丰	0.35	3144	5409/5672	芝红	0.03	741	1512/0
文化	0.21	1824	3899/3125	新高	0.09	960	2736/1689
翠南	0.07	1150	1673/2165	合计	2.15	25470	—

注：表格中数据为调查数

【天一智慧谷“侨胞之家”获评浙江省“五星级侨胞之家”】 2022年1月19日，西门街道“天一智慧谷”侨胞之家创建成为浙江省“五星级侨胞之家”，为海曙区首批省“五星级侨胞之家”。该基地以浙江博翔信息科技有限公司为主体，联合高校、企业、社会组织共同参与，通过“虚拟社区”的运营模式，搭建科技与文化的共融平台引导侨胞、留学生创业创新，实现共创共赢。已先后承办海曙区首批“海创之家”成立暨授牌仪式、海曙区“海创TED”讲堂、宁波甬港联谊会法律顾问团进海曙暨法律金融知识讲座等系列活动。

【西门街道“甬爱e家”新就业群体站点启用】 2022年1月26日，由街道“两新”党群服务中心、永丰社区党群服务中心、“西门红”公益联盟联合举办的“情浓西门”关爱新就业群体新春行动暨“甬爱e家”站点启用仪式在永丰社区站点举行。西门街道为关怀关爱户外劳动者，充分发挥基层党建在新就业群体中的引领作用，建设“甬爱e家”服务站。站点统一配备空调、桌椅、饮水器、冰箱、微波炉等设备，已逐步成为快递员、外卖骑手等一线户外工作者的歇脚处。

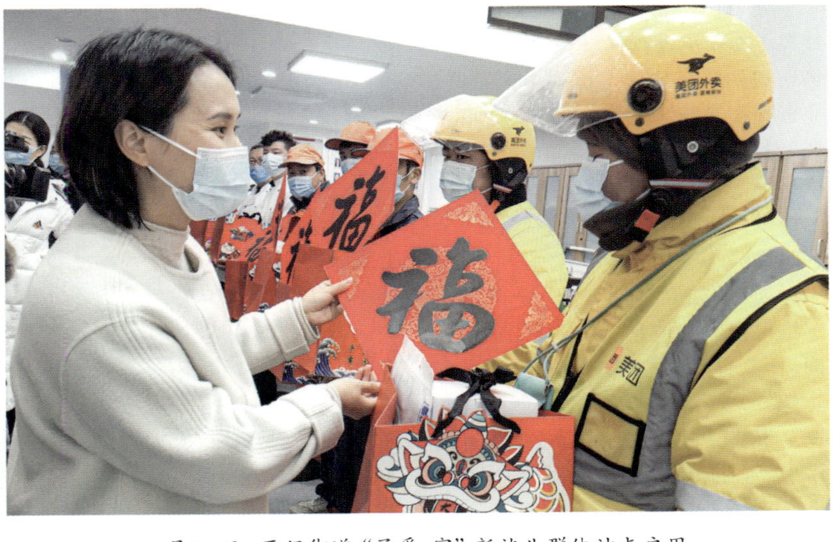

1月26日，西门街道“甬爱e家”新就业群体站点启用

【获评浙江省高标准生活垃圾分类示范片区】 2022年1月，西门街道被评为2021年度浙江省高标准生活垃圾分类示范片区，是全区唯一一个省级高标准生活垃圾分类示范片区。中山雅园、望京人文、西河花园、东方花园、龙柏花园等5个小区被评为省级高标准垃圾分类示范小区。

【西门街道召开首届乡贤大会】 2022年12月14日，西门街道首届乡贤大会召开，教育、文化、书法等领域的专家学者、知名企业家以及道德模范、“宁波好人”等近20名西门乡贤参加。选举产生1名会长、1名荣誉会长、4名副会长以及1名秘书长、1名副秘书长。

（周　秉）

江厦街道

【概况】 江厦街道地处宁波市三江口核心区域，东濒奉化江，西邻解放南路，南至兴宁桥西，北靠中山东路，区域面积1.43平方千米。2022年，下辖4个居民社区和2个商业社区，常住人口逾2.1万人。辖区内共有商务楼宇33幢，经济主体近1.2万家。

实现地区生产总值99.09亿元。首次举办街道层面高质量发展大会和“智汇三江”高层次人才云路演大赛国家级、省级等各级人才申报创历史新高。

天一核检新地标、罗城文化一米线等工作获央媒点赞，精密智控排名、场所码扫码量均多次位列全区第一。完成新街市场、城隍庙步行街等重点场所整治，在市干净指数测评中位列全市第一，天封社区入户调查排名全区第一，连续四轮第三方测评位列全区前二。

创新打造“江厦智治”全市首个三维可视化智能化应用平台，获新华网、中新网等主流媒体报道，智能安防感知、基层立体动员等3个模块入选全市基层智治大脑试点任务。省级污水零直排标杆、市级统战街道标准、市级商圈服务规范等多项试点走在前列。

2022年江厦街道各社区基本情况表

表36

社区名	面积（平方千米）	户数（户）	居住人口数（人）
郡庙	0.15	1504	4717
天封	0.27	2167	5591
莲桥	0.27	807	1980
新街	0.22	3690	8820
合计	0.91	8168	21108

注：表格中数据为调查数

完成莲桥第南片区更新整治提升工程133户征收对象签约，东渡路街区、中医药特色街区甬安里项目、城隍庙牌坊修缮工程、灵桥小区旧改工程按期竣工。

创新成立全省首个楼宇型商业社区，“天一甬骑先锋”在全省“小个专”党建现场会作典型展示，联合承办全区“新新汇海”党建大会，设有7家“甬爱e家”，温暖新新群体。启动“五争五过硬”作风建设，实施育苗培优工程，探索编外职工绩效改革。“红色引擎赋能商圈新发展”获评《非公企业党建》杂志年度百个“两新”党建创新案例，“锋巢驿站助力‘两新’组织流动党员”相关做法得到省委组织部肯定。

【编外职工绩效改革】 2022年，江厦街道通过实施“育苗培优”行动，探索推行编外职工绩效改革，解决此前存在的编外人员招用不规范、管理不到位等问题。制订完成编外人员管理办法、工资薪酬体系、职级晋升方案等，控减新招聘人员的收入体系类型为街道聘用人员和禁毒社工两类，并明确在职级津贴外一般不再设置特殊岗位津贴，全年未发生“一事一议提待遇”情况。实行能上能下机制，将职工职级按17%、33%、50%的比例，从高到低划分为三级，明确7项职级晋升标准、9项处分（降级、辞退）标准，先后晋升二级职工11人、一级职工1人。

【中医药特色街区郡庙甬安里项目开街】 2022年7月，宁波中医药特色街区一期郡庙甬安里项目对外营业，并召开首届“甬韵吉市”市集活动。郡庙甬安里项目毗邻宁波府城隍庙，位于药行街南面、县学街北面，总面积约8800平方米。该项目以中医药大健康业态为主导，引入中医药、健康生活、健康膳食、潮流快消等健康新业态布局，打造国内首家大健康新零售主题特色商业体。

【“江厦智治”1.0版本上线运行】 2022年8月，“江厦智治”基层智慧治理平台一期上线运行，初步实现“一数析江

8月，“江厦智治”基层智慧治理平台一期（“江厦智治”1.0版本）上线运行

厦、一图瞰江厦、一网治江厦”成效,先后被新华网、中新网等主流媒体报道。“江厦智治”1.0版本通过省、市回流数据和区“两人一事件”专题库等,归集人、企、地等不同领域数据,建立江厦专属数据底座,累计治理数据量达2800万余条,与人、企相关字段分别有260类和195类。“江厦智治”通过三维地图单体化建模、街道全量信息展示、视频监控、数字孪生等技术,建设江厦特色三维地图数据库,先后完成服务居民的江居智享、服务企业的江企智服和处置事件的江事智处3大工作台开发,建设智慧商圈、无感帮办、江域智控等多个数字化应用场景。

【江厦启动“智汇三江”高层次人才云路演大赛】 2022年8月,江厦街道召开首届“智汇三江”2022高层次人才项目云路演大赛,共有22个高精尖项目入围,涵盖新材料、工业互联网、智能装备、生物医药等多个重点发展领域。路演采用“五分钟答辩+3分钟问答”模式,开展12个项目产品优势、技术理念、发展计划目标等线下分享,达成15个人才项目团队申报区百创汇海工程。

【东渡路街区更新工程通过验收】 2022年9月,作为全区首批精特亮街区的东渡路街区更新工程通过验收,并举办“潮回东渡路”夜市,参与商铺达50家,活动期间总流量超24万人次。街区结合车轿街、东渡路、咸塘街等历史背景,运用灯光投影、水景、主题艺术品等,增设具有东渡门、天妃宫文化特色的商业外摆和夜景媒体屏,新铺地下管网1200米,平整背街小巷和屋顶11处,根治管网堵塞、沿街店铺渗漏、垃圾堆放等顽疾。

【整治灵桥市场消防隐患】 2022年10月,江厦街道对灵桥市场3大类23项突出消防安全隐患开展集中整治,邀请第三方检测机构开展4次现场勘察评估,投入120万元完成应急照明系统、疏散通道维修改造。联合区消防大队指导市场成立微型消防站,开展消防业务技能培训和火灾实战演练。分楼层、分区域开展10次问题联治,劝导300余家店铺规范经营,清理通道100余个、防火卷帘门20余扇,排查消防箱30余个。

【成立全省首批楼宇型商业社区】 2022年11月,江厦街道以天一商圈、甬安里为范围,成立2个楼宇型商业社区,为全省首批。共计囊括18栋40年产权商务楼宇、15个商业市场等产业集群,覆盖经营户3800余户,社区内的就业人口达3万余人。同时成立天一“红领青创”产业社区开放学院,聘请首批5名特聘导师,形成初版《商圈社区化服务规范》,提供用工招工、注册代办、政策解答等50余项服务。2个商业社区内配设14名专职工作人员,构建13个商业社区网格、40个微网格和9个专属网格,有效化解商业社区内矛盾纠纷400余件。

【莲桥第南片区房屋征收项目补偿协议生效】 2022年11月,莲桥第南片区更新整治提升工程(征收范围包括莲桥街南侧地块、兴宁大楼东侧地块两个项目)的房屋征收项目补偿协议生效,132户征收对象签约,签约率达99.2%。该项目涉及征收总户数133户,房屋建筑面积约8000平方米。完成面对人员情况复杂、征收时间紧等问题,成立征收工作组4组25人,统筹制定征收方案、规划人员安排,结合疫情防控、防台防汛面对面征收宣传,按期完成征收任务。

(项若冰)

南门街道

【概况】 南门街道地处海曙区中心城区,东临长春路护城河与灵桥路交界,南濒奉化江,西至柳汀立交桥,北至中山西路,辖区面积4.14平方千米。2022年,下辖11个社区,户籍人口4.3万余人,合计常住人口约5.9万人。

实现地区生产总值41.02亿元,比上年增长4.5%。财政总收入4.5亿元,比上年增长2.7%。一般公共预算收入2.3亿元,同比增长6.2%。限上商品销售额达到124.9亿元,同比增长23.1%。固定资产投资同比增长119.9%,建安投资同比增长61.7%,高新技术产业投资同比增长140.5%。建筑业省内产值达到35.9亿元,同比增长53.6%。在月度新上规企业加持作用下,限上餐饮业营业额同比增长55.5%,增速环比上季度提高16个百分点。

获海曙区2022年度招商选资银奖。谈成落地区级重点招商项目30余家,服务海纳云科技、中铁四局宁波公司、蛙声科技有限公司等企业,助力其加速开展业务。引进企业150余家,注册资金11.6亿元,完成全年目标超

11月,莲桥第南片区房屋征收项目补偿协议正式生效

过130%；"浙商回归"资金6.02亿元，完成年度目标的177.2%。实际利用外资162.7万美元。推荐申报国家和省级人才项目各21个，推荐申报的9个项目入选市级人才项目，其中可之科技、万芯半导体包揽资本引才项目，在人才数量和质量上创历史新高。获海曙区2022年度人才工作金奖。重大项目全年总投资13.32亿元，完成星悦中心项目竣备，兴宁桥西项目开工，轨道交通4号线华润书润悦府项目通过验收，宁波工业互联网研究院产业园项目竣工开园。

12个老旧小区改造项目完成竣工验收，涉及住宅楼108栋、居民4044户、改造面积45.44万平方米，投入资金12343万元。其中，郎官社区完成浙江省第四批未来社区创建。实施"荣誉激励、利益引导、执法保障"三位一体物业管理模式，制定物业管理考核办法和奖补资金实施办法，引导物业企业制定发布住宅小区物业助推"文明南门"公约，36家备案小区物业共同参与。

做好台风"轩岚诺""梅花"防御工作，应急响应期间，严格落实责任、严密布防，做好隐患管控，做到低洼地人员应转尽转、应转早转，实现"人员无伤亡、灾害损失轻"目标。开展"道路清爽"和"最干净城市"行动，累计清理各类垃圾1万余吨，处理楼道"三乱"、绿地破损、保洁卫生等问题8720余个，完成街道级河长巡河200次、社区河长巡河789次，处理辖区河道问题470个，完成雨水管整改达1000余千米。

马园社区老旧房屋完成收购，涉及房屋4幢、户数164户；完成祖关山路非住宅项目，涉及土地面积6248.3平方米、房屋面积6571.61平方米；完成大卿桥地铁站附近轨道征收房屋拆除工作，实施拆除面积12720.13平方米，涉及房屋6幢，已完成拆除4幢。

制订"社情民意周报研判机制"等六项矛盾纠纷排查化解机制，及时妥善处理涉疫情、旧改和物居业等各类问题。强化基层食品安全监管，完成辖区所有5人以上"三合一"场所清零改造，获评浙江省"五星级"食安办。开展禁毒活动36次，深化涉毒人员帮教服务，实现管控全覆盖，社戒社康复执行率达100%。626禁毒工作室案例在第九届全省禁毒社会工作优秀案例大比武中获三等奖。

7月29日，中国工程院院士、植物病理学专家（宁波大学植物病毒学研究所所长）陈剑平（左四）调研南门街道万安社区微植物园建设

新增受理配租住房682户，办理灵活就业参保548人，失业登记433人，发放灵活就业补贴1853人。受理办结区留甬员工专项补贴、自行返岗交通补贴企业197家、3711人，共计发放1458200元。发放创业场地租金补贴申领83人，认定个人创业担保贷款资格18家，贷款金额计525万元，发放稳岗返还（稳岗补贴）申领200家企业，举行线上线下招聘会12次。

推进社区治理体制机制改革，完成35个小区自治站的建设，完成街道残联换届，成立残疾人专门协会，推动"快乐鸟"残疾人阳光家园通过省级3A复评。走访1384户困难家庭，服务残障人士2902人次，累计发放困难家庭各类补助金127.35万元，救助517人次。

将楼栋作为党建引领基层治理的"最小作战单元"，打响"楼栋党建"品牌。36个小区党组织应建尽建，下沉67名党建指导员、选聘300余名楼长、培育百余个社区社会组织、激活3000余名楼栋力量参与基层治理。万安社区围绕区委"五最党建"，探索"五走五最"足迹工作法，被列入市级城乡现代社区建设观察点。中国工程院院士专家参与策划的"社区微植物园"项目得到肯定。

联合辖区11个社区党委和宁波站区域46家企事业单位建立"环宁波站红领共富圈"，引导"两新"党员1000余人次在疫情防控、文明城市创建、老旧小区改造和扶贫帮困等工作中服务超10000小时。培育宁波市金牌导师2名（徐剑英、回娜）、宁波市社区工作领军人才1名（周婉喆），宁波市名师工作室2家。

2022年南门街道各社区基本情况表

表37

社区名	面积（平方千米）	户数（户）	户籍人口数（人）
尹江岸	0.21	3101	6921
周江岸	0.08	2236	3272
红起	0.05	1716	2251
澄浪	0.37	2743	3389
朝阳	0.09	1586	2382
车站	0.03	1479	1902

续表37

社区名	面积（平方千米）	户数（户）	户籍人口数（人）
马园	0.25	3978	3967
迎春	0.18	1730	3190
郎官	0.21	3440	6695
柳锦	0.06	1504	3399
万安	0.22	2457	5344
合计	1.75	25970	42712

注：表格中数据为调查数

【万安社区垃圾案例入选住建部“我为群众办实事”典型案例】 2022年3月，住建部公布“我为群众办实事”生活垃圾分类投放点提升改造典型案例名单，万安小区作为全市2例之一入选。2021年开始，该小区作为宁波市首个全品智能化垃圾分类柜试点小区，实施“数字赋能”和“民生里子”同频共振，以社区、物业、业委会、企业、垃圾分类志愿者服务团队组成的综合团队开展分类工作，着重做好入户宣传、智能卡发放、引导投放、收集和上传居民体验诉求等工作，分类实效较好。

【南门街道禁毒办贺元英获评“浙江好人”】 参见“人物·贺元英”。

【宁波工业互联网研究院获评市首批省技术创新中心】 2022年5月26日，全市首批（共2家）浙江省技术创新中心揭牌。宁波工业互联网研究院有限公司牵头，联合浙江蓝卓、中控技术、中国工业互联网研究院、上海交大宁波人工智能研究院、国利网安、研祥智能等机构共同建设的“浙江省智能工厂操作系统技术创新中心”入选。该中心围绕自主可控的智能工厂操作系统平台，工业软件及产业生态，边缘计算、工业芯片及协议，工业信息安全及新一代工业网络，工业大数据与人工智能等5大方向开展关键技术攻关，集合全国顶尖科研单位，一同开发智能工厂操作系统，服务企业流程再造，提升企业质量能力。

【完成马园社区零星老旧房屋收购与祖关山路项目征收工作】 2022年6月30日，马园社区柳汀新村11幢、柳汀新村12幢、咏归路157弄、吴家塘48—49号等4幢零星老旧房屋收购项目合计164户住户全部完成签约。7月22日，祖关山路非住宅项目最后一户同意签约，该项目涉及征收土地面积6248.3平方米、房屋面积6571.61平方米。上述2个征收项目的收官，标志着街道2022年“拔钉清零净地保供”百日攻坚专项行动任务完成。

【南塘老街入选第二批国家级夜间文化和旅游消费集聚区】 2022年8月，文化和旅游部公布第二批国家级夜间文化和旅游消费集聚区名单，海曙区南塘老街入选。街区总建筑面积约8.4万平方米，入驻商家140余家，拥有市级文保点6处、区级文保单位1处，通过完整保留江南传统街巷，实现“历史融入生活，商业融入古迹”。街区聚焦民俗文化，围绕夜游、夜集、夜食，推出系列活动，其中，6月的“南塘文旅商消费月”活动开启夜间文旅集市，并发放百万南塘文旅消费券。每周五、周六举办凉风市集，为游客提供小吃品尝、民俗体验、露天电影免费观看、街头游戏等多元逛游体验。为方便居民出行，限时推出免费停车优惠等，不断以“夜间经济”促进消费市场复苏。

【打造“四位一体”老年助餐体系】 2022年9月起，南门街道探索打造“食堂用餐+机构送餐+企业助餐+共享厨房”的“四位一体”老年助餐模式，共建成街道标准化老年食堂1个，覆盖11个社区所有60岁以上老人。与19家餐饮企业成立爱心助餐联盟全域覆盖，向300余名60周岁以上老人发放助餐卡，凭卡就餐享受8折优惠。在社区居家养老服务站推出100余平方米的“共享厨房”，满足喜欢做饭、邀请邻里与家人聚餐老人的需求。在标准化老年食堂配备AI智能无感系统，实现后厨可观、食材可溯、安全可查、送餐可及、质量可评，以数字化保障安全、提高质量、优化服务。相关工作相继被《人民政协报》、“浙江新闻”、《宁波日报》报道。

【宁波博洋服饰集团获评国家知识产权优势企业】 2022年10月31日，国家知识产权局公布2022年新一批及通过复核的国家知识产权示范企业和优势企业名单，宁波博洋控股集团旗下宁波博洋服饰集团成功荣获“国家知识产权优势企业”称号。该集团自2020年通过知识产权体系认证以来，更加体系化、标准化对知识产权进行管理，并大力推进“专利小组制”“商标品牌化”等模式，用知识产权带动产品创新和新品牌崛起，有各类别自主商标逾千件，拥有专利近百项。

8月，南塘老街入选第二批国家级夜间文化和旅游消费集聚区

【郎官社区入选省共同富裕现代化基本单位“一老一小”场景】 2022年10月，浙江省首批300个共同富裕现代化基本单位“一老一小”场景公布，郎官社区凭借“养老服务场景”入选。该社区与市中医院签订全市首个“治未病”中医社区坐诊协议和“未来社区绿色通道”，并建立全区首个24小时“不关灯”健康小屋。社区东面另设郎官西弄38号居家养老分站，该站设有日托点、老年食堂、怀旧馆、会客厅等功能性场所，为辖区失能失智老人打造安静整洁、功能齐全的养老服务场景。

【入选省2021年度治违控违示范街道】 2022年10月，浙江省“三改一拆”行动领导小组办公室公布2021年度无违建创先争优示范名单，南门街道入选省2021年度治违控违示范镇（乡）街道。街道坚持去存量、控增量。狠抓拔钉清零、严控新增违建，紧盯“三市旧货市场”和“南门旧货市场”等重点区域，加大对违法建筑易发、多发点重点区域监管，并重点关注新交付小区，确保第一时间发现、查处、整改，未发生一起新增违法建筑，实现新增违建零增长目标。

【宁波工业互联网研究院开园】 2022年11月25日，宁波工业互联网研究院开园，是宁波首个获批建设的国家新一代人工智能开放创新平台。该产业园总用地面积38790平方米，总建筑面积154857.59平方米。开园后，持续孵化引领未来的高科技公司，将技术、市场、经营“三域交融”，“产、学、研”相结合，凭借全方位服务，集聚全国工业互联网企业的协同发展，发挥高科技人才的会聚效应，累计融资超过4亿元，孵化企业近30家。南门街道与工研院深度合作，为其整合招商引才、城市更新、党建引领等多线资源，采取政府把关引导、企业自主建设的发展模式，提供便捷服务渠道，共建亲清的营商环境，服务芯然科技、坤铜高新、畅达智联等30余家企业。并合力打造“宁波甬水桥创业投资基金”，助力推荐工研院申报各级人才项目，累计入选国家级人才2人、省级人才4人、市级人才5人。

【获评省五星级食安办】 2022年12月，浙江省食品药品安全委员会办公室公布2022年浙江省镇（乡）街道食安办分类评价结果，南门街道获评五星级食安办。街道构建以“责任全层联管、队伍全员联建、监管全域联治、宣传全程联动”为主的“四全四联”工作体系，协同50余名执法力量，选聘11名食品安全社会监督员，发动300余名食品安全志愿者，开展小餐饮提升整治、餐饮油烟污染整治、校园及周边重点场所等系列专项整治。依托“大综合一体化”行政执法改革，建立“‘四个平台’抓取+一线排查”的问题发现机制、“三方会商+多元协作”联调机制和联动执法的闭环处置机制，对辖区300余家餐饮单位进行大排查，累计处置各类食品安全事件1147起，2022年餐饮油烟举报投诉同比下降66%。

（徐剑英　回　娜　吴　飞）

鼓楼街道

【概况】 鼓楼街道东临三江口，西至望京路，南接中山路，北濒余姚江，辖区面积1.6平方千米。2022年，下辖5个社区，户籍人口2.05万人。辖区坐拥钱业会馆等39处市级以上重点文保单位和鼓楼沿等3大历史文化街区，为海曙区委、区政府驻地。

实现地区生产总值81.71亿元。进出口额总量98.79亿元，居全区首位。全年实到大市外内资6.4亿元，完成率100%；“浙商回归”到位资金5.0亿元，完成率147%。批发零售业、住宿餐饮业增加值20.6亿元，同比增长9.3%。连续六年获得全区招商引资金银奖。清退企业留抵税款，金额累计超6000万元；为8家企业申请“薪资保”，总金额近千万元；发放纾困资金达113万元，惠及企业36家次；为84家小微企业及个体户发放减免政策性租金达60万元。

推进“拔钉清零净地保供”行动，2022年涉及4个社区的7个征收项目中，6个项目提前清零。完成2005年前交付老旧小区的改造工作，累计改造老旧小区15个，建筑面积91万平方米，惠及居民7866户。创新开展垃圾分类“两点一房”整治和“公交式”垃圾清运行动，总投入15万元，完成12个小区垃圾房提升改造工作。累计清理楼道垃圾杂物70车、计110余吨；修复路面15处、300余平方米；整治飞线38处。以“大综合一体化”改革

2022年，鼓楼街道开展“青春党建”项目“喵有爱”，缓解小区因流浪猫产生的环境卫生及邻里和谐问题

为指引，联合开展燃气安全执法行动7次，依法查处燃气类案件45起，办理违规建筑案件14起。有序推进省级“污水零直排区”创建，完成2761户住宅小区的金属燃气管道更换。

统筹推进全区首个5A级区域居家养老服务中心和“孝闻里”综合体建设。支持街道下属红旗幼儿园苍水分园创办海曙区示范性托育园，率先开展0～3岁儿童托养服务。开展“邻里守望”“原居安养”关爱行动，苍水社区获评宁波市2022年度老年友好型社区。以数字化改革为牵引，打造政务服务“十分钟办事圈”，累计办理民生事项1200余件，满意率达100%，受理劳动争议监察及调解仲裁案件202起，结案率达100%。文昌社区百岁粥坊获评宁波市首批“慈善空间”。“鼓楼同心荟”投用，“致爱驿站”服务基地落户文昌社区。

全域强化“平安三率”宣传，面向社会发送短信7000余条，张贴海报5000余份，发放“平安一封信”4000余份。强化基层消防安全宣传，累计发放宣传册1200余份，开展消防演练5次，举办专题讲座3期，受众达2000余人。深化安全生产大排查大整治，开展重点领域安全隐患专项排查整治行动10余次，动态完成“3合1”场所整改32家次，严把高空作业、密闭场所、餐饮用油和民用燃气安全关。

深入推进一线党组织党建联建，联建单位超百家。开展机关干部一线“联社联心”“走企破难”行动，组织机关支部、两新支部结对帮扶困难农户，助力基层治理，推动共同富裕，累计解决基层问题405个。完成39个“两新”党组织集中换届选举。

2022年鼓楼街道各社区基本情况表

表38

社区名	面积(平方千米)	户数(户)	户籍人口数(人)
中山	0.35	1258	3244
秀水	0.22	1949	4519
苍水	0.42	1137	2720
文昌	0.12	2413	6106
孝闻	0.23	1518	3937
合计	1.34	8275	20526

注：表格中数据为调查数

【1844商业街区焕新】 2022年，鼓楼街道引导1844商业街区立足三江口“夜经济”新名片定位，创新业态布局、营造社交空间、强化品牌营销，消费逆势增长。街区每天夜间客流逾2000人次、夜均营业额达50万元以上，分别占全天客流和营业额的30%和60%，较往年翻一倍。结合网红经济、体验经济、夜间经济、国潮经济等娱乐休闲元素，与沿江步道链接的和义大道集群消费、错位经营，引入烧鸟店、关东煮等“不打烊”餐车，新入驻咖啡、酒吧类“宁波首店”。优化“社交型”空间布局，营造集“潮、乐、食、享”于一体的社交型公共共享空间，相继投入千万元升级导视系统、增添艺术装置、亮化千米步道，满足青年时尚潮玩需求。

【打造商圈新业态新就业群体综合服务平台】 2022年4月27日，鼓楼商圈户外劳动者驿站成立，系全区首家由户外劳动者驿站和“甬爱e家”共同打造的商圈综合服务平台。该站点立足辖区户外新业态新就业群体众多的实际，以快递员、网约车司机、环卫工人、辅警保安为主要服务对象，整合党群服务中心、工会、共青团、爱心企业、海曙移动等红色资源，按照硬件“10+X”要求，落实空调、微波炉、冰箱等硬件设施配备，同时还设有共享书吧，提供24小时自助服务。

【苍水社区获评市级老年友好型社区】 2022年6月，苍水社区获评“2022年宁波市老年友好型社区”，系全区唯一。苍水社区是典型的老龄化社区，常住人口2635人，60岁以上老年人占比达35.4%。社区践行“积极老龄观”理念，通过党建统领、搭建平台、鼓励“互助式”养老等方式，打造城市社区养老宜居空间。社区党委采取党组织牵头、党员带头、社会力量参与模式，累计培育为老服务组织12个、志愿者400余名，如从事临终关怀的“蒲公英”邻里互助社、面向独居“空巢”老人的蓓蓓工作室等。在华美医院、海曙中医院等“红色联盟”成员单位还形成了“订单化”上门义诊服务模式。开设3家居家养老服务站，创新“近邻养老+志愿服务”体系，形成“近邻有爱、环境适老、精准帮扶”的“10分钟社区居家养老服务圈”。引入“邻舍互助”养老模式，组织物业工作人员、有技能专长的小区居民与老年人结对，提供专业护理、生活照料、心理慰藉、居家入户等嵌入式养老服务，并引导银龄志愿者参与社区文明督导活动。

【西北街地块改造项目签约工作清零】 2022年9月6日晚，鼓楼街道西北街地块项目最后一户被征收户签下征收补偿协议书。至此，该项目所涉157户被征收户全部完成签约，签约率100%。项目位于宁波市第二医院东面，近鼓楼，涉及被征收总户数157户，其中住宅144户，涉及房屋建筑面积约8500平方米；非住宅13户，涉及房屋建筑面积约22300平方米，房屋地段等级为一级，项目实施顺应群众多年呼吁的“改善低洼区域”期望。实施过程中，工作人员制定“一户一案一清单”，主动上门宣传解读政策，认真了解被征收户的想法和顾虑，尽力解决被征收户的实际问题和困难，获得群众理解和支持。

【海曙区“鼓楼·同心荟”启用】 2022年10月12日，海曙区“鼓楼·同心荟”启用。“鼓楼·同心荟”在历史建筑叶宅基础上改造而成，建筑面积200平方米，改建围绕鼓楼历史展陈、室外活动空间、多功能大厅、文化展示后院等板块，将新联会、侨联、新乡贤、工商联等特色工作结合，成为辖区统战人士交流学习、联心联谊、风采展示的综

10月12日，"鼓楼·同心荟"启用仪式暨"喜迎二十大 知新向未来"爱国奋斗报告会举行

合性品牌阵地，其间，也获得统战爱心人士的捐助支持。

【广仁街地块征收项目签约清零】 2022年10月28日，涉及鼓楼街道广仁街地块征收项目的258户征收户全部完成签约，签约率100%，货币化率58.1%。广仁街地块涉及拟征收总户数258户（不含未经登记建筑，下同），其中住宅250户，涉及房屋建筑面积约14803平方米；非住宅8户，涉及房屋建筑面积约11311平方米。签约启动前，区住建局等相关部门会同属地街道，召开10余次联席沟通会议，做好67户、近700平方米的未经登记建筑确权认定工作。同时，区人民法院业务骨干从政策法规层面，在签约现场为群众答疑，形成"征补协议签订+司法程序确认"的征收程序。

【鼓楼街道老旧小区改造完成】 2022年12月，鼓楼街道2022年度老旧小区改造项目完成，至此，已全面完成辖区2005年前所有交付老旧小区的改造工作，累计改造15个，建筑面积91万平方米，惠及居民7866户。改造后，总计新增公共活动空间330平方米、适老化和无障碍设施15个，加装电梯12部。15个已完成改造的小区中，实现专业化物业接管12个、居民自治1个、社区代管2个，"改造+物业"模式实现全覆盖。

（张　可）

白云街道

【概况】 白云街道位于海曙区中心城区，东接萧甬铁路，南至苍松路、气象路，西临龙尾河、前河，北沿西塘河，与中山西路隔河相望。辖区面积约4.4平方千米。2022年，下辖13个社区，有户籍人口4.5万人，常住人口6.8万人。

实现地区生产总值42.65亿元，同比增长7.0%。完成财政收入4.47亿元，同比增长14.6%。超额完成固定资产投资年度目标，其中建安投资4.61亿元，增幅达96.6%。77家规模以上商贸企业完成销售额81.94亿元，增幅17.9%；完成规模以上14.68亿元，增幅16.2%，高于区平均增幅6.6个百分点。10家规模以上其他营利性服务业企业完成营业收入5.40亿元，同比增长36.5%。累计引进企业642家，注册资金总额23.15亿元，完成大市外内资实到资金20762.57万元、"浙商回归"实到资金20149.99万元。网安信创、恒正会计师事务所、尤尼泰税务事务所浙江分公司、中国500强企业富冶集团宁波贸易公司落户。充分发挥产业园区集聚效应，累计申报国家级人才项目2个、省级人才项目2个，"甬江引才工程"项目8个，省级科技型中小企业7家。开展"千名干部助万企高效纾困破难题"活动，累计走访企业200余家次，帮助企业解决人才申报、高新企业申报、税务等问题20余类。此外，协助辖区106家小微企业、162家个体工商户申领"三区"补助。

完成全区最大规模老旧小区改造项目工程施工，联南花园、安居小区等9个小区改造项目通过验收；累计完成电梯加装、审批通过30部，数量位居全区第一。启动首批3个启动未来社区建设、白云庄片区更新改造提升工程，打造全市首条"全龄段友好""工程师友好"主题绿道，串联辖区5个未来社区及周边公共绿地，推动全国文保单位白云庄及周边公园场地由社区公园向文化基地转型。完成二耀庭小区30户住宅和8户商铺签约等征收工作；启动蓝天路278弄、治水园区拆迁。优化路网及绿地、梳理地下管径，定期整治杂物乱堆放、车辆乱停放等问题。完善保洁考核机制，对24条马路实行日保洁18小时，全年共拆除违章建筑约1.57万平方米。解决5个小区地下管网破渗问题；落实河长巡河制度，组建"云水谣"民间护水队，发现并解决问题103个。

以提升居民生活品质为出发点和落脚点，重点围绕"一老一小"，深化民生服务。启动全龄段、旗舰式曙悦社区综合体建设，宝善社区"学治互融型"社区全龄教育学院揭牌成立。做好23个小区自治站建设，有序推进3个社区区域服务中心建设。培育发展社会组织370家，牡丹社区66治理团、丽雅先锋360、街道青少年成长指导中心等3家社会组织入选宁波市百佳社会组织。引导社会组织参与社区治理，累计认领民生服务项目15个，组织开展"给我一片蓝天"等项目60余次，服务居民1530余人次。街道社工站被评为二星级社工站（海曙区最高等级）。结对高桥镇开设"Plus训练营"15次，实现队伍共育、品牌共创。深化智慧养老，全市首批智慧社区验收，3家老年食堂运营良好。作为全区唯一的"长护险"试点街道，87人享受长护险待遇。安丰社区获评省级无障碍社区，云丰社区获评浙江省五星级老年体育现代化社区。建成1家普惠制婴幼儿照护服务基地。白云庄社区居家养老

12月，海曙区首家社区托育机构丽雅社区吾幼托育所正式开园

服务站、丽雅吾幼托育所等4个项目入选浙江省首批共同富裕现代化基本单元“一老一小”场景（全区共5个）。

打造智慧化居家服务平台，实现独居老人风险分级管理，探索应急体系改革新模式，打造未来社区安全共同体，提升社区治理安全韧性，街道获评市级基层应急体系和能力标准化标杆建设达标单位。持续做好电信网络诈骗常态化宣防，制作反诈视频2部，定期开展养老反诈宣讲活动，案件数量较上年同期下降21%。大力开展“除险保安”行动，召开专题工作会5次，对工地、餐饮店等280余户重点单位开展风险集中排查3次，整治沿街商铺和经营场所违规住人现象310余次，三人以上“三合一”场所整改率100%。扎实推进安全生产宣传，春悦社区“最美雪人”救火事迹被《人民日报》报道。

安丰社区被列入市级现代社区建设观察点位，并在全区基层治理暨城乡社区工作会议上作经验交流，社区党委书记陈赛花获评宁波市首批金牌导师，白云庄社区党委书记叶人君获评市级“社区工作领军人才”。“云雁智治”党建联建在老旧小区改造及电梯加装等重点工作中凝聚合力，探索形成“绣花针”破难工作法等治理经验，联建项目获评市级首批示范性项目，联建教学基地获评市导师帮带教学基地。推荐1位居民入选“宁波好人”，完成牡丹侨助公益项目。开展“导师带徒”，提拔社区正职3名、副职9名。完成白云职工之家阵地建设，成立“云新”服务联盟，为服务新业态人群提供有力支撑。街道团工委获评宁波市五四红旗团委，安丰社区团支部获评团中央国家级“青春行动”示范社区；“和谐花”工作室获评宁波市名师工作室。安丰社区获评宁波市清廉建设典型基层单位。

【宝善社区善食堂对外营业】 2022年8月1日，宝善社区借助安健助老第三方平台，在辖区内增设的善食堂对外营业，每日提供两荤一素一汤的健康搭配，缓解老年居民就餐难问题。该食堂还为社区60周岁以上老年人提供现场就餐以及上门送餐的服务。

【安丰社区获评全国首批“社区青春行动”试点优秀社区】 2022年9月，根据团中央《关于2021-2022年度社区青春行动实施评估意见的函》，安丰社区的评估等次为“优秀”。该社区成立于2000年5月，是一个融合城区居民和拆迁村民的复合型社区，由玫瑰苑、三鼎坊、丰馨苑3个相对独立的小区组成，有住户3392户，总人口近1万人，青少年人口占比约23.8%。自“社区青春行动”开展以来，社区倡导党员、团员、队员“齐报到”，以“三度治理”工作法为抓手，通过提供青少年社会化公共服务、发挥高校与社会力量协同参与、专业社工指导引领等方式，切实提升青少年的“社会认知度”、弱势青少年的“公众关注度”、辖区青少年的“社区参与度”，推动社区青春行动工作落实落地。

2022年白云街道各社区基本情况表

表39

社区名称	面积（平方千米）	户数（户）	户籍人口数（人）
联南	0.147	2356	3438
联北	0.11	2472	3892
云丰	0.27	2854	5776
安丰	0.385	3396	6510
白云庄	0.54	2669	3615
云乐	0.2417	3106	5538
牡丹	0.71	4141	4535
安泰	0.13	1842	4286
宝善	0.54	2822	6538
南雅	0.08	1308	1891
丽雅	0.25	3727	2735
春悦	0.3	2947	3501
曙悦	0.16	3151	3503
合计	3.86	36791	55758

【全区首家社区托育机构开园】 2022年12月1日，海曙区首家社区托育机构——白云街道丽雅社区吾幼托育所开园。街道3周岁以下的婴幼儿有900人左右，对照护服务需求大，丽雅社区根据自身的场地优势，成立吾幼托育所，建筑面积约600平方米。共有4个班级、60个托位，为3周岁以下的婴幼儿提供全日托、半日托、临时托、延时托等灵活多变的托育服务，并结合一楼的老年活动中心开展老幼共托服务。

（祝文冰）

2022年，望春街道水岸心境社区三江二楼乐胃食堂投用

望春街道

【概况】 望春街道位于海曙区东北部，东沿铁路与西门街道和江北区相邻；北枕姚江；南以西塘河为界，与白云街道相依；西与高桥镇接壤，区域面积7.88平方千米。2022年，下辖15个社区和8个股份经济合作社，常住人口9万余人。

实现地区生产总值62.43亿元，同比增长7.0%。完成固定资产投资额39.7亿元，同比增长30.7%，其中建安投资16.45亿元，同比增长30%；限额以上社会消费品零售额15.44亿元，同比增长30.9%；限额以上餐饮业营业额1.2亿元，同比增长18.6%；其他营利性服务业营业收入5.4亿元，同比增长33.3%。“浙商回归”实到资金3.4亿元，大市外实到资金7.4亿元，实际利用外资207.41万美元。新引进企业461家，注册资金共18.8亿元，其中注册资金1000万元及以上企业55家，全年月度新增企业7家，年度入库27家。通策医疗宁波耳鼻喉医院等项目落地。新星1号地块10余万平方米的商业商务区域竣工备案，江汇城项目开始分批交付。发展动能加速集聚，全年完成研发费用合计1.21亿元，同比增长24.6%。共申报国家级人才项目14个，入选国家级引才工程青年专家1名；申报省级人才项目13个；申报市级甬江引才项目23个，入选项目11个。华恒建设、口腔医院获评设立浙江省博士后工作站，工研院“科创中国”工业互联网创新基地入选首批科创中国创新基地（产学研协作类）。

华恒建设

启动拆迁项目7个，涉及住宅141户，非住宅35户，拆迁房屋面积7万平方米，土地面积13.5万平方米。完成浙海大酒店东侧地块征迁，轨道交通8号线青林湾站收购项目10天内实现清零，中塘路剩余地块征收项目开出全国首张区块链数字房票，非住宅项目签约100%，住宅项目签约98.5%。旧村改造安置项目姚丰铭府528套安置房完成抽签定位和结算交付，安置率达99.6%。水岸心境社区创新第三方“投建管运”模式，因地制宜打造“一站式”邻里服务场景，“健康食堂”项目成为宁波市首家“营养健康食堂示范基地”，通过浙江省共同富裕现代化基本单元验收，入选省级未来社区。

实施老旧小区改造，惠及5个小区5710户，改造总建筑面积71万平方米，投入资金1.4亿元，其中天一家园社区充分发挥“红色业委会”作用，通过项目领衔实现全流程闭环监督管理，化解轨道交通、地块开发等难题40余项，实现提前竣工验收。聚力农贸市场、背街小巷环境大整治大提升，累计投入经费80余万元，清理垃圾500余吨，修复公共设施120余处，整理飞线5000余米。牵头开展广安路人行道净化专项整治行动，新增非机动车停车泊位150余个，破解中医院周边非机动车乱停乱放难题。高质量推进垃圾分类，新建或改建垃圾房45个、大件垃圾归集点49个，3个小区获评省高标准生活垃圾分类示范小区，街道获评省生活垃圾分类示范片区。

坚决防范安全生产重大风险，常态推进隐患排查，专题开展群租房消防安全、"三合一"、工业厂房改建公寓、电瓶车充电专项整治，累计检查房屋店铺5000余家、高层楼宇144幢、工业企业7家，发现整改问题1941余项。深化股份经济合作社经济体制改革，望春桥、双杨2个股份经济合作社平稳退出。组织开展各类丰富多彩普法宣传，反电信网络诈骗打防工作纵深推进，诈骗案件发生率同比降低11.95%，未发生百万元以上养老诈骗案件。

统筹宁波市中医院等6家优质医疗资源，开通"阳康问诊"线上诊疗，组建网格暖心医疗小分队167支，着重做好重点人员服务工作，发放防疫爱心包1.4万份。街道居家服务中心无感智能终端系统完成安装，标准化老年食堂改造完工，康养联合体建设验收通过；徐家漕社区区域公共服务中心建成，试点开展社区24小时自助服务点延伸工作，街道便民服务中心获评区级先进集体。开展"春风行动"等招聘会5场，帮助就业50余人。完成民政临时救助88户，慈善助困、助医、助学38户，提供个性化助弱帮扶83次，托育儿童145名。老龄学堂教学点——望春街道老年学堂在五江口社区挂牌设立，天一家园等6个社区"15分钟品质文化圈"完成申报验收。推进"书香海曙·品质望春"读书活动，在五江口社区打造文化驿站，在天茂36茶院设立城市书房。结合水岸心境未来社区建设，打造街道首家百姓健身房。

建立"社区党组织—小区党组织—网格功能性党支部-楼道党小组（微网格）"的"链式结构"。坚持推进数字化改革工程，全域推广党建引领社区治理"活地图"，形成"一图三清单N资源"工作法，申报宁波市基层智治大脑第一批试点。成立"党建项目商城"，强化"1+5+N"党建联建圈，先后落地60余家社会组织、认领社区独居老人就医陪护、家训家风、"一米花园"等支部项目40余个，点亮微心愿70余个，参与党员志愿者达5000余人次。水岸心境社区获评市国际人文交流基地，系全市唯一社区。

望春街道被评为浙江省生活垃圾分类示范片区；清风社区被评为全国儿童友好示范社区，清风社区"侨胞之家"在2022年度获评浙江省"五星级侨胞之家"；后塘河社区被评为浙江省2021年气象防灾减灾标准化社区；水岸心境社区被评为浙江省第二批未来社区、2022年度浙江省学习型社区、浙江省低（零）碳试点单位、2022年度浙江省高标准生活垃圾分类示范小区，荣获2022年浙江省第二批共同富裕现代化基本单元"一老一小"服务场景称号；广安社区被评为2022年度浙江省高标准生活垃圾分类示范小区；五江口社区被评为浙江省民主法治社区；广泽社区被评为2022年度浙江省高标准生活垃圾分类示范小区。

2022年望春街道各社区基本情况表

表40

社区名	面积（平方千米）	户数（户）	人口数（人）
泰安	0.25	1574	4552
天一家园	0.5	1798	4750
西成	1.0	1900	4601
徐家漕	0.2	1517	3331
春城	1.0	1079	2468
信谊	0.38	884	2063
新星	0.35	2058	5530
青林湾	0.56	2689	8105
后塘河	0.55	863	1949
水岸心境	0.46	1582	4739
清风	0.5	2935	8442
广安	1.53	984	2440
广泽	0.5	594	1285
五江口	1.1	2373	6085
合计	8.88	22830	60340

注：广华社区成立于2022年11月14日，其数据包含在广安社区内。2022年望春街道各社区基本情况表相关数据来自海曙公安分局望春派出所调查数据

【清风社区获全国儿童友好示范社区称号】 2022年3月，清风社区被评为全国儿童友好示范社区。该社区聚焦"童梦清风"品牌定位，整合社区公共配套用房1700多平方米，投入资金200多万元，设立阅读室、游戏区、木工坊、心理咨询室等9个功能场所，打造具有社区特色的儿童之家。培育"晚间公益故事会""辣爸辣妈成长营"等16家儿童服务社会组织，实现阅读场所免费开放、晚间公益故事会每日举行、主题活动每周开展。2022年累计服务儿童近2300人次。并立足社区实际，孵化"小小创客家""鸭鸭护河队""小豆芽夜市摊"等5个儿童自组织，吸引150多名儿童加入。

【清风社区"侨胞之家"获评浙江省"五星级侨胞之家"】 2022年3月，根据浙江省归国华侨联合会发布的《全省侨联系统"星级侨胞之家"选树管理实施办法》，清风社区"侨胞之家"在2022年度获评浙江省"五星级侨胞之家"。该社区探索基层侨联组织参

与社会治理的有效模式，倡导“引进输出并举，国内海外共享”，构建“侨贤大使”“谈谈留学那些事儿”“海归的方向”三大平台，开展海内外垃圾分类“云分享”“共沐侨爱书香”“燕归望春来”等活动惠及侨界群众200人次；组建“清侨”公益联盟，培育孵化“洋”帆回程侨界志愿队等10支公益服务团队，呈现“助侨服务”和“侨助服务”双向发力、良性互动的工作格局。

【中塘路剩余地块住宅收购项目开出首张数字房票】 2022年9月19日，中塘路剩余地块住宅收购项目启动，区、街道两级运用区块链手段，搭建数字房票管理系统，在完成国有土地部分全部签约后开出首张数字房票。一方面，搭建数字平台，系统梳理房票应用具体流程，运用区块链技术加强数字联动，实现房票开具、转让、兑换等核心功能的智能化。另一方面，加强政策的本地适用性，在试行房票新政工作中，扩大市级房票新政的适用范围，细化政策应用过程，通过“房票”模式，被拆迁人最多可获房屋评估价值6%的购房奖励并享有税收优惠，最终房票选择率达95%。同时，由于全流程实施数字化，公示房屋收购信息，确保收购全过程的公开透明。

【水岸心境社区被评为2022年度浙江省第二批未来社区】 2022年12月，浙江省第二批未来社区名单公布，望春街道水岸心境社区入选。该社区在建设期间聚焦“一老一幼一弱”服务短板和需求，打造全龄友好社区，建设“邻聚里”邻里中心，涵盖乐胃食堂、共享书屋、百姓健身房、健康小屋和屋顶农场等7个空间，提供一站式普惠服务。同时，强调“共建共享、数智赋能、持久运营”的理念，通过开发社区运营管理系统，依托126个高清摄像头和IOC数字平台，打造区域全覆盖的实时监控网络，并实现人员组织、邻里活动、交通出行、服务需求一屏亮显，高效辅助社区治理，探索出一条可复制可推广的未来社区创建之路。

（王　洁）

段塘街道

【概况】 段塘街道位于海曙区东南部，东濒奉化江，南抵杭甬高速，与石碶街道相接，西至通达路与古林镇接壤，北同白云、南门街道相连，辖区总面积5.97平方千米。2022年，下辖9个城市社区和3个股份经济合作社，常住人口5.27万人，总服务人口逾10万人。

实现地区生产总值71.6亿元，同比增长1.0%。实现财政总收入12.3亿元，同比增长15.4%。完成一般公共预算收入6.3亿元，同比增长18.8%。实现固定资产投资84.3亿元，总量位列镇（乡）、街道第一。实现税收12.3亿元，同比增长15.4%。

2022年，望春街道水岸心境社区的共富农坊投用

依托温商大厦、海曙龙湖天街等新增楼宇的在建招商优势，引进迪帆启行创业投资合伙企业、宁波市石学敏院士中医针灸研究院等项目。13个重点项目齐头并进，涵盖太平鸟集团、狮丹努集团、博洋集团和市政集团等总部型企业和896创新园、启运86微电影产业园等小微园区建设。推进段塘卫生服务中心、区福利中心及轨道交通8号线等民生项目建设，段塘西路、段塘中路、新典路拓宽等道路建设工程进入收尾阶段。

实行安置房回购新模式，完成段塘村二期三期安置房抽签定位工作。丁家地块（A片区）、雄镇小区清零，吴家杨帆地块400户腾退。设立“设计师开放日”，成立“安居红盟”“南都工匠”等12支自治队伍，改造老旧小区累计4236户，新增规范停车位372个，改造雨污水管道1万余米，修复改造屋顶防水1万余平方米。雄镇社区通过省第四批未来社区建设验收，第五批南都、第六批丽园项目已完成实施方案编制、市级专家评审和省平台备案。完成12个老旧小区的91处飞线整改、400平方米的绿化补种，清运垃圾38车。

打造“五社”融合联动新模式，建成街道幸福里立方体社区综合体，鎏金府、南苑、小漕等3个区域公共服务中心实体化运作，形成救助、社保、健康等6大类53个事项清单。建成小区自治站32个，实现街道全覆盖，自治站年均接待事项近3000件，有效解决率在90%以上，社区服务的满意度达到100%。打造15分钟品质文化生活圈，鄞奉公园、羽航体育馆（滨江）、街道级文体中心等建成并投入使用，其中，街道文体中心被评定为浙江省一级文化站。成立海曙区老年大学段塘分校。完成南苑、启文、段塘3个菜市场升级改造。完成9个社区级文化活动室，成立10余个文体团队，5个协会。街道文化工作获国家级荣誉2项、省级荣誉5项、市级荣誉6项。建立社区“小循环”、街道“大循环”的工作机制，发送事件1000余件，办结率100%，平均事件办结时间31.38小时。做好人民调解工作，各类纠纷结案率为100%。加强安全生产培训、排查和整治，企业百万员工大培训完成率达

2022年，段塘街道"亲青课堂"公益寒托班开班

216%，排查"三合一"沿街店铺1179间，督促整改287间，撤离575人。开展隐患治理专项整治10余次，发现隐患60余条，100%完成闭环销号。常态化开展扫黑除恶行动、网络诈骗和法治宣传工作，电信诈骗同比下降31.7%，街道相关案例获评全市十大禁毒社会工作优秀案例。

打造"安居红盟""红邻友帮""强雁计划"等创新载体，建立"小哥帮办服务站"10个、共富工坊2个。探索"企业社工"商圈实体化运作和"一核三联"新型小区建设等崭新模式，开展"红色领航·先锋攻坚"专项行动，凝聚红色力量在疫情防控、老旧小区改造、基层治理中发挥实效。承办区"亲青课堂"公益托管班"曙"光少年训练营，街道洞桥（小漕）社区少先队社会化工作经验在团中央会议上作专题交流，社区团支部获评2022—2023年度宁波市五四红旗团支部。组织新业态劳动者人群工会技能大赛等多项活动，街道获评全区唯一宁波市非公产改标准化推进示范镇街，街道"段小家"志愿服务进工地项目获宁波市工会志愿服务项目大赛铜奖。完成妇联组织换届。建立"开明·书宸""大师工作室"民主党派阵地。成立乡贤理事会。新典社区七色侨工作室获评2022年度省级"四星级侨胞之家"。

2022年段塘街道各社区基本情况一览表

表41

社区名	面积（平方千米）	户数（户）	户籍人口数（人）
华兴	0.23	1850	3920
南都	0.27	2433	6800
新典	0.77	3483	9607
南苑	0.23	3452	7800
南塘	0.15	2143	5160
小漕（洞桥）	1.41	1095	1725
雄镇	0.84	1802	3106
丽园	1.58	5058	9863
丽景	0.49	1397	4750
合计	5.97	22713	52731

注：表格中数据为调查数

【鄞奉滨江公园开园】 2022年，鄞奉滨江公园开园。该公园是海曙区"精品线路"水韵滨江休闲线的重要组成部分，滨江绿带江岸线长度约1.8千米，总建设用地面积约7.8万平方米。由北往南，串联"城市阳台""记忆广场""活力空间""段塘往事""江河溯源""江滩古渡"六大片区景观。

【丁家地块（A片区）征收完成】 截至2022年3月6日上午11点，丁家地块（A片区）累计签508户，占被征收总户数的80%，提前29天生效，创造海曙区最快纪录。10月10日，该片区内最后一户征收协议签订，标志着A片区清零工作完成。丁家湾区块开发是海曙区"十四五"规划的重点项目，拟打造长三角南翼总部经济承载区。地块包括中华纸业厂区在内，由奉化江—杭甬高速—雅戈尔大道-雅源北路围合的整个丁家地块，占地面积接近105万平方米（1575亩左右），共分A、B、C三个片区。

【新典桥建成通车】 2022年4月29日20时，新典桥建成通车。作为连接海曙和鄞州的又一通道，新典桥位于长丰桥与芝兰桥之间，西起海曙区鄞奉路，横跨奉化江，东至鄞州区广德湖路，全长865米。桥梁两侧设计悬挑慢行步道，工程采用对航道及行洪影响最小的整桥顶推方案，是宁波市首座采用该工法的跨江桥梁。建成后，有效改善过江交通条件、缓解奉化江上下游过江通道的交通压力，方便两岸居民出行。

【桥下空间环境整治】 2022年5月25日，段塘街道结合区块建设，启动杭甬高速沿线和雅戈尔大道杭甬高速跨线桥下空间环境整治攻坚战。桥下空间一直是交通安全管理的"盲区"之一，其中，雅戈尔大道杭甬高速跨线的桥下空间长期被私人占用，堆放有洗车机和多处垃圾，另有一处30平方米左右的违建。经过多月集中攻坚，街道自查整改问题1350条，共计拆除破损顶棚约550平方米，长达10余年的非法侵占顽疾得到有效清理。

11月，段塘街道文体中心建成

【首推产业工人子女暑期托管服务】 2022年7月10日，海曙区首次面向产业工人子女开设的暑期托管服务项目"'驿'路同心 护航未来"启动。该项目由街道总工会主办，狮丹努集团工会、丽园社区工会承办。托管班配备3名学习辅导员和2名生活老师，设置各类非遗、手工及实践等兴趣课程，共有20名产业工人子女参加，其间，丽园社区的党员志愿者参与服务。

【试点安置房回购新模式】 2022年8月20日，段塘街道旧村改造项目安置房二、三期未安置部分套型回购资格抽取工作完成，抽取60档、70档、80档、90档4个套型共328个回购资格确定。本次抽签采取网络直播方式，由浙江省宁波市天一公证处公证，不仅透明度更高，同时也是创新房屋安置抽签工作的有益尝试，成为未来相关工作精简高效的发展方向之一。

【雄镇小区征收项目完成】 2022年10月19日，雄镇社区入户评估工作启动。雄镇小区项目东街南塘河，西邻安置房在建工地，南临半江河，北至鄞奉路，征收建筑面积约1.3万平方米，总共涉及住宅186套、非住宅15套，共有201户被征收对象，于10月26日开始签约。截至11月21日，201户被征收户全部完成征收补偿协议签订，提前4天完成既定目标。

【段塘街道文体中心建成】 2022年11月，段塘街道文体中心建成，成为区内首家街道级文体中心。中心位于粮丰街443号，分为上下两层，建筑面积1500平方米，配备24小时城市书房、百姓健身房、舞蹈排练室、多功能教室、老年学堂、大师工作室、致公之家、照护驿站等，已对接中国民族民间舞蹈家协会会员原泉、象棋国家大师励娴、中国摄影家协会会员竺仕宝等多位文化名人入驻，并设立"大师工作室"。

【锦堂佳苑、丽棠景苑两小区安置房抽签定位】 2022年12月15—17日，段塘街道原段塘村旧村改造项目锦堂佳苑、丽堂景苑两小区的安置房，共计1856套房屋完成抽签定位，抽签定位率达99.4%。

【段塘街道2022年度老旧小区改造工程完工】 2022年12月20日，南都花城桂花园、茶花园、月季园，南都绿洲等南都社区4个老旧小区改造工程竣工，标志着2022年度段塘街道老旧小区改造任务全部完工。年内，辖区共有海光新都、南苑北区、段塘中路71弄、雅戈尔新村北区、青春楼、俞家101弄、海恒花园及新典教师公寓楼等12个老旧小区涉及改造。同时，还改造文化休闲和体育健身场地近6000平方米、道路2.6万平方米。近4500户居民的光纤入户、"四网合一"改造也同步完成，彻底实现小区"雨污分流"，并新增停车位328个。

【雄镇社区"一老一少"服务场景案例入选省未来社区典型案例】 2022年12月22日，浙江省公布第二批80个未来社区名单，雄镇社区入选。其"一老一少"服务场景入选省未来社区典型案例，系海曙唯一。在未来社区创建期间，该社区根据全体居民的实际需求，打造全生命周期一站式邻里交往中心，囊括24小时城市书房、青少年课堂、舞蹈教室、书法室、百姓健身房、直播间、婴幼儿照护驿站等功能，为社区居民提供一站式的公共服务。同时，根据社区内的老年居民占比超过32%的实际，重点开展一系列适老化改造，包括社区老年大学、社区养老服务站、老年食堂的建设等，着力提高老年居民的生活品质，打造老年友好型未来社区。

（董建亚）

人　物

2022年“全国工人先锋号”获得者

【国家税务总局宁波市海曙区税务局第一税务所】 区税务局第一税务所有干部45名，承担着城区5个街道3.8万余户企业及个人的税收征管和非税收入工作。该所采取“5片区+21网格＋43微网格”的三级管理模式，协同组建税务片区长、市场网格员和社区微网格员队伍，使骨干力量、部门资源、治理能力全部下沉网络。联合天一商圈党群服务中心成立“红色议事会”平台，创新“红管家+税管家”模式，为商圈21幢楼宇、2800余家中小微企业提供税银互动、智慧党建防控、志愿对接等多项服务，年均办理税务登记3万余户。疫情防控期间，区税务局第一税务所将“非接触式”办税缴费的应急之需固化为常态之举，依托税收大数据，推行新办纳税人“套餐式”服务，落地“十税合一”简并申报等改革举措，实现90%的涉税事项、99%的纳税申报业务云端办理，办税服务厅日均叫号量从最初高达1000号缩减至500号左右。

4月28日，国家税务总局宁波市海曙区税务局第一税务所获得2022年“全国工人先锋号”荣誉称号

2022年“浙江工匠”获得者

【徐 丹】 女，1990年出生，浙江杭州人，现为宁波市海曙区广安养怡院养老护理员。2010年毕业后进入养老行业，于2014年入职养怡院。她以院为家、以老为亲，多年来在养老护理工作第一线，以专业服务带给老人最温情的守护。还组织实施“失能老人家庭照护者培训”项目，为来自街道、社区的失能老人家属、社区志愿者分批进行专业化家庭照护培训，累计培训1000余人，提升失能老人家庭照护者的专业能力，改善失能老人的生活质量。她参加过行业内大大小小的比赛，斩获过2020年宁波市“技能之星”养老护理员竞赛一等奖和浙江省技能大赛养老护理组第四名，并多次获得省、市级各类荣誉称号。

2022年“浙江好人”“宁波好人”获得者

【陈 奕】 女，1978年出生，中共党员，主任医师，现任宁波市疾控中心传染病防制所所长兼应急办主任，长期从事重大传染病疫情与突发公共卫生事件应急处置工作。新冠疫情发生以来，她24小时坚守岗位。2022年，面对疫情重卷，她排除万难，不畏艰难险阻，发扬连续作战精神，全身心投入抗疫工作。宁波镇海疫情时，她因为高强度工作摔倒导致手指骨折，但依然忍痛坚守岗位，手指带着夹板奔在抗疫一线。曾获宁波市技术能手、宁波市抗击新冠疫情最美医技师、浙江省巾帼建功标兵等称号。2022年，获二季度“中国好人”的“敬业奉献”奖，以及同年“浙江好人”的“疫线面孔”。

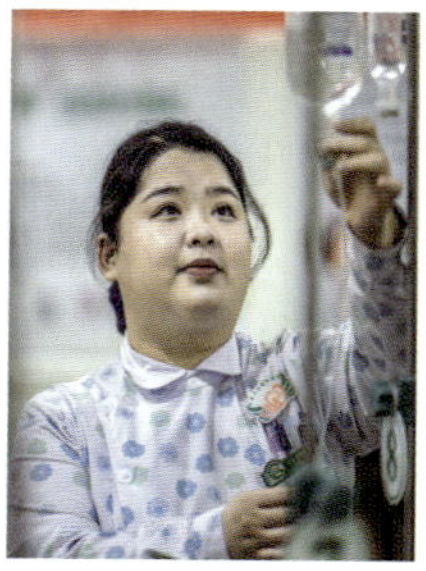

【郭丽娜】 女，1997出生，浙江宁波人，现为海曙区古林镇卫生院护士。2021年11月以来，她在抗疫一线连续奋战120余天，服务2500余人。2022年3月，成为横街桃源里综合服务区医疗保障组组长，体现青年医护担当。负责院感防控、设置通道、消杀清洁等一系列业务工作以及工作筹划、人员协调、技能培训、数据管理、后勤保障等工作。获评2022年“浙江好人”的“疫线面孔”。

【朱振浩】 男，1972年出生，海曙公安分局鄞江派出所辅警，现为鄞江派出所流口办队员。10月26日傍晚，他下班经过鄞江镇澄浪潭路时忽然听到有人大声呼救，发现一村民家中冒出滚滚浓烟，房间里还有明火闪烁。他立即疏散周边群众，并为防止火势进一步蔓延，立即跑到旁边一家店铺，一边嘱咐店主把电闸关掉，一边拿起店内灭火器奋不顾身地往着火屋子里冲。由于浓烟太过刺鼻，朱振浩被逼得退了出来，但他并没有放弃，拿起毛巾捂住口鼻再次冲了屋内进行灭火。在众人协助下，他一把一把接过灭火器数次冲进火场，用尽了8个灭火器后，明火终于被扑灭。公安消防联合救援到达现场时，朱振浩正在协助屋主给起火处降温。由于朱振浩的冷静处理和英勇行为，将群众的财产损失降到了最小。2022年1月获“浙江好人”的“见义勇为”奖。

【贺元英】 女，1947年出生，中共党员，浙江宁波人，现居住于宁波市海曙区南门街道，宁波市海曙区南门街道社区戒毒（康复）工作站负责人。21年来，贺元英为禁毒帮教工作呕心沥血，每一刻都兑现着“只要涉毒青年不再复吸、就管到底”的承诺。她用顽强信念打开涉毒人员心扉，用慈母般的爱心帮助上千名涉毒青年找工作、调解缓和家庭关系、找回尊严和生活下去的信心，即使牺牲一只左眼依旧无怨无悔。她独创的“五步帮教法”成效显著，长期帮教人员中有83%回归社会、78%实现再就业，31人15年以上不复吸，52人10年以上不复吸；她放弃安享晚年，虽已年逾七旬仍坚守戒毒第一线，用自己的后半辈子兑现着“管到底”的承诺。曾获“全国十大民间禁毒人士”、浙江省公安厅治安一等奖章、浙江省首届“最美禁毒人士”、浙江省禁毒先锋等荣誉。2022年3月，获“浙江好人”的“诚实守信”奖，以及1—2月“宁波好人”的“诚实守信”奖。

【张登奎】 男，1988年2月出生，34岁，党员，浙江宁波人，现为宁波市公安局海曙分局古林派出所副所长。张登奎自2011年参加公安工作以来，一直扎根基层派出所，牢记使命，忠诚履职，与时俱进，始终以强烈的事业心和责任心，做好各项公安工作。从警11年，“以小见大”，对社会新发的犯罪形态具有高度敏感性和社会责任感。在不同时期，率先破获多起不同类型的全国性诈骗案件，打掉诈骗团伙70余个，抓获涉诈人员1000余人，直接挽回群众被骗资金5000余万元，被警届誉为“反诈老中医”。尤其是在某特大网络电信诈骗案件中，他历时6年寻找513名受害人，逐人取证，带领专案组成功破获该起特大电信网络诈骗案件，抓获诈骗嫌疑人200余名，追回损失2800万余元。2022年

4月，受害人代表送来73面锦旗，由衷感谢人民好警察。5月25日，在全国公安系统英雄模范立功集体表彰大会上，获评“全国优秀人民警察”，并获2022年第三季度“浙江好人”的“敬业奉献”奖、“宁波好人”的“敬业奉献”奖。

【干伟良】 男，1959年9月出生，浙江宁波人，宁波经纬物业管理有限公司旗下桥弄新村小区物业保安。2022年3月1日，一居民楼杂物间因电线着火引燃杂物，浓烟弥漫，居民被困楼内。干伟良第一时间提起灭火器冲进去，先后进出十几趟，使用10余个灭火器，在消防救援队员到达前将明火扑灭，而自己因吸入大量烟气及干粉，被紧急送往医院，确诊为吸入性肺炎和急性一氧化碳中毒。他见义勇为的事迹被《人民日报》官方微博、官方微信公众号、新华社官方微信公众号，“央视新闻”官方微信公众号等相继报道，被宁波市政府授予二等功荣誉。在2022年1—2月获“宁波好人”的“见义勇为”奖。

【邵　莉】 女，1957年出生，中共党员，浙江宁波人，宁波第二高级技工学校退休教师，现任南门街道马园社区党委银辉党支部书记、海曙区关心下一代工作志愿者协会成员、浙江省妇联家庭教育讲师团成员等。1991年，邵莉开通“胖妈妈”公益热线，为未成年人和家长提供心理健康指导、科学教育引导等帮助服务，30年内日日保持24小时热线畅通，成功阻止几十起青少年自杀事件。在她的精心帮助下，昔日问题少年不少已蜕变为企业骨干。曾获宁波市优秀志愿者、宁波市首届“十大文明”之星、宁波市三八红旗手、宁波百名杰出女性、全国妇联峰会2008年度爱心慈善人物、中国公益网2018年度全国公益人物等荣誉称号。获2022年3—4月“宁波好人”的“助人为乐”奖。

【戴文夫】 男，1949年出生，浙江宁波人，海曙区集士港镇卖面桥村村民。1992年，妻子因车祸变成植物人，戴文夫放弃全职工作，开始打零工，每天回家四、五次，方便随时照顾妻子。常年卧床的妻子出现褥疮等问题，戴文夫自学药水配置，每隔两小时给妻子翻身、换药。在他的悉心照料下，妻子的褥疮得到有效控制。30年来，他用日复一日、年复一年的坚守，诠释平凡而伟大的爱。常年为妻子翻身、背着妻子进出，让戴文夫落下了腰痛的毛病，但他从未因此耽误照顾妻子，更没有过任何怨言。曾获“海曙好人”荣誉称号，2022年3—4月，获“宁波好人”的“孝老爱亲”奖。

【周婉喆】 女，1983年出生，中共党员，浙江宁波人，任海曙区南门街道红起社区党委书记。3月30日，红起社区都市风华小区出现初筛阳性病例，面对突如其来的新冠疫情，周婉喆带领社工冲锋在前、身先士卒，为1047名人员提供贴心服务，及时疏导社区居民和社工的不良情绪。周婉喆舍小家为大家，坚持200小时驻守小区，45小时连轴工作，12小时未喝一口水。她的事迹被《浙江日报》、《宁波日报》、人民网等相继报道，获评2022年度抗疫“宁波好人”。

【何海丰】 男，1987年出生,中共党员，浙江慈溪人，现任海曙区科技局办公室主任。2021年“1230”疫情应急响应时，他进驻隔离点任行政点长。2022年海曙“330”疫情防控期间，担任转运车长；“430”疫情防控期间担任行政副点长。在组织需要时他以“24小时待命、10分钟响应、1小时到达”的平战转化状态冲锋在一线，以干部的担当保障“隔离病毒”任务的硬核落实。获评2022年抗疫“宁波好人”。

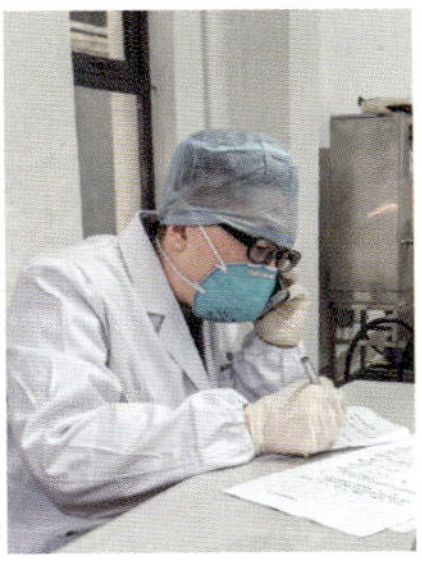

【陈冰冰】 男，1979年出生，中共党员，浙江慈溪人，海曙区疾病预防控制中心疾控科科长、工会主席，副主任医师。2022年“330”疫情防控期间，他第一时间收集预警信息，开展流行病学调查，撰写流调报告等。他坚持舍小家为大家，作为一名党员实实在在为人民服务。曾获宁波市抗击新冠疫情先进个人、最美艾滋病防治个人、宁波市传染病报告管理先进个人、海曙区第二批战“疫”先锋个人称号。获评2022年抗疫“宁波好人”。

【汪培国】 男，1972年12月出生，中共预备党员，浙江宁波人，现为宁波市海曙区交通运输行政执法队队员。2022年“330”疫情期间，汪培国辗转在疫情重点区域防控，全力保障重点人员、核酸样本的转运工作，超负荷作战使他体力不支倒在岗位上。获评2022年抗疫“宁波好人”。

【赵　鑫】 男，1995年出生，浙江宁波人，现为共青团宁波市海曙区委员会科员。2022年3月20日，参加抗疫工作，在抓好“硬隔离”的同时，不断提升“软服务”，分层分类做好特色关爱工作，如为儿童和特殊饮食群体定制

儿童套餐和素食套餐，为“三高”人员每日测量血压血糖，为流产病人提供每日养生枣茶、为有宝宝家庭举办线上亲子阅读课等。除此之外，他还发挥特长，花了5个晚上手写100多张“两地一家亲”主题国潮贺卡，收获好评。获评2022年抗疫“宁波好人”。

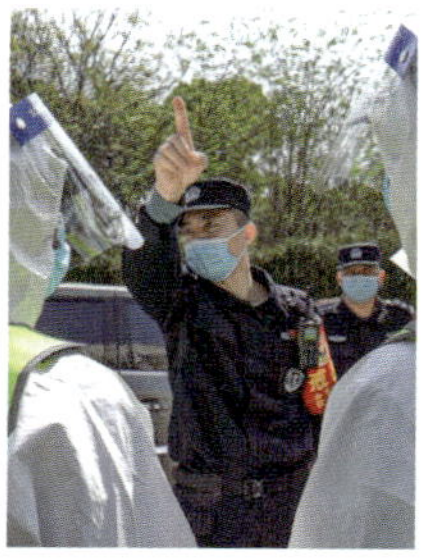

【陈荣峰】 男，1984年出生，中共党员，现为海曙公安分局巡（特）警大队副大队长。2022年宁波镇海、北仑、杭州湾、海曙等地相继发生疫情，陈荣峰连续4次作为公安“先头力量”到疫情发生地开展防控工作，负责点位全部完成任务。参加工作以来，荣立三等功2次，荣获全市优秀人民警察、全市公安机关优秀教育工作者称号。获评2022年抗疫“宁波好人”。

【钱华祥】 男，1983年出生，浙江淳安人，现为横街镇卫生院预防保健科科员。2022年3月29日晚，在淳安奔丧的他收到区疾控中心的紧急任务，守住这个悲痛的“秘密”，安排好母亲出殡后来不及守孝，连夜回到宁波，并于3月30日准时出现在工作岗位，将近10天的工作期间，他忘我投入工作。曾获宁波市艾滋病防治先进个人、海曙区卫健系统抗疫先进个人称号。获评2022年抗疫“宁波好人”。

【顾婷芬】 女，1958年出生，江苏无锡人，海曙区鼓楼街道文昌社区居民。2014年底，刚退休的顾婷芬加入社区志愿者队伍，与盲人居民郑阿姨结对，生活中的一点一滴都倾力照顾，成为郑阿姨最亲的人。2017年寒冬，社区不少居民楼水管爆裂，郑阿姨家也没能幸免，顾婷芬二话不说接了一桶水就跑去6楼郑阿姨家，还联系人送来桶装水。在接下来的五六天，顾婷芬每天都要提着一桶水过来，一直到恢复供水。8年如一日，顾婷芬不仅从物质上为郑阿姨提供帮助，还从精神上给予其慰藉。闲暇之余，她还经常和郑阿姨聊天。获2022年第三季度“宁波好人”的“孝老爱亲”奖。

【尹大庆】 男，1969年出生，浙江宁波人，宁波文英进出口有限公司经理。2012年，尹大庆的母亲中风后出现老年痴呆症状，喜欢坐车到处看风景，不出门就会发脾气。为此尹大庆每天开车带着母亲出去，一开就是几个小时，到了目的地陪母亲稍稍看一下风景后就又匆匆送身体不适

的母亲返回家中。为解决母亲出行途中如厕等问题，尹大庆在车上准备轮椅、坐便椅，想尽办法让母亲的出行更加舒适。十余年来，尹大庆不离不弃照顾失能失智的母亲。获2022年第四季度“宁波好人”的“孝老爱亲”奖。

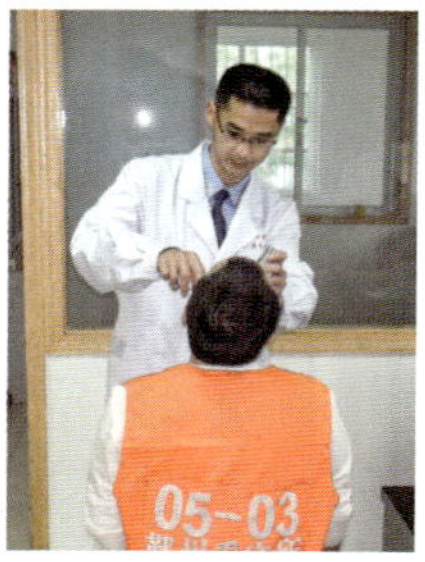

【陈爱冰】 男，1969年出生，中共党员，湖北当阳人，神经外科学博士，海曙区看守所一级警长，海曙区第九、第十届及宁波市第十四届党代表。他坚守监所医务岗位14年，从一位专科医学脑外科博士磨砺成一位全科医师，把看守所医务室逐步发展成为一个综合性门诊部。他仁心仁术、勤勉尽职，对每一个经手的病患都细心照顾，独创所内戒毒方案效果明显，对特殊罪犯采取心理疏导，源头消除自伤自残等隐患问题。他舍小家为大家，放弃个人晋升和上海落户的机会，克服两个孩子年幼、父母均患重疾、妻子在外地工作等困难，换来一方监所的平安。曾获公安部优秀监管民警、海曙区十佳政法干警、2次个人三等功等荣誉。获2022年第四季度“宁波好人”的“敬业奉献”奖。

【吴加根】 男，1952年出生，浙江宁波人，现为龙谷村卫生服务站医生。自参加工作50年来，他坚持扎根农村，为龙谷村千余名村民提供医疗服务，守护一方平安。龙谷村地处山区，离村最近的医院也有七八公里，卫生服务站都是吴加根一人忙里忙外，村民大大小小的疾病第一时间都会想到吴加根，很多曾经接受过他治疗的村民即便搬离了龙谷村，还会专门回来找他问诊。遇到不方便出行的病人，不管是寒冬酷暑，还是白天黑夜，吴加根一个医药箱、一件白大褂、一辆电瓶车，立即出发、随叫随到。他以50年的言行兑现“尽心尽力服务每一位村民”的个人承诺。获2022年第四季度“宁波好人”的“诚实守信”奖。

【何卫东】 男，1968年出生，浙江宁波人，现居住于海曙区石碶街道车何渡村。2022年4月18日下午，车何渡村一居民家发生火灾，火苗引燃窗帘、封堵出路，屋内的母亲抱着女儿爬到屋顶等待救援。刚好路过的何卫东发现情况紧急，一边大声呼喊，一边从自己家中拿来灭火器灭火，其他村民听到呼喊也纷纷拿来灭火器、水桶、脸盆救火。在众人齐心协力下，火势终于被控制，楼顶的母女二人因此得救。获2022年第四季度“宁波好人”的“见义勇为”奖。

附　　录

文件选编

关于全面推行田长制的实施意见

为深入贯彻落实习近平总书记关于耕地保护一系列重要指示批示精神和《中共浙江省委办公厅 浙江省人民政府办公厅关于落实最严格的耕地保护制度 全面推行田长制的意见》（厅字〔2022〕15号）和《中共宁波市委办公厅 宁波市人民政府办公厅关于全面推行田长制的实施意见》（甬党办〔2022〕65号）精神，切实把最严格的耕地保护制度落到实处，经区委、区政府研究决定，在全区范围内全面推行耕地保护“田长制”。现结合我区实际，制定本实施意见。

一、总体要求

（一）指导思想。以习近平新时代中国特色社会主义思想为指导，深入贯彻党的二十大精神，按照中央决策部署和省市工作要求，坚决扛起耕地保护政治责任，落实最严格的耕地保护制度，以“耕地智保”为支撑，以“网格化管理”为方式，强化党政同责、全程监管、数质提升，严守耕地保护红线，为加快建设现代化滨海大都市卓越城区提供坚实的粮食生产基础。

（二）工作目标。到2022年12月底，全区田长制责任体系全面建立，耕地“非农化”“非粮化”问题早发现、早制止、严查处的常态化智慧监管机制进一步健全，最严格的耕地保护制度有效落实。

二、组织体系

（一）设立各级田长

全区设立区、镇（乡）街道、村三级田长，在行政村配备耕地保护巡查员。

设立区级田长。区委书记、区长担任区级田长，分管自然资源工作和分管农业农村工作的副区长担任区级副田长。建立区领导联系责任田制度。

设立镇（乡）街道级田长。镇（乡）街道党政主要负责人担任镇（乡）街道级田长，分管自然资源工作和分管农业农村工作的镇（乡）街道分管负责人担任镇（乡）街道级副田长。

设立村级田长。村（社区）“两委”主要负责人担任村级田长，在每个行政村（社区）配备1～2名耕地保护巡查员，从村级“两委”干部、村民小组长中择优聘用。

（二）设立田长制工作机构

镇（乡）街道级田长制办公室设在镇（乡）街道的职能科室，办公室主任由镇（乡）街道级副田长兼任。镇（乡）街道级田长制办公室必须落实专职人员1人以上，专职人员由镇（乡）党委、政府落实，镇（乡）街道级田长制办公室要确保有人员、有场所、有设备。

（三）明确工作职责

区级、镇（乡）街道级田长是本行政区域耕地保护的第一责任人，对本行政区域耕地保护和田长制工作负总责；副田长是本行政区域耕地保护和田长制工作的直接责任人。村级田长对本行政区域集体所有的耕地负责，并协助上级田长开展工作。各级田长要各负其责，严格执行土地管理法律法规，层层签订耕地保护责任书，全面落实最严格的耕地保护制度，扎实推动各项耕地保护工作。

区级田长制办公室负责田长制工作的指导、协调、督查、考核等日常事务，建立健全工作制度，编制年度工作计划，监督各项任务落实，统一设立并公开监督电话。镇（乡）街道级田长制办公室负责对村级田长、巡查员日常巡查和铁塔探头预警报送的耕地疑似问题的认定和工作协调；负责指导村级田长和巡查员开展日常巡查，做好巡查任务的督促提醒工作；负责对村级田长和村级巡查员履职情况进行督导和考核；负责与上级田长制办公室的工作对接。

三、工作任务

（一）落实保护任务。明确耕地保护责任范围，运用“耕地智保”场景，将耕地保有量、永久基本农田保护目标任务，以及高标准农田和粮食生产功能区保护任务，带位置层层落实到镇（乡）街道、村（社区），监管责任明确到人。明确全区统一标准，在每个行政村（社区）制作设立田长制公示牌。

（二）开展日常巡查。各级田长要对管辖区域的耕地保护利用、土地整治工程推进情况等进行巡查、调研。区级田长每年赴镇（乡）街道巡查不少于2次，镇（乡）街道级田长每年赴行政村（社区）巡查不少于4次，村级田长不定期全面巡查，对所有耕地田块全面巡查每月不少于1次，村级巡查员每周对管辖田块巡查不少于1次。村级巡查员要认真履行日常巡查任务，及时发现并上报问题，确保巡查工作落到实处。

（三）快速处置问题。镇（乡）街道级田长和村级田长要做好各类耕地保护问题的及时发现、快速处置、限期整改，逾期未完成整改的，纳入问题清单实行闭环管理。区级田长制办公室要按照问题类型，结合基层社会治理特点，制定耕地“非农化”“非粮化”等耕地保护问题处置工作指引，明确问题处置、整改流程。

（四）强化质量建设。区级田长要坚持以全域国土空间综合整治为牵引，按照现代农业要求，统筹推进“百千万”永久基本农田集中连片整治、高标准农田建设，实施耕地耕作层剥离再利用，提升耕地质量，促进粮食增产、农民增收。镇（乡）街道级田长要结合本区域特色，实施耕地质量提升工程，推动耕地质量逐步提升。

（五）加强种植管护。区级、镇（乡）街道级田长应按照耕地利用优先顺序，逐步落实“耕地主要用于粮食和棉、油、糖、蔬菜等农产品及饲草饲料生产，永久基本农田重点用于粮食生产，高标准农田原则上全部用于粮食生产”的种植要求，推进撂荒地利用和耕地种植属性恢复。

四、工作机制

（一）例会和定期报告制度。各级田长原则上每年至少召开1次会议，落实上级党委、政府有关决策部署，听取下一级田长汇报，研究解决重大问题。各级田长制办公室会议原则上每年不少于2次，落实田长会议精神，推进田长制工作。各级田长制办公室要按季度报送工作情况，每年1月上旬将上一年度田长制工作落实情况报上一级田长制办公室。

（二）耕地执法联动制度。区级田长要推动落实耕地保护行政执法共同责任机制，组织自然资源、农业农村和行政执法部门开展联合执法和协同执法。推动建立健全耕地执法部门与法院、检察院、公安机关的协作配合机制，督促落实相关执法部门向纪检监察部门移送问题线索、行政执法与刑事司法衔接、相关行政处罚案件法院“裁执分离”后落实执行，确保执行到位。

（三）督查问责制度。建立田长监督问责制度，上级田长对下级田长履职情况进行监督，及时组织约谈，必要时依规依纪依法进行问责。加强对耕地和永久基本农田保护等情况的监督检查，对存在问题整改不力、虚假整改等现象，采取公开通报、挂牌督办、警示约谈、追责问责等方式督促整改；对重大、典型违法违规占用（破坏）耕地等问题纳入“七张问题清单”，进行重点督办。

（四）考评应用制度。建立田长年度履职责任清单、任务清单、问题清单，严格田长任期接任清单、离任清单，田长履职和田长制运行情况纳入耕地保护责任目标考核、领导干部自然资源资产离任审计、党委巡视巡察、党委政府督查范围，成果提交组织部门运用。对耕地保护工作成效突出的集体和个人按照有关规定予以激励。

五、保障措施

（一）强化组织领导。要切实加强组织领导和统筹谋划，明确责任分工，创新工作举措，全面落实耕地保护责任。区级田长制成员单位要按照职责分工，协同推进田长制各项工作。人大、政协要通过组织开展调研视察、执法检查、民主监督、专题协商等形式，助力田长制得到落实。上级田长制工作机构要加强对下级田长制工作机构的业务指导。

（二）强化数字监管。以数字化改革为抓手，以“空间码”为核心，围绕耕地“数量、质量、生态”三位一体保护，依托卫星遥感、无人机自动巡检、铁塔高位视频监控、人工智能识别等技术，打造“耕地智保”应用场景，实现耕地全生命周期监管、多部门协同智治、全社会共同参与的耕地保护新模式。

（三）强化资金保障。加大资金保障力度，着力保障耕地保护和田长制建设资金，统筹落实“耕地智保”场景建设应用和运维资金。建立健全区级耕地保护专项资金，完善耕地保护补偿政策，将田长制建设纳入耕地保护补偿资金使用范围。建立村级巡查员奖惩机制，明确巡查员的劳务费用标准。

（四）加强宣传引导。各级田长要加强耕地保护法律法规政策宣传，将耕地保护列入领导干部教育培训内容，增强全社会保护耕地的责任意识。要通过主流媒体向社会及时公告田长信息，大力宣传田长制工作，畅通公众参与和监督渠道，组建耕地保护“志愿者”队伍，营造全民参与耕地保护的良好氛围。

——摘自《中共海曙区委办公室 海曙区人民政府办公室印发〈关于全面推行田长制的实施意见〉的通知》（海党办〔2022〕90号）

关于深化“匠心汇海”技能人才提升计划加快新时代海曙工匠队伍建设的实施意见

各镇（乡）人民政府、街道办事处，区政府各部门、各直属单位：

为加快培育和建设适应海曙区经济社会发展要求的高素质技能人才队伍，打造高水平创新型城区，经区政府同意，现就深化“匠心汇海”技能人才提升计划，加快新时代海曙工匠队伍建设，提出如下实施意见。

一、总体要求

坚持以习近平新时代中国特色社会主义思想为指导，全面落实习近平总书记在中央人才工作会议上的重要讲话精神，深入贯彻落实人才强区战略，紧紧围绕海曙区经济转型升级、产业结构调整和民生服务保障要求，以做强做优做大技能人才队伍和全面提高劳动者素质为目标，弘扬劳模精神和工匠精神，加快建设知识型、技能型、创新型劳动者大军，努力将海曙区打造成为技能人才集聚、技能要素充沛、技能平台齐备、技能服务完善、技能氛围浓厚的“技能城区”，为海曙区高质量发展建设共同富裕样板区提供坚实的技能人才支撑。到2025年，全区技能人才总量达到25万人，其中，高技能人才数量达9万人、占技能人才的比例达到36%。

二、主要举措

（一）实施技能人才培训行动。积极构建以市场需求为导向的职业培训机制，完善职业技能培训补贴机制，围绕全区经济社会发展实际，按照“应培尽培、全员覆盖”的原则，全面开展各类技能培训。聚焦传统制造产业加快数字化转型升级需求，将人工智能、大数据、物联网等数字技术融入智能制造、汽车配件、现代纺织服装、电气机械等先进制造业领域，开展职业技能培训；聚焦生活性服务业优化发展和生产性服务业提质扩容需求，重点开展居家服务、养老护理、育婴托幼、邮政快递等市场急需紧缺服务类职业技能培训；聚焦乡村振兴和现代农业发展人才需求，开展数字农业、农机装备、农村电商以及农业生产技术、服务、管理等内容的职业技能培训。经培训获得国家职业资格证书、职业技能等级证书、专项能力证书、特种作业证书、培训合格证书的按相关规定给予职业培训补贴。到2025年，全区累计培训技能人才15万人次以上。

（二）实施“宁波工匠”选培行动。加强优秀工匠推荐遴选，培育一批覆盖广泛、梯次衔接、技艺高超的新时代宁波工匠队伍。到2025年，重点培育1～2名具有绝技绝活，获得省级以上技能荣誉，在技术革新、发明创造中有重大贡献，能引领产业技术发展的宁波大工匠；重点培育5名技艺精湛，在市内同行中拥有较高知名度，或在世界技能大赛中表现优异，为企业和社会创造重大效益的宁波杰出工匠；培育30名以上技能过硬,在市各产业、行业发挥骨干作用的宁波工匠；培育100名以上技能熟练，富有发展潜力，35周岁以下的宁波青年工匠。对培育宁波大工匠、宁波杰出工匠、宁波工匠、宁波青年工匠的单位，按照市相关政策给予30万元、20万元、2万元、1万元的支持；对培育宁波大工匠、宁波杰出工匠的单位，再按照市支持金额50%的标准给予配套支持；对培育浙江大工匠、浙江杰出工匠、浙江工匠、浙江青年工匠的单位，按照省相关政策给予50万元、30万元、3万元、2万元的支持；对培育浙江大工匠、浙江杰出工匠的单位，再按照省支持金额50%的标准给予配套支持。

省、市大工匠、杰出工匠的配套支持按照就高、补差、不重复原则兑现。

（三）实施技能人才引进集聚行动。打造紧缺高技能人才招引“绿色通道”，在高技能人才集中地区建立联系点或工作站，每年组织用人单位赴高技能人才集中地区（技工院校）开展紧缺技能人才招引工作。对新引进的高技能特优人才、领军人才、拔尖人才、高级人才，按规定给予相应政策支持。对区内企业新引进的35周岁以下技师、45周岁以下高级技师，按规定给予1万元、3万元的生活安居补助，工作地在偏远乡镇的补助待遇提高30%。对企业一线在岗职工，从事的职业（工种）属于《宁波市紧缺工种高技能人才岗位补贴目录》内的，按照技师500元/月，高级技师1000元/月给予紧缺工种高技能人才岗位补贴，补贴期限最长不超过36个月。

（四）实施技能提升平台建设行动。支持区内高职院校、技工院校与区人力社保局共建职业技能实训中心和工匠学院，面向社会开展技能培养、人才评价、竞赛交流、师资培训、校企合作等技能人才服务，对职业技能实训中心、工匠学院分别给予一次性15万元建设经费，在高技能人才培养等方面年度考核优秀的，给予10万元补贴。以大型骨干企业、行业研发中心、技能实训中心和工匠学院等为载体，选拔优秀高技能人才为领办人，积极推荐参与市级技能大师工作室创建，对新创建的市级以上技能大师工作室配套给予5万元建设经费。鼓励技能大师工作室领办人开展以师带徒。到2025年，共建职业技能实训中心和工匠学院2家以上，新创建市级技能大师工作室5家以上，省级技能大师工作室1家以上。

（五）实施培训机构提升行动。加快建设职业培训市场化机制，推动职业培训机构办学主体多元化，打造一批具有海曙特色和品牌效应的民办职业培训机构。开展民办职业培训机构等级评价，鼓励区培训机构参加市星级培训机构评定，对获评四星级以上的优秀培训机构在竞赛承办、培训项目承接中给予支持，到2025年，评定五星级培训机构4家以上、四星级培训机构8家以上。加强民办职业培训机构规范管理，加大违法违规办学整治力度。

（六）实施技能产教融合行动。加大产教融合力度，鼓励应用型本科院校、职业（技工）院校与企业或产业园区联合办学，支持职业（技工）院校在企业或园区设立分校区，积极推动企校双方共同实施人才培养，合作开展"新型学徒制"培训和项目制培训，符合条件的按规定给予补贴。符合新型学徒制培训补贴条件的，初级工按3000元/人；中级工及以上按6000元/人；学生学徒按3000元/人对开展的企业给予补贴，未取得等级证书但取得培训合格证的，按上述标准的50%发放。符合项目制培训补贴条件的，按照培训时长给予300～600元补贴。发挥行业协会、技师协会作用，通过同业交流、资源共享等方式为企业技能人才培训提供支持。

（七）实施技能等级认定行动。大力推动企业开展技能等级认定，鼓励企业选用理论考核+实际操作考核、工作业绩评定、现场作业评定、职业技能竞赛等多种方式灵活进行评价。支持企业结合职业技能等级认定工作，建立与职业技能等级挂钩的薪酬激励机制、高技能人才技能津贴制度，提高技能人才收入水平。企业对本企业员工开展技能等级评价，按对应个人补贴标准的50%给予企业补贴。鼓励民办职业技能培训机构加强工作力量、完善场地设备、完善管理制度和加大培训投入，符合标准条件的推荐申报技能等级认定社会培训评价组织。到2025年，全区开展职业技能等级认定的企业、技工院校和社会培训评价组织（含职业院校、行业协会等）超过200家以上，完成技能等级认定2万人次以上。

（八）实施技能竞赛锤炼行动。持续打造"匠心汇海"职业技能竞赛品牌，完善职业技能大赛的管理制度和选拔机制，把技能竞赛与优秀高技能人才选育结合起来，推出一批在全市有影响力的竞赛项目，评选一批全市有名的金牌选手。推选优秀选手参加市级、省级、国家级和世界技能大赛，对获得世界技能大赛金牌、银牌、铜牌和优胜奖的海曙区选手，符合条件的，按照50万元、25万元、15万元、5万元进行配套奖励。获得中华技能大奖、全国技术能手荣誉的技能人才，符合条件的，配套奖励10万元；获得省杰出技能人才、省首席技师、省技术能手荣誉的技能人才，符合条件的，配套奖励5万元。加大职业技能竞赛支持力度，对纳入区"匠心汇海"年度职业技能竞赛计划的市级"技能之星"竞赛和市级一类竞赛的合作承办单位给予3万元经费补助，对市级二类竞赛的合作承办单位给予2万元经费补助。到2025年，累计举办"匠心汇海"职业技能竞赛50场以上，区技能人才获市以上职业技能竞赛铜牌以上奖励超40人次。

三、组织保障

（一）强化组织领导。各镇（乡）、街道和相关部门要把技能人才培养作为实施人才强区战略的重要任务，纳入人才工作述职评议考核内容，定期研究解决工作中存在的主要问题。建立由人力社保部门统筹协调，发改、经信、教育、民政、财政、农业农村等部门各司其职、密切配合，各单位广泛参与的技能人才工作推进机制，形成整体合力，提升技能人才队伍建设科学化水平。

（二）加大资金投入。建立多渠道技能人才经费投入机制，健全完善技能人才专项资金管理办法，形成技能人才培养投入长效机制。鼓励企业按照职工工资总额的8%提取职工教育经费，其中用于一线职工教育培训经费比例不低于70%。

（三）加强宣传引导。把工匠精神贯穿技能人才培养全过程，大力开展劳模和技术能手事迹宣传，不断优化改善技能人才成长环境，努力营造劳动光荣、技能宝贵、创造伟大的良好氛围，使技能人才充分享有实现自身价值的自豪感、贡献社会的成就感、得到社会尊重的荣誉感。

本文件自2022年5月30日起施行。

——摘自《宁波市海曙区人民政府办公室关于深化"匠心汇海"技能人才提升计划加快新时代海曙工匠队伍建设的实施意见》（海政发办〔2022〕24号）

索　引

说　明

一、本索引分主题词索引和表格索引。

二、主题词索引中文标目按汉语拼音音序排列（特载、专记、大事记、综述及概况条目、彩页除外），标目后的数字表示内容所在的页码，数字后的字母（a，b，c）分别表示从左至右内容所在的栏别（一、二、三栏）。

三、表格索引以表格题名为标目，标注所在的页码。索引按照表格在全书中的先后顺序排列。

主题词索引

数字

“1+1+X+N”数字化改造模式　169a
“11087，亲清在浙里”警企服务　128b
“141”基层治理体系　127a
“27℃暖心服务”　66b
“3·1”国际民防日　134a
3561　服务特色品牌　176c
“5·8”世界红十字日博爱周　123b
“5·12”全国防灾减灾日　134a
“5·18”博物馆日活动　228
“5G+工业互联网”　215c
“5G全连接工厂”现场会　169a
“81890民生服务指数”　151b
81890e企播直播间　244c
81890生活通　171a
“9610”　87a
“9710”　87a
“9810”　87a

A

“阿拉爱健康”视频号　241a
“阿拉宁波农产品”　167c
“阿拉优鲜”App　168a
阿里云创新中心　59b
阿里资产平台　129a
《阿婶合唱团》　69a
艾滋病综合防治示范区　234c
爱国卫生　241c
爱国主义教育　68c　190c　250c
爱菊艺术学校　219b
爱心卡　121a　122b
安丰社区 122a　197c　294c　295a
安全生产　157b　161c　177b
安全生产“1+X”组织架构　157c
安全生产监督　262c
“安心”工程　268b
安置房　146c　147a　147b　150b

B

“拔钉清零净地保供”百日攻坚　261c　291b
白云庄片区　294c
百创汇海工程　289a
百岁老人　252b　253b　256c
“百岁粥坊”112a　293a
“百县千碗”名点名小吃大赛　192a
百亿元级城乡有机更新基金　60b　87c
宝善社区　294c
保险公司　186b　187c
保障性租赁住房　88b　94c　147b

报刊 180b 227a 229c
办公用房管理细则 98b
避灾安置场所 97c
边界协议 252b
编外职工绩效 288b
便民办税春风行动 185a
标准化建设 118c 142c 237c 149b 278b
标准化老年食堂253a 291c 297a
标准化水平 107b 252a
表演大赛 227c 232b
殡葬行业 152c
博物馆 77b 95c 190b 228c 262b
补偿协议书 293c
补短提升工程 218b
补强项目 94a
不可移动文物保护利用优秀案例 226a

C

财政管理体制 80a
财政运行 183c
财政总收入145a 183a 261a 264a 270b 274c 280a 285a 286c 289c 298b
残疾人 210c 259a 270c 273c 283b
残疾人专门协会 290b
“仓桥面结面” 192a
“茶花友谊使者” 95a
茶园项目 112c
产业工人队伍改革 113a
产业用地全生命周期管理 144b
长乐未来社区项目国有土地房屋 270a
畅行智停应用场景项目 193c
车辆违法占道整治行动 209b
城市更新 162c
城市萤火虫换书大会 68b
城乡风貌样板区 87c 193c
城乡义务教育共同体 219b
“出生一件事” 237a
储备粮管理情况 156c
畜牧业产值 135c
传统工艺工作站 225a
“创客二维码” 287c
创新型城区建设 88a 213a
创业担保贷款 243a
春笋线上直播销售 167c
春运保障任务 177a
“慈善一日捐”活动 255a
慈善商店平台 256a
翠柏里公益集结地 256c
翠柏里创新街区打造 286c
村级集体经济 138c
村级公众号“漫步深溪” 140c
村级综合服务社 167a

D

达敏学校 220b 221c
打击非法行医 236c
打击骗退税 182c
大田未来农场 59c
大型陈列展 123c
稻虾生态共养基地 137c
党风廉政意见 106c
党建引领成果 265c
党建引领“共富工坊”建设 280c
党建现场会召开 281a
党群服务中心 293b
党史学习 60c 68c
党史地方志事业发展规划 77c
档案资源建设专项行动计划 75c
档案归集工作 76a
导游大赛 192c
动一新能源动力科技股份有限公司 285a
东渡路街区更新工程 289a
东福园 160a
东鼓道甬城惠客厅 152b
东西部劳务协作 244b
东饮街沿街店铺 162a
“低碳能源 零废未来”论坛 200c
低收入农户一对一结对帮扶 264c
低效用地整治 272a
地铁建设项目部临时阅读点 223a
地震危险图 97b
第八届海曙区“美德教师”评选 222c
第二批国家级夜间文化和旅游消费集聚区 291b
电网基础设施 207c
丁家地块 282b 298c
东西部协作 161b
洞桥司法所人民调解员陈杰 133c
段塘村旧村改造项目 204c
段塘街道雄镇未来社区建设 170c

E

二次供水改造任务 142a
儿童保健系统管理率 236c
儿童青少年视力健康三年行动计划 217c
儿童体检 236c
儿童眼病与近视防控 237a

F

法律风险 128c
法律顾问 64b
法律金融知识讲座 287a
“法律明白人” 132c
法律职业资格证书 184c
“法治带头人” 132c
法治政府建设最佳实践 60c
防空警报试鸣操作技能培训 134a
防汛防台抗旱工作 265a
防灾减灾能力 63c
房地产领域风险 131c

房地产经纪机构 146b
房屋安全鉴定报告备案 147c
房屋征收计划 149b
房屋征收考核任务指标 203a
纺织服装领域国家高新技术企业 215a
"放心消费"数智治理经验 88c
"放心消费在浙江"行动现场会 153a
非物质文化遗产项目 224b
肺结核患者 235a
"枫桥式公安派出所" 127c
"枫桥式人民法庭" 132a
"锋领共富十法" 280a
"锋领网格" 262c
"锋领网格" 262c
"锋领月读"机关荐书读书 66c
"凤凰行动"海曙计划 186b
奉化江 298b
奉化江谢家埃堤防加固工程 283c
奉化区投资集团 159c
扶贫帮困 290c
妇女免费"两癌"(乳腺癌和宫颈癌)检查 237b

G

公共数据高质量供给 171b
公共文化服务高质量发展典型案例 68c
公共场所经营单位 236b
公共海外仓 87a
公共设施 296c
"公交式"垃圾清运 292c
公租房保障家庭 88b
国企党组织的常规巡察 73a
国有资产管理情况的综合报告 82a
国有资产保值增值 151a
高端制造 162c
高端装备制造业重点领域 169b
"高端智力海曙行"活动 215c
高级中学 218c
"高山村的共富路上有我们相助"活动 111a
高山移民村 112a
"高山巡回"医疗服务品牌建设 112c
"高山代办 2.0 版" 158b
高山"流动微型卫生院" 239a
高山快递志愿服务项目 270c
高山助老服务项目 270c
高品质康养服务建设项目 94a
高鑫广场 210a
个体工商户 150a
工伤保险缴费人数 245a
工商联会员企业 70b
工商银行宁波市分行 187a
工研院"科创中国"工业互联网创新基地 296c
工业园区升级改造 103a
"共青团数字化改革"省级试点 115a
共青团宁波市海曙区十四届四次全委(扩大)会议 115b
共同富裕样板区 115b
共同富裕示范区美丽乡镇建设 150b
共同富裕样板区群众感知度 157a
共享应用的建设 171a
购房补贴 243a
购房奖励 298a
古林镇卫生院 302a
鼓楼街道2022年度老旧小区改造项目 294a
鼓楼商圈 293b
国家级人才项目 294b
国家级"青春行动"示范社区 295b
国家级专精特新"小巨人"企业 270b
国家体育总局 232a 274a
"广德湖" 153a
广仁街地块征收项目 294a

H

"海贝计划" 217c
"海法一键通" 132b
海曙工程师(工匠)学院 244a
"海曙讲堂" 227b
海曙区慈善总会换届大会 256a
海曙区教育大会 218c
海曙区控制性详细规划评估 202a
海曙区行政村村庄规划评估 202a
海曙区劳动人事仲裁"共享法庭" 243b
海曙区粮食中心库一期工程 263c
海曙区青年技能人才招聘服务月 243c
海曙区人民政府质量奖 155a
海曙区社会组织党员公益日 249a
海曙区社会工作站"牵手计划" 248c
海曙区宗教界人士培训班 255b
《海曙区宗教场所分布图文册》 255b
海曙"科创中国"赛道明星开班 214a
《海曙新闻》报刊 229a
《海曙新闻》电视栏目 229b
《海曙新闻》广播 229b
海曙中心小学(西校区) 218b
海曙区《小学生综合评价改革》 218b
海曙中学开工建设 218c
"海之梦"中小学生社会实践活动 221b
"和谐同行"行动计划 243a
河湖小流域"清四乱"专项整治 103b
河湖健康评价 141c
《横街镇志》 78a
横街镇爱岭村美丽乡村建设 112a
横街镇聚乐阳光家园 122a
"红帮裁缝" 244b
红十字应急救援合作机制 123b
红十字博爱家园建设 123b
"红海突击队"机关党建品牌 61a
环境监测点 136c
"焕然医新"数字化应用场景 251a

J

机关党建优秀调研成果　66b
基层商会改革发展　118c
基础地理信息数据　201c
基于“步态识别”的社区矫正全维度监管应用2.0版本　133a
集士港镇市级水美乡镇　141a
计划生育服务中心　237c
纪检监察系统警示教育活动　105c
纪录片《秘色之城》119c
“金翼奖”　140b
“家门口老年大学”　66b
家庭教育指导工作室　257a
“假日学校”　257a
价格监管　155b
交通银行宁波海曙支行　187b
建岙大会堂　272c
建岙妈妈农场共富实践基地　273c
“健康海曙”　230b
建设银行海曙支行　187b
健身步道　231b
建筑业总产值　145b
“减轻灾害风险　守护美好家园”　97b
蒋兆悦档案文化　76c
教师队伍专业发展　221c
教育评价改革试点项目　217b
节省淤泥消纳费　200a
节水灌溉设备制造基地项目　137c
节水项目主体工程　275a
“巾帼心向党　喜迎二十大”主题宣传活动　116c
巾帼文明岗　181b
金鸡强磁　186c
经济作物　270b
经责审计文书规范　156b
九三学社海曙区基层委　112b
就业创业税收优惠政策　254c

K

“开茶节”　167a
开发区（园区）整合提升　103a
“开放型”超市　158b
开放型经济综合评价　163b
开放式文化主题公园　207a
凯德·启望中心　145b
“科创飞地”　166a
科技创新企业服务平台　162c
科技创新型企业创始人　214a
科普事业发展“十四五”规划　215b
科普夏令营　110c
科普“四进”　213a
“科学也偶像”科普视频大赛　215b
客运中心站　97c
空调负荷智能监测和柔性调控研究　200b
空中“飞线”　282c
“苦难岁月　砥砺前行”　274b

L

垃圾分类　268a
郎官西弄38号居家养老分站　292a
劳动关系稳定专项排查化解行动　113c
劳动关系协调员　243a
“老兵就业创业联盟”授牌仪式　118c
老旧小区改造　259a
老龄化社区　293b
老龄学堂教学点　297a
老年大学段塘分校　298c
李家坑花旗芋艿　277c
李家坑艺术博物馆　228c
离退休干部党建工作推进会　74a
理论研究和资政工作　75a
丽水市庆元县　239a
莲桥第　210a
莲桥第南片区更新整治提升工程　288b
联丰路西延延伸工程　173a
联丰路跨杭甬高速跨线桥　174c
联丰路（机场路—薛家路）改扩建工程　204c
梁祝　110　千伏输变电工程　208a
凉山彝族自治州喜德县人民政府　71a
粮食购销　107b
粮食绿色高产示范基地　135b
“两新”党组织　293b
两路两侧点位　101a
临时性收储地块　152a
临时托　296a
林权确权登记　195c
领导干部经责审计　156c
流动人口量化积分　185c
龙观庄园　189c
龙观生物多样性友好体验馆　199b
龙观乡寓建光伏项目　200a
芦港路（规划）　252a
旅客吞吐量　177b
绿色工厂　143a　272c
绿色高产示范基地　275a
“绿色生态项目部”　258c

M

马园社区老旧房屋　290a
“码上办”行动　287c
慢性病漏报调查　236a
矛盾纠纷排查化解机制　290a
梅园革命史迹陈列馆　273c
美丽城镇建设市级样板　274a
“美丽乡村”建设　281a
美丽庭院创建　282c
美丽浙江十大样板地　60b
“美好·品质　从家出发”　117b
美发美容化妆行业工会　114b
民间信仰场所规范化管理　255a
民间艺术馆　262b
民商事案件　131c
“民生e点通”　259a
民生实事项目　265a

民用机场服务优秀案例库　177c
民族帮扶项目专项资金　254c
名师工作室　290c
明州罗城环线　65b
明州喜剧脱口秀　115b
漠视侵害群众利益问题专项治理　245b

N

南门街道零星老旧房改造　203a
“南塘文旅商消费月”活动　291b
《南塘河历史文化街区保护规划》　207a
南塘河农业区域公用品牌　191c
内部审计指导监督工作　156b
《内部审计实务指南》　156c
内部结算　203a
内资企业　152a
能耗统计系统平台　98c
年轻干部卓越成长专题培训班　65c
宁波财经学院　270a
宁波大洲进出口有限公司　163b
宁波典当有限公司　188b
宁波工业互联网研究院　264b
宁波工业互联网研究院产业园　290a
宁波工业互联网研究院有限公司　291a
宁波轨道交通1号线　132c
宁波轨道交通8号线一期海曙段　179a
宁波轨道交通6号线一期工程海曙段　179a
宁波国际旅游展　191a
宁波国际消费城市示范区　160a
宁波国际邮件互换中心　151c
“宁波老字号”　160a
宁波临空经济示范区　99b
宁波宁化通国际贸易有限公司　163b
宁波宁兴贸易集团有限公司　163b
“宁波市乡村振兴示范带”　268b
宁波西枢纽　102c
宁波银行湖东支行　187b
宁波银行永赢基金　186c
宁波海曙永鑫小额贷款股份有限公司　188b
农村人居环境　182b
“农夫市集”　167a
农民工讨薪专项行动　133b

O

欧陆创意　186c
欧洲木绣球　212c

P

潘岙岭矿山　152a
棚改计划项目　147c
《披荆斩棘的人生》　248a
“品字标”浙江制造企业　154c
“平安鼎”　133b
平安海曙　126a
平安考核情况　126a
“平安工地”　145c
平安校园　171a
普法工作成绩突出个人　131b
普法志愿服务活动　93c
普通微党课　69b
普济医院　99b
浦发银行宁波分行　187a

Q

启新精合新能源锂电池研发大楼项目　275a
“启新·曙新未来”社区矫正社会工作品牌　133a
“千年湖泥·花草伴侣”　193c
千年罗城　202c
千年古城复兴综合规划　272c
桥头跳车　174c
亲清直通车·政企恳谈会　118b
清廉单元　108a
“清风传家·德润之江”　117b
清风社区“侨胞之家”　95b
清源溪　272c
“青廉行动”　108a
青少年软式棒垒球锦标赛　232a
青少年足球（男子甲组）冠军赛　232a
全国青少年校园足球特色学校　218a
全国青少年手球传统学校锦标赛（16岁组）220b
全国“书香城区”88b
全国宣传思想工作先进单位　112b
全民终身学习活动周　221c
全品智能化垃圾分类柜　291a
全社会用电量　207c
“全域锋领·卓越海曙”三年行动计划　65b
全域土地综合整治工程　196c
全域倾斜摄影三维模型　202b
“全域一张网”建设　209c
全运会　232b
全生命周期管理　60a
群租房消防安全　297a

R

燃气安全专项执法整治　209a
燃气管道更新改造　211c
人才培养工程　267c
人防专业队　134a
人均可支配收入　264c
任前法律考试制度　80a
锐隆新能源外资项目　285a

S

“三比三拼三焕新”　64b
“三改一拆”　174c
“三合一”场所　295a
“三交底”廉政谈话　105b

三市里　202c
三星级饭店　192b
扫黑除恶行动　299a
山海协作　161b
“商标品牌化”　291c
商圈综合服务平台　293b
上海交大宁波人工智能研究院　291a
上市公司董秘座谈会　186c
设计产业园　87a
社会主义核心价值观　124a
社会组织“海曙甬尚”　234c
社区治理共同体　249a
涉农镇乡　66c
深圳海曙商会　70b
蜃蛟省级现代农业园区　138b
蜃蛟幼儿园　219a
生态文明建设示范区　60b
生物多样性友好乡镇　60c
十大特色伴手礼　152b
“十洲宋韵　千载华裳”　193a
石碶街道实验小学　218a
石碶街道立星学校手球队　220b
世界直播电商大会　164c
世界灌溉工程遗产　224b
世界数字经济大会开幕式　169b
世界文化遗产　224b
事业单位登记管理　72b
适老化改造　300c
“书香海曙”　99b
曙高共同富裕基金　137c
“曙你最动听”全民嗨唱大赛　223a
“曙你最有戏”宁波市首届配音大赛　223a
数据知识产权安全　186b
数字化改革成果展示区　191c
“数字技术与服务型制造”　214a
数字生活新服务　164b
“双创、双链、双碳”　64b
“双减”优秀实践案例　217c
水环境质量目标　198a
税收征管改革　184c
顺丰华东创新产业总部基地　87a
司法救助　130c
思政教育第二课堂　76c
“四好”商会　69c
四明山环线　173c
四明山大花园　173c
四明山区振兴　230c
四星级村卫生室　233a
“示范型”退役军人服务站　254a

T

它山堰　224a
“它山堰”白茶　136a
台风“轩岚诺”　262a
台风“梅花”　276b
“唐风宋韵·中秋雅集”咏诗会　119c
唐狮网络科技有限公司　164c
特种设备安全　154c
天一阁　190b
天一阁·月湖景区　193a
天一广场　232c
天一商圈　289b
天一读书节　68b
“同心共富”品牌　69c
“同心奋进·助力共富”　71a
“同心荟”党外人士之家　119a
“统分沉”改革　249c
《统计分析材料报送规范管理制综合经济管理度》　156c
《统战参阅》　69c
图书馆　219c
土壤污染状况调查　197a
屠呦呦旧居　226a

W

外商投资企业　152b
望春工业园区　95a
望童北路　205c
违纪违法典型案例　108a
违法建筑拆除　204a
卫生健康工作会议　234b
卫生健康行政许可　240c
未成年人性侵危机干预与心理援助　117c
文化惠民工程　223c
文化市场监管　226c
文旅服务应用场景　246c
文明校园创建　68a
文明镇　68b
文明村　68b
“文物安全隐患整治一件事”　127c
“我为纳税人缴费人办实事暨便民办税春风行动”　184a
“我为卓越城区贡献青春力量座谈会”　246a
“我为烈士来寻亲”　253c
“我为群众办实事”　291a
污染防治攻坚战　196b
“五大提升”　129a
五谷画坊　121c
“五龙潭”　136a
五龙潭风景区　189c
“五水共治”最佳宣传品　193c
五水共治“找寻查挖”　196c
“五社联动”　65c
“五问五破、五比五先”作风建设专项行动　65a
“五讲五比”专项行动　93c
“物居业三方会议”　258a
“物居业三方党建联建”　258a
“物业费分阶段提价”　258a
“‘物质+服务’社会救助改革创新”　259a

X

溪下水库　190c
习近平新时代中国特色社会主义思想　256a
“席地而坐”城市客厅示范区域　68a

西北街地块改造项目　203a
细北线　277a
夏粮收购　168c
先进教研组　219a
县乡法治政府建设最佳实践　60c
乡村公墓　155b
乡村振兴　161b
乡村振兴示范点　166a
乡贤理事会　264b
消防应急演练及安全生产知识培训　285b
消防安全隐患　289a
小麦收购　168c
《小学生综合评价改革》　218b
“孝闻里”综合体　293a
校外航空航天特色实践基地　220c
校园电诈　268c
新典路拓宽　298c
新型农业经营主体培育　99b
新能源车事业发展中心宁波分中心　187c
新能源汽车公共充电桩　199c
新三板企业　186b
新时代美丽海曙规划纲要　197a
新时代教育评价改革试点项目　217b
行政处罚案件　236b

Y

雅戈尔集团　166a
雅戈尔（珲春）有限公司　166a
雅戈尔中学　218a
雅戈尔实验学校　220c
“阳光畅行+”首乘服务　177c
“阳光里”康养联合体　285a
养老保险参保率　245a
养老服务机构政策性综合保险　253a
姚江水系　270b
姚丰村旧村改造村民安置房　146c
夜间经济先行区　160a
夜间文化和旅游消费集聚区　291b
“一人一策”帮扶措施　121c
“一老一小”场景　295a
“艺家人”文化志愿服务品牌　224a
医保周转金制度　150a
医保电子凭证　170a
医疗数据互通共享　170a
移动支付公交端　170a
义务阶段入学率　217a
“银辉”志愿者分会　74c
银辉宣讲　75a
鄞江堤防工程　88a
饮用水达标提标工程　99c
《婴幼儿动作和语言发育指导》　237b
拥军优抚补助　275c
“甬城系列”文史合集　99c
甬城惠客厅　152b
甬股交　159c
“甬江引才工程”　159c
“甬派中医”　239c
“甬派”　268b
“甬上文化名人说宋韵”　120a
优质校外教育基地　257c
邮政代理投递　181a
余姚江　292b
“预防出生缺陷”宣传活动　237c
园林城镇　266a
原产地证书　182a
院士创新中心　215c
月湖金汇党群中心　285c
“月湖之约”研讨会　219b
阅读书房　223a
“阅读进行式”　227b
《孕期营养和体重管理》　237b

Z

灾害性天气　142c
造血干细胞捐献　123b
战略性新兴产业增加值　87b
章水镇农合联　167b
樟溪河农业发展有限公司　277c
浙贝母传承创新专家工作站　277c
浙江广电集团　274b
浙江京色贸易有限公司　264b
浙江新大荣建设有限公司　275a
浙江省中小学劳动实践基地　274a
浙江中医药研究所　277c
“浙政钉”平台　98c
“政法亮剑”党建品牌　126a
政务公开　93b
制造业产业链　143c
致公党海曙区基层委　111b
“智慧父母研修班”　110a
智慧商圈　87a
智慧停车项目　129b
智能农林节水灌溉设备制造基地项目　137c
中国职业装产业发展大会　143a
中国农业银行股份有限公司宁波市分行　144a
中国轻工业刷类及清洁用具行业　155a
中国平安财险宁波分公司　155c
中国工业互联网大赛　169a
中国联合网络通信有限公司宁波市海曙分公司　170b
中国电信股份有限公司宁波分公司海曙分局　170b
中交第二公路工程局　264b
中交物资　264b
中信银行海曙支行　187a
中医药特色街区　288b
中医药文化传承生态保护区　88b
中小学首批消防安全副校长　98a
中小学生寒假托管服务　219c
志愿浙江信息系统　259c
专项集体民主监督　101a
“专曙”特色伴手礼　152c
装修（大件）垃圾　210b
自然灾害综合风险普查　216c
综合文化站长　226a
“最美雪人”救火事迹　295a

表格索引

表1 2022年海曙区委其他会议一览表 61
表2 2022年海曙区委其他活动一览表 63
表3 2022年海曙区人大常委会及各工委视察活动一览表 84
表4 2022年市人大代表海曙中心组视察调研活动一览表 84
表5 2022年海曙区代表联络站主题接待活动一览表 84
表6 2022年海曙区人大常委会各类会议、活动一览表 84
表7 2022年海曙区人大交流接待活动一览表 86
表8 2022年区政府常务会议一览表 89
表9 2022年区政府其他会议一览表 91
表10 2022年海曙区政协主席会议专题协商（议政、视察）活动一览表 101
表11 2022年海曙区政协委员恳谈会、约谈会一览表 101
表12 2022年海曙区残疾人扶贫基地一览表 121
表13 2022年海曙区“残疾人之家”一览表 121
表14 2022年海曙区工疗车间一览表 122
表15 2022年海曙区“东西部协作及对口工作”资金拨付情况表 165
表16 2022年海曙区“山海协作”资金拨付情况表 167
表17 2022年宁波栎社国际机场主要航空公司基本情况表 178
表18 2022年宁波栎社国际机场新开通的部分国内定期航线表 178
表19 2022年宁波栎社国际机场定期航点一览表 179
表20 2022年海曙区公共停车场数量一览表 180
表21 2022年海曙区计划生育基本情况表 238
表22 2012—2022年海曙区城镇居民人均可支配收入及增长速度情况表 247
表23 2012—2022年海曙区农村居民人均可支配收入及增长速度情况表 247
表24 81890下属协会、俱乐部组织情况表 259
表25 2022年集士港镇各行政村基本情况表 262
表26 2022年古林镇各行政村（社）基本情况表 265
表27 2022年高桥镇各行政村（社区、渔业社）基本情况表 268
表28 2022年横街镇各行政村基本情况表 271
表29 2022年鄞江镇各行政村基本情况表 273
表30 2022年洞桥镇各行政村（居委会）基本情况表 276
表31 2022年章水镇各行政村（居委会）基本情况表 278
表32 2022年龙观乡各行政村（居委会）基本情况表 281
表33 2022年石碶街道各行政村（社区）基本情况表 283
表34 2022年月湖街道各社区基本情况表 285
表35 2022年西门街道社区基本情况表 287
表36 2022年江厦街道各社区基本情况表 288
表37 2022年南门街道各社区基本情况表 290
表38 2022年鼓楼街道各社区基本情况表 293
表39 2022年白云街道各社区基本情况表 295
表40 2022年望春街道各社区基本情况表 297
表41 2022年段塘街道各社区基本情况一览表 299